ADRIENNE
OU
LA VIE DE
MME DE LA FAYETTE

ANDRÉ MAUROIS

ADRIENNE

OU
LA VIE DE
MME DE LA FAYETTE

HACHETTE

NOTE LIMINAIRE

I L Y A, *dans la vie d'un écrivain, et singulièrement dans celle d'un biographe, des hasards et des bonheurs. Jamais je n'avais formé le projet d'écrire une vie d'Adrienne de La Fayette. Je connaissais assez bien celle du héros de l'Indépendance américaine; j'ignorais que sa femme fût l'une des figures les plus émouvantes de l'histoire. Je ne croyais d'ailleurs pas qu'il fût possible, après tant de chercheurs, de trouver sur La Fayette et son temps deux prodigieuses collections de documents inédits. Il a fallu, pour que ce livre fût écrit, une étonnante suite de rencontres et d'événements.*

La Fayette, depuis son retour en France après la Révolution, s'était fixé au château de La Grange-Bléneau, en Brie. Ce domaine avait appartenu à la duchesse de Noailles, mère d'Adrienne, guillotinée pendant la Terreur. Il contenait au moment de la mort de La Fayette (1834), et renferme encore, les plus précieuses, les plus extraordinaires archives, non seulement sur la période postérieure à 1800, mais sur l'Ancien Régime, la Guerre d'Indépendance, et la Révolution française. Voici comment s'expliquait cette miraculeuse conservation de tout ce que la tourmente aurait pu disperser.

Le premier maillon de la chaîne est l'entier dévouement à Mme de La Fayette de son ancienne femme de chambre, Marie-Josèphe Daustry (1750-1833), qui avait épousé un petit fonctionnaire au ministère des Finances, Nicolas Beauchet (1757-1816). Au temps où Adrienne et son mari étaient, l'un et l'autre, en prison, les Beauchet avaient, au péril de leur vie, sauvé tableaux, meubles, livres et papiers.

Si l'on ajoute à cette chance heureuse et à ces soins, la dili-
gence passionnée avec laquelle La Fayette collectionnait les
moindres souvenirs de son passé, et le respect de ses trois
enfants pour la mémoire de leurs parents, on comprendra
comment s'était formée à La Grange, au début du XIXe siècle,
cette collection unique.

Voici maintenant comment elle fut préservée jusqu'à ce
jour. Douze ans après la mort de La Fayette, le 6 août 1846,
son petit-fils, Jules de Lasteyrie (1810-1883), épousa Olivia
de Rohan-Chabot (1813-1899), née du mariage d'un émigré
français, Louis de Rohan, vicomte de Chabot, avec Lady
Charlotte Fitzgerald, fille du second duc de Leinster et d'une
pairesse d'Irlande (Lady Saint-George). A la mort de son
mari, la marquise de Lasteyrie, hostile aux idées de La
Fayette et aussi conservatrice qu'il avait été libéral, relégua
tous ces papiers au troisième étage de La Grange, dans les
pièces donnant sur le couloir dit « des Polonais », en souvenir
des réfugiés polonais, patriotes en exil, que le général y avait
cachés. Or il se trouva que ce corridor des Polonais, par l'ab-
sence de rats, de vers, d'humidité ou de sécheresse excessives,
par l'épaisseur des vieux murs, par la qualité de la pierre,
était merveilleusement propre à la conservation des documents.
Ils y restèrent intacts, à l'abri du soleil comme des intempéries.

Olivia maria son fils Louis (1849-1925) avec sa filleule
et proche parente Olivia Goodlake (1853-1916). En France,
tout lui déplaisait; elle vécut pourtant à La Grange jusqu'à
l'âge de quatre-vingt-six ans. Son petit-fils unique, Louis-
Sydney, marquis de Lasteyrie du Saillant (1881-1955),
séparé d'une épouse éphémère, sans enfants, y mena à son
tour une longue vie toute dédiée à ce lieu qu'il considérait
comme la propriété de sa mère et de sa grand-mère beaucoup
plus que comme le château de La Fayette. Lui non plus ne
toucha pas aux archives. Retiré dans sa tour, à l'extrémité
de l'aile opposée, il ne montait jamais jusqu'au couloir des
Polonais.

Louis de Lasteyrie, dont la vie fut toute de pauvreté, de
dignité et de sacrifice, avait demandé, en 1935, à son neveu

René de Chambrun, s'il accepterait de prendre la charge de La Grange. Pendant vingt ans, Lasteyrie continua d'y vivre en châtelain solitaire. Il y mourut en 1955. C'est alors que Josée et René de Chambrun entrèrent en possession du domaine et commencèrent à visiter les nombreuses pièces du couloir des Polonais.

Ce qui suit ressemble à un conte de fées. Ils entrèrent dans la bibliothèque de La Fayette, au sommet de la tour nord-ouest. Aucun objet n'y avait été déplacé. Le courrier des derniers jours du général était dans un tiroir, non décacheté. Les beaux livres offerts par les États américains se trouvaient alignés sur les rayons; l'or des reliures brillait comme au premier jour. Dans les tiroirs, ils trouvèrent les cachets du général, ses chers souvenirs de Washington; dans les mansardes du couloir des Polonais, des milliers de lettres écrites par lui, par ses parents, par sa femme, par leurs enfants et petits-enfants.

Dès cette première lecture, Josée de Chambrun fut conquise par Adrienne, personnage sublime, trop peu connu. Les documents de La Grange renouvelaient entièrement son histoire. Un exemple entre cent : on s'était souvent étonné de ce que La Fayette, ayant fait un séjour en Angleterre avant son départ pour l'Amérique, n'eût pas écrit de Londres à sa jeune femme. Or les lettres étaient là, longues et vivantes, soigneusement classées.

René de Chambrun et sa femme décidèrent de remettre ces lieux en l'état exact où ils étaient au temps des « six pauvres petites années de bonheur » auxquelles songeait sans cesse Adrienne mourante.

C'est alors qu'ils me proposèrent de mettre à ma disposition tous leurs documents, pour qu'une vie d'Adrienne de La Fayette fût écrite. Après examen de ces admirables archives, j'acceptai, à la fois séduit par la qualité de l'héroïne et anxieux de profiter d'une telle occasion de revivre la période la plus intéressante de l'histoire de France (et de celle des États-Unis), à travers des existences particulières, si riches d'aventures et si mêlées à la vie des deux nations.

Mais une seconde collection de documents La Fayette existait; elle avait longtemps appartenu à une autre branche de la famille, celle qui descendait de George-Washington de La Fayette, seul fils du général et d'Adrienne. Cette collection, non moins riche et abondante, cédée par les descendants de George-Washington à M. D.-E. Fabius, est aujourd'hui la propriété de ses héritiers. MM. Fabius m'autorisèrent à la consulter et à en citer, dans la mesure où cela serait utile à mon récit, de nombreux fragments; ils le firent avec une générosité spontanée dont je leur garde, comme à mes amis Chambrun, une vive reconnaissance. Je n'ai utilisé que ce qui se rapportait, directement ou indirectement, à mon héroïne, de sorte qu'il reste, dans ces deux magnifiques collections, d'abondantes moissons à engranger pour les érudits.

Je dois aussi des remerciements à la Direction Générale des Archives de France; à la Bibliothèque Nationale; à M. Louis Gottschalk, dont les beaux livres sur La Fayette font autorité dans nos deux pays; à M. James Moffat, actuel propriétaire du château de Chavaniac-Lafayette; à Mlle de Saint-Exupéry, archiviste départementale de la Haute-Loire; au docteur Pierre Balme, et à Mme A. Jullien, qui a transcrit les archives de La Grange.

Enfin, je remercie ma femme qui a été associée à mes recherches et qui est un autre moi-même. Elle a établi avec grand soin les arbres généalogiques[1]. En outre, comme j'étais en Amérique, c'est elle seule qui a corrigé les épreuves de ce livre, avec l'érudition méticuleuse qui est la sienne.

Un dernier mot, sur l'orthographe de quelques noms. La Fayette, en deux mots, avait toujours été le nom de cette famille. Au temps de la Révolution, le général ci-devant marquis adopta : Lafayette, en un mot. Je m'en suis tenu à l'usage primitif, comme aussi pour Daguesseau, qui devint ensuite d'Aguesseau. Quant au château de Chavaniac, certains écrivent : Chavagnac. Il fallait choisir; j'ai choisi Chavaniac.

A. M.

---

1. Tableaux généalogiques, pages 533 à 539.

PREMIÈRE PARTIE

LES GRANDES FAMILLES

I

LE MARÉCHAL ET LE CHANCELIER

> Le gouvernement de la France
> était une monarchie absolue tem-
> pérée par des chansons.
> CHAMFORT.

E N 1755, Henriette Daguesseau, petite-fille du célèbre
chancelier de France, épousa Jean-Paul-François de
Noailles, comte d'Ayen, fils du duc d'Ayen, petit-fils
d'Adrien-Maurice, maréchal-duc de Noailles. Le roi
Louis XV, signataire au contrat, avait approuvé ce mariage
qui unissait deux des plus puissantes maisons du royaume,
et deux des plus dissemblables.

Les Noailles, hommes de cour, soldats dont les ancêtres
avaient pris part à la Croisade dès le XIe siècle, « aimaient
à être partout les premiers, voulaient tout et obtenaient
tout ». Le duc de Noailles, grand-père du marié, avait fait
une alliance quasi souveraine en épousant la nièce héritière de Mme de Maintenon, au temps où celle-ci régnait
sur l'esprit du roi. Louis XIV avait lui-même tiré les

rideaux du lit nuptial, honneur insigne, et donné aux
époux cent mille livres de pierreries. Noailles avait été
capitaine des gardes du corps, puis gouverneur de Versailles. « C'était, dit Saint-Simon, un homme né pour
faire la plus grande fortune quand il ne l'aurait pas trouvée
toute faite chez lui. » Gracieux et affable quand cela lui
plaisait, « gaillard, amusant, bon convive, musicien, sachant
de tout, parlant de tout », grand maître du jargon des
femmes, il séduisait dès le premier abord. A le mieux
connaître, on découvrait, sous cette écorce polie, « une
profondeur d'abîme » et l'ambition la plus démesurée.

Ainsi le juge Saint-Simon, qui ne l'aimait pas. Son fils
aîné, le duc d'Ayen, n'était guère plus indulgent. Louis
d'Ayen avait hérité l'esprit de son père. Seul courtisan
que Mme de Pompadour admît à jouer avec elle de petits
opéras, le duc d'Ayen chantait avec goût. Aussi était-il
devenu lieutenant général, puis gouverneur de Saint-
Germain. L'un des plus spirituels seigneurs de la cour de
Louis XV, il se signalait par ses piquantes saillies, ses
vers faciles et légers. Bien que ses sarcasmes le fissent haïr
de ses victimes, il ne résistait pas au plaisir d'exercer ce
dangereux talent, fût-ce contre son propre père. Le jour
de la bataille de Fontenoy, étant à côté du roi Louis XV
et voyant emporter, blessé à mort, un page du maréchal
de Noailles : « Petit sot, dit Ayen, pourquoi t'es-tu écarté de
ton maître? Tu ne serais pas dans cet état! »

Il n'épargnait même pas son souverain.

« Je sais, lui dit Louis XV au moment où ce roi prit
pour maîtresse Mme du Barry, je sais que je succède à
Sainte-Foye.

— Oui, sire, comme Votre Majesté succède à Phara-
mond. »

Cependant le maréchal son père, et même le roi, lui par-
donnaient. Au XVIIIe siècle, si l'on résistait mal au plaisir
de faire des « mots » impertinents, on avait la coquetterie
d'y attacher peu d'importance. Tous les Noailles s'entendaient fort bien quand il s'agissait des fortunes de la

famille. Fils, neveux, cousins, chargés d'honneurs, s'épau-
laient les uns les autres. Louis XV avait pour eux des
indulgences plénières. Par une grâce unique, le maréchal
de Noailles avait obtenu de conserver dans sa famille,
de manière permanente, un régiment à son nom. Son fils,
duc d'Ayen, le commanda. Puis, quand son petit-fils le
comte d'Ayen (celui qui allait, un an plus tard, épouser
Henriette Daguesseau) eut quinze ans, Noailles obtint du
roi la permission de faire, de cet enfant, un colonel. Bref, la
famille vivait sur les marches du trône, non point royale
elle-même, mais tout illuminée par le soleil couchant de
la monarchie, encore très haut dans le ciel de France.

Il faut maintenant expliquer pourquoi ces Noailles, si
brillants, avaient recherché pour leur « héritier de nom et
d'armes », une alliance en apparence modeste. Les Daguesseau
n'avaient ni l'ancienneté, ni l'éblouissement des
Noailles, mais le chancelier avait su donner à son nom un
prestige d'une autre nature. Né à Limoges en 1668, fils
d'un intendant du Languedoc, il était devenu, par son seul
mérite, avocat général à vingt-deux ans, procureur général
à trente-deux, chancelier garde des Sceaux à quarante-
huit. *M. le chancelier*, sous la Régence, puis sous Louis XV
jusqu'en 1750, c'était M. le chancelier Daguesseau.

Il avait appris dès sa jeunesse toutes choses, continua
d'étudier jusqu'à sa mort, « et il n'y avait science, littérature ni langue, de l'hébreu au grec, du latin au portugais,
qu'il ne connût ». Une mère demandait un jour à Fontenelle un précepteur qui fût savant, érudit, métaphysicien
et théologien.

« Madame, dit Fontenelle, plus j'y songe et plus il me
semble qu'il n'y a que M. le chancelier Daguesseau qui
soit capable d'être le précepteur de M. votre fils. »

Le caractère était à la hauteur de l'intelligence. Profondément religieux, Daguesseau enseignait aussi la tolérance.
En un temps de persécutions, il fut toujours opposé aux
violences et aux injustices, fût-ce au risque d'être lui-même
persécuté.

Tant de perfection et de sagesse avaient fatigué Saint-Simon. Il respectait le chancelier ; il lui reconnaissait « beaucoup d'esprit, d'application, de savoir en tout genre, de gaieté et d'innocence de mœurs ». Il se plaignait de son incapacité à conclure. Les balances de la Justice, quand Daguesseau les tenait, ne cessaient jamais d'osciller. « M. le chancelier a de grandes lumières, disait le cardinal Fleury, mais à force d'en avoir, il trouve des difficultés à tout. » Il était, en effet, si scrupuleux qu'il coupait un cheveu en quatre. Nous retrouverons ce trait chez ses descendants. Il faut pourtant bien qu'il ait été un grand chancelier car, si on l'exilait parfois à Fresnes parce qu'il avait refusé d'enregistrer quelque édit désapprouvé par lui, on finissait toujours par l'en rappeler. La disgrâce d'ailleurs ne l'accablait jamais. Il avait assez de ressources en lui-même pour trouver du bonheur dans la retraite.

Ces bénéfiques disgrâces lui permettaient de se donner tout entier aux affections de famille qui, avec ses devoirs de magistrat, étaient pour lui l'essentiel de la vie. Père tendre, indulgent, il aimait à communiquer sa science à ses enfants et petits-enfants. Il en fit des êtres d'exception, tant par l'étendue de leurs connaissances que par leur piété, leur grandeur d'âme et leurs bons rapports entre eux. Ce père ne grondait ni ne punissait ; il disait qu'il ne connaissait d'autre autorité que celle du sentiment et de la raison. Il n'était pas moins bon mari ; il eut, toute sa vie, pour Mme la chancelière (née Le Fèvre d'Ormesson) l'attachement le plus tendre. Son seul grief contre elle était qu'elle se montrât incapable d'être exacte, fût-ce pour les repas. Il l'attendait avec impatience, en travaillant, et disait qu'il devait toute son œuvre, qui était abondante, aux précieux retards de sa femme.

Son fils, Daguesseau de Fresnes, avait épousé en 1736 la charmante Anne-Louise-Françoise Dupré, dame de La Grange, à Bléneau-en-Brie, qui mourut en couches un an plus tard, laissant à son mari ce beau château féodal (qui jouera un rôle important dans notre histoire) et une petite fille : Henriette Daguesseau, future duchesse d'Ayen et mère de notre héroïne. Il ne tarda pas à se remarier et mit sa fille en pension, au couvent de la Visitation, à Saint-Denis. Là l'enfant fut confiée à Mme d'Héricourt, personne d'un esprit et d'un mérite distingués. Henriette Daguesseau conçut pour elle une admiration passionnée, de sorte que, Mme d'Héricourt étant fort religieuse, tout de suite la petite eut un point fixe : l'amour de Dieu et la crainte d'enfreindre ses lois. Appui pour elle d'autant plus nécessaire qu'elle avait une grande facilité, physique et morale, à s'effrayer. A cinq ans, lisant un livre sur les Pères du désert, elle eut peur d'avoir de pareilles visions.

Car elle faisait des lectures étonnamment précoces et sérieuses. A son aïeul (le chancelier) elle écrivait, à six ans, une lettre sur la Bible en le comparant à Abraham. Il répondait avec une gravité affectueuse :

A Mlle Henriette de Fresnes, *1er janvier 1743* : Vous avez raison, chère enfant, d'aimer un grand-père qui vous aime plus tendrement que personne, et qu'Isaac même, votre aimable père. Je vois que la lecture des figures de la Bible vous fait grand plaisir, par les jolies comparaisons qu'elle vous inspire. J'en excepte cependant celle de votre grand-père avec Abraham. Plût à Dieu que je pusse lui ressembler! Je ne l'imite que dans sa tendresse pour sa famille. Vous y avez déjà une grande part, ma chère fille, et je suis persuadé que vous la ferez croître tous les ans par votre progrès dans la vertu et dans les sciences qui vous conviennent. N'y perdez rien de votre gaieté et de votre enjouement. J'espère que vous viendrez bientôt m'en donner de nouvelles preuves. C'est une affaire que je tramerai avec votre père Isaac et je suis sûr que Rebecca, votre belle-mère, n'y sera pas contraire. Vous avez oublié votre tante Daguesseau; n'y aurait-il pas moyen de la trouver parmi les figures de la Bible? Je consens cependant que vous différiez de répondre à cette question jusqu'à ce que je puisse vous embrasser, ma chère enfant, et vous dire moi-même combien j'aime une jeune Rachel qui répond si bien à la bonne éducation que lui donnent des tantes aussi aimables que respectables[1].

1. *Lettres inédites du chancelier d'Aguesseau*, publiées par D.-B. BRIVES (Paris, Imprimerie Royale, 1823), page 234.

A quatorze ans, elle fut retirée du couvent. Mme Daguesseau de Fresnes, sa belle-mère, s'attacha tendrement à elle. Rebecca aima Rachel; elles avaient les mêmes vertus et les mêmes scrupules. On trouvait, en ce siècle, la foi la plus exigeante à côté de l'athéisme impénitent. Henriette Daguesseau, comme tous les siens, combinait une fidélité méticuleuse à ses devoirs religieux avec le respect des consciences. Pendant les quatre ans qu'elle passa dans la maison paternelle, peu ouverte aux divertissements, elle travailla et compléta son instruction, cependant que la gaieté de son caractère lui faisait trouver plaisir à tous les objets nouveaux. Toutefois elle n'aimait guère les passe-temps habituels des filles de son âge : broderie, clavecin, menuet. Elle préférait la lecture, ou le jardinage, auquel l'avait initiée, dans le parc de Fresnes, son grand-père le chancelier dont la mort, en 1751, fut pour elle un choc douloureux. Elle avait adoré ce vieillard courtois et attentif.

Peu après, son aïeul maternel, M. Dupré, était mort aussi, lui léguant, avec des châteaux en Brie, une considérable fortune. Elle regarda ces richesses comme un fardeau. Cependant le fait qu'elle fût devenue une grande héritière attira sur elle l'attention de la cour et, singulièrement, des Noailles. Des souvenirs et de mutuels services unissaient les deux familles. C'était le maréchal duc de Noailles qui, au temps de la régence de Philippe d'Orléans, avait fait Daguesseau chancelier. Au moment de la mort du titulaire précédent, « il se persuada, dit Saint-Simon, qu'il gouvernerait cet esprit doux, incertain, qui se trouverait comme un aveugle au milieu du bruit et des cabales, et qui se sentirait heureux qu'un guide tel que le duc de Noailles voulût le conduire. Plein de cette idée qui ne le trompa point, il alla trouver M. le duc d'Orléans comme il sortait de son lit et venait de se mettre sur sa chaise percée, l'estomac fort indigeste et sa tête fort étourdie du sommeil et du souper de la veille ». Il fit sortir les valets, apprit au Régent la mort du chancelier et, dans l'instant, bombarda la charge pour Daguesseau. Le duc de Noailles reçut beaucoup de compliments. « Il était visible qu'il avait fait le chancelier et il était bien aise que personne n'en doutât. »

Un service attache toujours celui qui l'a rendu à celui qui l'a reçu. Un peu plus tard, le duc de Noailles fit, aux dépens du roi, une autre galanterie à son ami le chancelier, en obtenant pour lui une belle maison de la place Vendôme, qui devint (et demeure) la chancellerie. Les deux hommes, encore que si différents, s'entendaient bien. La tradition d'amitié Noailles-Daguesseau s'établit et se maintint à la génération suivante. En 1755, le maréchal duc s'avisa qu'Henriette Daguesseau serait un parti souhaitable pour son petit-fils, le comte d'Ayen. Elle avait deux ans de plus que lui, mais qu'importait? Le mariage, au XVIIIᵉ siècle, était l'affaire des seuls parents. Ils choisissaient, décidaient; les enfants s'inclinaient. Si le ménage n'était pas heureux, et même s'il l'était, le mari prenait des maîtresses; la femme, parfois, un amant. Cela n'empêchait pas de faire ensemble, pour continuer le nom, des fils qu'on mettait au collège et des filles qu'on mettait au couvent.

Jean d'Ayen (père de notre héroïne), né en 1739, ne ressemblait guère, par le caractère, à Henriette Daguesseau. Tout de suite il allait montrer autant de goût pour la vie de cour qu'elle pour la retraite. Futur capitaine des gardes du corps, colonel à quinze ans du régiment de Noailles, il se révéla soldat minutieux, zélé, tracassier dans ses inspections. Philosophe au sens de ce siècle, ami des gens de lettres, il se piquait de connaissances scientifiques et employa tout son crédit pour obtenir une place à l'Académie des sciences. Les gens de bon ton n'étaient pas alors religieux. Comme Voltaire, Diderot, d'Alembert, le jeune comte d'Ayen tenait l'homme pour une moisissure, la terre pour un grain de sable. Il croyait au progrès, non à la Providence. C'est à l'époque de son mariage que d'Argenson disait : « On n'ose plus parler pour le clergé dans les bonnes compagnies », et que Walpole s'étonnait des propos sur l'Ancien Testament que l'on tenait en France, à table, devant les domestiques.

Henriette Daguesseau, devenue Henriette d'Ayen, demeura fidèle à la large tolérance et à la charité qui lui avaient été enseignées. Croyante, elle fut d'autant plus indulgente à l'irréligion de son jeune mari que celui-ci lui inspira « le goût le plus vif et le sentiment le plus tendre[1] ». Tous deux avaient, chacun à sa manière, « de la générosité dans le caractère et de la droiture dans les vues[2] ». Seulement ces vues ne regardaient pas dans la même direction et le goût vif ne fut pas longtemps réciproque.

Le jeune ménage alla s'établir à l'hôtel de Noailles, rue Saint-Honoré, où les enfants et petits-enfants du maréchal Adrien-Maurice se rassemblaient autour de lui. La belle-mère de la jeune comtesse d'Ayen, très pieuse, y menait une vie retirée, de sorte que celle-ci ne fut pas plus dans le monde qu'avant son mariage. On la conduisit à Versailles, pour être officiellement présentée. Puis elle cessa d'y accompagner son mari.

---

1. *Notice sur Madame la duchesse d'Ayen, par Madame de La Fayette, sa fille*, page 8. Cette plaquette hors commerce, à tirage restreint, fut imprimée spécialement pour les membres de la famille.
2. *Ibidem.*

II

LA NICHÉE DE COLOMBES

Il y a un mélange de religion
dans tout sentiment véritable.
ALAIN.

L'HÔTEL de Noailles, un Versailles à l'échelle d'une
grande famille, se trouvait à Paris, rue Saint-Honoré,
en face du couvent des Jacobins, à côté de celui des
Feuillants. Tout ce quartier était alors habité par des
seigneurs et des moines. Le jardin des Noailles allait jusqu'à la terrasse des Feuillants, qui bordait le parc des
Tuileries. L'entrée de l'hôtel, sur la rue Saint-Honoré,
était flanqué de deux belles colonnes ioniques qui suppor-
taient un attique, et de deux corps de logis longs de qua-
rante-deux mètres. Derrière cette façade s'ouvrait une
immense cour d'honneur, entourée de tous côtés par des
bâtiments. A l'intérieur, on trouvait un véritable musée :
meubles de Boulle, tables de marbre, consoles de porphyre,
vases de Chine et du Japon; tableaux de Vinci, Raphaël,
Van Dyck, Rubens, Rembrandt, à côté de maîtres contemporains : Watteau, Boucher, Fragonard. Le goût s'y
alliait à la richesse.

Là régnait en patriarche le vieux maréchal Adrien-
Maurice, l'un des piliers du royaume; là vécut sa belle-fille,
toute vouée bientôt à la maternité. Elle eut d'abord un

fils, qui mourut en bas âge ; puis, en 1758, une fille : Louise ;
et en 1759, le 2 novembre, une seconde fille : Adrienne,
qui est le sujet de cet ouvrage. Au moment de la naissance
d'Adrienne, son père avait vingt ans ; son grand-père, quarante-six ; son bisaïeul, le maréchal, quatre-vingt-un.
Le jeune comte d'Ayen vivait peu dans son intérieur. Il
estimait hautement sa femme ; il prenait son avis pour les
décisions importantes, mais ne recherchait guère sa société.
« Peut-être, a écrit plus tard Adrienne, peut-être avait-elle
trop laissé apercevoir à un jeune homme la supériorité
de sa raison ; peut-être avait-elle négligé les moyens de
plaire. Dans les détails de la vie, elle ne triomphait pas
assez de son indécision naturelle et mon père, croyant
voir là des scrupules, se plaisait moins avec elle qu'il n'eût
fallu pour son bonheur et pour le nôtre[1]. » Cela est dit avec
tact, mais laisse deviner un ménage assez malheureux.
Les scrupules, l'indécision et l'excès de raison étaient des
maux héréditaires qu'Henriette d'Ayen tenait du chancelier.

Adrienne fut élevée à l'hôtel de Noailles, par la propre
nourrice de sa mère. Bien que d'éducation assez primitive,
cette femme avait le talent d'attirer les enfants et de leur
faire goûter ce qu'elle enseignait. Elle avait passé, avec sa
première nourrissonne, des années au couvent et en avait
rapporté des histoires de l'Ancien Testament, des récits
de bonnes actions, qu'elle racontait avec une grâce si
appropriée au goût de cet âge qu'elle charmait les petites
filles, tout en respectant les intentions de leur mère « qui
a toujours voulu, dit Adrienne, non seulement ne nous
enseigner que le vrai, mais même n'employer, pour nous
l'enseigner, que des moyens droits et simples, éloignés
de toutes les petites charlataneries en usage avec les enfants[2] ».

Trois autres filles naquirent : Clotilde, Pauline et enfin

1. *Notice sur Madame la duchesse d'Ayen, par Madame de La Fayette,
sa fille.*
2. *Ibidem,* page 18.

Rosalie. Les cinq sœurs allaient être merveilleusement unies. Louise et Adrienne, les deux aînées, se sentaient plus proches encore. Louise était belle et douce; Adrienne, moins régulièrement jolie, frappait pourtant par ses grands yeux pensifs et son air d'ardente intelligence. On les appela, jusqu'à leurs mariages, Mlle de Noailles et Mlle d'Ayen. Quand naquit la troisième, Mlle de Maintenon (Clotilde), sa mère voulut qu'on lui donnât, pour parrain et marraine, deux mendiants de la paroisse Saint-Roch (l'hôtel de Noailles s'élevait en face de cette église). Elle tenait à marquer, par de tels gestes, son mépris des grandeurs de ce monde. Il est possible que M. d'Ayen ait vu là quelque affectation, qui n'y était pas. Cette même année 1766, le vieux maréchal mourut. Louis, grand-père d'Adrienne, devint duc de Noailles (et bientôt maréchal à son tour); le mari d'Henriette Daguesseau fut alors duc d'Ayen.

Rien n'est plus charmant que d'imaginer, dans cette immense demeure remplie de merveilles et peuplée de serviteurs innombrables, cinq petites filles se réunissant chaque jour, plusieurs heures, autour de leur mère, comme elles l'eussent fait dans une cellule de couvent. Mme d'Ayen, « personne de haute vertu et toute d'intérieur », présidait elle-même à l'éducation de ses filles, mais « sans trop peser sur elles et de manière, au contraire, à leur faire trouver court le temps qu'elles passaient ensemble. Elle les embrassait au commencement de la journée, les trouvait sur son chemin à l'heure où elle allait entendre la messe, aux Jacobins ou à Saint-Roch; à trois heures, elle dînait avec elles et les emmenait, après le repas, dans sa chambre à coucher. C'était une grande pièce tendue de damas cramoisi galonné d'or, avec un lit immense. La duchesse s'asseyait dans une bergère, ayant sous la main sa tabatière, ses livres, ses aiguilles; ses cinq filles se groupaient autour d'elle, les plus grandes sur des chaises, les plus petites sur des tabourets, disputant doucement à qui serait le plus près de la bergère. Tout en chiffonnant, on causait des leçons de la

veille, puis des petits événements du jour. Cela n'avait
pas l'air d'une leçon et, à la fin, c'en était une et de celles
qu'on retenait le mieux[1] ».

Outre des maîtres du dehors, les enfants avaient une
gouvernante fort instruite : Mlle Marin. Mais la duchesse
d'Ayen était l'âme de tout, surveillait tout, réglait tout
dans les plus petits détails. Ses filles lui répétaient ce
qu'elles avaient appris, ce qu'on leur avait raconté. Elle
leur enseignait à lier toutes leurs connaissances : morale,
faits, lectures, et à en composer un ensemble cohérent;
elle leur montrait qu'elles ne pouvaient se conduire à leur
fantaisie parce qu'elles étaient sous les yeux de Dieu.
« On aurait pu la comparer, sous certains rapports, à la
Mère Angélique de Port-Royal, si la Mère Angélique eût
vécu dans le monde et en eût eu l'expérience[2]. » Plus tard,
lorsque sa fille lut Pascal, « elle crut entendre sa mère ».
Grand éloge pour la duchesse d'Ayen — et pour Pascal.
Il n'y avait rien d'absolu dans sa manière d'enseigner.
« Elle croyait n'avoir rien fait quand elle n'avait pas
convaincu l'enfant à qui elle parlait et, quoique naturellement paresseuse, d'un caractère impatient, et peut-être
trop peu accoutumée à en réprimer la vivacité, elle écoutait
tous les raisonnements de ses enfants avec une bonté
persévérante[3] ».

Un effet naturel de cette méthode avait été de rendre ses
filles bien moins dociles que d'autres enfants. Leur mère
leur disait de raisonner; elles le faisaient et n'arrivaient pas
toujours à la conclusion maternelle. Parfois la duchesse se
plaignait de cet inconvénient. « Cela peut bien être, maman,
répondait Adrienne, parce que vous nous permettez les
raisonnements et les objections; mais vous verrez aussi
qu'à quinze ans, nous serons plus dociles que les autres[4]. »

1. A. Callet : *Anne-Paule-Dominique de Noailles, marquise de Montagu* (Paris, Imprimerie Ad. Lainé et J. Havard, 1864), pages 8-9.
2. *Ibidem*, page 8.
3. *Notice sur Madame la duchesse d'Ayen, par Madame de La Fayette,
sa fille*, pages 20-21.
4. *Ibidem*, page 21.

Qu'apprenaient-elles? Le *Petit Catéchisme* de Fleury, puis le *Grand Catéchisme* du même auteur, ensuite l'Évangile. Elles étudiaient l'Ancien Testament (abrégé), des éléments de géographie, l'*Histoire ancienne* de Rollin, et entendaient, en conversation, quelques contes de la mythologie. La duchesse d'Ayen lisait à haute voix, avec ses filles, les chefs-d'œuvre des poètes, les plus belles pièces de Corneille, Racine et Voltaire. « Elle nous faisait dicter des lettres avant même que nous sussions écrire[1] », ce qui est une saine méthode. Cette éducation, surveillée par une telle mère, produisit une maturité d'esprit qui semble aujourd'hui à peine croyable.

« On voyait rarement le duc d'Ayen; il était tantôt à l'armée, tantôt à Versailles où il vivait, comme son père et son oncle (le maréchal duc de Mouchy), dans l'intimité du roi[2]. » Colonel dès 1755, comme nous l'avons dit, du régiment de Noailles-cavalerie, il fit les campagnes de la guerre de Sept Ans, puis, devenu lieutenant général, il fut aussi gouverneur du Roussillon et premier capitaine des gardes du corps. Sa conversation piquante rappelait le ton original de son père. Esprit curieux, il s'occupait à la fois de science et de littérature, d'agriculture et d'affaires de cour, d'administration militaire et de philosophie. A l'Académie des sciences, il lisait des mémoires remarqués. Sa vie était toute consacrée à ce monde brillant où s'agitaient tant d'idées nouvelles, et il avait peu de temps pour un foyer où son épouse « portait, dans sa piété, quelque chose de l'austérité janséniste ». Pour elle, la grande affaire était le salut éternel; pour lui, le succès temporel et la faveur du prince.

Cependant il admirait sa femme. Quand, en 1768, elle eut la petite vérole (maladie en ce temps-là souvent mortelle), et cela au moment où elle venait d'accoucher, il

---

1. *Ibidem*, page 22.
2. A. CALLET : *Anne-Paule-Dominique de Noailles, marquise de Montagu*, page 6.

laissa voir son angoisse. Les soins qu'il lui prodigua le
firent, pendant plusieurs jours, résister aux attraits de
Versailles. Il essaya de la tromper sur la nature de sa
maladie et alla, pour la convaincre, jusqu'à commettre
l'imprudence de faire entrer les petites filles dans sa
chambre, au risque de contagion, ce qui était d'un mari
affectueux et d'un père téméraire. Se sentant très malade,
elle ne pouvait supporter l'idée, si elle mourait, de laisser
ses filles orphelines. Son confesseur, ou quelque autre
personne pieuse, lui dit : « Est-ce que vous vous croyez
nécessaire à Dieu? N'a-t-il pas d'autre moyen que vous
pour les sauver? » Cette pensée la frappa et elle reprit
courage. Elle eut une convalescence pénible, mais tout ce
qu'on lui racontait des alarmes de son mari lui faisait
éprouver des sentiments très doux. Le malheur révèle
souvent des attachements que masquaient les pudeurs
de l'orgueil, et les brusqueries de l'ennui. Quant aux
petites, elles furent désolées quand elles entrevirent pour
la première fois le visage de leur mère défiguré par la variole.
Elles ne pouvaient croire qu'elles ne la reverraient plus
telle qu'elle avait été auparavant. Le fils qu'elle venait de
mettre au monde, et qui eût été l'héritier des Noailles,
ne vécut pas.

Les cinq sœurs retrouvèrent leur vie tranquille. L'été,
on les conduisait à Saint-Germain-en-Laye, chez leur
grand-père Noailles, qui les recevait avec beaucoup de
grâce, les promenait dans la forêt, et perdait gaiement,
avec elles, son temps et son argent au loto. En automne,
on allait passer huit jours à Fresnes chez M. Daguesseau,
père de la duchesse d'Ayen. Il était très vieux, très sourd
et marié en troisièmes noces. Ou bien on allait faire une
promenade à âne sur les coteaux du Mont-Valérien :
« Mlle Marin, dans tous ses atours, dirigeait la cavalcade.
C'était une petite personne maigre, sèche, blonde, pincée,
susceptible, très attachée d'ailleurs à ses devoirs et les
remplissant fort bien. Elle avait, sur son âne, un air si
effaré et si roide qu'on ne pouvait s'empêcher de

rire en la regardant », et l'on riait plus fort lorsqu'elle
tombait dans l'herbe, ce qui arrivait à chaque promenade.

Parmi les autres familiers de la maison, il y avait les
frères et sœurs du duc d'Ayen : le marquis de Noailles,
ambassadeur; la duchesse de Lesparre et la comtesse de
Tessé. Cette dernière était un caractère : « Elle avait l'esprit
élevé jusqu'à être chimérique, mais sa fermeté imposait...
Dès qu'elle agissait, c'était avec une sagesse positive,
un jugement sain et une complète absence de préjugés;
mais dans la conversation, elle semblait souvent hors du
vrai, sophistique, paradoxale et obscure. Au demeurant,
forte tête et grande âme[1]. » Toute jeune, elle avait perdu
la foi et avait été conquise par les idées philosophiques du
siècle. Elle était amie de Voltaire mais, tout en se disant
incrédule, faisait un signe de croix derrière ses rideaux
chaque fois qu'elle prenait médecine. Elle amusait ses
nièces par ses tics, par son ton doctoral, par le contraste
de sa conduite avec ses discours. Dans cette maison
religieuse et grave, leur père et leur tante apportaient
quelque chose d'extraordinaire, de scandaleux et de
piquant.

L'effet de cette éducation, sur Adrienne et ses quatre
sœurs, avait été de façonner des êtres d'une valeur morale
insolite. Tous les préjugés alors si puissants : naissance,
vanité, richesse, leur furent longtemps tout à fait inconnus.
L'idée de régler leur vie sur autre chose que la volonté de
Dieu ne leur venait même pas et, la première fois qu'elles
observèrent des exemples d'une conduite contraire, dans
ceux qu'on appelle « les honnêtes gens », cela leur causa une
surprise telle qu'il leur fallut bien des années et de douloureuses expériences pour l'affaiblir. Leur mère les laissait voir jusqu'au fond de son âme et les paysages spirituels
qu'elles y découvraient étaient si purs que cet exemple
suffisait à les former.

---

1. Vicomtesse DE NOAILLES : *Vie de la princesse de Poix, née Beauvau.*

Pour chacune de ses filles, elle était un juge affectueux
et lucide. Ayant peut-être un peu trop laissé voir, pendant
l'enfance d'Adrienne, une constante approbation, elle sut
corriger l'orgueil que la jeune fille en aurait pu concevoir
par « une peinture de mes défauts si vraie, si énergique,
dit Adrienne elle-même, que, remise bien des fois devant
mes yeux, elle portait et enfonçait chaque fois le trait
dans mon cœur ». L'imagination de sa fille lui semblant
trop vive, Mme d'Ayen s'efforçait de la ramener au simple
et au vrai. Un autre effet de cette éducation, respectueuse
des droits de l'enfant et de son libre arbitre, fut de retarder
la première communion d'Adrienne. Celle-ci, à douze ans,
exprima des scrupules et des doutes. Elle ne s'estimait
pas prête à recevoir l'Eucharistie dans des dispositions
satisfaisantes. Sa mère ne la pressa point. Elle pensait
que son devoir était d'aider l'enfant inquiète, d'examiner
avec elle ses difficultés, non de la pousser à une décision
prématurée. Jamais ses soins ne furent plus actifs, plus
compatissants et plus indulgents que pour cette âme qui
entendait penser, et peser elle-même, sa foi. En 1771,
Louise fit sa première communion; celle d'Adrienne fut
retardée.

Ce fut vers ce temps-là que l'on commença, de divers
côtés, à faire au duc d'Ayen des propositions de mariage
pour ses deux filles aînées, bien que si jeunes. On imagine
quel déchirement éprouva la duchesse à l'idée de livrer, à
des gendres mal connus, les vierges sages qu'elle avait
élevées avec tant de soins. Mais elle ne réglait jamais sa
conduite sur ses impressions premières. Elle avait coutume de dire que « nous sommes si peu capables de prévoir
ce que seront les suites de certains événements décisifs
que tout ce que nous avions à faire était d'écarter toute
passion, de prendre les précautions que la prudence peut
dicter, puis de nous soumettre paisiblement à l'ordre de
la Providence, qui sait bien mieux que nous ce qui nous
convient ». A partir du moment où elle s'était ainsi jetée
dans les bras de Dieu, elle prenait courage et les traverses

ne lui donnaient plus jamais d'humeur, ni même ces mouvements d'impatience auxquels elle était sujette. Ce fut ainsi qu'elle écouta, sans parti pris, son mari lui proposer pour Adrienne, qui n'avait alors que douze ans, M. de La Fayette, qui en avait quatorze.

Pourquoi les Noailles souhaitaient-ils ces fiançailles, et qui était ce jeune homme?

III

UN MARIAGE SOUS LOUIS XV

> On ne se marie pas pour soi quoi
> qu'on die; on se marie autant ou
> plus pour sa postérité, pour sa
> famille. Pourtant me plaît cette
> façon qu'on le conduise plutôt
> par le sens d'autrui que par le
> sien.
>
> MONTAIGNE.

LA FAMILLE La Fayette était ancienne, honorable et
honorée. On trouve trace, vers l'An Mille, d'une terre
donnée par elle à une abbaye (Villa Faïe). Sous
Charles VII, un Gilbert Motier de La Fayette, maréchal
de France, avait gagné la bataille de Beaugé, chassé les
Anglais de France et tué de sa main le duc de Clarence. Sa
devise était : *Cur non?* (*Pourquoi pas?*) La branche aînée
de la famille avait été attirée en Auvergne par le mariage,
avec une Polignac, de Gilbert IV. A une amie qui lui
demandait sa généalogie, La Fayette répondit un jour :
« Je ne vous dirai pas si je suis Gaulois ou Franc. J'espère
être Gaulois parce que très peu de Francs s'établirent dans
les montagnes d'Auvergne. J'aime mieux Vercingétorix
défendant ses montagnes que le brigand Clovis et ses
abominables successeurs[1]. »

1. Texte inédit. Archives de La Grange.

Les La Fayette n'étaient sortis de leur province que pour faire la guerre et n'avaient que rarement figuré à la cour. On comptait « parmi eux une si grande proportion de gens tués, de père en fils, sur les champs de bataille, que c'était devenu en Auvergne une sorte de proverbe[1] ».

La famille comptait deux femmes célèbres : Louise de La Fayette qui avait résisté, non seulement à Louis XIII, mais (dit La Fayette), « ce qui était plus difficile, au cardinal de Richelieu »; et plus tard, par alliance, Marie-Madeleine de La Fayette, romancière de *La Princesse de Clèves*. L'unique petite-fille de celle-ci avait épousé un La Trémoïlle et les biens d'Auvergne, tombés en quenouille, auraient passé, faute d'un héritier mâle en ligne directe, aux La Trémoïlle, si (dit encore La Fayette) « Mme de la Trémoïlle, ayant pris un scrupule, n'avait donné en mourant à mes parents [qui appartenaient à la branche cadette] la terre qui portait notre nom ».

Peu à peu les anciens manoirs de la famille : Saint-Romain, Vissac, tombèrent en ruine. Edouard Motier de La Fayette épousa, en 1708, Marie-Catherine Suat de Chavaniac[2]; elle lui apportait un château où la famille établit sa résidence. Chavaniac était, dans un climat venteux, pluvieux, neigeux, une demeure féodale et rustique, encadrée de grosses tours. Le sol, volcanique, fertile, produisait en été une mer de seigle; en hiver, la neige poudrait les pins. Les habitants de l'Auvergne étaient courageux et têtus. Le cardinal de Richelieu les appelait « des Gascons à tête de fer ».

Les La Fayette, provinciaux sans fortune, tenaient, par leurs alliances, à ce qu'il y avait en France de plus noble : aux Bourbon-Busset, aux La Trémoïlle, aux Polignac, aux Bouillé, parentés qui pouvaient leur assurer quelque influence à la cour. Aussi, dès l'âge de onze ans,

1. *Ibidem.*
2. Au Xe siècle, le mot était orthographié : *Cavaniac;* au XIIe, *Javaiac;* au XVe, *Chavanhac;* plus tard : *Chavaniac.* De nos jours, on écrit : *Chavagnac.* Village et château ont pris le nom de *Chavagnac-Lafayette.*

le (futur) père de *notre* La Fayette : Michel-Louis-Chris-
tophe-Roch-Gilbert, né en 1732, fut-il envoyé à Paris,
fontaine de toutes les grâces, avec un laquais. On possède
les lettres que cet enfant écrivait à sa mère, en 1743.

A Mme la marquise de La Fayette, à Chavaniac, par Brioude,
en Auvergne : Madame ma très chère mère, j'ai été ces jours
passés un peu enrhumé. Le père de Cumbe a craint que, si
j'allais en classe, cela ne devînt plus sérieux; il a eu la bonté
de m'empêcher d'y aller. Mes études, loin d'en souffrir, n'en
ont que mieux été. A ce prix-là, je serais volontiers quelquefois
malade. M. de Bouillé, pendant ce petit rhume, m'est venu voir
deux fois. Il a envoyé savoir de mes nouvelles; il m'a donné
quatre bouteilles de vin. Je compte faire mes dévotions à la
messe de minuit. Jugez de là si je ne suis pas bien remis... On
trouve que je commence à bien danser. Mon maître me fait
espérer que je serai en état de paraître à la grande tragédie.
Je vous prie de dire à mes sœurs que je n'ai pas oublié la bourrée
d'Auvergne. Mon préfet trouve que je fais des progrès dans la
langue française.
    Je suis, avec un très profond respect et un amour sincère,
Madame ma très chère mère,
    Votre très humble et très obéissant fils et serviteur
                                        DE LA FAYETTE[1].

La grande affaire, pour un seigneur adolescent qui avait
à faire sa fortune, était le mariage. Vers 1754, une parente,
la maréchale de Maillebois, suggéra pour Gilbert une certaine Julie de la Rivière, fille du marquis de la Rivière,
qui passait pour avoir du bien. Les négociations commencèrent. Négociations toutes financières, cela s'entend;
les jeunes gens ne s'étaient jamais vus, la future fiancée
était élevée dans un couvent. Un mariage se négociait
alors comme un traité d'alliance, les notaires des deux
familles se chargeant d'en discuter les clauses. A chaque
nouvelle proposition, le jeune homme en référait à sa mère,
car il était orphelin, son père ayant été, comme il convenait,
tué à l'ennemi. Les conférences se tenaient chez la maré-

───────────────

1. Lettre inédite. Archives de La Grange.

chale; elles portaient sur le douaire, sur la communauté, sur la pension dotale, sur les cadeaux.

22 février 1754 : Ma très chère mère... Vous serez peut-être étonnée que la pension ait été refusée. Je n'en ai pas été surpris, mais j'en suis fort fâché; cependant j'imagine que ce ne sera pas une raison de rupture, puisque nous étions convenus que le mariage se ferait sans cela[1]...

Le *j'imagine* est admirable; il s'agit de *son* mariage, mais sa mère seule décide :

Je pense qu'il faudrait mander à la maréchale que vous aimez autant que la famille se charge de la garde-robe, que de donner une somme pour cela. Celle qu'ils nous donneraient serait sans doute médiocre, et nous serions gens à y mettre du nôtre... Enfin, ma très chère mère, j'attends vos ordres avec impatience et ai le plus grand désir de les exécuter, soit que vous vouliez que je me marie, ou non[2]...

Toutefois, si sa mère le permettait, il souhaitait, lui, très vivement épouser Mlle de la Rivière, parce que la grand-mère de celle-ci connaissait bien Mme Adélaïde, fille de Louis XV, et se disait certaine d'obtenir pour lui un brevet d'officier aux grenadiers de France. Une compagnie valait bien une messe de mariage.

Mme de La Fayette décida de ne pas rompre et son fils se déclara « enchanté de faire un établissement que vous désiriez et qui, moyennant cela, ne peut être qu'heureux. Je prierai Mme la maréchale d'être très ferme sur la communauté... Il est malheureux que la pension n'ait pas été obtenue, mais il faut espérer que j'en serai dédommagé dans les suites par quelque autre avantage, et après tout, un homme de mon nom n'est pas obligé d'être riche, mais il est décent qu'il soit placé comme il doit être, et la place aux grenadiers m'en ouvre le chemin[3] ».

Il n'avait pas encore vu sa future femme, mais la maréchale de Maillebois qui avait pris ce soin, tardivement,

1. Lettre inédite. Archives de La Grange.
2. *Ibidem.*
3. *Ibidem.*

dit « qu'elle n'était ni bien, ni mal, fort bien faite et fort blanche ». La maréchale avait informé la jeune fille de l'obligation d'habiter un château en Auvergne : « Elle a répondu que cela ne lui faisait point de peine. On dit qu'elle a de l'esprit. La maréchale compte toujours que le mariage se fera dans un mois. Je lui ai opposé la difficulté du Carême ; elle m'a dit qu'elle comptait la lever[1]. » Gilbert se rendit à Versailles pour y consulter la duchesse de la Trémoïlle, sa parente. Celle-ci trouva le mariage convenable ; le bien sans doute semblait médiocre, mais « elle convient qu'il n'est pas possible de trouver une fille de condition, avec beaucoup de bien, qui aille en province... J'ai fait mes révérences au roi et à toute la famille royale ; demain je verrai Mme de Pompadour[1] ». Car la favorite avait son mot à dire, au moins pour les grenadiers.

Il fallait penser aux cadeaux : « J'ai dit à Mme la maréchale que vous désiriez de donner une toilette ; elle m'a dit qu'elle croyait que c'était à la famille de la donner. Si cela est, vous pourrez donner les boutons. J'ai prié la maréchale de se charger des choses que je devais donner parce que, outre qu'elle les aura à meilleur marché, si on ne les trouve pas bien, ce ne sera pas sur moi qu'on en jettera la faute... Dès que votre lettre sera arrivée, je me ferai présenter en cérémonie à M. de la Rivière et demanderai à l'être à mademoiselle[2]. »

Au dernier moment, tout faillit de nouveau être rompu parce que la mère de Gilbert exigeait que le père de Julie assurât cent mille francs à celle-ci. A quoi M. de la Rivière se refusa énergiquement. Mais Gilbert plaida en faveur du mariage : la maréchale, dit-il, était furieuse ; après toutes les démarches faites auprès du ministre, pour la place aux grenadiers, il était impossible de revenir en arrière ; d'ailleurs M. de la Rivière était bien plus riche qu'il ne l'avouait et vivait très au-dessous de ses moyens. Les notaires avaient

1. Lettre inédite, datée du 2 mars 1754. Archives de La Grange.
2. Lettre inédite, datée du 4 mars 1754. Archives de La Grange.

vu sa déclaration du vingtième et il n'était pas homme à
exagérer son revenu réel, bien au contraire. En fait sa
fille aurait beaucoup plus que cent mille francs. Et puis
surtout il y avait les grenadiers : « Ma chère mère, il n'est
plus temps de rompre sans risquer de me mettre le ministre
absolument à dos[1]. »

La mère céda ; le fils vit M. de la Rivière et lui dit qu'il
ne s'était pas mêlé des affaires d'intérêt et n'avait même
pas voulu en parler. M. de la Rivière, apaisé, donna le détail
de ses biens, de ceux de sa femme, de ceux de son beau-
père, et Gilbert vit que, tôt ou tard, Julie serait très riche.
« M. de la Rivière a l'air fort honnête homme. Il m'a dit que
sa fille n'était pas jolie mais que, si elle ressemblait à sa
mère, il espérait qu'elle ferait mon bonheur. Il pleure
toutes les fois qu'il parle de sa femme[2]. » La marquise de la
Rivière était morte, à trente-deux ans, le 7 octobre 1753.

Entre notaires, les discussions continuaient sur les détails
du contrat. La négociation achoppait à chaque tournant.
De Chavaniac arrivaient des lettres comminatoires. Enfin
il vit sa fiancée. Les La Rivière habitaient un appartement
au palais du Luxembourg ; on y amena Gilbert de La Fayette :
« Je n'ai jamais été aussi embarrassé de ma personne. La
conversation fut d'abord générale. On parla ensuite des
moyens de plaire. Je dis que je voudrais les connaître tous,
n'ayant jamais eu autant d'envie de plaire. On parla
ensuite du sort ; je dis, en me tournant du côté de Mlle de
la Rivière : « Mademoiselle est maîtresse du mien ; j'en
« attends la décision avec autant d'impatience que de
« crainte. » On me répondit obligeamment[3]. »

A ses sœurs, il écrivit :

Versailles, 23 mars 1754 : Ne trouvez-vous pas, mes chères
sœurs, bien affreux, bien ridicule que je n'aie pas encore vu
cette fille ? Il faut être, n'est-il pas vrai, aussi nonchalant que
moi pour n'avoir pas encore cherché à la voir. Eh bien, ne gron-

1. Lettre inédite, datée du 9 mars 1754. Archives de La Grange.
2. Lettre inédite, Archives de La Grange.
3. *Ibidem.*

dez plus : je l'ai vue... Je fais à ma mère le détail de l'entrevue; voici celui de sa figure. Je l'ai fort examinée, pour pouvoir vous en rendre un compte exact... Elle a un fort bon maintien; elle est réellement faite à peindre; elle est fort blanche, les cheveux blonds, de belles couleurs, les yeux petits; le nez assez long, mais retroussé (il n'est pas vilain avec cela); de jolies dents, les lèvres un peu avancées et le menton un peu coupé. Elle a une belle table de gorge, mais elle est maigre. Je ne sais pas si elle a de l'esprit, mais elle en a la physionomie... En tout elle n'est pas jolie, mais elle n'est pas laide non plus et, ce qu'il y a d'heureux, c'est que je suis fort content de sa figure[1]...

Autre avantage : « Elle a une très belle montre d'or, qui vient de la reine d'Espagne, et trois ou quatre tabatières d'or qui viennent de sa mère; ainsi je serai dispensé de lui en donner; mais je donnerai les boutons de diamants, la navette et l'étui[2]. »

La comtesse de la Rivière (à la fois grand-mère maternelle et grand-tante de Julie, dont les parents étaient cousins germains) devint plus gravement malade. « Sa mort serait un malheur pour moi, écrit Gilbert, d'abord parce que ce deuil pourrait retarder le mariage, ensuite parce que c'était elle qui avait parlé à Mme Adélaïde de la place aux grenadiers de France. » Quelle inquiétude! Heureusement, le ministre d'Argenson se chargea de faire lui-même la démarche auprès du roi et obtint le « bon » pour les grenadiers. Désormais la route était toute droite et la supérieure du couvent autorisa Gilbert à venir faire sa cour au parloir, en présence d'une religieuse « écoutante ».

A Mlles de La Fayette, Paris 19 avril 1754 : C'est bien pour le coup que vous direz que je suis amoureux, mes très chères sœurs, puisque je trouve de l'esprit à ma femme après trois conversations! Vous en seriez encore bien plus persuadées si vous entendiez tout ce que je dis. Je ne me reconnais pas, tant je suis galant, et vous en ririez de bon cœur si vous m'écoutiez... Outre la maladie de la comtesse de la Rivière, j'ai de bien mauvaises nouvelles à vous apprendre : Mlle de la Rivière sait un peu la musique, joue mal du clavecin et n'a point de voix[3]...

1. *Ibidem.*
2. Lettre inédite, 29 mars 1754. Archives de La Grange.
3. Lettre inédite. Archives de La Grange.

Le 22 avril 1754, la douairière de la Rivière expira entre les bras de son mari « avec toute sa connaissance et la plus grande fermeté; elle lui dit le dernier adieu avec autant de sang-froid que s'il n'avait été que pour huit jours ». La Fayette y courut, trouva la famille en larmes et sa fiancée pénétrée de la douleur la plus vive. Il eut grand-peur de voir la noce remise. Mais non :

Cette mort ne retardera pas mon mariage autant que je l'avais cru, pourvu qu'il soit décent de faire signer le contrat par le roi lorsqu'on est en pleureuse... Le marquis de la Rivière me dit avant-hier ses projets là-dessus, qui me paraissent fort raisonnables. Il compte faire de demain dimanche en huit ses révérences de deuil, et de demain en quinze faire signer le contrat de mariage, et faire la noce le lendemain ou le surlende-main, sans aucune cérémonie, et me conseille de partir peu de jours après[1]...

Projets qui convenaient fort bien au jeune La Fayette, qui avait hâte de regagner l'Auvergne « d'autant mieux que je vois qu'il est diablement cher de se marier; on fait bien de ne le faire qu'une fois ». Il lui fallait mettre ses gens en deuil. Frais supplémentaires. Il engagea, pour sa femme, un laquais : « Il est vilain, mais il joue du violon et il est très bon sujet. Il savait un peu accommoder. Je lui fais apprendre pour femme. » *Accommoder*, c'était coiffer. Il avait trouvé, pour Julie, « une toilette d'hazard », c'est-à-dire un nécessaire de voyage d'occasion. « J'ai commandé le dessous de mousseline, car la dentelle est trop chère. » Il faisait partir pour Chavaniac un homme avec six chiens, dont un limier pour le sanglier. « J'épargne le plus que je peux, mais il n'est pas possible de se marier à Paris sans qu'il en coûte des sommes. Ce sont mille choses que l'on n'imagine point[2]. »

Enfin les emplettes furent achevées, l'habit prêt : il ne restait plus qu'à faire signer le roi et les princesses, à se confesser et à recevoir la bénédiction nuptiale : « Je suis

---

1. Lettre inédite, 27 avril 1754. Archives de La Grange.
2. Lettre inédite, datée du 10 mai 1754. Archives de La Grange.

bien aise de vous dire que je me confesse demain. Cela me
coûte d'autant moins que je n'ai point de sacrifice à faire
et qu'il ne me sera pas difficile d'être sage, ayant une
femme[1]... » De celle-ci, il était content : « Elle serait gaie
si elle n'était pas toujours avec des gens aussi tristes; elle
paraît raisonnable. »

Il fallait qu'elle le fût pour accepter de vivre à Chavaniac.
Mais quoi? Elle sortait du couvent. Ses futures belles-
sœurs, Charlotte (Mlle de La Fayette) et Madeleine (Mlle
du Motier) étaient, lui disait Gilbert, fort aimables. Il y
avait des voisins agréables. Elle aurait un carrosse, deux
laquais, deux cochers, ses femmes. En fait, après tant de
traverses, de batailles sur le contrat et de marchandage
sur les cadeaux, ce mariage fut très heureux. La jeunesse
et le bon sens arrangent tout.

Même les divertissements ne manquèrent point. L'année
suivante, à Brioude (petite ville proche de Chavaniac),
des mascarades furent données.

La Fayette à sa mère : Mme de La Fayette (sa femme) et
Mlle du Motier s'habillent en bergères, Mme de Chavaniac en
espagnolette, moi en sultan... J'aurais bien besoin de ma belle
robe de chambre, de ma ceinture de soie et même de ce grand
couteau que vous avez (garni d'agate), si vous ne craignez pas
qu'il lui arrive malheur... Vous me trouverez bien ridicule
d'envoyer un exprès à Chavaniac pour chercher une robe de
chambre[2].

En avril 1757, la France étant en guerre, Gilbert de La
Fayette, colonel aux grenadiers de France, dut partir.
Soldat dans l'âme, il s'en réjouit. Sa femme était enceinte
et espérait donner un héritier au nom. Le seul point noir
demeurait l'argent. Le jeune ménage s'était un peu endetté,
mais pas gravement. Pour l'équipement, le marquis de la
Rivière, quand son gendre passa par Paris, offrit obligeamment de se porter caution. Il s'humanisait.

1. Lettre inédite, datée du 18 mai 1754. Archives de La Grange.
2. Lettre inédite. Archives de La Grange.

Le 6 septembre 1757 naquit, au château de Chavaniac, très haut et très puissant seigneur Marie-Joseph-Paul-Yves-Roch-Gilbert Motier de La Fayette (notre La Fayette), fils légitime du colonel marquis et de très haute et très puissante dame Marie-Louise-Julie de la Rivière. Le colonel passa l'année 1758 entre son régiment, Paris et l'Auvergne. Il aimait la vie des armées; on y faisait bonne chère à peu de frais; on s'y battait peu ou point; le seul mal était « Faulte d'argent » pour acheter des chevaux, payer des palefreniers, mais de temps à autre il obtenait quelques louis de son beau-père ou de sa mère.

Celle-ci lui donnait des nouvelles de son fils. Cet autre Gilbert, âgé de deux ans, faisait ses dents et le colonel, naïvement, s'en excusait. Pour lui, qu'on ne s'inquiétât pas : « Les ennemis s'éloignent sans cesse de nous et nous ne les suivons pas, assurément pas avec chaleur... Tout le monde est persuadé que M. le maréchal a des ordres secrets de ne point combattre[1]. » Aussi revenait-il sans cesse aux affaires de Chavaniac, qui n'étaient pas trop bonnes : « Il est bien malheureux que le prix du blé ait ainsi diminué tout d'un coup; je souffre encore plus, ma très chère mère, de vos embarras que des miens[2]. »

Le 19 juillet 1759, comme il était au camp de Minden, les Anglo-Prussiens poussèrent un gros détachement dans cette direction : « Il n'y a pas eu un coup de fusil de tiré à l'armée et nous n'avons aperçu les ennemis qu'avec des lunettes[3] ». Le 1er août, il fut tué par un boulet anglais, à Minden; il était âgé de vingt-sept ans. Plus tard, son fils raconta ainsi sa mort :

Il fut tué à Minden, colonel dans les grenadiers de France. Ce corps, composé de grenadiers choisis dans l'armée, fut exposé bêtement par un animal de lieutenant général, M. de Saint-Pern, commandant de cette troupe. On l'avait postée dans un ravin;

1. Lettre inédite, datée du 3 juillet 1759. Archives de La Grange.
2. Lettre inédite, datée du 9 juillet 1759. Archives de La Grange.
3. Lettre inédite, datée du 19 juillet 1759. Archives de La Grange.

il la plaça, par bravade, sur la crête de ce ravin. Elle fut abîmée, sans aucun fruit, par les batteries ennemies. Le prince de Chimay, ami intime de mon père, fut tué à la tête du premier bataillon. Mon père devait lui succéder. Il se mit à sa place et fut emporté d'un coup de canon tiré d'une batterie anglaise. Le général Philipps y était alors officier d'artillerie. Un hasard singulier a fait que, vingt-deux ans après, faisant tirer deux pièces de canon contre le quartier anglais, à Peterburg, sur Appomatox, en Virginie, un boulet traversa la maison où le général Philipps était malade. Il expira sur-le-champ[1]...

Un artilleur anglais avait tué son père; lui-même avait tué l'artilleur anglais. La Fayette aimait à noter ces curieux retours du Destin.

1. Lettre de La Fayette (à une inconnue) sur sa famille. L'original est entre les mains de M. Edmond de La Fayette.

IV

LE CERCLE MAGIQUE

> L'amour plaît mieux que le
> mariage pour la raison que les
> romans sont plus amusants que
> l'histoire.
>
> CHAMFORT.

Il faut donc imaginer, vers 1765, au château de Chavaniac, dont la masse puissante se détache au-dessus du
village, un enfant de huit ans, aux cheveux roux, au
nez long, busqué, pointu, aux yeux vifs et intelligents,
élevé par trois femmes de forte trempe et par un précepteur, l'abbé Fayon.

Ma famille, écrit La Fayette, restait composée de ma grand-
mère, femme du plus haut mérite, respectée de toute la province et qu'on venait consulter de vingt lieues sur tout ce qui
pouvait intéresser les familles. Sa bonne tête, l'élévation de
son âme et son existence dans le pays étaient fort remarquables.
Elle avait deux filles, dont l'une, mariée à M. de Chavaniac [son cousin], s'établit tout à fait avec sa mère lorsqu'elle
perdit son mari... L'autre fille [Mlle du Motier] n'avait pas voulu
se marier, ne pouvant se résoudre à quitter sa famille. Elle se
chargea de ma première éducation; c'était une personne d'un
mérite extraordinaire. Ma tante de Chavaniac avait une fille[1]

1. Cette cousine bien-aimée, fille de Guérin de Chavaniac, baron
de Montioloux, et de Charlotte de La Fayette, épousa le marquis d'Abos.
En 1778 pendant le premier voyage de La Fayette en Amérique, elle
mourut, en couches à Mende. Elle n'était âgée que de vingt-deux ans.

unique, plus âgée que moi d'un an. Jamais frère et sœur ne
s'aimèrent plus tendrement que nous[1]...

La tante de Chavaniac avait le même visage étroit et
long que son frère (le père de La Fayette). Elle portait un
bonnet tuyauté; un fichu de lingerie, bordé d'un volant
plissé, éclairait seul sa robe de veuve. Énergique et auto-
ritaire, elle aimait passionnément son neveu, seul héritier
du nom. Sa sœur, Mlle du Motier de La Fayette, était,
elle aussi, une maîtresse femme. Avec leur mère, ces deux
dames administraient de leur mieux le domaine qui serait
un jour celui de Gilbert.

A cinq ans, elles l'avaient confié à un jésuite de beaucoup
d'esprit, puis, les jésuites ayant été expulsés de France,
Gilbert de La Fayette, à sept ans, avait été mis aux mains
de l'abbé Fayon, excellent homme « mais plein de préjugés », dit plus tard son élève, « et aussi privé d'esprit
qu'homme au monde puisse l'être, mais je crois que la
véritable éducation se trouve surtout dans les sentiments
de la famille qui environne un enfant et jamais, à cet égard,
on ne fut plus heureusement situé que je ne l'ai été. Il
était naturel que j'entendisse beaucoup parler guerre et
gloire, dans une famille toujours occupée de ses souvenirs
et de ses regrets, et où la mémoire de mon père était
adorée[2] ».

Sa jeune mère, la marquise de La Fayette, ne résidait
à Chavaniac que l'été; elle passait l'hiver à Paris, au palais
du Luxembourg, avec son père et son grand-père La
Rivière. En 1762, elle s'était fait présenter à la cour et y
allait, pour conserver un peu du crédit qui serait un jour
utile à son fils. Ce n'était pas un vertueux prétexte pour
fuir les trois dames en noir. « Ma mère, écrit La Fayette,
était une femme de beaucoup d'esprit, qui avait aimé la
dissipation mais qui, à la mort de son mari, se jeta dans la
dévotion avec toute la vivacité de son caractère... Quoi-

---

1. Lettre de La Fayette sur sa famille. Collection Edmond de La Fayette.
2. *Ibidem.*

qu'elle m'aimât beaucoup, la pensée de m'enlever à ma
grand-mère La Fayette ne se serait pas présentée à son
idée, tant sa belle-mère était vénérée[1]. » Il était naturel
que les trois prêtresses du nom tinssent à veiller elles-
mêmes sur le seul espoir mâle d'une race dont elles avaient
la religion. L'enfant était, depuis le boulet de Minden,
marquis de La Fayette, seigneur de Saint-Romain, Vissac
et autres lieux, chef de nom et d'armes, et il le savait.

La famille n'était pas riche. L'aïeule et les tantes faisaient des comptes serrés avec les fermiers. Elles avaient
demandé au roi une pension pour le fils d'un officier tué
à l'ennemi et obtenu sept cent quatre-vingts livres par an.
Maigre largesse. Le marquis de la Rivière passait pour
posséder d'immenses terres en Bretagne, du côté de Saint-
Brieuc, et en Touraine, mais sa parcimonie ne laissait
rien paraître de ses revenus. Le jeune La Fayette menait
une vie rustique; il lisait Plutarque, se rappelait qu'il
était fils et neveu de héros, et que son nom lui imposait
de grands devoirs. Quand il passait sur les routes, dans le
village voisin de Saint-Georges-d'Aurat, avec son habit
de soie, son tricorne, ses souliers à boucles, sa culotte
courte et ses bas, les paysans saluaient leur petit maître.

En cet hiver de 1765, on voyait errer dans les montagnes
voisines du Gévaudan une bête énorme qui, entrant dans
les cours des fermes, enlevait des volailles et jusqu'à des
porcs. Certains disaient que c'était une hyène échappée
d'une ménagerie, mais les villageois soutenaient que la
bête du Gévaudan était un monstre d'une espèce inconnue
et tremblaient quand ils entendaient des hurlements dans
la forêt. La grand-mère recommandait à l'abbé Fayon de
ne pas s'éloigner avec son élève, mais Gilbert voulait rencontrer la bête et la tuer. On eut grand-peine à l'empêcher
de sortir seul, sa petite épée au côté, pour attaquer l'animal
apocalyptique : « Je suis seigneur de ce village, disait-il,

1. Lettre de La Fayette sur sa famille. Collection Edmond de La
Fayette.

et c'est à moi de le défendre. » Puis un chasseur tua la bête
du Gévaudan. Elle était, en vérité, d'une taille extraordinaire et sa dépouille fut envoyée à Paris pour être
montrée au roi. Le jeune La Fayette fut très fâché de n'avoir
pas lui-même mis la bête à mort. Les anecdotes glorieuses
l'enthousiasmaient et il rêvait de courir le monde pour
gagner de la réputation.

Le marquis de Bouillé, voisin et cousin, fit un séjour à
Chavaniac en 1768. « J'y passai quelques jours, écrit-il.
Je trouvai le jeune La Fayette grandi et singulièrement
instruit pour son âge, étonnamment avancé dans la raison
et dans le raisonnement, et extraordinaire par ses réflexions,
sa sagesse, sa mesure, son sang-froid et son discernement.
Cependant je découvris dans cet enfant un germe d'amour-
propre et même d'ambition. Son précepteur... me demanda
ce que j'en pensais. Je lui dis que cet enfant avait le genre
d'esprit qui appartenait aux grands hommes, celui de la
réflexion et du jugement et que, s'il y joignait un caractère vigoureux, il ferait un jour de très grandes choses[1]... »
Et en effet, dans le portrait de La Fayette enfant, un air
d'intelligence précoce et de singulière dignité frappe et
surprend.

Jusqu'à l'âge de onze ans, il vécut à Chavaniac, dans
une chambre tapissée de toile de Jouy à motifs roses sur
fond blanc. Puis, vers le milieu de 1768, sa mère obtint
enfin des trois dames en noir la permission d'emmener
Gilbert à Paris. « Je me séparai avec chagrin d'une grand-
mère, deux tantes et une cousine que j'adorais. La curiosité
de voir la capitale ne me toucha point. Je me rappelle mon
étonnement de ce que, sur la route, tout le monde ne
m'ôtait point son chapeau comme on le faisait à Chavaniac
pour le petit seigneur du village[2]. » Sa mère le mit, en 1768,
au collège du Plessis où il fit de bonnes études latines puisque, trente ans plus tard, prisonnier en pays étranger, il
put se tirer d'affaire en parlant latin. Il ne mérita jamais

---

1. Cf. ULYSSE ROUCHON : *Au Pays de La Fayette*, pages 15-18.
2. Lettre de La Fayette sur sa famille. Collection Edmond de La Fayette.

d'être châtié « et ce fut heureux, dit-il fièrement, car je ne l'aurais pas supporté ». Si un de ses camarades était puni injustement, il organisait une protestation collective des élèves. Son mouvement naturel était une défense agressive de son honneur.

On m'avait mis à mon arrivée au collège du Plessis. Mon grand-père [La Rivière] ne voulait pas croire que je pusse entrer en quatrième, ce qui pourtant ne supposait pas une grande habileté. J'y ai fait de bonnes études latines; on ne me fit pas apprendre le grec et j'en suis fâché. J'ai passé au collège quatre ans. Ma rhétorique fut assez brillante... Pendant mon séjour au collège, j'ai eu deux ans de la plus ardente dévotion; mon confesseur me disait que j'avais été, pendant ce temps, un objet d'envie pour lui; tout ce que je puis avoir d'énergie dans le caractère s'était porté là et, si je ne puis trop bien dire pourquoi j'étais dévot, je serais encore plus embarrassé de dire comment je cessai de l'être.

Je brûlais du désir d'avoir un uniforme. On me fit entrer, à treize ans, dans la compagnie de mousquetaires que mon grand-père avait commandée. J'eus l'honneur de passer une revue devant le roi, d'aller à cheval à Versailles en grand uniforme pour entendre, à son passage, le roi me dire qu'il n'y avait rien à l'ordre, et revenir rendre compte, au commandant des mousquetaires, de cette nouvelle qui lui était répétée 365 fois dans l'année. Tout cela me paraissait charmant, d'autant plus que, pour passer la revue, il avait bien fallu aller avec mes camarades apprendre l'exercice. Je puis dire que j'étais fort aimé au collège; j'avais même pris sur mes camarades assez d'ascendant et, dès que je paraissais dans la cour, j'étais entouré de jeunes amis, la plupart plus grands que moi et qui voulaient bien se donner un air de disciples; ils m'auraient au besoin défendu avec acharnement. J'ai voulu faire une émeute, pour empêcher l'injuste punition d'un de mes camarades; je ne fus pas aussi bien soutenu que je l'aurais souhaité. Quant à moi, on ne m'a proposé aucun châtiment; j'étais décidé à n'en pas mériter, mais je me serais défendu, je crois, assez bien avec mon épée car, d'après le bel usage du temps, les enfants portaient l'épée en allant dîner en ville, ce qui allait assez bien avec leur habit brodé, leur bourse à cheveux et leur frisure garnie de poudre d'or ou de pommade.

On me donna une fois, pour composition, la description d'un cheval parfait, à qui la vue de la verge du cavalier suffisait pour le rendre obéissant. Je peignis ce cheval parfait jetant, à

la vue de la verge, son cavalier par terre. Mon professeur de
rhétorique, M. Binet, homme d'esprit, sourit au lieu de se
fâcher. Il m'a depuis rappelé cette petite anecdote[1].

En 1770, sa mère était morte à trente-trois ans, au palais
du Luxembourg et, peu de temps après, il perdit aussi
son grand-père, le marquis de la Rivière. Alors fut révélée
l'immensité de la fortune dont cet enfant était le seul
héritier. Il se trouva, à treize ans, possesseur de cent vingt
mille livres de rentes, revenu digne d'un prince du sang,
en bonnes terres bretonnes et tourangelles. Il avait passé,
en un jour, de la médiocrité à l'opulence. « Mon précepteur
y fut plus sensible que moi, qui ne pensais qu'à regretter
ma mère et qui ne m'étais jamais trouvé dans aucun besoin
d'argent. » Naturellement, un tuteur devait administrer
ses biens. Ce fut son bisaïeul maternel, le comte de la
Rivière. Du côté de Chavaniac, après la mort de la grand-
mère paternelle, la tante Madeleine (Mlle du Motier)
veilla sur les intérêts de son neveu. Les administrateurs
des biens bretons rendaient compte de leurs actes à la fois
aux dames de La Fayette et à l'avocat Gérard, homme
d'affaires des La Rivière. La fortune passait de bien loin
les espérances conçues, au temps de son mariage, par le
pauvre colonel tué à Minden.

Le jeune marquis voulait naturellement, comme son
père, servir dans les armées du roi. Le comte de la Rivière,
ancien capitaine des mousquetaires noirs, le fit entrer dans
cette compagnie d'élite. Il compléta son instruction militaire à l'Académie de Versailles. Là il rencontra les descendants des plus illustres familles de France et connut
le comte d'Artois, petit-fils de Louis XV. Au manège, il
montait moins bien que le brillant Artois, mais il avait
cent vingt mille livres de rentes et de beaux chevaux qu'il
prêtait à ses amis de sorte que, malgré sa timidité de provincial, on le traitait assez bien. Il était grand, élancé,
avec une tête étroite et haute, d'une figure douce et hon-

1. Lettre de La Fayette sur sa famille. Collection Edmond de La Fayette.

nête, mais un peu froide. Ses sourcils arqués lui donnaient un air d'étonnement ironique.

J'allai, deux fois, passer mes vacances en Auvergne. J'y étais encore lorsque j'atteignis ma quatorzième année et nous reçûmes la nouvelle que mon grand-père avait arrangé mon mariage avec Mlle de Noailles, seconde fille du duc d'Ayen, alors âgée de douze ans. Je vins habiter le Luxembourg[1]...

Depuis le splendide héritage, toutes les familles de la cour guettaient, pour leurs filles, cet orphelin si largement pourvu. Gilbert était bien jeune, mais il importait de prendre date. Le duc d'Ayen connaissait le comte de la Rivière, auquel il proposa l'une de ses cinq filles. Adrienne n'avait que douze ans; la duchesse d'Ayen, quand elle fut mieux informée sur le prétendant, s'inquiéta. On lui disait du bien de ce petit La Fayette, mais « son extrême jeunesse, l'isolement où il se trouvait ayant perdu tous ses parents proches, une grande fortune toute acquise », ce que Mme d'Ayen considérait comme un danger de plus, toutes ces considérations l'incitèrent d'abord à refuser. Elle persista plusieurs mois dans cette attitude, ce qui mit le duc d'Ayen dans une telle colère qu'il cessa de venir à Paris. Des parents lui représentèrent qu'il avait tort d'insister et que la duchesse avait été trop loin pour reculer. Mais lui, malgré la brouille (car c'en était une), rendait hommage à la droiture de sa femme : « Vous ne connaissez pas Mme d'Ayen, disait-il; quelque avancée qu'elle puisse être, vous pouvez être assuré qu'elle reviendra comme un enfant si vous lui prouvez qu'elle a tort. »

En effet, quand on eut rassuré la duchesse en lui disant que le mariage serait différé de deux ans; que sa fille ne la quitterait pas pendant les premières années; que le ménage enfantin logerait à l'hôtel de Noailles; que des mesures, en attendant, seraient prises pour compléter l'éducation du jeune La Fayette, elle accepta. Le 21 septembre 1772, la nichée de jeunes filles fut témoin d'une

1. Lettre de La Fayette sur sa famille. Collection Edmond de La Fayette.

réconciliation entre leurs parents, qui ne leur fut pas plus expliquée que la brouille à laquelle elle mettait fin, mais qui leur procura un soulagement ineffable. Le vicomte de Noailles, second fils du maréchal duc de Mouchy, avait entre temps été proposé pour l'aînée des cinq sœurs, Louise, dont il était le cousin. De lui aussi, on ne disait que du bien et le double projet de mariage fut arrêté, mais il fut convenu qu'on n'en parlerait pas à Louise avant un an; à Adrienne, avant dix-huit mois. On décida pourtant que les prétendants rencontreraient parfois leurs futures épouses, soit à l'hôtel de Noailles, soit à la promenade, mais sans rien dire pour ne pas troubler leurs études.

Le 7 avril 1773, le duc d'Ayen fit passer Gilbert de La Fayette au régiment de Noailles, avec le grade de sous-lieutenant. Déjà il le traitait en membre de la famille. A la fin de l'été, Mme d'Ayen, à sa fille aînée, « parla » du vicomte de Noailles. « Le goût extrême que Louise avait pour son cousin, depuis l'enfance, lui rendit cette idée très agréable. » Pendant les deux mois de fiançailles, la duchesse aida sa fille à se préparer à ce nouvel état « avec les dispositions des patriarches ». Les quatre sœurs jetaient les hauts cris; tout le monde versait des torrents de larmes. Un homme, et un homme du monde, dans cette pieuse maison, était comme un épervier fondant sur la nichée de colombes et ravissant l'une de celles-ci.

Cependant Mme d'Ayen « parlait » aussi à sa seconde fille du marquis de la Fayette que, depuis un an, elle avait observé et apprécié. « L'attrait de son cœur avait prévenu Adrienne et elle fut heureuse d'apprendre que sa mère le regardait et l'aimait comme un fils. » Mme d'Ayen sut peindre toutes les qualités du jeune La Fayette : la géné-rosité, le courage, l'enthousiasme. Elle prêchait là une fille déjà trop convaincue et dont il importait plutôt de calmer « la pauvre tête bien vive et bien faible ». Adrienne n'avait que quatorze ans et demi et le mariage l'effrayait un peu, mais elle savait qu'elle vivrait avec son mari à l'hôtel de Noailles; c'était rassurant.

Le mariage fut béni dans la chapelle familiale, le 11 avril 1774. Mlle d'Ayen apportait en dot deux cent mille livres. Peu de chose au regard des grands biens de l'époux, mais l'alliance des Noailles était en soi une fortune. Adrienne, dès les premiers jours de sa vie conjugale, éprouva pour Gilbert un sentiment vif et tendre. Tout y contribuait : une éducation qui faisait, de l'amour dans le mariage, un devoir d'état; l'influence de Mme d'Ayen qui montrait la plus haute estime pour le caractère de son gendre; l'admiration éperdue de la jeune mariée pour son seigneur et maître.

On pourrait dire que c'était le sentiment le plus passionné, si cette expression s'accordait avec la ravissante délicatesse qui l'éloignait de toute espèce de jalousie ou, du moins, des mauvais mouvements qui en sont d'ordinaire la suite. Jamais non plus elle n'a eu un moment d'exigence[1]...

Non seulement La Fayette ne put s'apercevoir d'un désir qui lui fût incommode mais, dans le fond de son cœur, Adrienne n'avait pas une impression amère à cacher. Tout de suite, son mari fut son héros, qui ne pouvait mal faire. Il avait ses défauts; elle mit quelque temps à les découvrir; aussitôt son imagination les transforma en vertus. Sa tête demeurait agitée par ses inquiétudes religieuses et elle ne fit sa première communion qu'un an après son mariage (le dimanche de Quasimodo 1775).
On pense bien qu'à peine mariée, elle fut requise d'écrire à la vénérée tante de Chavaniac. Nous avons sa lettre, d'une écriture encore enfantine : « Permettez, je vous prie, Madame, que je vous demande vos bontés pour une nouvelle petite nièce qui ose vous appeler sa tante[2]... » Un peu plus tard, elle écrivit de nouveau pour féliciter cette tante Charlotte sur le mariage de la cousine chère à

1. *Notice sur Madame de La Fayette par Madame de Lasteyrie, sa fille,* page 194.
2. Lettre inédite. Collection Fabius.

Gilbert. Adrienne fut chargée, par les dames de Chavaniac, d'acheter à Paris le trousseau, ce qu'elle fit avec une méticuleuse précision, demandant des mesures, des modèles, des échantillons de cheveux. La très jeune fille se révélait femme de tête.

En mai, Louis XV mourut de la petite vérole. Il fut peu regretté. La France attendait merveilles du nouveau roi et de la jeune reine Marie-Antoinette. On les savait bons, de manières simples. Ils étaient sur le pied de l'amitié avec toute la coterie Noailles. Le vicomte de Noailles, mari de Louise, appartenait à leur société intime, comme aussi le comte de Ségur qui, à peine plus âgé que La Fayette, allait épouser, en 1777, la demi-sœur de la duchesse d'Ayen et devenir ainsi le « bel-oncle » d'Adrienne. La duchesse de Mouchy (grand-tante d'Adrienne), première dame d'honneur, régnait sur la Maison de la reine. Ses mœurs irréprochables, les hautes vertus de son époux, aussi austère que son frère Noailles était mondain, faisaient d'elle une personne respectable, mais son esprit borné la rendait importune. « L'étiquette était pour elle une sorte d'atmosphère; au moindre dérangement de l'ordre consacré, on eût dit qu'elle allait étouffer. Elle tourmentait la jeune reine de mille représentations sur ce qu'elle aurait dû saluer celui-ci de telle façon, celui-là de telle autre. » Paris sut bientôt que la reine l'avait surnommée : *Madame l'Étiquette*, ce dont les jeunes rirent tandis que les vieux blâmaient.

Le duc d'Ayen, toujours prompt à solliciter, obtint de Louis XVI, pour son gendre La Fayette, huit jours après l'avènement, le commandement d'une compagnie du régiment de Noailles. Il avait été convenu qu'il n'en prendrait le commandement effectif qu'à dix-huit ans, mais son beau-père voulut qu'il allât à Metz, où était son régiment, au moins pour quelques mois. Le colonel du régiment de Noailles était, comme cela se devait, un jeune homme de la famille, le prince de Poix, fils aîné du maréchal de Mouchy, gâté jusqu'à la folie par ses trop tendres parents, par sa situation à la cour, par la faveur dont jouissait sa famille, donc assez fat, et si petit qu'il fallait à table l'asseoir sur une chaise haute pour qu'il pût manger. On l'appelait « le petit Poix ». Il n'avait ni patience, ni réflexion, mais un cœur excellent. Pour Adrienne, déjà enceinte, ce fut un crève-cœur que de se séparer d'un mari si fraîchement acquis, mais elle reçut de Metz des lettres tendres :

Metz, ce 26 mai 1774. — Vous m'écrivez des lettres charmantes, mon cher cœur; vous rendez justice à mon sentiment pour vous; vous m'en témoignez un bien fait pour me charmer, les deux moyens de me rendre heureux et je me plais à recevoir de vous mon bonheur. Comment pouvez-vous me demander si votre grossesse me fait plaisir? Vous ajoutez ma réponse au bas de la lettre, en disant tout celui que vous en ressentez. C'est un bien commun, mon cher cœur; notre façon de penser doit l'être ainsi que notre sentiment. Je vous jure que ma joie a été plus vive que je ne l'aurais cru. Quant au sacre, je n'ai pas besoin de permission pour y aller. J'en ai cependant écrit à M. de Poix; c'est lui qui a choisi mes habits. J'aurai tout à point nommé.

J'ai fait une acquisition, la plus précieuse du monde. Vous connaissez le charmant laquais du vicomte; c'est un homme fort au-dessus de l'ordre commun des domestiques. Son maître me l'a donné, parce que j'ai plus de moyens de lui être utile et que j'en avais la plus grande envie; ils se sont quittés les larmes aux yeux et, depuis que je le possède, je suis l'homme du monde le plus agréablement servi. Son ancien maître a été aujourd'hui à Frascati, mais j'ai mieux aimé m'entretenir avec vous qu'avec la marquise de Laval, et vous n'en serez pas étonnée; je soupe ce soir avec le maréchal de Broglie et les belles de la ville. Je ne sais pas ce que sont ces beautés, mais les échantillons que j'ai rencontrés quelquefois m'ont paru médiocres. Adieu, mon cher cœur[1]...

Le maréchal de Broglie, qui commandait à Metz, était un parent; *le vicomte* était le vicomte de Noailles, son beau-frère. Tout se passait en famille, et le gouvernement du royaume comme le commandement des armées semblait une affaire Noailles. La Fayette, en épousant Adrienne, était entré de plain pied dans un cercle magique.

1. Lettre inédite. Archives de La Grange.

Ce dimanche 19 juin 1774 : Vous ne m'avez pas écrit, mon cher cœur. Il ne m'est pas difficile de m'apercevoir qu'il me manque un de ces courriers qui font mes délices. J'ai reçu de vos nouvelles par M. le duc d'Ayen; il me mande que vous allez à Saint-Germain. Quelques vœux que je fasse pour que vous vous amusiez, c'est un grand plaisir pour moi de penser que vous y dites quelquefois à vous-même : « *J'y étais, il y a trois semaines, avec M. de La Fayette qui m'aime tant; à qui je ne peux pas refuser de l'aimer un peu, quoique son seul mérite consiste dans sa vive tendresse pour moi. Mais il m'aime tant!* » C'est là, j'espère, votre refrain... Mon cœur ne le dément pas. Vous me regrettez donc? Que je suis heureux d'être aimé de vous! A propos de refrain, c'est là le mien.

Ce 23 août 1774 : Vous ne m'écrivez plus, mon cher cœur. Est-ce pour éprouver si j'y suis sensible? Oui, je le suis, et je commence à trouver l'épreuve bien forte. Je me flatte que vous ne m'avez pas négligé sans dessein, car la tiédeur me paraîtrait pire que tout. Depuis trois courriers, je ne sais pas ce que vous êtes devenue. Il est vrai que je reçois la *Gazette* fort exactement. Vous me demandiez des nouvelles du vicomte. Il se porte bien. Il est à Chanteloup. Il faudra que j'écrive à quelqu'un pour savoir des vôtres. Seriez-vous malade? Non, sûrement, on me l'aurait mandé. Tout ce que je peux croire de plus satisfaisant, c'est que c'est la faute de la poste. J'y enverrai à quatre heures après minuit, qui est l'heure des lettres. En attendant que je sache de vos nouvelles, vous saurez celles de mon cœur. Il vous aime toujours à la folie.

Ce jeudi 1er septembre 1774 : Voilà deux courriers que je manque, mon cher cœur. Vous devez juger que ce n'est pas ma faute. J'ai été retenu à Melet, cette maison dont je vous avais parlé dans mes premières lettres; de fort ennuyeuse, elle est devenue charmante. Mme de Voïer, Mme de Melfort, Mme de la Porte (la jeune) la rendent très agréable. Nous y avons joué des proverbes. J'espère que vous aurez gagné la partie de comète dont je vous avais dérangée. Vous étiez sûrement avec Mme d'Ayen, contre M. et Mme Daguesseau. Cette partie devait être d'une gaieté, d'une folie incroyable. Vous m'avez fait, l'autre jour, une description fort détaillée et fort éloquente; ce serait un portrait si c'était ressemblant. A propos, quand aurai-je le vôtre? Je l'attends avec grande impatience[1]...

1. Lettres inédites. Archives de La Grange.

On voit qu'il écrivait bien, de manière agréable et tendre. Presque trop bien. Pour des lettres d'un amant de seize ans, celles-là manquent de familiarité. Les sentiments, en ce temps-là, revêtaient l'habit de cour. Et puis cette petite fille, dévote et grave, devait intimider son jeune mari. Il se découvrait un goût vif pour les femmes. Dans les châteaux de Lorraine, il en trouvait de plus légères que la sienne, et son beau-frère Noailles lui donnait l'exemple de la désinvolture. Cependant Adrienne lisait et relisait avec bonheur ces affectueuses protestations.

Après trois mois de vie militaire, où il avait été plus question de la comédie, des belles et des châteaux voisins que de manœuvres, il revint à l'hôtel de Noailles. Sa belle-mère, sa femme et des belles-sœurs admiratives l'y entourèrent de soins. On y voyait souvent la princesse de Poix, aussi pleine d'esprit et de vivacité que son « petit Poix » l'était peu. Elle était née Beauvau-Craon, fille d'un prince lorrain ami de Voltaire, avait fait un mariage absurde, le savait et s'en consolait. Son originalité charmait. « Si on pouvait l'acheter, je la couvrirais d'or », disait un vieux débauché.

L'originale comtesse de Tessé, sœur du duc d'Ayen, avait un salon brillant et s'était attachée maternellement aux enfants de son frère car, si l'inerte comte de Tessé chassait et « faisait au besoin quelque voyage », il n'avait pas semé d'héritiers au lit conjugal. Chaque fois que le mariage d'une nièce Noailles était célébré et que l'hôtel de la rue Saint-Honoré s'illuminait, Mme de Tessé, agressive et bienveillante, tenait à mettre dans la corbeille de noces le plus beau cadeau et se fâchait si quelque autre parent prétendait en faire plus qu'elle.

Dès son retour du régiment, La Fayette voulut être inoculé contre la petite vérole. C'était encore, en France, une nouveauté et il les aimait. On faisait alors, de cette petite opération, une grande affaire. Il ne fallait voir personne. La duchesse d'Ayen loua une maison à Chaillot et s'y enferma, avec son gendre et sa fille, pour la durée du

traitement, s'efforçant d'amuser Gilbert et lui donnant tous
les soins. Ayant elle-même eu la petite vérole, elle était
compétente — et immunisée. Pour Adrienne, cette retraite
forcée avec les deux êtres au monde qu'elle aimait le mieux,
fut une aubaine.

Lorsqu'il fut remis de l'inoculation, La Fayette alla en
visite chez ses tantes, à Chavaniac. Il avait pour Mme de
Chavaniac et Mlle du Motier, qui l'avaient élevé, une
authentique vénération et ne les avait pas vues depuis son
mariage. Adrienne, enceinte, ne pouvait faire cette longue
course en cabriolet. Il voyagea avec son ancien précepteur, l'abbé Fayon, qui jugea le train bien rapide. Mais le
moyen de gouverner un élève qui a épousé une Noailles!

6 novembre 1774 : Il m'a trouvé dans la route de l'imprudence et de mauvais principes. Grand sujet de disputes. Il
me trouve bien mauvais sujet, mais au moins j'ai un bon cœur,
et vous savez bien qu'il est à vous.

J'ai un voisinage assez nombreux pour la province. Il n'y
a, de votre connaissance, que Mme de Caniliac, qui est fort
aimable. J'ai réservé pour la fin l'article du cœur : c'est la
joie que j'ai eue de voir mes tantes et ma cousine; elle a été
au comble et je puis me vanter d'avoir été bien reçu. Vous êtes
fort aimée dans cette société et on y parle toujours de vous; on
voudrait bien vous y voir et je le désirerais bien pour avoir une
joie parfaite. Adieu, mon cher cœur. Je vais voir Mme de Caniliac, qui a des maux d'estomac; son oncle, qui a quatre-vingts
ans; son beau-frère, qui a la petite vérole par inoculation. Tout
cela me demande beaucoup de vos nouvelles et c'est un grand
moyen de me faire plaisir.

Mille tendresses. Mille respects à Mme d'Ayen. Embrassez
ma sœur vicomtesse toutes les fois que vous lui parlerez bas.
J'embrasse les petites. J'écrirai à M. le duc d'Ayen et au vicomte
quand je les saurai arrivés[1].

Il revint à Paris et se jeta dans les plaisirs de Versailles.
Mme d'Ayen crut devoir se contraindre à conduire, cet
hiver-là, chaque semaine, sa fille et son gendre au bal de la
reine et à recevoir ensuite leurs amis à souper. (Il y avait

---

1. Lettre inédite. Archives de La Grange.

à Versailles un hôtel de Noailles et le duc avait droit en outre à un appartement au château.) Adrienne allait maintenant au spectacle avec Gilbert et appréciait ce divertissement, pour elle neuf, avec toute la vivacité de son caractère. Elle ne se décidait pas légèrement à goûter les amusements du monde. Il lui fallait quelque motif de devoir, supérieur à ceux qui les interdisent, et par exemple la nécessité de distraire son jeune mari. Quand elle s'était persuadée qu'elle pouvait prendre un plaisir en conscience, elle s'y livrait alors franchement et sans scrupule. On imagine que le temps de ses délibérations à la Daguesseau devait paraître long à La Fayette, qui se piquait, comme disait l'abbé Fayon, d'être « mauvais sujet ».

Une petite bande s'était formée à Versailles. On y trouvait MM. de Noailles, de Ségur, de Durfort, de Coigny, le prince de Ligne, les deux Dillon et tout un groupe choisi de jeunes femmes. On se réunissait aux Porcherons (faubourg de Paris), dans le cabaret de l'Épée-de-Bois. Monsieur (le comte de Provence) et le comte d'Artois, frères du roi, y venaient, et aussi le duc de Chartres, fils du duc d'Orléans. La reine elle-même se risquait parfois, en cachette, dans la société de l'Épée-de-Bois. La même société se retrouvait au Palais-Royal et au bal de l'Opéra.

La galanterie y trouvait son compte. Beaucoup de ces dames se tenaient pour peu ou point mariées. La princesse de Poix jugeait son minuscule mari comique et n'avait pour lui qu'une affection condescendante. Il avait beau être un favori de la famille royale, un grand personnage pour tout autre qu'elle, son importance ne put jamais agir sur sa propre femme. Elle en plaisantait avec ses amies. Rien ne ressemblait moins au mariage.

Le prince d'Hénin se consacrait à des actrices : Mlle Arnould, Mlle Raucourt; la princesse d'Hénin en riait, ayant, elle, un amour pour le marquis de Lally-Tollendal. Le caractère de la conversation, dans ce groupe, était « la chaleur » (on lisait Diderot et Rousseau). On se battait les flancs pour être énergique et brûlant. Des manières froides inspiraient une sorte d'indignation. D'où des liaisons à teintes romanesques. La morale ne s'appuyait plus sur la religion, sauf chez les filles de la duchesse d'Ayen, spectatrices surprises, attristées et charitables.

La Fayette apprit là « les idées nouvelles ». Il avait peu lu à Chavaniac et au collège, hors Plutarque et les auteurs latins, et n'était pas, comme Noailles et Ségur, formé par Montesquieu, Rousseau, Voltaire. Mais depuis la honteuse paix de Paris, en 1763, il souffrait, comme toute la jeunesse, de l'humiliation de la France, plus même qu'un autre, car il avait, contre les Anglais, une solide rancune pour ce boulet de Minden qui avait tué son père. Il blâmait une politique de faiblesse. Tous ceux qui l'entouraient, bénéficiaires du vieil ordre social, travaillaient à le miner. Comment auraient-ils craint les conséquences? Rien ne changeait en France. On y voyait le même Versailles, le même trône, les mêmes pairs du royaume. Dans le salon de l'Œil-de-Bœuf, le même cérémonial était observé. « Madame l'Étiquette » veillait à ce que la reine, au lever, reçût sa chemise des mains de la personne du rang le plus élevé. Les chefs des grandes familles, indifférents aux intérêts de l'État, s'occupaient de promotions, de décorations, de froideurs ou de faveurs royales. La jeune noblesse, quand elle allait dans ses terres, y trouvait des baillis, des paysans qui saluaient en courbant l'échine et « marchait gaiement sur un tapis de fleurs qui cachait un abîme ».

Riants frondeurs des modes anciennes, de l'orgueil féodal de nos pères et de leurs graves étiquettes, disait l'un des meilleurs amis de La Fàyette, Ségur, tout ce qui était antique nous paraissait gênant et ridicule. La gravité des anciennes doctrines nous pesait. La philosophie riante de Voltaire nous entraînait en nous amusant. Sans approfondir celle des écrivains plus graves, nous l'admirions comme empreinte de courage et de résistance au pouvoir arbitraire[1]...

1. Comte DE SÉGUR : *Mémoires ou Souvenirs et Anecdotes*, tome I, page 29 (Paris, Alexis Eymery, 1824).

Par nature comme par éducation, La Fayette eût été sérieux, et même un peu solennel, mais par inquiétude d'adolescent et de provincial, « il recherchait avec soin tout ce qu'il croyait être du bon air dans les personnes et les choses... Il était gauche dans toutes ses manières; sa taille était très élevée, ses cheveux très roux; il dansait sans grâce, montait mal à cheval, et les jeunes gens avec lesquels il vivait se montraient tous plus adroits que lui dans les exercices du corps alors à la mode[1] ». La jeune reine, pour se soustraire aux rigueurs de Madame l'Étiquette, se donnait à ses amitiés privées. Elle invitait la compagnie de l'Épée-de-Bois à venir, dans ses appartements, répéter des ballets. Elle prenait plaisir à y danser elle-même. La Fayette fut admis dans l'un des quadrilles, mais parut si gauche que la reine ne put s'empêcher d'en rire. Elle aimait la grâce et le naturel. Ce grand garçon roux avait l'air emprunté, grave et raide. Ségur, qui le connaissait bien, dit que ce froid extérieur et son peu d'empressement à parler, qui faisait contraste avec la loquacité brillante de ses compagnons, cachaient l'esprit le plus actif, le caractère le plus ferme et l'âme la plus brûlante. Mais la reine avait ri; ce rire trouva des échos et il en resta, entre le gendre des Noailles et sa souveraine, une gêne. Plusieurs années après il parlait encore, dans ses lettres à Adrienne, de ce faux pas et de cet éclat de rire.

Pour se prouver que, malgré tout, il avait « bon air », il se mit en tête de conquérir une maîtresse. Si récemment marié avec une femme qui l'adorait, l'entreprise peut surprendre. Mais à Versailles, un mari fidèle faisait un personnage ridicule. Adrienne était une enfant pieuse; en outre enceinte. Surtout La Fayette mettait son point d'honneur à imiter en tout son beau-frère Louis de Noailles, aussi gracieux que Gilbert était gauche, aussi spirituel

---

1. Comte DE LA MARCK : *Notice sur Monsieur le marquis de La Fayette*, citée par ADOLPHE DE BACOURT, pages 62-63 de son Introduction à la *Correspondance entre le comte de Mirabeau et le comte de la Marck* (Paris, Librairie Veuve Le Normant, 1851, 3 volumes).

que Gilbert semblait terne, bon cavalier, fort buveur, beau
danseur et brillant causeur. « Je me souviens, dit La Marck,
qu'un jour, à un dîner auquel le vicomte de Noailles
n'assistait pas, M. de La Fayette avait bu au point qu'il
fallut le porter dans sa voiture pour le ramener chez lui.
Pendant tout le trajet, il répétait à ceux qui l'entouraient :
« N'oubliez pas de dire à Noailles comme j'ai bien bu[1]. »

Pour égaler Noailles et Ségur, il lui fallait une aventure.
Il jeta son dévolu sur Aglaé d'Hunolstein (née de Puget de
Barbantane), jeune et jolie femme attachée à la duchesse
de Chartres et dont le mari (le comte Philippe-Antoine
d'Hunolstein) était colonel du régiment du duc. Il était
de notoriété publique que Son Altesse Royale le duc de
Chartres, fils et héritier présomptif du duc d'Orléans, en
était amoureux et « en avait les bonnes grâces ». Elle était
de la petite bande qui, à la suite du duc de Chartres, dansait, soupait, courait le cerf, s'asseyait aux tables de jeu
et faisait mille folies, comme de traverser Paris en caravane, le duc de Chartres faisant le postillon, la duchesse
de Chartres et la princesse de Lamballe dans la voiture,
et la charmante Aglaé, sur le siège de derrière, en guise de
laquais, les bras croisés.

S'attaquer à la maîtresse « déclarée » d'un prince du sang
semblait téméraire. La Fayette aimait la témérité. Seulement il ne réussit pas. Que représentait-il pour Aglaé ?
Moins séduisant que le duc de Chartres, il n'avait rien qui
pût le faire briller aux yeux d'une femme, hors la sienne.
Mais il s'était mis en tête de « brûler pour Aglaé » et, sans
aucun droit, s'en montrait jaloux. Il crut, on ne sait pourquoi, que Ségur était son rival heureux : « Amoureux
d'une dame aimable autant que belle, écrit Ségur, il
m'avait cru mal à propos son rival et, malgré notre amitié,
dans un accès de jalousie, il avait passé toute une nuit chez
moi, pour me persuader de disputer contre lui, l'épée à la
main, le cœur d'une beauté sur laquelle je n'avais pas la

---

1. Comte DE LA MARCK : *Opus cit.*, page 64.

moindre prétention. Quelques jours après notre querelle et notre réconciliation, je ne pus m'empêcher de rire en écoutant le maréchal de Noailles et d'autres personnes de sa famille, me prier d'user de mon influence sur lui pour échauffer sa froideur, pour le réveiller de son indolence, et pour communiquer un peu de feu à son caractère[1]... » La belle-famille oubliait que les incendies les plus dangereux couvent sous la cendre du silence.

Adrienne connut-elle cette tentative d'infidélité? Cela est probable. Il y avait peu de secrets bien gardés à Versailles et quand elle « parlait tout bas » à l'oreille de sa sœur Louise, les confidences devaient aller bon train. Mais quoi? Elle connaissait les mœurs de son monde et de son temps. Son père avait trompé sa mère. Les hommes étaient ainsi. On en souffrait, bien sûr, la foi consolait de tout et la certitude que l'on restait, quant à soi, irréprochable. Et puis elle aimait son mari, de toute manière.

La Fayette, comme plus d'un timide, osait beaucoup pour se prouver à lui-même son courage. Un jour que la société de l'Épée-de-Bois s'était amusée à mettre en scène une parodie du Parlement, il avait joué le rôle du procureur général, avec verve. Les gens de la vieille cour firent sentir à M. de Maurepas, principal ministre, l'inconvénient de permettre aux princes de s'entourer de jeunes courtisans irrespectueux de la magistrature. Un orage gronda. Ségur le détourna en allant raconter l'histoire au roi, qui rit beaucoup. L'orage s'éloigna. Mais La Fayette demeura en état de révolte secrète contre une société dont la frivolité blessait en lui un obscur besoin de grandeur.

Le duc d'Ayen venait d'obtenir, pour son gendre, une place d'honneur dans la maison du comte de Provence (Monsieur, frère du roi). La Fayette, qui ne voulait pas s'enchaîner à la cour, décida de se rendre impossible. Pendant un bal masqué, ayant reconnu, sous un domino

1. Comte DE SÉGUR : *Mémoires ou Souvenirs et Anecdotes*, tome I.

vert, le comte de Provence, il chercha querelle à ce prince.
Le comte de Provence s'était vanté de sa mémoire. La
Fayette dit brutalement : « Tout le monde sait que la
mémoire tient lieu d'esprit aux sots. » C'était une inso-
lence inconvenante et inutile, sauf aux yeux du farouche
La Fayette, car elle mit fin aux projets du duc d'Ayen,
lequel, très fâché, renvoya son gendre à Metz.

De quoi le gendre ne fut pas mécontent. On a vu qu'il
n'était pas heureux à Versailles, où il ne réussissait ni
comme amant, ni comme courtisan. Le cœur en écharpe,
il se donna tout entier à son métier de soldat. C'était le
temps où la stratégie du roi de Prusse (Frédéric II) et sa
discipline étaient à la mode. A Metz, le comte de Broglie
menait sévèrement sa troupe brillante de jeunes officiers
de haute naissance. Pourtant Adrienne recevait régulièrement de longues lettres du bien-aimé absent; elles
étaient aussi tendres que si aucune autre femme n'eût
occupé son esprit.

Ce samedi 8 mai 1775 : J'ai trouvé une occasion, mon cher
cœur : c'est un homme qui va vous voir en poste. J'en suis
jaloux et j'imagine que j'irais bien plus vite que lui, mais enfin
peu vaut mieux que rien, et puisque j'en suis réduit à vous
écrire, je me plais à penser que cette lettre arrivera plus tôt
que par le courrier. J'en ai reçu deux de vous qui m'ont fait
un plaisir inexprimable. Le sentiment qui y est peint, d'une
manière charmante, me les rendent bien chères. Vous avez eu
des révoltés; nous sommes fort tranquilles. Cependant l'on
prévoit que nous pourrions marcher vers Reims, pendant le
sacre, s'il y avait des mouvements. C'est peut-être une nouvelle
de garnison. Vous me feriez plaisir, mon cher cœur, de me mander
dans un grand détail tout ce qui se passe, ce qu'on prévoit,
ce qu'on dit à la cour. Vous ne sauriez croire combien c'est
agréable dans ce pays-ci. Les plaisirs ne sont pas vifs; la bonne
compagnie me paraît médiocre, excepté le chapitre, où je m'ennuie; et je ne m'amuse qu'à ce qui ennuie beaucoup de gens.
Je me couche de bonne heure, je me lève matin, je passe la
moitié de la journée à cheval et je cours après toutes les troupes.
Nous avons de tout pour nous instruire. Je voudrais bien
trouver un secret, mon cher cœur :. ce serait une manœuvre
qui me transporterait dans votre chambre.

Ma lettre part avec la confiance d'être bien reçue de vous, mais elle ne sentira pas quel plaisir c'est de vous voir et je n'en suis plus jaloux. Mille respects à Mme d'Ayen, mille compliments aux petites sœurs qui ont le bonheur de passer leur vie avec vous et Mlle Marin[1].

La première grossesse d'Adrienne s'était terminée par « un accident de maternité ». Mais bientôt après le départ de son mari pour Metz, elle découvrit avec bonheur qu'elle était de nouveau enceinte.

Sans date : Pardon, mon cher cœur, d'avoir été trop inquiet de ne pas recevoir de vos nouvelles. Mais c'est vous demander pardon de vous aimer et j'espère que vous me le passerez, quand je devrais encore retomber dans l'excès de sensibilité. Le temps où je suis sans savoir si c'est à vous ou au hasard que je dois m'en prendre me paraît si long, et je suis si souvent occupé de vous, que je me suis fait illusion sur la durée de votre silence.

J'ai été cependant abandonné pendant cinq courriers! Hier, j'allai trois fois à la poste; j'y mis Lépine en sentinelle; j'eus un homme à cheval pour m'apporter les lettres dans l'endroit où je me trouverais. J'en ouvris deux, avec le plaisir et l'impatience d'un cœur qui les désirait ardemment; jugez combien je fus content. C'est là, mon cher cœur, que je vis combien je vous aimais. Votre nouvelle m'a fait une joie sur laquelle je ne comptais pas. Ce *petit être à soi* est un être à nous, qui me rend heureux. Il me semble que nous nous en aimons mieux. Je suis déjà le père de famille le plus tendre. C'est si aisé quand on vous aime comme moi. Je n'aurais pas cru que votre nouvelle m'eût fait une sensation aussi vive. Je la sais depuis hier et j'en suis au premier moment de joie. Cela vous en fait aussi, mon cher cœur; je la partage bien tendrement. Tout est commun entre nous.

Réjouissons-nous donc et pensons au sacre. Il est décidé que vous ferez ce voyage. J'irais vous embrasser aux enfers; ainsi je vous verrai, où que vous soyez. J'écris à mon grand-père; je saute sur la nouvelle pour la lui apprendre. M. le duc d'Ayen m'a écrit. J'ai lu sa lettre avec une reconnaissance des soins qu'il prend de moi, qui ne peut se comparer qu'à la manière dont je l'aime.

Adieu, mon cher cœur. Ménagez-vous; pensez à moi; je vous aime à la folie. Je vous demande pardon de mes re-

1. Lettre inédite. Archives de La Grange.

proches, mais je ne me corrigerai jamais de vous aimer. C'est un sentiment qui va toujours en augmentant, mais qui ne peut plus acquérir d'autre mérite que celui de durer éternellement; je vous le jure, mon cher cœur, et je voudrais que vous lisiez dans mon âme...

Nous sommes ici dans le trouble et la désolation. Toute la garnison va prendre le deuil. M. le maréchal a fait main basse sur les filles; on les chasse; on les enferme. C'est l'ennemi juré de ces dames, qui le maudissent du meilleur de leur cœur. Les sept Cordons bleus de l'ordre ont été conviés hier. Vous pleureriez si vous étiez ici, surtout si on ajoutait que nous n'avons plus, à la messe, qu'un tambour pour tout potage. Enfin, mon cher cœur, nous sommes dans la réforme. Il ne permet que les sentiments légitimes.

Légitime ou non, mon cher cœur, on aurait eu bien de la peine à m'arracher celui que je vous ai voué pour la vie[1]...

Pour la vie... Comment ne pas être rassurée par de telles lettres lorsqu'on a quinze ans, qu'on attend un enfant et que l'on remet son sort entre les mains de Dieu?

1. Lettre inédite. Archives de La Grange.

V

POURQUOI PAS?

> Tous les princes s'ennuient.
> La preuve de cela, c'est qu'ils
> vont à la chasse.
>
> MONTESQUIEU.

EN AOÛT 1775, le duc de Gloucester, frère du roi d'Angleterre George III, traversa Metz :

Nous possédons à Metz, depuis plus de huit jours, S. A. R. Monseigneur le duc de Gloucester qui voyage avec la princesse son épouse, leur enfant et une suite nombreuse. Leurs Altesses Royales ont honoré plusieurs fois le spectacle de leur présence et ont visité toute la ville. Monseigneur le prince de Poix et plusieurs seigneurs qui sont à Metz ont eu l'honneur de leur donner à manger[1].

Le comte de Broglie, qui commandait les troupes de la région, donna un dîner en l'honneur de l'illustre voyageur et invita les deux gendres du duc d'Ayen : le vicomte de Noailles et le marquis de La Fayette. C'était le temps de la révolte, contre l'Angleterre, des colonies d'Amérique. Le duc de Gloucester en parla beaucoup. Il n'aimait pas

---

1. *Affiches, Annonces et Avis divers pour les Trois Évêchés et la Lorraine*, 17 août 1775. Cf. le catalogue de l'Exposition organisée par les Archives nationales pour le bi-centenaire de la naissance de La Fayette, en 1957. Page 29, nº 35.

le roi son frère et blâmait la sotte obstination de George III
en cette affaire. Les Américains s'étaient soulevés au nom
d'un vieux principe anglais : « Pas d'impôt sans représentation. » Comment les en blâmer? Le vieux Pitt avait
recommandé la suppression des taxes illégales : « Les
Américains n'ont pas toujours agi avec prudence, avait-il
dit, mais ils ont été poussés à la folie par l'injustice. Les
punirez-vous d'une folie dont *vous* êtes les auteurs? »
Les taxes avaient été supprimées mais le gouvernement
anglais avait, « pour le principe », maintenu l'une d'elles,
celle sur le thé. Or c'était « le principe » que les Américains
n'acceptaient pas. Ils voulaient être des hommes libres.
le duc de Gloucester leur donnait raison. Seulement il ne
dissimulait pas que l'affaire était devenue très grave. Les
Insurgés, ou (comme on les appelait en France) les Bostoniens, avaient maintenant une armée, un général,
George Washington, et ils se battaient avec courage. Les
experts affirmaient qu'ils seraient rapidement vaincus,
mais les experts, en tous pays, se trompent avec une merveilleuse infaillibilité.

Autour de la table, plus d'un officier français écoutait
avec intérêt les propos amers du prince anglais. Pour le
comte de Broglie, c'était là un sujet familier. Il s'était
jadis occupé avec Choiseul, puis avec le ministre Vergennes,
d'affaires étrangères; il pensait que la politique de la
France devait être de soutenir à fond ces *Insurgents*. On
affaiblirait ainsi l'Angleterre et on préparerait une revanche
de la déplorable paix de 1763. Le comte de Broglie s'était
plusieurs fois proposé pour commander un corps expéditionnaire, avec le secret espoir de devenir gouverneur
ou vice-roi d'Amérique pour le roi de France. Il se garda
bien de confier ses pensées secrètes au duc de Gloucester,
mais il pensa que son projet aurait maintenant chance
d'être repris. Pour le moment Vergennes, afin de ne pas
donner à l'Angleterre un prétexte de guerre, se contentait
de soutenir les Américains en leur fournissant des armes
et des techniciens par personne interposée (comme Beau-

marchais) et de le nier vertueusement quand l'ambassadeur d'Angleterre, Lord Stormont, s'en plaignait.

Aux jeunes hommes comme Louis de Noailles et Gilbert de La Fayette, ces premiers coups de canon tirés pour défendre la liberté semblaient un appel et un signal. Ils avaient été élevés dans l'admiration des héros de la Grèce et de Rome; ils avaient appris à lire et à penser dans les ouvrages des républicains les plus célèbres de l'Antiquité; ils avaient souffert de voir qu'une scandaleuse inégalité subsistait en France. Ils souhaitaient que l'on mît les institutions en accord avec les mœurs. L'avènement au trône de Louis XVI et de Marie-Antoinette avait fait espérer qu'un âge d'or allait commencer. A cette jeunesse éprise de renouveau, l'audace des Américains révoltés contre un monarque arriéré apparaissait admirable.

Tout de suite Noailles et La Fayette eurent la même pensée : « Allons nous battre aux côtés des Insurgents! » La Fayette surtout se dit qu'il pourrait rapporter, d'une campagne prestigieuse, « de la gloire pour se faire aimer ». En outre, il avait à se venger des Anglais qui avaient tué son père et prenait cette vendetta fort à cœur. Il parla aussitôt de son engagement éventuel avec son général, le comte de Broglie, qui le calma. « Non, dit le général, j'ai vu mourir votre oncle en Italie; je commandais l'armée, quand votre père fut tué à Minden; je pense que vous vous devez à votre famille. Vous venez de vous marier; vous allez être père... Je ne me prêterai pas à vous mettre en danger. »

Revenu à Paris pour y attendre l'accouchement, La Fayette trouva sa femme toute prête à partager son enthousiasme pro-américain. Les Insurgents étaient à la mode. En cette France bruissante d'idées, on parlait « d'indépendance dans les camps, de démocratie chez les nobles, de philosophie dans les bals et de morale dans les boudoirs[1] ». Aux yeux d'une épouse amoureuse, un mari a

1. Comte DE SÉGUR : *Mémoires ou Souvenirs et Anecdotes*, tome I, page 165.

toujours raison. Il suffisait que La Fayette prît parti pour
les Bostoniens pour que sa douce compagne approuvât.
Cependant il se garda bien de lui dire qu'il faisait des
démarches pour aller en Amérique. Les volontaires affluaient chez Silas Deane qui, en attendant Benjamin
Franklin, était l'envoyé américain en France, et d'ailleurs
ne savait pas un mot de français. Deane engageait tout
le monde et signait, avec trop de facilité, des brevets d'officiers. Pour La Fayette, le problème était complexe. Il
ne pouvait agir ouvertement. Jamais sa belle-famille,
toute-puissante, n'eût approuvé un projet aussi extra-
vagant. Adrienne avait mis au monde, en décembre 1775,
une petite fille, baptisée Henriette comme sa grand-mère.
Pendant toute l'année 1776, La Fayette, avec ses deux
meilleurs amis, Noailles et Ségur, fit de nombreuses
démarches clandestines pour préparer le grand départ.
En juin 1776, La Fayette, sur sa demande, fut réformé
et mis au cadre de réserve, ce qui le rendait plus libre de
ses mouvements. Les trois amis s'étaient mutuellement
promis le secret.

Le comte de Broglie, de son côté, avait communiqué
à Silas Deane un grand projet. Il s'agissait de trouver
« un homme dont le nom et la réputation seuls puissent
décourager l'ennemi... On peut trouver cet homme, disait-
il, et je crois que je l'ai trouvé... La question est de le
déterminer, ce qui ne peut se faire qu'en accumulant sur
lui assez d'honneurs... comme de le nommer feld-maréchal
généralissime[1] ». Le feld-maréchal, naturellement, c'était
lui. Un état-major devait le précéder, qui comprendrait
un Allemand, soldat de carrière, le baron Johann von
Kalb, le vicomte de Mauroy et quatorze officiers. Mais le
projet de Broglie fut désapprouvé par la cour et, revenant
sur son premier sentiment, il autorisa Kalb à présenter

---

1. *Projet dont l'exécution déciderait peut-être le succès de la cause de la
liberté des États-Unis de l'Amérique septentrionale*, dicté par le comte
de Broglie. Ministère des Affaires étrangères, correspondance politique
États-Unis, tome I, folios 304-307.

La Fayette à Silas Deane. La Fayette, naïvement, admira
« cette bonté paternelle ». En fait, Broglie croyait avoir
le plus grand intérêt personnel à envoyer Kalb et La Fayette
en Amérique et à préparer ainsi la voie pour lui-même.

L'ardeur des trois mousquetaires (Ségur, Noailles et
La Fayette) était trop vive pour rester longtemps discrète.
Ils confièrent leur dessein à des amis qu'ils espéraient
entraîner. La cour en eut connaissance et les ministres
craignirent le départ, pour l'Amérique, de volontaires
d'un rang tel qu'il serait impossible de soutenir aux Anglais
que ces jeunes fous s'étaient engagés sans autorisation.
On leur défendit de continuer leurs démarches. Leurs
parents prirent l'alarme et Ségur fut amusé par la surprise
que témoigna la famille de La Fayette. Le duc d'Ayen dit
à son gendre : « C'est bon pour le vicomte de Noailles, qui
est robuste, ardent, qui peut tout entreprendre avec sa
décision, mais vous! Qu'allez-vous faire là? »

Rien ne pouvait blesser davantage le chatouilleux honneur de Gilbert; rien ne pouvait mieux le déterminer à
poursuivre son dessein. Parce qu'il se fiait aux apparences,
le beau-père, une fois de plus, se trompait du tout au tout
sur le gendre. En fait ce timide était un casse-cou, tout
d'impulsion et de sentiment. Le *Pourquoi pas?* de ses
ancêtres demeurait sa devise; le don-quichottisme, sa
philosophie. Il y avait à peine un an que le maréchal
de Noailles et le duc d'Ayen avaient prié Ségur d'arracher
Gilbert à son indolence. « Jugez quel put être leur étonnement lorsqu'ils apprirent tout à coup que ce jeune sage
de dix-neuf ans, si froid, si insouciant, emporté par la
passion de la gloire et des périls, voulait franchir l'océan
pour combattre en faveur de la liberté américaine[1]! »

Seules ne furent pas surprises la duchesse d'Ayen et sa
fille Adrienne, qui avaient pénétré plus profondément dans
ce cœur bien défendu. Elles furent soulagées quand une
interdiction absolue sembla rendre la grande aventure

---

1. Comte DE SÉGUR : *Mémoires ou Souvenirs et Anecdotes*, tome I,
pages 123-124.

impossible. Adrienne, pour la troisième fois, était enceinte
et avait besoin de la présence de son mari. Mais l'opposition de la belle-famille produisit des effets inattendus.
Noailles et Ségur, qui n'avaient d'autres ressources que
les pensions faites par leurs parents, durent s'incliner.
La Fayette, orphelin dont les revenus, bien administrés
par le marquis de la Rivière et Mlle du Motier, ne faisaient
que grandir : 146 000 livres, toutes impositions prélevées,
se sentant indépendant, continua secrètement à négocier
avec Silas Deane et Kalb. Le 7 décembre 1776, il signa son
engagement dans l'armée américaine. Il recevait, comme
Kalb, le rang de major-général. Pour un officier de dix-
neuf ans, sans expérience militaire, c'était un avancement
presque indécent, mais Silas Deane avait été ébloui par
un volontaire de cette qualité. Adrienne ne sut rien de
cet engagement. Il craignit sans doute qu'elle n'avertît
ses parents et ne fît tout manquer. En quoi sans doute il la
méconnaissait. Elle était femme à garder un secret, fût-ce
au péril de son bonheur.

Il est difficile de croire que le ministère était réellement
hostile à ce départ, car ce fut le secrétaire du comte de
Broglie, Boismartin, qui se chargea d'aller, à Bordeaux,
acheter pour La Fayette un vaisseau destiné à le transporter en Amérique avec d'autres officiers. Les armateurs
s'engageaient à livrer le navire en mars 1777, pour cent
douze mille livres, dont un quart payable comptant. Pour
endormir les soupçons et faire croire qu'il se soumettait,
comme Noailles et Ségur, La Fayette décida d'aller passer
le temps de l'attente à Londres, avec son parent et ami le
prince de Poix. Le marquis de Noailles, frère du duc d'Ayen,
y était ambassadeur de France. Nul ne penserait que, sur
le point d'aller se battre contre l'Angleterre, La Fayette
avait choisi d'y aller en visite. C'était mal le connaître et
le piquant de la situation devait, au contraire, le tenter.

La Fayette à sa femme, Calais, le 20 février 1777 : Nous voilà
arrivés à Calais sans accident, mon cher cœur, prêts à nous
embarquer demain et à voir cette fameuse ville de Londres.

Il m'en coûtera pour quitter le rivage. Je quitte tous les gens que j'aime; je vous quitte, mon cher cœur, et en vérité sans savoir pourquoi. Mais le sort en est jeté, il faut bien y aller... Je vous prie, mon cœur, de faire donner de mes nouvelles à mes tantes. Je vous écrirai de Londres, dès que j'y serai, et j'espère y avoir bientôt une lettre de vous. Écrivez-moi exactement; c'est me faire un grand plaisir. Adieu, cher cœur; dans quelque pays que j'aille je vous aimerai toujours bien tendrement. Je voudrais que vous puissiez connaître combien cette assurance est sincère et combien votre sentiment fait mon bonheur.

25 février 1777 : Nous voici arrivés à Londres, mon cher cœur, et ce n'est pas sans peine. Le temps que nous avons resté à Calais a été bien ennuyeux; enfin nous sommes parvenus ici hier. Je vous écris de chez le marquis de Noailles, qui nous a reçus avec un grand empressement. Nous n'avons encore vu que quelques hommes ce matin. Nous venons de dîner chez notre ambassadeur et nous partons pour l'Opéra; ensuite nous sommes priés à souper, au bal; nous verrons cette nuit toutes ces dames. Je trouve encore que Paris vaut bien mieux que Londres, quoique nous y soyons reçus fort agréablement. J'ai une grande impatience de voir toutes ces jeunes femmes, et la fameuse duchesse de Devonshire. C'est ce soir que nous faisons notre entrée. J'ai bien envie que le prince se conduise bien; il prétend que j'ai toujours peur qu'il ne dise quelque sottise. Adieu, cher cœur, je suis si pressé que je n'ai que le temps de vous dire que je vous aime de tout mon cœur.

Sans date : J'ai été bien fâché, mon cher cœur, de ne pas recevoir de vos nouvelles depuis deux courriers. Heureusement, je sais que vous n'êtes pas malade et seulement paresseuse, parce que nous en avons eu de la vicomtesse et de nos autres amis, qui ne parlent point de vous. Les plaisirs de Londres vont toujours fort vite et je suis étonné de leur vivacité, moi qui ne suis pas accoutumé à une vie bien retirée. D'abord de sortir du dîner à sept heures et demie et de souper entre deux et trois heures me paraît une fort mauvaise habitude. Je m'amuse fort bien ici; il y a des femmes vraiment charmantes, des hommes fort aimables et pleins de bontés pour nous, et, quand on peut sortir les premières [de leurs assemblées] et les hommes de leurs clubs, pour les mettre en société, ils sont très aimables. Le terme de votre exil à Versailles approche et je vous en fais mon compliment...

Adieu, mon cher cœur. Je suis obligé de vous écrire à la volée. Le peu de séjour que je ferai peut-être à Londres me rend

le temps plus précieux... Si j'avais besoin de nouvelles preuves
pour me convaincre combien je vous aime tendrement, ce serait
la peine que j'ai éprouvée en ne recevant pas de vos lettres,
lorsque j'en avais de tous mes amis. Bonjour!

Londres, ce 7 mars 1777 : Enfin, mon cher cœur, j'ai reçu
de vos nouvelles, et avec un grand plaisir. J'en attends encore
aujourd'hui et, quel que soit le mouvement de Londres, je
pense toujours avec impatience aux jours de courriers, et je suis
bien heureux quand ils arrivent. Nous dansons, nous soupons,
nous veillons toujours beaucoup et nos occupations n'ont guère
été relatives qu'à la société. Aujourd'hui cependant je me suis
promené avec M. de la Rochette (que je ne peux plus quitter)
dans le port de Londres et plusieurs endroits remarquables
de cette ville. Demain ou après-demain, nous allons à Ports-
mouth, munis des plus amples recommandations pour tout voir;
ainsi je pourrai bien être un ou deux courriers sans vous écrire.
On continue à nous combler de bontés dans ce pays-ci et nous
y sommes le plus agréablement du monde. M. de Poix est le
grand arbitre des modes et coiffe toutes ces dames, ces dames
seulement...
     Adieu, mon cher cœur. Mille respects à Mme d'Ayen;
mille tendres compliments à la vicomtesse, à mes sœurs. Je
suis toujours fâché quand je vous quitte, même par écrit,
et c'est à la fatalité de mon étoile, qui veut que je courre toujours, que je dois m'en prendre quand je ne vous vois pas
la sixième partie de ce que je vous verrais avec un vrai plaisir.
Mais vous connaissez mon cœur, ou du moins sa franchise, et
vous me croirez, j'espère, toujours quand je vous assurerai
qu'il vous aime pour la vie, du sentiment le plus solide et le
plus tendre.
     Embrassez vingt fois pour moi notre chère Henriette. Ne
m'oubliez pas auprès de M. votre père. Je n'ai encore vu que des
plumes comme à Paris et j'attends, pour lui écrire, de pouvoir
lui rendre compte de quelque promenade plus intéressante...
J'espère vous écrire encore une fois avant mon petit voyage[1].

« Avant mon petit voyage... » C'est du voyage à Ports-
mouth qu'il parle, mais on se demande si cette simple
phrase n'est pas chargée de sous-entendus. Deux jours
plus tard, le 9 mars, il écrivit à son beau-père, le duc

---

1. Lettres inédites. Archives de La Grange.

d'Ayen, en lui avouant toute la vérité. Il se croyait sûr de partir avant que la belle-famille ait pu le retrouver.

Vous allez être étonné, mon cher papa, de ce que je vais vous mander; il m'en a plus coûté que je ne puis vous l'exprimer pour ne pas vous consulter. Mon respect, ma tendresse, ma confiance en vous doivent vous en assurer; mais ma parole y était engagée, et vous ne m'auriez pas estimé si j'y avais manqué au lieu que la démarche que je fais vous donnera, j'espère, bonne opinion au moins de ma bonne volonté. J'ai trouvé une occasion unique de me distinguer et d'apprendre mon métier : je suis officier général dans l'armée des États-Unis d'Amérique. Mon zèle pour leur cause et ma franchise ont gagné leur confiance. De mon côté, j'ai fait tout ce que j'ai pu pour eux et leurs intérêts me seront toujours plus chers que les miens. Enfin, mon cher papa, dans ce moment je suis à Londres, attendant toujours des nouvelles de mes amis; dès que j'en aurai, je partirai d'ici et, sans m'arrêter à Paris, j'irai m'embarquer sur un vaisseau que j'ai frété et qui m'appartient. Mes compagnons de voyage sont M. le baron de Kalb, officier de la plus grande distinction, brigadier des armées du roi et major général au service des États-Unis, ainsi que moi; et quelques officiers excellents qui veulent bien partager mes aventures. Je suis au comble de la joie d'avoir trouvé une si belle occasion de faire quelque chose et de m'instruire. Je sais bien que je fais des sacrifices énormes et qu'il m'en coûtera plus qu'à personne pour quitter ma famille, mes amis, vous, mon cher papa, parce que je les aime plus tendrement qu'on n'a jamais aimé. Mais ce voyage n'est pas bien long; on en fait tous les jours de plus considérables pour son seul plaisir, et d'ailleurs j'espère en revenir plus digne de tout ce qui aura la bonté de me regretter. Adieu, mon cher papa; j'espère vous revoir bientôt; conservez-moi votre tendresse; j'ai bien envie de la mériter et je la mérite déjà par celle que je sens pour vous, et le respect que conservera toute sa vie,

Votre tendre fils : LA FAYETTE.

J'arrive pour un instant à Paris, mon cher papa, ne prenant que le temps de vous dire adieu. Je voulais écrire à mon oncle et à Mme de Lusignem, mais je suis si pressé que je vous prie de vous charger de mes hommages[1].

1. *Mémoires, Correspondance et Manuscrits du général La Fayette*, publiés par sa famille, tome I, pages 82-84. (Paris, Fournier aîné, éditeur, 1838.)

En traversant Paris, où il resta trois jours, incognito, à Chaillot, chez M. de Kalb, il alla voir son ami Ségur :

Un matin, à sept heures, il entre brusquement dans ma chambre, en ferme hermétiquement la porte et, s'asseyant près de mon lit, me dit : « Je pars pour l'Amérique; tout le monde l'ignore; mais je t'aime trop pour avoir voulu partir sans te confier mon secret. — Et quel moyen, lui répondis-je, as-tu pris pour assurer ton embarquement? »

J'appris de lui qu'ayant, sous un prétexte plausible, fait un voyage hors de France, il avait acheté un vaisseau qui devait l'attendre dans un port d'Espagne; il l'avait armé, s'était procuré un bon équipage, et avait rempli ce navire non seulement d'armes et de munitions, mais encore d'un assez grand nombre d'officiers qui avaient consenti à partager son sort...

Je n'eus pas besoin d'exprimer longuement à mon ami le chagrin que j'avais de ne pouvoir l'accompagner; il le sentait aussi vivement que moi; mais nous conservions l'espoir que la guerre éclaterait bientôt entre l'Angleterre et la France, et qu'alors rien ne s'opposerait à notre réunion.

La Fayette, après avoir fait la même confidence au vicomte de Noailles, s'éloigna promptement de Paris. Son départ jeta dans l'affliction sa famille, qui le voyait avec une peine extrême non seulement courir tant de dangers de tout genre, mais encore sacrifier à la cause d'un pays si lointain une grande partie de sa fortune. Sa femme seule, quoique la plus affligée, l'aimait trop pour ne pas partager ses sentiments et approuver sa généreuse résolution[1]...

La Fayette ne vit pas Adrienne et ne l'informa pas de sa présence à Paris. Elle vivait à l'hôtel de Noailles et il n'aurait pu la rencontrer sans alerter toute la famille. Pourtant il sentait combien une telle séparation, sans adieux, était injuste envers une telle femme. Il en avait des remords et se demandait si elle lui pardonnerait.

Il partit pour Bordeaux avec Kalb et, pour mieux dissimuler le motif de ce voyage, alla voir dans cette ville son puissant oncle par alliance, le maréchal duc de Mouchy, qui commandait en Guyenne, tandis que Kalb visitait leur navire :

---

1. Comte DE SÉGUR : *Mémoires ou Souvenirs et Anecdotes*, tome I, pages 124-126.

La Victoire. La Fayette y était inscrit comme passager, sous le nom de Gilbert du Motier, chevalier de Chavaniac, pseudonyme transparent si vraiment le ministère avait voulu le retenir.

Cependant Versailles retentissait des fureurs du duc d'Ayen. Le bruit du départ de La Fayette s'était répandu. De Londres, le marquis de Noailles se plaignait d'avoir été joué. Quoi? Il avait, lui, ambassadeur de France, envoyé extraordinaire et plénipotentiaire auprès du roi d'Angleterre, présenté à ce monarque un neveu qui, à ce moment, s'était engagé déjà au service des Insurgés! Le duc d'Ayen courut chez le ministre Maurepas, qui rit (il riait de tout) et promit d'empêcher ce départ. Au moment où La Fayette et Kalb prenaient place dans une chaloupe pour rejoindre leur navire, un émissaire les prévint que le roi allait leur donner l'ordre de rester. Kalb dit que La Fayette parut prêt à céder.

Kalb à sa femme, 6 avril 1777 : Si, à la réception, nous n'eussions pas été dans la chaloupe pour descendre la rivière et aller à bord, je crois qu'il eût pris le parti de s'en retourner tout de suite et il aurait, selon moi, mieux fait. Mais enfin, après avoir consulté sur ce qu'il avait à faire, je n'ai pas cru devoir lui conseiller de braver son beau-père et l'ordre du roi, dont on le prévenait qu'il serait menacé. J'ai, au contraire, cru qu'il me convenait de lui conseiller la soumission et la conservation de l'amitié de sa famille. S'il ne s'était pas toujours flatté de l'approbation de M. le duc d'Ayen, je lui aurais constamment dit de ne point aller aussi loin qu'il a été. Il m'a fortement assuré que sa famille le trouverait bon, d'après que M. le duc d'Ayen voulait s'employer lui-même, pendant un temps, à le faire aller en Amérique avec son autre gendre, le vicomte de Noailles, et qu'après tout Mme de La Fayette serait prévenue par ses père et mère, et préparée à le trouver bon. Car j'ai fortement trouvé à redire, en tout temps, qu'il ait fait un mystère à sa femme jusqu'après son départ, et, s'il m'avait dit à Paris tout ce qu'il m'a dit sur cela depuis, je lui eusse fait les représentations les plus fortes contre son entreprise. Enfin, il en sera quitte pour un peu d'argent qu'il lui en aura coûté. Il est en état de souffrir cette perte sans se déranger, et, si l'on dit qu'il a fait une folie, on peut ajouter qu'elle était fondée

sur un motif honorable et qu'elle n'empêche pas de marcher
tête levée vis-à-vis de tous les gens qui pensent bien[1]...

Comme ils étaient déjà dans la chaloupe, ils continuèrent
tout de même jusqu'à *La Victoire* qui leva l'ancre et alla
relâcher en Espagne, au petit port de Los Pasajes. Là on
attendit le courrier de Paris. Quand il arriva, il contenait
les ordres annoncés : le marquis de La Fayette devait
immédiatement se rendre à Marseille où il trouverait le
duc d'Ayen et Mme de Tessé, sœur de celui-ci, qui partaient pour un voyage en Italie et en Sicile. Il devrait les
accompagner et rester six mois hors de France. La péni-
tence était douce. Un voyage en Sicile... Très hésitant, il
décida de retourner à Bordeaux par terre et de communiquer avec Paris. Kalb pensa qu'il ne reviendrait jamais et
lui conseilla de s'arranger avec les armateurs pour leur
rendre le navire, en leur offrant une indemnité de vingt
ou vingt-cinq mille livres. Ce serait le prix d'une équipée
manquée. Peu de chose pour un homme aussi riche.
A Bordeaux, La Fayette faillit suivre le conseil de Kalb et
rentrer à Paris (car le voyage en Italie, avec un beau-père
irrité, n'était pas du tout de son goût). Déjà Kalb avait
écrit à sa femme : « Ainsi le voilà revenu de son voyage
et de la guerre d'Amérique. » Mais à Bordeaux, La Fayette
apprit qu'une lettre de cachet avait été lancée contre lui.
Cette menace d'emprisonnement arbitraire réveilla sa
révolte et sa fierté. Soudain il choisit la rébellion. Nos
décisions les plus graves sont toujours prises « à une faible
majorité ».
A Bordeaux arriva le vicomte de Mauroy, comme lui fait
major général par la grâce de Silas Deane et qui devait être
l'un de ses compagnons de voyage. Mauroy lui dit de ne

---

1. FRIEDRICH KAPP : *Leben des Amerikanischen Generals Johann
Kalb*, chapitre VI (Stuttgart, 1862). Lettre citée, en français, par HENRI
DONIOL, dans son *Histoire de la participation de la France à l'établissement
des États-Unis d'Amérique*, tome III, page 210 (Paris, Imprimerie nationale, 1886-1890, 5 vol.).

pas s'effrayer. Seul le duc d'Ayen avait demandé au roi
cet ordre sévère, et la lettre de cachet. Tout le monde au
contraire, à la cour, approuvait son entreprise. On blâmait même ouvertement son beau-père de s'être mis en
travers d'un si beau dessein. Quant aux ministres, inter-
rogés, ils avouaient qu'ils ne se seraient jamais occupés de
cette affaire sans les plaintes du duc d'Ayen. Au vrai, ils
n'étaient pas fâchés de pouvoir opposer leur zèle apparent
aux inévitables réclamations de l'ambassadeur d'Angleterre. Le sort en était jeté. La Fayette, trompant la police
par un déguisement, traversa la frontière et rejoignit Kalb.
La Victoire fit voile vers l'Amérique.

DEUXIÈME PARTIE

OÙ LA FEMME D'UN REBELLE DEVIENT
LA FEMME D'UN HÉROS

I

LETTRES D'AMÉRIQUE

> Alors que faire? Je me réfugie
> dans mon cœur où je l'aime
> comme je veux.
>
> PAUL VALÉRY :
> *Lettre d'Émilie Teste.*

LE PRINTEMPS de 1777 fut triste pour la petite marquise de La Fayette. Toute proche de son terme, elle errait, solitaire, dans le beau jardin de Noailles. Après tant de lettres tendres écrites de Londres, sans un mot pour annoncer sa décision, sans marquer sa confiance en elle, son mari l'avait quittée pour un voyage lointain, périlleux, et peut-être pour la mort. Son père, furieux, avait parlé avec ironie de ce faible qui voulait jouer les forts. Puis, heureusement, le duc d'Ayen était parti pour la Sicile. Adrienne restait seule avec ses sœurs et sa mère. La nichée de colombes se retrouvait comme au temps de l'enfance, dans la chambre tendue de damas rouge, près de la bergère maternelle, hors la vicomtesse de Noailles, souvent retenue à Versailles par sa belle-famille.

La duchesse d'Ayen adoucissait de son mieux pour Adrienne, enceinte et souffrante, une situation pénible en faisant l'éloge de l'absent et, ce qui était plus urgent, en lui prouvant qu'en dépit des apparences, et de ce départ clandestin, il l'aimait.

M. de La Fayette, écrit Adrienne, exécuta au mois d'avril le projet qu'il avait médité depuis six mois d'aller servir la cause de l'indépendance de l'Amérique. J'étais grosse et je l'aimais tendrement. Mon père et le reste de la famille furent tous dans une violente colère contre lui à cette nouvelle. Ma mère, inquiète de l'impression qu'elle produirait sur moi, alarmée pour son propre compte de l'éloignement et des dangers du fils qu'elle chérissait si tendrement, ayant moins que personne au monde le goût de l'ambition, la soif de la gloire humaine et l'attrait des entreprises, jugea pourtant celle de M. de La Fayette comme elle a été jugée deux ans après du reste du monde. Retranchant absolument, des torts apparents de cette entreprise, ce qu'elle pouvait coûter à sa fortune, elle trouva, dès le premier moment, dans la manière dont elle avait été combinée, un motif de la distinguer de ce qu'on appelle une folie de jeune homme. Par l'ensemble des préparatifs et les regrets sincères qu'il avait sentis en s'éloignant de sa femme et de ce qui lui était cher, elle comprit qu'elle ne devait craindre pour le bonheur de ma vie qu'en craignant pour la sienne. Les sentiments de son cœur pour lui la rendaient propre à adoucir les déchirements du mien. Elle m'apprit elle-même le cruel départ et s'occupa de me consoler en cherchant les moyens de servir M. de La Fayette avec cette tendresse généreuse, cette supériorité de vues et de caractère qui la développpait tout entière[1]...

Son beau-frère et sa sœur aînée, Louis et Louise de Noailles, la soutenaient aussi. Le troisième mousquetaire, Ségur, avait épousé, le 30 avril 1777, Mlle Daguesseau, demi-sœur de la duchesse d'Ayen, devenant ainsi l'oncle par alliance de ses deux meilleurs amis. Ce groupe, intelligent et affectueux, se resserrait. Par Ségur et Noailles, Adrienne savait qu'à la cour tout ce qui comptait se décla-

---

1. *Notice sur Madame la duchesse d'Ayen, par Madame de La Fayette, sa fille,* pages 55-57.

rait pour La Fayette avec tant de passion que certains disaient : « Si le duc d'Ayen ne revient sur son opposition, il ne pourra marier ses filles. » Le maréchal de Noailles, lui, restait bourru ; le marquis de Noailles, en sa qualité d'ambassadeur à Londres, se disait le plus offensé de tous. Il avait écrit à Maurepas :

Ma surprise a été extrême, Monsieur le comte, en apprenant hier, par des lettres de Paris, que M. de La Fayette était parti pour l'Amérique. Son âge heureusement peut excuser de grandes légèretés, c'est une consolation qui me reste dans le chagrin que me cause une démarche aussi inconsidérée[1]...

Maurepas, d'une pirouette, l'avait rassuré :

Vous aurez appris, Monsieur le marquis, l'inutilité de nos précautions pour M. de La Fayette. M. le maréchal, que j'eus l'honneur de voir hier, m'a paru tout aussi affligé que vous le serez sûrement. D'ailleurs toute votre maison n'a rien à se reprocher et le roi ne peut vous savoir mauvais gré des démarches d'un jeune homme à qui on a fait tourner la tête[2].

Les gazetiers interprétaient cette fugue avec malveillance. Ils affirmaient que La Fayette, amoureux de la jolie comtesse d'Hunolstein, avait seulement voulu se distinguer aux yeux de sa belle. Aglaé d'Hunolstein, parlant quelques mois plus tard à un ami russe, le comte Ivan Ivanovitch Schouvalof, de ces bruits, les démentit :

La gloire, quoi que vous disiez, est le seul but de ses travaux ; ce serait ternir celle qu'il mérite que de soupçonner d'autres buts à son ambition ; ce serait me faire trop d'honneur que de me soupçonner d'en être l'objet. La première récompense de bien faire est le plaisir d'avoir bien fait[3]...

Mme d'Ayen, sagement, ne laissait pas les gazettes arriver jusqu'à sa fille qui accoucha, heureusement, le 1er juillet,

---

1. Archives du ministère des Affaires étrangères, Angleterre, tome 522, folio 370.
2. Archives du ministère des Affaires étrangères, Angleterre, tome 522, folio 452.
3. LOUIS GOTTSCHALK : *Lady-in-Waiting, the romance of La Fayette and Aglaé de Hunolstein*, page 116.

d'une seconde fille. Celle-ci fut baptisée Anastasie-Louise-
Pauline.

Adrienne fut sans nouvelles de son mari jusqu'au mois
d'août. C'était douloureux mais explicable. Une traversée
de l'Atlantique, même heureuse, durait plusieurs semaines.
Des nouvellistes anglais annoncèrent que le marquis de
La Fayette avait atterri, à Boston, le 30 mai. A cette date,
il était encore sur les eaux, regardant mélancoliquement
les vagues et, les jours où il avait le mal de mer, regrettant
son coup de tête.

Enfin, au mois d'août, Adrienne reçut la première lettre
de Gilbert. Il l'avait commencée sur le bateau et terminée en débarquant. C'était une belle lettre, écrite avec
cœur.

A bord de La Victoire, *ce 30 mai 1777 :* C'est de bien loin que je
vous écris, mon cher cœur, et à ce cruel éloignement je joins
l'incertitude encore plus affreuse du temps où je pourrai savoir
de vos nouvelles. J'espère cependant en avoir bientôt; parmi
tant d'autres raisons qui me font désirer d'arriver, aucune ne
me donne autant d'impatience que celle-là. Que de craintes,
que de troubles j'ai à joindre au chagrin déjà si vif de me séparer
de tout ce que j'ai de plus cher! Comment aurez-vous pris mon
second départ? M'en aurez-vous moins aimé? M'aurez-vous
pardonné? Aurez-vous songé que, dans tous les cas, il fallait
être séparé de vous, errant en Italie et traînant une vie sans
gloire au milieu des personnes les plus opposées à mes projets
et à ma façon de penser? Toutes ces réflexions ne m'ont pas
empêché d'éprouver un mouvement affreux, dans ces terribles
moments qui me séparaient du rivage.

Vos regrets, ceux de mes amis, Henriette, tout s'est représenté à mon âme d'une manière déchirante. C'est bien alors
que je ne me trouvais plus d'excuse. Si vous saviez tout ce
que j'ai souffert, les tristes journées que j'ai passées en fuyant
tout ce que j'aime au monde! Joindrai-je à ce malheur celui
d'apprendre que vous ne me pardonnez pas? En vérité, mon cœur,
je serais trop à plaindre. Mais je ne vous parle pas de moi, de
ma santé, et je sais que ces détails vous intéressent.

Je suis, depuis ma dernière lettre, dans le plus ennuyeux
des pays; la mer est si triste et nous nous attristons, je crois,
mutuellement, elle et moi. Je devrais être arrivé, mais les
vents m'ont cruellement contrarié; je ne me verrai pas avant

huit ou dix jours à Charleston. C'est là que je compte débarquer, et ce sera un grand plaisir pour moi...

A présent, parlons de choses plus importantes : parlons de vous, de la chère Henriette, de son frère ou de sa sœur. Henriette est si aimable qu'elle donne le goût des filles. Quel que soit notre nouvel enfant, je le recevrai avec une joie bien vive. Ne perdez pas un moment pour hâter mon bonheur en m'apprenant sa naissance. Je ne sais pas si c'est parce que je suis deux fois père, mais je me sens père plus que jamais...

Il n'y a pas grande différence entre les lettres d'Amérique et les lettres de Sicile. Je vous avoue que j'ai furieusement cette Sicile sur le cœur. Je me suis cru si près de vous revoir. Mais brisons court à l'article Sicile...

Huit jours plus tard, toujours en mer, il reprenait sa lettre :

Ce 7 juin : Je suis encore dans cette triste plaine et c'est, sans nulle comparaison, ce qu'on peut faire de plus ennuyeux. Pour me consoler un peu, je pense à vous, à mes amis; je pense au plaisir de vous retrouver. Quel charmant moment quand j'arriverai, quand je viendrai vous embrasser tout de suite sans être attendu! Vous serez peut-être avec vos enfants. J'ai même, à penser à cet heureux instant, un plaisir délicieux. Ne croyez pas qu'il soit éloigné; il me paraîtra bien long sûrement, mais dans le fait, il ne sera pas aussi long que vous allez vous l'imaginer. Sans pouvoir décider le jour, ni même le mois, sans voir par moi-même l'état des choses, cet exil prescrit jusqu'au mois de janvier par M. le duc d'Ayen me paraissait si immense que, certainement, je ne prendrai pas sur moi de m'en ordonner un bien long. Vous avouerez, mon cœur, que l'occupation et l'existence que je vais avoir sont bien différentes de celles qu'on me gardait dans ce futile voyage! Défenseur de cette liberté que j'idolâtre, libre moi-même plus que personne, en venant comme ami offrir mes services à cette république si intéressante, je n'y porte que ma franchise et ma bonne volonté; nulle ambition, nul intérêt particulier; en travaillant pour ma gloire, je travaille pour leur bonheur. J'espère qu'en ma faveur vous deviendrez bonne Américaine; c'est un sentiment fait pour les cœurs vertueux. Le bonheur de l'Amérique est intimement lié au bonheur de toute l'humanité. Elle va devenir le respectable et sûr asile de la vertu, de l'honnêteté, de la tolérance, de l'égalité et d'une tranquille liberté[1]...

1. *Mémoires, Correspondance et Manuscrits du général La Fayette,* publiés par sa famille, tome I, pages 84-89.

Il pensait avec nostalgie à Ségur, à Poix, à Noailles. Ce dernier était sujet à répéter, un peu trop souvent, que « les voyages forment la jeunesse » et en vérité, La Fayette se sentait devenir plus raisonnable sur cette mer toujours recommencée. Il avait même, à bord de *La Victoire*, écrit avec soumission au tyran de Sicile, son beau-père. Mais vers le 15 juin, l'interminable traversée semblait enfin s'achever :

> On voit aujourd'hui plusieurs espèces d'oiseaux qui annoncent que nous ne sommes pas bien loin de la terre. L'espérance d'y arriver est bien douce, car la vie de ce pays-ci est bien ennuyeuse. Heureusement que ma bonne santé me permet de m'occuper un peu ; je me partage entre les livres militaires et les livres anglais. J'ai fait quelques progrès dans cette langue, qui va me devenir si nécessaire. Adieu ; la nuit ne me permet pas de continuer, car j'ai interdit toute lumière dans mon vaisseau depuis quelques jours ; voyez comme je suis prudent ! Adieu donc, si mes doigts sont un peu conduits par mon cœur, je n'ai pas besoin d'y voir clair pour vous dire que je vous aime et que je vous aimerai toute ma vie[1]...

De Charleston, il envoya à son cher cœur une description enthousiaste de l'Amérique et des Américains :

> Ils sont aussi aimables que mon enthousiasme avait pu se le figurer. La simplicité des manières, le désir d'obliger, l'amour de la patrie et de la liberté, une douce égalité règnent ici parmi tout le monde. L'homme le plus riche et le plus pauvre sont de niveau ; et, quoiqu'il y ait des fortunes immenses dans ce pays, je défie de trouver la moindre différence entre leurs manières respectives les uns pour les autres[2]...

Son honneur était engagé à ce que tout fût bien dans ce pays, pour lequel il avait quitté le sien. La ville de Charleston était la mieux bâtie du monde ; les femmes américaines fort jolies, simples et d'une propreté charmante. Bref tout était pour le mieux dans le meilleur des nouveaux mondes. Il faut, pour comprendre ses vues idylliques de

---

1. *Mémoires, Correspondance et Manuscrits du général La Fayette*, publiés par sa famille, tome I, page 91.
2. *Ibidem*, tome I, page 93.

l'Amérique, se souvenir de ce qu'il avait été en France :
le gendre, à demi provincial, d'un grand seigneur autori-
taire; l'ami de jeunes hommes plus brillants que lui; le
soldat assoiffé de gloire et réduit à des besognes subalternes.
Soudain il se voyait indépendant, fêté, acclamé. Il s'épa-
nouissait à la chaleur de la popularité.

On imagine le succès, à Paris et à Versailles, de telles
lettres : auprès d'Adrienne d'abord, fière des protestations
d'amour, heureuse de pouvoir montrer enfin des preuves
d'affection de son mari, mais aussi auprès de Ségur, de
Noailles, de Poix, qui les portaient à la cour, les faisaient
lire par la reine et par leurs amis les philosophes. Benjamin
Franklin était venu rejoindre, comme envoyé américain,
Silas Deane et Arthur Lee. Tout de suite sa réputation
avait été prodigieuse. La légende franklinienne répondait
aux besoins intellectuels et sentimentaux du public français. C'était le temps de *La Nouvelle Héloïse* et de la laiterie de Trianon, le temps du goût pour la vie simple et
champêtre. A la vérité, Franklin n'avait rien de champêtre
et il était plus fin que simple. Mais il savait admirablement
jouer le rôle que lui assignaient les Français. La jeune
noblesse l'admirait, comme elle exaltait Voltaire et Rousseau, comme elle louait Gilbert de La Fayette.

Dans les familles riches, les questions d'argent ne perdent
jamais leur importance, fût-ce en plein drame. En août
1777, au temps où arrivaient les premières nouvelles de
La Fayette, son homme d'affaires, le vieil avocat au Parlement Gérard, reçut de MM. Reculès, de Boismarein,
Rambeaux et Cie, armateurs à Bordeaux, qui avaient
vendu *La Victoire* au marquis, avis que le navire avait
abordé à Charleston, que *La Victoire* allait revenir en
France avec une cargaison importante et qu'il serait sage
de l'assurer. Ils offraient d'avancer les frais de la prime.
Les dangers de mer et de guerre étaient grands. Pourquoi
risquer de perdre deux cent mille livres? Le duc d'Ayen
voyageait en Sicile; la duchesse, femme de tête, prit
l'affaire en main.

On a sa lettre à Gérard :

Nous avons reçu, Monsieur, de nouveaux avis qui ne nous laissent pas le moindre doute sur la nécessité d'assurer le vaisseau de M. de La Fayette et sur l'importance de n'y pas perdre un instant. Je joins ici une instruction détaillée, que je me suis fait donner par quelqu'un de sûr et bien au fait de ce genre d'affaires. Je pense que cela vous abrégera de la peine. Vous y verrez que M. le maréchal de Noailles pense, ainsi que moi, qu'il est absolument nécessaire d'écrire à M. de Boismarein, par le courrier de mardi, et qu'il n'y a plus à délibérer là-dessus. Vous y verrez aussi que la principale difficulté, qui serait de trouver de l'argent, est entièrement détruite puisque ces messieurs se chargeront de l'avancer, ce à quoi ils ne peuvent se refuser. Il est seulement essentiel que vous gardiez un double de la lettre que vous leur écrirez, et de sa dette, afin de pouvoir en faire usage, s'il en est besoin[1]...

Au-dessous de la signature de sa mère, Adrienne, de sa petite écriture encore scolaire, a écrit également :

Je n'ai rien à ajouter, Monsieur, à la lettre de maman. Vous sentirez aussi bien que nous tous l'importance dont il est de ne pas manquer le courrier de demain et de ne pas exposer par là M. de La Fayette à perdre un capital de cent cinquante à deux cent mille francs dont nous serons alors assurés, à tout événement.

Je connais, Monsieur, votre zèle pour nos affaires; ainsi je ne dois avoir nulle inquiétude et je me flatte que vous rendez justice à ma reconnaissance.

NOAILLES LA FAYETTE[2].

A la vérité, au moment où ces dames s'occupaient de l'assurer, La Victoire avait déjà fait naufrage. Les correspondants à Charleston des armateurs de Bordeaux, Messrs. Cripps et May, informèrent ceux-ci que, le 14 août, le capitaine Le Bourcier s'était jeté, à pleines voiles, en sortant du port, sur un rocher. Avant d'avoir reçu cette nouvelle, les armateurs bordelais avaient placé leurs assurances à Nantes, Bordeaux et Cadix. La famille ne perdait donc que peu de chose. Mais une difficulté surgit. On

1. Lettre inédite. Archives de La Grange.
2. Lettre inédite. Archives de La Grange.

apprit que La Fayette, de son côté, avait assuré le bateau en Amérique. Les sinistrés ne pouvaient toucher des deux côtés et, comme il arrive toujours en cas de doute, on en profita longtemps pour ne les payer ni à Bordeaux ni à Charleston. La Fayette eût été fort à court d'argent si, d'une part, Mr. Morris, banquier de Philadelphie pour lequel il avait des lettres et, d'autre part, le correspondant en Amérique de Beaumarchais ne l'avaient renfloué. A Paris, les hommes d'affaires du marquis (l'avocat Gérard et le jeune assistant de celui-ci, Morizot) virent arriver des lettres de change considérables. Un mineur ne pouvait en signer valablement. Mais le moyen de laisser protester une telle signature...? La duchesse d'Ayen, Adrienne, les Dames en noir de Chavaniac furent toutes d'accord : il fallait payer.

La Fayette avait eu, au moment de son arrivée à Philadelphie, capitale de la rébellion, de sérieux mécomptes. Conscient du sacrifice qu'il avait fait, porteur de lettres chaleureuses des envoyés américains et d'un brevet de major général, il s'attendait à être, comme à Charleston, reçu avec délire. Or les premiers membres du Congrès qu'il rencontra le confondirent avec les aventuriers qui étaient venus en Amérique chercher fortune plutôt qu'offrir assistance. Il fut traité sans respect et même sans courtoisie. Major général? Cet enfant? Les généraux américains ne l'accepteraient jamais ! Tel avait été le premier mouvement.

C'était le mauvais. La Fayette n'en parla jamais dans ses lettres, d'abord parce qu'il lui déplaisait de ternir l'image de la meilleure des républiques, ensuite parce que le malentendu ne fut pas de longue durée. Aussitôt, par un de ces beaux gestes qu'il aimait et qui avaient leur noblesse, il avait offert de servir sans solde. Ce désintéressement fit réfléchir. On s'avisa que ce gentilhomme, si jeune, représentait de puissantes influences françaises dont l'Amérique allait avoir besoin. D'où, au Congrès, un second mouvement qui fut de le ménager, de lui accorder le grade promis et de le présenter au commandant en chef.

La rencontre avec George Washington le marqua pour la vie. Jamais un roi ne lui avait paru aussi royal. L'image de cet homme grave, d'une incomparable dignité, qui portait la perruque poudrée aussi bien que le maréchal de Noailles, n'allait plus le quitter. Il reconnut un chef et, dit-il plus tard, un père, ce père idéal dont le boulet de Minden l'avait privé. Pourtant, quand le jeune Français demanda un commandement, Washington se montra réticent. Il voulait bien donner au marquis de La Fayette (vingt ans) une écharpe de major général, mais une division... A ce moment les Anglais menacèrent Philadelphie. La Fayette obtint de prendre part à l'engagement, la bataille de Brandywine, où il eut la chance de recevoir une blessure sans gravité. C'était le baptême du feu, tant souhaité. Il se hâta de conter modestement son aventure à l'hôtel de Noailles.

Philadelphie, 12 septembre 1777 : Je commence par vous dire que je me porte bien, parce que je veux finir par vous dire que nous nous sommes battus hier tout de bon, et nous n'avons pas été les plus forts. Nos Américains, après avoir tenu ferme pendant assez longtemps, ont fini par être mis en déroute; en tâchant de les rallier, Messieurs les Anglais m'ont gratifié d'un coup de fusil qui m'a un peu blessé à la jambe; mais cela n'est rien, mon cher cœur. La balle n'a touché ni os ni nerf, et j'en suis quitte pour être couché sur le dos pour quelque temps, ce qui me met de fort mauvaise humeur...

1ᵉʳ octobre 1777 : Mais parlons donc de cette blessure : elle passe dans les chairs, ne touche ni os ni nerf. Les chirurgiens sont étonnés de la promptitude avec laquelle elle guérit. Ils tombent en extase chaque fois qu'ils me pansent et prétendent que c'est la plus belle chose du monde. Moi, je trouve que c'est une chose fort sale, fort ennuyeuse et assez douloureuse, cela dépend des goûts; mais dans le fond, si un homme se faisait blesser pour se divertir, il viendrait regarder comme je suis pour l'être de même. Voilà, mon cher cœur, l'histoire de ce que j'appelle pompeusement ma blessure, pour me donner des airs et me rendre intéressant.

A présent, comme femme d'un officier général américain, il faut que je vous fasse votre leçon. On vous dira : « Ils ont été battus. » Vous répondrez : « C'est vrai, mais, entre deux armées *égales en nombre*, et en plaine, de vieux soldats ont toujours de l'avantage sur des neufs; d'ailleurs ils ont eu le plaisir de tuer beaucoup, mais beaucoup plus de monde aux ennemis qu'ils n'en ont perdu. » Après cela, on ajoutera : « C'est fort bon, mais Philadelphie est prise, la capitale de l'Amérique, le boulevard de la liberté! » Vous repartirez poliment : « Vous êtes des imbéciles. Philadelphie est une triste ville, ouverte de tous côtés, dont le port était déjà fermé; que la résidence du Congrès a rendue fameuse, je ne sais pas pourquoi... Elle est pleine d'une vilaine espèce de peuple, de sots quakers qui ne sont bons qu'à aller dans une chambre avec de grands chapeaux sur leur tête, quelque temps qu'il fasse, et là attendre le Saint-Esprit en silence jusqu'à ce que l'un d'eux, s'ennuyant de ne pas le voir arriver, se lève et dise en pleurant beaucoup de bêtises. Voilà ce que c'est que le peuple de Philadelphie, voilà ce que c'est que cette fameuse ville, laquelle, par parenthèse, nous leur ferons bien rendre tôt ou tard. » S'ils continuent à vous pousser de questions, vous les enverrez promener en termes que vous dira le vicomte de Noailles, parce que je ne veux pas perdre le temps de vous écrire à vous parler politique...

Pensez, mon cher cœur, que je n'ai encore reçu de vos nouvelles qu'une fois, par le comte Pulaski. J'ai un guignon affreux et j'en suis cruellement malheureux. Jugez quelle horreur d'être loin de tout ce que j'aime, dans une incertitude si désespérante; il n'y a pas moyen de la supporter, et encore, je le sens, je ne mérite pas d'être plaint. Pourquoi ai-je été enragé à venir ici? J'en suis bien puni. Je suis trop sensible, mon cœur, pour faire de ces tours de force. Vous me plaindrez, j'espère; si vous saviez tout ce que je souffre, surtout dans ce moment où les nouvelles de vous sont si intéressantes! Je n'y pense pas sans frémir[1]...

Le comte Casimir Pulaski était un soldat polonais, qui venait d'arriver pour offrir son épée à Washington. Il avait, en traversant Paris, vu la marquise de La Fayette et sa famille; il apportait des lettres d'elle. La duchesse d'Ayen fut bouleversée par des articles de journaux anglais, qui annonçaient que La Fayette avait été gravement blessé, et même tué. Elle parvint à les cacher à Adrienne, d'abord en la menant à la campagne chez M. de Fresnes, puis en

---

1. *Mémoires, Correspondance et Manuscrits du général La Fayette,* tome I, pages 101-104.

l'envoyant, avec sa sœur, à Raismes, chez la comtesse de la Marck. Auguste de la Marck, fils cadet du duc d'Arenberg, était un jeune colonel de vingt-cinq ans, grand seigneur belge passé au service de la France, au mieux avec toute la cour d'Autriche, fort bien reçu dans le cercle de la reine Marie-Antoinette, commensal de l'Épée-de-Bois.

Les nouvelles de la blessure de Gilbert, de sa conduite courageuse, de son grade de général firent un merveilleux effet à Paris, tant pour la cause américaine que pour sa propre renommée. Les échecs des Américains avaient, depuis quelques mois, refroidi le ministère français. Franklin avait beau dire : « Ce n'est pas le général Howe qui a pris Philadelphie; c'est Philadelphie qui a pris le général Howe », Maurepas et Vergennes hésitaient à s'allier avec des vaincus. Mais les explications de La Fayette retournèrent l'opinion. Les Français aiment la gloire. Que La Fayette et ses compagnons d'armes eussent fait briller le nom de la France de l'autre côté de l'océan, et cela aux dépens des Anglais, les enchantait. « La cour s'en montrait presque enorgueillie. » Les amis de La Fayette, Noailles, Ségur l'enviaient. Un mouvement vers la guerre se dessinait, malgré la prudente sagesse du roi et de son conseil. Qui eût pensé six mois plus tôt que ce grand garçon roux aux sourcils épais, au front fuyant, deviendrait le héros de la France?

Le héros, lui, partageait à Valley Forge les quartiers d'hiver de l'armée américaine, qui était en piteux état. Les soldats n'avaient pas de chaussures et leurs pieds saignaient sur les routes. Beaucoup de soldats désertaient; certains de ceux qui restaient étaient quasi nus. La Fayette commandait maintenant une division, celle de Virginie, mais ses onze régiments ne faisaient ensemble que trois mille hommes. Il habitait une hutte de bois, à peine chauffée, couverte de neige. Quel contraste avec l'hôtel de Noailles, l'éclat des lustres sur les ors des boiseries, les douces belles-sœurs, l'aimante Adrienne. Grelottant dans sa hutte, il se plaisait à faire des rêves d'avenir :

La Fayette à sa femme, Valley Forge, 6 janvier 1778 : Ne
pensez-vous pas qu'après mon retour, nous serons assez grands
pour nous établir dans notre maison, y vivre heureux ensemble,
y recevoir nos amis, y établir une douce liberté et lire les gazettes des pays étrangers sans avoir la curiosité d'aller voir
nous-mêmes ce qui s'y passe? J'aime à faire des châteaux en
France, de bonheur et de plaisir. Vous y êtes toujours de moitié,
mon cher cœur, et une fois que nous serons réunis, on ne pourra
plus nous séparer et nous empêcher de goûter ensemble, l'un
par l'autre, la douceur d'aimer et la plus délicieuse, la plus
tranquille félicité...

Quel plaisir j'aurai à embrasser mes deux pauvres petites
filles et à leur faire demander mon pardon à leur mère! Vous ne
me croyez pas assez insensible et, en même temps, assez ridicule
pour que le sexe de notre nouvel enfant ait diminué en rien la
joie de sa naissance. Notre caducité n'est pas au point de nous
empêcher d'en avoir un autre sans miracle! Celui-là, il faudra
absolument que ce soit un garçon. Au reste, si c'est pour le nom
qu'il fallait être fâché, je déclare que j'ai formé le projet de
vivre assez longtemps pour le porter bien des années moi-
même[1]...

Tous comptes faits, il ne regrettait rien. Il était major
général; son héros, Washington, le traitait en ami et même
le consultait. Le 16 décembre 1777, il s'était enhardi à
écrire au duc d'Ayen :

J'attends avec bien de l'impatience des nouvelles de votre
voyage. Je compte principalement sur Mme de La Fayette pour
en obtenir quelques détails; elle doit bien connaître tout l'intérêt que je mets à en avoir. M. le maréchal de Noailles me dit,
en général, que les lettres qu'il reçoit d'Italie l'assurent que tous
les voyageurs sont en bonne santé. C'est aussi par lui que j'ai
appris les couches de Mme de La Fayette. Il ne m'en parle pas
comme de l'événement du monde le plus heureux; mais mon
inquiétude était trop grande pour faire de distinction de sexe,
et la bonté qu'il a eue de m'écrire, de me faire savoir toutes ces
nouvelles, m'a fait cent fois plus de plaisir qu'il n'a pu l'imaginer, en me mandant que je n'avais qu'une fille.

Voilà la rue Saint-Honoré discréditée pour jamais, tandis

1. *Mémoires, Correspondance et Manuscrits du général La Fayette*,
tome I, pages 145-147.

que l'autre hôtel de Noailles a acquis un nouveau lustre par la
naissance d'Adrien[1]. C'est vraiment un bien vilain procédé
de faire ce tort-là à une maison où j'ai reçu tant de bontés[2]!...

« L'autre hôtel » de Noailles était celui du duc de Mouchy, rue de l'Université, où la vicomtesse de Noailles, sœur
aînée d'Adrienne, avait donné un héritier *mâle* à la branche
cadette. La Fayette faisait, à son beau-père, l'éloge de
« son » général :

Notre général est un homme vraiment fait pour cette révolution, qui ne pouvait s'accomplir sans lui. Je le vois de plus
près qu'aucun homme au monde, et je le vois digne de l'adoration de son pays. Sa tendre amitié et son entière confiance
en moi sur tous les objets militaires et politiques, grands et
petits, qui le concernent, me mettent à portée de juger tout ce
qu'il a à faire, à concilier et à vaincre. J'admire tous les jours
davantage la beauté de son caractère et de son âme.

Puis Gilbert y allait de sa propagande :

L'Amérique attend avec impatience que nous nous déclarions
pour elle, et un jour, j'espère, la France se déterminera à humilier
la fière Angleterre. Cette considération et les démarches que
l'Amérique me paraît décidée à faire, me donnent de grandes
espérances pour le glorieux établissement de l'indépendance.
Je ne nous vois pas aussi forts que je le croyais, mais nous pouvons nous battre; nous le ferons, j'espère, avec quelque succès;
et avec le secours de la France, nous gagnerons avec dépens
la cause que je chéris parce qu'elle est juste, parce qu'elle
honore l'humanité, parce qu'elle intéresse ma patrie et parce
que mes amis américains et moi y sommes engagés fort avant[2]...

Le duc d'Ayen fut peut-être un peu agacé par l'autorité
toute neuve de son gendre, mais il était assez bon manœu-
vrier pour voir que La Fayette avait le vent en poupe et
il en tint compte. Un nouvel envoyé américain, John

1. Cet éphémère Adrien mourut en bas âge. Mais Louise de Noailles
eut deux fils : Alexis (1783-1835) et Alfred (1791-1851). Sa fille Euphémie
(1790-1870) épousa, en 1810, le marquis de Vérac.
2. *Mémoires, Correspondance et Manuscrits du général La Fayette*,
tome I, pages 124-125.

Adams, étant arrivé à Paris porteur de lettres du marquis pour son épouse et son beau-père, l'hôtel de Noailles donna un dîner en son honneur. John Adams était un puritain passionné, « toujours protestant et jamais réformé », rude mais honnête. Il ne haïssait pas les cérémonies pourvu qu'il en fût la vedette et il parut heureux d'être reçu, en grande pompe, rue Saint-Honoré.

II

L'ALLIANCE

> De votre long sommeil, éveillez-vous là-bas,
> Fusils français! Et vous musique des combats.
>
> VICTOR HUGO.

NON seulement la maison de Noailles ne gardait plus rancune au rebelle, mais elle se drapait maintenant dans sa gloire. La petite marquise devenait une figure de premier plan, recherchée et complimentée. En février 1778, Voltaire quitta Ferney pour Paris et y fut accueilli triomphalement. On le vit dans les rues étrangement accoutré, enveloppé d'une vaste pelisse, la tête sous une perruque de laine surmontée d'un bonnet rouge et fourré. Il reçut la Cour et la Ville, en robe de chambre et bonnet de nuit. La maladie, alliée au génie, peùt tout se permettre. Comme bien on pense, Voltaire était favorable aux Américains. Franklin vint le voir et lui présenta son petit-fils, pour lequel il demanda une « bénédiction » à l'auteur de *Candide*. Le patriarche de Ferney imposa les mains sur la tête du petit Franklin, en prononçant les trois mots : *Dieu, Liberté, Tolérance*. Puis il rencontra Adrienne de La Fayette, chez Mme de Choiseul. Il avait souvent exprimé son admiration pour le marquis; il demanda à être présenté à la marquise et mit un genou en terre devant elle. « Je veux, dit-il, présenter mes hommages à la femme du héros du Nouveau Monde; puissé-je vivre assez long-temps pour saluer en lui le libérateur de l'Ancien. »

Aglaé d'Hunolstein, qui naguère avait dédaigné les avances de Gilbert, regrettait, maintenant qu'il était le lion du jour, ses fiers dédains. A son ami russe, le comte Schouvalof, elle écrivit :

La guerre... elle est bien probable pour nous dans cet instant et nous la prévoyons de deux côtés (Prusse et Angleterre). On est persuadé, à Paris, que notre traité est fait avec les Insurgents et que nous avons reconnu leur indépendance... Milord Stormont conserve un maintien sérieux et tranquille. On ne reçoit que très peu de nouvelles de l'Amérique; il y a trois mois qu'on en a eu de M. de La Fayette. Les dernières ont appris qu'il avait été blessé à la jambe assez grièvement, mais non pas dangereusement. Si nous avons la guerre sur mer avec les Anglais, il aura bien de la peine à repasser en France sans être pris. On est fort inquiet de ce long silence après une blessure. Il faut espérer que c'est sans fondement. Son retour sera un moment bien intéressant. Je vous en parlerai, car je sais combien son existence vous intéresse[1]...

Cette existence n'intéressait pas que Schouvalof; Mme d'Hunolstein commençait à « cristalliser » sur l'absent plus que cela n'était souhaitable pour Adrienne — et pour elle-même.

L'ambassadeur d'Angleterre, Lord Stormont, avait du mérite à conserver un maintien « sérieux et tranquille » car il savait que, tout en lui faisant mille compliments polis, les ministres français négociaient avec les commis-saires américains. Que n'eût-on pas dit de la « perfide » cour de Saint James si elle avait joué ce double jeu? Mais la jeune noblesse aiguillonnait les ministres français. En novembre, on avait appris que le général anglais Bur-goyne s'était rendu « à Mr. Gates », disait le *Times*, car un rebelle, même vainqueur, ne pouvait être général. Ce succès avait décidé, en décembre 1777, Louis XVI à

1. LOUIS GOTTSCHALK : *Lady-in-Waiting, the romance of La Fayette and Aglaé de Hunolstein*, page 111 (Baltimore, the John Hopkins Press, 1939).

informer Franklin que la France reconnaissait l'indépendance des États-Unis. En février 1778 fut signé un traité
de commerce et d'amitié, qui comportait une éventuelle
alliance militaire si, à la suite de cette reconnaissance, l'Angleterre déclarait la guerre à la France.

La nouvelle fut apportée en Amérique par le fils de
Silas Deane, Simon. Washington en informa La Fayette
qui, enivré de joie, l'embrassa sur les deux joues. C'était
un peu embarrassant pour un général américain, de manières assez froides. Mais le grand homme sourit avec bienveillance et félicita La Fayette : « Vous avez fait plus que
personne, lui dit-il, pour amener ce grand événement. »
C'était vrai. La Fayette sourit en lisant, dans la note du
gouvernement français au gouvernement britannique :
*Les Américains étant devenus indépendants par leur décla-
ration du 4 juillet 1776...*

« Voilà, dit-il, un principe de souveraineté nationale qui
leur sera un jour rappelé. » Il n'avait pas tort. Par cette
phrase un peu imprudente le roi et ses ministres semblaient
admettre le droit des sujets à décider de leur sort par une
simple déclaration.

Les jours suivants furent des jours de fête au camp américain. Banquets, feux de joie. La Fayette avait mis l'écharpe
blanche de la maison de France sur son uniforme américain. Il mesurait le rôle capital qu'il avait joué. Malheureusement, l'éclat de son bonheur fut obscurci par une
triste nouvelle, arrivée par le même courrier : sa fille aînée,
Henriette, était morte après une longue maladie, et aussi
le petit Adrien, fils de Louise de Noailles. Il écrivit à sa
femme, dont il devinait la détresse.

Valley Forge, 16 juin 1778 : Que mon éloignement est affreux!
Je n'ai jamais si cruellement senti combien cette situation est
horrible. Mon cœur est affligé de ma propre douleur et de la
vôtre, que je n'ai pu partager. Le temps immense que j'ai été
à apprendre cet événement y ajoute encore. Songez, mon
cœur, combien il est cruel, en pleurant ce que j'ai perdu, de
trembler encore pour ce qui me reste!... La distance d'Europe

en Amérique me paraît plus immense que jamais. La perte de
notre malheureuse enfant est, presque à tous moments *(sic)*,
présente à mon idée...

Si la malheureuse nouvelle que j'ai apprise m'était arrivée
tout de suite, je serais parti sur-le-champ pour vous joindre,
mais celle du traité, reçue le 1er mai, m'a arrêté. La campagne
qui s'ouvrait ne me permettait pas de partir : au reste, mon
cœur a toujours été bien convaincu qu'en servant la cause de
l'Amérique, je combattais pour les intérêts de la France. Une
autre raison, mon cœur, pour rester ici quelque temps, est que
les commissaires anglais sont arrivés et que je suis bien aise
d'être à portée des négociations[1]...

On comprend qu'il n'ait pas eu envie de s'en aller au
moment où les circonstances lui donnaient un si beau rôle.
Toujours don-quichottesque, il formait des projets plus
grands que ses moyens. Pourquoi n'irait-il pas, à la tête
d'une armée américaine, reprendre le Canada? Ou bien, si
on lui confiait quelques vaisseaux, attaquer les Anglais
aux Indes? Il proposait au prince de Poix de s'associer à
lui pour armer un navire. Washington, prudent et adroit,
ne refusait jamais brutalement. Il avait de l'affection pour
La Fayette et en somme, sans la glorieuse témérité de ce
jeune homme, on n'aurait pas eu l'alliance française. Donc
il lui donnait de la longe, certain que les obstacles finiraient
par calmer le poulain qui ruait dans les brancards.

L'événement sanctionna la sagesse du chef. L'expédition aux Indes fut oubliée; celle du Canada se révéla impossible, faute d'une armée. La Fayette fut consterné. Il avait
annoncé en France de grandes choses : « Combien on se
rira de nous! J'avoue que je ne puis maîtriser la vivacité
de mes sentiments dès que ma réputation et ma gloire son
touchées[2]. » Réaction de chevalier français. Washington
le consola et l'assura que la tache sur son honneur n'existait que dans son imagination.

D'ailleurs, en juillet 1778, une flotte française sous les

1. *Mémoires, Correspondance et Manuscrits du général La Fayette*,
tome I, pages 177-179.
2. *Ibidem*, tome I, page 160.

ordres du comte d'Estaing arriva à l'embouchure de la Delaware. Charles d'Estaing était d'Auvergne et, comme La Fayette, un libéral. La Fayette, enthousiasmé de voir débarquer des compatriotes, était pourtant un peu inquiet de la rencontre. Il avait quitté la France en violation des ordres du roi. Comment un amiral français le recevrait-il? Il se rendit à son bord, le cœur battant à la fois de bonheur et d'anxiété. Dès qu'il fut sur le pont, le comte d'Estaing le prit dans ses bras et lui donna l'accolade : « Vous commanderez, lui dit-il, l'infanterie française de débarquement. » Le jeune marquis fut ivre de joie. Commander à la fois des Français et des Américains, c'était son plus beau rêve réalisé.

Hélas! Il n'est jamais facile de régler les questions de prestige, ni même les autres, lorsque deux nations collaborent. Quand les opérations marchèrent mal, le général américain, Sullivan, accusa les Français; d'Estaing, les Américains. La Fayette refusait d'écouter une seule critique sur l'escadre et risquait sa popularité en Amérique plutôt que de manquer au patriotisme français. Le sage et paternel Washington vit le danger et conseilla un voyage en France. Il écrivit à La Fayette : « Vous devez faire, cet hiver, une visite à votre cour, à votre femme, à vos amis... » Le jeune général brûlait d'envie de revoir les siens. Il savait quel bonheur sa présence donnerait à la douce Adrienne. Mais ne dirait-on pas qu'il abandonnait les Américains? Washington lui conseilla de demander seulement un congé, à la fin duquel il reviendrait combattre aux côtés de ses camarades. Pendant son séjour en France, il pourrait rendre de grands services à la cause des États-Unis. Le Congrès, non seulement accorda le congé, mais vota des félicitations publiques au marquis et mit à sa disposition un beau vaisseau, symboliquement nommé *L'Alliance*.

Le voyage de retour fut mauvais : tempêtes sur l'océan, mutinerie à bord. La Fayette, fort malade au large de Terre-Neuve, disait à un ami français, Pontgibaud : « J'avais bien à faire, à vingt ans, avec mon nom, mon rang, ma fortune, après avoir épousé Mlle de Noailles, de quitter tout cela pour venir ici, servir de déjeuner aux morues ! » Mais l'ouragan se calma, les mutins furent désarmés et Gilbert commença de penser au grand accueil qu'il espérait recevoir en France.

Il ne se trompait pas. Aglaé d'Hunolstein ne cessait de chanter sa gloire au comte Schouvalof :

12 avril 1778 : Vous m'avez mandé de vous dire un mot de M. de La Fayette. Son sort est encore plus brillant depuis que la France a fait un traité avec les Insurgents, puisque la nation entière justifie, autorise sa démarche, en l'imitant... Il a attaqué un détachement anglais et s'est conduit en héros. Son existence excite ici l'envie aux uns et l'admiration aux autres. Son retour, s'il revient, sera un moment d'ivresse qu'il aura bien acheté et bien mérité. Mais il n'en est pas encore question[1]...

Pendant que La Fayette était en mer, son homme de confiance, l'avocat Gérard, était mort. Le jeune assistant de Gérard, Jacques-Philippe Morizot, écrivit à Mlle du Motier pour demander s'il pourrait continuer à gérer les affaires du marquis. Il les connaissait bien et avait trouvé « en Mme la marquise et autres parents des dispositions à lui accorder le bonheur qu'il désirait ». Seule objection : il lui manquait trois mois pour atteindre sa majorité légale (en ce temps-là vingt-cinq ans). Mais il avait un parent honnête et vertueux, l'oncle Grattepain, qui était prêt à lui servir de caution. Bref Grattepain serait en nom et Morizot ferait le travail. Une lettre d'Adrienne aux Dames en noir approuvait chaleureusement cet arrangement : « Je trouve, mes chères tantes, qu'il y a bien longtemps que l'année [1779] est commencée sans que j'aie encore eu le moment de vous offrir mon hommage et l'assurance des vœux sincères que je forme, je n'ose dire pour votre bonheur, mais pour votre consolation. » Car c'était la fiction adoptée à Chavaniac, comme en tant de familles, qu'après les deuils on ne pouvait plus jamais être heureux. « Après nous être

1. LOUIS GOTTSCHALK : *Lady-in-Waiting*, page 114.

entretenues des intérêts de cœur, mes chères tantes, parlons de choses moins intéressantes, mais nécessaires. Vous avez appris que la mort de M. Gérard nous a jetés dans un grand embarras... Vous savez, je crois, que feu M. Gérard avait un commis nommé Morizot qui, si vous vous le rappelez, est extrêmement intelligent[1]... »

Sur quoi elle exposait, avec une clarté et une balance dignes du chancelier Daguesseau, le pour et le contre de cette solution. Avantage d'avoir un homme qui connaissait déjà le dossier; inconvénient, pour un intendant, de n'avoir pas une fortune déjà faite, ce qui lui eût permis, lorsqu'il emprunterait au nom d'un maître absent, de donner aux prêteurs toutes garanties personnelles, intervention de l'oncle providentiel, qui avait cent mille livres de biens et des archives en si bel ordre. Morizot ferait tout sous son oncle et sous sa caution : « L'oncle ferait lui-même des voyages dans nos terres. » Enfin le duc d'Ayen approuvait, le côté La Rivière aussi. Il n'y manquait que le consentement des chères tantes, faute duquel, bien sûr, on ne conclurait rien. Les Dames·en noir, apaisées par tant de déférence, approuvèrent et Morizot, intronisé, commença une longue correspondance avec Madeleine du Motier. Adrienne, par son adroite diplomatie, avait casé son protégé et elle n'eut jamais à le regretter.

Le 6 février 1779, *L'Alliance* entra dans le port de Brest. Les canons français saluèrent le drapeau américain. Pour le jeune marquis, ces salves d'honneur faisaient un bruit bien agréable. Deux ans plus tôt, il avait quitté son pays en fugitif. Il y rentrait major général, héros de deux mondes, pardonné par sa propre famille puisque le duc d'Ayen lui-même avait écrit avec bienveillance. Il avait hâte de jouir de son triomphe.

---

1. Lettre inédite. Archives de La Grange.

III

LE RETOUR DU HÉROS

> Les feux de l'amour ne sont pas
> si doux que les premiers regards
> de la gloire.
>
> VAUVENARGUES.

A L'HÔTEL de Noailles, on ne s'occupait que du mariage
de Mlle d'Épernon. C'était Clotilde, troisième des
cinq sœurs[1], fiancée au marquis du Roure. La nichée
de colombes palpitait doucement. Nul n'attendait La
Fayette; rien ne l'avait annoncé. Après deux jours passés
à Brest, il était venu en poste à Versailles. Bien qu'il eût
hâte de revoir Adrienne et de connaître sa fille Anastasie,
il devait, pensait-il, avant toute chose, rendre visite aux
ministres. Il avait pour eux des dépêches d'Amérique, des
plans à leur exposer. L'homme d'État primait le mari et le
père. Il se prenait au sérieux et l'on doit reconnaître qu'il
avait maintenant pour cela les plus solides raisons.

Deux années s'étaient écoulées depuis qu'en février 1777,
traversant Paris après un séjour à Londres, il avait annoncé
à son beau-frère Noailles sa décision de s'embarquer. En ce
temps-là Gilbert passait pour un adolescent timide et se

---

1. Françoise-Antoinette-Clotilde de Noailles, Mlle d'Épernon, (1763-
1788) épousa, le 28 novembre 1779, Scipion de Grimoard de Beauvoir,
marquis du Roure. Mariage stérile et bref. Veuve dès 1782, à l'âge de
dix-neuf ans, Clotilde épousa, en 1784, le vicomte de Thésan dont elle
eut deux enfants.

sentait, à tort ou à raison, brimé par une belle-famille trop
puissante. Il revenait major général, ambassadeur d'un
chef d'État, ayant commandé une armée, gagné des batailles. Aux yeux de ses compagnons de jadis : Noailles, Ségur
et Poix lui-même (qui avait été son colonel), il était un
grand homme et un héros. Ils ne le jalousaient pas; ils
admiraient son audace, sa réussite et ils brûlaient de
l'imiter.

Il savait que son arrivée ferait sensation et une entrée
triomphale, dans un bal peuplé des plus jolies femmes du
royaume, n'était pas pour lui déplaire. Aussi avait-il envoyé
à Paris son aide de camp, qui remettrait aux commissaires
américains les instructions du Congrès, cependant que lui-
même ferait étape à Versailles. Peut-être jugeait-il décent
de se présenter au roi, dont il avait enfreint les ordres au
temps de son départ, et d'obtenir son pardon. De ce pardon, il ne pouvait douter. La France entière l'eût demandé
pour lui. Les « princesses combinées » (Hénin, Poix) lui
dirent que la reine relevait de couches, qu'elle était plus
belle que jamais et portait des rubans inventés pour elle,
de deux couleurs sur chaque revers. Grande nouvelle.

Il passa la nuit dans la maison du « petit Poix ». Le lendemain matin, le ministre Maurepas le reçut lui-même et le
garda en tête-à-tête plus de deux heures. Récits sur l'Amérique, messages de Washington, projets de La Fayette qui
demandait à conduire une expédition au Canada, il y avait
de quoi remplir une longue conversation et le frivole Maurepas lui-même fut intéressé par un jeune visiteur qui avait
vu tant de choses. La Fayette demanda s'il aurait une
audience du roi. Mais la dignité du souverain exigeait
qu'avant de féliciter le héros, le sujet rebelle fût doucement châtié. La Fayette reçut l'ordre de prendre les arrêts,
à l'hôtel de Noailles. Son propre grand-père, le maréchal,
serait son geôlier et il ne lui serait permis de voir que les
membres de sa famille, autant dire toute la cour.

Mme d'Ayen, prévenue dans la matinée de l'arrivée de
Gilbert, y prépara, comme elle savait le faire, avec délica-

tesse, Adrienne, qui ne se doutait de rien. Préparation
nécessaire, car la jeune épouse avait souffert dans sa dignité
de femme en se voyant abandonnée sans même avoir été
prévenue; dans ses instincts de mère en mettant au monde
un enfant et en voyant mourir sa fille aînée, sans que Gilbert fût auprès d'elle pour partager bonheur et malheur.
Elle n'éprouvait aucun ressentiment, mais au contraire
une dangereuse adoration, qu'elle ne put s'empêcher de
manifester avec passion, bien que la sagesse conseillât
une certaine réserve.

Il faut avouer que son mari lui donnait de grands sujets
de fierté. Il n'était plus le même homme. On l'avait vu,
avant le départ et la gloire, mal à l'aise, taciturne. Ses
sentiments dominants étaient alors la soif d'approbation,
l'orgueil insatisfait. Tant qu'ils n'avaient pu trouver satisfaction, ces profonds besoins de sa nature l'avaient déprimé.
Washington avait très bien diagnostiqué le mal : « Vos
inquiétudes viennent, lui avait-il dit, d'une sensibilité peu
commune pour tout ce qui touche à votre réputation. »
En ce mois de février 1779, cette âme « si honorablement
chatouilleuse » était apaisée, comblée. On ne blâmait plus
son départ; on louait son retour, et qu'il revînt se mettre
au service de sa patrie. Les deux mondes étaient à lui. D'où
une aisance toute neuve.

Pour Adrienne, ces dix jours « d'arrêts de rigueur »
furent dix jours de bonheur. Elle avait son mari tout à elle.
La famille (et c'était un peuple) se pressait rue Saint-
Honoré, pour voir et entendre le héros, « visiblement
caché », dit Mme du Deffand. Il fallait aussi prévenir
l'autre famille, celle de Chavaniac. Adrienne fut chargée
d'écrire aux tantes et nous avons la lettre où elle parle,
avec une naïve franchise, de sa joie :

Mon bonheur est facile à croire, impossible à exprimer. Le
prix seul qu'il m'a coûté peut lui être comparé... M. de La Fayette
est revenu aussi modeste et aussi charmant que vous l'aviez
laissé... Il est en ce moment dans la disgrâce du roi, avec défense
de se montrer dans aucun lieu public... La personne du monde

la plus distinguée et la plus aimable, voilà celle que Dieu nous a conservée au milieu des plus énormes dangers... Pour moi, quand je réfléchis à mon partage d'être sa femme, je suis bien reconnaissante envers Dieu. Je me trouve si loin d'être aimable comme lui que j'en suis affligée, et puis j'espère que ma tendresse supplée à mes agréments[1]...

Une femme amoureuse ne peut trouver meilleure confidente qu'une tante, maternelle et admirative, de celui qu'elle aime. Adrienne avait tort de se juger « si loin d'être aimable ». Sa lettre suffirait à prouver le contraire. Moins bouillonnante de projets que celle de Gilbert, son intelligence était plus ferme. Forte de son humilité devant Dieu, elle ne donnait aucune prise à la vanité. Mais il était vrai que La Fayette, rassuré par le succès, pouvait sembler bien aimable. Il avait maintenant de charmantes manières, la conversation brillante de ceux qui ont beaucoup à dire et une auréole chevaleresque. Toute sa vie, ses ennemis eux-mêmes allaient lui reconnaître « un esprit fin, poli, une conversation souvent piquante, anecdotique et, pour les plus intimes, une peinture vive et déshabillée des personnages illustres qu'il rencontrait, et une grâce dont ses charmantes lettres à sa femme donnent quelque idée[2] ».

Le maréchal de Noailles et le duc d'Ayen composaient ensemble la supplique par laquelle le marquis-major général demanderait au roi de lui pardonner. Texte difficile à établir; on y devait ménager la majesté du souverain et l'ombrageuse fierté du sujet. Ce gendre leur donnait du mal, mais aussi un surcroît d'importance. Avec sa collaboration, ils produisirent un chef-d'œuvre de soumission dans la dignité :

Paris, 19 février 1779 : ... L'amour de ma patrie, l'envie de voir l'abaissement de ses ennemis, un instinct politique que le dernier traité semblerait justifier, telles sont, Sire, les raisons qui décidèrent le parti que je pris dans la cause américaine.

1. Lettre inédite. Collection Fabius.
2. Sainte-Beuve : *Portraits littéraires*, tome II, pages 141-206 (Paris, Garnier frères, s. d.).

Lorsque je reçus les ordres de Votre Majesté, je les attribuai encore plus aux sollicitations et à la tendresse de ma famille qu'à la formule de conduite qu'on tenait vis-à-vis de l'Angleterre... Le genre de mes torts me donne le droit d'espérer que je pourrai les effacer. C'est aux bontés de Votre Majesté que je devrai le bonheur de m'en laver par les moyens qu'Elle daignera me donner de la servir, dans quelque pays et de quelque manière que ce puisse être[1]...

Quelques jours après, dit La Fayette, j'écrivis au roi pour reconnaître mon heureuse faute; il me permit d'aller recevoir une réprimande douce et, en me rendant la liberté, on me conseilla d'éviter les lieux où le public pourrait consacrer ma désobéissance. A mon arrivée, j'avais eu l'honneur d'être consulté par tous les ministres et, ce qui vaut bien mieux, embrassé par toutes les femmes. Les baisers cessèrent le lendemain; mais je conservai plus longtemps la confiance du cabinet et j'eus, à Versailles, l'existence de la faveur comme, à Paris, celle de la célébrité[2]...

La reine elle-même, qui ne l'avait pas tant apprécié naguère, voulut le voir et intervint pour lui obtenir la permission d'acheter au marquis de Créquy le régiment des dragons du roi, ce qui lui coûta quatre-vingt mille livres et lui valut le grade de mestre de camp. Cet avancement rapide dans l'armée française fit des jaloux; l'on raconta mille folies et, par exemple, que la reine, pressée de le voir, était descendue au-devant de lui. C'était faux. La reine louait son courage, reconnaissait sa valeur, mais n'avait pour lui que peu de sympathie personnelle.

En revanche, la comtesse d'Hunolstein affichait maintenant ce cavalier servant, devenu si fameux. A son correspondant russe, elle écrivait :

20 mars 1779 : Nous possédons ici, depuis cinq semaines, l'honorable général marquis de La Fayette. Il s'est conduit avec tant de distinction et de noblesse, il s'est fait tant aimer en Amérique, que la hardiesse et le courage qu'annonçait

1. Bibliothèque nationale, département des manuscrits, N. A F. 22738, folios 6-7.
2. LA FAYETTE : *Mémoires de ma main jusqu'en l'année 1780*, page 65.

son départ est à présent la chose dont on parle le moins; il
réunit tous les suffrages et son amour-propre doit lui causer des
jouissances bien vives. Je le vois beaucoup et m'estime heureuse
d'avoir quelque part dans son estime. Il m'a chargée de vous
parler de lui[1]...

Les femmes ont le goût des héros; elles ne sont pas seulement le repos du guerrier, mais sa récompense.

Adrienne, femme légitime, partageait les hommages
publics et, malgré sa modestie, ne pouvait qu'être heureuse
de recevoir autant de louanges qu'elle avait entendu de
blâmes. Comme ils étaient allés ensemble à la Comédie-
Française, voir une comédie de Rochon de Chabannes,
L'Amour français, l'auteur y ajouta quelques vers à la
gloire de La Fayette :

> Voyez ce courtisan à peu près de votre âge,
> Il renonce aux douceurs d'un récent mariage,
> Aux charmes de la cour, aux plaisirs de Paris;
> La gloire seule échauffe, embrase ses esprits.
> Il vole la chercher sur un autre hémisphère
> Et, croyant son pays menacé par la guerre,
> C'est le patriotisme et le plus pur honneur
> Qui rendent à son prince un brave serviteur[2]...

Le public applaudit bruyamment et la marquise eut sa
part de l'ovation. Cet incident mit en ridicule fureur le
duc de Chartres qui, amant en titre d'Aglaé d'Hunolstein,
voyait d'un mauvais œil les hommages rendus au rival
dont elle avait ri jadis avec ce prince et qu'elle semblait
maintenant traiter avec faveur.

Le prince de Ligne, autre admirateur de Mme d'Hunolstein, la tenait pour « la plus belle personne de Paris », mais
avait peu d'illusions sur les sentiments de cette femme
ravissante. Il racontait qu'elle l'avait emmené avec elle,
un jour où elle faisait des emplettes et que, prétendant

---

1. LOUIS GOTTSCHALK : *Lady-in-Waiting, the romance of La Fayette
and Aglaé de Hunolstein*, page 120.

2. *Théâtre de Monsieur de Rochon de Chabannes*, tome I, page 311
(Paris, veuve Duchesne, 1786).

avoir oublié sa bourse, elle lui avait fait payer tout ce qu'elle achetait. Il ajoutait que La Fayette, « amant de la même dame, mais de toute autre manière » (c'est-à-dire avec succès), lui avait raconté exactement la même histoire. Le prince de Ligne avait peine à comprendre pourquoi une femme aimait ce La Fayette, « insipide de corps, d'esprit, de visage et d'âme ». Il ne trouvait d'autre explication que le bruit excessif fait autour de « quelques prétendues petites escarmouches en Amérique ». Être juste à l'égard d'un rival est difficile. Tous n'étaient pas d'accord avec Ligne sur le visage et le courage de Gilbert: Le 5 mai 1779, le duc de Croÿ écrivait : « Je soupai avec M. de La Fayette. Il n'avait que vingt-deux ans et était d'une jolie figure. Il s'était conduit en héros en Amérique[1]. »

Le héros, devenu homme d'État et stratège, quittait souvent son aimable femme à peine retrouvée pour s'enfermer avec des ministres. Il était bien jeune, mais ses deux ans d'Amérique avaient fait de lui un expert et Vergennes, comme Maurepas, le consultait. Son projet de débarquement au Canada ne plaisait pas au gouvernement français. Pourquoi aller conquérir de nouveaux États, qui se rallieraient ensuite aux Américains? La Fayette proposa alors de confier deux vaisseaux au fameux corsaire américain Paul Jones. Ces navires porteraient une petite armée avec laquelle lui, La Fayette, ravagerait quelques ports anglais. *Pourquoi pas?*

La marine commença de rassembler une petite flotte à Lorient. Le secret était indispensable, mais les constantes allées et venues de La Fayette entre Paris et Versailles, ses entretiens avec Franklin et Vergennes attiraient l'attention des nouvellistes. On racontait qu'il allait commander une expédition aux États-Unis. Dans les salons où il était invité avec Adrienne, on essayait de lui arracher des informations. Il avait appris, entre autres choses, à garder un secret. Le duc de Croÿ fut impressionné par sa

1. *Mémoires du duc de Croÿ,* page 340 (La Revue Rétrospective, 1896).

modestie, sa discrétion et sa simplicité. La reine elle-
même, curieuse des affaires parce qu'elle en rendait compte
à sa mère, l'impératrice Marie-Thérèse, ne put rien tirer
de Gilbert. Celui-ci répondit qu'il avait « promis à M. de
Maurepas de ne rien dire ». Marie-Antoinette, très irritée,
sentit croître sa secrète antipathie pour ce jeune homme[1].

Soudain il reçut l'ordre d'aller rejoindre son régiment,
les dragons du roi, dans la Charente! Diriger des manœuvres d'été, à Saint-Jean-d'Angély, quand on a commandé
des troupes en campagne, quelle corvée! Mais peut-être ce
déplacement d'un officier trop en vue n'avait-il pour objet
que de masquer les préparatifs d'une expédition? Ce fut
ce que dit la cour et ce qu'espéra La Fayette. Pour se
consoler, il écrivait à son général, son *seul* général, et lui
parlait d'Adrienne :

J'ai une femme, mon cher général, qui est amoureuse de vous,
et son affection me semble trop bien justifiée pour que je puisse
m'y opposer. Elle vous prie d'agréer ses compliments et de les
offrir à Mme Washington[2]...

Il était vrai que La Fayette avait tant loué son grand
homme à l'hôtel de Noailles que la duchesse d'Ayen et
ses cinq filles pratiquaient désormais ce même culte.

Les retours des guerriers sont féconds. Adrienne, une
fois de plus, était enceinte, heureuse de l'être et voulait
un fils. Elle revit quelques jours son mari quand il traversa
Paris et Versailles, en se rendant au Havre où il était
nommé aide-maréchal général des logis de l'armée secrètement destinée à envahir l'Angleterre. Il passa dix jours à
Paris, travaillant avec Franklin et Vergennes, lequel
n'était plus hostile à l'idée d'envoyer un corps expéditionnaire aux États-Unis. Pour le 4 juillet, anniversaire

1. *Mémoires du duc de Croÿ*, tome IV, pages 176-177. Voir aussi :
Correspondance entre Mercy-Argenteau et l'impératrice Marie-Thérèse,
tome III, page 315.
2. *Mémoires, Correspondance et Manuscrits du général La Fayette*,
tome I, page 304.

de l'Indépendance américaine, La Fayette, qui avait le
sens de la publicité, avait organisé l'exposition, chez
Franklin, d'un portrait de Washington. On y voyait
Washington tenant à la main le traité d'alliance franco-
américain et foulant aux pieds des proclamations de
George III. Malheureusement, le 4 juillet, La Fayette
avait déjà dû rejoindre son poste au Havre. Adrienne le
représenta, avec sa coutumière dignité, et fut traitée par
la petite colonie américaine avec les honneurs dus à l'épouse
du héros. On fit sur elle ce quatrain :

> J'ai peint le héros La Fayette;
> J'ose esquisser sa charmante moitié :
> Figurez-vous l'amour, la vertu, l'amitié,
> Et l'image sera complète[1].

Les préparatifs d'une expédition dont les plans changeaient sans cesse retinrent longtemps La Fayette sur la
côte normande. Adrienne enceinte, inquiète, ne se portait
pas bien. Sa santé souffrait « des secousses passées, des
dangers qu'elle redoutait et d'une grossesse fort pénible ».
Elle admirait trop Gilbert pour ne pas approuver ses projets ; elle l'aimait trop pour n'en pas craindre les hasards.
Croyait-elle à la cause pour laquelle il se battait? Et quelle
doctrine politique lui enseignait-il? On ne pouvait dire
exactement qu'il fût républicain. Il avait mesuré, par
expérience, les difficultés d'un gouvernement démocra-
tique : divisions, lenteurs, indiscrétions. Mais Washington
était devenu, aux yeux de La Fayette, le type idéal du
chef de gouvernement. La vie américaine l'avait confirmé
dans l'amour de la liberté et de l'égalité — deux idées
faciles à accepter pour Mme de La Fayette, élevée par
une mère qui pratiquait le respect de toute personne
humaine.

Adrienne avait maintenant dix-neuf ans. Elle devenait
plus femme. Comme elle devait le dire elle-même, en un

---

1. MÉTRA : *Correspondance secrète, politique et littéraire*, tome VIII
page 139.

moment tragique et solennel, elle aimait son mari non
seulement par devoir et admiration, mais voluptueuse-
ment. Elle se sentait prête à défaillir quand il revenait à
l'improviste. L'abnégation avec laquelle elle lui épargnait
toute jalousie trouvait sa récompense. Une confiance plus
intime l'associait aux desseins de La Fayette. Lui-même
tenait à cette étroite association. Il n'écrivait jamais à
Washington sans parler de sa femme et Washington, qui
avait toujours eu de la coquetterie, répondait.

> *West Point, 30 septembre 1779 :* Dites-lui (si vous n'avez
> fait une erreur et offert votre amour au lieu du sien) que j'ai
> un cœur accessible à la plus tendre passion et qu'il est déjà si
> rempli des images d'elle les plus favorables qu'elle doit faire
> attention de ne pas en approcher la torche de l'amour, comme
> vous devez l'être de ne pas attiser la flamme[1]...

Galanterie de gentleman du Sud. Mais il assurait La
Fayette que, si celui-ci revenait en Amérique, soit à la
tête d'un corps de braves Français, soit comme major
général de l'armée américaine, soit, après la paix, comme
ami et compagnon, il serait le bienvenu dans le modeste
cottage si différent de ses somptueuses demeures : « Et si
la charmante compagne de votre bonheur voulait bien
consentir à partager avec nous les habitudes et les plaisirs
des champs, je puis assurer au nom de Mrs. Washington
qu'elle ferait tout ce qui serait en son pouvoir pour rendre
la Virginie agréable à la marquise[2]. »
A la Virginie, la marquise aurait bien préféré un voyage
en Normandie, où le marquis semblait en proie à une
constante agitation. Mais, tout à son métier de soldat-

---

1. JOHN C. FITZPATRICK : *The writings of George Washington*, tome XVI,
page 375. — Cité par LOUIS GOTTSCHALK dans *La Fayette and the close of
the American Revolution*, page 60, ce passage a été omis par les éditeurs
français qui, dans *Mémoires, Correspondance et Manuscrits du général
La Fayette*, ont publié (tome I, p. 318) tout le reste de la lettre de
Washington à La Fayette, datée du 30 septembre 1779.
2. *Mémoires, Correspondance et Manuscrits du général La Fayette*,
tome I, page 318.

diplomate, il ne souhaitait pas, dans les camps, la présence d'Adrienne. Bientôt d'ailleurs, la grossesse avancée de celle-ci rendit tout déplacement impossible.

Au mois d'août, La Fayette vint à Paris et rendit visite à Maurepas. Il insistait pour obtenir le commandement d'un détachement de deux mille hommes, qui harcèlerait l'Angleterre. L'expérience de la guerre? Mais il la possédait bien plus que la plupart des lieutenants généraux! Le hasard, et quelques mérites, lui avaient valu, à vingt ans, des commandements de maréchal de camp. Ce n'était pas comme petit-fils du maréchal de Noailles qu'il demandait à être employé : « Je ne suis point de la cour; je suis encore moins courtisan et je prie les ministres du roi de me regarder comme sortant d'un corps de garde[1]. » Sa ténacité amusait le sceptique Maurepas, qui disait en riant que ce jeune homme serait capable de démeubler Versailles pour venir en aide aux Américains. En quoi il ne se trompait pas.

La veille de Noël, Adrienne, à Passy, accoucha d'un fils. La Fayette était à Paris, absorbé par ses discussions politiques. Elle griffonna de sa propre main une petite lettre :

Acceptez mon compliment, Monsieur le marquis. Il est très sincère, il est très vif. L'Amérique va illuminer et je soutiens que Paris devrait le faire aussi. Le nombre de ceux qui vous ressemblent est si petit qu'un accroissement de ce nombre est un bienfait public[2]...

Bien qu'il fût deux heures du matin quand La Fayette reçut le message, il voulut tout de suite informer Franklin et lui dire que le garçon serait baptisé *George Washington*, « comme un témoignage de respect et d'affection à mon cher ami le général Washington ».

1. Lettre citée par ÉTIENNE CHARAVAY dans *Le Général La Fayette*, page 50.
2. Henry E. Huntington Library and Art Gallery, San Marino, California, H. M. 9426. — Lettre citée par LOUIS GOTTSCHALK dans *La Fayette and the close of the American Revolution*, page 58 (Chicago, Illinois, The University of Chicago Press, 1942).

Adrienne, dans sa lettre, l'avait pressé de s'abandonner pour un temps aux joies de la paternité : « Elles sont si douces. Rien d'autre n'est aussi bon. » Elle avait beaucoup souffert, pendant des mois, pour lui donner ce fils; elle avait droit à la présence du père. Ne lui avait-il pas écrit d'Amérique : « Une fois que nous serons réunis, on ne pourra plus nous séparer »? Il passa près d'elle une semaine, puis reprit sa ronde infernale de correspondances et de démarches.

Pour l'armée américaine, il avait obtenu quinze mille fusils et de la poudre. Il voulait plus : un corps expéditionnaire et l'honneur de le commander. Ce n'était pas ambition, disait-il. Il savait l'anglais; il connaissait les mœurs des Américains; il était le seul chef français pour qui ne se poseraient pas, dans l'armée américaine, des problèmes de préséance. Il oubliait ceux qui se poseraient dans l'armée française. Enfin une solution fut trouvée : La Fayette retournerait en Amérique, y annoncerait secrètement l'arrivée d'une armée et y reprendrait son commandement américain. Le comte de Rochambeau, vieux soldat de longue expérience, commanderait le corps expéditionnaire.

La Fayette accepta sans amertume cette déception. La cause triomphait; c'était l'essentiel. Il fallait maintenant préparer le départ et se procurer de l'argent. C'était l'affaire du jeune intendant Morizot, tout dévoué, mais un peu effrayé. Il avait trouvé les terres de Bretagne fort mal administrées. Tout le monde grugeait le maître absent. Morizot avait remis de l'ordre, touché des fermages, mais il écrivit à Mlle du Motier : « Mon embarras est extrême. Plus je m'occupe des dettes et plus elles augmentent! Combien il est à désirer que M. votre neveu soit économe en Amérique... » Économe en Amérique! Mais La Fayette était prêt à y équiper, à ses frais, toute une division! Il y avait déjà dépensé plusieurs années de ses revenus. Il avait maintenant besoin, pour ce nouveau départ, d'argent liquide et demandait cent vingt mille livres. Morizot dut

vendre des terres. Une procuration générale lui fut donnée
par La Fayette. Si Morizot hésitait sur une décision, il
devait consulter la marquise, qui jugerait en dernier res-
sort. Grande marque de confiance, mais que justifiaient
le sérieux et l'intelligence de cette femme si jeune. Morizot
avertit le marquis qu'« il achetait sa gloire aux dépens de
sa fortune ». La Fayette pensait que la gloire est sans prix.
Sa femme l'approuvait.

Le 1er mars, il fut chargé d'aller en Amérique, préparer
la réception des troupes françaises. Le gouvernement mit
à sa disposition la frégate *L'Hermione*, commandée par le
capitaine La Touche-Tréville, qui reçut l'ordre de transporter le marquis à Boston et d'avoir pour lui les plus
grands égards. L'armée annoncée devait être de six mille
hommes; en fait quatre mille seulement partirent. Mais
La Fayette savait que les jeunes hommes les plus brillants
de la cour : Noailles, Lauzun, Ségur demanderaient à en
faire partie. Cela lui donnait la certitude que ce petit corps
serait bien soutenu et que, le moment venu, une flotte
lui assurerait la maîtrise de la mer, ce qui était à ses yeux
(et il voyait juste) le point essentiel. Le proche départ de
Noailles et de Ségur, celui plus immédiat de La Fayette,
attristaient l'hôtel de Noailles. Les colombes, poignardées
par l'inquiétude, battaient des ailes.

Le 29 février 1780, il revêtit son uniforme bleu, blanc et
or de major général américain et alla prendre congé, à
Versailles, du roi et de la reine. La reine se montra bienveillante et dit sa confiance en l'influence que La Fayette
aurait pour l'avancement de la cause commune. Il revint,
le 4 et le 5 mars, pour recevoir des ministres ses ordres,
repassa par Paris, embrassa sa femme et ses enfants, vit
Morizot pour régler les dernières questions d'argent et
partit enfin, le 6 mars, pour Rochefort. Pendant ce court
voyage, de chaque étape, il écrivit à Adrienne.

Étampes, à dix heures : Je m'arrête un instant ici, mon cher
cœur, pour te dire combien je suis malheureux de te quitter,

combien je t'aime, combien mon bonheur dépend de toi, combien je suis touché de ton affliction. Ah ! mon cher cœur, quoique je fusse bien sûr de mon sentiment pour toi, je n'aurais jamais imaginé qu'il m'en coutât autant pour te quitter, et que cette séparation fût aussi cruellement déchirante. Adieu, mon cœur. Aimez-moi, ménagez-vous et soyez sûre que je vous aime à la folie.

Mes compliments à maman, à la vicomtesse, mes sœurs et la comtesse Auguste[1].

Blois, à 10 heures, ce mardi : Après une nuit bien triste, mon ·cher cœur, passée à m'éloigner de tout ce que j'aime, à m'occuper de votre chagrin, à penser que j'allais être loin des objets de mon sentiment et que, dans quinze jours, il ne me serait plus possible d'en avoir des nouvelles, je viens d'arriver à Blois et je m'empresse de vous écrire, pour vous répéter combien vous m'êtes chère, combien je suis malheureux de vous quitter. Ma santé est bonne, mais je suis bien triste et je donnerais tout au monde pour vous revoir encore une minute. Adieu, mon cher cœur; je vous embrasse aussi tendrement que je vous aime.

Sainte-Maure, ce mercredi matin : J'ai couché ici cette nuit, mon cher cœur, pour mon repos et celui de mes gens, et quelques heures de sommeil nous ont fait un grand bien. J'espère être demain matin à Rochefort, d'où je vous écrirai en arrivant. J'ai rencontré hier M. Gérard[2], avec qui j'ai causé sur l'Amérique. Vous serez peut-être aussi bien aise de le voir, et alors je vous prie de lui faire beaucoup d'honnêtetés parce qu'il m'en a comblé à Philadelphie. D'après ce qu'il me dit, je suis encore plus sûr des bontés qu'on me témoigne là-bas... Adieu, mon cher cœur; je vous embrasse. Il m'en coûte tant de penser que

1. Il s'agit de la comtesse de la Marck, plus tard princesse Auguste d'Arenberg. Née Marie-Françoise-Augustine-Uïsule Le Danois de Cernay, fille du lieutenant général marquis de Cernay, elle avait épousé, le 23 novembre 1774, Auguste-Marie-Raymond d'Arenberg (1753-1833) auquel son grand-père maternel, le dernier comte de la Marck, avait légué, avec son titre, le régiment au service de la France dont il était propriétaire. Amie intime d'Adrienne, familière de l'hôtel de Noailles, Mme de la Marck est toujours désignée, dans les lettres de La Fayette, sous le nom de « la comtesse Auguste ».

2. Il ne s'agit plus ici de l'avocat Jean Gérard, mort pendant le premier séjour de La Fayette en Amérique, mais de Conrad-Alexandre Gérard, premier envoyé de Louis XVI à Philadelphie. Ce diplomate avait, pour raisons de santé, sollicité son rappel et le chevalier de la Luzerne allait lui succéder, comme ministre de France aux États-Unis.

chaque pas va encore m'éloigner de celle qui fait mon bonheur, qui est toujours si charmante pour moi, et que je rends à présent malheureuse malgré la vive tendresse que j'ai pour elle...

Rochefort, ce 10 mars 1780 : Me voici depuis hier à Rochefort, mon cher cœur, et ce matin je vais me rendre à bord de la frégate. Nous ne partirons pas cependant tout de suite et quelques arrangements peuvent encore occasionner un petit retard. J'ai été infiniment content de M. de la Touche; il est de la plus parfaite honnêteté et je serai très agréablement à son bord. Les vents tournent du bon côté et j'espère que nous aurons un temps superbe... Le moment d'entrer dans le canot me fera éprouver une partie de ce déchirement affreux que je prévois sentir en perdant la terre de vue! Ma santé est très bonne, mon cher cœur. Ménagez la vôtre, je vous en conjure au nom de ma tendresse pour vous, au nom du charme que je trouve à être aimé de vous, à vous devoir tout l'agrément de l'intérieur le plus doux, à être uni à vous par le plus solide, le plus tendre des liens. Adieu, mon cher cœur. Je vais monter dans le canot. Quoique cet adieu ne soit pas le dernier, il me coûte horriblement à prononcer.

Mes compliments à mon cher prince; je lui écrirai demain, ainsi qu'à Mme de Tessé, à qui je vous prie d'aller dire mille choses tendres[1].

Le 12 mars, La Fayette écrit à son cousin le prince de Poix, pour lui annoncer son prochain départ et le prier de remettre en mains propres une lettre de lui à Marie-Antoinette. « Je joins ici une lettre pour la reine; donne-la toi-même; dis-lui que je te mande que j'ai cédé au désir de lui écrire, mais que, ne sachant pas à quel point j'en ai le droit, je ne compte plus prendre cette liberté. » Puis il ajoute :

J'ai une commission assez extraordinaire à te donner : c'est de m'acheter une pièce de drap bleu, une de ce petit drap bleu d'été, une de drap chamois, une de drap de vigogne teint en bleu, une de toile française. Mais je voudrais que tout cela fût la plus belle chose qu'on ait jamais vue; le prix ne me fait rien, parce que je veux donner aux Américains un échantillon de nos manufactures qui les étonne.

Ne pourrais-tu me faire arranger un assortiment pour le thé

1. Lettres inédites. Archives de La Grange.

comme celui de Mme de Boufflers[1], avec la différence que les
porcelaines soient du beau Sèvres bien blanc, et les cuillers de
vermeil? Je serais bien aise de faire ce présent à Mme Washington[2]...

La triste Adrienne, privée de son époux, se voyait du
moins comblée d'affectueuses lettres d'adieux :

A bord de L'Hermione, *ce 13 mars, à 9 heures du soir :* C'est
un moment bien cruel, bien déchirant, mon cher cœur, que celui
où je vais vous écrire. Voici l'instant d'appareiller et, voulant
vous adresser mes derniers adieux, je vous avoue que l'émotion
de mon âme ne me permet guère de vous écrire raisonnablement.
Je sais que je vais perdre de vue cette terre qui renferme tout
ce qui m'est le plus cher, que demain elle ne paraîtra plus à mes
yeux. Mon cœur, croyez qu'il m'en coûte cruellement pour
vous quitter! Ne soyez pas inquiète de ma traversée; notre
frégate vole; elle est commandée par le plus aimable homme
du monde; je suis aussi bien logé qu'il est possible, et mon arrivée
est assurée. Je vous écrirai, mon cher cœur, en débarquant à
Boston. Pensez, mon cher cœur, que mon absence ne sera qu'une
campagne ordinaire; dans quelques mois, je reviendrai passer
l'hiver avec vous. Ménagez votre santé, mon cœur, ménagez-
la si vous m'aimez. Ecrivez-moi souvent; il y aura beaucoup
d'occasions... Regardez souvent mon portrait; puisse-t-il
vous dire une partie de ce que je sens. Mon cœur est bien troublé
dans ce moment, mais je ne veux pas augmenter votre affliction
par l'image de la mienne. Adieu, adieu, mon cher cœur. Embrassez mille et mille fois notre chère Anastasie; embrassez notre
autre enfant. Qu'ils sont heureux de vous voir! Est-ce à moi,
mon cœur, qui suis si heureux par vous, de vous rendre toujours
malheureuse en vous quittant? Ah! Pardonnez-moi! Le chagrin
que j'éprouve m'en punit. Adieu, adieu encore une fois. Je n'aurais jamais cru qu'il m'en coutât autant pour partir.
Mon cher cœur, je sens dans ce moment que je t'aime encore
plus que je ne le pensais. Adieu, adieu[3].

En rade de l'île d'Aix, ce 18 mars 1780 : Nous voici revenus,
mon cher cœur, et le mauvais temps joint à la perte d'une grande
vergue nous a obligés à regagner Rochefort. C'est le lendemain

---

1. Marie-Françoise-Catherine de Beauvau-Craon, marquise de Boufflers
(1711-1787).
2. Collection de Mme A. Balleyguier.
3. Lettres inédites. Archives de La Grange.

de notre départ que cet accident est arrivé, et, comme le brouil-
lard empêchait de voir la côte, nous n'avons pas pu rentrer
sur-le-champ. Cette petite contrariété va nous retenir ici
jusqu'à ce que le beau temps permette notre sortie. Une fois
l'équinoxe passé, nous aurons des vents superbes, et j'aime
mieux être dans le port que de battre inutilement la mer.
Nous avons mouillé hier et j'espérais vous écrire longuement
aujourd'hui, mais un faux calcul fait hâter le départ du canot
et je suis bien puni de m'être trompé sur l'heure du départ
de la poste...

A bord de L'Hermione, *ce 20 mars 1780* : J'éprouve quelque
consolation, mon cher cœur, à pouvoir vous dire encore une fois
que je vous aime, à vous répéter combien je suis affligé de vous
quitter. Croyez, mon cœur, que l'espérance d'être utile, l'amour
de la cause américaine, et tant d'autres motifs ne m'empêchent
pas de sentir cette affliction. Croyez, et ma franchise vous
en assure, que je suis déchiré par l'idée de me séparer de tout
ce que j'aime. Je vais bientôt éprouver le tourment d'un second
départ. J'ai voulu que vous fussiez la dernière à recevoir mes
regrets et mes plus tendres adieux. Soyez bien rassurée sur
l'agrément de mon voyage — si cependant un pareil terme
convient à ma situation. L'équinoxe est passé et vous voyez
que, même en le recevant sur la côte, il n'avait pas de grands
inconvénients. Notre frégate étonne par sa bonté et par sa
marche. M. de la Touche vient encore d'ordonner qu'on évitât
toutes les voiles qui se rencontreraient, et nous irons droit au
premier port américain. On me comble ici d'honnêtetés et,
comme les premières secousses du mal de mer sont passées,
j'ai de grandes espérances pour cette seconde sortie. Le temps
et la mer sont superbes...
Embrassez nos chers enfants, mon cœur; ils me sont plus
chers parce qu'ils nous sont communs. Dites à Anastasie
qu'elle ne m'oublie pas et que je l'aime bien, dites-lui surtout
qu'elle vous ressemble pour le bonheur de tout ce qui l'aimera.
Adieu, adieu, mon cher cœur. Il faut vous quitter; ce moment
est horrible. Adieu, adieu encore une fois. Je vous aime à la
folie[1]...

C'est le 20 mars que *L'Hermione*, toutes voiles réparées,
put enfin cingler vers l'Amérique. Adrienne, malgré son
courage, sombra pendant quelques jours dans le plus pro-

1. Lettres inédites. Archives de La Grange.

fond désespoir. Son mari lui était devenu plus cher que
jamais et, de nouveau, elle allait avoir à craindre pour sa
vie. Puis elle prit le parti conseillé par la duchesse d'Ayen :
s'en remettre entièrement à Dieu. « L'espérance est un
devoir », disait Mme d'Ayen. Le 25 mars, Morizot écrivait
à Madeleine du Motier, l'une des châtelaines de Chavaniac :
« Mme la marquise est devenue un peu plus calme. Elle
espère que la Providence le gardera de tout mal. Tout le
monde partage cet espoir. Il n'y a probablement pas un
seul homme à Paris qui ne se tiendrait pour heureux de
faire quelque sacrifice pour votre neveu. Il est fort à son
honneur d'avoir, à un âge si tendre, gagné la confiance
de tous[1]. »

Rarement avait-on vu un couple si jeune chargé de si
grands intérêts.

1. Lettre citée par Louis Gottschalk dans : *La Fayette and the close
of the American Revolution*, page 73.

IV

TOUT EST BIEN QUI FINIT BIEN

> Quoique les femmes n'aient pas
> les mêmes occasions de montrer
> leur courage, elles doivent pour-
> tant en avoir.
>
> FÉNELON.

ATTENDRE des nouvelles d'un mari exposé aux dangers de la mer et de la guerre était pénible, en un temps où il n'en fallait guère espérer avant trois mois. Adrienne, mal remise de ses couches, demeurait fort souffrante; son fils était en nourrice à Versailles et, la mère ne pouvant se déplacer, la grand-mère seule donnait au petit George-Washington les soins sans lesquels il n'eût sans doute pas vécu.

Enfin les premiers courriers arrivèrent d'Amérique. La Fayette, débarqué dans le port de Boston le 28 avril et reçu avec un grand enthousiasme par les habitants de cette ville, trouva cependant le temps d'écrire quelques lettres : à Washington, pour lui annoncer son retour; à Mme de La Fayette, pour la rassurer sur la traversée.

Water-Town, 2 mai 1780 : Je suis entouré d'amis, mon cher cœur, si comblé de prévenances et de marques de bonté, qu'il ne me reste pas un instant de libre. Je vous écris par deux ou trois bonnes occasions, et je me contenterai de vous dire ici que je me porte bien et qu'après trente-huit jours de traversée, je suis heureusement arrivé à Boston. La réception que tout le peuple a daigné me faire est au-dessus de toute description, et il me serait encore plus difficile d'exprimer toute ma reconnaissance. Présentez mes respects à M. le duc d'Ayen, à Mme d'Ayen, Mme de Tessé, Mme de Boufflers, Mme d'Hénin, tous mes amis et amies. Ce n'est point par ce vaisseau-ci que mes dépêches partiront et je me contente, mon cher cœur, de vous embrasser ici aussi tendrement que je vous aime.

Les Anglais attaquent Charleston; le général Washington est encore dans le Jersey et je suis en chemin pour le joindre. En vérité, mon cher cœur, tout ce que j'éprouve ici justifie bien mon amour pour l'Amérique.

Water Bury, sur la route de Boston au camp, ce 6 mai 1780 : Je vous ai déjà écrit par deux occasions, mon cher cœur, et mon premier soin a été de vous apprendre mon arrivée. Mais celle de mes lettres est si incertaine que ma seule espérance est de les multiplier. Ce n'est pas pour vous, mon cher cœur, que je crains d'être ennuyeux; je crains même que vous n'ayez déjà murmuré de ce que [mes lettres] ne contenaient pas assez de détails.

Ceux de mon entrée à Boston sont, je l'avoue, embarrassants à raconter : non que je ne me fasse un plaisir de reconnaître les obligations que j'ai à mes amis américains, mais parce que les marques de bonté dont on m'a comblé ne peuvent se répéter sans un air de pompe pour lequel vous savez que je n'ai pas beaucoup de goût. Cependant, mon cœur, comme cette occasion me paraît assez sûre, je vais, sous le sceau du secret, être un peu plus bavard que de coutume...

On a su, à Boston, mon retour par les personnes qui ont été chercher des pilotes; c'est après midi que j'ai débarqué au milieu d'une foule immense; l'on m'a reçu au bruit du canon, au son de toutes les cloches, de la musique qui marchait devant nous, et des hurrahs de tout le peuple qui nous entourait. C'est de cette manière que j'ai été conduit à la maison que le conseil et l'assemblée des représentants de Boston m'avaient fait préparer. Il y avait une députation de ces corps pour me recevoir; de là j'ai demandé à me présenter aux deux chambres réunies à cet effet, et j'ai tâché de me rappeler mon anglais, pendant une heure que j'y ai resté. Le soir, le peuple s'est assemblé devant ma porte et y a fait un grand feu de joie, avec beaucoup d'acclamations qui ont duré jusqu'à plus de minuit. Quand j'ai quitté Boston, tout le peuple s'est rendu devant ma maison pour y attendre le moment de mon départ, et il n'y a pas de démonstration de tendresse, d'affection, que cette foule immense ne m'ait donnée en m'accompagnant hors de la ville. Partout où j'ai passé jusqu'ici, on m'a témoigné les plus grandes bontés.

C'est au bruit du canon que j'arrive ou que je pars; les principaux habitants montent à cheval pour m'accompagner; enfin, mon cœur, ma réception ici est au-dessus de tout ce que je pourrais vous peindre. Mais ne montrez pas ma lettre, et, si j'ai voulu justifier un peu à vos yeux le tort de vous quitter, je serais bien fâché qu'il fût dit que j'envoie à mes amis des descriptions de ma réception...

L'empressement de mes amis américains me laisse peu de moments pour écrire; je me suis cependant arrêté dans un endroit plus écarté pour griffonner quelques lettres, et encore celle-ci a-t-elle été interrompue...

Ne lisez à personne la partie de ma lettre qui parle de mon arrivée. Si, cependant, mes amis vous demandent beaucoup de détails à ce sujet, je vous permets, après leur avoir demandé le secret, de lire cet article à la petite partie de la famille qui dîne à l'hôtel de Noailles tous les jours : à Mme de Tessé, le duc d'Ayen, M. de Mun, Mme de Boufflers, la veuve, M. de Poix et Mme d'Hénin[1]...

Cette modestie limitée était d'une candeur assez charmante. Il commençait par ne rompre le secret de ses triomphes qu'au profit de sa femme, puis il en étendait la franchise au cercle familial. D'ailleurs un Bostonien eut la délicatesse d'écrire à la marquise de La Fayette, pour lui décrire l'accueil délirant fait à son mari, et l'on possède la réponse d'Adrienne :

A Saint-Germain, ce 11 août 1780 : Recevez, Monsieur, je vous supplie, l'assurance de ma reconnaissance de la relation que vous avez bien voulu m'envoyer de la manière, si honorable et si touchante, dont les Américains ont eu la bonté de recevoir M. de La Fayette à Boston. Il m'avait, en effet, écrit que *la réception que tout le peuple a daigné lui faire était au-dessus de toute description, et qu'il lui serait encore plus difficile d'exprimer sa reconnaissance.* J'ose dire, Monsieur, que je suis digne de partager sa sensibilité à toutes ces bontés, et d'en sentir le prix, comme je partage son attachement pour l'Amérique, quoiqu'il me coûte bien cher! Puisse-t-elle me le rendre bientôt; puisse son indépendance être bientôt affirmée par la paix, et nous nous entretiendrons sans cesse toute notre vie, M. de La Fayette

1. Lettres inédites. Archives de La Grange.

et moi, du souvenir des bontés dont il aura été comblé, et de son inviolable attachement pour elle[1]...

A Paris et à la cour, on n'avait pas bonne impression des récentes nouvelles d'Amérique. L'expédition française se préparait trop lentement. Libelles et correspondances se moquaient du ministre de la Marine « dont la montre retardait toujours ».

Cependant La Fayette avait retrouvé « son cher général », qui l'accueillit avec une vraie tendresse. Le commandant en chef attendait avec impatience Rochambeau et les renforts français. Enfin, en juillet 1780, le convoi arriva, sans perte, en vue de Rhode Island. Les Français débarquèrent à Newport. Washington y envoya aussitôt La Fayette, qui trouva là son beau-frère Noailles et tous ses amis : Lauzun, Custine, Damas, Montmorency. Ségur faisait partie d'une autre expédition. Washington demanda à Rochambeau de régler, avec le jeune major général, tous les arrangements. C'était un rôle qui eût enchanté La Fayette; il enchanta beaucoup moins Rochambeau. Ce général de cinquante-cinq ans, qui avait fait plus d'une guerre, avait accepté de servir sous les ordres de Washington; recevoir ceux-ci d'un enfant lui déplaisait. Il avait de l'affection pour « le petit marquis », mais lui parlait comme un père à son fils, non comme un général à un autre général. « La chaleur de votre âme, lui disait-il avec franchise, a quelque peu affecté la solidité de votre jugement. » La Fayette conseillait la prise de New York. Rochambeau répliqua : « Rien sans la maîtrise de la mer », et exigea une conférence au sommet avec Washington. Les deux généraux furent d'accord pour demander au roi de France la flotte et des renforts.

La Fayette au prince de Poix : Au camp de la division légère, près de l'île-de New York, 3 septembre 1780 : La beauté des

1. Collection du juge Walter P. Gardner. Cette lettre est reproduite en fac-similé dans *La Fayette,* par BRAND WHITLOCK, tome I, page 204 (New York, D. Appleton et C°, 1929).

troupes françaises, leur honnêteté, leur admirable discipline enchantent les Américains. Il est impossible de se conduire plus parfaitement que ne l'ont fait nos compatriotes. Leur général s'accordera fort bien avec le généralissime et celui-ci ne donnera, je te réponds, aucun ordre qui ne soit agréable aux Français et convenu d'avance avec M. de Rochambeau. Tu me demanderas à présent ce que tout cela fait et je te répondrai qu'ils attendent, à Newport, la seconde division et la supériorité maritime.

J'ai un commandement charmant, composé de deux mille hommes environ d'infanterie légère, tirés des régiments comme le sont en Europe les grenadiers et les chasseurs, et conduits sous moi par deux brigadiers, cent *riflemen*, espèce de chasseurs à demi sauvages, une légion de trois cents hommes, moitié infanterie, moitié cavalerie. Ces deux mille quatre cents hommes forment un camp volant, toujours en avant et indépendant de la grande armée[1]...

A Paris, Louise et Adrienne attendaient maintenant, avec la même impatience, les courriers d'Amérique. La fraternité d'armes de leurs maris nouait, entre deux sœurs si unies, un nouveau lien. La troisième sœur mariée, Clotilde du Roure, n'était pas heureuse. Sa mauvaise santé, « le peu de goût que son mari avait pour elle », démentaient les espérances que la duchesse d'Ayen avait fondées sur ce mariage.

En revanche, la duchesse d'Ayen avait la satisfaction de voir que, depuis sa première communion, Pauline, quatrième de la nichée, ne montrait plus aucune trace de la violence qui, dans son enfance, avait été si terrible. Mme d'Ayen restait tendrement attachée à sa belle-sœur, Mme de Tessé. Elles étaient dignes l'une de l'autre, s'appréciaient et s'aimaient. Mais Mme de Tessé voyait une société toute différente, composée surtout de philosophes, et ce désaccord entre dévote et « mécréante » empêchait une véritable intimité. Les seules amies de Mme d'Ayen étaient ses filles.

La Fayette, lui, s'entendait au mieux avec la tante de

1. Collection de Mme A. Balleyguier.

Tessé, qu'il appelait « ma cousine » et dont il essayait de mobiliser l'influence au service des Américains. «Bon Dieu! Il faudrait tout de même que la flotte promise arrivât. Sans vaisseaux, nous ne pouvons qu'attendre les coups... Tout cela est aussi monotone qu'une guerre européenne... En attendant, nous sommes d'une frugalité, d'une pauvreté, d'une nudité dont, j'espère, on nous tiendra compte dans l'autre monde en guise de Purgatoire[1]... »

4 octobre 1780 : Je n'ai pas besoin, ma cousine, de vous dire que ma santé est bonne; c'est mon usage. Ma situation ici est aussi agréable que possible. Je suis fort bien avec l'armée française, à ce que je crois. On me comble de bontés dans l'armée américaine; j'y commande un camp volant composé de l'élite de l'armée. Mon ami le général Washington est toujours pour moi tel que je vous l'ai dépeint.

Adieu, ma chère cousine, quand vous verrai-je? Mon Dieu! faites une bonne paix pour que j'embrasse mes amis, et je renonce à ma part de prise dans la gloire que nous pourrions espérer par la suite[2]...

Pauvreté, nudité, frugalité, c'était aussi le tableau qu'il peignait pour Adrienne : « Nous autres Américains ne faisions pas bonne chère comme l'état-major français à Newport. Nous autres républicains devions demander au peuple, notre seul maître, les moyens de continuer la guerre. »

7 octobre 1780 : Les dames firent, et font encore des souscriptions pour donner quelques secours aux soldats; dans le temps que cette idée fut proposée, je me fis votre ambassadeur auprès des dames de Philadelphie, et vous êtes pour cent guinées sur la liste... Je vais fermer ma lettre, mais, avant de la cacheter, je veux vous parler encore un petit moment de ma tendresse. Le général Washington a été bien sensible à ce que je lui ai dit pour vous; il me charge de vous présenter ses plus tendres sentiments; il en a beaucoup pour George [Washington de la Fayette]; il a été fort touché du nom que nous lui avons donné.

---

1. *Mémoires, Correspondance et Manuscrits du général La Fayette,* tome I, pages 370-372.
2. *Ibidem.*

Nous parlons souvent de vous et de la petite famille. Adieu, adieu[1]...

Et trois jours plus tard, le 13 octobre :

Au camp, près Tatawa : Pour me consoler des vaisseaux qui n'arrivent pas, mon cher cœur, il s'en présente plusieurs prêts à partir. Mon premier plaisir, en Amérique, est de recevoir vos lettres; le second est de vous donner de mes nouvelles, en vous répétant combien je vous aime. J'ai la confiance de ne pas craindre que je vous ennuie; je vais donc griffonner tant qu'il se trouvera des gens disposés à se charger de mes épîtres.

Je vais commencer, mon cher cœur, par un *duplicata* de ma gazette. L'armée française est à Rhode Island, d'où elle n'est pas sortie; l'escadre de M. de Ternay y est aussi bloquée. L'amiral Rodney est sur nos côtes, avec dix-neuf vaisseaux de ligne, sans compter ceux de cinquante (*sic*) et une multitude de frégates. Notre armée de Caroline, sous le général Gates, a été complètement battue; celle que commande en personne le général Washington a passé son été fort près de New York et, grâce aux efforts faits par les États depuis le mois de juin dernier, nous avons été à portée d'offrir au général Clinton une bataille qu'il n'a pas acceptée.

En revenant d'Hartford, où le général Washington et moi avions eu une entrevue avec les généraux français, nous avons par la plus heureuse combinaison d'hasards (*sic*) découvert une conspiration qui livrait West Point aux ennemis et qui, par la même occasion, aurait bien pu nous faire faire le voyage de New York. Le traître général Arnold s'est enfui chez les ennemis, et l'adjudant général (en français : le major général) de l'armée anglaise a été pris et pendu comme espion. Il y a, en avant de l'armée du général Washington, un camp volant commandé par moi et composé de ce que nous avons de meilleur.

Il règne la plus parfaite intelligence entre les Français et [les] Américains; ils paraissent surtout contents du généralissime. Je ne sais quand les troupes des deux nations se réuniront sous ses ordres, mais je suis sûr que l'on s'entendra parfaitement. Il paraît que les Anglais vont faire un détachement vers le sud, pour y pousser leurs avantages. D'après notre situation maritime, il est inutile de dire que nos opérations offensives eussent été difficiles, et il suffit de connaître où sont les Anglais pour savoir ce qu'il faut pour les y aller chercher avec avantage. Je n'ai donc point guerroyé cette campagne,

1. *Mémoires, Correspondance et Manuscrits du général La Fayette*, tome I, pages 374-376.

mon cher cœur, du moins d'une façon dangereuse pour ma santé, mais j'ai beaucoup parlé, griffonné et voyagé. Si M. le duc d'Ayen n'a pas reçu la lettre que je viens de lui écrire par une excellente frégate, je vous prie de lui communiquer mon journal.

J'écris à mes aimables sœurs et je donne à la vicomtesse des nouvelles de son mari, qui est aimé et estimé de tout le monde à Rhode Island, mais qui s'y ennuie complètement. Il jouit, dans l'armée française et parmi les Américains, d'une réputation et considération très grandes...

Il y a mille ans, mon cher cœur, que je n'ai reçu de vos nouvelles, que je n'ai entendu parler de mes enfants. Embrassez-les mille et mille fois pour moi. Dites à Anastasie qu'elle ne m'oublie pas, parce que je l'aime de tout mon cœur. Quant à notre pauvre petit George, je n'ai pas la prétention d'en être reconnu. Présentez mes hommages à M. le maréchal de Noailles; je lui ai écrit, il y a deux jours, et lui parle de ses arbres. Mille compliments à tous mes amis et amies; embrassez pour moi la comtesse Auguste, Mme de Fronsac, et ma tante Ségur. J'ai écrit à son mari et à beaucoup de mes amis. Les lettres ont été partagées sur les deux bâtiments qui partent en même temps. Donnez de mes nouvelles à mes tantes.

Adieu, adieu, mon cher cœur. Quand me sera-t-il permis de ne plus prononcer ce mot que pour te revoir un instant après? Quand pourrai-je t'embrasser mille et mille fois, en t'assurant d'une tendresse que rien ne peut exprimer et que peu de cœurs seraient capables de sentir aussi vivement que moi[1]?...

La campagne d'Amérique était au point mort; la campagne d'influences, en France, battait son plein. Faute de pouvoir faire la guerre aux Anglais, on la faisait aux ministres. Brochures, libelles, épigrammes pleuvaient. M. de Maurepas, philosophe qui aimait à jouir tranquillement du bonheur de vivre, ne les lisait pas. D'Amérique, on n'avait que les nouvelles apportées par le vicomte de Rochambeau, fils du général. Mais qu'avait-il à dire? On ne raconte pas une guerre d'immobilité. L'impatiente curiosité des nouvellistes n'avait produit que ce quatrain :

> Le roi demande à Rochambeau :
> « Qu'apportez-vous donc de nouveau?
> — Sire, lui dit-il à l'oreille,
> Mon père se porte à merveille. »

1. Lettre inédite. Archives de La Grange.

Fatigués de l'interminable attente à Newport, les officiers français demandaient la permission d'aller voir La Fayette à son quartier général. Beaucoup auraient même volontiers servi sous ses ordres, bien que plus anciens dans l'armée française, mais Rochambeau ne le voulait pas. Pourtant Chastellux, Noailles, Damas obtinrent l'autorisation de lui rendre visite. Il leur montra ses troupes, qu'ils trouvèrent mieux équipées que le reste de l'armée américaine. Cela n'avait rien de surprenant; La Fayette avait payé les équipements. Chastellux, officier de carrière, remarqua le respect et l'affection que le marquis avait su inspirer à ses soldats. L'influence, politique et militaire, d'un homme aussi jeune forçait l'admiration.

Pour La Fayette, il était enivrant de laisser voir sa réelle puissance aux amis de sa jeunesse. Il semblait plus heureux de leur offrir un grog sous la tente, sur une colline du New Jersey, tout trempé par une averse, qu'il ne l'eût été dans son château d'Auvergne. Tous ces Français déracinés, en pleine guerre d'Indépendance, parlaient de Versailles, de leurs familles, de leurs coteries; La Fayette et Noailles, en particulier, avaient mille confidences à échanger. A Philadelphie, où on les fêta, on s'étonna de leur gaieté, de leur entrain, de cette faculté qu'ils semblaient avoir de transporter avec eux la France et on les regarda « comme des êtres descendus de la lune ». Custine, Laval-Montmorency, Damas se joignirent à eux. Noailles joua du violon et tous les autres dansèrent.

En février 1781, le colonel américain Laurens fut envoyé à la cour de France par le Congrès, en mission particulière. Adrienne fut priée par son mari de le prendre en charge.

New Windsor, sur la rivière du Nord, 2 février 1781 : La personne qui vous remettra cette lettre, mon cher cœur, est un homme que j'aime beaucoup et avec qui je désire que vous fassiez une intime connaissance... Si j'étais en France, il vivrait toujours avec moi; je le mènerais chez mes amis et amies; je l'ai même présenté par lettre à quelques-uns; je lui donnerais tous les moyens de faire des connaissances, ou d'être agréable-

ment à Versailles, qui seraient en mon pouvoir; et pendant mon
absence, je vous prie de vouloir bien me remplacer. Menez-le
chez Mme d'Ayen, le maréchal de Mouchy, M. le maréchal de
Noailles et traitez-le comme un ami de la maison. Il vous dira
tout ce qui s'est passé pendant notre campagne, la situation
où nous sommes à présent et tous les détails qui peuvent me
regarder...

Je m'en rapporte au colonel Laurens pour vous répéter les
détails de notre campagne... L'Amérique avait fait, l'été dernier, de grands efforts; elle les recommence cet hiver, mais
d'une manière plus durable, en n'engageant que pour la guerre,
et j'espère qu'on ne sera pas mécontent de nous...

Embrassez nos enfants mille et mille fois pour moi; pour être
vagabond, leur père n'en est pas moins tendre, moins constamment occupé d'eux, moins heureux d'apprendre de leurs nouvelles. Mon cœur entrevoit comme une délicieuse perspective
le moment où mes chers enfants me seront représentés par vous,
et où nous pourrons les embrasser et les caresser ensemble.
Croyez-vous qu'Anastasie me reconnaîtra[1]?...

Quand Noailles n'était pas avec lui, La Fayette lui
écrivait souvent. Les deux beaux-frères parlaient librement des belles.

Au camp Wagharough, ce 23 octobre 1780 : J'espère, mon cher
vicomte, que nos maîtresses ne seront jamais assez exigeantes
pour nous empêcher de faire un souper de filles, ni nous assez
bêtes pour rompre une partie par obéissance. Si j'avais une
maîtresse, mon sentiment serait en partie fondé sur la délicatesse ou fierté qu'elle montrerait à ne pas témoigner de
jalousie, et sur la liberté que j'aurais de faire tout ce que je
voudrais, même de la négliger, sans la trouver jamais exigeante.
Cette maîtresse alors m'attacherait pour toujours, je le crois
du moins; si ce n'était plus par une passion violente, au moins
par l'attachement le plus tendre. Je n'aime pas les filles parce
que la bêtise endort et l'impudence dégoûte; mais tant qu'elles
auront mes aimables amis pour amants, leur bon goût me rac-
commodera avec elles[2]...

1. *Mémoires, Correspondance et Manuscrits du général La Fayette,*
tome I, pages 404-409.
2. *Lettres inédites du général La Fayette au vicomte de Noailles,* page 26.
(A Paris, aux dépens de Jean Patou, 1924.) Ouvrage non mis dans le
commerce, tiré à 465 exemplaires.

Le « si j'avais une maîtresse » implique qu'il n'en avait pas et il faut l'en croire, car Noailles eût été loin de le blâmer. Mais, parmi les messages dont il chargea le colonel Laurens, il y en avait tout de même un pour Aglaé d'Hunolstein. C'est d'elle aussi sans doute qu'il s'agit dans cette autre lettre à Louis de Noailles :

Richmond, 22 mai 1781 : ... Si tu écris en France, mon ami, donne-leur de mes nouvelles, car il n'y a point d'occasions dans ce pays-ci; dis-leur que ton pauvre frère est diablement occupé à se faire rosser. J'ai à te parler d'une méchanceté qu'on a faite à une personne que j'aime; la suite de cette plaisanterie sera vraisemblablement de la rendre à jamais malheureuse et de me faire couper la gorge avec un homme contre lequel je ne puis, en conscience, me défendre qu'à demi; mais la société de Paris s'en consolera par une chanson et les malheurs particuliers la touchent médiocrement; il est piquant qu'on vienne me chercher à deux mille lieues pour être le héros de l'histoire du jour, et une femme qui est à deux mille lieues des coquetteries et intrigues de Paris, pour en faire la victime de quelque méchante imagination. Mande-moi, mon cher frère, si l'on t'en parle en plaisantant ou si vraiment on en fait une sérieuse méchanceté[1]...

Apparemment, quelqu'un avait composé une chanson sur ses rapports avec Mme d'Hunolstein. Qu'il s'en inquiétât pour celle-ci était naturel, mais on ne peut s'empêcher de penser qu'écrivant à son beau-frère, il aurait pu penser aussi à ce que l'incident avait de pénible pour sa propre femme. Pendant le printemps et l'été de 1781, Adrienne eut peu de nouvelles de Gilbert. Celui-ci avait reçu un commandement important, en Virginie; les communications devenaient lentes et rares.

La Fayette était opposé à un grand général anglais, Lord Cornwallis, et au traître Benedict Arnold. Cornwallis s'amusait d'avoir devant lui cet enfant : « Le *Boy* ne peut m'échapper », disait-il. La Fayette, prudemment, écrivait à Noailles que, s'il échouait dans cette campagne, il ne faudrait pas le condamner trop sévèrement, la disproportion des forces étant immense.

1. *Lettres inédites du général La Fayette au vicomte de Noailles*, page 47.

Mais le *Boy* avait appris à faire la guerre. Il savait maintenant modérer son ardeur. Au lieu d'attaquer Cornwallis, il battit en retraite en faisant mille détours, jusqu'au moment où il reçut des renforts. Alors ce fut Cornwallis qui se retira rapidement vers le sud, abandonnant Richmond et la Virginie. Bientôt La Fayette apprit que les Anglais s'étaient embarqués et enfermés dans le port de Yorktown.

La Fayette à sa femme, 24 août 1781 : L'amour-propre dont vous m'honorez a peut-être été flatté du rôle qu'on m'a forcé de jouer; vous aurez espéré qu'on ne pouvait pas être également gauche sur tous les théâtres; mais je vous accuserais d'un terrible accès de vanité (car tout étant commun entre nous, c'est être vaine que de me trop estimer), si vous n'aviez pas tremblé pour les dangers que je courrais; ce n'est pas des coups de canon que je parle, mais des coups de maître, beaucoup plus dangereux, que me faisait craindre Lord Cornwallis. Il n'était pas raisonnable de me confier un tel commandement; si j'avais été malheureux, le public aurait traité cette partialité d'aveuglement[1]...

La lettre dut ravir Adrienne. Son héros se distinguait. On l'avait dit gauche à la cour; il ne l'était pas sur les champs de bataille. Elle avait besoin de ce message rassurant. L'année 1781 avait été, pour elle, difficile. Vingt fois Morizot l'avait alertée : « Vous verrez qu'au lieu de douze mille livres de lettres de change, il y en a vingt, M. le marquis ne m'ayant pas parlé de celle de huit mille francs, qui est heureusement entre les mains d'un ami... » Mais le jeune intendant était aussi débrouillard que dévoué. Il aimait ce jeune couple généreux et téméraire. « Le déficit est grand. Je me retournerai de manière à franchir ce pas. Je n'ai rien de plus à cœur que de prouver combien les intérêts, la réputation de M. le marquis me sont chers. Je le chéris autant que je l'honore et le respecte et je me sens capable, pour lui, de bien des sacrifices[2]... » Il allait le

1. *Mémoires, Correspondance et Manuscrits du général La Fayette,* tome I, pages 455-456.
2. Lettre inédite. Archives de La Grange.

prouver plus tard, en des circonstances infiniment plus dangereuses.

En juin 1781, le comte de la Rivière mourut[1]. Il fallut s'occuper de la succession, payer les légataires, distribuer les aumônes. Adrienne et son intendant collaborèrent. A Mlle du Motier, Morizot écrivit : « Mme la marquise me dirige admirablement bien dans ce travail. Au reste, toutes ses actions portent l'empreinte de la vertu et de la raison. »

Adrienne avait d'autres tourments. Sa sœur Louise avait encore perdu une petite fille. Son propre fils, George-Washington, donna des inquiétudes à l'époque de la dentition. Aux alarmes pour la vie de l'enfant avaient succédé celles pour le père. Les gazettes anglaises, qui seules apportaient des nouvelles, peignaient sa position militaire comme désespérée. Mère et fille essayaient en vain de se cacher l'une à l'autre les dangers de la situation. Cependant Adrienne devait, malgré ses angoisses, se prêter au rôle d'hôtesse accueillante aux Américains que son mari lui assignait. La femme du héros doit être une héroïne.

Soudain, comme la reine venait de donner à la France un dauphin, et que tout le pays se réjouissait, Lauzun apporta la nouvelle inespérée de la capitulation de Yorktown.

La Fayette à M. de Maurepas, 20 octobre 1781 : La pièce est jouée, Monsieur le comte, et le cinquième acte vient de finir. J'ai été un peu à la gêne pendant les premiers; mon cœur a joui vivement du dernier, et je n'ai pas moins de plaisir à vous féliciter sur l'heureux succès de notre campagne[2]...

Mais c'était Adrienne qui avait droit, comme cela était juste, à la lettre la plus longue et aux confidences les plus sincères :

1. Charles-François, comte de la Rivière, veuf de Marie-Anne-Françoise Goyon de Matignon (morte en 1754) était à la fois le bisaïeul maternel et l'arrière-grand-oncle de La Fayette. Pendant la minorité de Gilbert, il avait en outre été son tuteur.

2. *Mémoires, Correspondance et Manuscrits du général La Fayette,* tome I, page 470.

A bord de La Ville de Paris, *dans la baie de Chesapeake, 22 octobre 1781 :* Voici le dernier instant, mon cher cœur, où il me soit possible de vous écrire. M. de Lauzun va joindre la frégate et partir pour l'Europe. Quelques affaires avec l'amiral me procurent le plaisir de vous donner des nouvelles plus fraîches de deux jours; celles qui ont rapport aux événements publics seront détaillées par M. de Lauzun; la fin de cette campagne est vraiment brillante pour les troupes alliées; il y a eu, dans nos mouvements, un ensemble rare et je serais dégoûté si je n'étais pas content de la fin de ma campagne en Virginie. Vous aurez su toutes les fatigues que la supériorité et les talents de Lord Cornwallis m'ont données; l'avantage que nous eûmes ensuite de recouvrer le terrain perdu et qui a fini par la position où il nous fallait *(sic)* Lord Cornwallis pour le prendre; c'est dans ce moment que tout le monde a fondu sur lui. Je compte parmi mes plus beaux instants le temps où la division de M. de Saint-Simon a resté réunie à mon armée, et ceux où j'ai alternativement commandé les trois maréchaux de camp avec les troupes sous leurs ordres. Je plains Lord Cornwallis dont j'ai la plus haute idée; il veut bien me témoigner quelque estime et, après m'être donné le plaisir dans la capitulation de faire rendre les malhonnêtetés de Charleston, je ne compte pas porter plus loin la vengeance[1]...

Il allait conserver une longue prédilection pour son adversaire malheureux.

Pour Adrienne, fêtée par tous, complimentée, le drame finissait en apothéose. Avec sa mère et ses sœurs, elle en rendit grâces à Dieu.

---

1. *Mémoires, Correspondance et Manuscrits du général La Fayette,* tome I, pages 471-472.

TROISIÈME PARTIE

OÙ LA FEMME D'UN HÉROS DEVIENT LA FEMME D'UN REBELLE

I

LE REPOS DU GUERRIER

> J'ai toute licence d'aimer Dieu
> et de le servir, et je me puis par-
> tager très heureusement entre
> mon Seigneur et mon cher époux.
> PAUL VALÉRY.
> *Lettre d'Émilie Teste.*

LE 21 JANVIER, le roi et la reine vinrent, à l'occasion de la naissance du dauphin, recevoir les hommages de la ville de Paris. On avait sablé toutes les rues. Les fenêtres se louaient un prix fou. Le cortège royal, en rentrant de l'Hôtel de Ville, devait passer par la rue Saint-Honoré, la place Vendôme et la place Louis-XV. En loyale sujette, Adrienne de La Fayette était allée, avec tous les Noailles, à l'Hôtel de Ville. Elle ne pouvait savoir que, dans la nuit du 17 au 18, Gilbert avait débarqué à Lorient.

En chaise de poste, à grande allure, avec son beau-frère et deux autres amis, il s'était hâté vers Paris. Là il trouva les rues grouillantes d'une foule qui criait : « Vive la reine! » Des badauds reconnurent l'uniforme américain. Quand ils

découvrirent que c'était un général, et La Fayette lui-
même, ils l'acclamèrent. Des poissardes, en joyeuse bande,
coururent à l'hôtel de Noailles pour offrir au héros deux
branches de laurier. Il avait trouvé la maison vide. La
famille entière participait aux cérémonies. Il ne pouvait
qu'attendre, avec l'impatience de l'homme qui s'est fait
une image délicieuse du retour, de l'accueil, de la surprise,
et qui se trouve déçu.

Les foules ont, pour les nouvelles, un merveilleux pouvoir conducteur. Très vite, l'illustre assemblée réunie à
l'Hôtel de Ville apprit que La Fayette était arrivé.
Pour Adrienne, ce fut un supplice que de le sentir si près
et si loin. Le roi et la reine, avec bonté, la firent appeler
près d'eux pour lui dire de ne pas retarder le moment, si
doux pour elle, d'embrasser un époux dont l'absence avait
été longue. Adrienne, respectueuse, par hérédité et éducation, des lois de l'étiquette, refusa l'obligeante invitation
de Leurs Majestés. La seule faveur qu'elle demanda fut que,
lorsque le cortège passerait, au retour, devant l'hôtel de
Noailles, il fût permis au marquis de La Fayette de saluer
la reine. Marie-Antoinette, non seulement accorda cette
grâce, mais fit monter la marquise dans un de ses carrosses,
pour qu'elle n'eût pas à laisser passer avant elle tout un
long cortège. La reine arrêta sa propre voiture devant
l'hôtel de Noailles, vit le jeune général et exigea qu'il allât
aussitôt retrouver sa femme. Celle-ci fut si émue qu'elle
s'évanouit à la portière; il la reçut dans ses bras et l'emporta vers ses appartements « au milieu des applaudissements d'une multitude qui ne pouvait s'empêcher de faire
éclater sa sensibilité sur cette scène touchante de la tendresse conjugale[1] ».

Adrienne eut, les jours suivants, bien des raisons de se
réjouir. Si elle avait souffert quand la cour blâmait Gilbert,
il était maintenant, plus encore qu'au temps de son premier retour en France, « le héros des deux mondes ». Le roi

1. *Gazette d'Amsterdam.*

Louis XVI lui donna audience à Versailles, lui fit grand
accueil et l'interrogea longuement sur Washington. Le
vieux maréchal de Richelieu organisa un dîner de tous les
maréchaux en l'honneur du général de vingt-quatre ans.
A l'Opéra, comme le couple assistait à une représentation
d'*Iphigénie en Aulide,* le public, au moment où le chœur
chantait : *Achille est couronné des mains de la victoire,* se
tourna vers La Fayette. L'actrice, qui tenait une couronne
de lauriers, la lui tendit. L'auditoire battit des mains.
C'était la popularité, unanime et enivrante. Tous les
jeunes seigneurs demandaient à rejoindre l'armée de
Rochambeau. « Ils veulent, disait-on, faire les petits La
Fayette. » Le rôle et le destin semblaient enviables.

La Fayette avait promis à Washington les portraits de
ses proches. Il se fit donc peindre avec sa femme et ses
deux enfants : Anastasie et George-Washington. Dans ce
tableau, Adrienne tenait à la main un uniforme américain.
« Le garçon, bouillant de marcher sur les traces de son
illustre père, est représenté un bras passé dans une manche
et s'efforçant de mettre l'autre, ce qui jette du mouvement
dans la scène. » La Fayette associait Adrienne à son affection pour son glorieux ami. Des lettres et des cadeaux
étaient échangés entre les deux ménages.

Cette admiration sans réserves pour un grand homme,
qui la méritait, était le sentiment le plus vif qu'il eût rapporté de ses étonnantes expériences. Bien qu'il se dît
républicain et démocrate, pour se dissocier de courtisans
qu'il n'estimait guère, il avait appris à connaître les dangers et les risques de la démocratie. Washington lui-même
lui avait dit : « Sous un gouvernement libre et républicain,
chacun veut parler comme il pense, ou plutôt sans penser ;
chacun veut juger des effets sans considérer les causes[1]. »
Mais la monarchie, en France, semblait encore assez solide
pour qu'on pût l'attaquer sans la détruire. Le rêve de
La Fayette eût été un monarque libéral qui aurait eu les

1. JARED SPARKS : *The Writings of George Washington,* tome VI,
page 49.

vertus, la frugalité et la noblesse naturelle de Washington.
Dans ses moments d'orgueil, il pensait sans doute que lui-
même eût été digne d'un tel emploi; quand il se jugeait
plus froidement, il mesurait l'écart entre son idole et lui.
Talleyrand, qui l'observait sans passion, dit plus tard :
« Ce qu'il fait n'a point l'air d'appartenir à sa propre nature;
on dirait qu'il suit un conseil. » Non, il imitait un modèle.

En juin Adrienne était, comme après chaque retour de
son époux, enceinte et heureuse de l'être. Elle avait, hélas!
des raisons de s'inquiéter, non pour l'avenir de son ménage
qu'elle savait indissoluble, mais pour la franchise de ses
rapports avec son mari. Fort empressé en paroles et sincèrement affectueux, il n'en avait pas moins renoué aussitôt
ses liens avec Aglaé d'Hunolstein, plus accessible depuis
qu'il était illustre. Toute la cour disait qu'elle était sa
maîtresse. Le mari ne laissait paraître aucun ressentiment,
mais les parents Barbantane montraient avec force leur
mécontentement.

Et déjà l'on prêtait à La Fayette, non sans de fortes
raisons, un autre attachement. Il avait rencontré dans les
salons de Mme Necker, femme du contrôleur général des
Finances, Mme de Simiane, « toute brillante de beauté ».
Née Diane-Adélaïde de Damas d'Antigny, elle avait des
frères de suprême élégance : les trois Damas. L'un d'eux,
Charles, avait été compagnon d'armes de La Fayette en
Amérique, ce qui créait un premier lien entre le héros et
cette jeune femme qui passait pour la plus jolie de France
et l'une des plus sages, n'ayant jamais eu d'aventures. Elle
avait épousé, en 1777, Charles-François, comte de Simiane,
marquis de Miremont, et ne lui avait point donné d'enfants.
Elle était non seulement belle, mais bonne, avec une constante envie de plaire et une gaieté délicieuse. Sa présence
produisait un effet magique. Quelqu'un disait : « Il est
impossible de la recevoir sans lui donner une fête. »

Quand les dons du cœur accompagnent ceux de la figure, ils
lui communiquent un charme tout-puissant... Elle avait un
cœur adorable, une âme élevée et un grand bon sens. Le senti-

ment de ses avantages l'avait, dès sa jeunesse, pénétrée du désir de désarmer l'envie. Peùt-être cette aimable disposition, jointe à la mode de la *chaleur* qu'elle avait subie comme tant d'autres, donnait-elle à son approbation quelque chose d'*excessif*. Sa satisfaction avait toujours une teinte d'enthousiasme[1]...

Cet enthousiasme trouva une parfaite occasion de se manifester lorsque Gilbert revint en triomphateur. « Au plus vaillant la plus belle. » Tout le monde la jeta dans les bras de La Fayette, tellement que, peu de jours après son retour, se trouvant ensemble à Versailles dans une loge pendant qu'on chantait un air de je ne sais quel opéra, *L'amour, sous les lauriers, trouve peu de cruelles*, on leur en fit l'application « d'une façon qui montrait clairement la sympathie et l'approbation de ce public privilégié ».

Que peut faire une jeune femme qui aime à plaire, quand tout un peuple lui impose un amant? Bien des années plus tard, le duc de Laval, parlant de La Fayette et de ses bonnes fortunes de jeunesse, disait en bégayant et de l'air le plus sérieux : « M. de La Fayette a eu Mme de Simiane, et Mme de Simiane! ce n'était pas chose facile; ne l'avait pas qui voulait[2]. » Certains, comme Lameth, pensaient que cette amitié était platonique, « La Fayette étant plus ardent en politique qu'avec les femmes[3] ». Les mieux informés ne doutaient pas de la liaison Simiane-La Fayette. Il semble toutefois probable qu'elle ne se noua vraiment que plus tard, celle avec Aglaé d'Hunolstein étant encore en sa verte nouveauté.

Adrienne souffrait de toutes ces rumeurs mais, loin de se plaindre, n'avait qu'une crainte : celle de peser sur Gilbert. Si sincère était son humilité qu'elle se jugeait indigne de lui et qu'admirant naïvement le charme d'Adélaïde de Simiane, elle trouvait douloureux, mais naturel, que Gil-

1. Vicomtesse DE NOAILLES : *Vie de la princesse de Poix, née Beauvau*, page 46. Voir aussi les *Mémoires* de la comtesse DE BOIGNE, tome I, page 30.
2. SAINTE-BEUVE : *Portraits littéraires*, tome II, page 157.
3. *Mémoires de Théodore de Lameth*. Bibliothèque nationale, département des manuscrits, N. A. F. 1387, folios 231-232.

bert lui préférât celle-ci. Elle essayait de modérer ses sentiments, ou au moins leur expression, si adroite dans son
effacement volontaire que longtemps l'infidèle ne se douta
même pas du drame intérieur dont il était le héros. Il la
voyait subordonner toutes ses actions, sans affectation,
aux convenances de son époux. Accoutumé aux perfections
de sa femme, lui trouvait cela naturel, mais elle, chaque
fois qu'il sortait de la chambre, était près de se trouver
mal. « Elle fut effrayée, écrit sa fille, d'une si vive passion
par l'idée qu'elle ne pourrait toujours la dissimuler à mon
père et qu'elle deviendrait gênante[1]. »

Cependant elle voyait grandir, à l'égard de Gilbert, la
faveur royale. Le vieux ministre Maurepas était mort tout
de suite après la victoire, mais le roi, d'accord avec Vergennes, avait décidé de nommer le jeune marquis maréchal
de camp, dès la paix signée. Le grade correspondait à celui
de major général, qu'il avait dans l'armée américaine. En
l'obtenant, il franchissait d'un bond tous les grades inter-
médiaires; cela fit bien des jaloux parmi ses anciens. « La
monarchie n'avait ni assez de voix pour célébrer, ni assez
d'honneurs pour récompenser ce jeune champion de la
liberté républicaine... Si la reine se faisait peindre en pied
pour le général Washington, c'était à la demande du marquis de La Fayette[2]. » La magistrature elle-même s'en
mêlait : « Il est constant qu'il y eut des démarches faites
pour qu'il fût conseiller d'honneur au parlement de Paris;
il craignit le ridicule et refusa. »

Le futur empereur de Russie Paul Ier, étant venu à
Paris en juin 1782, sous le nom de comte du Nord, des
fêtes furent données à Versailles en son honneur. Le bal de
cour fut beau. La reine, costumée en Belle Gabrielle,
choisit La Fayette pour danser avec elle le quadrille. On
s'était jadis moqué de sa maladresse; toute la cour trouva
maintenant qu'il dansait à ravir, tant la renommée colore

---

1. *Notice sur Madame de La Fayette par Madame de Lasteyrie, sa
fille*, page 203.
2. *Mémoires de Weber*, page 79.

les apparences. Il s'était fait un rang qui n'était qu'à lui, au-delà de toute étiquette. « Sa femme se trouvant à une audience de la Grand-Chambre, le même jour que le comte du Nord, l'avocat général de la cour des pairs complimentait l'épouse du marquis de La Fayette en même temps que le fils de l'impératrice Catherine[1]. » Quel âge, quelle raison eussent été à l'abri d'une séduction dont tout le monde se rendait ainsi complice? Adrienne était enivrée de son mari et lui-même de sa propre gloire.

Le 17 septembre 1782, Adrienne mit au monde, deux mois avant terme, une fille à laquelle La Fayette donna le nom d'une province américaine : Virginie. Benjamin Franklin, auquel il annonça cette décision, répondit qu'il souhaitait que le couple eût autant d'enfants qu'il y avait d'États en Amérique, pour honorer chacun de ceux-ci. La famille se composait maintenant de cinq personnes (père, mère et trois enfants). La Fayette venait d'atteindre sa majorité légale (en ce temps-là vingt-cinq ans); il allait désormais disposer librement de sa fortune. Jusque-là, il avait vécu chez ses beaux-parents, à l'hôtel de Noailles. Le premier ordre qu'il donna, sitôt majeur, à l'admirable Morizot, fut de lui chercher une maison à Paris. Il y avait longtemps qu'il formait le vœu d'avoir « un établissement indépendant ».

Cependant, comme l'Angleterre ne semblait pas se décider à traiter, les gouvernements français et espagnol préparaient une nouvelle expédition, cette fois contre les Antilles anglaises. L'amiral d'Estaing devait commander la flotte. La Fayette, proposé par son ami d'Estaing pour le commandement de l'armée, partit pour Brest d'où il devait faire voile vers l'Espagne où se déciderait l'opération. « Je suis triste, très triste de partir, écrivit-il avant de s'embarquer au prince de Poix, et l'idée de quitter mes amis ne m'a jamais été plus pénible. » Ses « amis » étaient aussi des amies car, de Brest, il écrivit à Mme de Simiane :

1. *Mémoires de Weber*, page 80.

« Nous étions partis et je ne croyais plus vous écrire, mais
les vents sont devenus mauvais... Peut-être aurai-je le
temps de recevoir votre réponse[1]...» Le scandale Hunolstein
était devenu si public que Poix prenait la liberté d'en
parler ouvertement, dans ses lettres à son cousin. La
Fayette répondait par des plaintes amères. Le grand public
l'avait honoré de son affection; le « monde » l'honorait de
sa jalousie. Pourquoi tourmentait-on « son angélique
amie »? Était-ce pour la punir de sa perfection ou pour
l'atteindre, lui, de la manière la plus pénible, en la rendant
malheureuse? Aglaé souffrait de ces commérages et suggérait souvent que Gilbert devrait cesser de la voir, mais
il se fâchait et, chaque fois, elle finissait par céder.

Vers la fin de décembre, il rejoignit l'amiral d'Estaing à
Cadix et assura aussitôt Adrienne de sa tendresse, avec les
habituelles effusions : « Je suis arrivé hier à Cadix, mon
cher cœur... Nous attendons les décisions politiques;
puissent-elles me rapprocher de vous... J'embrasse mes
chères sœurs. J'embrasse mes aimables enfants. Adieu,
adieu, mon cher cœur; que je voudrais vous embrasser
moi-même[2]!... » Ce qui ne l'empêchait pas, par le courrier
suivant, de se rappeler à Mme d'Hunolstein et de faire, à
Poix, un éloge admiratif de Mme de Simiane, « jolie,
aimable, attachante, noble et sincère », et aussi d'une
« chère princesse » (qui était probablement la princesse
d'Hénin), aux bontés de qui son cœur répondait « avec le
plus tendre attachement ». Le succès transforme les
hommes et l'on ne reconnaissait guère, en ce Don Juan
papillonnant, le timide jeune homme qui, quelques années
plus tôt, fuyait les dames de la cour.

A Cadix, il avait été fait chef des états-majors combinés.
Seulement, comme trop d'états-majors combinés, celui-là
ne pouvait arriver à combiner quoi que ce fût. Prendrait-on
la Jamaïque? Irait-on faire la révolution au Canada?

1. Lettre inédite. Collection Fabius.
2. Lettre inédite. Archives de La Grange.

La Fayette eût souhaité les deux, mais, quand d'Estaing conseilla au roi d'Espagne de nommer le jeune général commandant à la Jamaïque : « Non! Non! répondit vivement le vieux Charles III, il y ferait une république. » Ce n'était pas sot. Au moment où l'on venait enfin de s'entendre sur un plan de campagne franco-espagnol, la nouvelle arriva que la paix avait été signée avec l'Angleterre. La Fayette n'avait plus qu'à rentrer à Paris. De Cadix, il écrivit à Washington pour le complimenter sur le succès final de la guerre d'Indépendance : « Si vous n'étiez qu'un homme tel que César et le roi de Prusse, je serais presque affligé pour vous de voir se terminer la grande tragédie où vous jouez un si grand rôle. Mais je me félicite, avec mon cher général, de cette paix qui accomplit tous nos vœux[1]. » Il parlait du bonheur qu'auraient ses petits-enfants lorsqu'ils célébreraient ces grands événements : « Avoir eu un de leurs ancêtres parmi vos soldats, savoir qu'il eut la bonne fortune d'être l'ami de votre cœur, sera l'éternel honneur dont ils se glorifieront. » Il avait un vif désir de retourner aux États-Unis, peut-être pour y jouer désormais un rôle social.

Cadix, 5 février 1783 : A présent, mon cher général, que vous allez goûter quelque repos, permettez-moi de vous proposer un plan qui pourrait devenir grandement utile à la portion noire du genre humain. Unissons-nous pour acheter une petite propriété où nous puissions essayer d'affranchir les nègres et de les employer seulement comme des ouvriers de ferme. Un tel exemple, donné par vous, pourrait être généralement suivi, et, si nous réussissions en Amérique, je consacrerais avec joie une partie de mon temps à mettre cette idée à la mode dans les Antilles. Si c'est un projet bizarre, j'aime mieux être fou de cette manière que d'être jugé sage pour une conduite opposée[2]...

En rentrant à Paris, il passa par Madrid où il fut reçu par le roi Charles III, et il écrivit à sa tante de Tessé qui

1. *Mémoires, Correspondance et Manuscrits du général La Fayette*, tome II, page 56.
2. *Ibidem*, tome II, page 58.

partageait ses instincts frondeurs : « J'ai fait ce matin ma
cour au roi et, malgré mon titre et habit rebelles, j'en ai été
reçu fort gracieusement. J'ai vu des grands bien petits,
surtout lorsqu'ils étaient à genoux, et il y a là de quoi faire
éternuer un cerveau indépendant[1]. » Le comte d'Estaing,
dans son rapport au ministre de la Guerre sur la négociation de Cadix, fit son éloge : « *Le marquis de La Fayette :*
Son nom dit tout... Je me borne à répéter ce que le ministre
du roi sait, c'est que M. le marquis de La Fayette a été, à
Cadix comme en Amérique, toujours lui-même. Il
n'a fait que les dépenses nécessaires mais elles étaient
considérables[2]. » Pour la dépense, Gilbert ne craignait
personne.

Il revint à Paris en mars, fut réintégré dans l'armée française, comme Vergennes l'avait promis, avec le grade de
maréchal de camp pour prendre date du jour de la capitulation de Yorktown, mais au lieu de jouir un peu, en
famille, de ses succès, il décida de repartir immédiatement
pour Chavaniac. La raison qu'il donnait aux d'Ayen et à sa
propre femme était que Mlle du Motier venait de mourir;
que Mme de Chavaniac restait seule; que celle-ci avait
besoin d'appui et d'affection. En outre, la récolte avait
été mauvaise et l'on craignait une disette en Auvergne.
Les paysans du domaine avaient demandé secours à
l'intendant de la province, qui se trouvait à Versailles.
En l'absence de leur seigneur, alors à Cadix, Adrienne était
intervenue elle-même auprès de l'intendant, avec la singulière autorité que lui donnaient son nom et sa force de
caractère. Grâce à elle, la famine avait été évitée, mais il
fallait prendre des mesures pour l'avenir.

Elle eût souhaité accompagner son mari en Auvergne;
elle ne connaissait encore ni sa tante ni le domaine ances-
tral. Mais Gilbert voulait être seul. Il traversait une crise
sentimentale. Aglaé, persécutée à cause de leur liaison,
lui demandait de rompre. Elle le suppliait de partir et de

---

1. *Ibidem*, tome II, page 60.
2. Cf. ÉTIENNE CHARAVAY : *Le général La Fayette*, page 96.

réfléchir, loin d'elle, à une situation qui devenait intolérable. Dès son arrivée à Chavaniac, il lui écrivit :

Chavaniac, ce 27 mars 1783 : Vous êtes trop cruelle, ma chère Aglaé. Vous connaissez les tourments de mon cœur. Vous savez qu'il est déchiré entre l'amour et le devoir, et vous exigez qu'il prononce sur cette malheureuse résolution! Vous m'en avez vu tant former que je n'avais pas la force de soutenir. Cent fois je me suis tout dit, je me suis tout promis, je me suis lié vis-à-vis de vous et, cent fois, l'instant de vous voir, de vous toucher, a trop bien prouvé ma faiblesse...

Quand je revins d'Amérique, mon aimable amie, est-ce vous, est-ce moi qui prêchas (*sic*) sur cette manière d'être ensemble? Rappelez-vous mes instances, vos refus, nos disputes. Je vous ai accusée de répugnance. Vous m'avez accusé de manquer de délicatesse. Nos querelles finissaient comme toutes les querelles de l'amour, mais, quoiqu'emporté (*sic*) par ma passion, je me rappelais et les reproches de vos parents, et les efforts que je faisais pour vous vaincre. Tous les jours nouvelle résistance et, par conséquent, nouveaux remords! J'étais heureux cependant, il faut l'avouer, mais vous ne l'étiez pas, et c'est vous qui risquez tout tandis que j'ai presque toute la jouissance. A peine consentiez-vous une fois sans combat, et les derniers partis que vous avez pris, me reprochant à chaque instant mon défaut de délicatesse. A chaque instant vous vous perdez pour moi et, pour me le faire mieux sentir, vous refusez de partager ce que j'éprouve. Et vous exigez encore que je décide? Ah! vous ne connaissez que trop ma passion, mon emportement, mon entier abandon...

Il y a plus d'un an que vous travaillez à rompre ce genre de liens. Chaque jour a vu redoubler vos efforts... Vous prenez à présent un dernier moyen, et c'est le plus cruel pour moi, mais celui-là seul pouvait réussir : la seule question est de savoir si je suis un honnête homme. Vous mettez en mes mains votre repos, votre sûreté. Bien plus encore, vous le savez. Je ne parle pas de votre famille...

Vous connaissez l'étendue du sacrifice. Vous m'avez souvent vu pâlir à l'idée seule de ce rapprochement. Mais enfin, depuis un an, je vois qu'il ne s'agit plus que de *mon* bonheur. Je ferai taire mon cœur et, comme vous l'avez sagement prévu, je suis plus mon maître dans une lettre que dans une conversation. Il eût été plus tendre de m'éviter le malheur de prononcer mais, puisque vous l'avez voulu, soyez contente, mon amie... Il le faut donc! J'ai longtemps quitté ma plume avant de l'écrire, mais enfin c'est votre désir, celui de votre famille, et tout pour vous en dépend. Qu'aviez-vous besoin de mon opinion? Un honnête homme peut-il vous conseiller de vous perdre? Non, mon amie. Quoi qu'il m'en coûte, je vous conseille·ce que la raison vous dicte, et que l'honnêteté m'impose... Soyez donc tranquille, puisque nous ne devons pas être heureux. Voilà donc, depuis un an, où vous en vouliez venir!

Quant aux bêtises qu'on vous dit, je ne veux pas ôter ces faibles armes à votre famille... Mais au moins mon cœur est à moi, chère Aglaé; tout ce que tu es, tout ce que je te dois justifie ma tendresse et rien, pas même toi, ne m'empêcherait de t'adorer[1]...

La présence, à l'arrière-plan, d'Adélaïde de Simiane avait dû rendre la décision plus facile.

Donc le sacrifice était fait et cette rupture consommée. Pour s'étourdir et oublier, il travailla. A Chavaniac, le régisseur du domaine lui montra fièrement que, malgré la disette, les greniers étaient pleins de seigle et de blé:

« Monsieur le marquis, dit-il, voilà le moment de vendre votre grain.

— Non, répondit La Fayette, c'est le moment de le donner. »

Et il fit distribuer gratuitement ses céréales aux pauvres. L'amour du beau geste et la charité vraie sont assez proches parents. Il constata qu'il était populaire dans sa province autant qu'à Paris. Partout où il passait, on criait : « Vive La Fayette! » et on lui offrait des vins d'honneur.

Il avait trouvé sa tante Charlotte horriblement changée, vieillie, ravagée de chagrin. La perte de la sœur avec qui elle avait toujours vécu lui causait une douleur effrayante. Sa fille unique étant morte quelques années auparavant, elle n'avait plus au monde que Gilbert.

La Fayette à sa femme, 27 mars 1783 : C'est un peu avant la nuit, mon cher cœur, que je me suis retrouvé dans ce château où j'avais laissé deux personnes si chères et qui n'y sont plus. Le premier moment a été terrible pour ma tante; ses cris

1. Lettre citée par LOUIS GOTTSCHALK, dans *Lady-in-Waiting, the romance of La Fayette and Aglaé de Hunolstein*, pages 128-129.

et sa douleur étaient faits pour effrayer. Mais elle s'est remise
peu à peu et, malgré l'abondance de ses larmes, il s'est fait
depuis mon arrivée un changement immense...

Les devoirs mondains constituent un remède efficace
aux douleurs morales, qui sont surtout des obsessions ;
La Fayette soigna sa tante par les réceptions :

Depuis mon arrivée, la maison est pleine de monde et elle
s'occupe d'en faire les honneurs. Pour moi, j'ai laissé là tout
compliment et je ne pense qu'à ma tante. Elle me parle de
mes affaires, des siennes, et je lui parle de vous, de mes enfants
et de l'Amérique... Parlons un peu de *nos* affaires, mon cher
cœur, et je vous dirai d'abord que je consulte à chaque pas
votre petit mémoire[1]...

Car Adrienne avait, à distance, prévu les besoins de
Chavaniac. Elle avait plus d'ordre et de tête que son mari,
homme tout de sentiment. La situation lui était apparue
ainsi : les paysans de Saint-Georges d'Aurac étaient ruinés
par la mauvaise récolte. Or ils avaient des moutons. « Pourquoi ne pas filer et tisser cette laine ? » avait dit Adrienne.
Elle avait écrit au contrôleur général, pour demander une
subvention qui permettrait d'ouvrir une école de tissage,
de rétribuer deux ou trois maîtresses fileuses, d'acheter
des cardes, des rouets, un dévidoir, une ourdisseuse et six
métiers. On ferait venir un tisserand qui serait exempté
d'impôt. La surveillance de l'école serait donnée au curé,
qui « ferait respecter les maîtresses fileuses ». Tout était
prévu, organisé, exposé avec clarté. Adrienne pensait,
comme sainte Thérèse d'Avila, que le Seigneur regarde
moins la grandeur de nos œuvres que l'amour avec lequel
nous les accomplissons. Elle se donnait grandement aux
plus petites affaires.

La Fayette à sa femme : On espère trente mille francs pour
votre manufacture et cela fera un grand bien. Vous aurez
rendu au pays un service immense. J'aurai, lundi, un comité
de curés où nous verrons ce qu'il y a de mieux à faire. Jeudi,

1. Lettre inédite. Archives de La Grange.

je compte repartir, car il est indispensable à ma tante que je
reste jusque-là... N'oubliez pas de faire presser notre maison[1]...

L'actif intendant Morizot avait, en effet, trouvé un
hôtel pour le jeune ménage : 183, rue de Bourbon (aujour-
d'hui rue de Lille). Il avait coûté deux cent mille livres,
plus cent mille pour la mise en état et l'ameublement.
La Fayette avait dû, pour cet achat, vendre des terres.
Ses dépenses de guerre et d'installation avaient réduit son
revenu de vingt-huit mille livres, mais il lui restait cent
dix-huit mille livres de rente (sur cent quarante-six, au
plus haut, en 1777). C'était encore la grande richesse.

Pendant le reste de son séjour à Chavaniac, il écouta
patiemment la vieille tante parler d'affaires et des petits
détails du ménage. Elle était gênée. Il proposa de lui acheter
ses biens, en échange d'une rente viagère. Adrienne et
lui-même voulaient ainsi augmenter les ressources de
cette parente âgée.

La Fayette à sa femme : Mais sa délicatesse est si extrême
qu'il est impossible de la tromper... Avant de proposer cette
cession, je me suis bien assuré qu'elle voulait tout me donner
et je tâche d'augmenter la portion des autres qui, n'étant pas
riches, ont droit à son souvenir... Le curé d'Aurac est amoureux
de vous et je commence à croire le sentiment réciproque...
Envoyez-lui une belle épître de votre façon[2]...

Ainsi se mêlent, dans toutes les lettres du marquis à
son épouse, un profond respect pour le plus parfait des
caractères, de l'affection, un désir de l'associer à toutes
les choses sérieuses, une imperceptible condescendance,
et ce badinage gracieux dont les maris coupables voilent
souvent leurs remords.

Il revint à Paris et, à peine arrivé, il eut la croix de
Saint-Louis, honneur inouï pour un homme si jeune, et
fut reçu dans l'ordre par son beau-père, le duc d'Ayen.
Le 12 mai, sa belle-sœur Pauline (Mlle de Maintenon)

1. Lettre inédite. Archives de La Grange.
2. Lettre inédite. Archives de La Grange.

épousa Joachim, marquis de Montagu, capitaine de dragons, jeune homme de dix-neuf ans, un peu gros, le visage marqué de la petite vérole, mais d'une rare délicatesse de sentiments, d'un esprit juste et sain. Bref, un gendre digne de la duchesse d'Ayen. Tous les Montagu étaient là, rangés en bataille, et tous les Noailles. Les quatre sœurs de la mariée pleuraient et priaient. La chambre à coucher de la duchesse servit de chambre nuptiale. Avant le souper, Mme d'Ayen s'était ménagé un entretien avec la jeune mariée et lui avait fait lire, pour dernière instruction, quelques chapitres du Livre de Tobie.

II

ALARMES ET EXCURSIONS

> Qui peut trouver une femme
> forte? Son prix l'emporte de loin
> sur celui des perles.
>
> *Proverbes*, XXXI, 10.

Dès les fêtes du mariage achevées, les La Fayette s'installèrent rue de Bourbon. On se souvient que, pendant la guerre d'Amérique, Gilbert avait écrit à Adrienne : « Ne pensez-vous pas qu'après mon retour nous serons assez grands pour nous établir dans notre maison, y vivre heureux ensemble, y recevoir nos amis, y établir une douce liberté et lire les gazettes des pays étrangers sans avoir la curiosité d'aller voir nous-mêmes ce qui s'y passe? J'aime à faire des châteaux en France, de bonheur et de plaisir... » Adrienne se révéla merveilleuse hôtesse et organisatrice. L'hôtel de La Fayette devint le quartier général des Américains de Paris qui, chaque lundi, s'y rencontraient à dîner avec les Noailles et toute la jeune noblesse libérale, qu'avait unie la campagne d'Indépendance aux États-Unis. Franklin (ou, comme disait La Fayette, « le docteur ») était un familier, ainsi que les Jay, les Adams. Souvent Mrs. Jay ou Mrs. Adams venaient parler ménage et enfants avec Adrienne.

La Fayette, lui, sortait beaucoup. Il allait à Chaville, chez Mme de Tessé, sa spirituelle confidente et complice, au visage animé par des tics bizarres; chez le financier

Necker (en disgrâce à la cour, en faveur à Paris) où il rencontrait « les princesses combinées » : la princesse de Poix, la princesse d'Hénin, la duchesse de Lauzun; chez Mme de Boufflers, qui naguère l'avait présenté à Aglaé d'Hunolstein.

Mais la pauvre Aglaé n'était plus reçue dans ces salons. Une légende scandaleuse s'était attachée à son nom. On l'accusait, sans preuves, des pires débauches. On lui attribuait deux enfants adultérins : l'un de La Fayette, l'autre d'un laquais. On prétendait l'avoir aperçue, la nuit, parmi les filles galantes du Palais-Royal. Peut-être le duc de Chartres, qu'elle avait naguère trompé, avait-il répandu ces bruits. Peut-être les ennemis personnels de La Fayette (et sa rapide ascension en avait suscité) s'étaient-ils attaqués à sa maîtresse. Mme de Genlis, qui avait été jalouse d'Aglaé, parle dans ses *Mémoires* des « terribles aventures » de Mme d'Hunolstein. La marquise de Barbantane avait elle-même exprimé le désir d'enfermer sa fille « pour l'empêcher de nuire davantage au bon renom de la famille »; cette mère implacable avait écrit à la duchesse de Chartres pour affirmer qu'Aglaé, déshonorée, n'était plus digne de rester dame d'honneur de la princesse. Bref, calomnie et méchanceté firent si bien que l'infortunée jeune femme se retira dans un couvent, après avoir distribué aux pauvres le produit de la vente de tous ses bijoux. Elle allait y mener une vie exemplaire et dure. Son mari, « le plus loyal et le plus vertueux des hommes », lui servait une pension de six mille livres, dont elle distribuait en aumônes la plus grande partie. Il faut des pécheresses pour faire des saintes, et des égoïstes pour faire des pécheresses.

Adrienne n'ignorait pas le nouvel attachement de son époux pour la radieuse Adélaïde de Simiane, mais elle demeurait fermement résolue à ne point « peser sur lui ». A l'exemple de sa mère et de sa sœur Louise, elle s'occupait principalement de son intérieur, de ses enfants et de ses œuvres. Elle avait installé son fils, près de la rue de Bourbon, dans un petit appartement avec un excellent précep-

teur, M. Frestel, et elle allait chaque jour surveiller ses
études. Chaque jour aussi les colombes, au crépuscule,
venaient se poser à l'hôtel de Noailles. La duchesse d'Ayen
n'avait plus à demeure, sous son toit, que deux filles :
Clotilde, veuve d'un mari peu digne de regrets, et Rosalie,
« la benjamine ». Mme de La Fayette confiait ses soucis à
sa mère. La vicomtesse de Noailles savait adoucir tous les
maux et apaiser toutes les agitations « par la réunion du
calme de sa tête à une délicate sensibilité de son cœur ».
Épouse trahie et négligée, elle aussi, Louise donnait
l'exemple d'une indulgence toute pure de ressentiment.

Pendant l'été 1783, La Fayette emmena sa femme à Chavaniac. Ce fut pour elle un bonheur. Neuf ans après son
mariage, elle vit enfin le lieu où était né son cher mari. Sa
sœur veuve, Clotilde du Roure, l'avait accompagnée en
Auvergne. Adrienne s'attacha tout de suite à la tante de
Chavaniac, qui l'appelait solennellement « Madame », et
dont elle aima le franc parler. Par le ton, Mme de Chavaniac
rappelait un peu Mme de Tessé, mais, par les opinions politiques et les sentiments religieux, l'Auvergnate était aux
antipodes de la Parisienne. Adrienne s'occupa des paysans,
des églises, du domaine. Grâce à elle, l'école de tissage fut
mise en route et l'infatigable animatrice obtint de Calonne,
contrôleur général, six mille livres encore pour cette entreprise. Elle conquit sans effort tous les curés des paroisses
dont La Fayette était le seigneur. Il lui était doux de
trouver les villageois d'Auvergne religieux et pratiquants.
Le séjour lui parut trop court : deux semaines seulement.
Les grandes affaires rappelaient La Fayette à Paris. Il
s'était fait, en France, le champion des Américains et
défendait leurs intérêts commerciaux et maritimes. En
octobre 1783, le jeune ministre anglais Pitt, accompagné
de ses collègues Eliot et Wilberforce, fit un voyage en
France; La Fayette les invita tous trois à dîner rue de
Bourbon. Il voulait les réunir au « docteur » Franklin et à
ses amis rebelles, ce qui était hardi au lendemain d'une
guerre, mais amusant et courageux.

Adrienne aida, par sa bonne grâce, à surmonter les mauvais souvenirs et les Anglais parlèrent longtemps de « la douce femme » de leur hôte. Wilberforce loua la simplicité du jeune ménage. Il nota que la maison était tenue à l'anglaise et qu'aux amusements frivoles de la cour, les La Fayette préféraient la conversation sérieuse. Toutefois Pitt et Wilberforce trouvèrent le marquis un peu trop républicain pour un aristocrate français. La Fayette, lui, fut enchanté : « Mon dîner d'hier a fort bien réussi ; Mr. Pitt était soutenu de cinq Anglais et il y avait une douzaine de rebelles, en comptant les dames... Mr. Pitt prétend que, tant que l'Angleterre restera monarchie, on ne peut guère se flatter de me voir à Londres. Malgré cette plaisanterie, j'ai bien envie d'y aller un jour... Depuis que nous avons gagné la partie, j'avoue que j'ai un plaisir extrême à voir les Anglais. »

En septembre 1783, il fit un saut rapide à Épinal pour revoir son ancien régiment de Noailles. Il fut retenu à Nancy plusieurs semaines, par une maladie de Roger de Damas, frère d'Adélaïde de Simiane. Celle-ci était accourue au chevet de son frère. Il est à la fois pathétique et bouffon de déceler, dans les lettres de La Fayette à sa femme, le soin qu'il prend de masquer, par l'intérêt porté au malade, la douceur qu'il trouve à le veiller avec Mme de Simiane. Adrienne était trop fine pour ne pas percevoir les moindres nuances de tels sentiments.

La Fayette à sa femme, 10 septembre 1783 : L'état de Roger me retient ici, mon cher cœur. Il est toujours très inquiétant. M. du Châtelet se désespère et nous sommes tous infiniment affligés. Il avait une fièvre putride avec du redoublement ; il s'y est joint des vers, de l'inflammation, et une complication très alarmante. Le défaut total d'évacuations nous a fait croire hier qu'il allait périr ; heureusement il y en a eu hier au soir ; nous l'avons cru sauvé. Les médecins se réjouissaient et, *(sic)* ce matin, il était aussi mal que jamais...

Je vois avec chagrin que vous êtes tourmentée, mon cher cœur, et je partage bien toutes vos inquiétudes. N'en prenez que de raisonnables ; l'excès nuit à votre santé, rendrait même les soins moins éclairés en les multipliant trop. Évitez l'inconvénient de Madame votre mère; il est désolant pour les gens qui aiment autant que vous m'êtes chère. *(sic)*

Nancy, 17 septembre 1783 : Depuis que notre correspondance est rétablie, mon cher cœur, j'éprouve un grand plaisir à recevoir vos lettres... Comme vous savez où me trouver, j'espère que vous me donnerez exactement de vos nouvelles. Je vous félicite d'avoir eu quelque tranquillité sur vos malades, et je voudrais bien que vous en fussiez à n'avoir plus de tourments. Les nôtres sont un peu soulagés, mais ils durent encore. Les médecins ont trop cru l'affaire finie; je vois que cette maladie ne l'est pas, mais cependant Roger est hors du danger... Moi qui l'ai vu deux fois mort, je suis bien heureux de ne plus le voir que bien malade...
Madame de Simiane est assez bien. Elle est sensible à votre intérêt. J'espère que sa santé ne souffrira pas beaucoup de ces secousses. Nous avons vu arriver successivement ces dames, le père, les trois frères et le comte de Rochechouart[1]. La bonté, l'union de cette famille sont touchantes... On y sera très affligé de mon départ parce qu'on me croit *nécessaire à Roger,* et je vous avoue que je suis bien embarrassé, malgré mon empressement à vous revoir, à retrouver mes amis et les chers murs de Paris[2]...

En février 1784, son « cher général » informa La Fayette qu'il quittait la présidence des États-Unis et se retirait à Mount Vernon. La lettre par laquelle il annonçait sa retraite était fort belle.

Mount Vernon, 1ᵉʳ février 1784 : Enfin, mon cher marquis, je suis à présent un simple citoyen sur les bords du Potomac... Je ne suis pas seulement retiré de tous les emplois publics; je suis rendu à moi-même... Je puis retrouver la solitude et reprendre les sentiers de la vie privée avec une satisfaction plus profonde. Ne portant envie à personne, je suis décidé à

1. « Le père » est Jacques-François de Damas, marquis d'Antigny (1732-1811), auquel sa femme, Zéphyrine-Félicité de Rochechouart, morte en 1776, avait donné six enfants. « Les trois frères » sont : Charles (1758-1829) qui, pendant la campagne d'Amérique, avait été l'aide de camp de Rochambeau; Alexandre, abbé d'Antigny (1762-1811); et Gaston de Damas (1771-1808). « Le comte de Rochechouart » est le grand-père maternel du malade.
2. Lettres inédites. Archives de La Grange.

être content de tout, et dans cette disposition d'esprit, mon cher ami, je descendrai doucement le fleuve de cette vie, jusqu'à ce que je repose auprès de mes pères[1]...

Le héros valait ceux de Plutarque. Il invitait La Fayette à venir, avec Adrienne, le voir dans ses foyers.

Washington à la marquise de La Fayette, 4 avril 1784 : Quelque grand que soit votre titre à mon affection, comme femme française ou américaine, ou comme épouse de mon aimable ami, vous en avez d'autres auxquels on peut donner la palme. Les charmes de votre personne et la beauté de votre visage ont un pouvoir plus efficace. C'est cela, Madame, qui vous a fait aimer de moi, et tout ce qui tient à votre nature aura droit à mon affection. George et Virginie, les enfants de votre amour, dont les noms font honneur à mon pays et à moi-même, y ont un double droit et seront l'objet de tous mes vœux[2].

La Fayette avait un vif désir de faire ce voyage. Non seulement il souhaitait revoir ses compagnons d'armes, mais le Congrès lui avait, en signe de gratitude, offert de grandes terres qu'il fallait reconnaître et, un jour peut-être, cultiver. Il n'emmena pas Adrienne. Elle seule pouvait, en son absence, s'occuper de ses affaires, de Chavaniac, de Morizot. En fait elle veillait mieux que lui sur ces grands intérêts, et d'ailleurs, quel que fût son désir de' connaître Washington et l'Amérique, elle n'eût pas voulu quitter ses enfants. Le seul compagnon du voyage fut un jeune aide de camp : le chevalier de Caraman. A sa femme et à l'intendant Morizot, La Fayette confia l'administration de ses biens. Quoique richissime, il était, une fois de plus, à court d'argent liquide et dut, avant de partir, emprunter douze mille livres à son beau-père, le duc d'Ayen. Il emportait un affectueux message d'Adrienne pour Washington; elle disait que son chagrin d'être de nouveau séparée d'un mari partant pour l'Amérique était un peu

1. *Mémoires, Correspondance et Manuscrits du général La Fayette,* tome II, page 82.
2. JARED SPARKS : *The writings of George Washington,* tome IX, page 38. (Boston, 1838).

atténué par l'espoir de voir un jour le ménage Washington,
à Paris ou à Mount Vernon. La petite Anastasie, âgée de
sept ans, avait aussi écrit à son « cher Washington ».

De Rambouillet, premier relais de sa chaise de poste,
La Fayette fit porter à sa femme une lettre plus qu'affectueuse :

Le vicomte vous donnera de mes nouvelles, mais les nouvelles de mon cœur, c'est le vôtre seul qui peut vous en parler.
Je suis bien malheureux, mon cher cœur; je m'arrache de vous
avec un vif regret; je vous aime de toute mon âme; je jouis bien
de votre sentiment, de votre charmante manière de m'aimer;
adieu, adieu, mon cher cœur[1].

De La Flèche : « Plus je vous vois, mon cher cœur, et
plus je vous trouve aimable pour moi. » Il devait s'embarquer à Lorient, sur *Le Courrier de New York*, mais, les
vents étant contraires, il fallut retarder le départ. Il en
profita pour accabler sa femme de messages à faire passer
aux amis : « Pardon de toutes ces commissions, mon cher
cœur, mais il me semble un moment que ceci n'est pas une
lettre d'adieu et cette illusion me paraît douce... » Le
28 juin 1784, il était encore à Lorient; on promettait bon
vent pour le lendemain, mais c'était une prédiction bien
incertaine :

... En attendant ce changement, je me suis établi à bord;
nous y essayons nos hamacks (*sic*) et nos petites chambres,
qui n'ont plus d'odeur, et que j'ai fait arranger d'une manière
assez commode. Tant que j'y serai tranquille, je ne souffrirai
que ce que toute ma personne morale et physique souffrira
toujours à être renfermée. Mais quand la souricière commencera
à remuer, je me fortifierai de magnétisme, de sachets de camphre
et de thoriaque sur le creux de l'estomac, et de gouttes d'éther
sur un morceau de sucre, tous remèdes nouveaux que je tenterai
et qui ne me feront rien du tout. En me recommandant d'embrasser le grand mât, Mesmer ne savait pas (et moi j'ai oublié)
qu'il est, jusqu'à une certaine hauteur, enduit de goudron,
et que l'accolade y devient absolument impossible à moins de se
goudronner des pieds jusqu'à la tête!

1. Lettres inédites. Archives de La Grange.

Je regrette bien le temps que j'ai passé ici, mon cher cœur, et, si j'avais prévu ce retard si long, je vous aurais emmenée jusqu'à Lorient; mais d'un autre côté, vous auriez eu tort de ne pas attendre les couches de votre sœur, que je suis moi-même bien affligé de manquer... Vous me mandez que M. de Calonne va être garde des sceaux, mais cette nouvelle mérite confirmation. Je ne vous ennuierai pas aujourd'hui de commissions, mon cher cœur, je vous dirai seulement bonsoir... en vous souhaitant autant de bonheur que vous m'en procurez. Je vous répète, avec un plaisir toujours nouveau, que je vous aime avec la plus vive tendresse, la plus entière confiance, et le plus parfait bonheur de penser que nous sommes l'un à l'autre[1]...

Le 30 juin enfin, le vent tourna :

Nous voilà donc partis, mon cher cœur, et rien ne peut plus arrêter ce voyage; quoique je dusse souhaiter le bon vent, son arrivée m'a fait éprouver un serrement de cœur inexprimable... Comptez sur mon exactitude à vous écrire, mon cher cœur, sur mon soin à ménager ma santé, à ne pas ajouter l'inquiétude aux chagrins que je vous cause. Il m'est doux de penser que je suis chargé de vos intérêts, mon cher cœur, et cette idée me rendra bien soigneux de ma personne... mais en même temps, j'ai le droit de vous recommander votre estomac, qui a vraiment grand besoin de régime. Songez, mon cher cœur, combien vous êtes dans ma vie[2]...

La tournée, à travers les États-Unis, fut un long triomphe. Le jeune Français était devenu un symbole de la victoire et de l'unité américaines. Partout il était accueilli au son des cloches, au bruit du canon, fêté, loué, honoré. Tout New York était à la Battery quand il y débarqua. Il remonta vers le haut de la ville, en voiture découverte, par des rues pavoisées, grouillantes d'admirateurs. Ah! qu'Adrienne eût été heureuse d'entendre ces ovations, de partager la juste gloire du Bien-Aimé! Mais jamais Adrienne ne devait connaître le Nouveau Monde. Chaque fois que son époux partait en voyage, il trouvait quelque prétexte honnête pour laisser la mère à ses enfants, la ménagère à

1. Lettre inédite. Archives de La Grange.
2. Ibidem.

sa maison, la dévote à ses exercices de piété. Un « cher
cœur » est fait pour battre au foyer.

Naturellement, Mount Vernon fut la première étape.
Washington reçut le marquis comme un fils et celui-ci
passa dix jours heureux à rappeler de grands souvenirs.

La Fayette à sa femme, Mount Vernon, 29 août 1784 : Depuis
plusieurs jours... je ne suis pas sorti de la maison, où je mène
une vie fort douce... Déjeuner, causer, écrire, dîner, causer,
écrire et souper, voilà, mon cher cœur, la division de notre
temps[1]...

Il goûta les soirées sous la véranda qui dominait le
Potomac, le *peach brandy* de Martha Washington, les
jambons de Virginie, les poulets frits qu'apportaient des
nègres souriants. A Washington, il prêcha l'émancipation
des noirs, idée chère à sa femme. « Bien sûr, disait Washington, mais plus tard. Comment cultiver nos plantations? »
Tous deux agriculteurs et éleveurs, ils parlèrent récoltes
et bétail. Puis, comme l'exemple de Washington l'avait
intéressé aux arrangements domestiques, il donnait à
Adrienne des instructions :

Pour commencer, mon cher cœur, je vous recommande mon
cabinet : il faut y placer un baromètre, une *Déclaration d'Indépendance*, une machine pour la fumée qui me coûte cinquante
écus et, à Déplaces[2], cinquante soupirs. Y ajouter un tapis ne
gâterait rien[3]...

Il lui confiait aussi la direction du personnel : Déplaces
devrait, à l'avenir, habiter constamment Chavaniac; ce
serait un homme admirable « pour les charités à faire et
pour empêcher vos émissaires de mettre à mal toutes les
paroisses, sous prétexte de pratiquer la chirurgie ».

Alors Le Blanc serait concierge, sans cesser son métier de

---

1. Lettre inédite. Archives de La Grange.
2. Déplaces, ou Desplaces, était depuis des années le fidèle serviteur
de La Fayette.
3. Lettre inédite. Archives de La Grange.

valet de chambre, et Mme Le Blanc remplacerait Mme Déplaces...
Si vous aviez des gens un peu mieux tournés, Le Blanc vous
suffirait quand il y a du monde et, d'après tout cet arrangement,
notre maison serait beaucoup meilleur marché, ce qui assure
la chère indépendance! Quant à notre cavalerie, il faut que Le
Blanc me trouve quatre ou cinq vieux chevaux pour le mois
de décembre, en se donnant un surnuméraire jeune et actif,
au lieu de celui que nous avons à présent. Il est inutile d'augmenter le nombre de nos gens. Si, cependant, il faut conserver
dans la maison Courtois ou Demanche, j'aimerais mieux que ce
fût le dernier, et celui-ci alors ne sortirait pas de Paris... Voilà,
mon cher cœur, le résultat des profondes réflexions que j'ai
faites pendant trente-cinq jours de navigation, où vous imaginez bien que ces projets m'ont infiniment occupé...

Ce démocrate sincère avait encore, sans qu'il en fût
conscient, des idées tout aristocratiques sur ce que doit
être le train d'une maison. Autant que de son personnel
domestique, il était occupé de ses Égéries :

Parlez de moi, mon cher cœur, à tous mes amis... J'aime à
penser qu'à mon retour je serai content de la santé de Mme de
Tessé; que Mme d'Hénin se sera enfin éloignée de cet affreux
précipice sur le bord duquel elle marche; que Mme de Simiane
aura bien voulu songer qu'il vaut mieux se coucher, pendant
six mois, à minuit que de risquer des souffrances horribles
pour soi-même et ses amis[1]...

La Fayette confiait aux soins d'Adrienne aussi bien
Chavaniac que la rue de Bourbon. Elle était allée passer en
Auvergne l'été de 1784. Elle venait de perdre son grand-
père Daguesseau et avait obtenu le bonheur d'emmener à
Chavaniac la duchesse d'Ayen qui, après ce deuil, avait
besoin de faire retraite. Cette campagne paisible, la satisfaction d'être chez sa fille et de voir grandir ses petits-
enfants, la compagnie de Mme de Chavaniac pour laquelle
elle avait, tout de suite, éprouvé un véritable attrait, tout
contribua vite à rétablir Mme d'Ayen. Pour Adrienne, la
présence de sa mère doublait le prix de toutes choses.

1. Lettre inédite. Archives de La Grange.

Rosalie aussi réussissait à merveille au pays de son beau-frère absent. De sa lointaine Amérique, La Fayette pensait à la marier : « En causant avec le petit de Caraman, il m'a dit que son frère serait immensément riche et que son père eût été bien heureux de le marier chez vous. Mais je n'ai que des idées fort imparfaites sur leur naissance et, comme nous en avons deux à placer, j'ai cru devoir à tout hasard vous le mander[1]... » Les « deux » étaient Clotilde (veuve) et Rosalie (vierge). La première allait bientôt se remarier, avec le vicomte de Thésan, et la seconde devenir comtesse de Grammont.

Je ne veux pas oublier, mon cœur, de vous recommander encore Mr. et Miss Jefferson. Le père est un homme excellent, instruit, aimable, fort attaché à l'alliance ; il m'a comblé d'amitiés quand il était gouverneur de Virginie pendant la campagne, et je désire vivement qu'il se plaise assez en France pour tâcher de remplacer Mr. Franklin, ce qui deviendra bien aisé si nous avons son consentement. Quant à sa fille, c'est une jeune personne très agréable dont je vous constitue mère, chaperon, tout ce que vous voudrez. Mais je vous prie de vous en emparer et de lui rendre tous les services qui dépendent de vous... Vous ferez bien de les mener chez Mme de Tessé[2]...

La modeste magicienne s'acquittait de ces tâches si multiples sans bruit, sans orgueil et à la satisfaction de tous. D'Amérique lui arrivaient des récits du succès constant de son époux : « *4 octobre 1784* : Me voici dans le pays sauvage, mon cher cœur, entouré de Hurons et d'Iroquois, et fort ennuyé du métier de père de famille qu'on m'a forcé de faire ici ; je vous ai mandé que mon influence pouvait être utile au traité qui se négocie avec toutes les nations [indiennes]... » L'étonnant est que sa visite fut, en effet, très utile, que les Peaux Rouges le reçurent comme un ami et que ses compagnons américains furent surpris de le trouver là en pays de connaissance, comme s'il entrait dans le faubourg Saint-Germain. Les bonnes manières

1. Lettre inédite. Archives de La Grange.
2. *Ibidem.*

et l'entregent ne connaissent ni patries ni races. Il monta sur la tribune aux harangues et fit aux Indiens un discours excellent, dans leur propre style. Les ambassadeurs du Congrès, un peu jaloux de son prestige, avaient pourtant dû reconnaître qu'il leur avait rendu un grand service. Il avait aussi entamé une négociation personnelle pour ramener en France un sauvage iroquois, de douze ou treize ans, qu'il voulait attacher à sa maison.

Church's Tavern, ce 10 octobre 1784 : Tandis que je m'en souviens, mon cher cœur, il faut que je vous parle d'une fameuse plante appelée *genzing*, dont je ne peux vous envoyer qu'un pot qui vous est adressé, mais que je vous prie de partager avec M. le maréchal de Noailles et Mme de Tessé. Comme c'est peut-être la seule fois de ma vie que nous parlerons botanique, j'ajouterai que j'ai découvert ici une plante grimpante, toujours verte, qui fera un merveilleux effet sur les deux murs de notre terrasse. Quand elle vous parviendra, je vous prie de la faire semer et planter en grande quantité, au pied des deux murs. J'en envoie aussi qui, pendant l'été, les couvrira des plus belles fleurs rouges, de manière que, si mon cabinet est fini, rien ne manquera aux charmes de la maison...

Je suis bien fâché que ce pauvre Poirey[1] ait mal aux nerfs, mais, s'il se porte mieux, persuadez-le d'apprendre à écrire en abréviation, aussi vite que la parole, et de faire arranger ma bibliothèque. Je vous ai tant ennuyée de nos arrangements que je ne veux pas en radoter encore. Je dirai seulement que je voudrais bien voir mes dettes d'ouvriers payées à mon retour[2].

Les maris croient tout facile, quand ils ont une femme amoureuse et efficace. La confiance de celui-là était plus que justifiée et les ministres eux-mêmes n'hésitaient pas, en son absence, à consulter Mme de La Fayette.

Restait à prendre congé de Washington. A Mount Vernon, La Fayette retrouva les conversations du soir sous la véranda. Le général américain préparait des lettres que son « fils adoptif » devait emporter en France. L'une était pour Adrienne : « Le plaisir que j'ai trouvé à embrasser de

1. Secrétaire de La Fayette.
2. Lettre inédite. Archives de La Grange.

nouveau mon ami aurait été accru par votre présence... Le
marquis vous revient avec toute la chaleur et l'ardeur d'un
amant nouvellement inspiré. Nous vous le rendons en
bonne santé, couronné d'amour et de respect par tous les
États de l'Union[1]... » A la jeune Anastasie qui lui avait
écrit, en un anglais très honorable pour une petite fille
de sept ans, il envoyait un baiser « qui lui serait peut-être
plus agréable s'il était donné par un joli *boy* ». Washington
avait toujours été galant et coquet avec les femmes, eus-
sent-elles sept ans.

La séparation fut mélancolique. Washington avait le
pressentiment qu'il ne reverrait pas La Fayette : « Je me
suis souvent demandé, comme nos voitures s'éloignaient
l'une de l'autre, si c'était la dernière image que j'aurais de
vous. Et bien que mon vœu fût de dire *non*, mes craintes
disaient *oui*. Je me souvenais des jours de ma jeunesse,
et qu'ils ont fui depuis longtemps pour ne plus revenir; je
pensais que je descendais maintenant la colline que j'avais
mis cinquante-deux ans à escalader et que, bien que de
forte constitution, j'appartenais à une famille où l'on ne
vit pas vieux[2]. » La Fayette, lui, à vingt-sept ans, se croyait
certain de revoir son « général père ». En prenant congé
du Congrès, il prononça des paroles hardies : « Puisse cet
immense temple de la Liberté s'élever comme une leçon
pour les oppresseurs, un exemple pour les opprimés, un
sanctuaire pour les droits de l'humanité... » Plusieurs
États de l'Union l'avaient fait citoyen des États-Unis, à
perpétuité.

La frégate *La Nymphe* entra dans le port de Brest le
20 janvier 1785. Il aurait pu courir à Paris, mais préféra
s'arrêter à Rennes où se tenaient alors les États de Bretagne. Il avait, dans cette province, de grands biens hérités

1. LOUIS GOTTSCHALK : *La Fayette between the American and the
French Revolution (1783-1789)*, page 128 (Chicago, Illinois, The University of Chicago Press, 1950).
2. *Ibidem*, page 131.

de sa mère et le droit de siéger dans cette assemblée, ce qu'il fit, très applaudi par ses pairs.

La Fayette à sa femme : Rennes, ce dimanche au soir : Me voici bien près de vous, mon cher cœur, bien impatient d'arriver et bien heureux de sentir derrière moi tout cet espace qui nous séparait. Ce qui met le comble à ma joie est d'apprendre l'établissement de ma tante[1] à Paris.

... J'arriverai mercredi au soir à Versailles, si tard sûrement que je ne ferai pas de visites, mais comme le lendemain il me faudra voir des ministres, je voudrais y coucher et pourrais faire ma cour jeudi par la même occasion. De manière que, vendredi, nous irions dîner avec ma tante, souper chez Mme de Tessé et reprendre l'ancien train de vie. Ou bien, si vous aimez mieux, nous irons jeudi, après dîner, à Paris. Quoique je m'annonce plus tard, pour être sûr de vous trouver seule, j'espère bien vous embrasser vers onze heures ou minuit, à moins que nous ne soyons arrêtés en chemin...

Suit l'habituelle énumération homérique :

Donnez de mes nouvelles à Mme de Tessé, vos sœurs et père et mère. J'ai chargé Le Brun d'aller chez Charlus, Poix et le vicomte. J'écris un mot à Mme d'Hénin et à Mme de Simiane; ainsi voilà les amis et amies avertis. J'envoie un billet aussi à ma tante... Donnez aussi de mes nouvelles à Mme de Boufflers... Je vous aime bien et je suis impatient de vous le dire moi-même[2].

1. Mme de Chavaniac.
2. Lettre inédite. Archives de La Grange.

III

LE DOUX VIN DE LA GLOIRE

> La jeunesse est une chose char-
> mante. Elle part au commence-
> ment de la vie, couronnée de
> fleurs, comme la flotte athé-
> nienne.
>
> CHATEAUBRIAND.

Rue de Bourbon. Le jeune général retrouve avec joie son bureau, meublé par Adrienne avec un soin exact, comme il l'a souhaité. Au mur, la Déclaration américaine des Droits (*Bill of Rights*) et un cadre vide. Quand on lui demande ce que signifie ce dernier : « C'est, répond-il, pour y mettre la Déclaration des Droits français. » Certains visiteurs sourient ; d'autres admirent ou s'indignent.

˙Le jeune Iroquois, Kayenlaha, faisait maintenant partie de la maison. Adrienne écoutait avec délices le récit des honneurs rendus par les États-Unis à Gilbert. Les Américains affluaient. Le bon Franklin et Jefferson étaient devenus des membres de la famille. John Adams ne réussissait pas, à Paris, aussi bien qu'eux. Il se méfiait du charme des Français, de leur politesse, de leur habileté. Ne parlant pas leur langue, il ne pouvait leur faire comprendre ce dont au monde il était le plus certain : sa supériorité. Il trouvait Franklin trop diplomate et se piquait de brutale franchise. Pourtant Adrienne trouvait grâce devant lui. Après la naissance du dauphin, elle réussit à emmener les Adams au *Te Deum*. C'était un succès que d'avoir entraîné à Notre-Dame cette famille, protestante jusqu'au fanatisme.

La jeune Abigaïl Adams jugeait la petite marquise vive, enjouée et très agréable : « J'avais toujours entendu dire qu'elle était jolie; je ne le pense pas; elle n'est pas maquillée et s'habille très peu[1]. » Dînant rue de Bourbon, Miss Abigaïl fut impressionnée par la modestie, la réserve et les gracieuses manières du jeune général. Elle fut sensible à l'amabilité de la marquise et frappée par l'évidente affection du couple pour ses trois enfants, « chose remarquable dans un pays où l'on ne voit guère la plus petite trace d'un tel sentiment[2] ». Adrienne était, plus que son mari, désireuse d'exhiber sa nichée; elle ne craignait pas, comme lui, que les enfants fussent encombrants aux yeux d'invités peu habitués à voir des bébés au salon. Les dîners américains du lundi avaient repris. Anastasie (huit ans) et George (cinq ans) venaient chanter, en anglais, et Kayenlaha dansait parfois, dans le costume indien de sa tribu, c'est-à-dire presque nu.

Avec les Washington, la correspondance avait repris. On échangeait des cadeaux : poupées pour les enfants, animaux reproducteurs, semences. Mrs. Washington envoyait à Mme de La Fayette une pleine barrique de jambons virginiens.

Mount Vernon, 8 juin 1786 : Je ne sais s'ils sont meilleurs, ou même aussi bons qu'en France, mais ils sont de notre fabrique (vous savez que les dames de Virginie s'estiment elles-mêmes d'après la qualité de leurs jambons) et nous nous rappelons que ce mets était de votre goût. Elle a donc désiré que je vous les offrisse. J'aurais voulu y joindre un baril de vieille eau-de-vie de pêches, mais je n'ai pu m'en procurer d'assez bonne qualité pour faire honneur à notre liqueur; aussi je n'en envoie pas. Après tout, ces deux présents seraient plus propres à servir de ration après une longue marche sous la pluie qu'à figurer sur votre table de Paris[3]...

1. *Journal of Miss Adams*, tome I, page 45.
2. *Ibidem*, tome I, pages 66-71.
3. *Mémoires, Correspondance et Manuscrits du général La Fayette*, tome II, page 153.

Mais les jambons de Virginie sont dignes des meilleures tables et Adrienne était fière d'en offrir à ses invités.

La Fayette n'était pas homme à se contenter des joies domestiques. Accoutumé dès sa jeunesse à occuper de soi l'opinion, il avait soif de gloire et de dangers. De vagues desseins de réformes politiques s'esquissaient en lui, mais les idées abstraites ne l'intéressaient guère. Il avait besoin d'un objectif concret, immédiat et sentimental. Bientôt il en trouva un, et tel que son active petite femme pût l'aider et l'approuver. Ayant voulu s'occuper de l'éducation en France d'un jeune Américain, John Edwards Caldwell, il se heurta à des difficultés parce que ce garçon était de religion protestante. Depuis la révocation de l'Édit de Nantes, les protestants devaient subir des humiliations inadmissibles. Un mariage célébré par un pasteur protestant n'était pas légalement valable. Gilbert décida de s'attaquer à ces abus.

11 mai 1785 : Les protestants, en France, sont soumis à un intolérable despotisme. Quoiqu'il n'y ait pas à présent de persécution ouverte, ils dépendent du caprice du roi, de la reine, du Parlement ou d'un ministre. Leurs mariages ne sont pas légaux; leurs testaments n'ont aucune force devant la loi; leurs enfants sont considérés comme bâtards, leurs personnes comme pendables. Je voudrais amener un changement dans leur situation. Pour cet objet je vais, sous quelques prétextes, avec le consentement de M. de Castries, visiter leurs principales résidences. Je tâcherai ensuite d'obtenir l'appui de M. de Vergennes et du Parlement, avec celui du garde des sceaux qui fait les fonctions de chancelier. C'est une œuvre qui demande du temps, et qui n'est pas sans quelque inconvénient pour moi, parce que personne ne voudrait me donner un mot écrit, ni soutenir quoi que ce soit. Je cours ma chance[1]...

Adrienne partageait là-dessus son sentiment. Elle s'affirmait, avec vigueur, catholique croyante et pratiquante, mais (dit sa fille) « son zèle éclairé pour la religion lui fai-

1. *Mémoires, Correspondance et Manuscrits du général La Fayette,* tome II, page 121.

sait souhaiter qu'il ne se commît plus d'injustices en son nom. Plus elle était enfant de l'Église, plus elle détestait les persécutions qui éloignaient d'elle et qui, d'ailleurs, étaient si opposées à l'esprit de l'Évangile. La tolérance de ma mère était fondée sur les premiers principes de la religion. Elle regardait comme un grand crime de gêner la liberté que Dieu a voulu donner aux hommes et même de provoquer, par des motifs d'intérêt, une résolution que la conscience seule peut dicter. Elle souhaitait attirer au catholicisme, mais par des raisons élevées[1]... »

Bien que son plus cher désir fût de voir son mari retrouver la foi, elle se gardait, avec une délicatesse infinie, de l'importuner. Elle l'appuya de toutes ses forces dans son action en faveur des protestants.

Action énergique et bien menée. Les communautés protestantes les plus importantes se trouvaient dans le Midi de la France, du côté de Nîmes, de Montpellier et dans les Cévennes. La Fayette résolut de prendre contact avec elles et profita d'un voyage à Chavaniac pour voir le plus éminent de ceux qui avaient accepté, au péril de leur vie, de rester pasteurs : Paul Rabaut et son fils, Rabaut Saint-Étienne. A ce dernier, il confia en grand secret que Malesherbes, ministre de la Maison du roi, homme fort puissant, travaillait secrètement pour cette juste cause. La Fayette espérait voir un jour le jeune Rabaut à Paris et le conduire lui-même au roi. On verra plus loin que cet espoir devint réalité.

Une autre cause intéressait passionnément Adrienne et son mari : l'émancipation des esclaves noirs. « Le désir ardent de contribuer au bien, l'horreur de toutes les injustices étaient très vifs dans le cœur de ma mère, écrit Virginie. Elle éprouva une vive jouissance lorsque mon père s'occupa de travailler à l'abolition de la traite des nègres[2]. » Avant de se décider à faire lui-même une expérience d'af-

---

1. *Notice sur Madame de La Fayette par Madame de Lasteyrie, sa fille* page 210.
   2. *Ibidem*, page 207.

franchissement, onéreuse et difficile, La Fayette avait écrit au duc de Castries, ministre de la Marine, pour suggérer la libération des esclaves du roi en Guyane, auxquels on donnerait des terres en partage. Si la première génération d'affranchis ne réussissait pas, on travaillerait à former la suivante.

Le ministre se déclara favorable, mais seulement à une expérience privée. La Fayette acheta donc aux créanciers des jésuites, à Cayenne, deux « habitations » : *Saint-Régis* et *La Belle Gabrielle*, avec quarante-huit noirs, moyennant cent vingt-cinq mille livres, afin d'y donner l'exemple d'un affranchissement progressif. Il chargea en grande partie Adrienne, plus méthodique et plus constante que lui, de cette entreprise pour laquelle le désir d'enseigner aux noirs les principes de la morale et de la religion s'unissait en elle à celui, qu'elle partageait avec Gilbert, de les amener à la liberté. Elle choisit, de concert avec son mari, un intendant, Henri de Richeprey, digne d'une telle mission et qui s'y dévoua. Elle se lia avec des prêtres du séminaire du Saint-Esprit, qui avaient une maison à Cayenne. « Sa charité s'enflammait par l'espoir d'apprendre aux nègres à connaître et à aimer Dieu, et aux philosophes amis des noirs que le succès de leur entreprise serait en grande partie dû à la religion[1]. »

L'expérience parut réussir. Le ministère de la Marine la favorisait; le surintendant choisi (Richeprey) semblait compétent. En arrivant à Cayenne, il trouva le premier marché mauvais, l'écrivit à Mme de La Fayette et, en attendant, fit l'acquisition d'un petit terrain, propice à la culture du cacao et du café, dans le voisinage de « La Gabrielle », l'appela « L'Adrienne » et y établit vingt et un noirs. Sans les émanciper encore, il les conduisit avec beaucoup de douceur et supprima la peine du fouet. Adrienne s'intéressait aux moindres détails, et recommandait de s'acheminer, aussi vite que possible, vers l'émancipation

---

1. *Notice sur Madame de La Fayette, par Madame de Lasteyrie, sa fille,* page 208.

totale. En 1787, Richeprey mourut et son successeur, Lescallier, conseilla d'exploiter *La Belle Gabrielle*, plantation où se trouvaient des girofliers et des cannaliers du roi. On aurait alors soixante-cinq noirs. Lescallier, comme Richeprey, affirmait que l'émancipation totale ne pourrait être rapide (les autres planteurs menaçaient d'intervenir; les nègres eux-mêmes se méfiaient), mais que l'humanisation était facile. Chaque travailleur reçut un salaire; la vente des esclaves fut interdite; un effort fut fait pour les instruire; les peines infligées devaient être les mêmes que pour des Blancs coupables du même délit. La Fayette espérait que, dans ces conditions de vie meilleures, les naissances seraient plus nombreuses et la mortalité infantile plus faible, ce qui ruinerait les trafiquants d'esclaves.

Peu à peu, Adrienne assuma entièrement la responsabilité de *La Belle Gabrielle*. Son mari voyageait beaucoup; elle avait plus de temps et correspondait activement avec la maison de Cayenne du Saint-Esprit. A Paris même, elle s'était occupée de l'éducation d'un jeune noir qu'elle avait fait baptiser. Un peu plus tard, un Américain qui rentrait aux États-Unis ayant du mal à obtenir un passeport pour son *boy*, La Fayette offrit de l'acheter et de le faire élever dans sa famille, pour que le petit homme de couleur ne fût pas exposé à de mauvais traitements. Une gravure représenta La Fayette comme *L'Ami des Noirs*; il avait mérité ce titre, en partie par personne interposée.

En juillet 1785, La Fayette entreprit, seul, un grand voyage en Allemagne et en Autriche. Le roi de Prusse, Frédéric II, passait pour un maître stratège. Le général de La Fayette, passionné d'art militaire, obtint du gouvernement français la permission d'assister, en Silésie, aux grandes manœuvres prussiennes. Adrienne et ses enfants allèrent passer l'été à Chavaniac. Les courriers portèrent de tendres lettres.

La Fayette à sa femme, 16 juillet 1785 : L'air d'Allemagne, quoiqu'un peu moins libre que celui d'Amérique, me promet une santé d'autant meilleure que je voyage aussi sagement que si j'avais à conserver la vie d'un électeur. Le 10 octobre [jour présumé de son retour en France] se présente à moi comme un jour tout couleur de rose et j'aime mieux le lendemain que la veille parce qu'il me rapproche du moment où je pourrai moi-même, mon cher cœur, vous parler de ma tendresse.

Mille hommages bien tendres à ma tante. J'embrasse nos enfants[1].

Il voyageait avec des lettres de crédit. Les banquiers de Francfort hésitèrent à le reconnaître. Ils attendaient « un vieux rebelle »; ils trouvèrent un jeune homme aux cheveux bien peignés et poudrés. Il s'arrêta chez le land-grave de Hesse « qui a les meilleures troupes d'Allemagne, qu'il aurait aussi bien fait de ne pas envoyer en Amérique » (où elles avaient été battues par les soldats de Washington). *La Fayette au prince de Poix* : « Il y avait encore là des revenants d'Amérique et, ce qui fait toujours bouillir mon sang contre Louis XIV et votre chère tante[2], on rencontre dans toute l'Allemagne les funestes émigrations qu'ils ont causées par leurs persécutions... » Enfin il arriva à Berlin : « *2 août 1785* : J'ai fait hier ma cour au roi [Frédéric II], qui m'a reçu avec beaucoup de bonté. Je ne pouvais me lasser de regarder cet homme si extraordinaire, le premier des généraux et l'un des plus aimables hommes qu'il y ait. » Le 5 août, il écrivit plus longuement :

Chavaniac est pour moi un temple, qui réunit des objets sacrés pour mon cœur. Il connaît si bien le chemin de Chavaniac; il lui est si naturel d'aimer là, et les trésors qu'il renferme ont les vœux bien tendres que mon cœur leur adresse à tout instant. Ma dernière lettre vous a dit que j'avais été à Potsdam, où le roi m'a reçu avec beaucoup de bonté. La maison qu'il habite est charmante et le palais qu'il a fait bâtir pour s'amuser est une des choses les plus magnifiques qu'il y ait au monde. C'est au milieu des colonnes, des tableaux et des statues qu'on voit le roi, vêtu d'un habit bleu tout usé et de bottes qu'il porte de temps

1. Lettre inédite. Archives de La Grange.
2. Mme de Maintenon.

immémorial. Mais sa figure est si douce quand il veut, et il y a tant d'esprit dans ses yeux d'aigle, que tout cela donne une extrême noblesse à une taille petite et à un corps un peu voûté. Je ne l'ai pas trouvé si vieux qu'on le dépeint, et tout en lui semble annoncer une fort longue vie...

Le dernier courrier m'a porté quelques détails sur le traitement des nègres aux îles, qui m'ont donné encore plus de goût pour notre petite expérience... J'espère, mon cher cœur, qu'on n'oubliera pas les promenades de Chavaniac. Je tiens fort au verger à faire du jardin d'en haut, comme ma tante et moi l'avons arrangé. Mandez-moi bien en détail où en sont ses affaires, et ne lui laissez pas l'idée de nous abandonner cet hiver[1]...

Pendant qu'il était chez le roi de Prusse arriva une délégation anglaise dirigée par le duc d'York et par Lord Cornwallis, l'adversaire de La Fayette à Yorktown. Frédéric II, avec malice, fit asseoir à table le jeune marquis entre les deux Anglais. La Fayette fut ravi de cette rencontre. « D'anciens ennemis, dit-il, se rencontrent avec un plaisir qui cependant est, je crois, plus grand du côté du vainqueur. » Cornwallis, en effet, jouit beaucoup moins que lui de ce séjour : « Ma réception en Silésie, dit-il, n'a pas été flatteuse; il y avait une préférence évidente pour La Fayette. Était-ce parce que le roi connaissait mieux la France et aimait à en parler? je ne sais[2]. »

Cependant La Fayette lui-même, tout favori qu'il parut, servait parfois de cible aux sarcasmes du roi. Un jour qu'il avait soutenu, contre le Grand Frédéric, qu'il n'y aurait jamais en Amérique ni noblesse, ni royauté, et que ses propres vœux pour la France, sur ce sujet, avaient été vivement exprimés : « Monsieur, lui dit Frédéric II, j'ai connu un jeune homme qui, après avoir visité des contrées où régnaient la liberté et l'égalité, se mit en tête d'établir tout cela dans son pays... Savez-vous ce qui lui arriva?

---

1. Lettre inédite. Archives de La Grange.
2. Lettre de Cornwallis à Alexander Ross, 5 octobre 1785. *Correspondence of Charles, first marquis Cornwallis*, tome I, page 212 (Londres, 1859).

— Non, Sire. — Monsieur, continua en souriant le roi, il fut pendu. » La Fayette admira l'esprit du grand homme. Mais Frédéric II ne plaisantait pas.

A Vienne, l'ambassadeur de France était le marquis de Noailles, cet oncle d'Adrienne auquel jadis, à Londres, La Fayette avait donné tant de soucis. L'accueil ne fut pas enthousiaste. « Mon oncle m'engage à ne m'arrêter que pour le moment de repos, ce qui veut dire en français : ne voir ni les positions, ni les forteresses. Cela n'est pas très fraternel. » Il faut avouer que l'expérience que l'ambassadeur avait eue des voyages de son neveu n'était pas encourageante. Pourtant l'empereur Joseph II (frère de la reine de France) reçut le jeune et célèbre voyageur avec bonté. Ce fut en Autriche que La Fayette célébra son vingt-huitième anniversaire. Toutes les têtes couronnées se disputaient sa compagnie. L'impératrice Catherine de Russie elle-même l'invitait et lui demandait de faire préparer pour elle un lexique de mots indiens. Rien de tel, pour être respecté des princes, que de les avoir combattus.

Il assista aux manœuvres allemandes, se levant à cinq heures du matin comme Frédéric, admirant que ce vieil homme usé vécût dans une masure de paysan, apprenant beaucoup et « gagnant de la hardiesse, écrivait-il à son cousin et ami le prince de Poix, en reconnaissant que les grands généraux et les grands succès n'ont pas toujours resté dans cette immensité de calculs sublimes et géométriques que nous regardons de loin avec effroi ». Frédéric, tout grand qu'il fut, avait tout de même l'air « d'un vieux caporal décrépit et sale », la tête tombant sur l'épaule, les vêtements souillés de tabac d'Espagne. Les soldats manœuvraient et tiraient bien, mais le despotisme des cantonnements révoltait une âme indépendante. « Quant aux étrangers, s'ils désertent, quand on les attrape, ils ont en trois jours six mille coups de verges; si, le second jour, le chirurgien les déclare prêts à mourir, on les guérit avec soin et on les déchire à nouveau avec les deux mille coups qui restaient. » Voltaire était, dans *Candide*, resté au-dessous

de la vérité. Le jugement final de La Fayette fut : « Comme
ami de la liberté, je prie Dieu de nous garantir de pareil
monarque et, si j'avais l'honneur d'être son sujet, il y a
longtemps que nous serions brouillés. » Frédéric II lui
avait fait aimer plus que jamais George Washington — et
même Louis XVI.

Au retour, sa femme et ses enfants l'accueillirent avec
bonheur. La cour, qu'avait frappée l'accueil fait à La
Fayette par des souverains si puissants, prodiguait ses
faveurs. Le roi étant allé visiter le nouveau port de Cher-
bourg, La Fayette fut du voyage et invité à monter dans
le carrosse royal, avec les maréchaux de Castries et de
Ségur. Pendant ce voyage, le roi parut étonné autant qu'attendri de sa popularité. Dans les provinces, on n'identifiait
point le monarque avec le gouvernement. Sur la fin
du parcours, Louis XVI nota que la chaleur des foules
diminuait : « Je m'aperçois, dit-il, que j'approche de
Versailles. »

En Auvergne, où le marquis venait d'acheter, près de
Chavaniac, la terre de Langeac, il fit, sur un cheval blanc,
sa joyeuse entrée dans cette seigneurie, acclamé par les
habitants. Un *Te Deum* fut chanté. Ses ennemis préten-
daient qu'il se flattait de faire ériger ce nouveau domaine
en duché-pairie. Cela semblait peu compatible avec son
mépris des distinctions nobiliaires. Cependant, à Paris, les
États de Virginie avaient offert le buste de La Fayette, par
Houdon, à la ville de Paris, pour être installé à l'Hôtel de
Ville. Cela avait soulevé un problème de protocole. Jamais
pareil honneur n'avait été accordé à un sujet encore vivant.
Mais l'attachement du roi à l'Amérique et son estime personnelle pour La Fayette l'emportèrent sur les conventions. Louis XVI approuva le projet. Le prévôt des marchands et les échevins installèrent solennellement le buste ;
aux accents d'une musique militaire, le général fut placé
sur son socle en présence d'Adrienne, émue et digne, aux
acclamations d'une foule immense. Le héros lui-même, un
peu gêné, était resté en Auvergne.

A son retour, il s'occupa très activement de favoriser le commerce entre l'Amérique et la France, en particulier celui du tabac. Thomas Jefferson écrivait vers ce temps :

Le marquis de La Fayette est un très précieux auxiliaire pour moi. Son zèle est sans bornes et son influence près du pouvoir très grande. Son éducation ayant été purement militaire, le commerce était pour lui lettre morte. Mais son bon sens le mettant à même de comprendre parfaitement ce qui lui est expliqué, son influence a été très efficace. Il a un talent solide, est bien vu du roi et sa popularité grandit. Il n'a rien contre lui que ses principes républicains. Je pense qu'il sera ministre un jour. Son faible est une faim canine pour la popularité et la renommée; mais il s'élèvera au-dessus de cela[1]...

On devait ensuite se servir beaucoup de cette phrase contre La Fayette, mais il faut penser que Jefferson était un ami très intime, qu'un ami peut sourire d'un ami et que celui-ci ajoutait : « Il s'élèvera au-dessus de cela. » Il reste que l'affection délirante d'un peuple est un hommage délicieux et que celui qui en a une fois goûté a ensuite grand-peine à s'en passer.

1. *The writings of Thomas Jefferson*, lettre citée par CHARAVAY dans *Le général La Fayette*, pages 138-139.

IV

LES CHEMINS DE LA LIBERTÉ

> Quant à la monarchie, les
> hommes sont devenus trop intel-
> ligents pour s'y plier, et pas assez
> pour s'y fier.
>
> PAUL VALÉRY.

L'HÔTEL de La Fayette restait le grand quartier général des Américains à Paris.

Il y avait chez lui, écrit un jeune officier [Xavier de Schönberg], quantité d'Anglais et d'Américains, car il parle l'anglais comme le français. Il a un sauvage de l'Amérique, habillé suivant son costume, au lieu d'avoir un coureur. Ce sauvage ne l'appelle que « Mon père... *Father* ». Tout respire la simplicité chez lui. Marmontel et l'abbé Morellet y dînaient. Jusqu'à ses petites filles parlent l'anglais comme le français, quoiqu'elles soient toutes petites. Elles jouaient en anglais et riaient avec les Américains, et cela aurait fait des sujets charmants d'estampes anglaises. J'admirais la simplicité d'un jeune homme aussi distingué, tandis qu'il y a tant de gens qui n'ont rien fait qui sont aussi avantageux que celui-là l'est peu[1]...

Morellet, Marmontel... Il voyait donc des gens de lettres. Il allait aussi, avec Adrienne, dîner à Saint-Ouen chez les Necker. Ce banquier, Suisse et protestant, avait été contrôleur général des Finances; il jouissait d'une grande

---

1. Archives départementales de Seine-et-Oise, E. 3151. Lettre citée par ÉTIENNE CHARAVAY dans *Le général La Fayette*, page 138.

popularité parmi les philosophes, et même dans le peuple. Il avait de la finesse et de l'honnêteté, mais tant de scrupules que, comme le chancelier Daguesseau, il ne pouvait prendre une décision, grave défaut chez un ministre. Necker, « hormis quelque mot fin, personnage muet », laissait sa femme et sa fille Germaine conduire la conversation. La fille, toute jeune mariée, étincelait de génie. C'était Mme de Staël. Elle s'entendit à merveille avec La Fayette, dont elle partageait les idées.

En cette année 1786, tout esprit clairvoyant comprenait que la situation, en France, devenait dangereuse. L'incroyable et sotte Affaire du collier compromettait la reine qui n'en pouvait mais. Dauphine, elle avait été adorée. Reine, elle se voyait accusée de tous les malheurs du royaume. Des ennemis hargneux et adroits, parmi lesquels le duc d'Orléans, cousin du roi, soutenaient que ses dépenses excessives et celles de sa clique étaient cause du déficit. Celui-ci était inquiétant. En 1781, lorsque Necker avait fait éditer son fameux *Compte rendu*, premier budget publié de la France, il avait pu se vanter de l'équilibre, maintenu par lui, entre recettes et dépenses. Son renvoi avait choqué toutes les classes de la nation. Necker conservait dans son camp tout ce qui était célèbre par l'esprit, et la puissance de l'esprit s'étendait chaque jour. Calonne, successeur de Necker au contrôle général, était impopulaire.

Chansonniers et poètes déploraient :

> Du ministre de la Finance
> Le gaspillage et l'indécence...

Les coffres étaient vides. Pourquoi? L'indignation publique dénonçait les prodigalités de la cour, qui en fait ne représentaient que 6 pour 100 de la dépense. Il y avait bien d'autres raisons. La guerre d'Amérique, l'aide aux États-Unis avaient coûté fort cher. Un pays doit avoir les finances de sa politique. Qui veut la gloire veut les impôts. Mais quels impôts? Le peuple était à bout de forces; les

classes privilégiées refusaient de payer. L'inégalité entre
les charges et les ressources ne laissait d'autre choix que
l'emprunt et les souscripteurs renâclaient. Calonne comprit qu'il fallait recourir à une méthode plus énergique et
soumettre, à une assemblée de notables, un plan de réformes général. Henri IV avait jadis eu recours, avec succès,
à une telle institution. « Mais c'est du Necker tout pur que
vous nous donnez là! » lui dit le roi. Le public voulait du
Necker. Comme on jouait « au théâtre de la ville, à Versailles, un opéra-comique de Paisiello intitulé *Tesoro*, dans
lequel un roi se plaint que les finances de son royaume sont
en mauvais ordre, un plaisant du parterre cria qu'il fallait
assembler les notables. La reine était présente; elle rit
beaucoup de cette hardiesse. On voulait arrêter le donneur
de conseils; elle l'empêcha[1] ».

Une assemblée de notables, choisis par le roi, n'était pas
un congrès élu à la manière américaine, mais la France
faisait tout de même un pas sur le chemin de la liberté.
Il fallait à tout prix que La Fayette fût l'un des notables.
On imagine aisément les conversations du ménage sur ce
sujet. Ce n'était pas ambition mais devoir. Qui, mieux que
La Fayette, avait l'expérience d'un gouvernement libre
et pourrait guider une telle assemblée? Mais un siège n'était
pas facile à obtenir. Il ne devait y avoir, pour tout le pays,
que cent quarante-quatre membres : archevêques, évêques,
nobles, présidents de parlements, maires des villes. Le marquis fut inscrit sur la première liste, puis rayé, puis rétabli
sur la protestation de deux ministres : le baron de Breteuil
et le maréchal de Castries.

La Fayette à Washington, 13 janvier 1787 : Vous comprenez
aisément qu'il y a, au fond de tout cela, le désir d'avoir de
l'argent, de façon ou d'autre, pour rétablir la balance entre les
recettes et les dépenses que les profusions ont rendues énormes.
Mais pour arriver à ce but, il n'était pas de voie plus patriotique,
plus franche et plus noble. Le roi et son ministre, M. de Calonne,

---

1. *Correspondance secrète inédite sur Louis XVI, Marie-Antoinette,
la Cour et la Ville*, publiée par M. DE LESCURE, tome II, pages 97-98.

méritent qu'on leur en sache gré et j'espère qu'un tribut de gratitude et de bonne volonté récompensera cette mesure populaire[1]...

Il eût été moins enthousiaste si son nom n'avait été rétabli sur la liste.

Les notables (qu'un jeu de mots anglo-français surnomma les *not-ables*, les inaptes) siégèrent à Versailles, au printemps de 1787. Les plus éminents, dont La Fayette, furent logés au château.

Adrienne à la comtesse de Chavaniac, 17 mars 1787 : Les nouvelles de l'assemblée sont toujours brillantes, ma chère tante. Ils font des merveilles et vous ne serez pas étonnée que le notable qui vous intéresse fasse très bien. Ils veulent voir les comptes du ministre et les projets de réforme, avant de consentir à une augmentation d'impôts, et l'impôt territorial en nature a été refusé, presque tout d'une voix... On a accepté une loi, dit-on très sage, sur le commerce des grains. Vous voyez que je deviens nouvelliste... Je suis dans ce moment à mon époque, qui se passe très bien; elle m'oblige à rester à Paris, dans ma chambre, mais j'espère aller à Versailles la semaine prochaine. Je ne puis ni jeûner, ni maigre, ni carême. Je me couche de bonne heure et me ménage beaucoup[2]...

Pour Adrienne, cette réunion fut marquée par une admiration accrue pour son époux, qui était à la tête du parti le plus avancé, par des inquiétudes pour la santé de Gilbert, qui souffrait de la poitrine (il était sujet à des bronchites), et par la joie de voir améliorer le sort des protestants. Appuyé par l'évêque de Langres, La Fayette proposa de faire rendre l'état civil aux protestants et de réformer sur ce point le code criminel. Le comte d'Artois, qui présidait le bureau, dit que cet objet semblait étranger à la mission de l'assemblée mais que, si c'était le vœu du bureau, il en parlerait au roi. Le bureau fut unanime. Des résistances allaient encore se manifester. La maréchale

---

1. *Mémoires, Correspondance et Manuscrits du général La Fayette,* tome II, pages 190-191.
2. Lettre inédite. Collection Fabius.

de Noailles, grand-mère d'Adrienne, se mit à la tête d'un groupe de dévotes indignées.

Mme la duchesse de Noailles continue d'intriguer, de se démener, elle court chez tous les conseillers au Parlement, à qui, en recommandant l'œuvre bizarre et ridicule des abbés Beauregard et L'Enfant contre les protestants, elle recommande en même temps les intérêts de l'Église et de l'État, qui ne permettent pas que ces réprouvés fassent des enfants légitimes. Son zèle a dicté une épigramme à deux tranchants que voici :

> Noailles et Genlis, deux mères de l'Église,
> Soulèvent tout le Parlement
> Soit qu'on les voie ou qu'on les lise,
> On est sûr d'être protestant.

... Il a été ordonné à Mme de Noailles de mettre des bornes à son zèle, mais elle n'en a tenu compte. On sait que c'est une illuminée de premier ordre, qui soupait autrefois régulièrement avec la Vierge Marie[1]...

Malesherbes et surtout l'opinion publique imposèrent enfin un compromis. L'évêque de Langres soutint une fois de plus La Fayette. « Mieux vaut, disait-il, avoir des temples que des prêches, des ministres que des prédicants. » Les mariages des Français non catholiques furent reconnus valables et leurs enfants légitimés. Leurs morts purent être légalement mis en terre. Jefferson remarqua ironiquement que cette loi nouvelle se bornait à reconnaître qu'un protestant peut engendrer et qu'un cadavre risque de devenir gênant. Mais la tolérance avait gagné du terrain et Adrienne pouvait se réjouir de ce que son mari avait obtenu. La Fayette eut, l'année suivante, le bonheur d'amener Rabaut Saint-Étienne à Versailles et de le présenter aux ministres du roi. C'était un début, timide mais réel, de liberté religieuse.

Sur les questions financières aussi, La Fayette, à l'assemblée, se montra courageux. Comme on avait parlé des mauvais marchés que faisait l'État (domaines achetés trop cher, ou vendus bon marché, pour enrichir des favoris),

---

1. *Correspondance secrète inédite sur Louis XVI, Marie-Antoinette, la Cour et la Ville*, publiée par M. DE LESCURE, tome II, page 211.

Sa Majesté observa que, lorsqu'on formulait des accusations si graves, il fallait les préciser et les signer. Toujours appuyé par l'évêque de Langres, La Fayette osa nommer publiquement les bénéficiaires de certains marchés scandaleux et ajouta que « quel que soit l'amour des peuples pour la personne de Sa Majesté, il serait dangereux de croire que leurs ressources sont inépuisables; elles ne sont même que trop épuisées ». En Auvergne, sa province natale, il voyait les cultivateurs abandonner leurs charrues et les artisans, leurs ateliers. La Fayette, à sa manière froide et précise, était un orateur assez persuasif. On le sentait convaincu. Calonne lui en voulut beaucoup de son intervention, mais ce fut Calonne qui succomba. L'Assemblée des Notables, disaient les plaisants, accoucherait d'une souris ou d'un nouveau contrôleur général. Elle accoucha de l'une et de l'autre. Calonne fut exilé dans ses terres. Malade, il crachait le sang et ses ennemis demandaient : « Est-ce le sien ou celui de la nation? »

Les vacances de Pâques interrompirent la session des notables et permirent à La Fayette de soigner, rue de Bourbon, son mal de poitrine. Il avait de tristes raisons personnelles pour faire retraite. Bachaumont note, le 14 mars 1787 : « Le bruit court que M. le comte de Simiane, le mari de la belle Mme de Simiane, si renommée, attachée à Madame comme dame pour l'accompagner, s'est tué ces jours derniers, dans un accès de jalousie contre le marquis de La Fayette[1]. » D'Espinchal confirme : « La comtesse de Simiane est veuve du comte, lequel, amoureux sans succès et mari sans jouissance, ne put supporter la vie et se brûla la cervelle[2]. » Un pamphlet anonyme attaqua La Fayette :

On nous a écrit d'Amérique, monsieur le marquis, que vous étiez un héros et nous l'avons cru d'aussi loin... A cette dis-

1. BACHAUMONT : *Mémoires secrets*, tome XXXIV, page 286 (Londres, 1789).
2. Comte D'ESPINCHAL : *Journal d'Émigration*, pages 276-277 (Paris, 1912).

tance, un petit bobo à la jambe figure glorieusement dans les gazettes et, quand on est allié à une famille puissante, intrigante et nombreuse, on peut, grâce aux conseils d'un major général habile, usurper une réputation précoce... et se fabriquer aisément une renommée. Avec une dose fort légère de bon sens, on se contenterait de ce bonheur inespéré; mais de près, quand on veut singer le patriotisme, trancher du Caton, ceux qui ont des yeux pourraient exiger du personnage qui prend ce masque, une sévérité plus exacte pour lui-même, dans sa conduite et dans ses discours. Le désespoir d'un gentilhomme, votre égal, qui se prive de la vie parce qu'on le prive du cœur de sa femme, ne rend pas le moment favorable pour se fier à l'austérité de vos mœurs. Croyez-moi, le plaisir de plaire à cette belle veuve, et l'abandon aux conseils ennemis de sa coterie, n'excuseront jamais le vilain métier de dénonciateur, mal instruit, que vous avez fait si légèrement à l'Assemblée des Notables...

Enfin, monsieur le marquis, quand on court les grades, il faut au moins ne pas se dégrader. Voilà ma réponse, fort sérieuse, et telle, je pense, qu'il vous la faut. Un de mes confrères, qui fait des opéras-comiques, voulait vous en adresser une, plus gaie pour le public, sur l'air connu depuis longtemps : *Il était un p'tit homme*, etc. Mais il se réserve pour chanter la première campagne que vous ferez en Europe[1].

Les pamphlétaires anonymes ne méritent pas d'être lus, mais c'était la première expérience en ce genre de La Fayette. Elle étonne toujours.

Il est curieux de remarquer que, peu de temps après ce scandale, Adrienne de La Fayette, âgée de vingt-huit ans, fit pour la première fois son testament. C'est un document touchant, plein de noblesse et de piété, révélateur de ce qu'elle était et sentait en cette année 1787. Il commence par une profession de foi catholique : « Au nom du Père, et du Fils, et du Saint-Esprit, *Amen.* » Puis elle va droit à son mari, avec un amour sans réserves :

Je supplie M. de La Fayette de vouloir bien se charger de l'exécution de mon testament. Ses objets ne sont pas compliqués,

---

1. *Lettre d'un correcteur des comptes à Monsieur le marquis de la Fayette* (S. L. N. D., 1787).

mais il m'est doux de lui remettre tous les soins, tels petits qu'ils soient, qui intéressent ma mémoire. Il me semble que c'est une manière de prolonger notre union, qu'il me coûtera sûrement beaucoup de voir rompre.

Je le prie d'accepter la boîte où est le portrait de l'enfant que nous avons perdue [Henriette], les portraits que j'ai d'Anastasie et de George, et la bague où est le portrait de Virginie. Je lui demande de les recevoir comme un témoignage de mes sentiments, de la consolation que je trouve à songer qu'il leur reste et qu'ils restent à lui. La lettre que je joins ici lui en dira davantage, mais je ne puis me refuser de lui répéter encore, dans le dernier acte de ma vie, que j'ai senti le prix et tout le charme de mon sort, et que j'aurais bien voulu en être digne de toutes manières, comme je l'étais par ma vive tendresse...

Elle s'adressait à ses enfants, demandait à être enterrée dans le cimetière de la paroisse où elle mourrait, quelle que fût cette paroisse, « ne voulant pas que les frais de l'enterrement excèdent six cents livres ». Elle interdisait tout étalage de magnificence à ses obsèques et, en particulier, s'opposait à ce que l'église fût tendue de noir. Après les nombreux dons faits à diverses paroisses « dont M. de La Fayette est seigneur » et aux pauvres de Saint-Sulpice, leur paroisse du faubourg Saint-Germain, viennent les legs particuliers :

Je donne et lègue à M. Frestel, précepteur de mon fils, un diamant de mille écus et un buste de M. de La Fayette, en plâtre, fait par Houdon. Je le prie d'accepter l'un et l'autre comme un faible témoignage d'une reconnaissance que ma confiance a rendue telle, qu'une plus longue habitude de lui devoir n'y pourra guère ajouter...

Je laisse à Mlle Marin, ma gouvernante, mon nécessaire en bois de rose, avec les porcelaines et le peu d'argenterie qu'il renferme. Je la prie d'accepter aussi quatre cents livres de pension viagère, sans retenue d'impositions royales. Je lui répète, avec bien du plaisir, les assurances de ma reconnaissance des soins qu'elle m'a donnés dans mon éducation, et de mon amitié. Je la prie de conserver à mes enfants toute celle qu'elle leur a toujours témoignée; elle est un nouveau titre à ma reconnaissance.

Je donne et lègue à Mme Beauchet, ma première femme de chambre, une pension viagère de huit cents livres, mes dentelles et mon linge. (Le reste de ma garde-robe sera partagé entre elle

et ma seconde femme de chambre.) Elle sait combien j'ai été
touchée de son attachement, depuis qu'elle est avec moi, et
combien je désire son bonheur, celui de son mari et de ses enfants,
pour toute la suite de sa vie...

Je laisse à Anastasie, ma fille aînée, le petit tableau en minia-
ture que j'ai de son père, et le petit dessin de Chavaniac
fait par Mme de Grammont. J'ai eu le bonheur de trouver,
dans le cœur de cette chère enfant, le germe de tous les sentiments qui sont dans le mien. A elle de me remplacer auprès
de son père. Cette occupation, consolante pour elle, me rappel-
lera souvent à son esprit et à son cœur. J'espère qu'elle se
souviendra de tous mes vœux pour elle, qu'elle les apprendra
à sa petite sœur, que je lui recommande tout particulièrement...

Les sentiments de Mme de Tessé pour M. de La Fayette ont
fait sur mon cœur une impression profonde, que rien n'eût pu
être capable d'en effacer. Je la supplie d'agréer le dernier hommage de l'attachement, sincère et tendre, qu'elle m'a inspiré.
Les intérêts de M. de La Fayette, nos enfants, seront pour elle
de fréquentes occasions de se rappeler les bontés qu'elle m'a
témoignées pendant ma vie. Il est consolant pour moi de l'espérer. Je me recommande à son souvenir, et avec bien de la
confiance, dans toutes les circonstances où il sera question
des grands intérêts de mon cœur. Son caractère, sa bonté pour
moi me répondent qu'alors je ne serai pas oubliée d'elle. Je lui
laisse les lettres originales de M. de La Fayette, que je la prie
de faire passer à mes enfants...

Naturellement sa mère et ses quatre sœurs avaient chacune son paragraphe et le legs le mieux fait pour plaire.
L'impression que laisse la lecture de ce testament est
d'abord un peu d'étonnement devant l'apparente certitude, chez une femme si jeune, qu'elle va disparaître avant
tant d'autres, bien plus âgés qu'elle-même, de la tristesse
aussi, car on sent qu'elle trouverait une sombre douceur
à mourir en laissant d'elle quelques beaux souvenirs. La
liaison, trop connue, de son mari devait la jeter dans un
cruel désarroi. Elle lui demeurait entièrement dévouée,
l'aimait et l'admirait plus que tout, n'éprouvait aucun
ressentiment contre Mme de Simiane, mais regrettait, avec
une déchirante humilité, de n'avoir pu elle-même inspirer
un tel amour. Ce qui dominait était sa foi, inébranlable,

indiscutée, qui l'amenait à accepter sans un murmure la volonté de Dieu, son souverain bien et sa dernière fin.

Je finis en renouvelant à tout ce que j'aime l'assurance des sentiments de mon cœur. Je donne encore une fois, à mes enfants, mes dernières bénédictions. Je n'ai pas besoin, je l'espère, de leur recommander cette union entre eux, dont l'attachement pour leur père, le souvenir de leur mère, seront des liens à la fois bien forts et bien tendres, et dont leurs principes et l'espérance d'une réunion éternelle doit être le centre.

Fait à Paris, ce 15 avril 1787, de ma propre main.

MARIE, ADRIENNE, FRANÇOISE, NOAILLES LA FAYETTE[1]

Le problème n'allait pas être pour elle, dans les années qui venaient, celui de bien mourir, mais celui, beaucoup plus difficile, de bien vivre.

1. Testament inédit. Archives de La Grange.

V

LES GRANDES ESPÉRANCES

> Jamais société n'a été aussi
> sérieuse et aussi brillante tout
> ensemble.
>
> MADAME DE STAËL.

QUAND l'Assemblée des Notables se réunit de nouveau,
en mai 1787, La Fayette demanda que le roi
consolidât les résultats acquis en convoquant
une assemblée nationale.

« Quoi, monsieur? s'écria le comte d'Artois. Vous deman-
dez la convocation des États généraux?

— Oui, monseigneur, et même mieux que cela. »

Devenu impopulaire à la cour, il se savait populaire dans
la nation. Ses amis « les Américains », le vicomte de Noailles,
Ségur, Poix, La Tour-Maubourg le soutenaient. Son beau-
père, le duc d'Ayen, acceptait l'idée d'une réforme générale de l'État. L'opinion publique était favorable aux
espoirs de La Fayette. L'aristocratie, comme la riche bourgeoisie, croyait que l'absolutisme ne pouvait durer et souhaitait une monarchie à l'anglaise. Tout semblait facile;
la réforme se ferait dans un grand mouvement de bonne
volonté idyllique. On vendait, à Paris, des éventails qui
portaient au recto : *L'Assemblée des Notables*; au verso,
une chanson intitulée : *Ronde joyeuse à l'occasion de
l'Assemblée des Notables.* Tout commençait par des chansons.

On imagine les émotions suscitées par ces événements
parmi les cinq filles, sérieuses et généreuses, de la duchesse
d'Ayen. La vive imagination d'Adrienne se flattait de voir
bientôt appliquée la doctrine de son mari. Elle le voyait
jouant le rôle d'un Washington français, mais respectueux
de ses souverains qui, de leur côté, suivraient ses sages
conseils. Toute prête, dans son exaltation, à se dépouiller
de privilèges que son cœur et sa foi condamnaient elle
était certaine que le peuple saurait comprendre et respecter ce sacrifice. Beaucoup de femmes brillaient alors
par leurs penchants libéraux et par leur ardeur dans la
discussion. Mme de Tessé se montrait plus « avancée »
encore que son cher Gilbert. « Ceux qui ont vécu dans ces
années, dit Mme de Staël, ne sauraient s'empêcher d'avouer
qu'on n'a jamais vu tant de vie ni tant d'esprit nulle
part. »

Ce fut un temps, trop bref, de charme, d'intelligence et
de confiante hardiesse. Tout en gardant la tradition de
l'Ancien Régime, ses formes, sa grâce, sa politesse, on
tenait, dans les salons Noailles, de graves débats politiques. « Le vicomte de Noailles et le marquis de La Fayette,
philosophes tout pleins encore de leurs souvenirs d'Amérique, étaient naturellement les oracles de leurs jeunes
beaux-frères. » Montagu les suivait, de plus loin peut-être
que Grammont, mais il les suivait; s'il ne professait pas
toutes leurs opinions, du moins il adoptait leurs espoirs.
Montagu, officier, était souvent aux armées; Grammont
habitait, dans l'Est, son château de Villersexel; les cinq
sœurs assuraient les liaisons.

En 1788, des assemblées provinciales furent convoquées
dans presque toute la France et la famille y joua un rôle
prépondérant. Le duc d'Ayen présida l'assemblée du
Limousin et prit son rôle au sérieux. Le prince de Poix
siégea en Picardie, le vicomte de Noailles à Paris et le
vicomte de Beaune (père du jeune marquis de Montagu)
présida l'assemblée d'Auvergne, dont La Fayette fut la
turbulente vedette. Adrienne, gardienne du foyer, restait

à Paris. Avec Morizot, elle demeurait chargée de l'administration du patrimoine familial.

L'assemblée provinciale se tint à Clermont-Ferrand, dans la grande salle du collège. Dès les premières séances, La Fayette s'y fit remarquer en professant ce qu'un des membres présents appela « des principes révolutionnaires ». Il fut blâmé par le vicomte de Beaune. On dit que « sans cesse occupé à flatter le Tiers État, il tâchait d'aigrir les esprits contre le gouvernement ». Mais quand, après la session, Gilbert parcourut l'Auvergne, il reçut partout des témoignages d'affection. C'était le premier héros que l'on voyait; on ne pouvait se lasser de le regarder. « Les rues étaient illuminées en son honneur. Dans les églises, les curés plaçaient pour lui un fauteuil dans le chœur. Le soir, on lui donnait des bals et les dames étaient désappointées parce qu'au lieu de danser, il parlait politique avec les hommes. » Ses succès ne plaisaient pas à tout le monde.

Il recherchait, écrit amèrement le comte d'Espinchal, avec une affectation marquée, les suffrages de la pauvre noblesse et des moindres bourgeois, parmi lesquels il s'était fait un grand nombre de partisans. Il annonçait toujours d'avance son arrivée dans les villes où il savait qu'on était disposé à lui faire une réception honorable. C'est ainsi qu'on l'a vu être reçu à Riom, à Clermont, à Brioude, à Saint-Flour, à Aurillac, avec une pompe aussi ridicule qu'extraordinaire. Tout son désir était de faire un grand effet et de faire parler de lui[1]...

Jugement injuste. Tout son désir était de propager ses idées, mais il ne détestait pas qu'on parlât de lui. Ces assemblées, ces critiques publiques des abus créaient, dans le pays, une intense fermentation. Des matériaux combustibles s'enflammaient de tous côtés. Le roi, inquiet, lisait les écrits de Necker en prenant des notes. Il engraissait beaucoup et semblait perdre le goût de la chasse : « A la dernière qu'il fit, il ne quitta le rendez-vous, où l'on avait

---

1. *Portrait de La Fayette par le comte d'Espinchal*, publié dans la *Revue rétrospective* de PAUL COTTIN, par PAUL LE BLANC, année 1894, pages 289-320.

allumé du feu, que pour assister à la mort du cerf[1]. » Le
trésor public demeurait vide. La Rochefoucauld, La
Fayette et leurs amis poussaient au refus des subsides
parce qu'ils réclamaient les États généraux et une constitution. Les prix montaient. Le pain était passé de un à
sept sous la livre.

A la tante de Tessé, sa confidente, La Fayette exposa ce
que souhaitaient ses amis et lui-même :

> Assez de fermentation pour menacer de la guerre civile sans
> la faire; dans l'armée, assez de patriotisme pour inquiéter le
> gouvernement sans prononcer la désobéissance; dans la per-
> ception des impôts, assez d'obstacles pour les réduire à une
> capitulation, mais non pas à la banqueroute, nous conduit
> par un chemin aussi court que possible à cette liberté constitu-
> tionnelle que d'autres nations n'ont pas cru trop payer avec
> des flots de sang et cent ans de guerres et de malheurs[2]...

Programme d'apprenti sorcier, mais telles étaient ses
espérances. La cour et les ministres y voyaient des trahi-
sons. En particulier on lui reprocha d'avoir signé une lettre
de protestation contre l'arrestation et l'envoi à la Bastille
de douze députés bretons. On lui rapporta que la reine
avait dit : « Qu'est-ce que M. de La Fayette a de commun
avec la Bretagne? » Il répondit : « Mes liens avec la Bretagne sont les mêmes que ceux de la reine avec l'Autriche. »
Quelques années à peine avaient passé depuis que Marie-
Antoinette l'avait reçu avec tant de grâce, à son retour
d'Amérique. On n'osa pas l'emprisonner pour sa lettre
sur les députés bretons, mais il fut privé de son inspection
militaire et traité par la cour en réprouvé.

Sa disgrâce lui valut de nombreuses lettres de sympathie.
Adrienne savait son époux très discuté, mais le soutenait
de tout son cœur. Elle était plus que jamais fière de lui.
Il veillait attentivement à ce qu'elle pût l'être. Attachant
grande importance à la noblesse morale de son personnage,

---

1. *Correspondance secrète sur Louis XVI, Marie-Antoinette, la Cour
et la Ville*, publiée par M. DE LESCURE, tome I, page 542.
2. Lettre inédite. Archives de La Grange.

il la maintenait fidèlement. Entre ses principes américains et le respect du monarque, il demeurait certain de trouver un équilibre pourvu que Louis XVI, de son côté, comprît que le temps du pouvoir absolu était passé.

Était-ce possible? La duchesse d'Ayen, mère d'Adrienne, « pleine d'estime et d'affection pour ses gendres, parfaitement détachée d'ailleurs des vanités du rang et de la fortune, aimant par-dessus toutes choses la justice, la vérité et la paix », se montra, l'une des premières, alarmée. « Elle n'avait pas autant de confiance que son entourage dans la sagesse et les lumières du siècle[1]. » Un jour, dans une maladie grave qu'elle eut à cette époque, elle rassembla ses filles près de son lit et leur parla de l'avenir, avec une tristesse prophétique. Elle pensait que de terribles malheurs se préparaient et voyait avec angoisse la part active que Louis et Gilbert prenaient aux affaires. Ses filles (sauf Pauline de Montagu) partageaient les espoirs de leurs maris. Ce qu'il y avait d'équitable, et aussi de chrétien, dans les mesures projetées « et, pour tout dire, un peu d'aveuglement conjugal, bien justifié par les talents et les vertus de ceux qui en étaient l'objet, tout cela les avait conquises ». D'ailleurs ces sages jeunes femmes s'occupaient surtout de leurs enfants, de leurs devoirs de famille, des indigents. Elles visitaient les prisons et en rapportaient des impressions que La Fayette traduisait aussitôt en projets de réformes. Leurs devoirs de filles, d'épouses, de mères étaient l'essentiel de leur politique.

Cependant la vieille génération flairait un danger et déjà se dérobait. Le vicomte de Beaune, beau-père de Pauline de Montagu, quoiqu'il eût présidé l'assemblée d'Auvergne avec indépendance, devenait de plus en plus réservé. « Il avait tant raillé les abus qu'il n'osait guère les défendre; mais, quand il voyait des gens qui mettaient la cognée au pied de l'arbre sous prétexte de l'émonder, il secouait la tête d'un air mécontent et, s'il était dans le salon, il allait

1. A. CALLET : *Anne-Paule-Dominique de Noailles, marquise de Montagu*, page 42.

s'asseoir à quelque table de jeu et y déchargeait sa bile sur son partenaire[1]. »

La méfiance des ministres à l'égard de La Fayette fit qu'il resta beaucoup plus chez lui, rue de Bourbon, qu'auparavant. La maison fourmillait de philosophes et d'Américains. Adrienne était heureuse de voir davantage son mari. L'affection des gendres : La Fayette, Noailles et Grammont, fut précieuse à la duchesse d'Ayen et à ses filles quand Clotilde de Thésan mourut en couches, à l'âge de vingt-cinq ans (fin juillet 1788).

Au dehors, les événements couraient plus vite que les pensées. La reine était devenue tout à fait impopulaire. Douloureusement surprise par la froideur, à son égard, des foules parisiennes, elle demandait avec désespoir : « Mais que leur ai-je fait? » A l'Opéra, on osa la siffler comme elle faisait sa révérence au public. On l'appelait « Madame Déficit ». A une représentation d'*Athalie*, le public applaudit « avec autant de fureur que d'indécence » les quatre vers :

> Confonds dans ses desseins cette reine cruelle!
> Daigne, daigne, mon Dieu, sur Mathan et sur elle
> Répandre cet esprit d'imprudence et d'erreur,
> De la chute des rois funeste avant-coureur[2].

La banqueroute semblait imminente. Les assemblées provinciales disaient : « Pas d'impôts sans réformes. » Le roi rappela Necker. Celui-ci avait du crédit, trouva un peu d'argent et décida de confier aux fameux notables le soin de régler la convocation des États généraux. La Fayette fut réticent : « Je ne crois pas, entre nous, écrivait-il à Mme de Simiane, alors éloignée de Paris, que les notables soient fort habiles sur les objets constitutionnels. » La belle veuve devait être une femme intelligente et qui, comme Adrienne,

---

1. A. CALLET : *Anne-Paule-Dominique de Noailles, marquise de Montagu*, page 42.
2. *Correspondance secrète sur Louis XVI, Marie-Antoinette, la Cour et la Ville*, publiée par M. DE LESCURE, tome II, page 186.

s'intéressait aux affaires sérieuses, car Gilbert prenait grand soin de justifier devant elle sa conduite. Les lettres d'amour de La Fayette ont toujours contenu plus de politique que de tendresse.

Cependant, pour Mme de Simiane, il trouvait des formules pleines de grâce : « Je suis bien ennuyé de votre absence ; mon cœur compte les jours passés et les jours qui restent ; ils grandissent à la fin des absences, comme les ombres à la fin des journées[1]... » Et aussi :

Voilà bien de la politique ; mais vous partagez d'une manière si aimable tout ce qui m'intéresse, et ceci m'intéresse tant que j'aime à vous ouvrir mon cœur. Ceux qui le croient turbulent le connaissent mal, mais ceux qui le croient ferme lui rendent justice. Je voudrais vous revoir encore une fois avant d'entrer dans ma trente-deuxième année, car, tout jeune qu'on me croit, j'aurai, le 6 septembre, vécu trois cent soixante-douze mois[2]...

Avec des amis politiques, il avait formé une *Société* dite *des Trente* qui se réunissait chez Adrien Duport, jeune conseiller au Parlement, influent, brillant et acquis aux idées neuves. La Rochefoucauld, Lauzun, Talleyrand, le vicomte de Noailles étaient parmi ces Trente. Ce fut là que La Fayette rencontra l'abbé Sieyès, prêtre de quarante ans, très intelligent ; le marquis de Condorcet, mathématicien et homme du monde, avec « un grand fanatisme tout prêt à lever » ; Mirabeau (qu'il avait vu déjà à la Société des Amis des Noirs), tête énorme et terrible, tout grêlé de variole, mais d'une éloquence puissante, géniale. La Fayette se méfiait de ce Mirabeau, qui avait eu une existence torrentueuse et qui ne passait pas pour pur en matière d'argent. Jamais il ne l'invita rue de Bourbon.

La Société des Trente devint une sorte de club constitutionnel, conspiration au grand jour qui se proposait de

1. *Mémoires, Correspondance et Manuscrits du général La Fayette*, tome II, page 236.
2. *Ibidem*, tome II, page 236.

soutenir, à l'Assemblée des Notables, des réformes aussi étendues que la sécurité publique le permettrait et, en particulier, le doublement des représentants du Tiers État. C'était *la* réforme capitale car, si l'on maintenait le principe des trois ordres (Noblesse, Clergé, Tiers État), sans doublement, bourgeois et peuple seraient proportionnellement beaucoup moins représentés que les privilégiés, ce que les Trente jugeaient, avec raison, scandaleux.

L'Assemblée des Notables fut très décevante. Un seul bureau vota pour le doublement du Tiers : celui de Monsieur, frère du roi (le comte de Provence). « Il dut cette gloire à l'assoupissement du vieux comte de Montboissier qui, appelé pour voter, demanda à son voisin La Rochefoucauld :

« Qu'est-ce qu'on dit?

« — On dit : *Oui* », repartit La Rochefoucauld.

Et ce *oui* décida de la majorité[1]. »

Apathie fort grave en de telles circonstances, et l'on ne pouvait compter sur le peuple pour y porter remède. Bien que mécontent, il ne réagissait pas. La Fayette s'en plaignait tristement à Washington :

Les affaires de France touchent à une crise, dont les bons résultats sont d'autant plus incertains que le peuple, en général, n'a nulle inclination à en venir aux extrémités. *Mourir pour la liberté* n'est pas la devise, de ce côté-ci de l'Atlantique. Comme toutes les classes sont plus ou moins dépendantes, comme les riches aiment leur repos, en même temps que les pauvres sont énervés par la misère et l'ignorance, nous n'avons qu'une ressource : c'est de raisonner et d'inspirer à la nation une sorte de mécontentement passif, ou de non-obéissance, qui peut fatiguer la légèreté et déjouer les plans du gouvernement...

Et le peuple? direz-vous. Le peuple, mon cher général, a été si engourdi que j'en ai été malade, et les médecins ont été obligés de me rafraîchir le sang[2]...

Enfin Necker se réveilla et, soutenu fort courageusement par le roi, fit adopter par le conseil des ministres un pro-

1. *Mémoires, Correspondance et Manuscrits du général La Fayette*, tome II, page 184.
2. *Ibidem*, tome II, pages 227-228.

gramme qui semblait sage : 1º réforme de la répartition des députés suivant l'étendue de la population; 2º double représentation du Tiers État; 3º droit, pour chaque ordre, de choisir ses députés hors de son ordre; 4º droit restitué à la nation de consentir l'impôt avec un budget régulier; 5º périodicité des États généraux (ce qui rappellerait le Parlement britannique); 6º discussion par eux de toutes les questions relatives aux lettres de cachet et à la liberté de la presse. Publié le 27 décembre, ce *Résultat du Conseil d'Etat* fut « les étrennes de la France ». Partout des feux de joie furent allumés et Necker fut couvert de louanges.

Pour La Fayette, c'était un prodigieux succès. Le premier il avait, deux ans auparavant, fait scandale en parlant des États généraux. Il les voyait maintenant convoqués et lui-même candidat. On avait parlé chez Duport de la possibilité, pour des nobles, de solliciter un mandat du Tiers, mais la majorité avait estimé que les seigneurs libéraux seraient plus utiles dans leur ordre; le Tiers aurait toujours assez de partisans dans le sien. La Fayette décida donc de se présenter à la noblesse d'Auvergne, qui devait se réunir en mars, à Riom. Adrienne (comme toujours) resterait à Paris avec les enfants.

Avant de partir, La Fayette reçut chez lui, rue de Bourbon, un homme d'État américain, Gouverneur Morris, ami de Washington et futur ministre des États-Unis à Paris. Celui-ci nota dans son *Journal* : « La Fayette est tout occupé de politique; il paraît être trop républicain pour le génie de son pays. » Car Gouverneur Morris avait fort peu de sympathie pour les idées révolutionnaires. Quand La Fayette lui montra un projet de *Déclaration des Droits*, l'Américain conseilla d'atténuer la force des expressions : « Les mots retentissants, dit-il, ne changent rien. »

Mais il fut charmé par l'hospitalité, généreuse et franche, de la famille. Il trouva Adrienne aussi agréable que bonne. Une des petites filles chanta pour lui, en anglais, un morceau que lui-même avait naguère composé. Cette attention le toucha. Gouverneur Morris n'aima pas Necker, dont

toutes les manières semblaient annoncer : « *I am the man* »,
et dont l'habit de velours brodé contrastait avec la simplicité du ménage La Fayette. « Si Necker est un grand
homme, je me trompe beaucoup », nota Gouverneur Morris.

En mars, La Fayette partit pour Chavaniac; il allait y
être tout près de Riom où devait se faire l'élection. La tante
Charlotte fut heureuse de l'avoir chez elle; les idées à la
mode lui faisaient horreur, mais elle adorait son neveu.

La Fayette à Mme de Simiane, 8 mars 1789 : Je me porte
vraiment mieux qu'à Paris et me prépare doucement aux dures
obligations qui m'attendent. La division et la jalousie existent
ici entre les ordres, les cantons et les individus. J'ai le désa-
vantage d'une audience intéressée, prévenue et préparée contre
mes opinions. Déjà des nobles de mes amis m'ont signifié qu'avec
certaines complaisances je serais élu unanimement; sans elles,
point. J'ai répondu que je voulais convaincre et non flatter.
Le Tiers voulait aller loin; c'était pour moi une chance de célébrité. J'ai prêché la modération au risque de déplaire. Il serait
possible qu'au lieu d'une nomination, je n'emportasse que
beaucoup de querelles et beaucoup d'estime; mais je ferai mon
devoir et serai modéré, quoique, entre nous, leur oppression me
révolte et leur personnalité m'indigne[1]...

L'assemblée de la noblesse lui fit mille méchancetés,
mais il fut tout de même nommé, à une forte petite majorité :
198 voix sur 393. Il rentra chez sa tante « élu, mais peu
content ». Le cahier (ou programme) de la noblesse, qu'il
avait dû accepter, lui semblait « un salmigondis d'idées
populaires et d'idées féodales. Nous y disons que la nature
a fait les hommes égaux et nous interdisons le port d'armes
aux roturiers... Il y a deux cents ans d'un article à l'autre ».
Cependant il fallait céder ou renoncer; de deux maux, il
choisit le moindre. La « persécution infâme » et les cabales
dont il était environné « faisaient une espèce de devoir de
triompher ». Il fit campagne aussi pour son ami et voisin,
le colonel César de la Tour-Maubourg, que les Polignac

---

1. *Mémoires, Correspondance et Manuscrits du général La Fayette*,
tome II, page 240.

mettaient en difficulté au Puy : « Si vous en êtes à compter les voix, je vous autorise à m'acheter un fief d'un des opposants qui sera charmé d'y gagner quelque chose. » Il était toujours prêt à jeter sa bourse dans le plateau de sa foi politique.

Le dévoué Morizot se plaignait à la marquise des nouvelles brèches faites, par le marquis, à la fortune conjugale, mais Adrienne, si raisonnable pour elle-même, aimait les folies de son mari et refusa d'intervenir. La Fayette repartit pour Paris le 11 avril et y trouva sa femme troublée par les rumeurs de Versailles. La cour accusait Gilbert de prêcher la révolte. Rien n'était plus faux ; il comptait sur les États généraux pour faire la réforme dans l'ordre. Gouverneur Morris, qui le vit le 17 avril, nota : « Visite à M. de La Fayette... Il me raconte sa campagne politique en Auvergne... Nous discutons d'une révolte à Paris et sommes d'accord pour penser qu'elle pourrait faire beaucoup de mal et ne pourrait produire aucun bien. »

L'hiver avait été rigoureux ; la farine manquait. Adrienne, sa mère et ses sœurs consacraient, aux nombreuses familles indigentes qu'elles soutenaient, le temps qu'elles ne donnaient pas à l'éducation des enfants. Le soir, dans les salons dorés, on parlait de l'avenir, avec confiance.

QUATRIÈME PARTIE

1789-1792

I

LUNE DE MIEL

> *Et dixit qui sedebat in throno :*
> *Ecce nova facio omnia.*
> Apocalypse.
>
> Vous autres Français savez
> élever des barricades, mais pas
> des barrières.
> Lord Chesterfield.

AU PRINTEMPS de 1789 les Noailles, comme la plupart des grandes familles, ouvrirent leur hôtel de Versailles et vinrent s'y installer. La duchesse d'Ayen relevait de maladie et, à cette époque de l'année, le climat de Versailles devait lui être favorable. Les États généraux allaient se réunir le 5 mai, et deux de ses gendres, La Fayette et Noailles, y siégeraient. Il serait commode, pour les jeunes ménages, d'avoir à leur disposition l'hôtel de famille. Les filles de la duchesse l'avaient accompagnée, sauf Pauline de Montagu, qui ne partageait pas la confiance de ses sœurs dans les réformes attendues.

Pour Adrienne, au contraire, c'était le temps des plus grands espoirs. Son mari avait prédit et souhaité ces événements; elle était certaine qu'il y jouerait un rôle capital — et bienfaisant. Sa tante, Mme de Tessé, se montrait

enthousiaste. Elle aussi avait rouvert son salon de Versailles où elle réunissait, avec Jefferson, les jeunes nobles
libéraux. Gouverneur Morris y venait, faisait figure de
rabat-joie et prédisait que tout cela finirait très mal.
A Paris, des bandes armées de gourdins menaçaient les
passants. Au Palais-Royal, les grands mots tourbillon-
naient. Au faubourg Saint-Antoine, une foule en guenilles
avait tout cassé, pillé, brûlé chez le papetier Réveillon,
sur le bruit (faux) de quelques propos qu'il aurait tenus.
Un air d'émeute soufflait et l'on disait que le duc d'Orléans,
par ambition personnelle et haine du roi son cousin, sou-
doyait les meneurs. Les La Fayette, qui ne l'aimaient ni le
respectaient, croyaient ce prince capable de tout.

Le 4 mai, le roi, la reine, les ministres et les députés
allèrent entendre la messe du Saint-Esprit. Le cortège fut
magnifique : « Tout Paris était venu. Les fenêtres, les toits
même étaient chargés de monde. Les balcons étaient ornés
d'étoffes précieuses, parés de femmes brillantes... Tout ce
monde était ému, attendri, plein de trouble et d'espoir[1]... »
En tête de la procession marchait « le fort et profond
bataillon des cinq cent cinquante députés du Tiers », vêtus
de noir, manteau de soie, cravate de batiste. Parmi eux
Mirabeau avec son immense chevelure, sa tête léonine marquée d'une laideur puissante. Puis venait la brillante troupe
des députés de la Noblesse, avec ses chapeaux à plumes
retroussés à la Henri IV, ses dentelles, ses parements d'or. La
Fayette portait, à regret, cet éclatant costume. Lui et
quarante au moins de ses amis se sentaient plutôt solidaires
du Tiers État. Celui-ci fut applaudi par la foule. Après la
Noblesse, on vit défiler le Clergé suivi de la cour et de la
famille royale. Parmi les princes, le seul duc d'Orléans
fut acclamé. Enfin parut le roi. Au passage de la reine,
il y eut des cris hostiles. Elle crut s'évanouir, mais
redressa la tête avec mépris. Adrienne la plaignit de
tout cœur. Gouverneur Morris raconte que, dans un accès

---

1. MICHELET : *Histoire de la Révolution française*, tome I, page 88
(Édition de la Bibliothèque de la Pléiade, Paris, 1939).

de ressentiment, Marie-Antoinette s'exclama : « Ces indignes Français! » et que Madame Adélaïde, tante du roi, répondit : « Dites *indignés*, Madame. » Un de ces mots qu'inventent les chroniqueurs et que répètent les badauds, mais qui tuent en temps d'émeute.

La duchesse d'Ayen et ses filles avaient assisté à la messe et au défilé. Le vicomte de Beaune lui-même et son fils Montagu étaient là. Mme de Montagu, dans Paris presque désert, soignait un de ses serviteurs malade. Elle unit pourtant de loin ses prières à celles de sa mère et de ses sœurs. Jamais le *Que Dieu sauve le roi!* ne lui avait paru plus nécessaire.

La séance royale eut lieu le lendemain, dans la grande salle des Menus-Plaisirs. Adrienne vit, d'une galerie, Louis XVI sur un trône d'or et de pourpre, portant sans grâce son chapeau emplumé et, à sa gauche, deux marches plus bas, la reine, très belle sous un bandeau de diamants. Le Tiers était respectueux, mais décidé à ne pas se laisser humilier. Ses députés se couvrirent en même temps que le roi, contrairement à l'usage; Louis XVI alors se découvrit. Parmi les jeunes nobles, on montrait « les Américains » : La Fayette, Noailles, Lameth, Ségur, et les « anglomanes » : La Rochefoucauld, son cousin Liancourt, le comte Stanislas de Clermont-Tonnerre. Le jour même, la lutte commença sur la question du vote par tête et de la réunion des trois ordres. Si l'on votait par ordres, le doublement du Tiers devenait sans effet.

Tout de suite, La Fayette fut déchiré. De cœur, il était républicain ou plutôt washingtonien, mais il reconnaissait que la France ne pourrait supporter un changement si brusque et il acceptait une monarchie constitutionnelle. Il désirait la réunion des trois ordres et le vote par têtes; seulement, lorsque la noblesse de Riom l'avait élu, elle avait exigé de lui l'engagement de maintenir la séparation des ordres, sauf en cas d'unanimité. Pourquoi avait-il accepté ce mandat impératif, si contraire à ses sentiments? Il le regrettait, mais voulait être homme d'honneur et

tenir son serment. Quand le Tiers se déclara Assemblée
nationale, en appelant à lui les autres ordres, La Fayette
appuya cette idée dans les assemblées de la Noblesse et
espéra que le roi prendrait le bon parti.

Louis XVI, brave homme indécis et lourd, était-il
capable de devenir un arbitre ? Autour de lui, les intransi-
geants agissaient au rebours « des vraies nécessités de la
situation » et faisaient, dit Rivarol, « un concert de bêtises ».
On crut museler le Tiers en lui fermant la salle des séances.
C'était méconnaître la fermeté de ses députés. Ils trouvèrent une salle au Jeu de Paume, s'y établirent et prê-
tèrent le serment solennel de ne pas se séparer avant que la
constitution du royaume fût établie. Deux jours plus tard,
quatre prélats et cent quarante-quatre curés se joignirent
au Tiers, ainsi que deux députés nobles, dans un grand
enthousiasme.

La Fayette enrageait. Ses idées, son avenir, le souci de sa
gloire, tout le jetait dans le camp du Tiers. Ce funeste
serment le liait. Le 23 juin eut lieu une séance royale. Elle
fut incohérente. « Je vous ordonne, messieurs, de vous
séparer tout de suite », dit le roi. Rien n'est plus dangereux
que d'ordonner lorsqu'on n'a aucun moyen d'assurer le
respect des ordres. Le président de l'Assemblée, l'astronome Bailly, savant illustre, ami de La Fayette, homme
doux mais de caractère ferme, répondit : « Je crois que
notre assemblée ne peut pas recevoir d'ordres. » L'Assemblée désobéit et le roi capitula : « Ils ne veulent pas partir ?
Eh bien ! foutre ! qu'ils restent ! » Le soir La Fayette, dînant
avec Adrienne chez Mme de Tessé, y rencontra Gouverneur
Morris. Il blâma l'Américain dont les opinions, hostiles
aux patriotes et bruyamment proclamées, nuisaient à la
bonne cause.

Je saisis cette occasion, dit Morris, pour lui dire que je suis
opposé à la démocratie par amour pour la liberté ; que je les vois
courir à corps perdu à leur ruine et que je voudrais les retenir ;
que leurs vues, leurs projets, leurs théories sont incompatibles
avec les éléments qui composent la nation française ; qu'enfin

ce qui pourrait arriver de plus fâcheux, c'est que leurs espérances, leurs plans fussent réalisés. Il me répond qu'il sent bien que son parti a perdu la raison, et qu'il le lui dit, mais qu'il n'en est pas moins déterminé à périr avec lui. Je lui fais observer qu'il vaudrait tout autant rendre à ces écervelés leur bon sens, et *vivre* avec eux. Il ajoute qu'il est résolu à donner sa démission ; je l'y encourage, parce que les engagements qui le lient l'entraîneront au-delà de l'aveu de sa conscience[1]...

Adrienne partageait les scrupules de Gilbert et souhaitait sa démission. Adélaïde de Simiane, dont l'opinion comptait beaucoup pour La Fayette, était plus critique et il se regimbait :

Je vous demande pardon du mouvement d'impatience que j'ai eu hier ; mais votre sollicitude a tellement l'air du blâme que je me sens quelquefois gêné dans l'épanchement de la confiance d'un cœur tendre et d'un esprit occupé, sans utilité peut-être, mais du moins avec énergie.

A dix-neuf ans, je me suis consacré à la liberté des hommes et à la destruction du despotisme, autant qu'un faible individu comme moi pouvait le faire. Je suis parti pour le Nouveau Monde, contrarié par tous et aidé par aucun[2]...

Il rappelait son plaisir à voir la révolution triompher en Amérique, son espoir de la voir « servir de leçon aux oppresseurs et d'exemple aux opprimés ».

J'ai tout essayé, excepté la guerre civile que j'aurais pu faire mais dont j'ai craint les horreurs. Il y a un an que j'ai fait un plan dont les points les plus simples paraissaient des extravagances, et qui d'ici à six mois s'exécutera tout entier, oui, tout entier, sans changer un seul mot. J'ai fait aussi une *Déclaration des Droits* que Mr. Jefferson a trouvée si bonne qu'il a exigé son envoi au général Washington ; et cette déclaration ou à peu près, sera le catéchisme de la France...

Il ne résistait pas au plaisir de constater qu'il avait eu raison avant tout le monde :

1. GOUVERNEUR MORRIS : *Memorial*, traduit par Augustin Gandais d'après Jared Sparks (2 volumes, Paris, Renouard, 1841); tome I, page 253.
2. *Mémoires, Correspondance et Manuscrits du général La Fayette*, tome II, page 308.

Ce n'est qu'à vous, terminait-il avec une tendresse un peu craintive, que je puis écrire toutes ces fatuités, non que je croie que vous les jugerez favorablement, mais parce que je sais que vous en garderez le secret. Je vous jure que, dans les douze ans de ma vie publique, si j'ai fait beaucoup de fautes, je n'ai pas eu un moment dont je ne m'applaudisse et, parmi les fautes que j'ai faites, il y en a beaucoup que je dois à la prudence d'autrui...

A sa maîtresse, il avouait son désir d'aller à Riom, de donner sa démission à la noblesse d'Auvergne et de se faire élire par le Tiers, dont un député, pour lui faire place, démissionnerait à son tour.

Il est naturel que, lorsque douze cents Français travaillent à une constitution, je sois et désire être l'un d'eux... Je ne puis me borner à être l'homme de la sénéchaussée d'Auvergne, après avoir contribué à la liberté d'un autre monde. Songez que je ne puis m'arrêter dans la carrière sans tomber et qu'avec la meilleure envie d'être à ma place, il faut que cette place soit sur la brèche politique[1]...

Mais le 27 juin, à Versailles, toute la Noblesse se réunit au Tiers. Le problème de Gilbert était résolu. Le 4 juillet, fête de l'Indépendance américaine, le marquis et la marquise de La Fayette dînèrent à Paris chez Jefferson, avec un grand nombre d'Américains. Gouverneur Morris adjura La Fayette de sauver, au moins en partie, l'autorité de la Noblesse. Il craignait, si celle-ci était entièrement détruite, les pires conséquences. Morris avait la naïveté de croire que l'on peut arrêter le déferlement, en temps de crue, d'un fleuve torrentueux. Quelques jours plus tard La Fayette, brûlant ses vaisseaux, prenait la parole à l'Assemblée pour demander l'éloignement des troupes étrangères (mercenaires au service du roi) qui patrouillaient Versailles et Paris. Ce discours fit grand bruit. Le comte de Saint-Priest, ministre de la Guerre, parla sévèrement de La Fayette à Mme de Simiane qui, croyait-on, avait sur celui-

---

1. *Mémoires, Correspondance et Manuscrits du général La Fayette,* tome II, pages 309-312.

ci quelque influence, et qui était dame d'honneur de Madame. Mais Adélaïde elle-même ne pouvait rien sur La Fayette quand il s'agissait de ses principes et de « sa ligne ». A la cour, on colportait des listes de proscription et le nom de La Fayette y figurait.

Le 11 juillet, à l'Assemblée, il présenta sa *Déclaration des Droits de l'Homme et des Citoyens*. Il pensait avec fierté qu'elle allait prendre place, dans son salon, à côté de la *Déclaration* américaine. Ce 11 juillet était, à ses yeux, le plus grand jour de sa vie. Le même jour, le roi renvoya Necker et cette mesure produisit une impression détestable, à Paris et dans l'Assemblée. Au vrai, « Necker n'avait rien arrangé par sa présence, mais l'opinion pensait que son absence allait tout déranger ». Paris s'inquiétait de se voir occupé par des régiments suisses et allemands, qui ne comprenaient même pas le français. Accourus au Palais-Royal, des citoyens y promenaient le buste de Necker et celui du duc d'Orléans. A Versailles, le 13 juillet, l'Assemblée nationale déclara que Necker emportait son estime et ses regrets, puis décida qu'une partie des députés siégeraient toute la nuit. Comme le président (le vieil archevêque de Vienne) n'aurait pu résister à pareille fatigue, elle nomma La Fayette vice-président. Il se trouvait soudain au premier rang et menacé des fureurs de la cour. Sa courageuse petite femme acceptait les dangers bien qu'elle ne fût pas, comme lui, sensible aux jouissances d'amour-propre. « Elle avait adopté et professait avec franchise les opinions libérales, mais elle conservait une délicatesse dont il serait difficile d'indiquer les nuances et qui l'empêchait d'être une femme de parti. » Par éducation, par tradition, elle était fidèle à ses souverains et ceux-ci avaient eu pour elle des attentions qu'elle n'oubliait pas.

Quant à La Fayette, il croyait, avec une foi de charbonnier, à *sa* Déclaration des Droits, à l'égalité, à la liberté. Il avait admiré Washington; il espérait que les Français seraient tous des Washington. Il oubliait que « les sept péchés capitaux subsistent et que c'est eux, sous un nom

ou sous un autre, qui mènent le monde ». Il voulait le bien,
mais avait deux faiblesses : le besoin de plaire aux masses
et une crédulité trop optimiste. Toutefois, lorsqu'il se
croyait éclairé sur « un mauvais homme », il ne revenait
plus. Le duc d'Orléans et Mirabeau avaient été, par lui,
excommuniés.

Au fond de son cœur, il se croyait fait pour gouverner.
L'était-il? Morris le jugeait trop chevaleresque, plus occupé
d'attitudes que de réalités. Ses discours, froids et dédai-
gneux, étaient prononcés avec une autorité toute seigneuriale. Noailles et Ségur disaient de lui que, né au Moyen
Age, il eût fondé un ordre religieux. Il avait tous les cou-
rages : il avait montré, sur les champs de bataille, le courage physique, dans son ordre et jusque dans sa propre
famille, le courage moral ; mais il se sentait plus à l'aise
sur un cheval, caracolant à la tête de ses troupes, devant
une foule amie, qu'à la tribune.

Le 14 juillet, à six heures du matin, La Fayette, qui
avait présidé l'Assemblée toute la nuit, écrivit à Mme de
Simiane :

La vice-présidence m'a valu une nuit blanche. J'ai mis en
délibération s'il ne convenait pas de lever la séance ; on a prouvé
que la chambre avait arrêté que nous ne nous séparerions pas.
La très grande pluralité a crié qu'il fallait rester. Un grand
nombre des membres des communes, plusieurs membres de la
Noblesse et du Clergé se sont promenés dans cette salle, pendant
que je dormais sur un banc...
On mande, de Paris, que tout est tranquille et la bourgeoisie
sous les armes. J'imagine que nous aurons, ce matin, une députation de la ville et il n'y a rien de plus singulier que la situation
où nous nous trouvons. La journée sera intéressante. J'espère
qu'on ira se coucher, parce que nous ne pouvons avoir de prétexte [à une séance de nuit] que la rumeur de Paris, et qu'elle
est apaisée à présent[1]...

C'était la mode, à Versailles, de nier les troubles de
Paris. Mais, le même jour, la foule pilla le dépôt d'armes

---

1. *Mémoires, Correspondance et Manuscrits du général La Fayette*,
tome II, page 316.

des Invalides et prit la Bastille. Le vicomte de Noailles en apporta la nouvelle à l'Assemblée. A deux heures du matin, le duc de Liancourt réveilla le roi. Les têtes de Launay, gouverneur de la forteresse, et de Flesselles, prévôt des marchands, avaient été promenées à la pointe des piques. La Fayette et sa femme avaient horreur de toute cruauté et, à partir de ce 14 juillet, Adrienne ne fut heureuse que lorsqu'elle vit Gilbert « jeter son poids dans les balances de la Justice, pour faire triompher la Charité ». Dans l'entourage du roi, certains souhaitaient qu'il se retirât à Metz, au milieu des troupes restées fidèles. « Oui, nous pouvons aller à Metz, dit le maréchal de Broglie, mais quand nous serons à Metz, qu'est-ce que nous ferons? » Louis XVI jugea plus prudent de « céder à l'orage et de tout attendre du temps, du réveil des gens de bien et de l'amour des Français pour leur roi ». Il donna l'ordre d'éloigner les troupes et vint « à l'Assemblée nationale » que, pour la première fois, il nomma ainsi officiellement.

A la suite de cette réconciliation, une députation de l'Assemblée, conduite par son jeune vice-président, fut envoyée à Paris. La Fayette, reçu à l'Hôtel de Ville, y fit un discours et félicita les citoyens à la fois de la liberté qu'ils avaient conquise par leur courage, et du bonheur qu'ils donnaient à un monarque bienfaisant et détrompé. A chaque phrase, la foule criait : « Vive le roi! Vive la nation! » La Fayette ignorait encore que, le matin même (15 juillet), il avait été unanimement proclamé commandant général de la milice bourgeoise. Dans le trouble et l'effroi où se trouvait Paris, on cherchait, à l'Hôtel de Ville, un chef militaire. Le président des électeurs avait montré, de la main, le buste de La Fayette offert en 1784, par l'État de Virginie, à la ville de Paris. Des acclamations s'étaient élevées de toutes parts. Elles se renouvelèrent en sa présence, mais il voulut être confirmé par une élection régulière dans les soixante districts de Paris. En même temps l'astronome Bailly, son ami, devenait maire de la capitale. Le duc de la Rochefoucauld alla expliquer à Louis XVI que ces deux hommes restaient à Paris, pour y assurer l'ordre public.

Le lendemain, 16 juillet, il fut décidé que la milice s'appellerait *garde nationale*, que chaque commune de France aurait la sienne et que La Fayette serait désormais le commandant général de la garde nationale de Paris. C'était une lourde charge. Un peuple soulevé, conscient de sa force, avait goûté au sang. Dès le 16, Bailly et La Fayette durent sauver des malheureux qu'on voulait pendre. Au moment où, place de l'Hôtel de Ville, La Fayette s'efforçait d'arracher un abbé Cordier de Saint-Firmin à la multitude furibonde, il vit de loin Frestel, précepteur de George-Washington, qui lui amenait son fils. Le général saisit l'enfant et, se tournant vers la foule, dit : « Messieurs, j'ai l'honneur de vous présenter mon fils. » Il y eut un moment de surprise pendant lequel les amis du général, qui étaient avec lui sur le perron de l'Hôtel de Ville, parvinrent à faire entrer le malheureux abbé dans l'intérieur de l'édifice et à le mettre en sûreté.

Adrienne, dès qu'elle avait appris la nomination de Gilbert, avait quitté Versailles pour la rue de Bourbon où elle allait rendre, pendant de terribles journées, d'immenses services à son mari. Il lui eût été facile de se tenir à l'écart ; elle voulut montrer publiquement qu'elle approuvait et appuyait le général. Elle accepta toutes les demandes qui lui furent faites, par les soixante districts, de quêter à des bénédictions de drapeaux, ou autres cérémonies patriotiques. Sa vie devint fort agitée. La Fayette tenait table ouverte ; il avait refusé les cent vingt mille livres de traitement offertes par la municipalité. Cela impliquait de lourdes charges pour Adrienne, ministre des finances du ménage.

Elle faisait les honneurs de chez elle de manière à charmer ses nombreux convives, mais ce qu'elle souffrait au fond de son cœur ne peut être jugé que par ceux qui l'en ont entendue parler. Elle voyait mon père à la tête d'une révolution dont il était impossible de prévoir le terme. Chaque malheur, chaque désordre était jugé par elle avec un manque complet d'illusions dans sa propre cause. Elle était pourtant toujours soutenue par les principes de mon père, et si convaincue du bien qu'il pouvait faire, du mal qu'il pouvait empêcher, qu'elle supportait avec une force incroyable les dangers continuels auxquels il était exposé. Jamais, nous a-t-elle dit, elle ne l'a vu sortir pendant ce temps sans avoir la pensée qu'elle lui disait adieu pour la dernière fois. Personne n'était plus qu'elle terrifié par les périls de ceux qu'elle aimait; mais dans ce temps, elle était au-dessus d'elle-même, dévouée avec mon père à l'espoir d'empêcher des crimes[1]...

1. *Notice sur Madame de La Fayette par Madame de Lasteyrie, sa fille*, pages 215-216.

II

LE ROI DE PARIS

> Jeune homme, l'exaltation des
> principes n'est pas la sublimité.
> MIRABEAU.

PAR la puissance que lui donnait cette garde armée,
La Fayette se trouva, pendant quelques semaines,
le roi de la capitale. Un roi très combattu par les
clubs tumultueux du Palais-Royal. Ce fut lui qui, le
17 juillet, quand Louis XVI vint à Paris « dans une voiture
très simple », assura sa protection au milieu d'une cohue
hérissée de piques, de fusils et de bâtons. La Fayette était
à cheval, à la tête de deux cent mille hommes. Le roi lui
dit : « Je vous cherchais pour vous faire savoir que je
confirme votre nomination à la place de commandant
général de la garde parisienne. » Louis XVI avait ce jour-
là, pour confirmer ou infirmer, plus de dignité que d'autorité, mais un gentilhomme français n'oublie pas aisément
des siècles de monarchie, de gloire et de respect. Ce fut
pour Gilbert une émotion sincère que d'avoir à protéger
son souverain.

Bailly remit au roi la cocarde de la révolution, aux deux
couleurs de la ville de Paris : bleu et rouge. Louis XVI
l'attacha sur son chapeau, près de la cocarde blanche.
Ainsi naquit la cocarde tricolore, que La Fayette fit adopter
comme emblème national. En y ajoutant le blanc, il avait

nationalisé l'ancienne couleur monarchiste. Le commerce
parisien tire parti de tout. On fit des tabatières, des éventails qui portaient les effigies en couleurs de Louis XVI
et de La Fayette. Le cheval blanc de celui-ci devenait
célèbre. Dès qu'il se voyait populaire, La Fayette croyait
que tout allait bien. Heureux, confiant, il écrivait gaiement à Mme de Simiane : « Je suis trop fort aujourd'hui
pour être taquin[1]... »

La duchesse d'Ayen, restée à Versailles, partageait ses
pensées entre ses deux filles aînées dont les maris se trouvaient si fort engagés dans l'aventure révolutionnaire, et
« la benjamine », Rosalie de Grammont, enceinte et pour
laquelle « on craignait le saisissement ». Les événements
allaient à bride abattue. Si le roi se résignait, les princes,
ses frères, jugeaient que leur honneur (et la prudence) leur
commandait de s'éloigner. Le comte d'Artois partit le
premier, le 17 à la pointe du jour, avec ses enfants et sa
maison. Les Condé, les Polignac suivirent. D'autres fugitifs gagnaient les Pays-Bas ou la Suisse. Deux camps se
formaient : *l'émigration*, symbole de l'irréductible opposition des privilégiés à des réformes que le roi acceptait de
patronner; et *la révolution*, en majorité peuple, mais dont
les chefs appartenaient encore à la jeune noblesse. Entre
les deux, des femmes déchirées comme Pauline de Montagu,
dont le beau-père s'efforçait d'entraîner la famille dans
l'émigration et dont les beaux-frères s'étaient mis à la tête
du mouvement opposé. Pour Adrienne, point d'hésitation;
ce que Gilbert faisait était bien fait. Pourtant le 20 juillet,
quand Gouverneur Morris alla dîner chez les La Fayette,
il les trouva tous deux anxieux. Morris suggéra qu'on
étendît le commandement de La Fayette à toute l'Ile-de-
France.

Il me répond qu'il préférerait celui de Paris simplement,
qu'il a autant de pouvoir que son cœur peut le désirer, qu'il en
est même las; qu'il a commandé à cent mille hommes, et qu'il a

1. Lettre inédite. Collection Fabius.

fait marcher son souverain par les rues comme il le voulait; qu'il a prescrit le degré d'applaudissements que le roi devait recevoir et qu'il aurait pu le retenir prisonnier, s'il l'avait jugé convenable. Son désir est donc de rentrer dans la vie privée aussitôt qu'il le pourra[1]...

Tel était aussi, et peut-être plus sincèrement, le désir de sa femme; ils arrivaient tous deux à la limite de la fatigue physique et du dégoût moral. Le Palais-Royal se substituait à l'Assemblée nationale. L'émeute prétendait régenter la France. Une anarchie sanglante menaçait Paris. Lorsque La Fayette vit le conseiller d'État Foulon pendu sous ses yeux, malgré lui, à une lanterne, en face de l'Hôtel de Ville, et Bertier de Sauvigny (gendre de Foulon) massacré sauvagement. il envoya sa démission.

La Fayette à Mme de Simiane, 24 juillet 1789 : Mes embarras ne font que redoubler. Vous ne pouvez vous peindre la consternation que ma démission a causée. Tous les districts ont envoyé me conjurer de rester; ils se sont jetés à genoux, ont pleuré, ont juré de m'obéir en tout. Que faire? Je suis au désespoir[2]...

Il disait vrai. Nous avons le compte rendu de ces démarches. Tous le suppliaient « de vouloir bien conserver cette place, dans une circonstance surtout où la ville de Paris a besoin, à sa tête, d'un officier aussi recommandable par ses vertus que par son éloquence[3] ». Il retira sa démission, assez content au fond de la reprendre. Bailly l'embrassa. La Fayette restait donc le héros de deux mondes, le génie libérateur. Ce rôle lui convenait. A la fois citoyen et soldat, il croyait encore pouvoir s'y tenir en équilibre entre deux formes d'excès : la réaction et la démagogie.

Et puis c'était un fait qu'il gardait assez de prestige pour sauver parfois des innocents — ou même des coupables. Le 30 juillet, avec Adrienne, il accompagna Necker et

1. *Mémorial de Gouverneur Morris,* tome I, page 264.
2. *Mémoires, Correspondance et Manuscrits du général La Fayette,* tome II, page 320.
3. *Délibération de l'assemblée du district des Capucins Saint-Honoré de Paris,* 23 juillet 1789. Archives nationales, C 134, 11, pièce 26.

Mme de Staël à l'assemblée des représentants de la Commune, pour y parler en faveur du baron de Besenval, homme difficile à défendre car il avait commandé les régiments suisses contre Paris et gardait, à l'égard du nouveau régime, un ton de persiflage goguenard. Ils obtinrent pour lui la vie sauve.

A l'assemblée de Versailles, La Fayette n'allait plus que si l'on y discutait les projets auxquels il tenait : *sa* Déclaration des Droits ou la constitution. Il n'y était pas lorsque, dans la nuit du 4 août, le vicomte de Noailles, son beau-frère, proposa l'abandon volontaire des privilèges. Noailles lui-même (cadet fort dépourvu que son monde appelait Jean sans Terre) ne risquait pas grand-chose n'ayant à peu près rien, mais La Fayette abandonnait tout sans regrets. Beaucoup de ses amis politiques (Lameth, Duport, Barnave) souhaitaient un régime d'assemblée : une seule chambre toute puissante, le roi n'ayant qu'un veto suspensif. D'autres (Mounier, Lally-Tollendal) voulaient deux chambres, comme en Angleterre, et un veto absolu.

La Fayette à Mme de Simiane : Je crois que le fameux veto est une dispute assez indifférente. Tous les partis conviennent que le veto absolu ne sert jamais et n'est qu'un joyau de la couronne... Mais si le veto absolu passe, je n'en aurai aucun chagrin, car il y a bien des choses à dire pour lui... Je suis sans aucun doute pour deux chambres, non pour une chambre héréditaire, mais pour un sénat nommé pour six ans ou même plus longtemps, si l'on veut, par les assemblées provinciales. Ce sénat aurait un veto suspensif[1]...

Ces choix étaient raisonnables. Mme de Simiane, plus proche de la cour que son amant, s'inquiétait du rôle qu'il allait jouer. Il la taquinait avec tendresse : « J'ai été charmé d'apprendre que vous étiez à la tête des conseils et des armées du roi... » Il protestait de son désintéressement absolu :

---

1. *Mémoires, Correspondance et Manuscrits du général La Fayette,* tome II, page 323.

J'ai besoin de causer avec vous; il faut, mardi, que nous pre-
nions un rendez-vous. En attendant, je vous confie mes réponses
à toutes vos propositions. Ne calculez pas ce que je puis;
je n'en ferai aucun usage. Ne calculez pas ce que j'ai fait; je
ne veux point de récompense. Calculez l'utilité publique, le
bien et la liberté de mon pays, et croyez que je ne me refuserai
à aucun fardeau, à aucun danger, pourvu qu'au moment du
calme je revienne *(sic)* particulier, attendu qu'il ne reste plus
qu'un pas à mon ambition : c'est d'arriver à zéro...

Ma situation est bien extraordinaire. Je suis dans une grande
aventure et je jouis de penser que j'en sortirai sans avoir eu
même un mouvement ambitieux à me reprocher, et après avoir
mis tout le monde à sa place, je me retirerai avec le quart de la
fortune que j'avais en entrant dans le monde[1]...

Il était vrai que la révolution française lui coûtait plus
cher encore que celle d'Amérique. Morizot signalait ce
danger à la marquise de La Fayette, mais Adrienne continuait d'approuver, sans discussion, les décisions de son
mari sur les questions d'argent. Elle acceptait aussi Mme de
Simiane et lui donnait des nouvelles du général, lorsque
celui-ci ne pouvait écrire. Elle recevait chez elle les déléga-
tions populaires, les apaisait; elle assistait aux réunions
des amis de Gilbert et, à Notre-Dame, à la bénédiction des
drapeaux de la garde nationale. Femme d'un chef, elle
jouait son jeu, loyalement.

C'était surtout chez Jefferson qu'en septembre 1789 on
se réunissait pour discuter, de quatre à dix heures du soir,
la future constitution. Jefferson assure qu'il entendit là
des discours dignes de Platon et de Cicéron. La majorité
inclinait à l'assemblée unique et au veto suspensif. A Paris,
les patriotes s'inquiétaient des lenteurs de l'Assemblée
et parlaient de marcher sur Versailles. On pouvait craindre
une scission entre les monarchistes « bicaméralistes » et les
patriotes « monocaméralistes ». La Fayette fut prié par
ses amis de négocier et d'arbitrer. Il échoua. La ruse, ou au
moins la feinte, est parfois une méthode et un devoir. Trop

1. *Mémoires, Correspondance et Manuscrits du général La Fayette,*
tome II, pages 321-322.

chevaleresque pour y recourir, il n'était pas un fin politique. Les partisans de la chambre unique triomphèrent.

Mirabeau, réaliste, se déclarait pour le veto royal et
contre le régime d'assemblée sans frein : « Les représentants, disait-il, peuvent former une aristocratie dangereuse pour les libertés. C'est contre cette aristocratie que
le veto est nécessaire. » Mais, à Paris, les démagogues et
les agents du duc d'Orléans excitaient le peuple contre le
veto. Rien ne fait plus de mal que les mots incompris.
Paris manquait de farine? Les agitateurs menaçaient la
ville d'obscurs dangers : « Le roi dira : Veto et tu n'auras
pas de pain. » Ce mot étrange alarmait les citoyens, comme
jadis le mot *déficit*. Gardons-nous, en temps de troubles,
du latin. La Fayette savait qu'une partie de ses gardes
nationaux voulait aller à Versailles pour y exercer une
pression sur l'Assemblée. Il le dit à Gouverneur Morris.
Celui-ci demanda : « Vos troupes vous obéiraient-elles? » Il
répondit : « Ils ne veulent pas monter la garde quand il
pleut, mais je crois qu'ils me suivraient en action. »

La Fayette passait sa vie hors de chez lui, à l'Hôtel de
Ville ou dans les districts. Sa maison était pleine de solli-
citeurs et il continuait à y tenir table ouverte, mais il n'y
passait que quelques minutes. C'était Adrienne qui recevait; elle était un autre lui-même. Les gardes nationaux
la respectaient, autant et plus que leur général. Le 5 octobre
au matin, le tocsin sonna et une foule armée de piques
envahit l'Hôtel de Ville en criant : « A Versailles! » Qu'avait-
elle appris? Que la veille, le régiment des Flandres, fidèle
au roi, était arrivé au château; que les gardes du corps lui
avaient offert un banquet; que la famille royale y avait
assisté et que les soldats, foulant aux pieds la cocarde tricolore, avaient pris la cocarde noire, cependant que la
musique jouait *O Richard! O mon roi! L'univers t'abandonne...*

La Fayette accourut, discuta l'authenticité des nouvelles,
dont une part était invention tout impure. En vain. Déjà
une troupe de femmes aigries par la disette se mettait en

marche; des hommes en jupes, déguisés, mal rasés, se
mêlaient à elles. On manquait de pain? On irait en chercher à Versailles : « Nous ramènerons le boulanger,
la boulangère et le petit mitron! » La foule criait à
La Fayette : « A Versailles ou à la lanterne! » La garde
nationale hésitait. La Fayette et Bailly avaient expédié
des courriers à la cour, pour y porter des informations sur
les progrès de l'émeute. Vingt fois le fatal réverbère fut
descendu pour La Fayette; vingt fois il fut couché en joue.
Malgré tout, son prestige le sauva. Un jeune homme lui
dit : « Mon général, le roi nous trompe et vous comme les
autres; il faut le déposer; son enfant sera roi; vous serez
régent et tout ira bien. » Pendant huit heures il résista,
puis, voyant que la marche sur Versailles prenait plus
d'ampleur, que des hommes armés de fusils, et même de
canons, s'y joignaient, il décida d'aller protéger le roi et
prit, sur son cheval blanc, la tête de plusieurs bataillons,
« gardé, dit Morris, par ses propres troupes qui le suspectent
et le menacent ». Mais Morris jugeait en partisan. En fait
La Fayette gardait quelque autorité, au moins sur la
garde nationale.

En arrivant à Versailles, il arrêta ses hommes et leur fit
renouveler le serment civique à la nation, à la loi et *au roi*.
Il se présenta seul à la grille du château, avec deux commissaires de la Commune. On refusa d'abord d'ouvrir, puis,
quand le capitaine qui parlementait apprit que La Fayette
voulait entrer seul, il s'étonna et ouvrit enfin. La Fayette
trouva les appartements pleins de courtisans, qui étaient
ses parents et avaient été ses amis. Quelqu'un dit :
« Voilà Cromwell!

— Monsieur, répondit La Fayette, Cromwell ne serait
pas entré seul. »

Ceux qui doutaient de son loyalisme se trompaient.
Bien qu'il ne fût pas monarchiste de doctrine, il pensait
que la monarchie constitutionnelle était à ce moment,
pour la France, la seule forme possible de gouvernement.
En outre il croyait devoir une allégeance personnelle aux

souverains et il savait que tous ceux et toutes celles qu'il
aimait le tenaient pour lié par son serment. Il attachait
trop d'importance à son rôle pour ne pas le jouer avec
honneur et courage. Vers minuit, il était dans les appartements du château, causant à voix basse avec le marquis
d'Aguesseau, major des gardes du corps et cousin
d'Adrienne. Un messager effaré vint annoncer que le
peuple en furie marchait sur la caserne des gardes. La
Fayette y bondit. Sa voiture fut arrêtée par une horde
d'ivrognes armés de piques.

« Mes enfants, demanda-t-il, que voulez-vous?

— Nous voulons la tête des gardes du corps!

— Et pourquoi?

— Ils ont insulté la cocarde nationale! »

La Fayette leur donna trois écus, les calma, essaya en
vain de voir le roi, rendit visite à Montmorin (ministre),
puis, accablé de fatigue et ne pouvant plus tenir sur ses
jambes, alla prendre quelques heures de repos à l'hôtel de
Noailles, où résidait encore sa belle-mère.

A six heures du matin, on vint le réveiller. Le château
avait été envahi par la populace. Plusieurs gardes avaient
été tués. Les « brigands » n'avaient été arrêtés qu'à la
porte de la reine. Elle avait dû s'enfuir chez le roi, au saut
du lit, en déshabillé. Les gardes nationaux s'étaient bravement et loyalement conduits. La Fayette leur confia la
famille royale qui dut, au balcon, promettre à la foule de
venir résider à Paris. Le roi fut assez bien accueilli mais
des mégères conspuèrent la reine, en mimant l'action de
lui couper le cou. La Fayette fut admirable. Il parut près
d'elle sur le balcon et lui baisa respectueusement la main.
Dans cette foule frémissante et capricieuse, la colère fit
place à l'émotion. La reine et le général furent soudain
acclamés par des femmes attendries.

Cette fois, son goût du geste un peu théâtral et son
lyrisme chevaleresque avaient bien servi La Fayette.
Il avait sauvé la vie de Louis XVI et de Marie-Antoinette.
Madame Adélaïde, fille de Louis XV, tante du roi, lui dit :

« Je vous dois plus que la vie ; je vous dois celle du roi, de mon pauvre neveu ! » La jeune Madame Elisabeth lui serra la main avec émotion. A une heure de l'après-midi, Louis XVI monta en carrosse avec sa famille. Une centaine de députés suivaient, en fiacre. L'Assemblée avait décidé qu'elle était inséparable de la personne du souverain. Trente mille hommes en armes portaient, au bout de leurs piques, des pains et des branches de peuplier.

La Fayette fit toute la route en trottant à la portière du carrosse royal. Louis XVI fut conduit à l'Hôtel de Ville, puis aux Tuileries (sa résidence forcée). Il était, en fait, prisonnier de la Commune de Paris, mais encore soutenu par la majorité du peuple qui prétendait seulement le soustraire à l'influence de la cour et à celle de la reine. Celle-ci, en pénétrant dans sa chambre, aux Tuileries, dit aux dames d'honneur qu'elle avait dû suivre le roi à Paris, mais qu'elle était certaine de n'en plus sortir. Le petit Dauphin, voyant des appartements obscurs et délabrés où nul n'habitait plus depuis longtemps, s'écria :

« Tout est bien laid ici, maman...

— Mon fils, dit Marie-Antoinette, Louis XIV y logeait bien ; nous ne devons pas être plus difficiles que lui. »

Quant à La Fayette, il s'était hâté de rassurer, par un billet, Mme de Simiane :

Vous avez dû recevoir de mes nouvelles par Mme de La Fayette. Tout a mieux tourné qu'on ne pouvait s'en douter ; l'accord des troupes a empêché l'action que je craignais. Notre armée, avant d'arriver à Versailles, a juré fidélité au roi en dépit des cabales. Le roi et la reine ont été fort bien... Bonjour[1].

L'un de ses soucis majeurs était de conserver l'estime de cette personne aimée. Les billets se succédaient rapidement :

---

1. *Mémoires, Correspondance et Manuscrits du général La Fayette*, tome II, page 411.

Adieu; à demain, huit heures. Je suis bien heureux de votre sentiment mais je sais que d'ici à six mois, je dois des excuses à qui a le tourment de m'aimer. Parlez de moi à tous les êtres, animés et inanimés, qui vous rappellent des jours si doux et que je languis de voir renaître[1]...

Et ce cri d'homme sincèrement épris : « La journée a été bien occupée, mais elle n'a pas été remplie puisque je ne vous ai pas vue. »

1. *Mémoires, Correspondance et Manuscrits du général La Fayette*, tome II, page 411.

III

RUE DE BOURBON

> On ne joue pas aux échecs avec
> un bon cœur.
>
> CHAMFORT.

LA FAYETTE, le soir du 6 octobre, rentra rue de Bourbon. Il revenait vers Adrienne, sa journée finie, certain de trouver là un appui toujours, parfois un conseil, jamais un blâme. Il était épuisé, mais content de soi. S'il se souvenait du temps où Marie-Antoinette le trouvait ridicule, il devait éprouver un certain sentiment de revanche honorable à penser qu'elle lui devait la vie. Morris, qui vint aux nouvelles, le trouva en conférence avec sa femme, Clermont-Tonnerre et M. de Staël. Après de si graves événements, un changement complet de gouvernement semblait nécessaire.

Le général était devenu l'arbitre indiscutable. Morris lui dit qu'il ne pouvait être à la fois ministre et soldat, moins encore occuper tous les ministères. Il lui fallait choisir des hommes en qui il pût avoir confiance. Sur certains (comme Mirabeau) les objections du ménage La Fayette étaient morales. Adrienne ne respectait que les êtres purs. Une odeur d'argent émanait de Mirabeau. Morris fit valoir que les hommes sont mus par l'ambition et qu'on n'entre pas dans une administration pour y trouver la route du Ciel. Qu'allait devenir La Fayette lui-

même? Les uns voulaient le faire connétable; d'autres,
généralissime. Les ministres lui proposaient le bâton de
maréchal de France. « J'imagine, entre nous, écrivit-il à
Mme de Simiane, que l'ingratitude me sauvera de l'embarras des récompenses. »

Deux questions devaient être réglées sans délai : ses
rapports avec le duc d'Orléans et ses rapports avec Mirabeau. Depuis longtemps, il s'entendait très mal avec le duc
(son rival au temps d'Aglaé). A tort ou à raison, il le tenait
pour l'un des responsables du 5 octobre et le croyait prétendant au trône. Chez la marquise de Coigny, il eut une
entrevue avec ce prince et exigea de lui que, sous prétexte
d'une mission, il partît pour Londres. Le duc d'Orléans,
timide et indécis, commença par accepter. Mais Mirabeau,
son conseiller politique, l'ayant dissuadé d'obéir à La
Fayette « qui prenait des airs de maire du palais », le duc
revint sur sa promesse. La Fayette le fit alors mander par
le roi. Louis XVI dit à son cousin que la confiance inspirée
par le général rendait nécessaire la présence de celui-ci; or
il était impossible que le duc d'Orléans et La Fayette fussent ensemble à Paris, que c'était en conséquence au duc de
céder. Celui-ci partit pour l'Angleterre, le 14, avec sa
maîtresse, Mme de Buffon, et Choderlos de Laclos. A la
vérité, ceux qui le connaissaient bien le jugeaient homme
de plaisir et non d'affaires.

Mirabeau fut indigné par le départ du prince qu'il tint
pour un acte de faiblesse. « On prétend, dit-il, que je suis
de son parti. Je ne voudrais pas de lui pour mon valet. »
Il rechercha l'appui du comte de Provence, frère du roi.
Puis, l'ayant trouvé aussi « pitoyable » que le duc d'Orléans, il voulut se rapprocher de La Fayette, grand vainqueur du moment. Jamais deux hommes n'avaient été
moins faits pour s'entendre. La Fayette était, avant tout,
ménager de sa gloire et de sa vertu, « soigneux de sa chas-
teté ». Mirabeau pensait qu'un homme d'État n'est pas
nécessairement un homme de bien. « Les hommes capables
de mener les grandes affaires ne sont pas des rosières. »

Les pudibonderies, les éternels scrupules de La Fayette irritaient Mirabeau. Activité débordante, dureté d'épiderme, absence de scrupules, grandes vues créatrices, voilà ce qui faisait Mirabeau. La Fayette lui paraissait plus amoureux de louanges que de pouvoir. Il l'appelait « le sous-grand homme, l'homme aux indécisions; Cromwell-Grandison[1] ». Il l'accusait de s'en tirer avec des mots, éludant les difficultés et incapable de les prévenir, n'ayant jamais la force de composer un bon ministère, ni le courage d'en former un mauvais. Chaque fois qu'il le quittait, il s'exclamait : « Quel homme! »

La Fayette n'était pas moins exaspéré. Ce passé de dettes, de scandales, de prison lui faisait horreur. Cette stature carrée, épaisse, cette tête énorme, encore grossie par une chevelure bouclée et poudrée, lui causait un malaise physique. Mirabeau portait un habit dont les boutons, en pierres de couleur, étaient d'une grosseur démesurée : le contraire du bon goût et de l'exquise simplicité de la coterie Noailles. La Fayette se fût ruiné plutôt que d'accepter un traitement ou un don; Mirabeau, couvert de dettes, empruntait à qui voulait lui prêter. Il n'avait rien accepté, disait-il, du duc d'Orléans, mais il sollicitait des subsides de la cour pour faire une politique qui d'ailleurs était la sienne, car il n'en concevait pas d'autre que celle de la monarchie constitutionnelle. « Nous ne sommes pas des sauvages venus des bords de l'Orénoque pour former une société. Nous sommes une vieille nation. Nous avons un roi préexistant, des préjugés préexistants. » La Fayette, pour s'en débarrasser, lui proposa une ambassade, mais Mirabeau voulait être du ministère. Avec qui? Peu lui importait : « Je ne puis excommunier personne; tout m'est bon. »

Malheureusement pour lui, le 5 novembre, l'Assemblée décréta qu'aucun de ses membres ne pourrait être ministre. Erreur fatale. C'était condamner le roi à Necker, Mont-

---

1. Sir Charles Grandison est un héros du romancier anglais Richardson, symbole de plate vertu.

morin et autres hommes usés. Mirabeau aurait souhaité
que le roi quittât Paris, non pour aller à Metz, du côté des
émigrés, mais à Rouen, où il en aurait appelé à la France
et eût rallié les provinces. « Un roi ne fuit pas devant son
peuple. » De Rouen, le roi aurait pris la tête de la révolution, renchéri sur l'Assemblée et, comme on dirait aujour-
d'hui, tourné les meneurs par leur gauche. Mais le roi ne
savait pas vouloir. « Imaginez-vous, disait Mirabeau, des
boules d'ivoire huilées que vous vous efforceriez vainement
de tenir ensemble. » Un gouvernement La Fayette-Mirabeau
aurait pu sauver la monarchie, La Fayette apportant la
popularité, Mirabeau le génie. Le pays eût suivi. Depuis
le 5 octobre, tout le monde était redevenu royaliste.

Mais le moyen d'allier deux hommes qui se méprisent
l'un l'autre? Mirabeau répétait le mot de Choiseul : *Gilles-
César*, et bien d'autres. La Fayette le savait. « Ne suis-je
pas joli garçon, écrivait-il à Mme de Simiane, moi qui ai
pris, suivant l'expression de Mirabeau, le rôle de Cromwell-
Grandison? » Là où il n'y a pas d'estime, l'amitié et l'union
sont impossibles. Plus tard, La Fayette se reprocha son
attitude : « La Fayette, écrit-il lui-même dans ses *Mémoires*,
eut des torts avec Mirabeau dont l'immoralité le choquait.
Quelque plaisir qu'il trouvât à sa conversation et malgré
beaucoup d'admiration pour de sublimes talents, il ne
pouvait s'empêcher de lui témoigner une mésestime qui le
blessait. »

Quelques entrevues que La Fayette eut alors avec la
reine fournirent aux pamphlétaires l'occasion d'accréditer
l'absurde légende d'une liaison. On vit paraître les *Soirées
amoureuses du Général Motier et de la belle Antoinette, par
le petit épagneul de l'Autrichienne*. L'auteur d'un autre
libelle : *Confession de Marie-Antoinette, ci-devant reine de
France, sur ses amours et ses intrigues avec Monsieur de
La Fayette*, prêtait à la souveraine les aveux que voici :

Ayant tout à craindre de La Fayette, il a fallu employer
auprès de lui toute la ruse dont une femme, et surtout une
Allemande, est capable. Prières, promesses, pleurs, je n'ai rien

épargné. C'est dans un moment d'attendrissement, qu'une
jolie femme sait inspirer, que j'ai bridé mon oison et que je
l'ai rangé de mon parti... Devenu mon amant en titre, il ne
cesse de me faire une cour assidue et il me baise soir et matin,
ce qui me l'attache encore plus[1]...

Dans sa propre famille, depuis le 5 octobre, La Fayette
trouvait des adversaires. Adrienne, la vicomtesse de
Noailles, Mme de Tessé disaient fièrement qu'il avait sauvé
à la fois le roi et la nation. Pauline de Montagu et son
beau-père, le vicomte de Beaune, ne voyaient plus que le
danger de ces désordres grandissants, dont ils rendaient
La Fayette responsable. On ne causait plus dans les salons;
on s'y disputait. Pour échapper aux querelles, Mme de
Montagu s'enfermait chez elle mais, tendrement attachée
à ses beaux-frères, « elle souffrait de ne pas voir les choses
comme eux, de blâmer ce qu'ils approuvaient, d'en craindre
les conséquences redoutables. Elle n'était plus en harmonie
de sentiments avec ses sœurs, ni même avec son mari[2] ».
L'homme le plus proche de sa pensée était son beau-père,
mais elle se refusait à transformer comme lui les différences d'opinions en haines.

Le vicomte de Beaune ne voulait plus voir La Fayette
ni Louis de Noailles; à peine souffrait-il que Pauline de
Montagu reçût ses sœurs. S'il était présent lorsqu'on
annonçait la marquise de La Fayette, il prenait son chapeau
et s'en allait en claquant la porte. Pauline levait au ciel
ses beaux yeux et embrassait Adrienne. Situation douloureuse pour des sœurs si unies. M. de Beaune souhaitait
émigrer au plus vite, avec toute sa famille; sa belle-fille
l'eût volontiers suivi à l'étranger. Elle approuvait l'émigration, non comme une fuite mais comme une entrée en
guerre. Douce et soumise quand il s'agissait d'elle-même,
Pauline ne pensait pas que la résignation fût une vertu
civique. Émigrer, se battre était, pensait-elle, le seul moyen

1. ÉTIENNE CHARAVAY : Le général La Fayette, page 252.
2. A. CALLET : Anne-Paule-Dominique de Noailles, marquise de Montagu, page 53.

de délivrer le roi et la France. Les émigrés acceptaient
l'appui de l'étranger? Les Américains rebelles n'avaient-
ils pas accepté celui de la France? Montagu, son mari, et
Adrienne, sa sœur, considéraient l'émigration comme une
faute. Montagu espérait encore que des hommes modérés,
tels ses beaux-frères Noailles et La Fayette, finiraient par
entraîner les masses. Beaune répondait que ces arguties
n'étaient bonnes « qu'à endormir des gens qui n'avaient
que trop dormi ». Faute d'avoir convaincu son fils, il partit
seul.

Au plus fort de ces orages (février 1790), Mme de Montagu vit mourir sa fille Clotilde; c'était le second enfant
qu'elle perdait. Comme elle priait à genoux auprès du corps
inanimé, on vint lui dire que sa plus jeune sœur, Rosalie
de Grammont, qui habitait l'hôtel de Noailles, venait
d'accoucher. Cette nouvelle redoubla ses sanglots, mais elle
se releva, fit sa toilette et dit à son mari qu'elle allait chez
sa sœur. Montagu essaya en vain de l'en dissuader. « Rosalie
ne s'expliquerait pas mon absence, dit-elle, on serait obligé
de lui annoncer la mort de notre fille et, en un tel moment,
ce choc pourrait être fatal. » Elle se rendit donc à l'hôtel
de Noailles, embrassa le nouveau-né dans son berceau et
fit voir à la jeune mère un visage tranquille. Mais comme
elle allait rentrer chez elle, ses forces la trahirent et elle
s'évanouit. Telles étaient les filles de la duchesse d'Ayen,
tendres et stoïques.

Cependant tout n'allait pas pour le mieux dans le plus
troublé des royaumes. L'Assemblée cherchait à établir
une constitution américaine, « en oubliant, disait sans
modestie Gouverneur Morris, que la France n'avait pas de
citoyens américains pour soutenir cette institution ». Plus
que jamais l'argent manquait. Talleyrand, évêque d'Autun, suggéra de transférer à la nation les immenses biens
du clergé et de gager, sur ces terres, des bons qui seraient
une monnaie : les assignats. Évêques et curés recevraient,
de l'État, un traitement. La mesure scandalisa beaucoup
de croyants. Mais on était d'humeur à tout accepter.

En ces premiers mois de 1790, la société française avait, en apparence, peu changé. Quand Louis XVI allait à l'Assemblée, les Parisiens l'acclamaient. « On me trompe, disait-il, je suis encore roi des Français. » Pourtant le comte de Ségur, oncle et ami de La Fayette, revenant, après cinq années, de son ambassade en Russie, fut frappé, en traversant villes et villages, par « quelque chose de vif, de fier, d'indépendant et d'animé » dans les traits des bourgeois, des paysans, des ouvriers. Il avait quitté un peuple paisible et courbé ; il le voyait redressé, indépendant jusqu'à la passion, armé, trop ardent pour jouir avec sagesse de sa liberté nouvelle. A Paris, il retrouva « la société de sa jeunesse, plus vive, plus spirituelle que jamais. Seulement on ne discutait plus ; on disputait. Chacun parlait haut, écoutait peu. L'humeur perçait dans le ton comme dans le regard. La politique devenait le seul sujet ». Les arts, la galanterie étaient délaissés. Ségur jugea que les femmes perdaient beaucoup à ce changement et que les passions politiques, par l'humeur et la colère, les enlaidissaient. « Je ne puis souffrir cette révolution, lui dit son frère, elle m'a gâté mon Paris[1]. »

Au sein de sa propre famille, Ségur constata de pénibles contrastes entre l'esprit du parti aristocratique et celui du parti patriote. Pour son père et pour tous les hommes d'âge, ce qui se passait offrait l'image d'un peuple en délire. Oubliant les abus qui avaient amené la chute de l'Ancien Régime, ils ne voyaient plus que les atteintes portées au trône, à l'ordre, à la discipline, et tenaient pour félons ceux qui ne pensaient pas comme eux. Au contraire, son neveu La Fayette, qui vint lui faire le récit des événements, lui parut être au comble de ses vœux « puisque sa patrie semblait tout entière répondre à ses sentiments ». Cependant La Fayette lui-même semblait affligé par les excès.

Ségur lui dit qu'il le voyait dans une position délicate et scabreuse. D'un côté, La Fayette était l'un des chefs du

1. Comte DE SÉGUR : *Mémoires, ou Souvenirs et Anecdotes* (Paris 1827, 3 vol.).

parti populaire; de l'autre il se trouvait, comme commandant de la garde nationale, chargé de défendre le roi et sa
famille. Ségur ne doutait pas de la noblesse des sentiments
contradictoires de Gilbert, mais lui dit :

« Je crains que les ressentiments des deux partis ne se
réunissent un jour contre vous.

— Je ne l'ignore pas, répondit La Fayette, mais ayant
fait ce que j'ai dû, je n'aurai rien à me reprocher. »

Telle était aussi l'idée que se faisait, du rôle de son mari,
Adrienne de La Fayette. Sa vie était tissée d'angoisses et
de travaux. Elle maintenait le contact avec Washington :

14 janvier 1790 : Monsieur, au milieu des agitations de notre
révolution, j'ai toujours partagé la douceur que trouvait M. de
La Fayette à suivre vos traces, à devoir à vos exemples et à vos
leçons les moyens de servir sa patrie, et à songer avec quelle
satisfaction vous en apprendrez le succès[1]...

Il lui fallait tenir une maison ouverte à tous, nourrir des
commensaux, trouver de l'argent pour tant de folles dépenses, sauver l'union de la famille malgré les divergences
d'opinions. L'affection qui l'unissait à sa mère était restée
une grande douceur dans sa vie, mais la duchesse d'Ayen
appartenait maintenant de tout cœur au parti aristocratique : « Elle avait horreur de tout le bouleversement qu'en-
traîne une révolution. » Toutefois elle appréciait avec
équité chaque détail de la conduite de son gendre, et ne
disait jamais rien qui pût mettre sa fille dans la pénible
position d'avoir à choisir.

En 1790 Anastasie, fille aînée d'Adrienne, fit sa première
communion. En matière de religion, La Fayette demeurait
respectueusement condescendant; pour Mme de La Fayette,
la première communion de sa fille était l'événement majeur
d'un temps où les grandes affaires ne manquaient pas. Avec
Anastasie, elle pria pour que le Ciel bénît leur époux et
père. La position du général semblait affermie. Démocrate
et royaliste, « par l'incohérence de ses opinions politiques »

1. Lettre inédite. Collection Fabius.

il était le personnage qui représentait le mieux l'opinion. Mirabeau continuait, malgré tant de rebuffades, à lui offrir son appui : « Vous avez quelques amis (moins que vous ne croyez). Pas un de vos amis n'est sans valeur et sans vertus; ils honorent tous votre réputation d'homme privé; mais pas un d'eux ne connaît les hommes et le pays, pas un d'eux ne connaît les affaires et les choses... Je vous suis plus nécessaire que tous ces gens-là[1]... » Il se proposait pour être l'éminence grise d'un Richelieu que La Fayette n'était pas et « le dictateur du dictateur ».

Au vrai, Mirabeau seul était un politique. La Fayette, éternel adolescent, voulait réconcilier la politique réelle de la France avec un idéal moral. Mais un pays, en un moment donné, est une matière résistante et inexorable. 1789, qui aurait dû lui apporter son idéal réalisé, n'avait été pour La Fayette qu'une immense désillusion. Il voulait être aimé; Mirabeau savait qu'on ne peut l'être toujours ni par tous, et qu'il faut « déterminer le troupeau ». Mirabeau craignait toute politique métaphysique à la Sieyès. Son idéal? Agir, être ministre. Qu'est-ce qu'un idéal sans le pouvoir d'en faire une réalité?

Rebuté, il excita la cour contre La Fayette, « celui de tous les citoyens sur lequel le roi peut le moins compter parce qu'il ne tient son pouvoir que de la multitude parisienne, la plus exaltée du royaume, et qu'il doit la suivre ». Mirabeau rencontra secrètement la reine, dans les jardins de Saint-Cloud. Il voulait qu'elle obtînt du roi que celui-ci dît à La Fayette : « J'exige que vous vous accoupliez de M. de Mirabeau... Il faut que nous puissions dire : ces deux hommes-là ne sont qu'un. » Son ami La Marck lui écrivit : « La reine a été très satisfaite de l'écrit qu'elle a reçu hier soir. Si cet impuissant capitan tergiverse, on dira franchement : *J'exige*. »

« Impuissant capitan » était injuste. La Fayette avait tout de même été assez puissant pour arracher la reine à

1. Cf. *Correspondance entre Mirabeau et le comte de la Marck*, tome II, pages 19-23.

une foule déchaînée. Sur le fond du problème, Mirabeau
avait raison. Unis, La Fayette et lui-même auraient pu
sauver la monarchie. Mais comment unir deux natures si
opposées? Les pressions et les menaces de Mirabeau irritaient La Fayette : « J'ai vaincu le roi d'Angleterre dans
sa puissance, le roi de France dans son autorité, le peuple
dans sa fureur; certainement je ne céderai pas à M. de
Mirabeau. » La modestie n'était pas son fort. Comment
d'ailleurs eût-il été modeste quand « la popularité montait,
comme un encens, vers le héros des deux mondes »?

La mode venait aux fédérations. Les gardes nationales
s'unissaient, de département à département. La Commune de Paris proposa une fédération de tous les départements, « afin qu'il n'y eût plus qu'*une* garde nationale ».
Toute la France promit de se faire représenter. Pour élever,
au Champ-de-Mars, des gradins de gazon devant l'autel
de la Patrie, courtisans, capucins et maçons travaillèrent
de compagnie. La Fayette, qui aimait les gestes symbo-
liques, vint bêcher deux heures.

Sa gloire était alors au plus haut. Il soutenait seul son
roi; il se trouvait au centre de tout. Si Adrienne était souffrante, l'Assemblée, « pour donner à M. le commandant
général des preuves de son empressement pour tout ce qui
l'intéresse, députait deux de ses membres pour aller s'informer de la santé de Mme de La Fayette[1] ». Certains patriotes protestaient contre ce culte de la personnalité :
« Nous croyons, écrivait la *Chronique de Paris*, qu'il faut
louer ses actions louables, désapprouver celles qui le méritent, et ne jamais adorer sa personne; que ceux qui font
ôter les chapeaux quand il passe, qui baisent ses bottes et
son cheval, lui font plus de tort qu'ils ne pensent... »
Cependant la reine disait : « Je vois bien que M. de La Fayette
veut nous sauver, mais qui nous sauvera de M. de La Fayette? »

14 juillet 1790... Ce fut une belle fête et fort bien ordonnée. Talleyrand dit la messe, sans illusions ni foi. Le pré-

---

1. *Actes de la Commune*, première série, tome VI, page 185. Séance du
21 juin 1790.

cepteur Frestel avait amené George-Washington de La
Fayette. Adrienne admira son mari qui, major général de
la confédération, monta à l'autel de la Patrie, y plaça son
épée, jura fidélité à la nation, à la loi et au roi. La reine
montra son fils; les cœurs sensibles furent touchés. Le roi
refusa d'aller à l'autel et prêta serment de sa place; on
l'en blâma. Une pluie torrentielle tombait. Qu'importait?
C'étaient les pleurs de l'aristocratie. Une fois de plus,
la révolution était finie. Elle commençait.

IV

QUIETA NON MOVERE

> Malheur à ceux qui remuent
> le fond d'une nation.
>
> RIVAROL.

LE 15 JUILLET 1790, lendemain de la fête de la Fédération, un *Te Deum* d'actions de grâces fut chanté.
Après le discours de l'abbé Bertalio, une quête fut
faite par Mmes Le Chapellier, de La Fayette et Moreau.

La famille d'Adrienne se dispersait. Son père, le duc
d'Ayen, épicurien sceptique, à qui son gendre et la révolution n'inspiraient aucune confiance, était allé s'installer
en Suisse, à Lausanne. Il y vivait en grande intimité avec
la comtesse Golowkine, personne affable, prévenante et
gaie, qui le reposait des austères vertus de la duchesse
d'Ayen, sainte devenue sourde. Les Grammont vivaient
retirés sur leurs terres de Villersexel; bons châtelains, ils
s'y étaient fait aimer. Pauline et Joachim de Montagu,
après avoir été faire une cure thermale à Aix, s'étaient
enfermés dans leur château de Plauzat, en Auvergne.

Le vicomte de Beaune, père de Joachim, était seigneur
de Plauzat. On y reçut son fils et sa belle-fille au son des
cloches, avec la croix et la bannière. Il semblait que rien
ne fût changé dans le cérémonial ni dans les mœurs. La
simplicité de Pauline toucha les villageois. Tout aristocrate
de cœur qu'elle fût, elle ne voulait conserver aucun privi-

lège et, au lieu d'entendre la messe du haut de la tribune seigneuriale, s'agenouillait sur une chaise de paille dans la nef, parmi les paysans. Dans la grande salle du château, tendue de damas cramoisi comme, à Paris, la chambre de sa mère, s'alignaient les vieux portraits de famille : évêques, cardinaux, barons, ministres et grands-maîtres. En les regardant et en voyant sa fille Noémi (seule qui lui restât) danser la bourrée avec les enfants du bourg, elle avait peine à croire qu'une société se mourait.

Mais bientôt, dans toute la France, un douloureux cas de conscience troubla les âmes catholiques, et singulièrement celle d'Adrienne. Depuis la confiscation des biens du clergé, évêques et curés étaient payés par l'État. Dès lors ne devenaient-ils pas des fonctionnaires et ne devaient-ils pas être élus par leurs paroissiens et diocésains? Ainsi en décida l'Assemblée, poussée par les jansénistes et les philosophes. C'était entrer en conflit avec l'Église romaine. On exigea des prêtres le serment d'être fidèles à la nation et à la constitution. Le pape Pie VI condamna cette constitution civile du clergé, qui déniait toute autorité au Vatican et lui enlevait le droit d'instituer les évêques. Le corps électoral qui devait les désigner (ainsi que les curés) comprenait des incroyants et des adeptes d'autres religions.

Tous les évêques, sauf quatre, refusèrent de jurer et un grand nombre de curés suivit cet exemple. Dès lors il y eut en ·France deux sortes de prêtres : les assermentés (ou jureurs) et les réfractaires. Talleyrand, évêque d'Autun, consentit à sacrer le premier évêque élu. Partout le curé constitutionnel réclama le monopole des baptêmes, mariages et services funèbres. Mais de nombreux fidèles, ne reconnaissant pas la validité de son ministère, avaient recours aux prêtres réfractaires qui vivaient cachés. Le roi, catholique fervent, refusa de recevoir les sacrements à Saint-Germain l'Auxerrois, sa paroisse, des mains du curé assermenté. Jusqu'à ce jour, il avait honnêtement essayé de coopérer avec l'Assemblée, mais il tenait à son salut plus qu'à son trône et ce conflit religieux le rejeta dans le camp de la reine et de la résistance à la révolution. Il ne faut jamais toucher aux religions; elles inspirent des entêtements héroïques parce qu'elles opposent l'éternel au transitoire.

Pour Adrienne, si profondément croyante, ce fut là une cause de scrupules infinis. Son mari, bien que lui-même tolérant et respectueux de tout ce qui est respectable, devait s'accommoder d'hommes qui étaient l'intolérance même et desquels dépendait sa puissance militaire, à laquelle il tenait. Adrienne comprenait la position de Gilbert, mais pensa qu'elle avait le devoir, en raison même de cette situation ambiguë, de marquer son propre attachement au catholicisme orthodoxe. Elle assista donc au refus de prêter serment que formula, en chaire, le curé de Saint-Sulpice, dont elle était paroissienne. Le 21 avril 1791, on lisait dans *L'Ami du Peuple :* « Sous couleur de respecter les opinions religieuses, Louis XVI autorise le curé rebelle de Saint-Sulpice à prêcher la révolte. La femme de Motier est à la tête. » Dès qu'on n'aimait plus La Fayette, on l'appelait Motier.

Adrienne fréquenta les oratoires où le clergé persécuté officiait en secret. Un jour, il y eut attroupement hostile devant la ci-devant église des Théatins : « On avait eu la perfidie de faire répandre que Mmes Bailly et de La Fayette devaient y communier. » Adrienne reçut chez elle des prêtres non assermentés, qu'elle encourageait à exercer leur ministère sacré. La Fayette respectait trop sa femme pour lui dicter une autre conduite, mais elle craignait de lui faire du tort et de diminuer une popularité si nécessaire au pays. Pourtant elle se félicitait de donner à Gilbert l'occasion de prouver son attachement à la liberté des cultes.

Cependant on attaquait La Fayette de droite et de gauche. Au Palais-Royal, un jeune orateur criait d'une voix de stentor : « Oui, messieurs, je vous l'ai toujours dit, le général est un aristocrate à qui il faut couper la tête; c'est un coquin qui ne fait le patriote que pour mieux

servir le roi ! » Le *Journal de la Cour et de la Ville* publiait,
contre La Fayette et sa famille, entrefilet sur paragraphe :

12 mars 1791 : On dit que le roi, ennuyé de son loisir, ayant
demandé quelque emploi à M. de La Fayette, ce général ne lui a
pas dissimulé qu'il n'existait de moyens pour cela que d'en-
dosser l'uniforme de la garde nationale ; il a même promis de
l'avancement à Sa Majesté.

Adrienne aurait voulu apaiser, de part et d'autre, des
passions plus politiques que religieuses, mais comment
eût-elle réussi ? Les réfractaires appelaient les assermentés
larrons, voleurs, intrus. Des émeutes éclataient dans les
églises. La Fayette recevait à dîner, chez lui, des membres
du clergé constitutionnel. Adrienne professait devant eux,
avec la calme ferveur des martyrs, son attachement à la
cause des anciens évêques, mais elle mettait dans ces
conversations tant d'intelligence, de sincérité, de ménagements pour eux-mêmes qu'ils ne pouvaient être blessés.
Il suffisait que son mari en exprimât le désir pour qu'elle
reçût, rue de Bourbon, un homme dont elle ne partageait
pas les opinions, cela sans rien perdre de sa dignité puisqu'elle se réservait le droit d'exprimer les siennes. Une
seule fois elle s'écarta de cette règle. L'évêque constitutionnel de Paris, nouvellement intronisé, vint dîner à
l'hôtel de La Fayette où le major général de la garde nationale de Paris devait, officiellement, l'inviter à sa table.
Adrienne ne voulut pas l'accueillir comme diocésaine et
dîna, ce jour-là, ailleurs que chez elle, bien que cela fût
très remarqué.

Journal de la Cour et de la Ville, 13 avril 1791 : M. Gobel
a dîné chez M. de La Fayette, deux jours après son intronisation
au siège de Paris. Mme de La Fayette a gardé la chambre, et
cependant elle n'était pas malade. Après le dîner, le nouvel
évêque a fait part au général que des femmes riches, en grand
nombre, avaient chez elles des chapelles pour ne pas se rendre
dans les églises paroissiales et y entendre, de la bouche des
prêtres constitutionnels, chanter les louanges du Seigneur. Il
a nommé principalement Mmes de Noailles, de Mouchy et de

Poix, parentes de Mme de La Fayette. Il a engagé le général à agir de concert avec lui, pour faire fermer toutes ces chapelles et les maisons religieuses. M. de La Fayette a répondu à M. Gobel qu'il ne devait pas ignorer que c'était à lui qu'il était redevable de sa nomination au siège de Paris; que, la chose étant faite, il ne lui disait pas s'il s'en repentait ou non, mais qu'il était étonné qu'on lui proposât de persécuter, au nom de la constitution, des citoyens que leur opinion ne réunit pas à celle générale; que si lui, M. Gobel, voulait en agir ainsi, il trouverait toujours en son chemin un général qui s'opposerait à de pareilles entreprises.

La Fayette à Mme de Simiane : Vous ne recevrez pas de lettre aujourd'hui; j'en suis bien affligé; mais, quand on est devenu le procureur syndic de toutes les religions de la terre, et qu'il s'agit d'arranger la ferveur de toute ma famille avec les *si* et les *mais* des corps administratifs, du comité ecclésiastique, on peut rentrer chez soi plus tard qu'on ne comptait. Depuis deux jours, je passe ma vie dans les discussions et les arrangements qui ont rapport au plein et immédiat exercice de la liberté religieuse[1]...

A Mme de La Fayette, la situation de son mari inspirait une inquiétude croissante. Il était harcelé de tous côtés. Par Mirabeau d'abord, qui maintenant le haïssait et jurait « de le poursuivre sans relâche, même au pied du trône, même sur le trône, parvînt-il à s'y placer »... Par les aristocrates et la coterie du duc d'Orléans... Par le parti de Lameth, avec lequel il avait été jadis intimement lié. Les Lameth formaient une famille noble, alliée aux Broglie. Les quatre frères étaient tous quatre colonels et le devaient à la faveur du roi. Au moment de la révolution, Charles et Alexandre de Lameth avaient été élus députés. Alexandre, célèbre par ses bonnes fortunes, sa garde-robe et ses dettes, était plus fait pour plaire au comte d'Artois qu'à La Fayette. Toutes les femmes galantes se le disputaient; toutes les femmes honnêtes le maudissaient. Il était fort jaloux de La Fayette... Par les « enragés » : Camille Desmoulins, Marat, qui répandaient sur lui d'ignobles et

1. *Mémoires, Correspondance et Manuscrits du général La Fayette,* tome III, page 172.

stupides libelles... Par ceux qu'il empêchait de piller, de pendre, ou d'envahir les Tuileries.

Mais, écrivait-il au marquis de Bouillé, tous les honnêtes gens, depuis la partie la moins aisée du peuple jusqu'à ce qui n'est pas aristocrate enragé, sont pour moi. Je suis bien avec la garde nationale, à l'exception de quelques jacobins mésestimés, car les jacobins honnêtes gens sont pour moi, malgré mon obstination à ne pas aller à leur club[1]...

Ce club fameux s'était installé rue Saint-Honoré, en face de l'hôtel de Noailles, dans l'ancien couvent des jacobins (ou dominicains). Au début, beaucoup d'aristocrates et de bourgeois libéraux en firent partie. Depuis qu'ils l'avaient quitté pour fonder le club des feuillants, les jacobins les plus virulents le dominaient et attaquaient La Fayette. Ils ne représentaient en France qu'une minorité, mais une majorité qui observe les conventions du jeu perd presque toujours la partie, au profit d'une minorité sans scrupules.

De quoi les jacobins accusaient-ils le général? Des crimes les plus invraisemblables et, naturellement, d'avoir été l'amant de la reine. On vendait dans les rues de Paris une nouvelle *Confession de Marie-Antoinette au peuple français*. La reine y énumérait, entre autres amants, le comte d'Artois et le cardinal de Rohan. Après la révolution, ayant tout à craindre de La Fayette, elle l'avait à son tour conquis :

Mon amant, mon cher La Fayette, a entraîné dans nos projets Bailly, la majeure partie de la municipalité de Paris, l'état-major de la garde parisienne, et la plupart des chefs de district... Je les ai tous gagnés, séduits. Il n'y a que deux étourdis Lameth que je n'ai pas vaincus. Ni Charles ni Alexandre n'ont voulu céder...

Ce qui montre assez d'où sortait le pamphlet.

Gouverneur Morris, parlant en mars 1791 du duel des deux grands rivaux (Mirabeau et La Fayette), écrivait :

1. *Mémoires, Correspondance et Manuscrits du général La Fayette*, tome III, page 160.

Je crois cependant que La Fayette se débattra comme il faut, car il est aussi fin que personne. Mirabeau a de plus grands talents, mais son adversaire a une meilleure réputation[1]...

La question fut soudain résolue, le 2 avril, par le décès, après une courte maladie, de Mirabeau. Les hommes s'agitent et la mort les mène. La monarchie perdait son conseiller le plus intelligent. Quand il fut enterré, à l'église Sainte-Geneviève, le commandant général de la garde nationale, à la tête de son état-major, lui rendit les derniers honneurs. Le Destin confie souvent à un ennemi le soin de ces suprêmes devoirs, qui tiennent alors de la coquetterie funèbre, de la revanche posthume et du triomphe secret.

Quelques jours plus tard, le lundi de Pâques (18 avril 1791), le roi ayant refusé de recevoir la communion de la main d'un curé jureur, manifesta le désir d'aller à Saint-Cloud, où il savait trouver un prêtre non schismatique. La garde nationale s'y opposa. La Fayette, là-dessus en plein accord avec Adrienne, conjura Louis XVI de persister et dit qu'il répondait de l'y conduire sain et sauf. Le roi se méfia-t-il ? Toujours est-il qu'il renonça et que La Fayette fit remettre sa démission à la municipalité. L'émotion fut grande. Le maire et de nombreux gardes nationaux vinrent le supplier de la reprendre.

Le Moniteur Universel, 21 avril 1791 : La municipalité, M. Bailly en tête, est arrivée chez Monsieur de La Fayette à onze heures du soir ; elle s'est enfermée avec lui. Les appartements, la cour et une partie de la rue [de Bourbon] étaient remplis de gardes nationaux. Il pleuvait à verse. Mme de La Fayette a paru et, s'adressant aux personnes qui étaient dehors, leur exprima ses regrets de ne pouvoir leur offrir un asile et leur a témoigné combien elle était pénétrée de leur zèle. On s'est retiré ; il était minuit et M. de La Fayette n'avait pas donné de réponse...

Journal de la Cour et de la Ville, 25 avril 1791 : M. de La Fayette est inébranlable... On s'occupe, dans ce moment, du discours prononcé par M. de La Fayette au conseil général de la Commune. En voici le résumé : il est très sensible aux démarches

1. *Mémorial de Gouverneur Morris*, tome I, page 309.

de la garde nationale, mais il ne croit pas devoir en reprendre le commandement parce que rien ne lui assure que la loi sera désormais mieux respectée que par le passé.

... On débite que M. de La Fayette consent à reprendre le commandement, mais qu'il exige un nouveau serment des soldats d'obéir à ses ordres. Nous l'avons dit : M. de La Fayette marche entre deux abîmes et, tôt ou tard, il périra victime de l'un ou l'autre parti. La retraite seule pouvait le sauver : si ce parti n'est pas le plus héroïque, il est au moins le plus sûr.

26 avril 1791 : M. de La Fayette, après les simagrées d'usage, vient enfin de céder à la douce violence que lui ont faite les cinquante-sept bataillons (sur soixante) qui sont allés chez lui, le solliciter de reprendre une place que lui seul peut occuper dignement.

Il acceptait, une fois encore, de rester, mais son prestige était sapé sur sa droite comme sur sa gauche. Marat, Desmoulins l'injuriaient, le traitaient de « petit ambitieux, vil suppôt du despote », et dénonçaient « les honteux artifices du sieur Motier ». Camille Desmoulins disait que « n'ayant pas l'âme assez grande pour jouer le rôle de Washington, il n'attendait que le moment de jouer celui de Monk ». Cependant la cour le considérait comme un ennemi : « Il m'a paru, disait-il, que la reine était aigre, qu'elle songeait à être belle dans le danger plutôt qu'à le détourner ; qu'elle me haïssait, m'estimait... » Ce qui était assez bien observé. La reine, comme La Fayette lui-même, tenait à son personnage, ce qui est parfois le meilleur moyen d'assurer la dignité de la personne.

A Louis XVI, La Fayette disait : « S'il faut choisir entre le peuple et le roi, vous savez bien que je serai contre vous... Je suis naturellement républicain, mais mes principes euxmêmes me rendent à présent royaliste... » A la reine : « Vous devez avoir, Madame, d'autant plus de confiance en moi que je n'ai aucune superstition royaliste... Il y a plus de fond à faire sur un ami de la liberté, qui agit par conviction, que sur un aristocrate entraîné par un préjugé. »

Mais le sort en était jeté. La famille royale ne croyait plus à une coexistence pacifique avec la révolution. Audehors, les émigrés annonçaient une action prochaine et cherchaient des alliés étrangers. En France on commençait à voir, surtout dans le Midi, des signes de contre-révolution. Le roi croyait pouvoir compter sur quinze régiments. A Montmédy et à Metz, le général de Bouillé, cousin de La Fayette, était prêt à accueillir les souverains et préparait un plan d'évasion. Jusqu'à la mort de Mirabeau, il avait recommandé à la cour de maintenir de bons rapports avec celui-ci, sur l'ambition et la cupidité duquel on pouvait compter, tandis que La Fayette (disait Bouillé) était un enthousiaste et un fou. Mme de Simiane elle-même répétait à son amant combien elle était lasse des désordres et des malheurs dus à ces bouleversements. Mais Gilbert était un professionnel de l'espérance, comme Adrienne de la fidélité. Tous deux continuaient à croire en un avenir de réconciliation, alors que le parti de Louis XVI était pris.

La famille royale avait décidé de fuir vers Montmédy où un corps de troupes, commandé par Bouillé, l'attendait. L'ambassadeur d'Autriche, Mercy-Argenteau, et un jeune Suédois amoureux de la reine, Axel de Fersen, étaient dans le complot. A Paris, La Fayette commandait les troupes du château des Tuileries, où le service était assuré par la garde nationale et le régiment des gardes suisses. Sous prétexte de protéger un trésor, le roi avait fait faire un passeport au nom de la baronne de Korff, allant à Francfort avec deux enfants et ses domestiques. Bailly, maire de Paris, avait reçu de nombreuses dénonciations, mais n'y croyait guère. La Fayette passa aux Tuileries, renforça les consignes. Comme il quittait le château, dans la nuit du 20 au 21 juin, la reine qui, à pied, allait rejoindre, à l'extrémité du Carrousel, une voiture conduite par Fersen, passa tout près de La Fayette. Il rentrait chez lui, rue de Bourbon, et traversait le Carrousel pour gagner le Pont Royal. La reine portait un chapeau à long voile, et la nuit était fort obscure. Elle s'accorda le plaisir de donner un

coup de badine sur l'une des roues de la voiture du général.
Ce fut seulement entre six et sept heures du matin qu'on
découvrit la fuite du roi. La Fayette, tiré de son lit, bondit
aux Tuileries. Il avait, sur les épaules, une terrible responsabilité, ayant donné sa parole que Louis XVI ne partirait
pas. Aussitôt il expédia, sur toutes les routes, des officiers
de la garde nationale, avec ordre d'arrêter les fugitifs. Son
aide de camp, Louis Romeuf (fils d'un voisin d'Auvergne,
gros fermier de Brioude, et tout dévoué à son chef), portait
l'ordre de ramener immédiatement la famille royale à
Paris. Dans les rues, une foule excitée était prête à s'en
prendre au jeune général. Il alla pourtant à pied, très courageusement, d'abord à l'Hôtel de Ville, puis à l'Assemblée.
Le 22 juin, on arrêta un homme pour avoir dit « qu'il était
étonnant que La Fayette, qui avait répondu du roi sur sa
tête et qui l'avait laissé partir, n'eût pas encore la tête
coupée et promenée au bout d'une pique[1] ». Le soir, on
apprit que Louis XVI avait été reconnu et pris, à Varennes-
en-Argonne. L'Assemblée envoya trois commissaires :
Petion, Barnave et La Tour-Maubourg, pour le ramener.
Le 25 juin, la berline royale fit sa rentrée dans Paris. Des
ordres sévères avaient été donnés. On avait affiché : *Celui
qui applaudira le roi sera bâtonné; celui qui l'insultera sera
pendu.* La garde nationale bordait les rues, fusils renversés,
comme pour un deuil. La Fayette protégea lui-même l'arrivée des souverains aux Tuileries. Le vicomte de Noailles
et le duc d'Aiguillon se présentèrent pour « donner la
main » à la reine et l'aider, protocolairement, à descendre
de voiture. Les sachant amis de la Révolution, elle eut peur
d'eux; elle avait tort; ils ne voulaient que la défendre en
cas de danger.

La Fayette mit lui-même la famille royale en sûreté,
dans une des salles du palais. Puis il se présenta au roi
et lui dit, avec respect :

« Sire, Votre Majesté connaît mon attachement pour

---

1. ALEXANDRE TUETEY : *Répertoire général des sources manuscrites
de l'histoire de Paris pendant la Révolution française*, tome II, n° 2627.

elle; mais je ne lui ai pas laissé ignorer que, si elle séparait sa cause du peuple, je serais du côté du peuple.

— C'est vrai, lui répondit Louis XVI avec bonhomie, vous avez suivi vos principes; c'est une affaire de parti. A présent, me voilà... »

La Fayette ayant alors demandé les ordres du roi, celui-ci dit en riant :

« Il me semble que je suis plutôt à vos ordres que vous n'êtes aux miens. »

Adrienne, épouse loyale mais aussi conscience inflexible, dit « qu'en aucune circonstance de la vie de son mari, elle ne l'avait autant admiré ». Il se conduisait en homme d'honneur. D'une part il renonçait à ses inclinations républicaines, pour tenir son serment au roi; de l'autre, dans les rapports pénibles auxquels sa position l'obligeait, il prenait tous les risques et supportait tous les blâmes, pour épargner à l'auguste famille ce qu'il pouvait d'humiliations douloureuses. Adrienne elle-même s'empressa d'aller aux Tuileries, aussitôt que la reine commença de recevoir quelques personnes. Ce ne pouvait être une visite agréable, car elle s'y trouva la seule femme de son parti et savait qu'elle serait accueillie avec froideur, mais elle pensait, ainsi que La Fayette, que « la politique ne devait pas, dans une telle situation, régler les rapports personnels ».

Chaque jour, on voyait arriver au château des députations soupçonneuses, qui voulaient s'assurer par elles-mêmes des précautions prises contre le risque d'évasion. On réveillait souvent La Fayette, pour l'informer que le roi et la reine avaient repris la fuite, ce qui était faux. Dans les premiers jours, Marie-Antoinette avait été forcée de se lever, de se vêtir et de se coucher devant les gardes chargés de sa surveillance. La Fayette parvint à calmer ces hommes et à leur faire comprendre l'indécence de leur attitude.

La reine voyait souvent La Fayette; il entrait chez elle plus souvent que les circonstances ne l'eussent exigé. Elle était polie, quoique lointaine, et lui parlait non seulement sans aigreur, mais avec aisance, de choses indifférentes.

V

LE COMMENCEMENT DE LA FIN

> Le privilège des grands, c'est
> de voir les catastrophes d'une
> terrasse.
>
> JEAN GIRAUDOUX.

DE CE jour, les souverains furent des prisonniers.
Pourtant l'Assemblée décida, le 15 juillet 1791,
d'admettre le principe de l'irresponsabilité du roi
et de maintenir la dynastie. Mille citoyens signèrent une
pétition, pour protester, et la portèrent au Champ-de-Mars,
le 17 juillet. Deux « suspects » qui, selon La Fayette, n'é-
taient que de malheureux invalides, trouvés cachés sous
l'autel de la Patrie, furent mis à mort par les « brigands ». La municipalité proclama la loi martiale. La garde
nationale dut tirer sur le peuple soulevé; le Champ-de-
Mars, un an seulement après la fête de la Fédération, fut
jonché de morts dont les passions, comme c'est la coutume,
exagérèrent le nombre.

Il est difficile d'imaginer l'angoisse d'Adrienne pendant
que Gilbert était, au Champ-de-Mars, en butte à la rage
d'une multitude forcenée dont une partie reflua vers le
domicile conjugal en criant : « Il faut tuer sa femme et porter la tête au-devant de lui! » Les enfants se rappelèrent
toute leur vie des cris affreux, l'effroi des habitants de la
maison, et la joie qu'éprouva au contraire leur mère à

penser que les « brigands », venus la menacer, n'étaient plus au Champ-de-Mars.

Elle nous embrassait en pleurant de joie et prenait, dans ce danger pressant, les précautions nécessaires avec un calme et surtout avec un soulagement bien grands. On avait doublé la garde, qui se mit en bataille devant la maison ; mais les brigands furent au moment d'entrer chez ma mère, par le jardin qui donnait sur la place du Palais-Bourbon et dont ils escaladaient le mur, lorsqu'un corps de cavalerie, qui passait sur la place, les dispersa[1]...

La popularité de La Fayette et de Bailly fut éclaboussée par ce sang. Camille Desmoulins s'attacha à détruire ces deux hommes : « Comment ? Nous pouvons enfoncer notre chapeau devant la femme du roi et il faudra l'enlever devant le cheval blanc ! Je ne pourrai parler du grand nez de Bailly et du toupet de La Fayette ! » Il appelait le général : *Don Quichotte des Capets*, *Fleur de janissaires*. C'était préparer des échafauds.

De province, Adrienne recevait de sombres nouvelles. En Auvergne, à Plauzat, sa sœur Montagu constatait la lente désaffection du peuple. Sur ce canton, jusque-là tranquille, soufflait l'esprit révolutionnaire. On organisait des clubs, des gardes nationales ; dans la campagne, on brûlait quelque château. De la chambre où elle tricotait des robes de laine grise rayées de noir, pour les filles pauvres du village, Pauline de Montagu entendait de violentes harangues en patois auvergnat. Les gens qui, six mois auparavant, acclamaient leurs seigneurs passaient devant eux, le chapeau sur la tête, en sifflant le *Ça ira !* Quand les Montagu se promenaient avec leur petite Noémi, des patriotes sans héroïsme, cachés derrière des haies, hurlaient : « A la lanterne ! » Comme il n'y avait jamais eu de lanternes à Plauzat, cela était aussi ridicule que pénible.

Le curé de la paroisse changeait d'attitude trois fois par jour. On le quittait orthodoxe après dîner ; le lendemain,

1. *Notice sur Madame de La Fayette par Madame de Lasteyrie, sa fille*, page 226.

on le retrouvait schismatique. Pareille faiblesse dans un ecclésiastique inspira un tel dégoût à Pauline que cette femme, si pieuse, cessa d'aller à l'église. Elle essaya de convaincre son mari de rejoindre le vicomte de Beaune, émigré. Mais Montagu, comme son beau-frère La Fayette, espérait encore. Il eût voulu rallier tous les Français de bonne foi. Pauline lui demanda « si c'était avec les braillards du club de Plauzat qu'il prétendait lever la bannière ». Il finit par consentir au départ, non pour l'Allemagne, mais pour l'Angleterre. Toutefois il retarda encore le choix de la date.

Enfin, le 14 septembre, la constitution fut terminée. Le roi vint à l'Assemblée pour l'accepter publiquement. Le peuple, enchanté, crut à une réconciliation. « Le terme de la Révolution est arrivé, dit Louis XVI, que la nation reprenne son heureux caractère. » Mais on ne démobilise pas si facilement les passions. Le 30 l'Assemblée, ayant terminé ses travaux, se sépara. Auparavant elle avait décidé, sur la proposition de « l'incorruptible Robespierre », qui trouvait ses collègues trop peu révolutionnaires et voulait voir le personnel politique entièrement renouvelé, qu'aucun de ses membres ne pourrait faire partie de la nouvelle assemblée. C'était priver le pays de l'expérience acquise. « Il ne nous restait plus, dit Malouet, qu'une grande faute à faire et nous n'y manquâmes point. »

La constitution acceptée par le roi, la Constituante se séparant, les constituants écartés, La Fayette considéra que sa tâche était terminée et qu'il pouvait partir en beauté. Il gardait les yeux fixés sur le grand exemple de Washington. Celui-ci, après la victoire, avait choisi de se retirer sur ses terres. La Fayette décida d'imiter, en cela aussi, son modèle. Il donna sa démission et ce fut, pour Adrienne, une grande joie. Elle avait partagé sans crainte les dangers ; elle ne voulait pas que son mari fût amené à prendre la responsabilité de mesures que sans doute il désapprouvait. Il sembla, pendant ces derniers jours, avoir retrouvé sa popularité. Bailly lui dit : « Nous n'oublierons jamais le héros des deux mondes, qui a eu tant de-part à la Révolution. » La garde nationale lui offrit une épée à garde d'or, avec sa devise : *Cur non ?* et cette inscription : *A La Fayette, l'armée parisienne reconnaissante, l'An III de la liberté.* Des pétitions demandèrent que les honneurs du Panthéon lui fussent rendus après sa mort. Il eut la sagesse, dès le début de cette nouvelle lune de miel entre la nation et lui, de partir pour Chavaniac. Peut-être eût-il souhaité devenir maire de Paris, Bailly ayant donné sa démission, mais la reine, qui ne pouvait plus le supporter, suscita la candidature de Pétion (qu'elle avait connu pendant le retour de Varennes) et Pétion l'emporta. C'était une folie, car La Fayette eût beaucoup mieux défendu la famille royale, mais Marie-Antoinette préférait un bourgeois naïf à un noble qui lui faisait la leçon.

Le voyage vers l'Auvergne fut flatteur pour l'amour-propre de Gilbert.

La Fayette à Mme de Simiane : Chavaniac, 20 octobre 1791 : Mon voyage a été bien long mais, obligé de m'arrêter partout, de traverser les villes, les bourgs à pied, de recevoir des couronnes civiques de quoi remplir toute la voiture, je ne puis plus aller aussi vite qu'autrefois. J'ai quitté Clermont la nuit; la ville était illuminée. Nous avons été conduits par la garde nationale et des hommes portant des torches, qui faisaient vraiment un spectacle charmant. A Issoire, que bien connaissez, on est excellemment patriote; vous sentez que j'ai été bien reçu, ainsi qu'à Lempdes; Brioude m'a fait toutes les fêtes imaginables[1]...

Adrienne, qui suivait avec ses filles dans une autre voiture, avait écrit à sa sœur Pauline qu'elle ferait une halte à Plauzat, pour se réjouir avec elle de l'heureuse fin de la Révolution.

Mme de Montagu ne put s'empêcher de pleurer en lisant cette lettre, car rien n'est plus triste que les illusions de ceux qu'on aime, lorsqu'on en voit d'avance le néant. La Révolution était, en effet, si peu finie qu'elle trembla à l'idée de la visite qu'on

---

1. *Mémoires, Correspondance et Manuscrits du général La Fayette,* tome III, page 188.

lui annonçait. M. de Beaune était homme à lui fermer sa porte, même sur la terre étrangère, si, par hasard, il venait à apprendre qu'elle eût reçu le général La Fayette dans sa maison de Plauzat. Elle écrivit donc à sa sœur, le cœur serré, qu'elle ne pouvait, sans encourir la disgrâce de son beau-père, lui donner l'hospitalité qu'elle demandait. Mais elle alla, furtivement, l'attendre sur la grande route, au relais de Vaire, où elle savait qu'elle devait passer. C'est dans une obscure auberge, en cachette, qu'elle lui fit ses adieux. L'entrevue fut courte et touchante. Les deux sœurs se promirent, en pleurant, de s'écrire souvent et M. de La Fayette, quoique blâmant beaucoup la résolution de son beau-frère, embrassa la jeune émigrante avec un redoublement d'affection[1]...

Il est beau, dans les temps où les passions obscurcissent le jugement, de voir les affections privées surmonter les conflits publics. Pauline de Montagu ne comprenait plus sa sœur ni son beau-frère, mais elle les aimait. A son père, le duc d'Ayen, elle avait écrit pour se réjouir de la démission de La Fayette : « Il va goûter le repos, une vraie retraite. » Puis, du relais de Vaire :

Comme j'aime à partager avec vous, mon cher papa, et que, sur les faits que je vais vous annoncer, je connais votre incrédulité, je ne veux pas laisser partir de courrier sans vous apprendre que M. de La Fayette est arrivé ici ce soir et y couchera, parce que je l'ai, de ma propre autorité, expulsé de notre séjour habituel. J'ai établi le mien ici depuis deux jours... Il m'a paru bien doux lorsque j'ai pu embrasser le voyageur qui, dans toute sa simplicité et amabilité, a fait la route avec sa femme qui est dans l'ivresse de la joie et du bonheur... Ce qui vous surprendra, c'est le genre de vie qu'il va adopter dans sa retraite où il n'emmène pas un seul secrétaire; où il fait venir ses meubles, sa bibliothèque; où des vaches suisses, des moutons d'Espagne et un baudet de Malte vont faire son occupation. Il est, au vrai, excédé de celles qu'il a eues depuis vingt-sept mois[2]...

A Chavaniac, l'accueil fut maternel. La tante Charlotte (soixante-douze ans) avait horreur de « toutes les nou-

---

1. A. CALLET : *Anne-Paule-Dominique de Noailles, marquise de Montagu*, pages 72-73.
2. Lettre inédite. Collection Fabius.

veautés » qui gagnaient jusqu'à l'Auvergne, mais son affection pour son neveu demeurait intacte. Il se croyait fermement décidé à ne plus être qu'un *gentleman farmer*.

A Mme de Simiane : Me voici arrivé dans cette retraite... Je mets autant de plaisir, et peut-être d'amour-propre, au repos absolu que j'en ai mis depuis quinze ans à l'action qui, toujours dirigée vers le même but et couronnée par le succès, ne me laisse de rôle que celui de laboureur[1]...

Il avait fait venir d'Angleterre un fermier expert, Mr. Dysson, pour se mettre au courant des méthodes modernes d'élevage. Bientôt il étonna les villageois en introduisant des bovins et des porcs anglais. L'architecte Antoine Vaudoyer arriva de Paris pour aménager le château ; il entreprit d'immenses travaux. Dans la tour du Trésor, La Fayette installa ses souvenirs de la Révolution. Une tapisserie d'Aubusson couvrit les murs de sa chambre, mais c'est dans le cabinet de toilette qu'il mit son lit, un austère lit de camp et, aux murs, des toiles de Jouy représentant des scènes de la vie américaine.

Travaux, mobilier, achats de bétail, tout cela coûtait fort cher. Pour subvenir à tant de dépenses, il dut vendre des terres. Les plus grosses dettes payées, son revenu, qui avait été de cent vingt-huit mille livres en 1782, tombait à cinquante-sept mille livres. L'indépendance américaine et la révolution française coûtaient au ménage plus de la moitié de sa fortune. C'était Adrienne qui, avec le fidèle Morizot, devait parer au plus urgent. En décembre 1791, elle lui écrivait qu'elle allait essayer d'emprunter deux mille écus dans le voisinage. Sinon, elle devrait lui demander de l'argent pour janvier et février :

Nous sommes ici dans une paix profonde. M. de La Fayette en goûte les douceurs comme s'il n'avait jamais connu une vie plus active. Ses champs, sa maison, Mademoiselle sa tante (*sic*)

1. *Mémoires, Correspondance et Manuscrits du général La Fayette*, tome III, page 189.

ses enfants, quelques lettres à écrire, voilà qui occupe toute sa vie. Une guerre contre les émigrants pourrait seule le tirer d'ici et j'espère qu'elle n'aura pas lieu[1].

La duchesse d'Ayen avait promis de venir se reposer à Chavaniac. En route, elle s'arrêta deux semaines à Plauzat. Pauline de Montagu n'osait, par crainte de troubler la joie de cette réunion, lui annoncer qu'elle s'apprêtait à quitter la France. Sa mère, la voyant soucieuse, n'en demandait pas la raison. Les calamités du temps suffisaient à engendrer la mélancolie.

Il y avait alors, dans l'état des affaires, une si effrayante obscurité que la duchesse d'Ayen avait pris le parti d'en détourner la vue et de regarder plus haut. Dans ce désordre universel, jamais sa foi n'avait été plus vive et ne s'était communiquée à sa fille en un langage plus simple, plus clair et plus beau... Mme de Montagu l'écoutait donc avec ravissement tandis que, travaillant avec elle, la duchesse lui expliquait, à l'aide de souvenirs empruntés à la Bible et à d'autres histoires, comment les miséricordes de Dieu se montrent jusque dans ses colères, lui apprenant à adorer ses voies... Dans ces journées orageuses de l'automne, s'il y avait une heure de beau temps, on en profitait pour hasarder une promenade aux environs, mais sans trop s'écarter des vieilles tours. La mère et la fille passèrent ainsi ensemble quinze jours, sans se communiquer une seule fois, au moins directement, les tristes pensées qu'elles avaient au fond du cœur. L'absence du maître du château, la vue de l'église où elles n'entraient pas, le son des cloches qu'elles faisaient semblant de ne pas entendre, tout leur rappelait assez ce que, d'un accord tacite, elles feignaient d'oublier[2]...

La duchesse d'Ayen arriva donc à Chavaniac sans rien savoir du projet d'émigration de Pauline. L'aînée de ses filles, Louise de Noailles, vint l'y rejoindre. Adrienne, heureuse de se trouver enfin dans un univers plus tranquille, avec un mari en apparence résigné à la retraite, avec ses trois enfants, sa mère et sa sœur, jouissait de

---

1. Lettre inédite. Archives de La Grange.
2. A. CALLET : *Anne-Paule-Dominique de Noailles, marquise de Montagu*, pages 74-76. .

cette accalmie sans trop penser à l'avenir. Gilbert disait
que la Révolution était finie; il fallait le croire.

Les électeurs de la Haute-Loire le nommèrent, à l'unanimité, administrateur de ce département. Il refusa en disant
qu'il avait pris la ferme résolution de vivre en simple
citoyen et de ne plus s'occuper que de ses problèmes domestiques. Sans doute était-il sincère — comme tous les
hommes — pour un temps. Mais en décembre, les bruits
de guerre, les provocations des émigrés et de leurs amis
étrangers, amenèrent la formation de trois armées de
cinquante mille hommes, dans le Nord et le Nord-Est de
la France. Narbonne, ministre de la Guerre (par la grâce
de Mme de Staël, dont il était l'amant et qui l'aimait avec
une passion qu'il jugeait ridicule, étant un homme d'Ancien
Régime) proposa au roi, pour les commander, Lückner,
vieux général allemand de la guerre de Sept Ans, qui avait
l'âme petite, l'avarice sordide, mais une réputation de
stratège, le maréchal de Rochambeau et le général de
La Fayette. Louis XVI ne formula d'objections que contre
La Fayette. « Sire, lui dit Narbonne, si Votre Majesté ne le
nomme pas aujourd'hui, le vœu national vous y obligera
demain. »

La Fayette avait un tel désir de revenir au métier militaire, cette fois avec un grand commandement français, et
aussi une telle certitude d'être utile à son pays comme à
ses idées, qu'il accepta. Adrienne, au désespoir, décida de
rester à Chavaniac. Elle aimait la vieille tante, tranchante
et passionnée; elle ne voulait pas l'abandonner au moment
où Gilbert la quittait. La Fayette partit en toute hâte,
traversa Paris, vit le roi, qui le reçut poliment, et fut escorté,
jusqu'à Gonesse, par des détachements de la garde nationale qui l'acclamaient avec enthousiasme. L'homme au
cheval blanc gardait quelque prestige. Un de ses aides
de camp, Pillet, l'écrivait à Mme de La Fayette :

Paris, ce 24 décembre 1791 : Madame, M. de La Fayette est
arrivé ici comblé des bénédictions et des marques d'attachement

du peuple de toutes les villes qui, sur sa route, s'empressait
de courir au-devant de lui. Le temps qu'il a été obligé de perdre
en compliments, voulant arriver à jour fixe, il a cru pouvoir le
prendre sur son repos, mais heureusement, quoiqu'il ait couru
jour et nuit, la fatigue du voyage ne paraît pas avoir altéré en
rien sa santé, et tous ses amis, qui l'avaient vu quitter Paris
malade, ont vu avec bien de la joie et la fraîcheur et l'embonpoint qu'il avait pris à Chavaniac.

Tous les visages ici s'épanouissent au nom de M. de La Fayette;
partout on le voit, on le reçoit comme le libérateur de la patrie,
comme le seul en qui elle ait mis ses espérances, et il paraît
content des dispositions des esprits. L'opinion générale, et
surtout dans les cabinets des ministres, est que nous n'aurons
pas la guerre, mais que, pour faire cesser l'état d'anxiété dans
lequel était la nation et surtout pour rallier les amis de l'ordre
et réchauffer l'esprit public, il fallait prendre des mesures vigou-
reuses et déployer un appareil imposant. Ainsi l'avenir, comme
vous le voyez, ne présente rien d'alarmant...

M. de La Fayette a paru vivement affecté, le long de la route,
de l'état dans lequel il vous avait laissée. Il espère, les bruits
de guerre se dissipant, que Mme de Chavaniac reprendra un
état plus tranquille, et que sa tendresse pour lui lui fera prendre
assez d'empire sur elle-même pour ne pas altérer sa santé[1]...

De Metz, quartier général de son époux, Adrienne reçut
des lettres où la tactique et la politique tenaient la plus
grande place. Ce n'était pas manque d'affection, mais
confiance en l'esprit vigoureux d'une femme capable de
tout saisir et de s'intéresser à tout. La Fayette se piquait
d'être bon soldat. Il trouva des armées au-dessous du
médiocre. Un tiers des officiers avait émigré; un autre
tiers, hostile à la Révolution, désertait à la veille d'un
combat. Vétérans et volontaires s'entendaient mal. On
pensait que le général révolutionnaire serait plus indulgent
que les vieux maréchaux; ce fut le contraire. Ceux-ci
croyaient devoir fréquenter les clubs; il n'y mit pas les
pieds. Son ordonnance de discipline fut plus sévère que
celle de l'Ancien Régime.

Mais Paris ne le secondait pas. La nouvelle Assemblée

1. Lettre inédite. Archives de La Grange.

voulait la guerre, sans avoir les moyens de la gagner. En mars, Narbonne fut renvoyé et un ministère girondin (Dumouriez, Roland) vint au pouvoir. Dumouriez, homme intelligent, soldat courageux, étourdi et vénal, amant de la sœur du célèbre émigré Rivarol, inspirait peu de confiance à La Fayette. La Fayette n'aimait pas les hommes qui dominaient la nouvelle Assemblée. A sa confidente Adrienne, il fit passer une lettre secrète :

Metz, 18 avril 1792 : ... Je ne puis dissimuler que la guerre devient probable. Il y a de l'espérance encore, mais je parierais beaucoup plus pour la guerre. Nous camperons vers le 10 mai. Les partis sont divisés à présent de cette manière : Robespierre, Danton, Desmoulins, etc., etc., forment la tourbe jacobine. Ces marionnettes sont conduites des coulisses et servent la cour, en désorganisant tout; criant que nous sommes battus, sans ressources; en attaquant La Fayette « qui a trompé, disent-ils, le peuple et la cour; qui a conduit M. de Bouillé, bien moins coupable, et qui est plus dangereux que l'aristocratie ». J'ai eu, par mes amis une explication avec les deux ministres à qui j'ai affaire, et cette explication en produira une avec des personnes principales de l'Assemblée, sans être provoquée par moi; j'avais renouvelé ma profession de foi à un ami chargé de savoir à quoi je devais m'en tenir. J'ai demandé qu'on respectât la liberté civile et religieuse, qu'on travaillât à l'ordre public, enfin beaucoup de choses de ce genre, sur lesquelles vous connaissez mes principes. Il me paraît qu'on les a adoptés. Quant à ce qui m'est personnel, je n'ai qu'à me louer du ministère actuel, ou, pour mieux dire, des deux ministres des Affaires étrangères et de la Guerre à me donner tout ce que je désire. Voilà ma position; je n'ai, comme je l'avais mandé, d'autre parti que la nation française; mais mes amis et moi, nous servirons quiconque voudra faire le bien, défendre la liberté et l'égalité, maintenir la Constitution, en repoussant tout ce qui tend à la rendre aristocrate ou républicaine, et, lorsque la volonté nationale exprimée par les représentants qu'on a choisis, et par le roi, nous aura dit que la guerre est inévitable, je concourrai le mieux que je pourrai à son succès[1]...

Curieuse lettre, pour un mari et père éloigné des siens, mais lettre digne de celle à qui elle était adressée. Adrienne,

1. *Mémoires, Correspondance et Manuscrits du général La Fayette,* tome III, pages 428-430.

comme son époux, tenait avant tout à garder la tête haute.
L'attaque des Pays-Bas, ordonnée par le ministère, fut
un échec total. Les hussards autrichiens mirent la panique
dans l'armée qui, criant à la trahison, se retira en désordre
sur Lille et Valenciennes. Paris s'affola. Le roi renvoya le
ministère girondin. Robespierre dénonça les généraux et
organisa l'émeute. Le 20 juin 1792, le roi fut traité, aux
Tuileries, comme il l'avait été le 5 octobre 1789 à Versailles.
La foule envahit le palais. Aucune garde ne le défendait.
Au cri de : « A bas Monsieur Veto! » des hommes armés de
piques acculèrent Louis XVI dans l'embrasure d'une
fenêtre. Il coiffa le bonnet rouge et but à la santé de la
nation, mais ne céda pas sur l'essentiel : « J'ai reçu les
sacrements; je n'ai peur de rien... Je ferai ce que la Constitution me commande de faire. »

La Fayette, indigné par cette émeute, quitta son quartier général pour venir, à la barre de l'Assemblée, dénoncer
« la secte qui envahit la souveraineté nationale » et demander des poursuites contre les responsables du 20 juin. Il
fut très applaudi. L'opinion se ralliait à lui. Il se proposait
de profiter d'une revue de la garde nationale pour entraîner
celle-ci contre les jacobins. Il fit preuve, en ces jours décisifs, d'une constance et d'une résolution dignes des plus
grands éloges. Mais la reine qui, par une étrange obstination, ne voulait à aucun prix devoir son salut à La Fayette,
prévint Pétion qui décommanda la revue. *Quos perdere
vult...* La Fayette regagna son armée; la monarchie avait
rejeté sa dernière chance.

A Chavaniac, la vie d'Adrienne était d'une sombre tristesse. Elle n'avait plus personne auprès d'elle pour partager ce qu'elle souffrait. Sa mère et, plus tard, sa sœur
Louise avaient été obligées de retourner à Paris. « Elle
leur avait dit un adieu qu'elle était loin de croire le dernier! »
La violence des sentiments politiques de Mme de Chavaniac, résolument hostile à une révolution à laquelle d'ailleurs elle ne comprenait rien, empêchait Adrienne de
trouver en elle une ressource. Seule Anastasie, âgée de

quatorze ans, lui procurait quelques consolations; Virginie (dix ans) était trop jeune et l'émigration des Montagu les sépara bientôt d'Adrienne.

Ils quittèrent la France sans faire d'adieux, sauf à Rosalie de Grammont. S'expatrier devenait dangereux et malaisé. Pauline et Rosalie firent ensemble, à Paris, les emplettes indispensables au voyage et, le 7 décembre, au petit jour, malgré une abondante chute de neige, allèrent ensemble entendre la messe dans un oratoire clandestin. Elles empruntèrent, à pied, des chemins détournés pour que l'empreinte de leurs pas sur la neige n'attirât pas l'attention. La chapelle improvisée était au troisième étage et un cierge unique l'éclairait. Le soir, les deux sœurs emballèrent linge et vêtements à l'insu des domestiques. Le vent grondait au-dehors. Montagu vint dire à sa femme : « Tout est prêt », et serra la main de sa belle-sœur, comme s'il fût seulement allé passer quelques jours à la campagne. Mme de Grammont attira sa sœur près de la cheminée et lui demanda si elle avait pris ses diamants.

« A quoi bon? soupira Pauline. Nous n'allons pas à une fête .

— C'est parce que vous n'allez pas à une fête, pauvre chère, qu'il *faut* les emporter. »

Mme de Montagu alla chercher son coffret à bijoux et le dissimula sous son manteau, Puis les tristes sœurs échangèrent des boucles de cheveux.

Les Montagu arrivèrent, le lendemain soir, à Calais d'où ils s'embarquèrent pour l'Angleterre.

A Mme de La Fayette, la déclaration de guerre inspira d'affreux pressentiments. Les troubles intérieurs ajoutaient encore à son inquiétude. A Chavaniac même, les dissensions entre girondins et jacobins éveillaient de faibles échos, précurseurs d'orages. Pourtant Adrienne avait des bonheurs de conscience. Une courageuse lettre de son mari à l'Assemblée et son apparition à la barre pour la soutenir « mêlèrent à ses tourments toutes les jouissances qu'elle était accoutumée à trouver dans sa conduite ». Elle seule voyait Gilbert comme il voulait se voir : chevalier sans peur et sans reproche. Mais elle souffrait de le savoir exposé à tant de dangers différents. Il lui proposa de venir le rejoindre à Metz, ce qui lui fut très doux, en lui montrant le désir qu'il avait de sa présence.

Mais elle craignit que, dans l'effervescence des esprits, son déplacement ne servît de prétexte aux calomnies et qu'on ne prétendît qu'il voulait mettre sa famille à l'abri. Elle avait peur aussi de gêner ses marches, qui dépendaient de tant d'événements incertains. Après quelques jours de délibération, elle résolut de se sacrifier et de rester à Chavaniac. Un bataillon de volontaires de la Gironde, qui rejoignait l'armée, passa dans le village vers ce temps; ils étaient fort exaltés; quelques-uns même parlaient de brûler le château. Ma mère donna à dîner aux officiers; fit nourrir le détachement qui logeait dans le village; sa manière noble et patriotique inspira du respect et préserva de tout accident[1].

Peu après elle apprit l'insurrection du 10 août. A l'Assemblée, une motion pour mettre La Fayette en accusation avait été repoussée par 406 voix contre 224. Mais, audehors, la foule hua La Fayette et l'Assemblée.

Gouverneur Morris à Jefferson : Paris, 1er août 1792 :
... Je crois vraiment que, si M. de La Fayette apparaissait maintenant à Paris sans être protégé par son armée, il serait mis en pièces[2]...

En effet La Fayette était impuissant s'il n'avait l'appui du roi et le roi refusait de s'allier aux fayettistes. Il comptait sur la faiblesse de l'Assemblée, en quoi il avait raison, et sur celle des jacobins, en quoi il avait tort. Le 10 août, la grosse cloche des cordeliers appela aux armes les émeutiers. La Commune légale, opposée à la Commune insurrectionnelle, voulait défendre Louis XVI. Elle avait posté

1. *Notice sur Madame de La Fayette par Madame de Lasteyrie, sa fille*, pages 230-231.
2. *The Life of Gouverneur Morris, with selections from his correspondence and miscellaneous papers*, by JARED SPARKS, tome II, page 191 (Boston, Gray and Bowen, 1832, 3 vol.).

aux Tuileries des Suisses, des gendarmes et la garde nationale, celle-ci pas très sûre, mais on comptait sur Mandat-
Grancey, son commandant. Danton, pour se débarrasser
de lui, le fit mander à l'Hôtel de Ville où il fut arrêté, puis
tué. Les bustes de La Fayette, de Bailly et de Necker
furent enlevés, mutilés, aux applaudissements de la foule.
La popularité est aussi fragile que les images qu'elle suscite.

Le 10 août, l'émeute donna l'assaut aux Tuileries. Au
palais, des gentilshommes apportaient au roi leurs épées.
Le duc d'Ayen, quand il avait appris les événements du
20 juin, avait aussitôt quitté la Suisse pour reprendre son
service de capitaine des gardes, bien que cette charge eût
été abolie. Son gendre Grammont et le prince de Poix passèrent la nuit au château. Ils avaient soutenu les idées
nouvelles; ils ne les reconnaissaient plus. La reine était
pour la résistance mais Louis XVI, à l'arrivée des premières
bandes insurgées, chercha refuge, pour lui-même et sa
famille, auprès de l'Assemblée. L'assaut des Tuileries coûta
la vie à six cents Suisses, à deux cents serviteurs du roi et
à quatre cents assaillants. Le duc d'Ayen, le prince de Poix
et le marquis de Grammont en sortirent indemnes. Leurs
têtes furent mises à prix. Ils se cachèrent dans Paris et,
grâce à des serviteurs fidèles, parvinrent à s'échapper.
Les émeutiers vainqueurs envahirent l'Assemblée, pour
obtenir la déchéance du roi. Ils obtinrent sa suspension
provisoire, son incarcération à la prison du Temple et la
formation d'un gouvernement favorable à leurs désirs.
La seconde étape de la Révolution avait été franchie; la
royauté constitutionnelle s'effondrait après la monarchie
absolue.

La Fayette, qui apprit les événements du 10 août par
un officier échappé au massacre, n'était pas homme à
accepter ce renversement de politique et cette ruine de
son œuvre. A l'ère de la liberté succédait l'ère de la terreur.
Ni lui ni ses amis Noailles, La Rochefoucauld, Clermont-
Tonnerre, Broglie n'avaient voulu cela. Tous avaient rêvé
d'une constitution anglaise ou américaine, d'un royaume

libre et ordonné. Or le peuple français s'intéressait bien moins aux institutions qu'à l'insurrection, moins à l'État qu'à la société, moins à la liberté qu'à l'égalité. Le malentendu était sans remède.

Il enjoignit à son armée de rester fidèle au serment constitutionnel; il eût voulu marcher sur Paris et combattre l'émeute. Le vieux maréchal Lückner blâma ce projet : « Les sans-culottes lui couperont la tête! » dit-il, avec son gros accent allemand. C'était vrai : le meilleur ami de La Fayette, La Rochefoucauld, duc d'Enville, grand seigneur libéral s'il en fut, venait d'être assassiné à Gisors. La Fayette parvint à faire arrêter, par la municipalité de Sedan, les commissaires envoyés par le nouveau gouvernement, mais quand, le 15 août, il demanda à son armée, réunie dans une prise d'armes, de renouveler le serment « à la nation, à la loi et au roi », des murmures hostiles lui répondirent. Le héros des deux mondes avait perdu son prestige. Son charme n'opérait plus. L'Assemblée, informée de sa rébellion, le mit en accusation et enjoignit à ses soldats de reconnaître pour chef le général Dumouriez.

Tout était consommé. Cette gloire charmante qu'il avait conquise, si jeune, au péril de sa vie, et tant aimée, se détachait de lui. Que faire? Proscrit par le ministère, abandonné par ses hommes, il ne pouvait que chercher asile en pays neutre. Se battre? Avec quoi? Tenter un coup de tête? Il lui manquait le cynisme — et la force. Se livrer? Le sacrifice eût été vain et d'ailleurs, optimiste impénitent, il gardait l'espoir de faire triompher un jour la liberté. Il avait assisté à la Révolution « comme un marin assiste à un naufrage sans être dégoûté de la navigation ». Passer à l'ennemi? Cela lui eût fait horreur. Avec quelques officiers de son état-major (La Tour-Maubourg et ses deux frères, Bureaux de Pusy, Romeuf), il franchit la frontière. Un peu plus tard, Alexandre Lameth (qu'il n'aimait pas) les rejoignit. L'intention de La Fayette était d'aller en Hollande et d'y prendre contact avec le ministre américain. En fait, il s'abandonnait à son sort, « pensant qu'il valait mieux périr par la main des tyrans que par la main égarée de mes concitoyens ».

A Chavaniac, le dimanche 24 août, après dîner, toute la famille était réunie dans la chambre d'Adrienne[1]. On attendait en silence Michel, le commissionnaire qui était allé à Brioude chercher les lettres. Seule Mme de La Fayette connaissait le terrible décret de l'Assemblée contre son mari. Près d'elle sa vieille tante, appuyant de temps à autre son visage sur ses mains, regardait avec surprise Adrienne qui soupirait et ne parlait presque pas. Le curé, assis auprès de ces dames, attendait les gazettes avec impatience, avant de faire sonner les vêpres. Anastasie, honteuse d'avoir un moment joué au volant, était appuyée sur la commode avec un visage morne. George et Virginie parlaient dans un coin. M. Frestel, précepteur de George-Washington, étendu dans un fauteuil, lisait de vieux numéros du *Logographe*. « M. Vaudoyer, debout, ayant attrapé l'air convenable, n'osait plus faire un seul mouvement de peur de le perdre. » Le curé, ayant deux ou trois fois regardé sa montre, la pendule, puis à la fenêtre, regarda encore Mme de La Fayette d'un air bien triste, puis sortit de la chambre sur la pointe des pieds. Il fallait bien, tout de même, sonner les vêpres.

A chaque instant, le cœur battait plus fort. « Maman devenait plus pâle, dit Anastasie; enfin elle se leva et nous la suivîmes chez Mlle Marin. A peine y fûmes-nous que M. Frestel nous apporta des lettres. » Il y en avait une de la vicomtesse de Noailles; celle-ci apprenait à sa sœur que La Fayette était hors de France. « La joie de maman fut proportionnée aux angoisses dans lesquelles elle avait passé les jours précédents. » Ses enfants partagèrent son bonheur. Dans ce moment, Mme de Chavaniac entra :

« Y a-t-il des nouvelles de mon neveu? dit-elle.

— Oui, ma tante, lui répondit maman; il est hors de danger; il est parti.

---

1. Il existe, sur toute cette période, un récit manuscrit d'Anastasie.

— Il est parti, madame! » s'écria la tante, le regard fixe, les yeux hagards, et en frappant du pied, et en sanglotant avec violence, elle marcha vers un coin de la chambre, tantôt arrachant son bonnet et sa robe, tantôt frappant ses mains et ses genoux contre la muraille.

Comme beaucoup de vieillards, Mme de Chavaniac n'avait rien compris à la gravité de la situation et, ne voyant que son drame personnel, répétait : « Je ne le verrai plus! Je ne le reverrai plus! » Mlle Maillard lui ôta son collier et la fit asseoir.

M. Frestel et Mlle Marin conjuraient Mme de La Fayette de modérer l'expression de sa joie, qui pouvait devenir dangereuse. Déjà tous les gens de la maison venaient, l'un après l'autre, la féliciter. Félicitations d'autant plus courageuses et touchantes que Michel (le commissionnaire) avait annoncé qu'on allait venir, de Paulhaguet, brûler et piller le château. Adrienne signa rapidement des billets pour tous ses créanciers, cacha les papiers compromettants et résolut d'éloigner ses enfants. Elle se creusait la tête pour trouver un refuge pour George, quand le fils du curé de Conangles (un veuf, qui s'était fait prêtre, avait prêté le serment constitutionnel et par conséquent n'était pas inquiété) vint, de la part de son père, offrir un asile dans cette petite paroisse fort écartée, en pleine montagne. Adrienne accepta et décida aussi que ses filles iraient au château de Langeac (acheté par La Fayette avant la Révolution, mais inhabité). Anastasie et Virginie protestèrent. Elles voulaient rester avec leur mère mais celle-ci, très ferme, « les emballa dans le cabriolet » avec Mlle Marin. Elles partirent au bruit des sanglots de quelques femmes du village.

CINQUIÈME PARTIE

LES DIEUX ONT SOIF

I

LES JACOBINS A CHAVANIAC

> L'injustice du peuple, sans
> diminuer mon dévouement à cette
> cause, a détruit pour moi cette
> délicieuse sensation du sourire
> de la multitude.
>
> LA FAYETTE.

Quel chaos et quel chaos! Un mois plus tôt, Adrienne avait été la femme d'un général d'armée, puissant, respecté dans toute l'Auvergne par les autorités issues d'une révolution dont il était le père. Soudain elle devenait la femme d'un proscrit, elle-même otage, peut-être victime. Elle avait traversé applaudie, acclamée, sous les arcs de triomphe, les villes et les villages de cette province. Elle s'y sentait désormais suspecte. Sans doute de braves gens allaient rester fidèles; tous ceux qui la connaissaient personnellement l'aimaient; beaucoup la vénéraient. Mais l'opinion publique est une fille; elle se donne au plus fort. Des « brigands » couraient la campagne. Des bataillons, venus du Sud-Ouest, montaient vers les armées et remplissaient l'Auvergne de gens étrangers au pays. Le danger était immense et imminent. Adrienne résolut de ne rien sacrifier de ses principes et croyances, de revendiquer avec fierté le nom de son mari et de sauver au moins ses enfants.

Cependant Anastasie et Virginie, conduites par le cabriolet au château de Langeac, y avaient été reçues par la femme du garde, jolie, parée, mais dont le visage exprimait l'effroi.

« Peccaïre! Peccaïre! Pauvres demoiselles! s'écria-t-elle en levant ses beaux yeux bleus au ciel. Vous venez dans cette ville comme dans un lieu de répit et, pas plus tard que ce matin, il y a eu une émeute affreuse; il n'y a que trois heures qu'elle est apaisée.

— Miséricorde! dit Mlle Marin en se laissant tomber sur la première chaise rencontrée, nous fuyons les brigands et nous trouvons une émeute!

— C'est un temps bien terrible, dit la femme du garde. On a manqué tuer un homme tout près d'ici; cela fait dresser les cheveux sur la tête. »

Mais il fallait coucher la petite Virginie, morte de fatigue. Les deux sœurs partagèrent le même lit. A peine y étaient-elles étendues, que la famille Chauchat, de la poste, apporta des matelas.

« Ces demoiselles sont bien touchées, dit Mlle Marin. Mme de La Fayette...

— Ah! mademoiselle, dit le fils aîné, je donnerais ma vie pour cette famille.

— Vous êtes trop bon, dit Anastasie.

— Point du tout, point du tout, répondit la mère. Il n'y a pas un seul bon patriote qui ne risque sa vie pour M. de La Fayette et sa digne épouse. Mais nous vous gênons... »

Et ils se retirèrent. Le lendemain, les jeunes filles apprirent que la municipalité de Langeac les avait prises sous sa protection, par un arrêté. Tout n'était pas encore terreur et lâcheté.

A Chavaniac, aussitôt après le départ des petites,

Adrienne avait aidé son fils et Frestel à s'habiller en paysans. Elle leur dit adieu et leur donna sa bénédiction. Ils attendirent, pour quitter le château, que la lune fût couchée. Ils s'égarèrent dans les bois et, souffrant de la soif, cherchèrent en vain un ruisseau dans l'obscurité. Après avoir dormi au pied d'un arbre, ils arrivèrent enfin à Conangles où le curé les reçut avec une simplicité charmante. Il avait pour eux un grenier secret où George-Washington et son précepteur montaient, par une échelle, pour s'y réfugier dès qu'on entendait du bruit.

Le lendemain matin Adrienne, fatiguée par les événements de la veille, aurait voulu se reposer, mais elle fut réveillée par deux coups de canon. Elle crut que c'étaient les brigands. Point du tout, on tirait le canon pour la fête de saint Julien, patron de Brioude. Bientôt des visiteurs répandirent des rumeurs effrayantes. Une femme du Puy leur avait dit qu'on s'y rassemblait, sur la grand-place, pour aller mettre le feu à Chavaniac. Mme de La Fayette s'assura d'une chaise à porteurs, et de deux hommes vigoureux, pour transporter sa vieille tante s'il fallait fuir. L'architecte Vaudoyer, obligeant et brave, voulut bien se charger de donner, à Langeac, des nouvelles aux petites filles exilées. Inquiètes, elles faisaient le guet. Il les transporta de joie en leur annonçant, pour le lendemain, la visite de leur mère dont il loua l'extraordinaire courage. «·En effet, le soir du mercredi, écrit Anastasie, nous la vîmes paraître sur son petit cheval et bientôt nous fûmes réunies pour une demi-heure. »

Adrienne avait coutume de mettre ses filles au courant de toutes ses décisions; elle leur apprit donc qu'elle avait écrit au président du tribunal de Brioude, en le priant de faire poser les scellés à Chavaniac. C'était un moyen ingénieux de se prémunir contre « les brigands » qu'intimiderait le sceau d'une administration. Mais elle ne voulait surtout pas agir en vertu de la loi sur les émigrés, car elle n'admettait pas que La Fayette fût considéré comme tel. Elle avait donc dit qu'elle demanderait des commissaires et

un inventaire « pour sauvegarder les droits de ses créanciers ». Ces commissaires arrivèrent le lendemain et posèrent
les scellés, « le tout de manière très respectueuse; le mot
d'*émigré* ne fut pas prononcé et l'on ne parla de papa
que comme absent ». L'un des commissaires, bien que
jacobin, pleura en racontant ce qu'il avait vu à Chavaniac.

Quelques jours plus tard, Adrienne allait partir en cabriolet pour Brioude, où elle voulait louer un pied-à-terre, afin
de prouver qu'elle n'avait aucune intention d'émigrer,
lorsque Michel apporta le courrier. Joie! Actions de
grâces! Il avait une lettre de Gilbert, la première depuis
son départ. Ayant franchi la frontière avec un groupe
d'officiers, il avait été arrêté à Rochefort, petite ville
proche de Namur, par une patrouille. Dans le camp des
émigrés, on avait poussé des cris de joie en apprenant qu'on
tenait La Fayette. Le général Moitelle avait dit, avec
ravissement : « La Fayette! Courez sur-le-champ en informer Mgr le duc de Bourbon! »

La Fayette avait espéré passer en Hollande et, de là,
aux États-Unis. Il fut clair tout de suite qu'il serait, avec
ses amis, traité en prisonnier à moins que... Le marquis de
Chasteler, général autrichien qui commandait à Namur,
lui dit que le prince Charles de Lorraine arrivait de
Bruxelles tout exprès « pour le consulter sur les affaires de
France ». C'était une perche tendue. La Fayette répondit,
avec brusquerie, qu' « il ne supposait pas que personne se
permît de lui faire des questions auxquelles il ne lui convenait pas de répondre ». Les rois le jugèrent trop dangereux pour le remettre en liberté. Sur les vingt-trois officiers
français qui avaient quitté l'armée, quatre furent retenus :
La Fayette, Alexandre de Lameth, César de la Tour-
Maubourg et Bureaux de Pusy.

Tous trois avaient fait partie de l'Assemblée Constituante. Deux des frères La Tour-Maubourg et les trois
Romeuf furent, au contraire, libérés; ils n'avaient pas été
membres de l'Assemblée. Pendant des années, ils allaient
se consacrer à obtenir la libération de leur cher général.

Deux serviteurs, Félix Pontonnier et un Auvergnat surnommé « Chavaniac », suivirent leur maître. Félix, garçon
de seize ans, avait reçu une instruction fort au-dessus de
sa condition ; il aurait pu s'enfuir, n'étant pas gardé, mais
ne voulait pas quitter La Fayette auquel il servait de
secrétaire. Chavaniac, ci-devant domestique du château,
assura, pendant toute la captivité, le service personnel du
général.

La Tour-Maubourg et Bureaux de Pusy étaient les plus
chers amis de La Fayette. Pour Alexandre de Lameth, il
n'avait que de l'aversion. Lameth fut d'ailleurs vite remis
en liberté. Les trois autres restèrent dans une situation
mal définie. On ne pouvait dire qu'ils fussent prisonniers
de guerre ; ils ne voulaient pas être des aristocrates émigrés.
On allait les traiter en prisonniers d'État.

La lettre (datée de Rochefort, 21 août) qu'ouvrit, le
cœur battant, Adrienne, était cent pour cent fayettiste.
Spécialiste du plaidoyer *pro domo*, Gilbert justifiait sa
conduite envers la France, ses enfants et son épouse. Il
prenait, devant la postérité, la pose honorable à laquelle
il tenait :

Quelle que soit la vicissitude de la fortune, mon cher cœur,
vous savez que mon âme n'est pas de trempe à se laisser abattre ;
mais vous la connaissez trop bien pour n'avoir pas pitié du
déchirement que j'ai éprouvé en quittant ma patrie à laquelle
j'avais consacré mes efforts et qui eût été libre, et digne de
l'être, si les intérêts personnels n'avaient pas concouru à cor-
rompre l'esprit public, à désorganiser les moyens de résistance
au-dehors, de liberté et de sûreté au-dedans. C'est moi qui, proscrit de mon pays pour l'avoir servi avec courage, ai été forcé
de traverser un territoire soumis à un gouvernement ennemi,
pour fuir la France qu'il m'eût été si doux de défendre.

Un poste autrichien était sur la route ; le commandant a cru
devoir nous arrêter ; de là nous allons être conduits à Namur,
mais je ne puis penser qu'on y ait la mauvaise foi de retenir
plus longtemps des étrangers qui, par une déclaration patriotique et constitutionnelle, ont eu soin de se séparer des Français émigrés pour des opinions si opposées aux nôtres, et qui
annoncent l'intention de se rendre dans un pays neutre, la
Hollande ou l'Angleterre...

Quant à moi, ma perte est jurée depuis longtemps. J'aurais pu, avec plus d'ambition que de morale, avoir une existence fort différente de celle-ci; mais il n'y aura jamais rien de commun entre le crime et moi. J'ai, le dernier, maintenu la Constitution que j'avais jurée. Vous savez que mon cœur eût été républicain si ma raison ne m'avait pas donné cette nuance de royalisme, et si ma fidélité à mes serments et à la volonté nationale ne m'avait pas rendu défenseur des droits constitutionnels du roi; mais moins on a osé résister, plus ma voix s'est élevée; et je suis devenu le but de toutes les attaques. La démonstration mathématique de ne plus pouvoir m'opposer utilement au crime et d'être l'objet d'un crime de plus, m'a forcé de soustraire ma tête à une lutte où il m'était évident que j'allais mourir sans fruit.

J'ignore à quel point ma marche pourrait être retardée, mais je vais me rendre en Angleterre où je désire que toute ma famille vienne me joindre. Puisse ma tante accepter aussi le voyage! Je sais qu'on retient les familles des émigrés, mais ce sont celles des émigrés armés contre leur pays; et moi, grand Dieu! quel monstre oserait croire que je suis dans ce cas? Les postes impériales liront le peu de lettres que j'écris; cela m'est égal, pourvu qu'elles arrivent. Je n'eus jamais un seul sentiment à cacher.

Je ne fais point d'excuse, ni à mes enfants, ni à vous, d'avoir ruiné ma famille. Il n'y a personne parmi vous qui voulût devoir sa fortune à une conduite contraire à ma conscience. Venez me joindre en Angleterre; établissons-nous en Amérique; nous y trouverons la liberté qui n'existe plus en France, et ma tendresse cherchera à vous dédommager tous des jouissances que vous aurez perdues. Adieu, mon cher cœur[1].

En même temps, il avait écrit à la princesse d'Hénin (émigrée en Angleterre) une première fois de Nivelle, le 27 août 1792, sur les événements qui avaient motivé son départ, sur ses troupes « ébranlées par l'artillerie des destitutions », sur Adélaïde de Simiane aussi, car la princesse d'Hénin était confidente de cet amour : « J'irai en Angleterre; j'espère que notre amie pourra y venir; je voudrais même qu'elle pût être ici... » Puis, le 3 septembre, d'Arlon : « J'aime mieux souffrir au nom du despotisme que j'ai

1. *Mémoires, Correspondance et Manuscrits du général La Fayette*, tome III, pages 465-467.

combattu, qu'au nom du peuple dont la cause est chère à mon cœur... Depuis que j'ai quitté la France, je n'ai aucune nouvelle de notre amie; elle aura été heureuse de me savoir hors de la frontière mais, à présent, elle doit être bien inquiète. Une lettre de moi, ouverte par les jacobins, pourrait la compromettre et instruirait les monstres sur le mal qu'ils peuvent me faire en la tourmentant... » Et deux jours plus tard, de Coblence : « Adieu, ma chère princesse; je n'écris pas à notre amie, qu'une lettre compromettrait, ni à Mme de La Fayette qui est vraisemblablement en chemin pour me joindre[1]... » Il connaissait assez bien sa femme pour ne point douter d'elle. Mais comment l'eût-elle rejoint?

Cependant elle lisait et relisait la lettre de Rochefort. Après dix-huit années de mariage, Adrienne demeurait sensible au style moral de son époux. Elle s'était enfermée en tête-à-tête avec Mme de Chavaniac, pour n'avoir point de témoin de leurs « impressions déchirantes ». Puis la tante s'empara de la lettre pour la cacher et conjura sa nièce de ne rien changer au projet de voyage à Brioude. Adrienne partit donc et, à la ville, fut assez bien reçue. Un jeune garde national lui offrit son bras, pour aller à la recherche d'un logement à louer, et chemin faisant, dit soudain : « Voilà, madame, la place où nos concitoyens avaient élevé, l'année dernière, un arc de triomphe à M. de La Fayette. Les vrais patriotes le rétabliraient aujourd'hui de bon cœur. »

Il y avait, dans la ville, grande agitation car c'était le jour des élections primaires à la Convention. Certains des électeurs étaient jacobins et les amis d'Adrienne lui recommandèrent la prudence. En particulier, ils lui conseillèrent d'aller, le lendemain dimanche, à la messe célébrée par le curé constitutionnel. Elle répondit que, si sa tranquillité était au prix d'une bassesse, elle quitterait aussitôt Brioude. Elle ajouta qu'elle tiendrait à insulte tous témoignages

---

1. Lettres inédites. Collection Fabius.

d'intérêt par lesquels on prétendrait séparer sa cause de celle de son mari, qui n'était *pas* un émigré. Le bruit courut même à Brioude qu'elle aurait dit : « Je voudrais que les émigrés fussent hachés en morceaux », ce qui ne lui ressemblait guère, mais choqua beaucoup la ci-devant noblesse du pays.

Elle trouva des fidèles ; les sentiments des autres étaient fort mêlés. Ils avaient peur des jacobins et des « brigands » ; ils n'avaient pas moins peur des aristocrates, qui redeviendraient forts si jamais les Prussiens entraient à Paris. Un certain Aulagnier, électeur, tenait contre Adrienne des propos violents : « Quelle opinion peut-on avoir d'une municipalité qui a la femme La Fayette dans ses murs et qui la laisse libre ? » Le dimanche, elle alla entendre, de bonne heure, la messe dite par un prêtre non assermenté, puis reçut quelques visites. Il y en eut de touchantes ; il y en eut aussi qui impatientèrent Adrienne, comme celle d'une abbesse qui exprima des sentiments aristocrates.

Ce tragique dimanche 2 septembre était celui où, à Paris, des massacres féroces ensanglantaient les prisons. A Brioude, il y eut seulement des danses de sans-culottes autour de l'arbre de la liberté. De braves gens, craignant pour Adrienne, offrirent de la cacher, mais elle fit atteler ses chevaux et alla dîner à Langeac avec ses filles pour qui ce fut un grand bonheur. Après quoi, elle revint à Chavaniac.

Les gazettes étaient pleines de nouvelles sur la désertion de La Fayette et sur son arrestation. Mme de Chavaniac avait reçu, à son tour, une lettre de Gilbert, datée de Nivelle, le 25 août 1792 :

Je suis en bonne santé, ma chère tante, et c'est la seule nouvelle consolante que je puisse vous donner. Vous avez su par quel enchaînement de fatalités et de proscription, le plus constant ami de la liberté a été forcé d'abandonner sa patrie, qu'il lui était si doux de défendre...

On nous a arrêtés et, contre toute justice, nous avons été conduits à Namur et dans cette petite ville, pour y attendre, dit-on, la décision de l'empereur qui est à Vienne. J'ai dit que j'aimais mieux avoir à me plaindre de l'injustice des gouvernements arbitraires que de celle du peuple, et que la persécution impériale me paraissait plus naturelle que la proscription parisienne à mon égard...

Mme de La Fayette et mes enfants ne sont vraisemblablement plus à Chavaniac et je voudrais bien, ma chère tante, que vous ayez voulu consentir à les suivre. Dans tous les cas, montrez ou envoyez-leur ma lettre. Je vous prie de parler tendrement de moi aux sœurs et à tout ce qui habite Chavaniac. Dites aux habitants de la commune d'Aurac qu'ils auraient bien tort de prendre de l'humeur contre la Constitution, parce que leur concitoyen qu'ils aiment est persécuté... Adieu, ma chère tante. Je vous aime bien tendrement[1].

Il s'asseyait sur les ruines, impassible, et attendait, avec une confiance à la fois naïve et sublime, l'arrivée de sa femme et de ses enfants.

Adrienne était revenue de Brioude rassurée, on ne sait trop pourquoi. Elle autorisa ses filles à rentrer à Chavaniac. Tous les enfants du village leur firent escorte. Elles trouvèrent leur grand-tante pâle comme la mort. « Maman n'était pas changée et nous remontâmes ensemble, ivres de joie. On ramassa toutes les écuelles de la maison et nous nous mîmes à déjeuner. Ma tante tira, de son estomac, les lettres de papa qu'elle y tenait cachées. Maman les lut et les remit dans son portefeuille. »

Fallait-il renvoyer les petites à Langeac? On disait, dans le pays, que les Marseillais allaient passer par là. Un dévoué serviteur, Mercier, fut envoyé en éclaireur.

« Eh bien! Mercier? Les Marseillais sont-ils là?

— Eh non! Tout ça, c'est des histoires. On ne savait seulement pas ce que je voulais dire... On s'est moqué de moi avec toutes mes peurs. »

Pourtant, de Brioude, venaient des avertissements sinistres. Adrienne ne voulait pas tourmenter Mlle Marin, gouvernante qui l'avait elle-même élevée à l'hôtel de

---

1. *Mémoires, Correspondance et Manuscrits du général La Fayette*, tome III, pages 474-476.

Noailles et, depuis une trentaine d'années, faisait partie de la famille. Pour ménager cette vieille femme tendre, faible et lasse, Adrienne lui cacha ses inquiétudes mais prit pour confidente Anastasie, jeune héroïne qui en conçut bien plus d'orgueil que de crainte. Adrienne dit à sa fille aînée que « les brigands » pouvaient venir à tout instant, même en pleine nuit et que, dans ce cas, le seul parti à prendre serait de fuir dans les bois, Virginie dans les bras de quelqu'un.

« Mlle Marin voudra suivre Virginie, répondit Anastasie. Comment pourra-t-elle courir, elle qui marche si doucement, et si elle reste dans le village, comment la prendra-t-on pour une paysanne? Comment ses petits souliers à talons pourront-ils paraître des sabots?

— Il n'y a cependant d'autre moyen, dit Adrienne, que de la faire sauver par les femmes du village. »

On soupa tristement. Mercier, qui servait à table, grognait :

« Il ne fait pas bon ici... Tout tuer, tout piller... Ils ne sont pas loin... Faut tous vous enfuir d'abord! dit-il en élevant la voix, tandis qu'il changeait les assiettes.

— Mercier, dit Mlle Marin, vous nous aviez tranquillisées ce matin.

— Est-ce que nous ne sommes pas en révolution? Vous ne croyez jamais personne! » reprit-il brusquement.

Ses grognements diminuèrent peu à peu. On s'alla coucher et la nuit fut tranquille. Mais le lendemain, 10 septembre, des gens armés fondirent sur Chavaniac. Benoîte, la quenouille attachée au côté, apportait comme chaque matin le déjeuner de Mme de Chavaniac, dans une vieille cafetière démanchée, quand elle découvrit ce qui se passait au-dehors. Elle s'élança dans la chambre de sa maîtresse en criant :

« Levez-vous, madame! Levez-vous vite!

— Qu'avez-vous donc, Benoîte? dit la châtelaine en ouvrant ses rideaux.

— Ah! Jésus! Marie!... Ils ont déjà rempli le parterre! »

A ce moment, Mlle Grenier fit irruption dans la pièce :

« Ah ! Benoîte, je suis dans un trouble... Je crois qu'ils vont escalader la maison par une fenêtre !

— Mais qui donc, Grenier? demanda Mme de Chavaniac.

— Et *qui, qui,* madame? Vous m'impatientez avec vos *qui !* Les soldats de toutes les façons, de toutes les couleurs, armés jusqu'aux dents !

— D'où viennent-ils donc?

— De l'Enfer, Dieu me pardonne! » dit Benoîte.

En allant chez sa mère, Anastasie rencontra Mercier qui lui dit :

« Voilà deux cents hommes qui arrivent du Puy.

— Il faut au moins sauver la petite, dit Evrard[1].

— Oui, mon cher ami, dit Mlle Marin, mais où la mettre? Attendez qu'on lui noue ses cordons; elle s'enrhumerait.

— Qu'elle s'enrhume si elle veut! Qu'on me la donne vite ! »

Déjà les soldats étaient dans le château. Mme de La Fayette vit un homme gigantesque pénétrer dans sa chambre, le fusil sur l'épaule. Elle lui demanda ce qu'il voulait.

« N'ayez pas peur, dit-il. Ce sont seulement des gens du Puy. Il y a un commissaire. »

Comme elle se penchait vers Evrard et Mercier, pour les supplier de sauver les enfants, l'homme s'écria :

« Que personne ne sorte de la maison ou tout le monde est massacré ! »

A ce moment la porte fut rouverte par un homme à la figure sinistre, les yeux rouges et hagards, une lèvre fendue, vêtu d'une redingote couleur capucine, bordée de drap cramoisi. Il avait l'air d'un échappé des galères. Deux officiers et quelques fusiliers le suivaient.

« Oserai-je vous demander qui vous êtes, monsieur?

1. Evrard et Mercier étaient deux valets, au service de Mme de Chavaniac. Mlle Grenier, femme de chambre, lui servait aussi de lectrice.

— Le commissaire, madame.
— Votre nom, s'il vous plaît?
— Alphonse Aulagnier.
— Vos ordres, monsieur?
— Je vais vous les montrer, madame. »

Adrienne se souvint d'avoir entendu prononcer ce nom à Brioude, comme celui d'un furieux jacobin. Elle pensa qu'il fallait peut-être se préparer à la mort. Comme elle regardait autour d'elle, elle vit Anastasie, triomphante d'être revenue à Chavaniac pour ce grand jour et qui l'appelait à haute voix : « Maman! » pour être sûre d'être reconnue. Enfin parut Mme de Chavaniac, indignée. Aulagnier montra ses ordres. Ils émanaient du Comité de sûreté générale : *La femme Lafayette serait prise, avec ses enfants s'ils étaient rencontrés avec elle, et emmenée dans une maison de sûreté.* Une lettre du ministre Roland chargeait Aulagnier de l'exécution de cet arrêt.

Adrienne, ne perdant pas un instant la tête, comprit aussitôt que le plus urgent était d'abréger le séjour de cette troupe, avant qu'on ne pensât à George et à Virginie. Elle espérait trouver une municipalité raisonnable, qui accepterait de répondre d'elle en la gardant prisonnière. Elle engagea donc Aulagnier à mettre promptement les chevaux. Il dit qu'il devait saisir les papiers, ce qu'il fit. Pendant que le commissaire et ses hommes fouillaient les tiroirs, elle put s'échapper un moment et trouva, chez Mlle Marin, Virginie en pleurs.

« C'est un brigand, dit Mme de La Fayette. Je n'ai plus que mon *In manus* à dire. Que j'en sauve au moins une! Cachez Virginie sous ce manteau de cheminée. »

Mme de Chavaniac parut et dit :
« Mettez-la en paysanne. »

Puis elle sortit, avec Adrienne et Anastasie, laissant Mlle Marin en larmes et Virginie (dix ans) enragée de douleur et de jalousie, parce que sa sœur aînée allait partager les dangers de leur mère. Ces vierges enfantines brûlaient de courir au martyre.

Mme de Chavaniac (soixante-treize ans) « qu'aucune considération n'avait jamais pu décider à quitter Chavaniac » pour son plaisir, déclara qu'elle ne se séparerait point de sa nièce et demanda avec insistance à partir pour la prison. Cette faveur lui fut accordée. Pendant qu'Aulagnier poursuivait ses recherches chez le fermier anglais Dysson, les soldats admiraient les travaux de restauration de la grande galerie superbement décorée, par Vaudoyer, de bustes à l'antique.

« Il est bien étonnant, disaient-ils, de faire de si belles choses pour s'en aller trahir après!

— Quand mon mari aura trahi, dit Adrienne, je consens qu'on me coupe la tête.

— Mais, quand même, interrompit un soldat, *vous* n'en seriez pas la cause.

— Assurément, monsieur, si, pensant ce qu'il pense, il marchait contre son pays, il serait digne de nos malédictions.

— C'est bien fort, maman, dit Anastasie, mais nous ne pourrions plus tant l'aimer car il ne serait plus le même. »

Cela fit rire les soldats, d'un air assez bénévole. D'autres avaient trouvé Benoîte dans la chambre de Mme de Chavaniac.

« Où est le traître La Fayette? lui demandèrent-ils.

— Dans sa peau », répondit-elle.

Apercevant un portrait du général, ils le percèrent à la tête et au cou. Puis, voyant d'autres tableaux de famille :

« De qui sont ces portraits? demandèrent-ils. De grands aristocrates sans doute?

— Ce sont d'honnêtes gens qui ne sont plus, répliqua Benoîte, et s'ils y étaient encore, tout n'irait pas si mal. »

Les soldats mirent tout en pièces chez Mme de Chavaniac, et jusqu'à la boîte où elle mettait son tabac à priser, mais ils oublièrent la chambre de Virginie. Au moment où l'on montait en berline, un serviteur trop zélé vint à la portière demander tout haut :

« Irai-je toujours voir M. George?

— Sûrement... Taisez-vous! » répondit Adrienne à voix basse.

A l'autre portière Vaudoyer demandait :

« Mlle Virginie reste donc? »

Adrienne murmura :

« De grâce, laissez-nous, monsieur! »

Enfin Aulagnier donna le signal du départ.

II

LA PRISONNIÈRE RESPECTÉE

On ne va pas au ciel en carrosse.
Proverbe espagnol.

L E VOYAGE fut lent. La berline, malgré ses quatre chevaux, était trop chargée pour les rudes côtes d'une
route de montagne. Il fallut s'arrêter dans une
auberge, à Fix, pour y passer la nuit. Des soldats furent
placés aux portes de ces dames. Adrienne se répétait qu'elle
était bien plus heureuse que pendant les affreux jours où
elle ne savait pas si Gilbert était encore vivant. Anastasie,
toute à la joie « de ne pas être séparée de maman », plaignait
Virginie. La vieille Mme de Chavaniac n'avait aucune peur,
mais trouvait intolérable d'être enfermée : « Croiriez-
vous, disait-elle, que je grille d'envie d'aller me promener
dans ce communal, moi qui ne sors jamais de mon trou ? »

Mercier, qui avait suivi à pied avec l'escorte, entra dans
la chambre pour demander si ces dames n'avaient besoin
de rien. Il dit que les soldats n'avaient pas l'air trop mal
disposés et qu'Aulagnier l'avait invité à dîner. Adrienne,
les larmes aux yeux, le remercia de son attachement et de
son zèle. « C'est tout simple, ça ! » dit-il, fort attendri. Il
regarda d'un air pénétré toutes les prisonnières, les unes
après les autres, et retourna faire le guet. Il risquait sa
vie et ne semblait pas s'en douter.

Des officiers vinrent, courtoisement, s'enquérir de l'heure
à laquelle ces dames seraient prêtes à partir et demandèrent

si deux heures du matin leur conviendrait. Mme de Chavaniac trouva ce départ bien matinal, mais Adrienne
jugea préférable de laisser aux soldats aussi peu de temps
que possible pour s'enivrer. Elle accepta. Puis, avant de
prendre un bref repos, les trois femmes se mirent en
prière, à genoux.

« Tâchons, dit Adrienne, de nous mettre dans l'état où
nous voudrions être au moment de notre mort. »

Au-dehors, les soldats criaient : « Aux armes!

— Ils vont se tuer, ma tante, dit Adrienne.

— Ah! Madame, laissez-les faire, dit la vieille dame.
Qu'ils se tuent s'ils veulent! »

Elles dormirent un peu. A deux heures, Aulagnier, fort
poli, les « emballa » de nouveau dans la voiture. Anastasie
pensa que c'était une bonne heure pour les assassins, mais
toutes trois restèrent fort calmes. Dès l'arrivée au Puy,
Mme de La Fayette demanda à être conduite au département. L'entrée en ville n'était pas sans danger; on avait,
peu de jours auparavant, massacré un prisonnier dans ce
faubourg. Adrienne dit à sa fille :

« Si votre père vous savait ici, il serait bien inquiet,
mais aussi bien content de vous. »

On arriva sans incident, malgré des cris hostiles et quelques pierres jetées contre la voiture. Les membres du département furent aussitôt convoqués. Dès qu'ils furent en
séance, Mme de La Fayette leur dit qu'elle se plaçait avec
confiance sous leur protection. Elle voyait en eux l'autorité
du peuple, qu'elle respectait : « Vous recevez, messieurs,
vos ordres de M. Roland ou de qui vous voulez; pour
moi, je n'en veux recevoir que de vous! » Puis elle demanda
que les lettres de son mari, saisies à Chavaniac, fussent
copiées avant d'être envoyées à Paris « parce qu'on men-
tait souvent à l'Assemblée ». Elle voulut les lire à haute
voix. Quelqu'un ayant dit qu'une telle lecture publique
pourrait lui être pénible : « Au contraire, monsieur. Les
sentiments qu'elles expriment me soutiennent et sont ma
consolation. »

Elle remarquait tout, pensait à tout. Ayant trouvé le maire si bienveillant à son égard qu'il risquait de se compromettre, elle lui fit quelques reproches « pour le protéger ». Après sa lecture, qui émut l'auditoire, elle demanda à ne pas quitter la maison du département, tant qu'elle resterait au Puy. Le voyage à Paris lui paraissait inutile et dangereux. Si l'on tenait à la garder comme otage, pourquoi ne pas la mettre à Chavaniac, en résidence surveillée, prisonnière sur parole ? Il fut décidé que le département présenterait cette demande à Roland, ministre de l'Intérieur. Le féroce Aulagnier, tout à fait apprivoisé, écrivit lui-même à Roland : « Monseigneur, j'ai exécuté ponctuellement la mission dont Votre Excellence m'a honoré... » Toutefois il ajoutait qu'à l'égard du transport à Paris, il n'avait pas cru devoir appliquer strictement les ordres reçus : « Les événements des 2 et 3 septembre m'indiquent assez le sort qui pourrait atteindre une illustre prisonnière. » A l'épreuve, ce commissaire à visage patibulaire se révélait brave homme et courageux.

Par le même courrier, Adrienne écrivit au député Brissot, ami intime des Roland. Elle l'avait connu d'abord lorsque Brissot, partant pour les États-Unis, était venu rue de Bourbon demander des recommandations, puis quand il avait créé, avec La Fayette et Mirabeau, la Société des Amis des Noirs. Brissot avait du prestige dans la coterie girondine. Il possédait un journal : *Le Patriote français* et il était républicain. Mme Roland l'estimait, bien qu'elle le trouvât « ingénu comme on l'est à quinze ans et fait pour être la dupe des méchants ». Une lettre émue et suppliante eût probablement touché Brissot, mais la marquise de La Fayette avait en commun avec son époux une fierté qui exigeait une attitude et sa lettre fut un peu trop romaine :

Au Puy, 12 septembre 1792 : Monsieur, je vous crois réellement fanatique de la liberté et c'est, dans ce moment, un honneur que je fais à bien peu de personnes. Je n'examine pas si ce fanatisme, comme celui de la religion, agit ordinairement contre son objet, mais je ne saurais me persuader qu'un ami zélé des Noirs puisse être un suppôt de la tyrannie et je pense que, si le but de votre parti vous passionne, au moins ses moyens vous répugnent. Je suis sûre que vous estimez,· je dirai presque *(sic)* vous respectez M. Lafayette, comme un ami courageux et fidèle de la liberté, lors même que vous le persécutez parce que des opinions contraires aux vôtres sur la manière dont elle peut être affermie en France, soutenues par un courage tel que le sien et par une fidélité inébranlable à ses serments, peuvent s'opposer au parti que vous avez embrassé et à votre nouvelle révolution. Je crois tout cela et c'est pourquoi je m'adresse à vous, dédaignant de m'adresser à d'autres...

J'ignore quelle sera la réponse. Il est aisé de voir que, si elle est dictée par la justice, elle me rendra ma liberté indéfinie; si elle est selon le vœu de mon cœur, elle me permettra de me réunir à mon mari qui me demande en Angleterre, dès qu'il sera délivré de sa captivité, afin que nous allions ensemble nous établir en Amérique aussitôt que le voyage sera praticable; mais si l'on veut absolument me retenir en otage, on adoucirait ma prison en me permettant de la choisir à Chavaniac, sur ma parole et la responsabilité de la municipalité de mon village. Si vous voulez me servir, vous aurez la satisfaction d'avoir fait une bonne action en adoucissant le sort d'une personne injustement persécutée et qui, vous le savez, n'a pas plus de moyens que d'envie de nuire.

Je consens à vous devoir ce service[1].

Cette dernière phrase était dure, maladroite, et ne ressemblait guère aux gracieuses et charitables manières d'Adrienne. Mais l'humilité cesse d'être une vertu aux yeux de ceux pour qui l'honneur est en jeu.

En attendant la réponse, elle vécut dans les bâtiments de l'administration départementale. Des gardes nationaux, bienveillants, sollicitaient l'honneur de veiller sur elle. On lui faisait passer des nouvelles de George et de Virginie, tous deux cachés aux environs de Chavaniac. Celles d'Allemagne, qui arrivaient par l'intermédiaire de la princesse d'Hénin, étaient mauvaises. La Fayette, au lieu d'être remis en liberté, avait été livré au roi de

1. *Mémoires, Correspondance et Manuscrits du général La Fayette*, tome III, pages 481-483.

Prusse et on le conduisait à la forteresse de Spandau. Adrienne fut au désespoir de s'être engagée à ne pas quitter Chavaniac. Elle aurait tant voulu rejoindre Gilbert dans sa prison. A Paris, la République avait été proclamée le 22 septembre. Brissot en avait souvent parlé avec La Fayette, qui répondait : « Il n'est pas encore temps. » Quand il reçut la lettre hautaine d'Adrienne, Brissot la fit voir à Roland qui, naturellement, en fut blessé. Pourtant le ministre répondit aux autorités du Puy que la prisonnière pouvait être internée, sur parole, à Chavaniac.

En même temps Roland écrivit à Mme de La Fayette une lettre sévère. Il y disait que l'expression « consentir à lui devoir un service », qu'elle avait employée, « tenait à l'orgueil suranné de ce qu'on appelait noblesse ». Cette réprimande fut très applaudie au département. Cependant, l'autorisation étant accordée, les autorités proposèrent à la municipalité d'Aurac, commune d'où dépendait Chavaniac, d'assumer la garde de la prisonnière *sous la responsabilité de la commune*. Les municipaux furent un peu inquiets de ce que cette expression signifiait. L'un d'eux demanda si Mme de La Fayette avait *promis* de rester à Chavaniac : « Dans ce cas, dit-il, j'en répondrais, même seul, car c'est une bonne femme. » Le département décida que la commune fournirait, chaque jour, six hommes pour garder la prisonnière de Chavaniac. Adrienne se rendit aussitôt à la séance :

« Je déclare, messieurs, dit-elle, que je ne donne plus la parole que j'ai offerte si l'on met des gardes à ma porte. Choisissez entre les deux sûretés. Je ne puis me choquer de ce que vous ne me croyez pas une honnête femme; mon mari a beaucoup mieux prouvé qu'il était un bon patriote; mais vous permettrez que moi-même je croie à ma probité, et que je ne cumule pas ma parole avec des baïonnettes. »

Il fut convenu que l'on supprimerait les gardes. Cette femme énergique se faisait respecter et les révolutionnaires d'Auvergne n'étaient pas méchants. Adrienne avait à

Paris un messager fidèle : Beauchet. C'était le fonctionnaire (commis à la liquidation) qui avait épousé l'ancienne femme de chambre d'Adrienne. Mme Beauchet restait, pour Mme de La Fayette, une amie tendre et dévouée. Plusieurs fois par mois, des lettres partaient de Chavaniac, adressées à *La citoyenne Beauchet, maison d'un épicier, rue de Courty, Faubourg Saint-Germain.*

A Brissot, Adrienne reprochait d'avoir communiqué à Roland une lettre confidentielle :

Au Puy, 4 octobre 1792 : Je ne devrais plus vous écrire, Monsieur, après l'usage que vous faites de mes lettres, mais les sentiments de révolte qu'avait fait naître dans mon âme une injuste captivité... sont surpassés, depuis les nouvelles d'hier, par mes alarmes et ma vive douleur de la captivité, bien plus affreuse, de celui qui mérite bien plus que moi d'être libre...
Il est impossible qu'un certificat de résidence dans les fers des ennemis, pour s'être dévoué à la cause de la liberté, ne vaille pas à la femme de M. Lafayette les mêmes avantages que vaudrait à celle d'un artiste le certificat qui répondrait qu'il voyage pour s'instruire de son art. Je ne parlerai pas de la barbarie qu'il y a, en général, à garder les femmes comme otages; mais je dirai qu'il est dans l'impuissance absolue de nuire ou de servir aucune cause. Souffrez que je le répète : il a fallu l'y réduire, pour qu'il ne servît plus la cause de la liberté !
J'avoue, Monsieur, que je ne pourrai jamais croire que celui qui poursuit, depuis tant d'années, l'abolition de l'esclavage des Noirs, puisse refuser d'employer son éloquence pour délivrer d'esclavage une femme qui ne demande d'autre liberté que celle d'aller s'enfermer dans les murs, ou au moins autour des murs, de la citadelle de Spandau. M. Roland veut bien m'assurer qu'il est dans la persuasion que je *ne puis ni ne veux nuire...* alors il faut me délivrer; car d'après les principes avoués par M. Roland lui-même, on doit faire le bien de tous, *avec le moins de mal possible pour chacun...* Ma liberté n'en ferait à personne[1]...

Puis elle écrivit directement à Roland :

Je ne puis, Monsieur, attribuer qu'à un sentiment de bonté le changement que vous apportez à ma situation. Vous m'épar-

---

1. *Mémoires, Correspondance et Manuscrits du général La Fayette,* tome III, pages 484-486.

gnez les dangers d'un trop périlleux voyage; vous consentez à me donner ma retraite pour prison. Mais toute prison, quelle qu'elle soit, n'est plus supportable pour moi depuis que j'ai appris, ce matin, dans la gazette de M. Brissot, que mon mari avait été transféré de ville en ville, par les ennemis de la France, et qu'on le conduisait à Spandau! Quelque répugnance que j'aie pu sentir à devoir un service à ceux qui se sont montrés les ennemis et les accusateurs de celui que je révère et que j'aime autant qu'il est digne de l'être, c'est dans toute la franchise de mon cœur que je voue une reconnaissance à jamais durable à celui qui, en affranchissant l'administration de sa responsabilité et en me rendant ma parole, me donnera la faculté d'aller rejoindre mon mari si, la France devenue plus libre, il était possible de voyager sans risque.

C'est à genoux, s'il le faut, que je vous demande cette grâce; jugez de l'état où je suis.

NOAILLES LAFAYETTE[1].

Cette fois le ton était juste.

Beauchet eut le courage de remettre lui-même les lettres d'Adrienne à ces deux puissants personnages. Brissot le reçut avec une circonspection qui s'exprima par des phrases obscures. Il souhaitait, disait-il, qu'il devînt possible « d'abandonner la citoyenne Lafayette à l'industrie du sentiment qui l'animait ». Vocabulaire d'époque. Roland, lui, parut ému et répondit sur-le-champ :

J'ai mis, Madame, votre touchante réclamation sous les yeux du Comité. Je dois pourtant vous observer qu'il ne me paraîtrait pas prudent pour une personne de votre nom de voyager en France, à cause des impressions fâcheuses qui y sont en ce moment attachées. Mais les circonstances peuvent changer; je vous invite à les attendre, et je serai le premier à les saisir[2].

Cela était fort courtois, mais Adrienne dut se rendre à l'évidence : elle ne pourrait, de longtemps, rejoindre Gilbert. Tante, nièce et petite-nièce rentrèrent donc à Cha-

---

1. *Notice sur Madame de La Fayette par Madame de Lasteyrie, sa fille,* pages 261-262.
2. *Ibidem,* pages 265-266.

vaniac, escortées par des commissaires qui furent troublés et surpris par l'accueil qu'elles reçurent des villageois.

« M. Roland, dit Adrienne aux commissaires, croit que c'est par aristocratie qu'il m'en coûte de lui devoir un service; cependant j'éprouve un grand plaisir et je me trouve très honorée d'être sous la protection de ces messieurs de la commune d'Aurac; c'est que je les estime beaucoup. »

Après le départ de l'escorte pour Le Puy, Adrienne donna à souper aux municipaux qui étaient venus l'attendre au château. On but à la santé de La Fayette.

Frestel vint, au milieu de la nuit, apporter des nouvelles de George. Ne pouvant elle-même aller rejoindre La Fayette, Adrienne souhaitait lui envoyer leur fils. Elle conseilla à Frestel de se munir d'une patente de marchand, puis de se rendre à la foire de Bordeaux où il pourrait, avec son élève, s'embarquer sur un bateau en partance pour l'Angleterre. Mr. Pinckney, ambassadeur des États-Unis à Londres, y ferait certes bon accueil au fils de La Fayette. Adrienne ne voulut pas revoir George avant son départ; le déchirement d'une scène d'adieux aurait pu lui ôter le courage d'envoyer cet enfant à l'étranger.

Elle écrivit à Washington, pour le supplier d'intervenir auprès des puissances dont La Fayette était le captif et d'obtenir que celui-ci fût conduit en Amérique. « Si sa famille, ajoutait-elle, pouvait être du voyage, il est aisé de juger quel serait son bonheur; mais si cela devait apporter quelque obstacle ou quelque retard, nous vous conjurons de ne pas songer à nous; nous serons bien moins malheureuses quand nous le saurons auprès de vous[1]... »

A Paris, Roland et ses amis (les girondins) siégeaient maintenant à droite de la Convention. L'ancien parti avancé était devenu, sans changer de programme, le parti modéré. Les girondins essayaient de soutenir un fédéralisme provincial contre la Commune insurrectionnelle

---

1. *Notice sur Madame de La Fayette par Madame de Lasteyrie, sa fille,* pages 264-265.

(et parisienne) de Danton, Robespierre et Marat. Roland demandait une force armée qui appartînt à toute la République; Robespierre répondait que l'on ne peut vouloir une révolution sans révolution, ni marquer le point précis où doivent se briser les flots de l'insurrection populaire. Morris écrivait à Washington que la violence des factions l'effrayait. Le caractère français lui semblait être une inconstance enthousiaste : « Ils adoptent sans examen et rejettent sans cause[1]. » Le meilleur atout des jacobins était la stupidité des émigrés. Quant à La Fayette, « ses ennemis sont aussi virulents que jamais », et Morris craignait qu'une action entreprise en sa faveur ne lui fît plus de mal que de bien. La Commune décréta que le bourreau briserait, en place de Grève, la médaille frappée à l'effigie du héros des deux mondes. L'assemblée ordonna la confiscation de ses biens, en France et dans les colonies. La famille continuait à recevoir de ses nouvelles par la princesse d'Hénin; elles étaient détestables. Les coalisés l'avaient jeté dans un cachot à Wesel, en Westphalie. En vain invoquait-il sa qualité de citoyen américain; il avait été pris comme officier français et les Américains ne pouvaient rien pour lui.

Pendant que La Fayette était enfermé à Wesel, sa belle-sœur Pauline était passée en voiture près de la forteresse. Elle savait que Gilbert y était incarcéré. Espérant l'apercevoir derrière les barreaux de quelque fenêtre, elle s'était mise à la portière, tout en larmes et n'osant rien dire parce que son beau-père, adversaire farouche de La Fayette, était assis à ses côtés. Le vicomte de Beaune fit semblant de ne rien voir : « Il ne se plaignit pas du froid qui entrait par le carreau ouvert, ce qu'il eût fait en tout autre temps et passa devant Wesel sans dire une parole[2]. » En Angleterre, les Montagu avaient vu leur fille Noémi mourir de la maladie qui déjà leur avait ravi deux autres

1. JARED SPARKS : *The life of Gouverneur Morris*, tome II, page 230.
2. A. CALLET : *Anne-Paule-Dominique de Noailles, marquise de Montagu*, page 110.

enfants. Montagu, pour échapper à sa douleur, s'était engagé dans l'armée des Princes, comme le souhaitait son père, mais il osait y dire, en plein bivouac, que beaucoup de ces malheurs ne seraient pas arrivés si l'on était resté en France.

L'arrestation de La Fayette avait encore aigri ces dissentiments; on n'osait pas le plaindre devant M. de Beaune. Pauline, ayant épuisé le produit de la vente de ses diamants, vivait dans une extrême pauvreté, tantôt à Liège, tantôt à Aix-la-Chapelle. La guerre devenait plus active et violente. Les Français, commandés par Custine, Montesquiou et Dumouriez, chassaient devant eux les coalisés. « Plus d'un émigré, battant en retraite la mort dans l'âme, s'arrêtait sur le champ de bataille et regardait, avec un certain sourire, les Autrichiens et les Prussiens fuyant aussi devant les baïonnettes françaises. C'est qu'on reste toujours Français[1]. » Montagu s'admirait vainqueur en se voyant vaincu.

Pauline tremblait pour sa sœur Adrienne, qu'elle savait prisonnière en France, plus encore que pour son beau-frère Gilbert. A Chavaniac, Adrienne essayait tous les moyens pour avoir des nouvelles des siens. On n'osait plus écrire que secrètement, même à l'intérieur de la France. A Paris, la famille avait quitté l'hôtel de Noailles, trop voisin des Tuileries, et s'était réfugiée dans une obscure maison des faubourgs, d'où l'on entendait les rugissements des vainqueurs. Le duc d'Ayen avait pu repasser en Suisse et y retrouver sa bien-aimée, la comtesse Golowkine. En Suisse aussi vivait Mme de Tessé qui, femme prévoyante, avait acheté, dans le canton de Fribourg, la terre de Lowemberg, où elle faisait de l'élevage, avec succès.

Adrienne était sans nouvelles de son mari. Elle tenta les démarches les plus désespérées, comme d'écrire au duc de Brunswick, généralissime des armées coalisées. Lebrun, ministre des Affaires étrangères, promit de faire parvenir

---

1. *Ibidem*, page 103.

cette lettre. On ne reçut jamais de réponse. L'excellent et sage Beauchet vint passer un jour à Chavaniac, pour conseiller à Mme de La Fayette de s'adresser hardiment au roi de Prusse, Frédéric-Guillaume, qui avait jadis connu et reçu La Fayette. C'était aussi l'avis du ministre américain, Gouverneur Morris, qui envoya même un modèle de lettre. Adrienne jugea son texte « trop humble » et écrivit elle-même ceci :

Sire, la loyauté connue de Votre Majesté permet à la femme de M. de La Fayette de s'adresser à elle sans manquer à ce qu'elle doit au caractère de celui qu'elle aime. J'ai toujours espéré, Sire, que Votre Majesté respecterait la vertu dans toutes les opinions, et qu'elle en donnerait à l'Europe le glorieux exemple. Dans l'ignorance affreuse où je suis, depuis cinq mois, des nouvelles de M. de La Fayette, je ne puis plaider sa cause. Mais il me semble que ses ennemis et moi parlons éloquemment en sa faveur, les uns par leurs crimes, l'autre par l'excès de sa douleur. Les uns prouvent sa vertu et combien il est redouté des méchants; moi, je montre combien il est digne d'être aimé. Les uns imposent à Votre Majesté la nécessité de ne pas persécuter le même objet qu'eux; serai-je assez heureuse, moi, pour offrir à sa sensibilité la joie de me rendre à la vie en le délivrant?
Souffrez, Sire, que je me livre à cet espoir et à celui de vous devoir bientôt l'hommage d'une telle reconnaissance[1].

Gouverneur Morris faisait, honnêtement, tout ce qui était en son pouvoir. Il avait ordonné au banquier des États-Unis, à Amsterdam, de mettre dix mille florins à la disposition de La Fayette. Il avait lui-même prêté cent mille livres à la marquise, pour payer les dettes de son époux. Sa sévérité pour le général révolutionnaire laissait intacte sa reconnaissance envers l'ami des États-Unis.

Beauchet peignait, de Paris, un tableau sinistre. C'était le temps du procès de Louis XVI. Morris croyait à une condamnation à mort, contraire aux vœux du plus grand nombre mais désirée par les extrémistes des deux camps. « Le parti aristocratique désire sa mort, parce qu'il croit

---

1. *Notice sur Madame de La Fayette par Madame de Lasteyrie, sa fille,* pages 270-271.

qu'une telle catastrophe choquerait le sentiment national. »
Éternelle folie de la politique du pire. Le 21 janvier 1793,
le malheureux roi fut exécuté. Morris nota que la grande
masse des Parisiens semblait triste, comme à la mort d'un
parent aimé. Adrienne fut bouleversée; elle croyait voir
encore ce gros homme bienveillant, ami de sa famille.

Roland n'avait pas oublié sa promesse et, dès la mi-
décembre, il avait fait rapporter l'ordre d'arrestation.
Liberté illusoire, car les ci-devant nobles étaient assujettis
à une surveillance constante. Adrienne, dégagée de sa
parole, rêvait plus que jamais de rejoindre son époux,
mais elle voulait que son fils partît avant elle et fût à
l'abri. Elle-même se voyait retenue en France par le devoir
de mettre en ordre ses affaires et de faire admettre les
droits des créanciers de La Fayette. Si les biens du général
étaient confisqués, au moins la loi permettrait-elle encore
de payer les sommes dues à des tiers, en aliénant certains
avoirs saisis. Adrienne se rendit plusieurs fois au Puy,
pour y défendre cette thèse.

L'admirable intendant Morizot continuait à remplir
ses devoirs d'administrateur, comme si la révolution
n'avait jamais éclaté. Le 5 janvier 1793, il avait encore
écrit à la marquise :

Peut-être serez-vous étonnée de voir qu'il restera encore
près de deux millions, les dettes de toutes espèces entièrement
payées. Ce résultat me donne la certitude que, sans les décrets
et malgré la révolution, vous auriez eu encore trois millions.
Cette idée est bien douce, bien consolante au milieu de vos
peines. Elle est, j'ose le dire, Madame, la preuve que si, depuis
quatorze ans, je n'ai pu empêcher M. de La Fayette de manger
plus de 1 500 000 livres, et ses fonds, j'ai au moins usé de soins,
de vigilance, et souvent d'adresse pour le fixer[1]...

Mais la confiscation des biens de La Fayette, traité en
émigré, annula tant de soins. Les lettres d'Adrienne à
Mme Beauchet la montrent se débattant parmi des dettes
minuscules.

1. Collection Jean Fromageot.

La marquise de La Fayette à Mme Beauchet, 17 mars 1793 :
Lorsque c'est d'un intérêt pécuniaire qu'il s'agit, je m'en rapporte à votre délicatesse... Vous avez l'âme trop élevée pour
ne pas sentir comme moi, pour moi, comme si c'était pour vous...

30 mars 1793 : Je vous remercie, et dans tous les moments,
ma chère amie, de vos soins pour mes petites affaires; votre
comptabilité est merveilleusement en règle... Non seulement
je me vois tout à fait ruinée, mais je vois qu'après avoir été
forcée de traiter avec la Commune de Paris, je n'obtiendrai
pas justice... Envoyez-moi les noms et, si vous le pouvez sans
imprudence, quelques notes sur le caractère de ceux qui composent le bureau de la municipalité où doit aller mon affaire...
Nous voici à la fin de nos abonnements de journaux, ma chère
amie. Je voudrais renouveler celui du *Patriote français*, des
Débats, et changer les *Feuillants* pour le *Thermomètre*. Ma
tante vous prie de renouveler son abonnement aux *Nouvelles
politiques et étrangères*. Je ne puis vous envoyer d'argent et je
pense que vous n'en avez guère[1]...

Il arrivait que les excès de l'injustice la missent hors
d'elle. Si même on confisquait les biens de La Fayette
(qui n'était nullement un émigré), elle estimait (avec
raison) avoir le droit d'exercer personnellement ses reprises :
deux cent mille livres, contre-partie de sa dot. Or on ne lui
accordait qu'une provision de huit mille livres! « Adieu,
ma chère amie, ne vous scandalisez pas trop de me voir
ainsi en colère; j'espère que Dieu me donnera la soumission. »
Washington mit, en Hollande, une petite somme à la
disposition d'Adrienne : « C'est le moins dont je sois redevable, disait-il, pour les services que m'a rendus le marquis
de La Fayette et dont je n'ai jamais reçu le compte. » Le
14 mai, Adrienne avouait à Mme Beauchet avoir un urgent
besoin de cent louis, pour solder ses dettes et payer ses
gens. Après quoi, elle sera à la charité de ses parents. « Ce
sera sans répugnance, car je connais leur bonté et je serais
ingrate si je manquais de confiance en eux... Je vous
embrasse; je vois peu d'espoir de recevoir quelque conso-

1. Lettres inédites. Collection Fabius.

lation en ce monde, et en moi si peu de capacité pour goûter celles dont je ne dois pas désespérer, que je me cramponne de mon mieux à celle de faire mon devoir. »

Cette sainte active et méthodique composait un *Mémoire pour préserver les biens de Gilbert*. Elle-même et la tante Charlotte devaient opposer leurs créances :

... *Article 3*. — Tout le monde sait qu'on peut faire d'excellents marchés en rachetant son propre bien, pour quelques années de revenu, et qu'il suffit alors de donner une petite somme en argent comptant. Nous ne devons pas perdre de vue l'époque probable où la radiation de Gilbert le réintégrera dans ses biens. Il y a trois manières d'y rentrer :

1º Les biens qui, n'ayant pas été vendus, lui seront restitués en nature;

2º Ceux qui, ayant été achetés et payés par les acquéreurs, seraient rachetés par nous;

3º Ceux qui, ayant été achetés et non payés à la nation, nous seront substitués en espèces...

Article 5. — Si l'on parvient à racheter totalité ou partie des terres vendues, il faut s'abstenir de reprendre les petits objets écartés, qui se revendent toujours plus cher parce qu'il y a de la concurrence et que le propriétaire voisin, les régissant sans frais, a toujours un grand avantage sur vous, au lieu qu'en achetant des articles un peu considérables, on a moins de concurrents et l'acquéreur, qui les a reçus de la nation, a presque toujours fait un effort au-dessus de ses moyens, qui le dispose à des arrangements très profitables pour le propriétaire primitif[1].

C'était fort bien raisonner. Adrienne prévoyait tout : la radiation de La Fayette (de la liste des émigrés) et la réintégration dans ses biens; ce qu'il convenait de faire à Cayenne, pour préserver les droits de Gilbert et ceux des travailleurs noirs; les créanciers (auxquels, en fait, on ne devait rien puisque la nation, si elle confisquait les avoirs, devait solder les dettes), mais avec certains d'entre eux, gênés, il faudrait faire une cote mal taillée. Bref aucun homme d'affaires — et d'honneur — n'eût fait mieux.

Adrienne ne voulait surtout pas qu'on la crût en danger à Chavaniac.

1. Document inédit. Collection Fabius.

A Mme Beauchet, 28 avril 1793 : Je suis fâchée qu'on vous ait tant inquiétée des troubles de notre département. Notre petit municipal, fort honnête et fort patriote, maintient l'ordre dans nos villages et les troubles ne viennent pas jusqu'ici...

14 mai 1793 : Je me sens un courage qui tient de la stupidité... Au moins a-t-il l'avantage de me laisser un jugement fort sain et fort calme des objets...

Lundi 10 juin 1793 : Vous êtes folle réellement, ma chère amie, d'avoir de si vives inquiétudes sur les troubles de la Lozère... Je vous conjure d'être, une bonne fois, convaincue que notre paix dans ce canton est imperturbable... et que, tous mes voisins connaissant parfaitement la vérité de mon patriotisme, je suis à l'abri de toute suspicion...

15 juin 1793 : Si Paris devient inhabitable, ce département peut offrir, je vous assure, un asile aux bons patriotes qui ne se mêlent pas de ces intrigues[1]...

Paris, en effet, devenait inhabitable. Mme Roland y était plus attaquée que n'avait été Marie-Antoinette. Du Comité de salut public, tout-puissant, aucun girondin ne faisait partie. La trahison de Dumouriez leur avait porté le coup de grâce. Il était entré en relations avec l'ennemi, pour renverser la Convention. Le ménage La Fayette s'était toujours méfié de cet homme sans moralité, plaisant avec ses amis et prêt à les tromper tous, mieux fait pour les intrigues d'une cour que pour les franchises de la liberté. Donc point de surprise pour Adrienne, mais cette trahison et la menace d'une invasion étrangère faisaient naître de nouvelles inquiétudes. Menacée de tous côtés, la Révolution devait se défendre par tous moyens. Un Tribunal révolutionnaire avait été établi à Paris. Les départements recevaient l'ordre de vérifier les papiers de tous les ci-devant nobles. On ne cherchait plus des coupables, mais des suspects. Le danger mettait la Terreur à l'ordre du jour.

1. Lettres inédites. Collection Fabius.

III

LA FEMME LAFAYETTE

> La fortune ne pouvait rien sur
> elle; ni les maux qu'elle a prévus,
> ni ceux qui l'ont surprise n'ont
> abattu son courage.
>
> BOSSUET.

UN REPRÉSENTANT en mission, Jean-Baptiste Lacoste, parcourut la Haute-Loire. Il distribuait, dans tout le département, un écrit contre La Fayette. En passant à Aurac, il dit qu' « il fallait arrêter la ci-devant marquise ». Toujours prête à faire front, elle alla le trouver à Brioude où il la reçut poliment.

« J'ai appris, monsieur, lui dit-elle, qu'il est question d'emprisonner tous les ci-devant nobles, à l'occasion de la trahison de Dumouriez. Je viens vous déclarer que si, en toute circonstance, j'ai dit que je serais charmée d'être la caution de M. de La Fayette, je ne puis l'être en aucune manière de ses ennemis. D'ailleurs ma vie et ma mort sont fort indifférentes à M. Dumouriez. On ferait mieux de me laisser dans ma retraite. Lorsqu'on m'en a ôtée, on n'a fait qu'attendrir sur mon compte et réveiller le souvenir de bien des injustices. Je demande qu'on me laisse, avec mes enfants, dans la seule situation qui me soit supportable pendant que leur père est captif des ennemis de la France.

— Citoyenne, répondit Lacoste, ces sentiments sont dignes de vous.

— Je ne m'embarrasse pas, monsieur, répliqua-t-elle, de savoir s'ils sont dignes de moi ; je désire seulement qu'ils soient dignes de lui. »

Lacoste lui dit alors, du ton le plus doucereux, qu'il était seulement question de faire, pour le département, un arrêté pareil à celui qui était en vigueur dans l'Ardèche, où il était défendu aux ex-nobles de se réunir plus de trois, soit dans les promenades, soit dans les maisons particulières. Ce projet n'eut pas de suite[1]...

Exaspération et persécution gagnaient tout le pays. Le curé d'Aurac fut arrêté mais, grâce aux démarches d'Adrienne, acquitté par un jury de paysans dont le maire Guintrandy, chirurgien et ami de la châtelaine, présida les délibérations. A Brioude, le jugement parut trop favorable. Mme de La Fayette, qui s'y rendit, trouva les affaires du curé en mauvais état. Ses amis eux-mêmes disaient qu'il devrait au moins prêter le serment constitutionnel. Adrienne vit chaque administrateur. Comme toujours, elle sut agir avec habileté et énergie. Le curé fut renvoyé chez lui, mais beaucoup d'esprits malveillants firent, de cette affaire, un grief contre Mme de La Fayette.

Pendant plusieurs mois, elle avait été sans nouvelles de Gilbert. Il se trouvait à Magdebourg, où il avait été séparé de ses compagnons et mis au secret. Émigrés et coalisés le haïssaient au point qu'on lui laissait ignorer si sa femme et ses enfants étaient vivants. En vain Adrienne avait imploré de tous côtés la délivrance du prisonnier. Enfin, le 13 mars 1793, il parvint à écrire à la princesse d'Hénin, en se servant d'un cure-dents :

Je vis encore, chère princesse, et je puis vous le mander, mais ce sont les deux seules choses que vous devez attendre de mon journal. Cette lettre sera commune à vous, à ma femme, à mes enfants dont j'ignore la demeure, et à ceux de nos amis à qui vous et Mme de La Fayette jugerez à propos d'en faire part...

---

1. *Notice sur Madame de La Fayette par Madame de Lasteyrie, sa fille.* page 281.

Voici, à présent, la description de mon logement et de la vie que j'y mène. Imaginez-vous une ouverture pratiquée sous le rempart de la citadelle et entourée d'une haute et forte palissade; c'est par là qu'en ouvrant successivement quatre portes, dont chacune est armée de chaînes, cadenas, barres de fer, on parvient, non sans peine et sans bruit, jusqu'à mon cachot, large de trois pas et long de cinq et demi. Le mur du côté du fossé se moisit, et celui du devant laisse voir le jour, mais non le soleil, par une petite fenêtre grillée. Ajoutez à cela deux sentinelles dont la vue plonge dans notre souterrain, mais en dehors de la palissade pour qu'ils ne parlent pas; des observateurs étrangers à la garde; tout ce qu'il y a de murs, de remparts, de fossés, en dedans et en dehors de la citadelle de Magdebourg, et vous jugerez que les puissances étrangères ne négligent rien pour nous retenir dans leurs États...

J'ai des livres, dont on ôte les feuillets blancs, mais point de nouvelles, point de gazettes, point de communications; ni encre, ni plumes, ni papier, ni crayons. C'est par miracle que je possède cette feuille et je vous écris avec un cure-dents...

Félix a été mis dans un cachot séparé. Mon domestique, natif de Chavaniac, me sert. Nous désirons que leurs familles sachent qu'ils ne sont pas morts. Si vous connaissiez ma tante, vous jugeriez dans quelle anxiété je suis sur sa santé. J'embrasse ma femme et mes enfants. Adieu, mille tendresses à mes amis.

Je ne sais ce qu'on aura fait de mon habitation à Cayenne; mais j'espère que ma femme se sera arrangée pour que les Noirs qui la cultivent conservent leur liberté[1].

On pouvait reprocher à La Fayette plus d'une erreur, mais il faut l'admirer d'avoir pensé, au fond d'un cachot, à la liberté des Noirs. Quelque soin que l'on eût mis à le « tantaliser », par la privation de toute correspondance, il avait appris l'assassinat de son ami La Rochefoucauld et l'exécution du roi, mais n'avait rien su des siens, sinon par Charles de Damas, frère de Mme de Simiane, qu'il avait entrevu à Ham. Celui-ci, émigré, donc adversaire de La Fayette, s'était montré humain lorsqu'il avait rencontré le prisonnier et l'avait, en quelques mots, rassuré sur

1. *Mémoires, Correspondance et Manuscrits du général La Fayette,* tome IV, pages 219-224.

le sort de ses proches. En juin 1793, il revit l'écriture
d'Adrienne et celle de la princesse d'Hénin :

> Il n'était pas permis de me laisser ces lettres, mais je les ai
> entrevues. Ma première réponse a passé. On m'a rendu la seconde
> une fois, deux fois, trois fois; tantôt c'était à cause du mot de
> *liberté!* tantôt parce que je disais comment je suis, et que le roi
> ne veut pas qu'on le sache; tantôt parce qu'on voulait que
> j'écrivisse seulement que je suis fort bien...
> Je ne vous détaillerai pas toutes les précautions dont on
> m'entoure. Il faut que ces gens-ci croient tenir le diable en
> prison. *Le ridicule dans l'abomination,* comme disait le cardinal
> de Retz, se retrouve journellement ici...

Il était fier des victoires françaises :

> Convenez au moins que les simples citoyens se battent bien,
> et que j'avais raison de dire que l'établissement des gardes
> nationales dérouterait les calculs européens... « Il est incorri-
> gible », dites-vous?... Je l'avoue, ma chère princesse; livré à la
> plus violente des passions, cette liberté qui eut mes premiers
> vœux, qui a tant ballotté toute ma vie, est ici le perpétuel
> objet de mes méditations solitaires. C'est ce qu'une de nos
> amies appelait *ma sainte folie;* et soit qu'un miracle me tire
> d'ici, soit que je me présente sur un échafaud, *liberté, égalité,*
> seront mes premiers et mes derniers mots[1]...

Et un mois plus tard : « Adieu encore une fois; votre
démocrate et captif ami vous embrasse de tout son cœur. »
Victime de la démagogie, il se piquait de rester fidèle à la
démocratie.

En Auvergne, l'été 1793 fut fort agité. Beaucoup de
femmes d'émigrés croyaient nécessaire de divorcer, pour
assurer leur sûreté personnelle et conserver une fortune
à leurs enfants. Adrienne, même si le divorce n'était qu'une
feinte et une formalité, ne voulait pas violer la loi de
l'Église. Loin de se prêter à un reniement fictif de son
époux, toutes les demandes qu'elle présentait aux administrations commençaient par : *La femme Lafayette...* Dès
1791, Gilbert avait cessé de porter le titre de marquis, puis
il avait signé : *Lafayette,* en un mot, au lieu de : *La Fayette.*

1. *Mémoires, Correspondance et Manuscrits du général La Fayette,*
tome IV, pages 233-238.

Le moulin de Langeac ayant été mis en vente, comme bien national, Mme de Chavaniac, créancière de son neveu, se présenta pour l'acquérir. Adrienne, qui l'avait accompagnée à Brioude, y prit position, avant les enchères, avec son habituelle fermeté :

« Citoyens, dit-elle, je me crois obligée de protester, avant la vente qui va avoir lieu, contre l'énorme injustice que l'on commet en appliquant les lois sur l'émigration à celui qui, dans ce moment, est prisonnier des ennemis de la France. Je vous demande acte de ma protestation. »

La justesse de l'argument frappa les assistants; ils proposèrent d'insérer sa protestation au procès-verbal.

« Non, citoyens, répondit-elle, cela pourrait vous faire du tort et j'en serais bien fâchée. Il ne faut pas se compromettre pour faire une politesse, lorsqu'on ne le fait pas pour éviter une injustice. Quant à moi qui, grâce à Dieu, n'ai été complice d'aucune, je ne veux pas l'être de celle-ci par mon silence et je vous demande *un acte séparé* de ma protestation. »

On fit ce qu'elle désirait.

A Chavaniac, Adrienne s'occupait de l'éducation et même des amusements de ses enfants exactement comme elle l'eût fait en des temps plus heureux. Elle trouvait un sensible adoucissement à ses maux dans les exercices de piété qu'elle faisait avec ses filles. Chaque dimanche, elle réunissait les femmes pieuses du village pour prier en commun et s'unir, par la communion spirituelle, au sacrifice de la messe dont elles étaient désormais privées.

Enfin elle reçut des nouvelles directes de son mari :

Magdebourg 2 octobre 1793 : Les cinq objets si chers à ma tendresse sont donc toujours réunis à Chavaniac, mon cher cœur, et dans un état de tranquillité qu'ils méritent trop bien pour que j'osasse l'espérer! J'étais sûr que, d'un autre côté, le désir même d'obtenir ma liberté ne vous arracherait aucune démarche, ni aucune expression qui ne fût pas digne de vous; mais la manière dont vous m'en parlez répond tellement à mon cœur que j'ai besoin de vous en remercier. Je vous ai associée à des destinées fort agitées, et actuellement fort tristes; mais je sais que vous trouvez quelque douceur à penser que votre tendresse et votre estime sont au premier rang des souvenirs heureux de ma vie[1]...

Un bel éloge qu'Adrienne méritait, mais La Fayette avait tort de croire sa femme en sécurité, dans un asile inviolable. En septembre 1793, un décret sur les visites domiciliaires prescrivit de traquer, jour et nuit, « les suspects dans leur tanière ». Les suspects étaient, d'une part les ci-devant nobles auxquels un certificat de civisme serait refusé et, d'autre part, tous les parents d'émigrés. Au chef-lieu de chaque district, des maisons d'arrêt furent créées afin de les y enfermer. On forma des comités chargés de désigner les suspects. Le représentant Solon Reynaud, originaire du Puy, y fut envoyé et prit la direction des enquêtes.

Naturellement, chacun s'efforçait d'obtenir des certificats de civisme. La municipalité d'Aurac en accorda, avec sa coutumière bienveillance, à tous les habitants du château de Chavaniac. Mais la sourcilleuse tante Charlotte exigea qu' « il ne fût pas question de son *patriotisme* d'une façon trop prononcée ». Adrienne, par loyalisme, demanda que son certificat fût identique à celui de sa parente. Tous deux furent donc insignifiants et inefficaces. Le point d'honneur était, dans cette famille, le point sensible et vulnérable. Adrienne porta les certificats à Brioude, où ils devaient être visés par le comité révolutionnaire. Ceux des domestiques le furent, mais après discussion et de mauvaise grâce. L'atmosphère était si évidemment hostile qu'Adrienne se garda de parler de sa tante, encore moins d'elle-même.

Quelques jours plus tard, un membre du comité révolutionnaire se présenta au château pour brûler « les papiers entachés de féodalité » (titres de propriété ou chartes). Adrienne manifesta son indifférence avec tant de naturel que le commissaire chargé de l'autodafé en fut tout sur-

1. *Mémoires, Correspondance et Manuscrits du général La Fayette,* tome IV, page 248.

pris. Aux alentours, on arrêtait non seulement les aristocrates mais les patriotes bon teint qui les avaient protégés.
Le 12 novembre, Mme de La Fayette fut avertie, de bonne
source, qu'elle serait arrêtée le lendemain. Elle n'en voulut
rien dire aux enfants avant la matinée du 13. Ce jour-là
le commissaire ayant achevé le triage des papiers, les fit
mettre dans une charrette avec les bustes de Louis XVI
et de Mirabeau. Il voulait en faire un feu de joie, autour
duquel on danserait. Mais les habitants de Chavaniac
refusèrent de prendre part à une fête le jour où leur châtelaine et amie devait être mise en état d'arrestation.
La charrette, pleine de parchemins, se dirigea vers Aurac.

Un détachement de gardes nationaux et le commissaire
Granchier, du comité révolutionnaire, arrivèrent au château dans la soirée. C'est dans sa chambre qu'Adrienne,
entourée de toutes les personnes de sa maison, écouta la
lecture de l'ordre d'arrestation. Elle présenta le certificat
de civisme qui lui avait été donné par la commune.

« Il est trop ancien, dit Granchier, et d'ailleurs, n'ayant
pas été visé par le comité de Brioude, il ne vaut rien!

— Citoyen, s'écria Anastasie, empêche-t-on les filles
de suivre leur mère?

— Oui, mademoiselle. »

Anastasie insista, affirmant qu'elle devait être « comprise
dans la loi » puisqu'elle avait seize ans. Le commissaire
parut attendri. Pour dissiper sa gêne, il se mit à raconter
les arrestations auxquelles il avait procédé dans le voisinage. Toutes les dames suspectes des environs avaient été
mises sous clef, dans l'église d'Aurac, pour y passer la nuit.
Granchier permit à la « citoyenne Lafayette » de ne pas coucher à l'église, pourvu qu'elle s'engageât à y être le lendemain matin et à partir pour Brioude, à neuf heures, avec
le convoi. Pendant ces quelques heures de sursis, Adrienne
releva le courage de tous; elle affirma que la séparation
ne serait pas longue. Le 14 novembre, le convoi se mit en
route au milieu des pleurs des enfants et de la consternation des ci-devant serviteurs.

La maison d'arrêt de Brioude était déjà pleine; on y entassa pourtant les nouveaux détenus. Les « dames aristocrates » avec lesquelles Mme de La Fayette avait rompu toutes relations depuis le début de la Révolution, la reçurent d'abord avec impertinence. Elles triomphaient de voir Adrienne atteinte par la tourmente que son propre mari avait contribué à déchaîner. Adrienne aurait pu parler des torts et folies de l'autre camp. Elle préféra éviter les contacts et logea dans un couloir, qui servait de cellule, avec une pieuse boulangère et deux bourgeoises de Brioude. Au reste l'attitude et la conduite de « la femme Lafayette » furent telles que bientôt elle inspira une admiration unanime à tout ce qui l'entourait.

Elle se convainquit rapidement de l'inutilité de toute démarche pour obtenir sa délivrance. Les ordres de Paris étaient formels. Pourtant elle se hasarda parfois à présenter des requêtes formulées par ses compagnes de captivité. Les membres du comité lui témoignaient un peu plus d'égards qu'aux autres. Mais elle n'avait que trop de sujets d'inquiétude. Elle savait qu'à Paris sa mère, la duchesse d'Ayen, et sa sœur aînée, Louise de Noailles, étaient, en vertu de la loi sur les suspects, détenues dans leur propre maison. En janvier 1794, Mme de Chavaniac fut, elle aussi, mise en état d'arrestation mais, en raison de son grand âge, laissée chez elle sous bonne garde. Anastasie et Virginie faisaient blanchir le linge de leur mère et le lui retournaient chaque semaine à la prison. Le compte était cousu au paquet; les jeunes filles écrivaient de l'autre côté de la page; leur mère répondait de la même manière. La fille de l'aubergiste de Brioude, laquelle portait le dîner à la maison d'arrêt, apercevait parfois Adrienne et donnait aux enfants des nouvelles de sa santé.

Parfois même elle réussissait à faire censurer, puis transmettre par le comité, une lettre à ses filles. Mais on ne lui permettait pas de dire grand-chose.

A la citoyenne Anastasie, à Chavaniac, par Brioude : 27 fri-maire de l'an II de la République française une et indivisible : Mille remerciements, ma chère Anastasie, de votre aimable petite lettre et des tristes détails qu'elle contient. Je ne vous répéterai pas tout ce que je sens pour vous, votre tante, votre gouvernante. Il vous est facile de juger de mon cœur par le vôtre... Adieu, ma chère petite; je vous embrasse et m'unis à vous du plus tendre de mon cœur. La prochaine décade [celle de Noël] va nous réunir d'une manière encore plus particulière. Je n'espère pas que vous la passiez plus agréablement que nous[1]..

En janvier 1794, les petites apprirent qu'il n'était pas impossible de gagner le geôlier et de pénétrer secrètement dans la maison d'arrêt. Frestel, précepteur de George (qui n'avait pas réussi à passer en Angleterre avec son élève), se chargea de cette négociation périlleuse et réussit. Il fut convenu que, chaque quinzaine, l'un des enfants irait à Brioude. Anastasie, étant l'aînée, fut la première. Elle alla de nuit, à cheval, jusqu'à l'auberge où elle passa, cachée, toute la journée du lendemain. Le soir, elle fut introduite auprès de sa mère et put passer toute la nuit en prison. Ce fut un immense bonheur. Les autres eurent tour à tour, le même privilège.

On requit à ce moment la vente de tous les biens de « l'émigré Lafayette ». Sa femme demanda à y assister, au besoin entre deux gardes. Frestel se chargea de trans-mettre cette requête au représentant en mission, Solon Reynaud. Celui-ci vomit un torrent d'injures sur La Fayette, « dont il aurait voulu arracher les entrailles », sur la ci-devant marquise, « l'orgueil des Noailles personnifié », et sur leurs filles, « ces serpents que la République nourrissait dans son sein ». Naturellement, la demande fut repoussée. Peu après, Solon Reynaud fut rappelé à Paris et remplacé par le représentant Guyardin, qui passait pour moins violent.

Dans la prison de Brioude, Adrienne était la providence de ses compagnes. Elle les servait, faisait la cuisine et

1. Lettre inédite. Archives de La Grange. — Le 27 frimaire, an II, est le 17 décembre 1793.

persuadait les plus pauvres de faire bourse commune avec elle, ce qui lui permettait de tout payer elle-même en leur laissant l'illusion de participer aux frais. « L'habitude de la vie était fort dure. » Six femmes couchaient dans une sorte d'alcôve, qui n'était séparée du corridor que par un paravent. « Les querelles entre les personnes de sociétés différentes, enfermées en ce lieu, étaient un sujet continuel d'ennui. » Mais qu'importaient ces disputes mesquines? Adrienne était mortellement inquiète de sa grand-mère (la vieille maréchale de Noailles), de sa mère et de sa sœur Louise, qui venaient d'être transférées à la prison du Luxembourg.

La Terreur régnait, sanglante, hideuse. Que de têtes qu'Adrienne avait aimées, vénérées, ou seulement connues, étaient tombées! Le 16 octobre, la malheureuse reine était morte sur l'échafaud. Le 6 novembre, le duc d'Orléans, quoique régicide, avait été guillotiné. Brissot (jadis correspondant de la citoyenne Lafayette) avait partagé le sort de vingt autres girondins, tous « raccourcis » (comme disaient les bourreaux) le 31 octobre. Avant son supplice, Mme Roland avait soupiré : « O Liberté! que de crimes on commet en ton nom! » et Roland, réfugié à Rouen, s'était suicidé deux jours plus tard. Cependant Camille Desmoulins, amoureux, donc adouci, réclamait l'élargissement des deux cent mille citoyens « que vous appelez suspects », notion étrangère à la justice, « car il n'y a point de suspects : il n'y a que des prévenus de délits fixés par la loi ». Il demandait un comité de clémence. Robespierre riposta : « La Terreur, dit-il, est la justice, prompte, sévère, inflexible. »

Au vrai, la lutte entre les factions révolutionnaires était devenue si impitoyable qu'il fallait tuer ou être tué. « Les dieux ont soif », écrivait Camille Desmoulins. Les nouvelles prisons se multipliaient. Il fut décidé que les prévenus de conspiration seraient, de tous les points de la République, déférés au Tribunal révolutionnaire de Paris. C'était les condamner à mort. Dans leur département, les meilleurs, y étant connus et estimés, gardaient une chance. A Paris, ils auraient la tête tranchée, sans jugement. Le 8 prairial, An III (27 mai 1794) parvint à Brioude l'ordre de conduire la « citoyenne Lafayette » à la prison de la Force, à Paris. Le capitaine de gendarmerie chargé de l'exécution de cette mesure (Gissaguer) était frère de Montfleury qui, comme président du département, avait empêché le transfert d'Adrienne à Paris lors de sa première arrestation. Gissaguer connaissait et admirait la « citoyenne Lafayette ». Il alla la trouver et, sans mot dire, lui montra l'arrêté du Comité de sûreté générale.

L'ordre stipulait que la prisonnière serait conduite en charrette, de brigade en brigade. Pour lui épargner cette indignité, l'honnête capitaine de gendarmerie offrit de l'accompagner lui-même, dans une voiture de poste. Adrienne fut tentée de s'évader mais, craignant de compromettre Gissaguer et d'amener de nouvelles rigueurs sur les détenues, elle écarta cette pensée de fuite. Elle rassura même ses compagnes :

« Ce n'est pas au Tribunal révolutionnaire que je suis appelée, mesdames. Je suis simplement transférée à Paris. »

Ayant obtenu que le départ fût retardé de vingt-quatre heures, elle put envoyer un exprès à ses filles. Puis elle monta chez le curé de Chavaniac, captif à un autre étage de la maison, afin de se confesser. Elle avait envoyé une pétition au représentant Guyardin :

Citoyen représentant, j'espérais être jugée par vous et d'après tout ce que j'avais ouï dire de votre justice, je comptais sur la fin d'une captivité à laquelle je ne me voyais condamnée par aucun décret, lorsqu'au moment où l'on attend de jour en jour votre présence ici, le Comité de sûreté générale juge à propos de me faire transférer à Paris. Il paraît affligeant pour moi que ma conduite soit examinée dans le lieu où elle est le moins connue, et je croirais beaucoup gagner à voir réunis près de moi ceux qui ont pu suivre tous les jours, depuis l'époque douloureuse où l'on s'est imaginé de quelque intérêt pour la République d'observer si la violence des tortures de mon cœur avait altéré des sentiments qui étaient connus de tous ceux avec lesquels j'avais eu des rapports.

Mais quoique éloignée des lieux que j'habite depuis mon malheur, je dois espérer que la vérité se fera entendre. Je vous conjure, citoyen représentant, de réunir sur mon compte des témoignages sincères et, si vous ne devez plus décider de mon sort, d'éclairer au moins sur les faits ceux entre les mains desquels il est remis. Ce sont mes enfants qui vous demandent justice[1]...

Le représentant Guyardin ne donna jamais suite à cette juste requête. A la vérité, cela importait peu. Le Tribunal révolutionnaire ne lisait même plus les témoignages et nul avocat n'y était admis à défendre la cause d'un accusé.

On peut imaginer le désespoir des enfants quand ils reçurent, à leur réveil, la lettre de leur mère. Le dévoué Frestel partit sur-le-champ. Il était porteur d'un nouveau certificat de civisme, bravement délivré par la municipalité d'Aurac, à la demande de Mme de Chavaniac :

Le conseil réuni, ayant mûrement délibéré sur l'objet de la pétition, et d'après la connaissance certaine qu'il a de la conduite et des sentiments civiques de la susdite Noailles-Lafayette, pendant son séjour dans cette commune; des actes de charité et de fraternité qu'elle a exercés ou suggérés envers et à ses concitoyens; de l'empressement avec lequel elle s'est montrée dans toutes les cérémonies civiques et républicaines, et eu égard aux sentiments généralement répandus dans l'esprit de tous les individus de la commune que ses sentiments étaient en tout point au niveau de la Révolution, a été unanimement délibéré comme un témoignage authentique de sa conduite et de ses sentiments[2]...

Les gouvernantes et femmes de chambre de Chavaniac avaient remis à Frestel tous leurs petits bijoux, en le chargeant de les vendre « afin d'éviter à Madame la marquise l'horreur du transport en charrette ». A Brioude, il trouva tout le monde consterné, même les jacobins, mais ceux-ci n'osaient pas désobéir. Adrienne avait été transférée à la prison criminelle. Ses enfants, qui arrivèrent un peu plus

1. Lettre inédite. Archives de La Grange.
2. Archives nationales, F. T. 5680, d. Noailles.

tard, la trouvèrent sur un grabat. Il fut convenu que Frestel suivrait la voiture de la prisonnière et irait trouver Gouverneur Morris dans sa maison de campagne, voisine de Melun, pour le prier d'intervenir. La violence du désespoir d'Anastasie était si effrayante que la jeune fille obtint d'accompagner Frestel pour aller, avec lui, implorer le ministre des États-Unis. Alors elle passa soudain « du chagrin le plus vif à l'ivresse de la joie. Il lui semblait que sa mère ne partait pas puisqu'elle partait avec elle ».

Pour quitter le département, il fallait un permis de circulation. Anastasie parvint, malgré mille obstacles, jusqu'au citoyen Guyardin. Il ne se dérangea pas, resta assis à son bureau et continua d'écrire. Elle présenta la pétition de sa mère, que Guyardin refusa de lire sous prétexte qu'il ne pouvait s'occuper d'une prisonnière mandée à Paris. Son refus fut accompagné de plaisanteries grossières. Il n'accorda pas davantage le permis demandé par Anastasie. La jeune fille au désespoir regagna Chavaniac. A Aurac, elle obtint de la municipalité, pour sa mère, un certificat de civisme où l'on parlait, de la manière la plus touchante, des vœux que formaient pour elle tous les habitants du village. Mais la municipalité n'avait pas le pouvoir d'accorder un passeport interdépartemental à une ci-devant noble. On la ramena, anéantie, à Chavaniac.

Cependant, à la prison de Brioude, Adrienne faisait ses adieux à George et à Virginie. A midi, Gissaguer vint lui dire qu'il fallait partir. Elle fit promettre aux enfants, si elle mourait, de chercher tous les moyens de rejoindre leur père. Frestel avait dû faire viser son passeport au district.

« Il s'en va, dit un des administrateurs, pour se faire le défenseur de gens qui ne devraient jamais en avoir.

— Je voudrais, répondit-il, en avoir le talent; je suis sûr que, dans cette salle même, j'aurais des envieux. »

Le voyage fut sans incident. Mme de La Fayette devina, au ton de son gardien, qu'elle aurait pu facilement le convaincre de la laisser fuir et de quitter lui-même un poste qui, dans les circonstances présentes, lui faisait horreur.

Mais cela eût été dangereux pour le frère du capitaine (resté au Puy). Elle se garda donc de tout propos susceptible de renforcer les impressions que, sentait-elle, Gissaguer éprouvait. Ce ne fut qu'à Fontainebleau, où des attroupements hostiles se formèrent autour de la voiture, qu'ils s'avouèrent ce qu'ils avaient tous deux pensé. A Melun, Frestel eut une dernière conversation avec Mme de La Fayette. Elle lui donna des lettres, dont la plus longue était pour Anastasie. Adrienne conjurait ses filles de pardonner, du fond du cœur, à leurs tourmenteurs. Frestel partit alors, pour aller voir Gouverneur Morris.

La prisonnière arriva à Paris le 19 prairial, veille de la fête de l'Être suprême où Robespierre allait « s'adresser à la divinité » sans avoir recours aux prêtres. Il venait d'être élu président de la Convention et voulait apparaître à la fois chef politique et souverain pontife. La Terreur procédait maintenant par hécatombes; les condamnations du Tribunal révolutionnaire envoyaient à l'échafaud soixante victimes par jour. Mme de La Fayette semblait vouée à une mort certaine. Gissaguer, bouleversé, laissait voir sa douleur. Adrienne s'efforça de le consoler, en lui représentant qu'il se compromettait inutilement. Il la déposa à la Petite-Force et courut dire de sa part, à Beauchet, qu'elle interdisait toute démarche.

IV

LA SOMBRE BOUCHERIE

> Je plonge, avec mon sujet,
> dans la nuit.
>
> MICHELET.

> Les saints prient pour leurs
> bourreaux.
>
> ALAIN.

E N AOÛT 1793, la duchesse d'Ayen était à Saint-Germain, au chevet de son beau-père agonisant ; la maréchale de Noailles, septuagénaire et sourde, ne se rendait plus compte de ce qui se passait autour d'elle. Quand le maréchal fut mort, ces deux femmes, avec la vicomtesse de Noailles et les trois enfants de celle-ci (Alexis, Alfred et Euphémie) s'installèrent dans l'hôtel de Noailles-Mouchy, rue de l'Université, à Paris. Le duc d'Ayen et le vicomte de Noailles avaient émigré. Trois femmes seules, qui ne sortaient jamais, et trois enfants dont l'aîné avait onze ans, ne semblaient pas mettre la République en danger.

La loi du 17 septembre s'appliquait pourtant à eux. Tout ce qui était noble devenait coupable, par définition. Au début, à cause de l'état de la vieille maréchale, retombée en enfance, la famille fut détenue dans sa demeure. Deux sans-culottes, assignés à leur garde, ne se montraient pas trop féroces pourvu qu'ils fussent bien nourris. Grelet, précepteur des enfants, était d'une exemplaire fidélité.

Le père Carrichon, prêtre oratorien non assermenté, confesseur de la duchesse et de sa fille, venait « en vêtements du siècle » les voir chaque semaine.

De tels prêtres clandestins circulaient beaucoup, et jusque dans les prisons, sous de hardis déguisements, parfois même en bonnet rouge et carmagnole. Le père Carrichon ne rapportait pas à ses pénitentes de rassurantes nouvelles du monde extérieur. La lutte contre l'Église s'aggravait. Le calendrier révolutionnaire supprimait les dimanches et les fêtes catholiques. Le 16 octobre, le maréchal-duc de Mouchy (grand-oncle d'Adrienne), sa femme et leur fille (la duchesse de Duras) avaient été arrêtés au château de Mouchy, dans l'Oise. Comme toutes les prisons de Paris regorgeaient de « suspects », les conducteurs du convoi, ne sachant où déposer ceux-ci, les conduisirent chez eux, à l'hôtel de Noailles-Mouchy. Là ils trouvèrent leur belle-sœur, la maréchale de Noailles, leur nièce, la duchesse d'Ayen, et leur petite-nièce Louise. Tous se firent, les uns aux autres, leurs derniers adieux en échangeant de suprêmes recommandations. Ils se préparaient à une mort toute proche. Le père Carrichon, qui était présent, leur dit :

« Si vous allez à l'échafaud et que Dieu m'en donne la force, je vous accompagnerai.

— Nous le promettez-vous? demandèrent-ils avec vivacité.

— Oui, répondit-il, et pour que vous me reconnaissiez dans la foule, j'aurai un habit bleu foncé et une veste rouge. »

Les Mouchy furent transférés au Luxembourg, transformé en geôle. Mme de Mouchy dit : « Ne trouvez-vous pas bien étrange que je sois prisonnière dans le palais où je me suis mariée? » Elle s'était presque réjouie du changement, ayant conservé du Luxembourg l'image d'une demeure splendide et d'un merveilleux jardin. Le ménage eut d'abord une chambre confortable (celle qu'avait occupée Brissot), mais fut bientôt relégué dans une cuisine mansardée. Les prisonniers pouvaient se promener dans les couloirs, où ils retrouvaient beaucoup d'amis, et aller vers midi faire leur cour à la duchesse d'Orléans (veuve de Philippe Egalité), incarcérée elle aussi.

Les geôliers tutoyaient et rudoyaient ces prisonniers qui, si peu de temps auparavant, avaient été « Monseigneur », « Monsieur le duc » ou « Votre Altesse Royale ». Le duc de Mouchy, fort irritable au temps où il gouvernait Versailles, supportait sans une plainte les grossièretés des guichetiers. Les repas étaient apportés de la rue de l'Université. La duchesse d'Ayen et Louise de Noailles, ayant vendu leurs derniers chiffons, ne possédaient plus un écu. Mais le jeune précepteur Grelet travaillait et faisait vivre toute la maison; les domestiques y servaient sans gages.

Ainsi se passa l'hiver 1793-1794. Peu à peu, quelque espoir renaissait. La grande tristesse des Mouchy était d'être séparés de leur fille Philippine, duchesse de Duras, incarcérée à Chantilly. Au Luxembourg, dans les riches appartements, les prisonniers politiques (Danton, Camille Desmoulins) passaient, sur le chemin de l'échafaud. Puis arrivait une nouvelle fournée. Dans le jardin du Luxembourg, les arbres se couvrirent de bourgeons, puis de feuilles. Un jour le porte-clefs, goguenard, dit : « Il y a quelqu'un en bas qui fera sûrement plaisir au citoyen Mouchy! » Celui-ci crut que c'était sa fille Duras, mais vit apparaître la maréchale de Noailles, la duchesse d'Ayen et la vicomtesse de Noailles. « Rien ne pouvait arriver de pis, dit avec mauvaise humeur le duc de Mouchy, la vieille maréchale a le cerveau dérangé et ses imprudences vont tout compromettre! »

Le guichetier logea les nouvelles venues dans une seule chambre, sur trois paillasses misérables. Elles étaient sourdes, la maréchale totalement; les deux autres dures d'oreille. La nuit, la vicomtesse s'attachait au bras un cordon d'appel, dont l'autre extrémité était à portée de sa grand-mère. Angélique, comme elle l'avait été toute sa vie, la belle Louise s'efforçait de rester gaie. Elle faisait les lits, la cuisine, un nouveau fonctionnaire ayant pris possession du Luxembourg et formellement interdit d'y faire désormais venir les repas préparés au-dehors. Bientôt il imposa un réfectoire commun. La vieille maréchale, épouvantée par la ruée vers les tables, se traînait le long des murs et arrivait en retard. Un guichetier la saisissait et la plaquait sur un banc.

« Qu'est-ce que vous dites? demandait-elle.

— Je dis, vieille bougresse, que tu n'as personne ici pour porter ta cotte... Fous-toi là! »

Cette vie grégaire, aux portes de la mort, était pénible mais pas ennuyeuse. Actrices, conventionnels, ci-devant présidents au Parlement, ex-duchesses se coudoyaient dans la cour devenue préau. On jouait au ballon dans la galerie des Rubens. Tous s'entendaient pour se moquer des gardiens et l'on riait, les patriotes de la misère des aristocrates, les aristocrates de la déchéance des conventionnels. Beaucoup ne croyaient plus au danger. Que pouvait craindre la Révolution d'octogénaires et de femmes isolées?

Pourtant, le 26 juin, les huissiers du Tribunal révolutionnaire qui rassemblaient les captifs transférés à la Conciergerie (dernière étape avant l'échafaud) appelèrent le maréchal de Mouchy et son épouse. Ils descendirent, elle clopinant appuyée sur sa canne, lui fier et grave. Les détenus s'étaient rangés dans les couloirs. Une voix cria :

« Courage, monsieur le maréchal!

— A quinze ans, dit-il, j'ai monté à l'assaut pour mon roi; à quatre-vingts, je vais monter à l'échafaud pour mon Dieu. Je ne suis pas à plaindre. »

Il ne restait plus qu'à affronter les quolibets du Tribunal révolutionnaire et à traverser Paris, les bras liés de cordes, comme du bétail allant aux abattoirs. Le 9 messidor (27 juin 1794), ces deux têtes blanches tombèrent sous le couperet.

A la prison du Luxembourg, Louise de Noailles, malgré tout son courage, n'avait plus d'espoir. On tuait maintenant pour vider les prisons. Il n'y avait plus de place nulle part; il fallait ou cesser les arrestations et remettre certains « suspects » en liberté, ou prélever dans chaque prison, au hasard, un nombre suffisant de détenus à massacrer. Coupables? Innocents? Peu importait. Ce n'était qu'une question de locaux; toute tête était bonne pour la guillotine. Une « conspiration des prisons » fut inventée. Le Luxembourg, surpeuplé, fut taxé à cent cinquante victimes. Le 18 messidor, cent cinquante-six malheureux prirent le chemin de la Conciergerie. Les dames Noailles n'en étant pas, la duchesse d'Ayen se reprit à espérer. La vieille maréchale ne se rendait pas compte de la situation. Seule l'adorable Louise, si belle, si frêle et si pâle, récitait les prières des agonisants.

Elle avait tout perdu : son roi, ses beaux-parents, sa fortune, ses amis, ses serviteurs. Son mari était en Amérique. Seuls lui restaient ses trois enfants. Elle les confia au précepteur de vingt-trois ans qui leur avait montré tant de dévouement : Grelet. Elle l'appelait, lui aussi « Mon cher enfant », et datait un testament tragique : « Fait en la maison d'arrestation du Luxembourg, le 24 messidor de l'an II de la République française une et indivisible. — LOUISE DE NOAILLES, femme NOAILLES[1]. » Entre autres legs : « Je prie le citoyen Grelet d'accepter une montre et un diamant de mille écus, comme une bien faible marque de ma vive reconnaissance. Je le prie de se souvenir de moi et de songer qu'une des grandes consolations que j'emporte en mourant est de laisser mes enfants entre ses mains. »

Le 3 thermidor, Grelet se rendait au Luxembourg, chargé de quelque objet de lingerie ou d'habillement demandé par les prisonnières, quand il vit, dès le bas de la rue de Tournon, un attroupement d'hommes et de femmes devant la porte du palais. Le fatal chariot était là, garni de banquettes dans toute sa longueur. Grelet

---

1. Testament inédit. Collection Fabius.

se glissa dans la foule, jusqu'au portail. Un guichetier,
qui le reconnut, lui dit :

« Va-t'en! *Elles* sont là. »

Grelet resta et bientôt vit sortir Louise de Noailles,
suivie de deux gendarmes. Elle passa tout près de lui et
serra sa main, puis elle monta dans la charrette. Sa mère
et sa grand-mère la suivaient.

Quand le char à bancs démarra, Grelet l'accompagna.
Louise ne le quittait pas des yeux. A l'endroit où la rue
de Condé se resserre, elle fit de la main, trois fois, le geste
rituel de la bénédiction. Pourquoi les « femmes Noailles »
avaient-elles été désignées? Leur surdité les tenait à l'écart
de toute conversation; l'idée qu'elles eussent conspiré passait l'absurde. Toujours est-il que le concierge Guiard leur
avait apporté, le matin, un document signé *Fouquier-
Tinville*, portant la hache et la pique surmontées du bonnet phrygien et citant au Tribunal révolutionnaire : Bris-
sac, femme Noailles; Louise Noailles; et Daguesseau,
femme d'Enghien (au lieu d'Ayen). Au moment où ce
fatal papier fut remis à la duchesse d'Ayen, elle lisait
l'*Imitation de Jésus-Christ*. Elle écrivit sur le signet : « Mes
enfants, courage et prière », le plaça à la page où elle avait
dû interrompre sa lecture et le remit à la duchesse d'Orléans, en priant cette princesse de le faire parvenir à ses
filles. Après le 9 Thermidor, le livre leur fut envoyé.

La Conciergerie ne ressemblait à aucune autre prison.
C'était l'antichambre de la mort, une salle des derniers
pas perdus, « une Morgue toujours en mouvement et en
rumeur, comme une halle un jour de marché[1] », une usine
hideuse qui devait chaque jour transformer soixante
innocents en accusés, soixante accusés en condamnés, et
soixante condamnés en cadavres. Tous ceux qui y entraient
se savaient privés d'espérance. Certains priaient; d'autres
chantaient; beaucoup rêvaient. Les nouveaux venus ren-

---

1. G. LENOTRE : *Le Jardin de Picpus*, page 83 (Paris, Librairie académique Perrin, 1928).

contraient, au greffe, des amis partant pour l'échafaud, et savaient que leur tour viendrait le lendemain.

Les trois dames Noailles arrivèrent tard et il fut difficile de leur trouver une place dans le quartier des femmes. On les jeta dans un cachot où se trouvaient déjà trois prisonnières. Elles demandèrent si elles pourraient avoir de la nourriture et des lits. Pour le souper, rien à faire; les fournisseurs n'entraient pas de nuit. Les grabats se payaient quinze francs par mois et l'on devait verser d'avance le mois entier même si l'on ne passait qu'une nuit. Or elles n'avaient plus que douze francs. Une détenue charitable leur donna un verre d'eau de groseille; une autre céda son lit à la vieille maréchale; une troisième offrit son matelas à la duchesse d'Ayen. La vicomtesse dit : « Ce n'est plus la peine de dormir, si près de l'éternité. » Elle installa sa mère et son aïeule, puis lut un livre de piété à la lueur d'une chandelle.

La nuit fut agitée. La maréchale, chaque fois qu'elle se réveillait, relisait son acte d'accusation sans le comprendre. Elle était inculpée pour avoir « conspiré au Luxembourg ».

« Non, non! répétait-elle, je ne périrai pas pour un complot dont j'ignore l'existence. »

La duchesse d'Ayen croyait trouver des juges; sa fille Louise savait qu'il n'y aurait, au Tribunal révolutionnaire, que des bourreaux. La maréchale se plaignait de ce que sa robe fût chiffonnée. A neuf heures, les verrous furent tirés, les portes s'ouvrirent. Les *happe-chair* de Fouquier-Tinville rameutaient leur troupeau. L'audience du Tribunal révolutionnaire était, ce jour-là, présidée par René-François Dumas, fanatique sanguinaire. Les actes d'accusation contenaient les clichés les plus rebattus : « intelligence avec Pitt et Cobourg ». La maréchale de Noailles, son cornet acoustique à l'oreille, s'entendit accuser « d'avoir voulu dissoudre la Convention nationale et assassiner les membres du Comité de salut public »! Dumas se tourna vers elle :

« Tu étais de la conspiration du Luxembourg?

— Que dites-vous?... Excusez-moi, citoyen, je suis extrêmement sourde... Je n'ai pas entendu.

— Tu conspirais donc sourdement. »

Jurés, greffiers, gendarmes et public s'esclaffèrent. Il y a quelque chose de plus odieux que le juge vénal : c'est le juge badin. Les membres du jury, après un instant de délibération, déclarèrent « en leur âme et conscience » que les trois citoyennes Noailles étaient des ennemies du peuple et méritaient la mort. Deux d'entre elles n'avaient même pas été interrogées.

Le père Carrichon[1], qui avait promis d'assister les victimes jusqu'à l'échafaud, fut prévenu par le précepteur Grelet. Il se rendit donc à la Conciergerie, où il attendit longtemps car les charrettes ne furent prêtes qu'à six heures du soir. Dans la première, il vit la maréchale, fort gênée sur la misérable planche où on l'avait assise, les bras attachés derrière le dos. Dans la seconde, il découvrit la duchesse d'Ayen, vêtue d'un déshabillé rayé de bleu, et la vicomtesse de Noailles en robe blanche. Toutes deux semblaient rajeunies. La fille (35 ans) se penchait vers la mère (57 ans). La foule s'étonnait : « Voyez donc, cette jeune... Comme elle s'agite! Comme elle parle à l'autre! Elle ne paraît point triste. »

Ce que disait Louise de Noailles à sa mère, c'était : « Maman, il n'y est point. » Mais le père Carrichon marchait devant le convoi. Une chaleur étouffante l'avait mis en sueur. L'orage éclata. Les condamnés, ficelés sur leurs bancs, têtes nues, cous rasés, ruisselaient. L'abbé s'élança sous la pluie battante et put approcher de la seconde charrette. Enfin ses pénitentes le virent : « Maman, le voilà! » Au carrefour de la Bastille (car la guillotine fonctionnait alors place du Trône), il leur donna l'absolution

---

1. Voir G. Lenotre : *Le Jardin de Picpus*, lui-même documenté par le récit du père Carrichon. Ce récit avait été en partie publié par la famille mais expurgé. Mieux vaut suivre Lenotre, qui a étudié le texte original.

et, quand il eut prononcé la formule sacramentelle, « fut frappé de leur air de contentement, de sérénité, d'allégresse ». Il parvint en même temps que les charrettes à la place, alors rebaptisée place du Trône Renversé. L'échafaud était dressé sous les arbres. Des badauds, gouailleurs, riaient aux éclats et insultaient les suppliciés. Un tombereau attendait, tout attelé, peint en rouge, son chargement de corps sans têtes. Le maître-bourreau se tenait sur la plate-forme. Ses valets aidèrent les victimes à descendre des charrettes et les rangèrent, sur plusieurs rangs, face au faubourg Saint-Antoine. Elles étaient, ce soir-là, quarante-cinq. Des mendiants se glissaient entre les gendarmes pour demander, à ceux qui allaient mourir, leurs chaussures. L'abbé, tremblant, regardait le bourreau qui, vêtu comme un petit-maître, endossait « pour ne pas gâter ses élégants effets » un surtout ensanglanté.

Soudain le père Carrichon voit les trois aides saisir une vieille femme et la jeter sur la planche à bascule. On entend trois coups sourds : le heurt de la planche qui s'abat ; le choc de la lunette qui tombe ; la chute du couperet. Tête et corps sont jetés dans le tombereau rouge. L'abbé voudrait fuir cette boucherie, mais il est fasciné par sa diabolique précision. La vieille maréchale monte la troisième. D'un coup de ciseau, un valet échancre le col de sa robe noire. Saisie par les jambes et projetée avec violence, elle fut coupée en deux.

Mme d'Ayen fut la dixième. Qu'elle me parut contente de mourir avant sa fille! Montée, le maître bourreau lui arracha son bonnet. Comme il tenait par une épingle qu'on n'avait pas retirée, les cheveux, tirés avec force, lui causèrent une douleur qui se peint sur ses traits. La mère disparue, sa tendre et digne fille la remplace. Quelle émotion, en voyant cette jeune dame tout en blanc, paraissant beaucoup plus jeune qu'elle n'était, semblable à un doux petit agneau qu'on va égorger! Je croyais assister au martyre d'une des vierges ou saintes femmes, telles qu'elles nous sont représentées. Ce qui est arrivé à sa mère lui arrive aussi : même oubli d'épingle, même signe de douleur et, aussitôt, même calme, même mort. Quel sang abondant et vermeil sort de la tête et du cou! Que la voilà bienheureuse, m'écriai-je intérieurement quand on jeta son corps dans cet épouvantable cercueil[1]...

L'abbé rentra chez lui très tard, brisé de fatigue. Il dormit mal.

1. Narration originale de l'abbé Carrichon, citée par G. LENOTRE dans *Le Jardin de Picpus*, page 121.

V

LA PRISON DU PLESSIS

Quand on est chrétien, de
quelque sexe qu'on soit, il n'est
pas permis d'être lâche.

FÉNELON.

CEPENDANT Mme de La Fayette était à la Petite-Force.
Là elle apprit « les horreurs qui se commettaient
chaque jour et qui surpassaient tout ce qu'elle avait
imaginé ». Elle pensait avec douleur que des fous sangui-
naires commettaient ces crimes au nom de mots et d'idées
dont Gilbert et elle-même s'étaient nourris et exaltés. Les
idées avaient été déformées, les mots détournés de leur
sens, et La Fayette était honni par les maîtres de l'heure.
Adrienne savait que le nom de son mari la marquait pour
la mort, mais déjà les assassins ne s'inquiétaient plus guère
de noms. Ils tuaient n'importe qui, pourvu qu'ils eussent
chaque jour leur ration de victimes. Elle tremblait pour sa
grand-mère, sa mère et sa sœur aînée, qu'elle savait enfermées au Luxembourg, mais n'osait s'informer de leur sort
par crainte de les perdre en attirant l'attention sur elles
et en les associant à ce nom détesté, dont elle-même demeurait si fière.

Après quinze jours, elle fut transférée au Plessis. C'était
le collège où jadis le jeune marquis de La Fayette avait fait
ses études. On l'avait transformé en prison. Adrienne y
retrouva sa cousine, la duchesse de Duras, qu'elle avait

cessé de voir depuis le début de la Révolution à cause de ses opinions aristocratiques. Le malheur les réconcilia et la duchesse fit un touchant accueil à la femme de La Fayette. Deux jours après l'arrivée de celle-ci au Plessis, on apprit que le maréchal et la duchesse de Mouchy, père et mère de Philippine de Duras, avaient été guillotinés. Adrienne fut chargée de l'annoncer à sa parente, doublement orpheline. Elle ne put le faire sans se dire qu'elle-même était menacée d'apprendre, le lendemain, que les trois prisonnières qui lui étaient les plus chères avaient péri sur l'échafaud.

La prison du Plessis était une sorte de dépôt pour la Conciergerie, un point de départ vers l'échafaud. Chaque matin, on appelait une vingtaine de prisonniers; ceux-ci partaient en charrette pour le Tribunal révolutionnaire, c'est-à-dire pour la guillotine. « L'idée qu'on sera bientôt de ce nombre, écrivait Mme de La Fayette, rend plus ferme pour un tel spectacle. » Elle avait la chance d'être seule dans une petite mansarde, au cinquième étage. Elle pouvait s'y recueillir et elle y écrivit un testament :

Je pardonne de tout mon cœur à mes ennemis si j'en ai; à mes persécuteurs, quels qu'ils soient, et même aux persécuteurs de ce que j'aime. Je prie Dieu de les combler de biens et de leur pardonner comme je leur pardonne...

Je déclare que je n'ai jamais cessé d'être fidèle à ma patrie; que je n'ai jamais pris part à aucune intrigue qui pût la troubler; que mes vœux les plus sincères sont pour son bonheur; que les principes de mon attachement pour elle sont inébranlables; et qu'aucune persécution, de quelque part qu'elle vienne, ne peut les altérer. Un modèle bien cher à mon cœur me donne l'exemple de ces sentiments.

Je donne à mes enfants mes plus tendres bénédictions et je demande à Dieu au prix de cette vie que j'eusse désiré consacrer à leur bonheur, de l'opérer lui-même en les rendant dignes de lui... Ayez pitié de moi, ô mon Dieu[1]!

Un jour sur deux, l'excellente Mme Beauchet, ancienne femme de chambre d'Adrienne et sa meilleure amie, venait

---

1. *Notice sur Madame de La Fayette par Madame de Lasteyrie, sa fille,* pages 320-323.

au guichet, s'assurait qu'elle était encore vivante et ras-
surait, par lettre, ses enfants. Ceux-ci, en Auvergne,
connaissaient les massacres de Paris et attendaient chaque
jour la nouvelle du pire malheur. Le château et les meubles
de Chavaniac avaient été vendus aux enchères. Mme de
Chavaniac avait pu racheter son lit et quelques objets de
ménage, mais on lui avait arraché le portrait de son frère
bien-aimé, le colonel des grenadiers de France tué à la
bataille de Minden. Les paysans de la commune la nourris-
saient, ainsi que ses petits-neveux. « Nous avons vécu,
écrit Virginie, de l'argent que les gens du village prêtaient,
avec un touchant empressement, à ma tante. Chaque jour
on annonçait qu'on allait la mettre, ainsi que ma sœur, à la
maison d'arrêt de Brioude, et conduire mon frère et moi à
l'hôpital[1]... » Quand Frestel revint, il rapporta une somme
que Gouverneur Morris lui avait donnée.

Il est fort possible que Mme de La Fayette ait dû son
salut à Morris. Dès qu'il apprit qu'elle était à Paris, en
prison, il fit une démarche auprès des autorités. Il dit qu'il
ne voulait pas outrepasser les limites de sa mission, mais
que la famille du général La Fayette était très aimée en
Amérique, où toute la nation se souvenait avec reconnaissance des services rendus par lui; que l'exécution de sa
femme diminuerait l'attachement des Américains à la
France; que l'Angleterre trouverait là un excellent argument pour déformer les événements de France; bref que,
loin de profiter à la République, une telle immolation ferait
grand plaisir à ses ennemis.

Cette lettre, écrite peu de temps avant que James
Monroe succédât à Gouverneur Morris comme ministre
des États-Unis, n'entraîna pas la libération d'Adrienne
mais lui permit sans doute d'échapper à la peine capitale.
Elle l'apprit car, quelques semaines plus tard, elle écrivit
à Morris qu'il l'avait « sauvée de la rage d'un monstre » et
qu'il avait « empêché un crime ». Plus tard encore, parlant

1. *Notice sur Madame de La Fayette par Madame de Lasteyrie, sa fille,*
pages 316-317.

de l'argent qu'elle lui devait, la marquise de La Fayette allait ajouter : « Il est vrai que c'est là une mince obligation, comparée à celle que je vous ai pour ma vie, mais permettez-moi de me souvenir des deux, tant que je vivrai, avec un sentiment de gratitude bien doux à ressentir. Cette vie, qui me fut rendue, est un don très cher si elle peut apporter quelque consolation à celui que j'aime. » On sait que Morris n'avait pas toujours approuvé La Fayette, loin de là, mais il admirait sans réserve le courage et la constance d'Adrienne et il se conduisit au mieux envers elle.

C'était l'usage de crier, près des prisons et dans les cours, la liste quotidienne des victimes. Tout ce qui peut se vendre trouve hélas! un vendeur. Pourtant on parvint à cacher à Mme de La Fayette, et même à la duchesse de Duras, que les trois « femmes Noailles » avaient été décapitées le 4 thermidor. Nul n'eût alors imaginé que c'était là une des dernières fournées de la Terreur. Robespierre semblait tout-puissant : il était perdu. Rien ne justifiait plus les hécatombes. Partout les armées de la République triomphaient. Les victoires « s'acharnaient après Robespierre, comme des Furies ». Il avait menacé la vie des conventionnels; cela donna aux plus lâches d'entre eux le courage de renverser l'Incorruptible. Dans le peuple, le nombre de ses partisans diminuait; les veuves et les orphelins formaient un monde d'ennemis; les boutiques se fermaient au passage des charrettes. Paris avait la nausée de la guillotine. Le 7 thermidor, il eût été difficile d'y trouver cent hommes pour condamner à haute voix les excès de la Terreur; trois jours plus tard, Robespierre n'avait plus un défenseur. Cent mille suspects émergeaient de leurs retraites. Les accusateurs étaient maintenant accusés; les guillotineurs, guillotinés.

Quand on apprit au Plessis la mort de Robespierre, la première pensée d'Adrienne fut d'envoyer au Luxembourg et, comme la pauvre femme craignait que le nom de La Fayette ne compromît ceux qu'elle croyait encore vivants, ce fut Philippine de Duras qui écrivit le billet. La réponse du geôlier leur apprit l'épouvantable vérité. Aucun malheur plus complet n'aurait pu atteindre Adrienne : une mère adorée, la plus aimable de ses sœurs, sa grand-mère, trois générations abattues en trois coups par la sinistre faucheuse, cela était dur à subir sans plaintes, même pour une croyante résignée. « Remerciez Dieu, écrivit-elle à ses enfants, d'avoir conservé ma vie, ma tête, mes forces; ne regrettez pas d'avoir été loin de moi. Dieu m'a préservée de la révolte contre lui mais je n'eusse pas, pendant longtemps, supporté l'apparence d'une consolation humaine. »

Pendant les premières semaines qui suivirent le 9 Thermidor, on eut peine, dans les prisons, à comprendre ce qui se passait au-dehors. La Révolution était-elle finie? Revenait-elle aux principes de ses débuts? Les massacres allaient-ils reprendre? Parfois Mme de La Fayette, trouvant intolérables les pertes qu'elle avait subies, en venait presque à regretter de n'être pas elle-même livrée au bourreau. « L'idée de suivre des traces si chères eût changé pour elle en douceurs les détails du dernier supplice », écrit Virginie. En fait, la chute de Robespierre n'annonçait pas la fin du gouvernement révolutionnaire. Les jacobins nantis ne pouvaient permettre qu'on remît en cause leurs situations acquises, mais la Convention se proclamait assez forte pour pouvoir « se montrer indulgente sans danger ». Entre royalisme et terrorisme, elle essayait de trouver une route médiane. Les prisons se vidaient; les ci-devant étaient libérés.

En septembre 1794, les représentants Legendre et Bourdon de l'Oise furent chargés de visiter la prison du Plessis et de statuer sur le sort des détenus. Tous ceux-ci furent remis en liberté. On fit quelques objections contre l'élargissement de Philippine, duchesse de Duras, amie de Marie-Antoinette et duchesse à tabouret. Mais Legendre dit qu' « elle avait éprouvé trop de malheurs pour qu'on pût lui faire un crime d'être aristocrate ». Ce Legendre était un maître boucher parisien, riche bourgeois dès avant la

Révolution. De petite taille, bâti en force, brutal, malappris, presque illettré, il avait fait trembler son étal « des sonores éclats de sa voix tonnante. Dès 1789, il avait joué le rôle de *gueuleur* ». Legendre avait été un vainqueur de la Bastille, un pèlerin du 5 octobre à Versailles, un émeutier du 10 août. Lorsqu'Adrienne parut, la dernière, le personnel de la prison l'annonça en tremblant, car Legendre la haïssait, s'étant plus d'une fois heurté jadis, dans ses fureurs, au général commandant la garde nationale. Ce fut « la femme Lafayette » qui, fièrement, se nomma. Les deux représentants déclarèrent que « son mari avait trop évidemment trahi la patrie » pour qu'il leur appartînt de régler son sort et ils lui conseillèrent d'envoyer ses papiers au Comité. Elle les pria de s'en charger eux-mêmes, car elle ne connaissait personne qui pût les présenter.

« Tu ne parlais pas ainsi, dit Legendre, quand tu étais si insolente avec les aides de camp! »

Adrienne fut triste de voir sa captivité prolongée, non pour elle-même car elle était au-delà de toute affliction, mais pour ses enfants et pour son mari qui l'attendait au fond d'un autre cachot. Elle avait fort peu de nouvelles de lui. Monroe, nouveau ministre des États-Unis, qui vint la visiter au Plessis, savait seulement que le roi de Prusse, las d'avoir en garde des prisonniers dont Charles Fox, en Angleterre, et les ministres américains demandaient sans cesse la libération, les avait passés en charge à l'empereur d'Autriche dont le ministre, Thugut, avait ordonné de les traiter avec une extrême rigueur. La Fayette, La Tour-Maubourg et Bureaux de Pusy avaient été enfermés à la forteresse d'Olmütz, séparés les uns des autres, et on leur avait interdit toute correspondance.

Le nombre des suspects ayant, à Paris, beaucoup diminué, il était de bonne administration de les réunir en un plus petit nombre de prisons. Adrienne fut transférée d'abord rue des Amandiers, puis à la maison Delmas, rue Notre-Dame-des-Champs. Dans la première de ces prisons, elle se trouva, seule femme, avec vingt colons des îles, qui l'accueillirent fort mal à cause de ses campagnes en faveur des Noirs. Ils furent vite conquis. Rue Notre-Dame-des-Champs, elle eut pour compagnons de captivité des terroristes, beaucoup plus nombreux maintenant dans les geôles que les aristocrates. « Elle obtint, là comme ailleurs, le respect de tous. »

L'hiver 1794-1795 fut rigoureux et elle souffrit beaucoup du froid, mais l'espoir d'une libération rapide ranimait son courage. Le 10 frimaire, an III (30 novembre 1794), elle écrivait à la citoyenne Chavaniac : « Je sens que l'idée d'être rendue à mes enfants, de les embrasser encore, de pouvoir m'occuper par moi-même de leurs besoins me fera éprouver une vive joie au moment de ma liberté[1]. »

Le père Carrichon, qui avait suivi les trois dames de Noailles jusqu'à la guillotine et leur avait donné l'absolution, entrait assez facilement (comme menuisier) dans cette maison d'arrêt. Il put donner beaucoup de détails émouvants sur la fin de « ces angéliques personnes » et Adrienne profita de ses visites pour faire une confession générale de sa vie entière.

Monroe faisait démarches sur démarches, pour essayer d'obtenir sa mise en liberté. La courageuse Mme Beauchet relançait sans cesse le citoyen Colombel, rapporteur du Comité, mais le nom de La Fayette semblait un objet d'épouvante. Le héros des deux mondes était devenu la bête du Gévaudan. Chaque fois, on trouvait prétexte pour un nouveau délai. Enfin on eut les signatures de tous les membres du Comité, sauf celle de l'obstiné Legendre. Philippine de Duras alla le surprendre chez lui, à sa toilette. Elle lui rappela qu'il avait lui-même plaidé sa cause en évoquant ses deuils. Mme de La Fayette, ayant éprouvé d'aussi grands malheurs que sa cousine, avait les mêmes droits à la clémence. Le « gueuleur » avait tout de même un fond de charité. Il signa. La captive fut libérée le 2 pluviôse, an III (21 janvier 1795).

1. Lettre inédite. Collection Fabius.

De La Fayette, elle ne savait rien, sinon l'internement à Olmütz. A Londres la princesse d'Hénin, avec l'aide de Lally-Tollendal, avait fourni des fonds pour une tentative d'évasion que devait organiser un jeune médecin allemand, Bollman, grand admirateur de La Fayette. Bollman avait réussi, de la manière la plus romanesque, à faire passer un billet à La Fayette; puis, ayant rencontré un jeune Américain (fils du major Huger, chez qui La Fayette avait débarqué lors de son premier voyage), il lui avait fait part de son projet. Ensemble ils avaient essayé, failli réussir et, au dernier moment, échoué. La Fayette avait été repris, gardé à vue, puis mis au secret. Seul Félix Pontonnier lui transmettait des nouvelles de La Tour-Maubourg et de Pusy, en sifflant sous sa fenêtre des « airs à clef ». Plus sa femme le savait durement traité, plus elle souhaitait partager son sort.

D'Erfurt (Allemagne), le 4 juin 1795, Pauline de Montagu lui donna quelques conseils, assez décourageants.

Bénis soient, ma bien chère et malheureuse sœur, l'auteur et le moment de votre délivrance! Allons, ma pauvre sœur, il faut survivre et accomplir, chacune avec courage, notre devoir en ce monde. Il y a un an aujourd'hui précisément (hélas! ce sont les plus positives nouvelles que j'aie eues de vous), que vous entrâtes dans la prison de la Petite-Force, désignée pour être immolée; jugez si mon âme, sans être ébranlée, peut envisager cette époque cruelle; c'est avec vos chers enfants, dont j'ai ressenti toutes les douleurs, que je me prosterne ici pour en rendre grâces...

Mais attendez-vous, mais préparez-vous à mille épreuves de tous genres, que vous aurez à essuyer sur cette nouvelle terre que vous allez parcourir... Il est impossible, dans l'état de confinement où vous vivez depuis nombre d'années, que vous ayez été informée d'une multitude de choses dont je vais vous instruire.

Monsieur de La F. (que vous aurez la bonté de désigner toujours sous un nom de guerre : *Roch*, si vous voulez), dont je vous envoie deux lettres que j'ai en dépôt depuis longtemps et que je n'ai jamais consenti à vous envoyer en France, est actuellement à Olmütz, en Moravie, prisonnier extrêmement resserré. Mme de Maison-Neuve, née Maubourg (c'est ainsi que l'on dit en Allemagne), vous en dira plus que moi sur la cause et le résultat de cette captivité. Elle vous dira aussi combien les obstacles sont grands pour arriver jusqu'à lui. Quant à moi, ma chère sœur, *je vous déclare ne pouvoir avoir aucune relation avec lui.*

Il est même essentiel qu'on ignore la lettre qu'il est parvenu à me faire tenir, je ne sais comment! Je n'ai point répondu et je n'ai d'autre moyen d'être utile, à lui et à vous, que de vous parler aujourd'hui avec vérité, simplicité et courage, de l'opinion et de la fâcheuse disposition où vous trouverez *tous les Français émigrés*, par rapport à lui. Les progrès, les nouveaux orages, les nouvelles atrocités de la Révolution, je ne puis vous le dissimuler, n'ont point effacé le souvenir, ni diminué l'animadversion de ceux qui, à la vérité, en tous genres, en ont été les victimes...

Voilà ce que je crois bien important, ma chère sœur, de vous faire connaître afin que vous vous conduisiez, en tout pays et vis-à-vis de tous, avec la plus grande circonspection : 1º Ne portant point votre nom, ni en voyage, ni pendant les séjours, ni pour votre correspondance, décidez lequel vous choisissez. *Regnac* serait préférable, ce me semble, à *Chavaniac*. Mais un nom de baptême serait suspect. 2º N'imaginez pas de vous arrêter, malgré cette précaution, dans les villes où il y a rassemblement d'émigrés. 3º Ne faites des avances, des demandes, des visites à aucun de nos compatriotes, car, quoique personnellement vous soyez aimée et que l'on s'intéresse à vous, néanmoins votre nom, et votre manière de vous identifier, vous exposeraient à des désagréments.

Mais la même circonspection n'est pas nécessaire vis-à-vis des Suisses et des Allemands; nous en avons bien vu l'esprit; ils sont au contraire prévenus pour votre mari et tout ce qui porte son nom. Avec de l'adresse, vous pourriez peut-être vous ménager des amis et protections utiles[1]...

Bollman et Huger avaient été livrés, par le roi de Prusse, à l'empereur d'Autriche qui les avait fait enchaîner dans un cachot. Mais un magistrat bienveillant les avait libérés et ils étaient de nouveau en contact avec « le triumvirat » de Londres : princesse d'Hénin, Lally-Tollendal et le journaliste Masclet. Sous l'active impulsion de la princesse d'Hénin, Masclet, qui ne connaissait pas personnellement La Fayette, mais l'admirait, faisait passer des articles favo-

---

1. *Lettre inédite. Archives de La Grange.*

rables dans le *Morning Chronicle* et dans tous les journaux
libéraux, en Angleterre comme en Allemagne. Ses amis
Charles Fox et le général Fitzpatrick demandaient, avec
insistance, la mise en liberté du prisonnier d'Olmütz. Mais
il était évident que cela ne se ferait pas tant que Pitt serait
au pouvoir. Adrienne ne concevait donc d'autre devoir
que celui d'aller rejoindre Gilbert. Ce voyage paraissait
presque impossible. Comment quitter la France? Comment
gagner l'Autriche? Si même elle y arrivait, comment obtenir des geôliers de La Fayette la permission de vivre dans
sa prison? L'entreprise semblait folle, mais Adrienne y
apportait la patiente ténacité, la volonté inflexible et la
douce certitude qui permettent de franchir tous les obstacles. Vouloir, c'est aussi croire. Qui doute de réussir,
comment réussirait-il? Adrienne ne doutait pas. Elle
savait qu'elle atteindrait ce cachot d'Olmütz, comme Jeanne
d'Arc avait su qu'elle arriverait jusqu'au roi et qu'elle
délivrerait Orléans.

VI

DANS MA VIE PRESQUE MORTE

> Allez, je veux rester seule avec
> mes tombeaux.
>
> COMTESSE DE NOAILLES.

E N SORTANT de prison, la première visite de Mme de La
Fayette fut pour James Monroe, ministre des États-
Unis, qu'elle voulait remercier d'avoir contribué à
sa délivrance. Elle lui demanda de compléter son œuvre en
obtenant, pour elle et ses filles, des passeports. Elle voulait
en effet, avec Anastasie et Virginie, rejoindre son mari et
partager sa captivité, mais si elle sortait de France d'une
manière clandestine, elle y serait désormais tenue pour
émigrée. Il fallait aux trois femmes des pièces officielles.

Adrienne à Mme de Chavaniac : L'idée que des raisons de
prudence, qui me concernent personnellement, m'empêchent
d'aller jusqu'au lieu où vous êtes m'est bien difficile à supporter[1]....

Quant à son fils, elle voulait l'envoyer en Amérique avec
Frestel, son précepteur, et le confier au général Washington. Elle souffrirait d'en être séparée, mais elle savait que
telle eût été la volonté de son mari.

En attendant le résultat de cette démarche, elle alla
vivre à quelques lieues de Paris, chez sa tante Ségur, née

---

1. Lettre inédite. Collection Fabius.

Daguesseau, qui habitait Châtenay. La douce grâce de
Mme de Ségur, son charmant visage rendirent un peu de
calme à Mme de La Fayette, brisée par la douleur plus
encore que par la captivité : « Elle a ranimé, écrivait
Adrienne, dans ma vie presque morte, un grand et tendre
intérêt. » Six jours après sa libération, elle se fit amener
secrètement son fils, chez deux vieilles demoiselles jansénistes, à Chilly. Cette rencontre lui procura une joie dont
elle ne se croyait plus susceptible.

Elle avait un désir aussi vif de revoir ses filles, mais ne
voulait quitter Paris qu'après avoir obtenu pour George
un passeport à destination de l'Amérique. Son oncle Ségur,
homme d'entregent sous tous régimes, lui fit connaître
Boissy d'Anglas, membre très influent du nouveau Comité
de salut public. C'était un conventionnel, avocat de famille
protestante, dont les principes, au début de la Révolution,
avaient été à peu près ceux de La Fayette. Il s'était uni
à celui-ci pour la libération des Noirs. Plus tard il avait,
lui protestant, défendu avec courage les libertés des prêtres
catholiques. Adversaire silencieux mais actif de Robespierre, il s'était trouvé, après le 9 Thermidor, aux premiers
rangs. Il reçut Adrienne avec estime et bonté, obtint pour
George un passeport sous le nom de *Motier* qui, moins
connu que celui de La Fayette, n'attira pas l'attention de
ses collègues par lesquels il dut le faire contresigner. Frestel
eut également le sien mais, par prudence, ne voyagea pas
avec son élève. Un Bostonien, Mr. Russell, devait conduire
George au Havre et l'y embarquer sur un petit bâtiment
américain où nul ne saurait le nom du jeune passager. En
arrivant aux États-Unis, il attendrait, chez Russell senior,
l'arrivée de Frestel. Alors seulement il irait trouver
Washington, pour lequel Adrienne lui avait donné une
lettre :

Monsieur, je vous envoie mon fils. Quoique je n'aie pas eu la
consolation de me faire entendre et d'obtenir de vous le genre
de service que je croyais propre à délivrer son père des mains
de nos ennemis, parce que vos vues étaient différentes des

miennes, ma confiance n'est pas altérée, et c'est avec ce sentiment bien profond et bien sincère que je mets ce cher enfant
sous la protection des États-Unis, qu'il est depuis longtemps
accoutumé à regarder comme une seconde patrie, et que je
regarde depuis longtemps comme devant être notre asile,
et sous la protection particulière de leur président, dont je
connais les sentiments pour son père...

Mon vœu est que mon fils mène une vie très obscure en Amérique; qu'il y reprenne des études que trois ans de malheurs
ont interrompues, et qu'éloigné des lieux qui pourraient ou
abattre, ou indigner trop fortement son âme, il puisse travailler à se rendre capable de remplir les devoirs d'un citoyen
des États-Unis, dont les sentiments et les principes seront toujours d'accord avec ceux d'un citoyen français.

Je ne vous dirai rien àujourd'hui de ma position, ni de celle
qui m'intéresse bien plus que la mienne. Je m'en remets à
l'ami qui vous présentera cette lettre pour être l'interprète
des sentiments de mon cœur, beaucoup trop flétri pour en exprimer d'autres que ceux de la reconnaissance; j'en dois beaucoup
à Mr. Monroe...

Je supplie Monsieur Washington d'agréer avec bonté l'hommage de ma confiance, de mon respect et de mon dévouement.

                                    NOAILLES LAFAYETTE[1].

On voit dans cette lettre qu'avec la franchise, polie mais
ferme, qui était dans sa nature, Mme de La Fayette exprimait sa déception de n'avoir pu obtenir de Washington
les démarches qu'elle souhaitait. De son côté Washington
pensait que, président d'une jeune République, il devait,
dans les affaires intérieures françaises, respecter la neutralité. Lorsque, plus tard, George de La Fayette arriva aux
États-Unis, Washington le recommanda aux autorités de
New York, où l'adolescent alla vivre avec l'ancien aide
de camp de son père, La Colombe, mais le président ne
voulut pas le faire ver r à Philadelphie (en ce temps-là
capitale fédérale). La raison d'État a des raisons que le
cœur ne connaît pas.

A Paris, Adrienne revit la charmante princesse de Poix,

---

1. Cf. *Notice sur Madame de La Fayette par Madame de Lasteyrie, sa
fille*, pages 338-343.

qui n'avait pas émigré et dont le mari était à Londres.
Chassée de l'hôtel de Noailles-Mouchy à la mort de ses
beaux-parents, elle campait dans quelques pièces de l'hôtel
de Beauvau, avec Mme de Simiane qui, elle aussi, sortait
de prison et n'avait été sauvée de l'échafaud que par le
9 Thermidor. Une amitié passionnée s'était nouée entre
les deux femmes. Elles avaient toutes deux tant d'esprit
que leur gaieté brillait encore, malgré les souvenirs de la
Terreur. Adélaïde de Simiane n'était pas seulement la
plus aimable des femmes, mais aussi la plus tendre.
Adrienne, en la voyant, se dit avec résignation que tant de
charmes justifiaient la passion de Gilbert.

On imagine avec quelle ardeur Adrienne, séparée de son
fils, tenait à revoir ses filles. Elle partit pour l'Auvergne.
Anastasie et Virginie étaient venues au-devant de leur
mère. La rencontre eut lieu à Vaire, joli village à trois
lieues de Clermont. Ce fut une grande joie, mêlée de larmes
par tant de souvenirs affreux et si récents. Le lendemain
étant un dimanche, elles allèrent ensemble entendre la
messe en montagne, au hameau de Montout. Depuis le
9 Thermidor, quelques prêtres réfractaires osaient exercer
leur ministère.

Adrienne ne passa que huit jours à Chavaniac. Elle
regretta de quitter la vieille tante, excellente et rude, qui
avait partagé leurs malheurs, et de la priver des jeunes
filles dont la fraîcheur animait le sombre château, mais elle
pensait que la femme et les filles de La Fayette avaient
le devoir d'aller au plus vite vivre avec lui. La séparation
fut pénible. Puis sur la route, à Brioude, elle trouva une
consolation inattendue. Sa sœur Grammont, qui habitait
la Franche-Comté, au château de Villersexel, où elle avait
vécu pendant la Terreur sans être inquiétée, l'attendait là.
Avec son mari, Rosalie avait traversé la France à pied
(faute d'argent pour voyager en poste) afin de revoir
Adrienne, enfin sortie de prison. Ne l'ayant pas trouvée à
Paris, le couple était parti pour l'Auvergne.

La réunion fut déchirante. Trois fantômes exsangues la

hantaient. Les nouvelles de Paris étaient ambiguës. Les
profiteurs de la Révolution étalaient leur luxe, leurs bals ;
les femmes de ces parvenus portaient des robes transparentes et ruineuses. Les ventres creux voyaient s'engraisser
les ventres pourris. Dans les quartiers ouvriers du Temple
et du faubourg Antoine, on criait : « Du pain et la Constitution de 1793 ! » Entre thermidoriens et montagnards, il
fallait une épreuve de force.

Les thermidoriens prenaient des mesures pour organiser
la résistance des possédants : refonte de la garde nationale
afin de n'y admettre que des gens sûrs ; autorisation de faire
circuler des troupes aux environs de Paris, pour tenir en
échec la Commune ; restitution aux héritiers des biens
ayant appartenu aux condamnés mis à mort après le
10 mars 1793. Cette dernière décision était capitale pour
Adrienne et ses sœurs : elle les remettrait en possession des
biens propres de la duchesse d'Ayen : châteaux de La Grange
et de Fontenay-en-Brie. Mais il fallait savoir qui l'emporte-
rait, des modérés ou des montagnards. Si ceux-ci triomphaient, Adrienne devrait émigrer ; sinon il fallait patienter
et ne sortir de France qu'avec un passeport légal, bien en
règle, afin de sauver le patrimoine familial.

Les voyageurs passèrent trois semaines à Clermont,
pour y attendre l'issue de la lutte. Un éclat semblait inévitable ; il se produisit le 1ᵉʳ prairial, an III (20 mai 1795).
Une foule en armes envahit la Convention. Un député,
Féraud, blessé d'un coup de pistolet, fut achevé dans les
couloirs et sa tête sanglante présentée, au bout d'une
pique, au président Boissy d'Anglas, celui-là même qui
avait si bien reçu Adrienne. Il resta impassible et salua,
courageusement, la tête coupée de Féraud. Bientôt les
gardes nationaux des quartiers modérés et des soldats
appelés en hâte dégagèrent la Convention. Les voyageurs
purent repartir pour Paris avec quelque espérance.
Adrienne avait loué un cabriolet, où chacune des femmes
montait à son tour ; les autres suivaient à pied, avec le
marquis de Grammont.

En ces jours d'émeute, Boissy d'Anglas s'était acquis un prestige et un crédit que Philippe de Ségur sut mettre au service d'Adrienne. Pendant qu'on s'occupait des passeports, très difficiles à obtenir, elle régla des affaires de famille. En vertu du décret qui restituait les biens confisqués, elle obtint, pour ses sœurs et elle-même, l'envoi en possession des propriétés de leur mère en Brie. Chavaniac put être racheté aux acquéreurs de biens nationaux, « à l'aide de quelques diamants Grammont » que vendit Rosalie, et d'une somme avancée par le ministre des États-Unis, heureux de sauver la maison natale de La Fayette. L'admirable Beauchet, de son côté, se porta caution pour quatre-vingt mille livres.

Cependant Mme de La Fayette s'occupait des créanciers auxquels elle tenait à donner des sûretés, des personnes qui avaient secouru sa mère et sa sœur dans leur misère, et de ses propres pensionnaires. Elle s'était installée avec ses filles, en revenant d'Auvergne, à Fontenay-en-Brie, terre qui avait appartenu à la feue duchesse d'Ayen, et dont les affaires, par miracle, étaient en bon ordre. La jeune Virginie, de son écriture encore enfantine, écrivit à la tante de Chavaniac :

Ce 30 prairial de l'an III de la République française une et indivisible, mercredi 18 juin 1795 (sic) : Nous sommes arrivées hier à Fontenay, ma chère tante, quoique parties de Clermont il y a dix jours. Lundi 20, nous nous embarquâmes par la poste : maman, la citoyenne Marin et nous deux. La poste de Clermont ne se passa pas sans secousses inquiétantes pour la voiture. A Riom, on nous avertit que la malle qui était derrière allait tomber; on la rattacha. Le maître de poste nous dit que nous ne trouverions pas de chevaux à Aigueperse, parce que la commission militaire d'Orange allait passer, pour être jugée dans Orange. En effet, nous fûmes obligées d'attendre quatre heures à Aigueperse. Nous fûmes obligées de coucher à Ganat *(sic)*.

Après bien de la peine, nous partons le lendemain. A peine sorties de la ville, nous cassons et revenons à l'auberge de la poste, chez un couple bien peu complaisant, un mari des moins attentifs et une femme des plus maussades. Il n'y avait pas de serruriers. La voiture fut savetée par trois mauvais maréchaux.

A la fin, l'ouvrage étant achevé, nous demandâmes des chevaux (le maître n'y était pas, mais il nous en avait promis).

« Il faut attendre mon homme, répond la femme à maman, soyez persuadée que ce n'est pas par intérêt, car je désire autant que vous votre départ d'ici. »

Le maître arrive et refuse les chevaux. Nous partons le lendemain, à trois heures du matin, déjeunons à Saint-Pourçain et cassons à Moulins. La voiture s'y accommode, mais pour passer le lendemain à Saint-Pierre et coucher à Nevers, à Briare, à Montargis et Fontainebleau, où nous nous séparâmes de la citoyenne Marin qui vous présente ses hommages.

Nous voilà donc à Fontenay, ma chère tante. Le ci-devant château, le parc sont superbes. Maman espère bientôt y rentrer. Elle y travaille ici, pendant que M. de Grammont y travaille à Paris, d'où il viendra souvent se concerter avec elle. Le ci-devant régisseur l'a priée, avec tant de grâce, de venir chez lui que nous y sommes. C'est le meilleur homme du monde, père de famille, ayant une fille de l'âge de ma sœur qui est charmante. Ce citoyen est fort aimé. Les fermiers, les habitants sont bien aimables pour nous; le pays est plus fertile qu'en Limagne. Quel bonheur quand mon frère profitera de cette retraite!

Je ne vous parle pas de ma tendresse respectueuse, exprimant si peu et si mal ce que je sens si bien. Acceptez donc l'hommage de ces sentiments que je vous prie de lire dans mon cœur.

VIRGINIE.

Écrivez-nous : *Au citoyen Desjardins, à Fontenay, district de Rosoy, département de Seine-et-Marne.* Au-dedans, cacheté : *Pour remettre à la citoyenne Lafayette*[1]...

Anastasie à Mme de Chavaniac : Arrivées hier à Fontenay, nous avons été très bien reçues par celui qui en était le régisseur; il nous loge chez lui, en attendant que maman ait fait les arrangements nécessaires pour nous loger dans la maison... Il y a un temps énorme que nous n'avons pas reçu de nouvelles de vous et nos dix jours de marche n'ont pas peu contribué à allonger ce temps... C'est hier, à Fontainebleau, que nous avons quitté Mlle Marin. Vous jugez de la douleur avec laquelle elle a quitté Virginie, maman et moi. Connaissant sa tendresse, je connais si bien la vôtre que je suis certaine que vous ressentez toutes les nuances de notre bonheur d'être avec maman toujours, d'être ses accollites (*sic*) perpétuels[2]...

1. Lettre inédite. Archives de La Grange.
2. Lettre inédite. Collection Fabius.

Il est curieux de constater que Virginie, après quelques années de Révolution française, emploie tout naturellement le vocabulaire nouveau, parle de *citoyen*, de *citoyenne*, du *ci-devant château* et écrit *Lafayette* en un mot, suivant le vœu de son père.

En juillet, Virginie put annoncer à sa grand-tante un déménagement : « Nous allons demain au ci-devant château. Nous avons une chambre avec maman, une garde-robe, un cabinet et une chambre pour quand mon oncle Grammont viendra. Outre les meubles et les matelas retrouvés, nous avons acheté une batterie de cuisine et six chaises[1]... » Adrienne ajoutait que l'on avait retrouvé un peu d'argent mais que, par égards pour la sœur absente (Pauline de Montagu), on ne saurait faire les partages : « Je suis ravie, ma chère tante, que vous ayez trouvé provisoirement deux mille livres, sans compter le produit des cochons qu'on vous apportera avec une confiance qui est bien juste, mais qui plaît toujours[2]... »

Pour toutes ses affaires, et surtout pour la question du passeport, Adrienne devait souvent se rendre à Paris. Elle faisait le trajet à pied. Le temps des carrosses était loin, mais non celui des amours et elle vivait dans l'attente heureuse du jour où elle reverrait enfin son mari. Le passeport fut accordé, non pour l'Allemagne mais pour les États-Unis d'Amérique, « sur le certificat que les Américains ont donné des possessions que nous y avons réellement. Ce passeport me donnera, j'espère, le moyen d'être réunie à celui qui m'est si cher ». Elle fit ses adieux à la tante Charlotte par une lettre affectueuse, précise et réaliste :

Châtenay, 12 août 1795 : Mes petites... ravies des nouvelles de leur frère et du bien d'une réunion qui se montre à elles qui en avaient, il y a un an, si peu d'espoir...
La manière dont j'emprunte est telle que je suis indépendante de la dépréciation des assignats et que l'affaire est avantageuse au premier degré... J'ai conclu l'emprunt de trois cent mille

1. Lettre inédite. Collection Fabius.
2. *Ibidem.*

livres, qui ne me coûtent qu'un billet de neuf mille livres payables en or. C'est M. et Mme de Grammont qui me rendent ce service et qui aiment autant mon billet que des diamants... Il ne vous reste plus, ma chère tante, qu'à donner vos ordres à M. Beauchet... Je vous demande en grâce d'user toujours de votre petit secrétaire pour les lettres d'affaires. Cela ménagera vos yeux et, si vous me permettez de le dire, ceux de vos lecteurs.

Adieu, ma chère tante, je pars dans un moment pour Dunkerque, où je logerai chez Mr. Coffyn, consul des États-Unis[1]...

Le 5 septembre 1795, Adrienne et ses filles s'embarquèrent pour Hambourg, sur un petit bâtiment américain. Elles allaient courir une grande aventure, mais ne doutaient pas du succès de leur dangereuse entreprise.

1. Lettre inédite. Archives de La Grange.

SIXIÈME PARTIE

LES PRISONNIERS D'OLMUTZ

I

RÉUNION A ALTONA

C'est lui qui était devant moi,
et c'est lui qui était derrière moi,
et c'est lui qui était à mon côté
comme une tour.
PAUL CLAUDEL.

LE *Little Cherub* était un navire américain, et c'est pourquoi Adrienne et ses filles avaient été autorisées à
s'embarquer, mais il n'allait pas en Amérique, et c'est
pourquoi elles s'étaient embarquées. Sa destination était
Altona, port voisin de Hambourg. D'Allemagne, Mme de
La Fayette espérait, contre toute espérance, gagner l'Autriche, puis Olmütz. Pendant la traversée, elle écrivit à
son mari une lettre qu'elle voulait lui faire passer secrètement. Cette lettre était belle et passionnée. Les allusions à
la tragédie des Noailles demeuraient voilées parce que
La Fayette, sans doute, l'ignorait et parce qu'il aurait pu
se sentir (à tort) responsable des effets atroces de ses nobles
principes. L'éloge des jeunes filles brillait de légitime et
maternelle fierté. Un seul mot de plainte, le seul qui lui

ait jamais échappé : « Je suis persuadée que vous n'avez pas toujours été juste envers moi. » Voici la lettre :

8 septembre 1795 : Je suis donc libre, mon cher cœur, puisque me voici dans le chemin qui me rapproche de vous. L'excès de ma joie est tel que je ne puis le peindre qu'en vous disant que je me reproche d'être encore capable d'en éprouver un sentiment si vif, après nos malheurs. Ils empoisonneront le reste de ma vie, mais je sens que celui qui pouvait l'éteindre m'a été épargné, puisque je vous retrouve. Cet espoir me ranimait presqu'au pied de l'échafaud.

Nos petites, qui sont avec moi, partagent tout et je vous les amène avec la confiance que vous serez content d'elles, et la certitude que vous êtes un heureux père et qu'il serait dommage que de pareils enfants n'en eussent pas un tel que vous. Notre fils est à Boston; j'ai reçu des nouvelles de son arrivée; j'en suis aussi bien plus contente que je ne puis le dire. Vous saurez les motifs de *toute* ma conduite, de mes démarches, pourquoi je me suis décidée à prendre cette route et c'est moi-même, mon cher cœur, qui vous expliquerai tout cela. Je suis persuadée que vous n'avez pas été toujours juste envers moi, mais j'ai l'espérance de vous convaincre que dans tout ce que j'ai fait, il n'est pas un seul détail de ma conduite que vous n'eussiez approuvé, si vous ne l'eussiez dicté vous-même. Vous jugez à quel point il m'était nécessaire d'avoir au moins cette intime confiance, dans l'abîme d'horreurs où nous étions plongés et par lequel nous étions séparés. Avant que je puisse m'expliquer plus au long avec vous, ma marche seule vous indiquera suffisamment que le parti que j'ai pris de venir par mer, de Dunkerque à Altona, et de là à Olmütz, presque sans m'arrêter, n'a eu pour objet que de m'isoler de tous les partis. Il m'a paru — et l'expérience de nos *trois* années de captivité vient à l'appui de ce que j'en pense — qu'il n'appartient de vous servir convenablement qu'à ce qui est uniquement à vous, et qui cherche sans cesse à n'être pas indigne de vous.

Il m'a semblé que votre femme ne devait réclamer d'autre protection que celle des *États-Unis;* aussi ai-je logé chez leur consul à Dunkerque et me suis-je embarquée sur un navire américain. Le passeport que m'a donné le Comité de salut public, en France, est pour nous y rendre et mon argument chéri est que, lorsqu'on est condamné à l'ostracisme, on peut subir cette peine avec sa femme et ses enfants. Si, au bien de vous rejoindre, je puis jamais ajouter celui de vous servir et de partir ensemble pour la terre de la liberté, il ne me restera qu'à vous conjurer d'en bénir avec moi Celui qui gouverne toutes choses, devant qui cette misérable vie est si peu de chose, puisqu'Il a permis qu'elle fût si cruellement enlevée à celles que nous pleurons, mais qui sait à présent nous rendre à tous deux si précieuse celle qu'Il nous a conservée.

Adieu. Je finirai cette lettre à Altona[1].

Près d'Altona, Adrienne savait qu'elle retrouverait une partie de ce qui restait de sa famille. La sage tante de Tessé n'avait pas émigré sans vert. Elle tenait parfois des propos d'où le raisonnement bannissait la raison; dès quelle agissait, son jugement était sain. Au demeurant, forte tête et grande âme. Prévoyante, elle n'eût pas quitté la France « comme une hirondelle, ne portant pour être plus légère que le plumage de ses ailes ». Elle avait avec elle de l'argent, des bijoux et, dès son arrivée en Suisse, avait acheté près de Fribourg la terre de Löwemberg. Ce n'était pas un séjour de plaisance, mais une grande ferme entourée de pâturages. Là elle vivait sans luxe, commodément, du produit de son domaine dont la direction fournissait un aliment indispensable à son activité.

Son mari ne faisait rien que chasser; au vrai, il n'avait jamais rien fait d'autre. Elle administrait son élevage (fort prospère), ne s'asseyait que pour lire, de préférence Voltaire, et brillait dans la conversation « par le tour piquant et la virilité de ses pensées ». Quelqu'un disait d'elle qu'elle avait fait comme les poules qui prennent, en vieillissant, l'allure et le chant du coq. Elle gardait son air de sibylle, son ton imposant et doctoral, ses grimaces et ses tics convulsifs. Incroyante avec véhémence, elle nourrissait des fruits de son potager et abreuvait du lait de ses vaches trois prêtres émigrés. Elle leur apportait elle-même légumes et fromages, pour le plaisir d'engager avec eux des controverses théologiques. Mais elle avait attiré dans son désert — afin, disait-elle, d'avoir sous la main quelqu'un qui lui donnât la réplique — le marquis de Mun, jadis beau cava-

---

1. Lettre inédite. Archives de La Grange.

lier et toujours beau causeur, esprit plein de saillies, caractère bienveillant et d'un sang-froid imperturbable.

Quant au duc d'Ayen, il vivait à la Gardane (canton de
Vaud) avec la comtesse Golovkine[1]. En juillet 1794, sa
fille Pauline de Montagu, elle-même émigrée, ruinée, désem-
parée, avait voulu (de Löwemberg) lui rendre visite. Il y
avait alors cinq jours que son aïeule, sa mère et sa sœur
étaient mortes sur l'échafaud; elle n'en savait rien. Dans
la lente carriole de Mme de Tessé, accompagnée du jeune
fils du marquis de Mun qui improvisait, pour la divertir,
des chansons burlesques, elle se dirigeait vers Lausanne
quand elle aperçut de loin un char à bancs dont le conducteur, pour se mettre à l'ombre, avait déployé au-dessus de
sa tête un grand parapluie vert. C'était le duc d'Ayen.

Il avait les traits si altérés que sa fille ne le reconnut
qu'à la voix. Il lui demanda si elle connaissait les nouvelles.
En proie à une inexprimable anxiété, elle s'adossa contre
un arbre, cacha sa tête dans ses mains et pria. Le duc, ému
de pitié, la fit monter dans sa voiture et ne s'arrêta qu'à
Moudon. Là il s'enferma avec elle, dans une chambre
d'auberge, et « après quelques mots de préparation, lui
annonça qu'il venait de perdre sa mère, la maréchale de
Noailles ». Voyant à son trouble qu'il n'avait pas tout dit,
Pauline demanda : « Et moi, mon père? » Il répondit qu'il
n'était pas sans inquiétude sur le sort de sa propre femme
et même sur celui de sa fille aînée. Pauline de Montagu ne
s'y trompa point et cria : « Mon Dieu! Mon Dieu! Soumet-
tons-nous! »

Elle ajouta, au milieu de ses sanglots, qu'elle aurait
voulu être à la place de sa sœur Louise. Le duc d'Ayen, qui
pleurait aussi, la conjurait de se calmer. Tout à coup,
comme elle parlait de sa mère, si pieuse et si ferme, elle se
souvint que celle-ci avait coutume, aux jours de douleur,
de dire le *Magnificat* et « avec un accent dont rien ne sau-

---

1. Née Wilhelmine-Justine, baronne de Mosheim, elle était de religion protestante et veuve, en premières noces, du comte Alexis Golovkine dont elle avait une fille.

rait rendre la douceur et l'amertume », récita l'hymne : *Mon âme glorifie le Seigneur...* Puis, à genoux, les mains jointes, elle dit un *Pater* en élevant la voix sur le verset : « Pardonnez-nous nos offenses comme nous pardonnons à ceux qui nous ont offensés... », certaine que tels avaient été les sentiments de sa mère conduite au supplice.

Le duc d'Ayen ramena Pauline à Löwemberg. Mme de Tessé, prévenue par le jeune Mun, accourut au-devant de sa nièce et, en la voyant, tomba à genoux, les bras ouverts. « Avec une admiration presque religieuse, elle parla des vertus de la duchesse d'Ayen. » Dans les semaines qui suivirent, elle s'efforça d'occuper Pauline de Montagu pour lui faire, non certes oublier, mais supporter sa douleur. Entre autres tâches, elle chargea sa nièce d'arroser le potager. Dans son empressement, Pauline arrosait avec soin jusqu'aux orties, n'en ayant jamais vu dans les jardins bien ratissés de l'hôtel de Noailles. Elle accompagnait aussi sa tante lorsque celle-ci allait porter des nourritures terrestres aux trois prêtres indigents.

Malheureusement la présence de l'innocente marquise de Montagu inquiéta les autorités du canton de Fribourg, soucieux de maintenir une stricte neutralité. Mme de Tessé fut « invitée » à renvoyer de chez elle « l'étrangère qu'elle y recélait au mépris des défenses ». Mme de Tessé expliqua que « l'étrangère » était sa propre nièce, en deuil de cinq proches parents assassinés, sans ressources et sans asile. Elle ajouta : « Je ne pense pas qu'il existe une loi pouvant me défendre de la recueillir, ni, s'il y en a une, des hommes pour la faire exécuter. » Mais ce nid d'émigrés inquiétait les pouvoirs publics. Mme de Tessé ayant fait dire, à l'église catholique de Creissier, une messe en noir pour les victimes de la Terreur fut menacée d'expulsion. La Suisse craignait les redoutables armées de la République française.

Bientôt la petite colonie fut en butte à des tracasseries d'un autre genre. Un créancier suisse de la maréchale de Noailles (guillotinée) essaya de faire payer cette dette par

Mme de Tessé, qui fut assignée à comparaître devant les juges du canton. Exaspérée, elle décida de vendre secrètement son domaine, son troupeau et de se réfugier en Allemagne. MM. Rougemont, de Neufchâtel, achetèrent la ferme, les bêtes et les meubles dont le prix fut transféré chez un banquier de Hambourg. Mme de Tessé, habile en affaires, avait vendu domaine et cheptel bien plus cher qu'elle ne les avait achetés. En janvier 1795, elle se mit en route avec toute la tribu qu'elle nourrissait, passa l'Elbe et s'arrêta à Altona où elle se mit en quête d'une propriété. Des champs, des bovins, des étables, c'était le seul placement auquel elle crût. Certes, aux travaux des champs, elle eût préféré la causerie métaphysique dans un salon bien éclairé, mais, disait-elle, « avec de modiques ressources, un salon est une ruine tandis qu'on peut vivre largement du produit d'une ferme ». La difficulté était de trouver une maison assez grande pour y loger tous les commensaux. Boutelaud, homme de confiance, mit ses bottes et partit à la découverte jusqu'au fond du Holstein et du Mecklembourg. On passa six mois à lire des affiches.

Puis, un jour de septembre 1795, une lettre arriva d'Angleterre : la princesse d'Hénin annonçait à Mme de Tessé qu'Adrienne, Anastasie et Virginie étaient en route pour Altona. Pour une famille si unie, quelle joie que cette arrivée inattendue! Dès le débarquement, Mme de Tessé accourut, grimaçante et chaleureuse. Les malheurs d'Adrienne l'avaient affreusement changée mais on voyait, dans ses traits creusés par la souffrance, « un calme surprenant et un air de résolution qui avaient quelque chose d'imposant ». Les petites étaient charmantes et, bien que mûries par le danger, gaies et simples.

Mme de Montagu, si fragile, avait été bouleversée en apprenant l'arrivée prochaine de sa sœur. Au moment où fut reçue la lettre de la princesse d'Hénin, elle tricotait une couverture de laine destinée à Mgr de Bonald, évêque de Clermont, réfugié, lui aussi, à Altona, où il manquait de tout et vivait dans le dénuement. Les aiguilles lui tombèrent des mains. Pauline venait seulement d'apprendre la libération d'Adrienne. Que venait-elle faire à Altona? Fuyait-elle de nouvelles persécutions? Le lendemain matin, lorsqu'un coup de canon annonça l'entrée en rade d'un navire, Pauline eut à peine la force d'aller au-devant des voyageuses. Les deux sœurs ne s'étaient pas revues depuis leur furtive entrevue de 1792, au relais de Vaire. C'était le temps où Mme de La Fayette n'était pas reçue à Plauzat, à cause des opinions « avancées » de son mari. « On juge de l'émotion, de la joie, des larmes, des étreintes de cette réunion. »

Mme de Tessé, pour ne pas gêner la liberté de leurs épanchements, s'éloigna discrètement, emmenant avec elle ses deux petites-nièces... Les deux sœurs étaient si émues qu'elles furent longtemps sans pouvoir se parler. Mais elles savaient bien à quoi elles pensaient l'une et l'autre. Quand Mme de Montagu, rompant la première le silence, s'écria en sanglotant : « Les avez-vous vues? » Mme de La Fayette lui répondit, sans autre explication, qu'elle n'avait pas eu ce bonheur. Mais elle connaissait presque toute l'histoire de la prison et du supplice. Elle avait vu M. Grelet; elle avait vu le père Carrichon; elle s'était entretenue avec eux; elle apportait même une copie du testament de sa mère. On ne parla pas d'autre chose durant ce premier entretien, qu'il fallut abréger par égard pour Mme de Tessé[1]...

Celle-ci fit raconter par Adrienne tout ce qu'elle avait souffert durant sa longue captivité. Les hommes présents (Mun et Tessé) l'interrogèrent sur le but de son voyage. Elle dit, comme la chose la plus naturelle du monde, qu'elle tâchait de rejoindre son mari, qu'on avait transféré de Wesel dans la forteresse d'Olmütz, en Moravie. Depuis des mois, on n'avait aucune nouvelle de lui. Après la tentative d'évasion organisée par Bollman et Hüger, et l'échec de cette entreprise, La Fayette avait été mis au secret. C'était seulement grâce à Bollman qu'il savait Adrienne vivante. Il ignorait sa captivité et le massacre des Noailles.

---

1. A. CALLET : *Anne-Paul-Dominique de Noailles, marquise de Montagu*, page 216.

Mme de La Fayette comptait aller se jeter, à Vienne, aux pieds de l'empereur et lui demander, pour elle et ses filles, la faveur de partager le sort du prisonnier, si dur fût-il. Mme de Tessé et le marquis de Mun, tout en admirant cet héroïque amour conjugal, firent de nombreuses objections : ils lui peignirent les avanies qui l'attendaient à Vienne et, même en cas de réussite, sa santé affaiblie par le régime des prisons, la brutalité des geôliers, le manque d'air et d'exercice, les jeunes filles captives. Mais elle avait réponse à tout et sa résolution était inébranlable.

Elle vit le banquier Parish, consul américain à Hambourg, qui lui délivra un passeport au nom de « Mrs. Motier, citoyenne de Hartford, en Connecticut », l'un des États où La Fayette avait été naturalisé. Il était indispensable que les autres noms de la voyageuse, et même sa nationalité, fussent tenus secrets, car l'entrée du territoire autrichien était interdite à tout Français non émigré. Elle engagea un domestique allemand, qui parlait assez couramment le français, pour servir d'interprète et acheta une chaise de poste, car Parish l'avait généreusement pourvue d'argent et avait même offert d'en fournir davantage dès qu'elle en aurait besoin. Ses mesures prises et ses emplettes terminées, elle se mit en route « sans accorder aux prières de sa tante ni un jour, ni une heure ».

Elle partit, laissant tous ceux qui l'avaient entrevue durant ce court séjour dans l'admiration de son courage, de sa prévoyance, de son activité et de sa douceur. La fermeté de son dessein, sa certitude de réussir dans une entreprise irréalisable, sa foi dans un appui surnaturel inspiraient confiance et respect. Plusieurs émigrés hostiles à La Fayette étaient venus la voir, avides, cela se comprend, de renseignements sur la France et sur leurs familles. Elle connaissait leur conduite envers son mari et le rôle qu'ils avaient joué dans ses malheurs aurait pu lui inspirer de la rancune, mais elle était incapable de ressentiment. « Il est inouï, écrit sa fille, d'aimer avec une si grande exaltation, sans avoir éprouvé, dans aucune circonstance, l'ombre d'un sentiment d'aigreur contre ceux qui calomniaient et persécutaient l'objet de toutes ses affections. Elle appréciait la conduite de ceux dont elle avait le plus à se plaindre avec une justice indulgente, et, dans tout le cours d'une vie si troublée, cette disposition ne s'est jamais altérée[1]. »

1. *Notice sur Madame de La Fayette par Madame de Lasteyrie, sa fille.*

ADRIENNE A OLMUTZ

> Votre présence sera un agré-
> ment de plus.
>
> FRANÇOIS II.

IL SEMBLAIT peu vraisemblable qu'elle pût arriver jusqu'à Vienne alors qu'elle ne savait pas l'allemand et
que l'Autriche était fermée aux Français. Mais la foi
ne connaît pas d'obstacles. Elle fit le voyage en huit jours.
Nous avons ses comptes : « J'ai emporté à Hambourg
1 920 livres... » Suivent, chaque soir, le prix de l'auberge,
de la poste et des réparations à la voiture, environ cent
livres par jour. Le septième jour, elle est aux portes de
Vienne : « Chevaux, auberge, barrières : 252 livres. » Au
total, elle avait dépensé 1 066 livres; il lui en restait 864.
Cette héroïne avait de l'ordre.

La voici donc à Vienne, avec ses deux filles. Comment
atteindre l'empereur d'Autriche? Les aristocraties euro-
péennes formaient encore, au-delà des différences d'opinion, une franc-maçonnerie de caste. Le vieux prince de
Rosemberg, grand-chambellan de la maison impériale,
avait bien connu la famille Noailles. Grâce à une amie de
Mme de Tessé, la comtesse de Rumbeck, il reçut Adrienne
sous le nom de Mrs. Motier et elle lui avoua son identité
véritable. Il fut touché par le dévouement d'une épouse
qui demandait, pour seule faveur, à partager une prison

et obtint pour elle, à l'insu des ministres, une audience de l'empereur. Le chancelier, baron de Thugut, qui montrait à l'égard de La Fayette une haine étrangement personnelle, n'eût pas permis que la femme de celui-ci fût reçue par le souverain.

L'empereur François II était un jeune homme. L'impression de Mme de La Fayette fut : « Il paraît n'être qu'un petit roi, ni bon ni mauvais. » Il la reçut avec politesse. Elle lui demanda la permission, pour elle et ses filles, d'aller s'enfermer avec leur époux et père. L'empereur répondit : « Je vous l'accorde. Quant à sa liberté, cela me serait impossible; mes mains sont liées. » Sans doute entendait-il par là que son gouvernement avait pris des engagements envers l'Angleterre et la Prusse.

Adrienne dit que les femmes des autres prisonniers (La Tour-Maubourg, Bureaux de Pusy) envieraient son bonheur. François II répliqua : « Elles n'ont qu'à faire comme vous. Je ferai la même chose. » Il autorisa la visiteuse à communiquer directement avec lui, lorsqu'elle aurait quelque requête à formuler, puis ajouta : « Vous trouverez M. de La Fayette bien nourri, bien traité. J'espère que vous me rendrez justice. Votre présence sera un agrément de plus. Au reste, vous serez contente du commandant. Dans les prisons, on ne connaît les prisonniers que par leurs numéros; mais pour votre mari, on sait bien son nom. »

La marquise de La Fayette à Mme de Tessé, Olmütz, 10 mai 1796 : Grâce à vos bons conseils, ma chère tante, j'ai pris le seul moyen d'arriver ici. Si j'avais été annoncée, je ne serais jamais entrée dans les États de l'empereur; et, si je ne m'étais pas bien cachée à Vienne jusqu'à ce que M. de Rosemberg eût arrangé mon affaire, elle n'aurait pas réussi. Je vous ai parlé de ma visite à l'empereur qui, en nous permettant d'un air fort poli d'être enfermées avec M. de La Fayette, nous dit que *son affaire était fort compliquée et ne dépendait pas de lui seul;* mais nous assura qu'*il était fort bien traité* et que *notre présence serait un agrément de plus.* J'étais si loin de prévoir la vérité que je lui parlai du silence qu'on avait, dans les premiers temps, en Prusse, gardé à M. de La Fayette sur notre sort; mais j'ajoutai que, dans l'ignorance où j'étais, je n'accusais pas Sa Majesté

Impériale d'une pareille barbarie. L'empereur me permit aussi de lui écrire à lui-même.

Je vis ensuite M. de Thugut, ministre le plus influent et le plus contraire à nous; et, comme je lui observais que les gouvernements coalisés mettaient trop d'importance à un seul homme, il me répéta plusieurs fois : « Trop d'importance! » avec un ton et une grimace qui prouvaient combien ils y en mettaient. Mais M. de Rosemberg m'avait dit : « J'espère que nous allons nous arranger et avoir la paix », et j'avoue que nous étions si contentes d'arriver que tout se peignait en beau[1]...

Adrienne avait remis au baron de Thugut une note sur le cas de son mari :

On ne peut nier que la captivité de M. de La Fayette, arrêté lorsqu'il traversait le pays comme voyageur, pour se rendre dans un pays neutre (lorsqu'il était poursuivi par les auteurs des crimes du 10 août, et parce qu'il avait renouvelé à la tête de son armée, et voulu faire renouveler à son armée le serment de fidélité au roi), on ne peut nier, dis-je, que cette captivité ne soit une de ces mesures que les événements violents d'une révolution peuvent seuls expliquer... Au reste l'empereur n'est auxiliaire de personne, et quelle opposition d'ailleurs les Alliés pourraient-ils présenter à ce prince pour l'empêcher de suivre les mouvements naturels de son cœur[2]?...

Adrienne envoya une copie de cette lettre à Londres, pour que « le triumvirat » de la princesse d'Hénin l'appuyât, mais M. de Thugut n'avait pas dissimulé son hostilité hargneuse. Malgré la promesse de l'empereur, les administrations opposèrent leurs lenteurs coutumières. Enfin le comte de Ferraris, ministre de la Guerre, remit à Mme de La Fayette un « permis d'incarcération ». « Il lui dit en même temps qu'il se croyait obligé de l'engager à réfléchir sur le parti qu'elle prenait; qu'il devait la prévenir qu'elle serait fort mal et que le régime qu'elle allait subir pourrait avoir de graves inconvénients, pour ses filles et pour elle[3]. » Elle ne l'écouta seulement pas et les trois

1. *Mémoires, Correspondance et Manuscrits du général La Fayette*, tome IV, pages 272-273.
2. Archives du château de Chavaniac.
3. *Mémoire sur Madame de La Fayette par Madame de Lasteyrie, sa fille*, page 357.

femmes partirent pour Olmütz en voiture découverte, leur chaise de poste étant cassée. Elles y arrivèrent le 15 octobre 1795.

Quand le postillon lui montra de loin les clochers de la ville, Adrienne fut suffoquée par les larmes. Lorsqu'elle retrouva la possibilité de parler, elle récita pour ses filles, comme le faisait jadis sa propre mère, le cantique de Tobie : *Seigneur, vous êtes grand dans l'éternité et votre règne s'étend dans la suite de tous les siècles. Vous châtiez et vous sauvez. Vous conduisez les hommes jusqu'au tombeau et vous les en ramenez, et nul ne peut se soustraire à votre puissance. Rendez grâces .au Seigneur, enfants d'Israël, et louez-le devant les nations...* Le Seigneur l'avait durement frappée, mais il l'avait maintenant conduite par la main jusqu'à son époux captif. « Je ne sais, dit-elle encore à ses filles, comment on supporte ce que nous allons éprouver. »

Elle se rendit chez le commandant de la ville, qui ne la reçut pas mais désigna, pour conduire les trois Françaises à la forteresse, un de ses officiers. Par de longs corridors, elles allèrent jusqu'aux deux portes cadenassées qui étaient celles de la chambre de La Fayette. Il n'avait pas été prévenu de leur arrivée. Depuis sa tentative d'évasion, il était au secret. Non seulement on ne lui remettait plus aucune lettre, mais on refusait de lui dire si les membres de sa famille étaient vivants. Il n'avait, pour lui donner des nouvelles dans cette horrible solitude, que la chanson fredonnée par Félix, son jeune secrétaire, que les geôliers mettaient au pain et à l'eau s'ils l'y surprenaient. On peut imaginer la stupéfaction et la joie de La Fayette en voyant, par la porte brusquement ouverte dans un grand bruit de verrous, paraître sa femme et ses filles. Quel choc et quel bonheur !

Mme de La Fayette fut épouvantée par la maigreur squelettique de son mari. Elle ne l'avait pas vu depuis quatre ans. Il avait incroyablement vieilli. Sa poitrine, toujours faible, semblait très atteinte. Lui-même avait peine à reconnaître Adrienne en cette femme aux cheveux gri-

sonnants, au visage ravagé par les larmes. Il ignorait tout
du triple deuil qu'elle avait subi. « Il savait, écrit leur fille
Virginie, qu'il y avait eu une Terreur en France, mais il
ignorait les noms des victimes... Ce ne fut que le soir,
lorsqu'on nous eut enfermées, ma sœur et moi, dans la
chambre voisine (mais séparée) qui nous était assignée
qu'elle apprit à mon père qu'elle avait perdu, sur l'échafaud, sa grand-mère, sa mère et sa sœur. » Il partagea son
chagrin et pleura, en maudissant les monstres qui avaient
sali la Révolution. Ses principes n'en furent pas changés.

Les premières effusions, si douces, avaient été tout de
suite interrompues par les geôliers, qui réclamaient aux
nouvelles venues leurs bourses et confisquèrent trois fourchettes d'argent trouvées dans leurs bagages. Adrienne
insista pour voir le commandant de la forteresse, dont
l'empereur lui avait dit : « Vous en serez contente. » Celui-ci
refusa de la recevoir, mais fit dire qu'il transmettrait à
Vienne ses trois pauvres demandes : 1° assister à la messe,
le dimanche, avec ses filles; 2° avoir une femme de soldat,
pour faire leurs chambres; 3° être servies par le domestique
de La Fayette. A ces modestes requêtes, on ne daigna pas
répondre. Quant aux fourchettes, elles ne furent jamais
rendues et les trois femmes durent manger avec leurs doigts.

« Votre présence sera un agrément de plus », avait dit
l'empereur. Cette phrase, inconsciemment cruelle, devint
proverbiale parmi les captifs d'Olmütz. De l'avis même du
marquis de Chasteler, qui fit un rapport au gouvernement
autrichien en juillet 1797, sur les conditions de leur internement, ils étaient honteusement mal logés : un canal
d'égout et la proximité des latrines donnaient à l'air une
fort mauvaise odeur. En été, un nuage de moustiques
envahissait les cachots. Mme de La Fayette et ses filles
partageaient une seule chambre; les deux demoiselles
couchaient dans le même lit, même quand l'une d'elles
était malade, et cela malgré leurs réclamations réitérées.
Elles devaient quitter la chambre de leur père à la nuit
tombante. Les lampes étaient soufflées à neuf heures et

les prisonniers n'avaient aucun moyen pour les rallumer, en cas d'urgence. La Fayette ayant eu besoin de chaussures, Anastasie dut lui tailler une paire de pantoufles dans l'étoffe d'une vieille culotte.

Ce qu'était la vie à Olmütz, Adrienne elle-même le décrivit à sa tante de Tessé :

> On entre chez nous à huit heures pour le déjeuner, et je suis ensuite enfermée chez mes filles jusqu'à midi; on nous réunit pour le dîner et, quoiqu'on rentre deux fois pour prendre les plats et apporter le souper, nous restons ensemble jusqu'à ce qu'on vienne, à huit heures, remettre mes filles dans leur cage. Les clefs sont portées chaque fois chez le commandant et s'y renferment avec des précautions fort ridicules. On paie, sur mon argent, notre dépense à toutes trois et nous avons plus à manger qu'il ne faut, mais tout cela est d'une saleté inexprimable.
>
> Le médecin, qui ne sait pas un mot de français, est amené par l'officier quand nous en avons besoin; nous en sommes contents; M. de La Fayette, en présence de l'officier qui entend le latin, s'explique avec lui dans cette langue et peut nous traduire. Tandis que cet officier, qui n'oserait pas lui-même nous parler sans témoins, et un gros caporal geôlier, tenant son trousseau de clefs à la main, viennent décadenasser nos portes, que toute la garde est assemblée dans le corridor et que l'entrée de nos chambres est entrouverte par deux sentinelles, vous ririez de voir nos deux filles, l'une en rougissant jusqu'aux oreilles, l'autre faisant une mine tantôt fière, tantôt comique, passer sous les sabres croisés sur les portes de nos cellules qui se referment aussitôt. Ce qui n'est pas plaisant, c'est que la petite cour de plain-pied au corridor est le théâtre du supplice, très fréquent, des soldats qu'on passe par les verges, et que nous entendons chez nous l'horrible musique.
>
> C'est un grand bonheur pour nous que nos enfants soutiennent bien, jusqu'à présent, un régime si insalubre. Quant à moi, j'avoue que ma santé ne s'en trouve pas bien; j'ai des migraines et des signes que mon sang est plus altéré qu'avant d'entrer ici; mais cela n'est pas dangereux, et vous sentez d'ailleurs que l'idée de laisser M. de La Fayette ne peut pas s'approcher de nous. Le bien que lui fait notre présence ne se borne pas au plaisir de nous voir; sa santé est réellement moins mauvaise depuis notre arrivée. Vous connaissez l'influence des affections morales sur lui et, quelle que soit la force de son caractère, je ne puis concevoir qu'il ait pu résister à tant de tortures.

Son excessive maigreur et son dépérissement sont toujours au même point depuis que nous sommes ici, quoique ses gardiens m'assurent que cela ne peut se comparer à l'horrible état où il était il y a un an. Ce n'est pas impunément qu'on passe quatre années dans une telle captivité[1]!...

Ce qui aidait à supporter cet abominable régime était la gaieté des deux jeunes filles. Pleines d'admiration et de tendresse pour leurs parents, elles jouissaient, en dépit de tout, de cette réunion. Elles s'amusaient du mouvement de la prison, des ruses des captifs, des mines des geôliers. La nuit, des paniers descendus par les fenêtres permettaient d'acheter des sentinelles. Les petites vivaient un roman héroïque.

Si Mme de La Fayette était officiellement autorisée à écrire quelques lettres, toutes celles qui contenaient une description réaliste de leur captivité devaient être acheminées par la voie secrète. Au vrai, il y en avait toujours une. Des inconnus risquaient leur vie pour venir en aide à cette famille sublime. A l'intérieur même de la citadelle, Adrienne et ses filles réussirent à communiquer avec La Tour-Maubourg et Bureaux de Pusy. La preuve en est que la formule « un agrément de plus » se retrouve, entre guillemets, dans les lettres de Maubourg. Mais les autorités locales, sans doute honteuses du traitement infligé aux prisonniers, censuraient toute plainte dans la correspondance envoyée par la voie officielle. Anastasie, qui avait de l'humour, nota une discussion sur ce sujet :

CONVERSATION AVEC L'ADJUDANT DE LA PRISON D'OLMUTZ

MADAME DE LA FAYETTE. — Le gouvernement me fait donc dire que mes lettres ne peuvent pas passer à cause des particularités qu'elles contiennent?

LA FAYETTE. — Il ne manquait plus, monsieur, à l'infamie de la conduite de votre gouvernement que d'avoir la bassesse de ne pas oser l'avouer!

---

1. *Mémoires, Correspondance et Manuscrits du général La Fayette,* tome IV, pages 282-283.

L'ADJUDANT. — J'ai trop de sentiment pour ne pas sentir ce que je dois à votre situation... Mais ce sont là des expressions que je ne pourrais entendre.

LA FAYETTE. — Vous ne devez point vous en fâcher, monsieur. Ce n'est point à vous qu'elles s'adressent... ni à vos commandants qui ne sont, comme vous, que des instruments passifs.

MADAME DE LA FAYETTE. — Je vous plains de tout mon cœur, monsieur, de dépendre de pareilles gens.

LA FAYETTE. — Les officiers et les généraux autrichiens ne m'ont jamais fait que pitié, et c'est pour leur gouvernement que j'ai réservé le mépris. En conséquence, c'est *pour lui* que je vous charge de ce que je répète ici : qu'il ne manquait plus à l'infamie de sa conduite que d'avoir la bassesse de ne pas oser l'avouer.

(Mme Gilbert s'est mise à lire les lettres et lui a demandé, à chaque article, si cela n'était pas vrai...)

L'ADJUDANT. — Quant à la promenade, il n'y avait pas de logement où vous pussiez vous promener, et il y a de l'odeur chez Messieurs du Chapitre.

LA FAYETTE. — Il m'est fort égal que votre chapitre soit empesté! Je dis seulement qu'aucun des officiers, à commencer par le major, le plus puant de tous ceux qu'on eût pu choisir, n'a pu résister au besoin de se boucher le nez en entrant ici.

MADAME DE LA FAYETTE. — Qu'est-ce qu'il faut que j'écrive ou que je taise? Je prie M. le commandant de me mander, expressément, ce qu'on trouve à redire dans mes lettres... Pourquoi ne vient-il pas lui-même? C'est que cela lui est défendu?

L'ADJUDANT. — C'est bien vrai, madame, que cela lui est défendu.

LA FAYETTE. — Vous voyez, monsieur, la force de l'habitude... Vous aviez dit, en entrant, que c'était à cause du mauvais temps!

(L'adjudant a balbutié sa réponse, en disant que tout cela n'était pas la faute du général.)

LA FAYETTE. — Je crois bien que votre général n'en fait pas plus, dans tout cela, que ma petite fille... et mes réponses s'adressent beaucoup plus haut que lui. Mais que faut-il que nous mandions? Que la cour de Vienne est un gouvernement d'humanité et de liberté, et que je l'aime de tout mon cœur? Que ce sont des gens charmants?

L'ADJUDANT. — Oh! non, on ne peut pas dire ces choses-là. Et d'ailleurs, dans votre situation...

La Fayette. — Ma situation n'y fait rien, car je ne les estimais pas davantage auparavant.

Madame de La Fayette. — On a laissé passer une lettre où j'annonce le commencement de ma maladie. On arrête celle où j'en annonce le progrès et la guérison. Mes amis vont être dans une affreuse inquiétude. Si je meurs ici, ils l'apprendront avant que j'aie pu leur donner aucun détail de mes maux.

L'adjudant. — Madame, ce serait bien fâcheux. Mais vous pouvez parler de votre santé, sans donner des détails qu'on ne veut pas laisser passer.

La Fayette. — Ce n'est pas votre faute, monsieur, si l'infamie de votre gouvernement est telle qu'il est impossible de donner aucun détail qui ait échappé à leur barbarie!

L'adjudant. — Mais, monsieur le marquis...

La Fayette. — Je ne suis point marquis, mais je suis fort mal traité.

L'adjudant. — Je suis seulement chargé de dire qu'on a trouvé des détails invéritables.

Madame de La Fayette. — Vous me l'aviez déjà dit, dans le corridor, et cela ne m'avait pas paru fort poli.

La Fayette. — Moi, monsieur, je vous charge en réponse de mander à l'homme quelconque qui a dit cela à Vienne, depuis le premier jusqu'au dernier, que je l'envoie... je ne peux pas dire *où* devant ces dames! Mais vous connaissez le compliment français d'usage en pareil cas.

L'adjudant. — Oui, je le connais fort bien. Je sais bien le français et il est bien désagréable d'entendre dire ces choses-là.

La Fayette. — Ce n'est pas à vous que je les adresse. On vous a donné une mauvaise commission. Sans vous faire des excuses, moi, je vous fais des politesses en vous donnant ma commission. Mais je vous charge, expressément, de répondre cela à celui dont elle vient.

Madame de La Fayette. — Je demande à écrire à quelqu'un, à Vienne, pour qu'on m'envoie un modèle de lettre.

La Fayette. — Vous avez raison. Il faut demander à l'empereur, ou à tout autre, qu'il vous fasse connaître ce qu'il veut que vous écriviez, ce qu'il trouve d'inexact dans vos lettres. Car quelle que soit leur impudeur, ils ne peuvent pas avoir celle de vous nier, à vous, ce que vous leur mandez.

Madame de La Fayette. — Quant à l'empereur, je ne veux pas l'embarrasser parce que je ne puis m'empêcher d'être reconnaissante de ce qu'il m'a laissée entrer ici. Il m'en coûtera peut-être la vie, mais ma séparation d'avec M. de La Fayette m'était plus pénible que la mort. J'aime mieux écrire à M. de

Thugut. Il m'a reçue en ennemie, mais poliment, et je serais curieuse d'avoir sa réponse à cette lettre.

L'ADJUDANT. — Je ne sais, madame, ce que M. le commandant répondra... mais je crois qu'il vaut mieux écrire à M. le baron de Thugut.

LA FAYETTE. — Fort bien! Ecrivons à M. de Thugut. Il n'y a qu'à le faire le baudet émissaire de cette affaire.

(L'adjudant dresse lui-même ses oreilles et se met à rire.)

MADAME DE LA FAYETTE. — Ils sont peut-être fâchés que je sois ici, parce que la nécessité d'avoir ma signature pour payer ma dépense et celle de mes filles les a forcés à me laisser écrire quelques lignes ; mais à présent que j'y suis, ils ne m'en arracheront pas facilement... On ne me tirera d'ici qu'avec M. de La Fayette ; excepté pourtant qu'on ne m'en retire morte, car je crois que cette captivité (qui a certainement abrégé la vie de mon mari) m'a fait aussi beaucoup de mal. Mais ce dont on peut être sûr aussi, c'est qu'on ne parviendra pas à me faire écrire des mensonges...

L'ADJUDANT. — Je conviens, madame, que l'on ne peut pas demander cela de vous.

LA FAYETTE. — Il est vrai, monsieur, que pour avoir cette complaisance, il faudrait que nous fussions encore plus imbéciles que votre Cour[1].

Le 14 décembre 1795, Adrienne renouvela sa demande d'entendre la messe, en l'adressant au comte de Ferraris, ministre de la Guerre, qu'elle avait rencontré à Vienne chez la princesse Windisch-Graetz et Mme d'Ursel : « Cette demande ne m'a jamais paru indiscrète, mais vous me ferez bien plaisir d'y répondre favorablement avant les fêtes de Noël. » Elle souhaitait aussi qu'on leur permît enfin de revoir La Tour-Maubourg et Bureaux de Pusy. La réponse du ministre, écrite *après* Noël, fut très dure : « Je ne puis que vous observer qu'ayant consenti à partager avec votre mari son sort, il ne vous sera pas possible d'obtenir aucun changement dans votre situation. »

La marquise de La Fayette au comte de Ferraris : Je conviens avec grand plaisir que nous nous sommes soumises à partager

1. Document inédit, rédigé par Anastasie de La Fayette. Collection Fabius.

toutes les rigueurs de la prison de M. de La Fayette, et c'est
uniquement cette grâce que nous avons sollicitée. Nos sentiments sont les mêmes et nous répétons, toutes les trois, de tout
notre cœur, que nous sommes beaucoup plus heureuses avec
M. de La Fayette, même dans cette prison-ci, que partout ailleurs sans lui[1]...

Toutefois elle rappelait que l'empereur l'avait autorisée
à lui écrire directement et que les autorités d'Olmütz le
lui avaient défendu. Tout ce qu'elle souhaitait demander à
Sa Majesté, c'était la permission d'aller passer huit ou
dix jours à Vienne pour consulter des médecins. Cette vie
sédentaire, ce régime malsain, ce manque d'air lui avaient
donné une maladie bizarre et grave : ses bras et ses jambes,
très enflés, étaient couverts d'une éruption ; elle avait sans
cesse la fièvre. Mais bien que le médecin de la prison fût
inquiet (il le disait, en latin, à La Fayette), la réponse de
l'empereur fut négative. Le commandant d'Olmütz vint
voir Adrienne, fit sortir de la cellule ses deux filles et lui
signifia qu'elle ne pourrait quitter la forteresse qu'à la
condition de n'y pas revenir. Il demandait une réponse
écrite. Celle-ci vint, ferme et fière :

4 mars 1796 : M. le commandant d'Olmütz m'ayant annoncé
hier que, d'après ma demande à l'empereur, de passer huit
jours à Vienne pour consulter les médecins, Sa Majesté Impériale ne permet que je sorte de cette prison qu'à la condition
de n'y plus rentrer, j'ai l'honneur de lui répéter ici ma réponse.
   J'ai dû à ma famille et à mes amis de demander les secours
nécessaires à ma santé ; mais ils savent bien que le prix qu'on y
met n'est pas acceptable pour moi. Je ne puis oublier que,
tandis que nous étions prêts à périr, moi par la tyrannie de
Robespierre, M. de La Fayette par les souffrances morales et
physiques de sa captivité, il n'était permis ni d'obtenir aucune
nouvelle de lui, ni de lui apprendre que nous existions encore,
ses enfants et moi. Je ne m'exposerai pas à l'horreur d'une autre
séparation[2]...

   1. *Notice sur Madame de La Fayette par Madame de Lasteyrie, sa fille,*
pages 367-368.
   2. Österreichisches Staatsarchiv, Kriegsarchiv, AK[t], 1 796, 33-394,
n° 2.

Malade à en mourir, mal traitée, Adrienne ne se tenait pas, à Olmütz, pour malheureuse.

Ma mère, écrit Virginie, sentit vivement le chagrin de n'avoir pu adoucir le sort de nos compagnons de captivité. Mais quant à elle, je ne saurais vous peindre son bonheur. Vous en aurez quelque idée en songeant au sentiment qui, depuis l'âge de quatorze ans, avait animé sa vie : elle avait toujours souffert, soit par les séparations fréquentes et les affaires incessantes qui distrayaient mon père de son intérieur; soit par les dangers si grands auxquels il était exposé. Elle avait passé ces trois dernières années sans presque avoir l'espoir de le retrouver. Dans ce moment, elle possédait le bien qui, toute sa vie, avait été l'objet de ses vœux. Elle voyait, chaque jour, l'influence de sa présence sur la santé de mon père et toute la consolation qu'elle lui apportait. Elle s'étonnait de retrouver la faculté d'être aussi heureuse et se reprochait d'être satisfaite de sa situation, tandis que mon père était prisonnier[1]...

Au vrai, pour une grande amoureuse, une prison partagée avec celui qu'elle aime (et d'où il ne *peut* s'enfuir, après l'avoir tant de fois volontairement quittée) a quelque chose de paradisiaque. La mort seule y menace le bonheur.

Mais le danger de mort n'était que trop réel. Pendant onze mois Adrienne, les membres enflés, put à peine bouger. Elle souffrait d'un œdème et d'ulcères variqueux, compliqués d'eczéma. Ses geôliers lui refusaient un fauteuil. Au cours des premiers mois de sa détention, elle avait écrit une longue *Notice sur la duchesse d'Ayen*, sa mère, dans les marges d'un Buffon, avec un cure-dents et un peu d'encre de Chine. Son style était ferme, digne du chancelier. Plus tard, quand ses mains gonflées, infiltrées, s'immobilisèrent à leur tour, elle dicta ses lettres à Anastasie. Virginie, privée, en pleine croissance, d'air et d'exercice, se voûtait et sa mère l'observait avec inquiétude.

Adrienne avait le tardif bonheur de se voir enfin jugée comme elle le méritait, par celui qu'elle n'avait jamais

---

1. *Notice sur Madame de La Fayette par Madame de Lasteyrie, sa fille,* pages 371-373.

cessé d'aimer. Si La Fayette avait toujours estimé son intelligence et son courage, jamais il n'avait si bien mesuré la grandeur de ce caractère. Il conçut là pour elle une admiration et une reconnaissance infinies. De cette foi qu'il ne partageait pas, il mesurait les effets avec un étonnement respectueux. Il s'émerveillait de trouver sa femme et ses filles aussi sereines dans l'enfer empesté d'Olmütz que naguère dans les salons de l'hôtel de Noailles ou dans les montagnes d'Auvergne. Il se sentait soutenu par leur amour et par celui qu'il portait lui-même aux libertés. S'il n'avait pas la foi, il avait de l'honneur et fût mort plutôt que de renier ses idées. Sa femme l'en approuvait.

III

LE MONDE EXTÉRIEUR

> Such characters should live
> to posterity, when kings and the
> crowns they wear must have
> mouldered into dust.
> CHARLES FOX.

LES malheureux croient aisément que le monde entier s'occupe de leurs souffrances. Dans le cas des prisonniers d'Olmütz, cette croyance n'était pas sans fondement. En plusieurs villes, des groupes d'amis actifs s'efforçaient de les délivrer.

A Hambourg, le consul des États-Unis, John Parish, non seulement leur envoyait de l'argent, mais travaillait pour eux avec Masson et Pillet, anciens aides de camp du général, qui voyageaient sans cesse de Hambourg à Londres et à Paris, afin de réveiller les bonnes volontés. A Londres, le « triumvirat » — princesse d'Hénin, Lally-Tollendal, Joseph Masclet, appuyé par le consul américain Thomas Pinckney — continuait le bon combat, vigoureusement aidé par Charles James Fox et par le général Fitzpatrick, beaucoup parce que ceux-ci étaient des libéraux, amis de La Fayette, généreux, et indignés par la conduite des gouvernements coalisés, un peu parce qu'ils trouvaient là un sujet, constant et utile, d'attaques contre Pitt.

A Paris, la chute de Robespierre avait laissé un grand vide. Les royalistes, les muscadins, la jeunesse dorée avaient espéré le remplir. Une terreur blanche, contre-révolutionnaire, avait été déclenchée dans le Midi et à Lyon. Ces excitations féroces ne servaient pas la cause du roi en exil. La France comprenait que les Bourbons « étaient plus près de fonder une Inquisition d'État que d'octroyer un Édit de Nantes civil ». Si les émigrés avaient été moins maladroits, la restauration fût devenue possible. Leur intransigeance rendit courage aux grenouilles de l'ancien Marais. Les jacobins nantis comprirent qu'ils devaient se maintenir ou périr. Barras vit clairement que, contre les terroristes blancs, il fallait lancer les anciens terroristes rouges. L'épreuve de force eut lieu le 13 vendémiaire quand un petit général corse, Bonaparte, sauva la Convention. Gouverneur Morris, témoin de cette journée, dit : « Je continue à penser qu'ils tomberont sous la domination d'un despote unique. »

En attendant ce futur dictateur, cinq « directeurs », tous régicides, prirent le pouvoir. Ils donnèrent à Bonaparte, en récompense, le commandement de l'armée d'Italie. Nul ne savait alors ce qu'était le maigre général au profil romain, dont l'ardeur amoureuse pour une créole facile, Joséphine de Beauharnais, ancienne maîtresse de Hoche et de Barras, faisait sourire les directeurs. Ceux-ci étaient-ils disposés à s'intéresser aux prisonniers d'Olmütz? Barras, roué voluptueux qui méprisait les hommes, ne pouvait avoir beaucoup d'admiration pour les rêveries de La Fayette. Les quatre autres, républicains inflexibles, se souvenaient avec inquiétude de la défense, par « le héros des deux mondes », d'une monarchie constitutionnelle. Aussi quand ils échangèrent, avec l'Autriche, la fille de Marie-Antoinette contre quatre prisonniers, choisirent-ils d'anciens conventionnels, emprisonnés eux aussi à Olmütz, plutôt que le général La Fayette, sa femme et ses filles.

Cependant La Fayette, du fond de son cachot, dirigeait une campagne fort bien orchestrée. Plus exactement, il la concevait et Adrienne la menait. Des lettres secrètes partaient d'Olmütz et il valait mieux qu'elles ne fussent

pas de l'écriture, trop bien connue, de La Fayette. A Pillet,
le 20 juin 1796, Adrienne exposait les vues de son mari :
« Contrairement à ce qui se disait, le général n'était pas pour
la royauté... Cette présidence héréditaire lui avait toujours
déplu... Il ne s'y était rallié naguère que par nécessité... »
(La Rochefoucauld et La Fayette avaient été, au début
de la Révolution, disait Adrienne, les seuls républicains
de France.) « Il y aurait autant de niaiserie nationale à
rétablir la royauté constitutionnelle qu'il y avait eu de
lâcheté à lui substituer, en tremblant, l'aristocratie des
jacobins et la royauté arbitraire de leur chef. » Sur les
principes de la Déclaration des Droits, M. de La Fayette ne
fléchirait jamais. « Il s'agit, écrivait Adrienne sous sa
dictée, d'un caractère sur lequel, depuis vingt ans, les amis
de la liberté ont les yeux[1]. »

Le 22 juin, nouvelle lettre. Elle et son mari savent que
Pillet est en France ; ils s'en réjouissent. « M. de La Fayette
dit qu'il y a un proverbe latin : *Mitte sapientem et nihil
dicas*. Si cela signifie qu'on doit avoir en vous une confiance
illimitée, nous partageons ce sentiment de tout notre
cœur. » Elle lui demandait de voir le citoyen Beauchet, qui
connaissait leurs affaires et donnerait les adresses des
parents et amis. Les députés qu'elle croyait favorables
étaient Dupont de Nemours, Boissy d'Anglas, « honnête,
sensible, sincère », Lanjuinais... Il y avait aussi Mme de
Staël, qui essayait alors de reprendre une influence : « Elle
a constamment bien parlé de M. de La Fayette, mais son
imprudence et la variété de ses liaisons exigent beaucoup
de circonspection[2]. » La lettre plaît, comme toutes celles
d'Adrienne, par un mélange de réalisme intelligent, de
respect presque religieux pour son mari et de soin à ne
pas compromettre la belle attitude du libéral impénitent.
Il importe aussi de noter, afin d'achever le portrait de
cette amoureuse, résignée au partage, qu'elle chargeait

1. *Mémoires, Correspondance et Manuscrits du général La Fayette,*
tome IV, page 289.
2. Lettre inédite. Collection Fabius.

Pillet de prendre contact avec Mme de Simiane pour lui
donner des nouvelles du prisonnier :

> Voici encore une commission qui n'a aucun rapport avec les
> objets politiques, mais qui intéresse vivement le cœur de M. de
> La Fayette. Mme de Simiane est à Paris, ou dans sa terre de
> Cirey. Dans le premier cas, voyez-la en lui demandant un pro-
> fond silence; si elle est à la campagne, écrivez-lui que vos
> affaires vous ayant mené à Paris, vous vous empressez de lui
> donner les détails que vous avez pu réunir sur M. de La Fayette.
> M. de La Fayette espère que Mme d'Hénin a fait ses commissions
> pour elle. Vous lui direz que je ne me permets pas d'écrire,
> même secrètement, en France et que les amis les plus dévoués
> courraient trop de risques à se charger d'une seule ligne de M. de
> La Fayette...
> N'oubliez pas d'écrire à ma tante [de Chavaniac] que George
> est dans la ferme de M. de la Colombe, ce qui lui fera grand
> plaisir. Elle sait sans doute que M. Frestel a été le retrouver[1]...

Pour dissiper les craintes du Directoire au sujet des
intentions politiques de La Fayette, Masson et Pillet
avaient envoyé une note aux directeurs et voulaient en
outre publier une brochure à ce sujet. Adrienne leur fit
parvenir un texte, qui était probablement de César de
la Tour-Maubourg :

> *A M. Masson, négociant à Hambourg :* Vos amis ont reçu
> une lettre sans date, contenant cette note au Directoire, si
> digne de vous et si touchante pour eux, qu'ils ont lue avec la
> plus vive et la plus tendre sensibilité... Ils sont bien empressés
> de savoir quelle réponse vous aurez eue... Vous êtes un bien
> charmant ami. Nous joignons ici un petit pamphlet dont vous
> reconnaîtrez l'écriture... Nous vous avons mandé, notre bien
> cher ami, que nous approuvions l'idée de Pillet sur une certaine
> compilation de pièces intéressantes et que nous nous en rappor-
> tions totalement à lui pour le choix[2]...

Elle signalait que le pamphlet avait été en partie recopié
(peut-être par une de ses filles) et qu'il fallait faire attention
aux erreurs. Par exemple, il était évident qu'au lieu du

1. Lettre inédite. Collection Fabius.
2. Lettre inédite. Archives de La Grange.

civisme du duc d'Orléans, il fallait lire *cynisme*. En effet, cela allait de soi.

Le plus grand souci des deux époux, ce n'était ni la captivité, ni la maladie, ni le type de vie imposé à leurs filles, mais la préservation, sans retouches ni repentirs, du personnage de La Fayette.

Adrienne à Mme de Tessé, 10 mai 1796 : Vous ne serez pas surprise que M. de La Fayette exige de ses amis qu'on ne parle jamais pour lui, dans quelque occasion et pour quelque intérêt que ce soit, que d'une manière conforme à son caractère et à ses principes, et qu'il pousse jusqu'à l'excès ce que vous appelez *la faiblesse d'une grande passion;* il serait facile de la justifier. Ce n'est pas qu'il ait cette espèce d'irritation que le malheur donne souvent aux âmes faibles; la sienne est aussi douce que jamais. Mais vous connaissez la constance des sentiments qui ont animé sa vie entière; et cette constance invariable, qui lui a valu tant de haine et d'estime, tant de succès et de persécutions, lui a paru plus que jamais être l'unique barrière qu'on eût pu opposer aux maux qui nous ont inondés de toutes parts. On ne doit donc pas s'étonner de son excessive et scrupuleuse répugnance à voir altérer, le moins du monde, un bien qui fut toujours pour lui le plus précieux de tous, et qui seul, au milieu des douloureuses tortures de son cœur, a pu soutenir son courage[1]...

En ce mois de mai 1796, la situation militaire se transformait rapidement. Bonaparte, après sa foudroyante campagne d'Italie, entrait à Milan. Dans la prison d'Olmütz pénétrait une rumeur lointaine de victoire. La Fayette ne connaissait pas Bonaparte, mais se plaisait à imaginer un général républicain. Les jeunes filles s'attendaient à voir, un jour ou l'autre, les barreaux tomber et paraître une une écharpe tricolore. Très utile aussi était l'action des amis anglais, Fox et Fitzpatrick. Les prisonniers demandaient que l'on profitât du succès de nos armes pour redoubler d'activité en leur faveur.

Adrienne à la princesse d'Hénin, 15 septembre 1796 : ... Le séjour est vraiment peu agréable, quoi qu'en ait dit l'empereur,

1. *Mémoires, Correspondance et Manuscrits du général La Fayette,* tome IV, page 284.

et n'y eût-il que les insectes, la puanteur et la saleté, nous sou-
haiterions changer de lit, d'air et de femme de chambre...
On aurait à faire entrer des panthères d'une loge dans l'autre,
on n'y ferait pas plus de façons. Tout cela divertit beaucoup
ces demoiselles, dont le bonheur d'avoir retrouvé leur père
est aussi vif qu'au premier jour. Nous apprenons avec grand
plaisir que George est à Mount Vernon, auprès du général Washington... Votre ami est toujours le même; il se divertit fort de
voir sa garde nationale battre toutes ces fameuses armées et
les grenadiers de Cadignan damer le pion à tous les grands
faiseurs de l'Europe; il désire bien, dit-il, que la prompte arrivée
des Français à Vienne soit pour l'empereur *un agrément de plus*[1]...

Mais malgré l'action des amis, à Londres et à Paris, le
gouvernement autrichien ne montrait aucune intention
de libérer les prisonniers d'Olmütz. Washington, dès le
20 février 1796, avait écrit à Thomas Pinckney, consul des
États-Unis à Londres :

Je vous dirai franchement que mon cœur souffre de voir cet
homme honorable traité d'une manière aussi cruelle, et que je
souhaite vivement sa délivrance. Comme président des Etats-
Unis, je ne dois pas engager le gouvernement dans une démarche
dictée uniquement par mes goûts particuliers. Le caractère
public dont je suis revêtu m'empêche, d'agir, dans cette circonstance, comme je le ferais si j'étais simple citoyen[2]...

Pourtant il fit plus. Le 15 mai 1796, il écrivit à l'empereur
une lettre confidentielle où il lui exposait combien les
Américains, et lui-même, reconnaissants des services rendus
par La Fayette, s'intéressaient au sort du détenu : « Souffrez donc, Sire, qu'en cette occasion je sois l'interprète
du vœu général, et laissez-moi vous supplier de lui accorder
la permission de venir dans ce pays, sous quelque condition
ou restriction qu'il plaise à Votre Majesté d'imposer[3]... »
    Mme de Staël, de son côté, avait écrit à Gouverneur

    1. Lettre inédite. Archives de La Grange.
    2. Lettre citée par ÉTIENNE CHARAVAY, dans *Le général La Fayette*,
page 356.
    3. *Ibidem*, page 357.

Morris qui, en décembre 1796, se trouvait à Vienne :
« Ouvrez la prison de M. de La Fayette. Vous avez déjà
sauvé sa femme, sauvez toute la famille[1] ! » Pauline de
Montagu, elle aussi, adjurait Morris de sauver une seconde
fois la vie de sa sœur, qu'elle savait en danger de mort.
Morris alla voir le baron de Thugut et lui montra la lettre
de Mme de Montagu. L'hypocrite Thugut nia les mauvais
traitements, répéta que la marquise de La Fayette pouvait
quitter Olmütz si elle le voulait, mais ne saurait être autorisée à faire des allers et retours. Quant au général, il serait
probablement libéré au moment de la paix. Si, en attendant,
l'Angleterre voulait se charger de lui, l'Autriche serait
« enchantée » d'en être débarrassée et, s'il plaisait aux
Anglais de le lâcher dans Londres, grand bien leur fasse!
Morris pria Thugut de faire parvenir à Mme de La Fayette
une lettre dans laquelle il lui communiquait les protestations du même Thugut, lequel affirmait que les prisonniers,
bien logés, ne manquaient de rien.

Il va sans dire que la lettre de Morris ne quitta jamais le
cabinet de Thugut, qu'aucune réponse ne fut reçue et que
toute correspondance entre Adrienne et sa sœur Pauline
fut, à partir de ce jour, interceptée. D'où Morris conclut
que la description des horreurs d'Olmütz correspondait
à la réalité. « C'était le dernier recours du despotisme que
d'étouffer les plaintes comme il avait emmuré les corps. »
Quand Morris alla de Vienne à Berlin, où il fut reçu par
le roi de Prusse, celui-ci lui demanda ce qu'il pensait de
l'empereur François II.

« C'est un honnête jeune homme, Sire.

— Et que pensez-vous de Thugut?

— Quant à cela, c'est une autre affaire, Sire. »

Mais aussi une vilaine affaire, et urgente. La santé d'A-
drienne devenait si mauvaise que, si la détention se prolon-
geait, il n'y aurait bientôt pour elle, disait le médecin,
plus d'espoir. En décembre 1796, elle dut une fois de plus

1. *Mémorial de Gouverneur Morris*, tome I, page 417.

dicter à Anastasie une lettre pour Parish, parce qu'elle
ne pouvait écrire elle-même :

> Il y a environ deux mois que m'a été transmise votre aimable
> lettre du 15 octobre, mais je n'ai pu avoir le plaisir d'y ré-
> pondre moi-même. A cause de l'altération de mon sang et de
> l'excessive insalubrité de la prison, mes bras ont été, depuis
> quelque temps, incroyablement enflés et mes doigts incapables
> de mouvement... Ma peau pèle... Les souffrances, l'impossi-
> bilité de fermer mes mains, les spasmes de tout mon système
> nerveux rendent ma vie plus qu'un peu déplaisante[1]...

Aucune exagération dans ces plaintes. Nous avons le
rapport — en latin — que fit le médecin de la prison. Il
confirme la description de la malade : « *Quamvis Domina
de La Fayette excellenti gaudeat constitutione, et sana fuerit,
dum intraret in carcerem olomuciensem...* Bien que Mme de
La Fayette jouisse d'une bonne constitution, et ait été bien
portante quand elle est entrée dans la prison d'Olmütz... »
elle a maintenant des crises dangereuses. « *Natura morbi
usum Thermae prescribebat et alia remedia commutatione
aëris conjuncta, quae autem secundum regimen carceris
impossibilia fuerunt...* La nature de sa maladie exigerait
une cure thermale et d'autres remèdes, liés à un changement d'air, que le régime de la prison a rendus impossibles...
*Me felicem existimo quod graviora accidentia impedire
potuerim...* Je m'estime heureux d'avoir pu empêcher des
accidents plus graves... *Filia major Anastasia de La Fayette
per excellentem suam constitutionem resistit per quindecim
menses effectibus captivitatis. Ab hoc tempore saepius
aegrotavit...* La fille aînée, Anastasie de La Fayette, grâce
à son excellente constitution, a résisté quinze mois aux
effets de la captivité. A partir de ce moment, elle a été
malade plus souvent... » Il était grand temps d'arracher
cette malheureuse famille à l'inutile dureté du régime
cellulaire.

Le 12 février 1797, Adrienne eut, pour la première fois,

---

1. Lettre inédite. Archives de La Grange.

une occasion d'écrire à son fils George avec la certitude que la lettre arriverait : « C'est beaucoup d'exister avec de telles souffrances et une telle captivité... Je ne puis vous dissimuler l'extrême dépérissement de votre père... Il ne chérit pas moins la cause de la liberté, dans les prisons où il souffre pour elle, que lorsqu'il la servait activement... Au fond de ce tombeau, vous êtes la plus tendre et la continuelle occupation de nous quatre[1]... » La lettre, fort belle, était destinée au général Washington autant qu'à George. L'appel montait d'un abîme profond et qui pouvait devenir funeste.

1. Lettre inédite. Collection Fabius.

IV

LA LIBÉRATION

> Une affaire n'est faite que
> quand elle est terminée.
> TALLEYRAND.

A PARIS, non seulement les amis, mais des inconnus s'intéressaient aux prisonniers d'Olmütz. L'injustice de leur sort, le dévouement d'Adrienne, la jeunesse de ses filles excitaient la pitié. Un certain Charles d'Agrain publia un poème : *Captivité de La Fayette, héroïde (avec figures et notes historiques non encore connues du public) sur les illustres prisonniers d'Olmütz, en Moravie.* La préface était un plaidoyer :

Il fut un temps où, prononcer le nom de La Fayette, c'était s'envelopper dans sa ruine. Rien d'étonnant alors où l'on traînait à l'échafaud Bailly, la reine et tant de milliers de victimes; alors où l'anarchie et l'ambition des rois s'étaient coalisées pour déchirer l'empire français... Mais depuis que la France, enfermée quelque temps dans un tombeau, semble ressusciter plus brillante... elle a tourné les yeux vers Olmütz...

Des gravures touchantes, à la manière de Greuze, montraient la femme et les filles du héros se jetant dans ses bras.

Dans ces sombres cachots, image des Enfers,
Courbé depuis cinq ans sous le poids de mes fers,
Mort à tous les humains, à la nature entière,
Dans ce gouffre où descend à peine la lumière,

Il faut donc sans relâche, en mes maux déchirants,
Mourir par intervalle aux yeux de mes tyrans...
Ciel!... Quelle illusion mes faibles yeux découvrent!
O nature! O vertu! Ne me trompez-vous pas?
Ma femme! Mes enfants! Ils sont entre mes bras.
« Mon père! — Mon époux! — Tendre épouse! — O ma
[fille!
Où viens-tu t'engloutir, malheureuse famille?... »

Donc l'opinion publique s'émouvait. Or, en 1797, la situation militaire était devenue telle qu'elle permettait à la France d'exiger de l'âpre Thugut la libération de ses victimes. Bonaparte avait franchi les Alpes et menacé Vienne. L'armée d'Italie, celle de Sambre et Meuse, celle de Rhin et Moselle convergeaient vers l'Autriche. Des bouffées de *Marseillaise* passaient les monts. Les geôliers laissaient voir leurs craintes. Le 7 avril 1797, les préliminaires de paix avaient été signés à Leoben. Abandonnée par l'Autriche, étonnée par la révolte de ses propres marins, l'Angleterre fléchissait. Dès lors La Fayette souhaitait être délivré, non pas par les démarches d'étrangers, fussent-ils américains, mais par les victoires françaises qui, à ses yeux, étaient celles de *sa* garde nationale.

Adrienne à Masson : C'est surtout aux réclamations françaises que, par un sentiment de patriotisme, beaucoup plus que par aucun intérêt, il aimerait à devoir sa liberté.

Il leur semblait inconcevable que la République ne réclamât pas, de toute urgence, la mise en liberté du premier des républicains. La Fayette, Bureaux de Pusy, La Tour-Maubourg pensaient que c'était fait.

Adrienne à Mme de Staël : Ces messieurs ont de grandes espérances. Ils savent qu'on s'occupe des voitures, des passeports pour nous envoyer à Amsterdam ou à Hambourg. Il faut que la nation insiste et en fasse une affaire nationale, et surtout cesse de les tenir pour des émigrés[1]...

1. Lettre inédite. Collection Fabius.

Mme de Staël formait les mêmes vœux, mais il arrive que des êtres humains soient les enjeux d'une ou plusieurs parties dont ils ignorent presque tout. En France, la bataille politique continuait entre jacobins, royalistes et directeurs. Une autre, plus secrète, menaçait d'opposer les généraux vainqueurs au gouvernement. Le Directoire, qui manquait d'argent, n'avait qu'une autorité limitée sur de jeunes héros triomphants, que rehaussaient leurs conquêtes et que suivaient leurs soldats. Il déléguait auprès d'eux des commissaires. Ainsi le général Clarke représentait, auprès de Bonaparte, le pouvoir central. Mais Clarke avait vite subi le prestige du vainqueur de Lodi et d'Arcole; il obéissait bien plus qu'il ne contrôlait. D'où la complexité de l'affaire La Fayette. Il fallait, pour le délivrer, à la fois convaincre le Directoire et obtenir l'accord de Bonaparte.

Le Directoire se composait de cinq hommes. Deux d'entre eux, Carnot et Barthélemy, désiraient sans réserves le retour des prisonniers d'Olmütz. Les trois autres (Barras, aristocrate jacobin, aux faux airs de grand seigneur; Rewbell, dont la fermeté inintelligente se muait aisément en rigide entêtement; La Reveillère-Lépeaux, brave homme mais pontife d'une religion qu'il avait inventée : la théo-philantropie, et très borné d'esprit) avaient peur du général au cheval blanc. N'allait-il pas, s'il rentrait, devenir un chef pour les royalistes constitutionnels? Quant à Bonaparte, il se montrait, en cette affaire, assez tiède. Il avait partie liée avec le Directoire, bien sûr, mais depuis Lodi, il croyait, non sans raison, que toutes les ambitions lui étaient permises. Il ne voulait pas d'un rival.

Mme de Staël, longtemps suspecte, avait osé, en 1797, rentrer à Paris. Aussitôt elle était allée demander, pour son ami La Fayette, l'appui du général Pichegru, chef des armées. Elle tombait mal. Pichegru, qui trahissait secrètement le Directoire pour le compte de Louis XVIII, était de ceux qui redoutaient le retour de La Fayette. Un Monk pour un Stuart, c'était bien; deux, ce serait trop. Barras, lui, reçut Mme de Staël avec sa courtoisie d'Ancien Régime. Elle lui dit : « Vous, cher Barras, qui n'êtes point glacé, vous qui avez une âme de Provence comme je les aime, je m'adresse à vous comme citoyen, comme républicain, comme membre du Directoire... Barras, il faut que nous rendions La Fayette à la France, à la République. Je garantis qu'il en sera le meilleur citoyen, après vous, s'entend[1]. » Barras fut touché, convainquit ses collègues et proposa de charger Bonaparte de la négociation.

Bonaparte accepta, se réservant de poser ses conditions. Par bonheur, en juin, Talleyrand, ami intime de Mme de Staël, et qui revenait d'Amérique *via* Hambourg, devint ministre des Relations extérieures. Jadis évêque d'Autun, il avait officié, en 1790, à la fête de la Fédération, avait alors été familier de La Fayette et serait certainement un appui. Germaine de Staël écrivit à La Fayette : « Venez directement en France ; il n'y a point d'autre patrie pour vous ; vous y trouverez la République que votre opinion appelait lorsque votre conscience vous liait à la royauté. » Cependant le fidèle et ardent Joseph Masclet était moins optimiste :

31 juillet 1797 : ... La délivrance dépend, en ce moment, du Directoire et de Bonaparte. Ce dernier suivra les directions, les vues, les intérêts de la majorité actuelle du Directoire... Les Lameth veulent rattacher leurs noms et leurs intérêts à ceux de La Fayette ; nos hommes du Directoire voient, au milieu de ces gens-là, la bannière de la constitution anglaise et ils voient bien. Ils croient encore que notre ami irait se ranger sous cette bannière auprès d'eux et, en cela, ils n'ont pas le sens commun ; mais on ne guérit pas plus de la sottise que de la peur et je ne doute pas qu'ils n'aient, sous ce rapport, communiqué l'une et l'autre au très brave et très éclairé républicain Bonaparte. Thugut a pressenti les dispositions peu favorables de ces hommes ; il sent que les conseils se trouveront trop heureux d'avoir à ratifier une paix si longtemps et si ardemment désirée ; qu'ainsi il ne peut pas désespérer encore de pouvoir refermer pour jamais la prison qu'il a paru entrouvrir un instant[2]...

1. *Mémoires de Barras*, tome III, page 51.
2. *Mémoires, Correspondance et Manuscrits du général La Fayette*, tome IV, pages 363-364.

Avertissement terrifiant pour les prisonniers d'Olmütz.
Il était trop vrai que Thugut les haïssait et que, s'il trouvait un joint pour le faire sans danger, il les garderait
sous clef jusqu'à la mort. Pour rassurer les directeurs,
Talleyrand et Benjamin Constant s'engagèrent au nom de
La Fayette, s'il était libéré, à une absence de six mois hors
de France. Carnot pressait le général Clarke : « Obtenez
provisoirement, si vous le pouvez, la liberté de La Fayette,
Bureaux-Pusy (*sic*) et La Tour-Maubourg. L'honneur
national est intéressé à ce qu'ils sortent des cachots où
ils ne sont retenus que parce qu'ils ont commencé la Révolution[1]. » Dans l'état-major de Clarke se trouvait Louis
Romeuf, totalement dévoué à La Fayette dont il avait été
l'aide de camp. Il fut chargé de négocier avec Thugut et
avec le marquis de Gallo, secrétaire d'État autrichien.
Victor de la Tour-Maubourg, frère du prisonnier, envoyé
par Bonaparte à Vienne, y avait précédé Romeuf. On ne
pouvait imaginer messager plus acquis aux captifs.

*Mme de La Fayette à Victor de la Tour-Maubourg, Olmütz,
18 juillet 1797 :* On est doublement heureux de l'espoir de la
délivrance et du plaisir de vous avoir pour libérateur... Que de
bonheurs nous attendent en sortant d'ici et, grâce à vous, monsieur, nous en sortirons bientôt.
    Il y a aujourd'hui trois mois que les préliminaires sont
signés. Le général Bonaparte s'était occupé de nous avant
d'avoir reçu l'arrêté du Directoire. Barthélemy a été parfait
pour nous... Et cependant, non seulement nous sommes encore
ici, mais nous y recevons des témoignages redoublés de malveillance. Excepté Mr. Pitt qui, s'étant fait personnellement
l'antagoniste de la France et de la Révolution, s'est trouvé
par là doublement ennemi personnel de Gilbert, il n'y a aucune
cour qui le déteste aussi cordialement que celle de Vienne[2]...

    Ainsi cherchait-on des prétextes pour retarder la déli-
vrance. On disait *oui* à Bonaparte et on le trompait. « Je
n'ai pas ses talents, écrivait Adrienne, mais je connais la

---

1. *Mémoires sur Carnot par son fils*, tome II, page 35.
2. Lettre inédite. Collection Fabius.

cour de Vienne ! » Elle recommandait à Victor de se méfier
de Français comme Meilhan, et même d'être prudent avec
Gouverneur Morris : « Celui-ci m'a sauvé la vie mais il
est très aristocrate, et serait volontiers contre-révolutionnaire. Je me garderai bien de lui confier nos secrets
présents et futurs. » Il serait peut-être nécessaire d'aller
trouver Bonaparte : « Il faut se fâcher tout de bon contre
les Autrichiens de ce que, trois mois après la fin des hostilités, ils continuent ces hostilités dans la personne des prisonniers d'Olmütz... Tous ces gens-là abhorrent et le
gouvernement français, et le général victorieux, et ne
feront rien que par contrainte [1]. »

Gilbert a joui de tout son cœur de l'immense et juste gloire
du général qui a porté si haut la gloire de la garde nationale,
qui a fait triompher la Révolution française et a établi en Italie
la doctrine de la Déclaration des Droits. Vous connaissez
son ancienne et tendre amitié pour le général Berthier... Il est
bien touché du voyage de notre cher Louis Romeuf...

Les prisonniers sont toujours anachroniques, par ignorance. Il n'était ni très actuel, ni très adroit d'appeler
« garde nationale » la jeune armée d'Italie.

Quelque répugnance qu'y eût le baron de Thugut, il
fallut bien exécuter la promesse faite au vainqueur, ou au
moins feindre un commencement d'exécution. Le 25 juillet,
il envoya à Olmütz le marquis de Chasteler. Ce général
connaissait déjà La Fayette, étant le premier qui l'eût
interrogé après sa capture, en 1792. C'était un parfait
homme du monde, chambellan de Sa Majesté. Gêné d'avoir
à traiter une Noailles en détenue, il fut si poli que le vieux
domestique de Pusy, voyant toutes ses révérences, dit qu'il
avait « des contenances du diable ». Il était chargé de signifier aux prisonniers les décisions prises et de faire un rapport sur leur traitement. Il ne dissimula pas à son ministre
que tout n'était pas pour le mieux dans le meilleur des
cachots. « La nourriture était en quantité suffisante, mais

---

1. Lettre inédite. Collection Fabius.

les mets étaient souvent malpropres. » Les deux jeunes filles, pendant l'enquête, se regardaient et riaient beaucoup. Tout amuse à cet âge, surtout un chambellan décontenancé.

Quant à la levée d'écrou, le général de Chasteler dit clairement à La Fayette que, les principes professés par lui étant incompatibles avec la tranquillité de la monarchie autrichienne, il devrait, avant d'être remis en liberté, promettre de ne pas revenir sur le territoire autrichien. La Fayette essaya de s'en tirer par des plaisanteries sur l'honneur que lui faisait l'empereur en croyant qu'un simple individu pût être dangereux pour un vaste empire dont les sujets étaient si dévoués à leur maître. Mais Chasteler exigea un engagement en bonne forme. La Fayette, plus pointilleux que jamais quand il avait un évident intérêt à ne pas l'être, déclara qu'il n'avait aucune envie de remettre les pieds dans ce pays, mais que son souverain à lui était le peuple français et que, si celui-ci l'envoyait en Autriche, soit comme soldat, soit comme diplomate, il obéirait. La fière Adrienne l'aimait ainsi.

Ma mère, écrit Virginie, sentit vivement le prix d'une pareille conduite. Au milieu de ses souffrances, elle eût de tout son cœur payé de bien des mois de captivité la satisfaction que lui causa la déclaration de mon père, en réponse à la demande du gouvernement autrichien[1]...

Chasteler dit qu'il ne lui était pas permis d'admettre ces explications. Une fois de plus, la rigueur de La Fayette risquait de tout remettre en question.

Mais une autre réserve lui fut bien plus sensible que celle de Sa Majesté Impériale. Dans la note de Bonaparte et Clarke, que Chasteler lui communiqua, les généraux français demandaient que « lesdits prisonniers soient remis en liberté et aient la faculté de se rendre en Amérique, ou dans tout autre endroit, sans pourtant qu'ils puissent

1. *Notice sur Madame de La Fayette par Madame de Lasteyrie, sa fille,* pages 383-384.

actuellement se rendre en France ». Qui leur interdisait ainsi de rentrer dans leur propre pays? La Fayette pensa que c'était Bonaparte. Cela n'eût pas été invraisemblable. Ce réaliste n'aimait pas les idéologues, surtout quand ils étaient populaires, et la clause restrictive avait été écrite de sa main. En fait, il est probable que cette clause avait été dictée par le Directoire; elle correspondait d'ailleurs aux engagements pris au nom de La Fayette par Mme de Staël et Talleyrand.

Chasteler revint à Vienne; la réserve faite par le prisonnier fournit un prétexte pour surseoir encore à sa libération. D'Olmütz, Adrienne écrivait à Victor de la Tour-Maubourg : « Rien encore. Le chemin le plus long et le plus tortu paraît toujours le meilleur à ces gens-ci. » Elle le suppliait de se méfier de la perfidie de cette cour. Peut-être faudrait-il voir Berthier, chef d'état-major de Bonaparte : « Est-il vrai que Bonaparte et le Directoire ne s'entendent pas?... Tout le monde ici est persuadé que nous allons partir[1]... » Déjà les geôliers permettaient aux prisonniers de se voir entre eux, de recevoir des lettres. Peut-être commençaient-ils à craindre ce qu'ils diraient, s'ils sortaient, des traitements reçus.

Mais sortiraient-ils? Toute l'affaire reposait maintenant sur les solides épaules de Louis Romeuf. Il était appuyé par deux nouvelles notes, l'une de Carnot à Bonaparte, l'autre de Bonaparte à Thugut. Romeuf vit le marquis de Gallo, qui l'instruisit de l'accueil fait par La Fayette au général de Chasteler.

Romeuf à La Fayette, Vienne, le 9 août 1797 : J'ai admiré votre inébranlable caractère, mais je vous avoue qu'à la façon dont il m'a parlé de la détermination de l'empereur, j'ai tremblé que cette circonstance ne retardât beaucoup encore le jour que nous attendons avec une si grande impatience. J'ai cherché votre défense dans l'origine de votre détention, et j'ai fait tout ce qui était en mon pouvoir pour ramener les esprits[2]...

---

1. Lettre inédite. Collection Fabius.
2. *Ibidem.*

Il avait réussi. Thugut se plaignit avec aigreur de l'intransigeance du général, mais consentit à un arrangement proposé par Romeuf. Les prisonniers seraient conduits à Hambourg pour y être remis, par le ministre d'Autriche, au consul américain, lequel promettrait de leur faire quitter cette ville avant douze jours. Une interdiction de pénétrer dans l'empire leur serait « signifiée », mais eux-mêmes n'auraient pas à s'y engager. Louis Romeuf avait pris sur lui de conclure car, si l'on avait consulté La Fayette, on eût risqué un nouvel échec.

La partie semblait gagnée. Romeuf, en le leur annonçant, leur avait donné des nouvelles de Mme de Chavaniac et s'était chargé de lui transmettre une lettre. La Fayette lui écrivit :

Olmütz, 19 août 1797 : Je puis donc, après cinq années de silence, vous écrire quelques lignes, ma chère, mon adorée tante. Je jouis à la fois du bonheur de vous parler de ma tendresse et de celui que vous éprouverez en étant assurée, par un mot de ma main, que je vis encore[1]...

Suivaient quelques lignes de la petite écriture d'Anastasie, et un mot de Virginie. Ah! qu'elles aspiraient à revoir les monts d'Auvergne, les champs de seigle et les villageois amicaux!

Romeuf était parti pour Hambourg, afin de tout régler, mais Thugut tenait à être certain que le consul des États-Unis le débarrasserait au plus vite de « toute cette caravane de La Fayette, femme, enfants et autres compagnons de captivité ». Le consul américain devait exporter la « caravane », mais où l'envoyer? La France n'en voulait pas. Pendant un mois encore, l'affaire traîna. Les prisonniers, qui ne savaient rien de ces difficultés, s'impatientaient. Adrienne, avec lucidité, exposa la situation à l'ami Pillet, qui était à Dresde. En dépit des promesses faites par Thugut à Romeuf, « nous sommes encore ici. Nos geôliers de tous grades n'y conçoivent rien et nous soup-

1. Lettre inédite. Collection Fabius.

çonnons quelque nouvelle infamie du cabinet autrichien ». Romeuf et Charles de la Tour-Maubourg, indignés, parlaient d'enfoncer les portes d'Olmütz.

Mme de La Fayette à Pillet, 9 septembre 1797 : Romeuf et Charles couraient droit à Vienne et voulaient tomber tout à coup dans le cabinet du Vizir, mais nous les avons arrêtés pour trois motifs. Le premier est la crainte que M. de Thugut, fort impatienté contre nous, contre Romeuf, et contre l'engagement qui le presse, ne cherche à se venger sur les deux voyageurs et à couper, en les emprisonnant, le fil de cette incommode négociation. Le second est que, s'il voulait des prétextes pour se plaindre des plénipotentiaires de la République, il saisisse pour cet objet l'arrivée en contrebande d'un citoyen qu'on sait être employé par eux. Le troisième est qu'étant engagé par une parole positive et ne pouvant plus que retarder, il tâcherait peut-être d'incidenter sur cette circonstance, comme une brèche faite aux engagements réciproques...
Nous croyons que la parole positive de M. de Thugut, donnée à un envoyé plénipotentiaire français, garantie par M. de Gallo, connue du ministre impérial et du consul américain à Hambourg, est un point principal duquel il faut partir toujours pour en exiger l'exécution... Est-ce que les ministres alliés de la République à Dresde ne pourraient pas vous en donner quelque moyen[1]?

Et avec la même précision de langage, la même adresse diplomatique, cette femme épuisée, aux doigts enflés, aux membres déformés, faisait le plan d'une lettre « simple et pressante » qui, à son avis, devrait être adressée à Thugut par Henriette [de la Tour-Maubourg] et Julienne [Bureaux de Pusy]. Puis elle concluait :

Nous sentons bien que nous sommes entre deux dangers : celui de la rupture des négociations, qui, produisant nécessairement une grande aigreur, referme les tombeaux pour longtemps; et celui de la conclusion de la paix qui, comme l'observe judicieusement Masclet, en comparant la haine de ces gens-ci avec la lassitude de nos compatriotes, et l'embarras des dissensions intérieures, pourrait bien les refermer pour toujours.

---

1. *Correspondance inédite de La Fayette. Lettres de prison et d'exil,* publiées par JULES THOMAS, pages 312-313 (Paris, Librairie Ch. Delagrave, s. d.).

Aussi les prisonniers feraïent-ils tout au monde pour gagner vingt-quatre heures, excepté de compromettre leurs principes et leurs amis. Si vous connaissiez les détails, alarmants et pressants, qui ont été donnés depuis plusieurs mois, et surtout depuis quelques semaines, sur nos santés, et particulièrement sur la mienne et celle de ma fille aînée, vous seriez effrayé de la barbarie de cette cour qui, ne pouvant en douter, aime mieux nous faire périr ici que de nous expédier les passeports[1]...

Romeuf, lui, avait pris le bon parti, celui de s'adresser directement au général Bonaparte :

Louis Romeuf au général Bonaparte, 16 septembre 1797 : ... Il est plus que temps que l'on fasse droit à vos réclamations réitérées. La parole, donnée aussi formellement par M. de Thugut à l'homme envoyé sous vos auspices, me semble vous donner une heureuse occasion d'en presser l'exécution, et la loyauté de votre caractère ne me laisse aucun doute sur ce que vous ferez à cet égard. Il suffit que vous sachiez que la longue et atroce persécution exercée contre les premiers défenseurs de notre liberté est encore rigoureusement poursuivie, pour que je sois bien assuré de vos efforts pour la faire cesser. Tout ce que vous avez fait, ce dont j'ai été le témoin, et l'amitié personnelle que vous avez bien voulu me montrer, m'en sont des garants certains. Comme la malveillance est à son comble, surtout depuis qu'ils ont nouvellement refusé avec tant d'énergie de renoncer aux droits que leur patrie peut exercer sur eux, j'ose vous demander avec instance de ne ralentir vos démarches que quand vous serez positivement assuré que les portes d'Olmütz sont enfin enfoncées[2]...

Enfin, le 19 septembre, la « caravane » put quitter Olmütz sous la garde d'un major autrichien. On avait essayé, avant leur départ, de leur arracher des déclarations qui permissent de punir des subalternes pour les mauvais traitements infligés, mais les prisonniers avaient affirmé leur certitude que les subalternes n'avaient agi que par ordre. « Ont-ils peur de vengeances? Nous les méprisons beaucoup trop », dit Adrienne. A Dresde ils purent entrevoir, mais un instant seulement, Louis Romeuf. « Nous ne pou-

---

1. *Correspondance inédite de La Fayette. Lettres de prison et d'exil,* publiées par JULES THOMAS, pages 318-319.
2. *Ibidem,* page 321.

vons pas plus régler notre marche que les animaux d'une ménagerie qu'on fait voyager. » Partout, à Dresde, à Leipzig, à Halle, à Hambourg, l'accueil fut triomphal. Les patriotes allemands se pressaient pour voir les patriotes français enfin libres. Ceux-ci, d'abord étourdis par l'air extérieur, reprirent vite des forces. Seule Adrienne, très malade, supportait mal les fatigues du voyage. Elle faisait d'héroïques efforts pour prendre part à la joie de chacun et répondre aux hommages dont elle était l'objet.

Pendant le voyage, on parla beaucoup du coup d'État qui, à Paris, le 18 fructidor (4 septembre 1797), venait de transformer, par la force, le gouvernement. Les premières élections libres avaient été hostiles au Directoire, et même royalistes. Bonaparte, qui ne voulait à aucun prix d'une restauration, avait alors envoyé Augereau, général à poigne, pour mater la nouvelle assemblée. Barthélemy et de nombreux proscrits partaient, dans des cages de fer grillagées, pour la Guyane. Carnot, très compromis, avait pu s'échapper. Un triumvirat : Barras, Rewbell, La Revellière-Lépeaux s'était arrogé un pouvoir dictatorial. Les émigrés et les prêtres étaient traqués.

Talleyrand, qui surnageait toujours, avait écrit officiellement que le 18 fructidor ne changerait rien aux dispositions du gouvernement français à l'égard de La Fayette. Il est pénible, lorsqu'on est loin de son pays, de mal comprendre ce qui s'y passe. Mme de Staël, qui se trouvait sur place, admettait que le 18 fructidor, bien que déplorable, avait été nécessaire pour sauver la République, mais elle condamnait les proscriptions qui avaient suivi. « Elle a fait le 18, mais pas le 19 », disait Talleyrand. La Fayette fut plus sévère; il jugea que ce coup de force était un crime contre la République. Adrienne, elle, était toujours du parti des victimes. On leur disait que des prêtres avaient été déportés. La Fayette, partisan de la liberté des cultes, blâmait énergiquement.

Dès qu'il approcha de Hambourg, les deux camps tentèrent de l'annexer. Les monarchistes lui disaient : « Soyez le restaurateur; le roi oubliera toutes vos erreurs et vous porterez le dernier coup à une République déchirée, dont la France ne veut plus. » Les fructidoriens, constatant qu'il était vénéré par les libéraux étrangers, lui faisaient aussi des avances. Ils avaient peur de Bonaparte; la popularité de La Fayette pouvait rétablir la balance. Quant à lui, aucune de ces deux opinions extrêmes ne le tentait. Il croyait trop à la République pour se prêter à une restauration; il croyait trop à la liberté pour entériner des proscriptions.

Ils arrivèrent le 4 octobre à Hambourg où le ministre d'Autriche, baron Buol de Schäuenstein, les passa en charge au consul américain, « avec beaucoup de dignité », dit Gouverneur Morris qui assistait à la cérémonie. Morris avait l'impression que ses propres démarches, à Vienne, avaient amené ce résultat. La Fayette, lui, préférait se croire libéré par Bonaparte et par les victoires françaises. Son premier soin fut de remercier, par lettre, Talleyrand, qui le méritait, et Bonaparte, qui le méritait peut-être un peu moins.

Hambourg, 6 octobre 1797 : Citoyen général, les prisonniers d'Olmütz, heureux de devoir leur délivrance à vos irrésistibles armes, avaient joui dans leur captivité de la pensée que leur liberté et leur vie étaient attachées aux triomphes de la République et à votre gloire personnelle. Ils jouissent aujourd'hui de l'hommage qu'ils aiment à rendre à leur libérateur... C'est du lieu où nous avons dit adieu à nos geôliers que nous adressons nos remerciements à leur vainqueur...
Dans la retraite solitaire, sur le territoire danois du Holstein, où nous allons tâcher de rétablir des santés que vous avez sauvées, nous joindrons aux vœux de notre patriotisme pour la République l'intérêt le plus vif pour l'illustre général auquel nous sommes encore plus attachés par les services qu'il a rendus à la cause de la liberté et à notre patrie, que pour les obligations particulières que nous nous glorifions de lui avoir, et que la plus vive reconnaissance a gravées à jamais dans nos cœurs.
Salut et respect[1]...

1. *Notice sur Madame de La Fayette par Madame de Lasteyrie, sa fille,* pages 386-388.

Ils écrivirent aussi à Clarke, disgracié après le 18 fructidor, et même à Barras, mais La Fayette ne parla jamais de cette dernière lettre et la retrancha de ses *Mémoires*. Tout de suite il résolut, avec ses deux compagnons, César de la Tour-Maubourg et Bureaux de Pusy, à la fois d'adhérer à la France républicaine et de manifester sa fidélité aux principes qui venaient d'être violés. La famille arbora la cocarde tricolore, ce qui établissait une distinction tranchante avec les émigrés, et se présenta chez le ministre de France, Reinhardt. Il n'était pas chez lui mais rendit la visite, avec sa femme, à l'auberge où étaient descendus les La Fayette, et insinua qu'une manifestation publique d'allégeance serait bienvenue. La Fayette répondit par une déclaration sur le 10 août (qui était une vieille histoire), sur son horreur du 18 fructidor (sujet explosif) et sur son attachement aux bons citoyens, martyrs de ces deux journées liberticides. Cela n'empêcha pas le ministre de France d'être parfaitement honnête et obligeant, tout en excusant ce qui venait de se faire, comme l'exigeait son état.

A Paris, les propos que La Fayette, à peine libéré, avait tenus, furent rapportés et déplurent. Le Directoire, mécontent, le maintint sur la liste des émigrés et fit vendre le peu de biens qui lui restait en Bretagne. Le fidèle Masclet lui-même désapprouva cette raideur : « Notre ami vient donc de jeter le gantelet contre le 18 fructidor... C'est-à-dire qu'il vient de prononcer son arrêt d'ostracisme contre lui-même. J'ai montré tout cela à Talleyrand. Il pense, comme moi, que de pareilles indiscrétions ne peuvent manquer de tout perdre. » Rentrer à Paris après de tels éclats eût été impossible. D'ailleurs la santé d'Adrienne, si compromise, ne permettait pas un long voyage. Il lui avait fallu un grand courage pour se traîner chez le ministre et à la touchante réception donnée par la colonie américaine de Hambourg. La solution provisoire était évidemment de faire retraite à Witmold, en territoire danois, chez Mme de Tessé. L'argent n'y manquait pas; la maison était grande. Mme de Tessé les invitait et Adrienne reverrait là une partie de sa famille.

Le médecin latiniste d'Olmütz avait remis à ses patients une note pour ceux de ses confrères qui seraient appelés, sous d'autres cieux, à les soigner : « *Domicilium quietum in aëre puro quaerendum est ubi moderatum exercitium corporis, hilaritas et tranquillitas spiritus, simul cum curis medici habilis eorum sanitatem in integrum restituere debent...* Il faut chercher un domicile tranquille, dans un air pur où un exercice modéré, la gaieté et la tranquillité d'esprit, joints aux soins d'un médecin habile, devraient rendre aux ex-prisonniers toute leur santé... » Witmold répondait assez bien à ce programme idyllique.

SEPTIÈME PARTIE

LA MESSAGÈRE

I

WITMOLD

> Le vrai pardon dit : « Je vous
> pardonne parce que je sais que
> vous n'êtes pas ainsi. »
>   ALAIN.

PEU de temps après le passage de Mme de La Fayette à
Altona, en 1795, Mme de Tessé était allée hiverner
dans la petite ville de Ploën, au bord du lac du même
nom. Elle y avait loué une vaste maison, car elle traînait
avec elle une suite nombreuse : ses neveux Montagu, les
Mun, et un vieux prêtre déporté, l'abbé de Luchet, dont
cette incroyante avait fait son chapelain. En exil, c'était
un luxe qu'un chapelain privé et, chez Mme de Tessé, le
poste semblait une sinécure. « Mais, disait en riant la
vieille dame, ma nièce Pauline est là pour occuper l'abbé. »

Chacun devait payer de sa personne. Le marquis de Mun
rangeait les livres dans la bibliothèque et s'amusait plutôt
à les lire, au sommet d'une échelle; Tessé contrecarrait,
sans le vouloir, tous les plans de sa femme; Pauline de Montagu comptait le linge et faisait l'inventaire par écrit. Sa

vie était « bourrée d'occupations ». La méditation, la
prière, la lecture, l'œuvre des émigrés, sa correspondance
avec sa sœur Rosalie remplissaient ses journées. Mme de
Tessé avait engagé des ouvrières pour coudre des rideaux.
Mme de Montagu travaillait avec elles et leur faisait réciter
le *Pater* et d'autres prières en allemand. Telle était sa
pieuse manière d'apprendre les langues. Le soir, au salon,
quelqu'un lisait à haute voix, tantôt des romans de Mme de
Genlis, tantôt *Clarisse Harlowe, Tristram Shandy* ou
Plutarque. Ces lectures profanes désolaient Pauline de
Montagu, qui faisait intercaler, entre deux romans, une
Oraison funèbre de Bossuet.

Après la lecture, on la commentait et la conversation
devenait animée, frivole. Mme de Tessé et le marquis
de Mun, Parisiens du xvIIIᵉ siècle, n'avaient rien appris et
rien oublié. Pauline trouvait leur philosophie pleine de
désenchantement. Elle seule, dans cette maison, demeurait
royaliste et religieuse. Chaque jour l'abbé de Luchet, dans
sa mansarde, célébrait la messe. Elle y assistait avec le
valet de chambre des Mun et deux respectables émigrés
des environs, MM. de Saint-Paul et de Rocquemaurel.
La nuit de Noël, des paysans, restés secrètement catholiques depuis la Réforme, venaient, par un froid très rude,
prier dans cette mansarde. La marquise de Montagu se
souvenait des messes de minuit à Saint-Roch, à la clarté
de mille cierges et au grondement des orgues; elle pensait
que celle de Ploën, dite dans un galetas, par un prêtre
proscrit, rappelait mieux l'étable de Bethléem.

Mme de Tessé, après six mois de Ploën, avait acheté la
terre de Witmold, « qu'elle visitait, convoitait, marchan-
dait, vantait, dépréciait depuis longtemps ». On attendit,
pour s'y installer, le mois d'août 1796, car Pauline de
Montagu, arrivée au terme d'une grossesse, avait toujours
des couches difficiles. L'enfant fut un garçon (Adrien, dit
Attale). Des félicitations arrivèrent de la prison d'Olmütz
et aussi de Villersexel, où Rosalie de Grammont vivait,
dédaigneuse des choses terrestres : « L'attente, l'épreuve,

la permanence du malheur m'ont rendue impassible »,
écrivait-elle. Le duc d'Ayen (devenu duc de Noailles)
écrivit de Suisse; il allait épouser la comtesse Golovkine,
événement prévu, mais néanmoins douloureux pour ses
filles. On supporte toujours mal que les morts que l'on a
aimés soient traités en morts.

La tribu alla de Ploën à Witmold en bateau. Le nouveau
domaine était une immense plaine couverte de pâturages
et d'étangs. Ce paysage tranquille, enveloppé de brume,
semblait à première vue triste comme un désert. Mais il y
avait là une basse-cour, des vacheries; des prés plantés de
pommiers, bordés de pins; des champs de houblon, de lin,
de froment. Tessé trouva des barques, des filets et se fit
pêcheur. Grâce à lui et à Montagu, on ne manquait jamais
de poisson ni de gibier. Tous les hôtes de Mme de Tessé
vivaient, dans l'abondance, des produits du domaine, et
la propriétaire tirait un revenu de la vente du lait (son
troupeau était de cent vingt vaches). Le soir, au salon,
Mme de Montagu tricotait des bas ou des gilets pour les
pauvres du voisinage. En silence, elle souffrait d'entendre
ces conversations qui ne manquaient ni de grâce, ni de
finesse, mais de religion et de charité. Elle avait horreur de
la médisance, dont se nourrit trop souvent l'esprit. Parfois
un regard d'elle, attristé, rendait les autres plus indulgents.

M. de Mun disait qu'elle était la seule dévote qui lui eût
donné l'envie de faire son salut, et Mme de Tessé dit un jour
qu'elle lui rappelait certain tableau qu'on lui avait montré
en Italie, où l'on voit saint Michel qui terrasse le diable rien
que du bout de son orteil... Les conversations libertines n'étaient
pas le seul inconvénient des réunions du soir. La fatigue, à la
longue, s'y faisait sentir. Elles devenaient monotones, car on
n'entendait plus parler de ce qui se passait au loin. C'est à peine
si l'écho de tout ce qui se passait en France... arrivait jusqu'à
Witmold.

« On est bien isolé et notre cercle bien étroit, écrivait Mme de
Montagu au duc de Doudeauville; loin des événements, loin
des hommes. Rien ne vient modifier notre état de la veille et
renouveler un peu d'air. Il n'est pas bon pour tout le monde de
se voir tous les jours et de trop près. A force de se concentrer et

de vivre les uns sur les autres, on risque de devenir, à son insu,
égoïste, critique, dominant ou subjugué... On finit par traiter
les petites choses comme on devrait traiter seulement les
grands intérêts. Un rien acquiert de l'importance. On s'use et on
se lasse à rouler sans cesse sur un si petit axe. Nous ne faisons
ici que tourner sur nous-mêmes, comme les ours de Berne dans
leur fossé[1]... »

Ce fut dans cette maison située hors du temps, dans ce
paysage que la brume achevait de transformer en bulle
magique, hors de l'espace, que débarquèrent, le 10 octobre 1797, les rescapés d'Olmütz. Leur arrivée à Hambourg avait naturellement été connue des habitants de
Witmold, qui les attendaient avec impatience. Pauline
de Montagu, toujours déchirée de scrupules, « travaillait
en vain à modérer l'excès de sa joie ». Elle priait dans sa
chambre lorsqu'elle entendit le bruit d'une trompe qui
partait de l'autre rive du lac :

C'était celle d'un postillon qui annonçait par une fanfare,
selon l'usage allemand, son entrée dans la ville; mais ce postillon amenait avec lui les prisonniers d'Olmütz. Mme de Montagu
courut, éperdue, au bord du lac et se jeta dans un petit bateau
à rames et à voiles, qui n'avait pour pilote que le vieux M. de
Mun. Le ciel était beau, le vent propice; elle se fit conduire
jusqu'à Ploën et bientôt elle revit la sœur qui lui était, une
seconde fois, rendue. Il lui sembla qu'elle retrouvait en elle
plus qu'elle-même, c'est-à-dire sa mère, sa sœur de Noailles,
et tout ce qu'elle avait perdu. Ses nièces étaient là, douces,
émues et charmantes; le général y était aussi, bon, calme, bienveillant comme à son ordinaire. Il présenta à sa belle-sœur
ses deux aides de camp, sortant de prison comme lui :
M. Bureaux de Pusy et le comte de la Tour-Maubourg[2].

Le fidèle Pillet et le moins fidèle Théodore de Lameth
les avaient accompagnés.

Une flottille de petits bateaux transporta à Witmold tous ces

1. A. CALLET : *Anne-Paule-Dominique de Noailles, marquise de Montagu,* pages 252-253.
2. *Ibidem,* pages 299-300.

pauvres échappés de prison. Le général et sa fille Anastasie montèrent, avec M. de Montagu, dans une barque dont M. de la Tour-Maubourg s'offrit à tenir le gouvernail. Mme de Montagu, sa sœur et sa nièce Virginie se confièrent à l'expérience nautique du marquis de Mun; le reste s'arrangea comme il put. Mme de La Fayette, assise à l'arrière en face de sa sœur, récita en actions de grâces, pendant la traversée, le cantique de Tobie[1]...

Mme de Tessé attendait sa nièce sur la rive du lac; elle la reçut avec des transports de joie. Toute la parenté fut hébergée à Witmold même; les autres logèrent à Ploën, mais ceux-ci passaient et repassaient plusieurs fois par jour.

Les eaux de ce pauvre petit lac, ordinairement si tranquille, n'étaient pas plus agitées par ce va-et-vient continuel, que la maison de Mme de Tessé l'était par le bruit et la véhémence inaccoutumée des entretiens de la table et du salon. Il ne faut pas demander de quoi on parlait. De quoi eût-on parlé, sinon de politique? Critique du présent et du passé, fautes des partis, fautes des princes, fautes des étrangers; ce que la France voulait, ce qu'elle ne voulait pas; ce qui serait arrivé si la cour eût suivi tel ou tel conseil; grandes conjectures sur des hypothèses; plans de conduite et systèmes en l'air. Le champ était vaste et, du matin au soir, on le parcourait en tous sens. Mme de Tessé, qui était là dans son élément, ranimait la conversation quand elle languissait, l'élevait quand elle s'abaissait, discourant parfois un quart d'heure au milieu du silence de l'auditoire attentif, tour à tour mordante et sentencieuse, curieuse à voir et presque belle dans le feu de ces discussions[2]...

Mme de Montagu remarquait que les aides de camp de son beau-frère, et surtout Lameth, montraient plus d'aigreur contre les émigrés et les princes que contre la Révolution. Elle, qui restait monarchiste, constatait avec étonnement qu'ils eussent accepté tout gouvernement républicain (pourvu qu'il ne fût pas terroriste) plutôt que le retour du roi. Pillet, la voyant agacée, murmura à son oreille : « M. de Lameth parle comme le roi David : *Dominus confre-*

1. A. CALLET : *Anne-Paule-Dominique de Noailles, marquise de Montagu*, pages 300-301.
2. *Ibidem*, page 302.

git in die irae suae reges. » Elle répondit : « C'est vrai, mais
David, qui était prophète, ajoute : *Judicabit in nationibus,
implebit ruinas, conquassabit capita in terra multorum.* »
On ne prenait pas au dépourvu les colombes de l'hôtel de
Noailles.

Quant à M. de La Fayette, mis promptement au courant de
tout ce qui s'était passé depuis qu'il avait, en quelque sorte,
disparu du monde, il était si peu changé qu'on rajeunissait en
l'écoutant. Il était là ce qu'il fut toute sa vie. Point de rancune,
point de haine, ni contre les personnes, ni contre les partis ;
mais pas le moindre changement dans ses opinions. Il ne regrettait et ne se reprochait, dans sa conscience politique, aucun de
ses actes, aucune de ses paroles, aucune de ses pensées. On en
était toujours avec lui à la Déclaration des Droits de l'Homme
et à l'aurore de la Révolution. Le reste était un grand malheur,
un accident, déplorable sans doute, mais qui n'était pas, à son
avis, plus décourageant que l'histoire des naufrages ne l'est
pour les bons marins. Il avait la foi naïve et l'intrépidité calme
de ces anciens navigateurs qui, au XVIe siècle, allaient à l'aventure sur de méchants vaisseaux, avec un équipage sans discipline, à la recherche des mondes inconnus. Aussi il était homme
à se rembarquer au premier jour, si l'occasion s'en présentait,
sur les quatre planches un peu rajustées du radeau de 1791[1]...

Pauline de Montagu déplorait ce qu'avait été l'influence
de son beau-frère au temps de la Révolution ; elle trouvait
ses idées chimériques et dangereuses, mais elle respectait
sa constance et sa bonne foi. Elle aimait son caractère et
sa personne :

Gilbert, écrivait-elle à Rosalie de Grammont, est tout aussi
bon, tout aussi simple dans ses manières, tout aussi affectueux
dans ses caresses, tout aussi doux dans la dispute que vous
l'avez connu. Il aime tendrement ses enfants et est, malgré
son extérieur froid, fort aimable pour sa femme. Il a des formes
affables, un flegme dont je ne suis pas la dupe, un désir secret
d'être à portée d'agir. J'évite le plus possible de traiter directement avec lui tout ce qui touche à la Révolution, aux choses
qu'il défend comme à celles qu'il condamne. J'ai peur d'éclater ;

1. A. CALLET : *Anne-Paule-Dominique de Noailles, marquise de Montagu,* pages 304-305.

j'ai peur aussi de le blesser. Je vois avec plaisir qu'autour de moi on approuve ma réserve. Patienter et éluder, voilà, sur ce point, ma règle dans mes rapports avec lui... Ce pauvre Gilbert! ajoutait-elle en finissant, Dieu le préserve d'être jamais à nouveau sur la scène[1]!...

Quelquefois Pauline n'était pas maîtresse de son exaspération; un jour, par exemple, où La Fayette expliquait les origines de la Révolution par les abus de l'Ancien Régime, elle s'écria, hors d'elle : « J'admire qu'on puisse se distraire ou se consoler de tant de malheurs par cette revue tatillonne des abus de l'Ancien Régime! » Sur quoi elle quitta la pièce. Mais, le soir, elle écrivit dans son Journal : « J'ai eu tort. Il est absurde de se laisser emporter. Ce que l'on dit en politique n'est, après tout, que la conséquence de ce que l'on fait. Avant tout, la paix. On ne ferait que du mal en ferraillant et point de prosélytes[2]... » Elle trouvait des joies sans mélange à la société de ses sœurs et de ses nièces. Pensant qu'Anastasie et Virginie seraient de pauvres filles sans dot, elle leur enseignait la couture et les soins ménagers. Pendant qu'elles ravaudaient le linge, elle leur lisait à haute voix le Livre de Job, Fénelon ou Bossuet. Les commentaires d'Adrienne étaient parfois aussi beaux que les textes, et la touchante application des jeunes filles à d'humbles travaux, leur simplicité, leur modestie, charmaient Pauline.

De Suisse, le duc de Noailles écrivit à sa fille Mme de La Fayette : « Figurez-vous, ma chère petite, le bonheur de voir de votre écriture datée de Brunswick... » C'était une lettre un peu gênée et parfois maladroite. Il la louait d'avoir montré avec son mari « une unité d'existence qui aurait fait honneur aux vertus et à la sensibilité de Clarisse », et priait sa chère petite « de recevoir, avec M. de La Fayette, les témoignages d'un attendrissement tel que

---

1. *Ibidem*, pages 306-307.
2. A. CALLET : *Anne-Paule-Dominique de Noailles, marquise de Montagu*, page 307.

doivent me l'inspirer un siècle de malheurs[1] ». La nouvelle
duchesse de Noailles (qui ne signait pas) avait ajouté
quelques mots de bienvenue, très corrects, à cette épître
très *Nouvelle Héloïse*.

Adrienne répondit au duc, lorsqu'il lui eut annoncé la
célébration de son mariage, ce qu'il n'avait pas osé faire
dès la première lettre : « Vous avez jugé d'avance, mon
cher papa, combien mon cœur serait déchiré en recevant
votre lettre, et je connais trop bien la sensibilité du vôtre
pour ne pas la juger à mon tour. Vous ne pouvez craindre,
mon cher papa, de *renouveler* des souvenirs sans cesse
présents à mon esprit et à mon cœur, pour tous les moments
comme pour tout le reste de ma vie. Tout douloureux
qu'ils soient, j'y trouve sans cesse un principe de forces
et, lorsque celles-ci me manquent, c'est en m'unissant à
ma mère que je les soutiens. Il n'est aucune circonstance
de ma vie où je m'unisse plus tendrement à elle qu'en
faisant des vœux pour votre bonheur. » Elle avait adressé
un post-scriptum à la nouvelle duchesse de Noailles :
« Vous avez bien jugé l'impression, douloureuse et profonde, que votre lettre et celle de mon père produiraient
sur mon cœur et qui, comme mes regrets, est ineffaçable[2]. »

La Fayette ne pouvait séjourner longtemps chez Mme de
Tessé avec sa femme, deux filles, tant de serviteurs et de
compagnons. Les La Tour-Maubourg et les La Fayette
louèrent, à frais communs, un grand château situé à une
heure et demie de Witmold : Lemkühlen. A Mme de Simiane, Gilbert expliqua longuement ce choix :

11 octobre 1797 : ... Le Holstein est hors de portée des puissances coalisées. Il y a dans les villes et nommément parmi les
professeurs, gens de lettres, etc. beaucoup d'amis de la liberté
qui, par conséquent, nous veulent du bien. Le gouvernement
se mêle fort peu, dit-on, de ce pays-ci, et, quoique despotique,
n'est pas, dans le moment actuel, inquisiteur ni méchant.
Sa tolérance s'étendra sûrement sur nous qui serons tranquilles

1. Lettre inédite. Archives de La Grange.
2. Lettre inédite. Collection Fabius.

dans notre solitude. La Hollande eût été un asile convenable,
surtout pour moi. C'est un État républicain; je suis un très
ancien patriote batave; mais peut-être eût-il fallu subir l'alternative d'approuver les actes despotiques du gouvernement
français, ou d'être tracassés par son influence dans la retraite
que nous aurions choisie si près de lui. Je n'ai pas besoin de
vous dire ce que pense du 18 fructidor l'homme qui a fait la
Déclaration des Droits[1]...

Elle dut sourire, comme Pauline de Montagu, en constatant combien La Fayette avait peu changé. « Vous craignez, continuait-il, que mes lettres et mes discours ne
contiennent des imprudences? » Et pourquoi n'aurait-il
pas le droit d'être imprudent?

Rien n'a été si public que ma vie, ma conduite, mes opinions, mes écrits. Cet ensemble, soit dit entre nous, en vaut
bien un autre. Tenons-nous-y, sans caresser l'opinion quelconque du moment... Je ne risque rien à dire ce que je pense,
puisque je ne voudrais ni ne pourrais être employé à ce que je
ne pense pas. Il en résulte qu'à moins d'une très grande occasion
de servir à ma manière la liberté et mon pays, ma vie politique
est finie. Je serai, pour mes amis, plein de vie et, pour le public,
une espèce de tableau de Museum, ou de livre de bibliothèque[2]...

Mme de Simiane, tout en le gourmandant, l'aimait pour
cette naïveté même et s'occupa dès lors d'aller le rejoindre.

A son autre amie, la princesse d'Hénin, il fit part des
mêmes projets :

Witmold, 14 octobre 1797 : J'ai besoin de vous dire combien
mon cœur souffre de tout ce qui retarde le bonheur de vous voir;
je sens que la distance où je me place est un grand obstacle à
ce délicieux rendez-vous; j'éprouve à chaque instant des regrets
amers de n'avoir pas préféré la retraite en Hollande. C'est là
que vous pouviez, sans aucune gêne pour vous, arriver sur-le-
champ; c'est là que m'attendait cette ineffable félicité de mon
cœur.

La santé de ma femme ne me permettait guère de partir

1. *Mémoires, Correspondance et Manuscrits du général La Fayette*
tome IV, page 381.
2. *Mémoires, Correspondance et Manuscrits du général La Fayette*,
tome IV, pages 385-386.

d'Hambourg pour un nouveau voyage et, après l'expiration des dix jours, qui sait ce qu'auraient pu se permettre les princes sur le territoire desquels j'aurais passé? Le passage par mer eût été fatigant pour elle...

Nous allons louer un château appelé Lemkühlen, entre Ploën et Kiel. Les haines aristocratiques y sont peu à craindre pour nous. Le gouvernement danois est sage dans ce moment-ci. Nous serons dans le Holstein, mais près de la frontière du vieux Danemark... Je ne pense pas que la cour de Vienne chicane là-dessus et nous sommes hors de ses atteintes...

Je vous ai mandé des nouvelles des santés; elles se rétablissent toutes à vue d'œil, comme Lally[1] l'avait pensé, et nous ne ressemblons plus à ce que nous étions en sortant d'Olmütz. J'ai cru longtemps que cette captivité me détruirait à fond; il m'est à présent démontré que le mal physique n'aura été que momentané. Il n'en est pas de même pour ma femme et quoiqu'elle ait incomparablement meilleur visage; quoique sa guérison soit assurée, elle est destinée à être souffrante au moins pour tout l'hiver. Elle ne peut pas marcher; elle n'est pas un seul instant exempte de douleurs aux dents, à l'estomac, à la plaie de sa jambe, ses bras ne sont pas rétablis. Tous les médecins sont d'accord sur les causes de sa maladie, parmi lesquelles ils comptent l'eau détestable que nous avons bue pendant longtemps. Tous pensent que les traces de la captivité d'Olmütz resteront, que son état actuel exige de grands ménagements, pour ne pas devenir dangereux d'un moment à l'autre. Mon jeune Félix est l'autre victime dont l'état demande une grande attention. Ce n'est que depuis deux jours qu'on me rassure sur sa vie. L'effet de la prison était trop avancé pour que la délivrance pût lui faire le même bien qu'à nous. Il a continué à empirer; sa poitrine et ses nerfs sont dans le plus mauvais état. Je l'aime tendrement et sa perte, occasionnée par les témoignages aussi constants qu'industrieux de son attachement pour moi, eût été un malheur inexprimable[2]...

Mme de la Tour-Maubourg (née Henriette Pinault de Thenelles) avait rejoint son mari. Charles de la Tour-Maubourg, frère cadet, et célibataire, de César[3], vint aussi

1. Le marquis de Lally-Tollendal qui partageait, à Londres, le logement de la princesse d'Hénin, née Mauconseil. Horace Walpole refusait de recevoir la princesse parce que, disait-il, « elle vit en faux ménage ».
2. Lettre inédite. Archives de La Grange.
3. Charles de la Tour-Maubourg avait dix-sept ans de moins que son frère César.

habiter Lemkühlen. Bureaux de Pusy devait, à son tour, rallier le groupe avec sa jeune femme (née Julienne Dupont de Nemours) et leur petite fille, dès que cette enfant aurait été inoculée à Altona. Alexandre de Lameth aurait bien voulu en être aussi, mais La Fayette répondit très froidement à sa lettre d'ouverture.

La Fayette à la princesse d'Hénin : La famille Maubourg et La Fayette (car elles ne font plus qu'un) va s'établir à Lemkühlen le 3 du mois prochain. Nous n'aurons pas de quelque temps notre ami Pusy; il est obligé de rester à Altona pour l'inoculation de sa petite fille. Le ménage viendra ensuite nous retrouver et nous serons charmés d'être trois. Mais M. Alexandre Lameth nous permettra de réclamer publiquement contre la prétention qu'il affiche d'être un quatrième[1]...

1. Lettre inédite. Archives de La Grange.

II

AU CHATEAU DE LEMKUHLEN

> Dis-moi si tu aimes une autre
> femme et nous parlerons d'elle
> ensemble. Car tout ce qui t'arrive
> m'intéresse.
>
> PAUL CLAUDEL.

GRACE à l'Américain Parish qui donnait généreusement, avec confiance, tout l'argent nécessaire contre
de simples billets, la famille avait retrouvé des
moyens d'existence. Dans le grand château de Lemkühlen
vivaient ensemble les La Fayette, parents et enfants ; les
La Tour-Maubourg (non seulement César, le camarade de
captivité, mais la femme de César, son jeune frère Charles
et, un peu plus tard, sa sœur mariée, Marie de Maisonneuve) ; plus tard les Bureaux de Pusy et leur fille, sans
compter de nombreux visiteurs de passage et Félix Pontonnier, qui se remettait lentement de ses maux d'Olmütz.

Le général s'occupait à écrire des souvenirs et à rédiger
des notes pour Bureaux de Pusy, qui voulait composer un
grand ouvrage destiné à justifier le rôle des fayettistes
pendant la Révolution et à préciser leur position à l'égard
du gouvernement actuel de la France. La Fayette lui
recommandait d'être modéré dans ses jugements sur les
personnes et de déployer toute la chaleur possible dans sa
défense et illustration de la doctrine : « ... Nous devons,
ce me semble, planer au-dessus de tous les partis, supprimer

soigneusement les épithètes injurieuses, haineuses. »
Il souhaitait rallier, par ce travail, « les aristocrates qui
ne sont pas enragés de vengeance, les exagérés en démocratie qui ont été jacobins sans aimer le crime, et tous les
citoyens paisibles qui se croient divisés[1]... ». Un beau programme de réconciliation, tel que les sages en font après
chaque révolution, tel que le temps finit enfin par l'accomplir après leur mort.

De tous côtés arrivaient, au ménage La Fayette, des
hommages et des félicitations. A Paris, on jouait une pièce
en un acte : *Le Prisonnier d'Olmütz ou le Dévouement
conjugal.* L'auteur, Préfontaine, montrait, dans leur cachot
morave, La Fayette, sa femme, ses filles, et Bonaparte
intervenant en dieu sauveur. De nombreux patriotes écrivaient des Pays-Bas. Tous associaient à leurs vœux
Adrienne, devenue une héroïne populaire. Le rédacteur
de la *Gazette de Leyde* disait : « Je vous supplie de faire
agréer de ma part à cette illustre compagne de vos malheurs, les assurances du respect et de l'admiration dus à
un caractère que la postérité, rémunératrice de la vraie
piété et de la vertu, mettra un jour à côté des plus beaux
exemples de l'Antiquité. »

Elle aurait voulu aller en France, pour essayer d'y
récupérer ce qu'on pouvait sauver des fortunes familiales.
Non inscrite sur la liste des émigrés, porteuse d'un passeport authentique, régulièrement visé à Hambourg, elle
seule avait le droit de rentrer quand il lui plairait.
Mme Beauchet l'y engageait vivement et lui offrait l'hospitalité.

*Marie-Josèphe Beauchet à Mme de La Fayette : Paris, ce 18 dé-
cembre 1797 :* ... Daignez agréer mes actions de grâces pour le
bonheur que m'a procuré votre lettre. Je n'ai entièrement
joui de votre liberté qu'en la recevant. Quel bonheur ! Il me rend
toute une autre existence. Je ne puis vous exprimer tous les

---

1. *Mémoires, Correspondance et Manuscrits du général La Fayette,*
tome IV, **page 398.**

mouvements qu'elle m'a fait éprouver, mais j'ai senti plus que jamais que je ne puis vraiment être heureuse que par vous et par l'opinion que vous avez de mes sentiments. Le jugement que vous portez de mon cœur m'est bien précieux et il me prouve que vous n'avez pas oublié combien il lui est doux de sentir tout ce qu'il vous doit...

Mes enfants ne m'étaient pas une consolation. Je leur en voulais de me distraire de mes peines. Je me reprochais d'avoir pu penser à autre chose qu'à vos malheurs. Et à présent, croyez-vous, madame, que si je ne les avais pas, j'aurais attendu ici de vos nouvelles? Il y a longtemps que je me dédommagerais de toutes mes souffrances en vous prodiguant mes soins! Nous avons pensé à les mettre en pension, mais les mœurs, les principes sont opposés à ma manière. Eugène a huit ans; il est très susceptible d'impression. Je me suis crue obligée de sacrifier le devoir du cœur à celui de l'état, et j'ai vraiment du mérite.

Mme de Maisonneuve nous a donné hier de vos nouvelles, qui sont un peu meilleures. L'humeur se déplace; c'est d'un bon augure, mais ce mieux ne calme pas mes inquiétudes. Daignez, madame, me donner souvent des nouvelles de votre santé. J'ai bien besoin d'apprendre que le mieux fait des progrès. Cela adoucirait un peu mes regrets de ne pouvoir vous rendre mes soins. M. de La Fayette est parfaitement, dit-on. Je partage bien vivement ce bonheur avec vous... Je suis charmée d'apprendre que la santé de Mlle Virginie n'a pas souffert... J'espère que Mlle Anastasie reprendra bientôt son beau teint. Ces demoiselles sont-elles bien grandies? Comment est la taille de Mlle Anastasie? Je ne puis vous dire avec quelle ardeur je désire de les voir, de les embrasser. Daignez, madame, leur marquer ma vive reconnaissance du tendre souvenir dont elles ont bien voulu m'honorer... Je désire bien d'apprendre que M. George soit réuni à vous.

Je ne vous parlerai de vos affaires, madame (mon mari ayant satisfait à tout), que pour vous dire que ce n'est pas sans une vive affliction que je vois combien on est injuste à votre égard! Je crois qu'aussitôt que votre santé vous permettra de voyager, votre présence serait ici de plus d'une utilité. C'est l'opinion de tout ce qui s'intéresse à vous et qui connaît les dispositions actuelles. En ce cas, madame, permettez-moi de vous supplier, au nom de tous les sentiments qui nous attachent à vous, d'accepter votre logement chez nous.

Vous savez que nous avons une chambre fort commode, qui vous laisse absolument dans votre particulier. En arrivant, vous trouverez bon feu, bon lit; vous n'aurez besoin de prendre aucun soin dans un ménage tout monté, que vous devez regarder comme le vôtre. Vous y trouverez une femme de chambre zélée, une cuisinière que vous n'avez pas trouvée mauvaise, un secrétaire plein d'intelligence et d'empressement pour vous servir, et qui aurait bien plus de temps et de moyens pour vous être utile si vous daignez rester chez lui. D'ailleurs vous serez en *(sic)* bon air, ce dont vous avez besoin, et à portée du Directoire et de toutes les administrations, à portée de vos connaissances... Vous ne serez nulle part plus libre et mieux soignée. L'espoir que vous nous accorderez cette faveur fait bondir mon cœur de joie. Daignez, madame, ne pas nous refuser; ce serait nous faire une peine qui égalerait vos bienfaits; jugez combien elle serait vive!

Nous nous portons tous bien. Adrien est toujours joli. Eugène est devenu cramoisi quand je lui ai montré votre lettre; il regrette bien de ne savoir pas assez écrire pour vous présenter lui-même son respect; il est toujours bon enfant et il a assez d'intelligence. Mon mari occupe toujours le même emploi.

Adieu, madame. Trouvant mes expressions trop faibles pour vous peindre, comme je le sens, tout ce que vous êtes à mon cœur, daignez y lire et agréer l'hommage du profond respect et de la vénération avec laquelle je serai toute ma vie...

Mme de M[aisonneuve] vous remettra, madame, six couverts d'argent et une cuiller à café de vermeil que nous avions à vous. J'y ai joint deux paires de bas et une paire de gants de pot *(sic)* de lapin, pensant que cela pouvait vous être fort utile dans un climat aussi froid[1].

Le respect, l'admiration et l'affection engendrent, lorsqu'ils sont unis, de prodigieux dévouements. Adrienne eût vivement souhaité accepter cette généreuse invitation, mais la plaie de sa jambe ne lui permettait pas encore de voyager. Cependant La Fayette avait hâte de faire venir en Holstein sa très chère Simiane. Le bon Pillet, qui était à Paris, s'occupait avec Mme de Staël d'obtenir les autorisations nécessaires. Marie de Maisonneuve (sœur de La Tour-Maubourg) devait faire le voyage avec Adélaïde de Simiane.

René Pillet à la baronne de Staël, 28 brumaire, an VI (18 novembre 1797) : ...Mme de M[aisonneuve] est venue me voir hier matin pour me demander si j'avais reçu des nouvelles de

---

1. Lettre inédite. Archives de La Grange.

Mme de S[imiane], et pour me témoigner son extrême impatience de partir... Elle reçoit, presque à chaque courrier, des lettres de Hambourg qui pressent son départ... Celles que j'ai reçues par le dernier et l'avant-dernier courrier me renouvellent ces instances de ne pas perdre un jour. C'est donc à Mme de S[taël] que nous renvoyons toutes les requêtes, en la suppliant de vouloir bien nous informer du jour précis où nous pourrons nous mettre en route...

J'ai lu chez T[alleyrand] la lettre que les trois amis lui ont écrite. Ils paraissent l'avoir destinée à être publiée, mais le péché originel dont elle est entachée ne permet pas de la livrer à l'impression... T[alleyrand] a attesté l'expédition du passeport donné à Mme de La F[ayette]; ce certificat a été envoyé au département de Seine-et-Marne, et j'espère qu'il aura mis fin aux honteuses chicanes. J'attends avec bien de l'impatience une lettre de Mme de S[imiane] et j'espère qu'elle sera la dernière datée de Cirey que je recevrai avant le grand voyage. Salut et respect.

La lettre de notre ami à Mme de S[imiane] était insérée, sous enveloppe, dans la mienne[1].

Naturellement, le libéral impénitent continuait à maintenir ses principes, fût-ce contre sa bien-aimée :

La Fayette à Mme de Simiane, Lemkühlen, 7 janvier 1798 : Vous trouverez, j'en suis sûr, que je me suis montré trop républicain... Quoique j'aime mieux la république que la monarchie, j'aime mieux la liberté que la république, et je suis fort loin de croire que la liberté existe actuellement en France. Mais quelques-uns de mes amis m'ayant établi royaliste décidé, il ne pouvait me convenir d'épouser un sentiment qui n'est pas le mien. Au reste, la déclaration contenant toute ma doctrine est datée du 11 juillet 1789[2]...

Son horloge politique s'était arrêtée à cette date.

Vous me gronderez aussi de n'avoir pas écrit au Directoire, mais l'idée de paraître abandonner des amis proscrits, et applaudir à des mesures que je désapprouve, a fermé mes yeux à toute autre considération[2].

1. Lettre inédite. Archives de La Grange.
2. *Mémoires, Correspondance et Manuscrits du général La Fayette,* tome IV, pages 401-402.

De Witmold à Lemkühlen, on circulait beaucoup et facilement. Les jeunes filles étaient en correspondance avec leur tante Pauline, qu'elles admiraient.

Anastasie de La Fayette à la marquise de Montagu, Lemkühlen, 28 décembre 1797 : ... Pendant qu'au milieu de votre angoisse d'estomac[1] vous étiez si fervente, vos nièces ne l'étaient guère, ma chère tante, mais elles étaient bien heureuses et bien paisibles, et la vertu et la droiture de cœur de ceux qui nous entouraient était un bien bon exemple... Il n'y avait que ceux qui communiaient qui assistaient à cette messe. Comme Chavaniac s'était donné une petite entorse, c'était Félix qui la servait, avec beaucoup de respect. Il a vraiment un grand fond de religion[2]...

Anastasie était tout honteuse d'avouer à sa tante que les fruits de la grâce n'étaient guère visibles en elle : « Virginie est bien mieux que moi; elle est un peu plus fervente et met du zèle à travailler et à écrire. » L'excuse d'Anastasie est qu'à vingt ans, elle était amoureuse. Le jeune Charles de la Tour-Maubourg lui montrait un tendre intérêt. Mais il le montrait en silence. Mme de Tessé avait remarqué ce mutisme éloquent et mis les parents en garde contre un mariage « de la faim avec la soif ». Les émigrés jadis riches (comme Adrienne) pouvaient conserver l'espoir de se faire restituer au moins une partie de leurs biens, mais Charles de la Tour-Maubourg, cadet de famille nombreuse, n'avait aucune fortune personnelle à récupérer. Mme de Tessé en était restée aux savantes manœuvres d'avant-révolution, entre notaires familiaux.

Le grand événement de février 1798 fut, pour Mme de La Fayette, le retour de son fils George-Washington. Il avait quitté l'Amérique dès qu'il avait appris la libération des siens. Washington lui avait donné, pour son père, une lettre toute pleine de l'éloge du jeune homme :

Mount Vernon, 8 octobre 1797 : La conduite de votre fils, depuis qu'il a mis le pied sur la terre américaine, a été exem-

---

1. « L'angoisse d'estomac » était un malaise de grossesse; Mme de Montagu était enceinte de sa fille Stéphanie, qui naîtra le 29 mai 1798.
2. Lettre inédite. Archives de La Grange.

plaire sous tous les rapports et lui a procuré l'affection et la
confiance de tous ceux qui ont eu le plaisir de le connaître.
Son affection filiale, son ardent désir d'embrasser ses parents
et ses sœurs dans les premiers moments de leur délivrance, ne
lui ont pas permis d'en attendre ici la nouvelle authentique, et,
tout en lui répétant qu'il conviendrait de suspendre jusque-là
cette résolution, je n'ai pu refuser mon assentiment à son départ,
pour voler dans les bras de ceux qui lui sont si chers; car,
d'après les dernières nouvelles, il doit en effet les trouver à
Paris.

Mr. Frestel a été un vrai mentor pour George; un père n'eût
pu veiller avec plus de soin sur son fils chéri; et il mérite à un
haut degré tout ce qui pourrait être dit sur sa vertu, son bon
jugement, sa prudence. Votre fils et lui emportent avec eux les
vœux et les regrets de notre famille, de tout ce qui les connaît[1]...

Adrienne avait élevé ce fils avec soin; elle lui avait donné
le meilleur précepteur qu'elle connût; elle lui avait communiqué sa propre sagesse et son ardente foi. Elle en était
récompensée.

Mme de La Fayette à son fils George-Washington, 3 janvier 1798 :
Est-il bien vrai, cher et mille fois cher enfant, que cette lettre
vous trouve à Hambourg, et que nous soyons au moment de
nous revoir?... Bénissez avec nous Dieu qui vous a protégé,
qui nous a conservés et qui vous ramène. Vos sœurs nous ont
fait goûter, il est vrai, les douceurs du sentiment paternel et
maternel pendant votre absence, mais notre cœur ne pouvait
s'y livrer en paix, déchiré qu'il était par votre éloignement.
Votre retour ranime toutes les facultés de mon cœur... Tu
trouveras ton père incroyablement rétabli. Je suis encore un
peu faible, mais c'est à toi qu'il est réservé de me remettre tout
à fait[2]...

Le *tu* familier, alors si rarement employé dans l'aristocratie française, n'en était que plus tendre.

George avait trouvé un Paris fort agité par le retour de
Bonaparte. Le général, lui avait-on dit, ne s'entendait pas

1. *Mémoires, Correspondance et Manuscrits du général La Fayette,*
tome IV, page 373.
2. **Lettre inédite. Collection Fabius.**

très bien avec le Directoire. Il avait signé le traité de
Campo-Formio contre l'avis de son gouvernement, qui eût
préféré la rive gauche du Rhin à des conquêtes italiennes.
On savait qu'il blâmait les violences qui avaient suivi le
18 fructidor. Comme Mme de Staël, « il ne voulait pas
être du 19 » . Les fructidoriens persécutaient nobles et
prêtres. Bonaparte, au contraire, venait de dire aux
Génois : « N'excluez pas les anciens nobles de l'administration; vous feriez ce qu'ils ont fait... Il ne suffit pas de
tolérance envers l'Église; il faut s'interdire tout ce qui
peut inquiéter les consciences. »

Vainqueur et réconciliateur, Paris était prêt à l'idolâtrer.
Mais lui, prudent et en apparence modeste, cherchait à se
soustraire aux ovations. Il se montrait peu au théâtre et
vivait dans sa petite maison de la rue Chantereine (rebaptisée « rue de la Victoire »). Politique-né, il manœuvrait
avec une étonnante habileté. Quand il fut reçu en public
par le Directoire, il combina une brusquerie toute·militaire
avec un charme tout italien. Dans son discours, il dit que
le bonheur de la France devait être assis sur de nouvelles
lois organiques. C'était souhaiter une nouvelle constitution. Les Directeurs froncèrent les sourcils. Talleyrand,
attentif, dit : « Oh! Oh! voilà qui promet... » Bonaparte
faisait grise mine à Barras (qui pourtant était à l'origine
de sa carrière) et semblait ne s'intéresser qu'à l'Institut.
Il venait d'y être élu, en portait l'uniforme, et signait :
Bonaparte, membre de l'Institut, général en chef. Cette demi-
retraite, opportune, lui ramenait ceux qui avaient craint
de trouver en lui un Cromwell ou un Monk.

Les amis de La Fayette, Mme de Staël, Talleyrand,
auraient voulu que son fils George fût reçu par le mysté-
rieux général, dépositaire de l'avenir. Mais Bonaparte
restait méfiant à l'égard de La Fayette qui, s'il rentrait,
pouvait devenir un obstacle ou un censeur. Peut-être aussi
s'inquiétait-il du grand nombre de gens qui sollicitaient
en faveur de l'exilé : « La Fayette, disait-il, a le talent de
se faire des amis... A moi, si la fortune m'abandonnait, il

ne resterait que ma femme, parce qu'on a toujours la personne avec qui on couche... et peut-être mon frère Joseph[1]. » Le jour où George se présenta, le général était en tournée d'inspection dans les ports de la Manche. La citoyenne Bonaparte reçut ce jeune homme de dix-neuf ans avec bonne grâce et lui dit : « La Fayette et Bonaparte doivent faire cause commune », phrase qui, rapportée par George, éveilla de grands espoirs à Lemkühlen. Qui savait? Peut-être Bonaparte reviendrait-il au fayettisme de sa jeunesse? Unis, les deux héros accompliraient de grandes choses. Ainsi l'on rêvait...

Adrienne, Anastasie et Virginie furent enthousiasmées par leur fils et frère. Les jeunes filles se montrèrent fières de lui « jusqu'au ridicule », dit Virginie. Elles en furent réduites, pour lui trouver un défaut, à constater qu'il se tenait mal et avait, comme Virginie, le dos voûté.

La Fayette à Mme de Chavaniac, 17 ventôse, an VI (7 mars 1798) : Nous tenons enfin cet excellent George, ma chère tante, et je puis vous exprimer combien nous sommes contents de lui. Sa tournure physique nous plaît beaucoup; il est grand et a une figure noble et agréable. Sa tournure morale nous satisfait parfaitement. Il a le bon cœur que vous lui connaissez et son esprit est plus formé qu'on ne l'est communément à cet âge : c'est vraiment un jeune homme aimable, d'un caractère très élevé et fort intéressant à tous égards. Que ne puis-je vous le présenter, ma chère tante, et quand aurons-nous le bonheur de nous retrouver tous ensemble à Chavaniac?

Ma femme vous a écrit pour un objet très intéressant; il me tarde beaucoup de savoir si cette idée sera approuvée par vous. Ce qui est sûr, c'est qu'il y a une grande convenance de goûts et de caractères entre eux [Anastasie de La Fayette et Charles de la Tour-Maubourg]. Ma santé va très bien; celle de mes filles est bonne aussi. Ma femme se rétablit un peu, mais lentement. Elle a été nécessitée à faire une petite course à Hambourg pour un règlement de comptes, procurations, etc. Son séjour dans cette ville ne sera que de trois jours, et elle y aura consulté un excellent médecin français...

1. *Mémoires, Correspondance et Manuscrits du général La Fayette,* tome V, page 152.

Donnez-nous souvent de vos nouvelles, ma chère tante. Nos cœurs sont toujours errants autour de Chavaniac, autour de vous[1]...

Virginie de La Fayette à Mme de Chavaniac : C'est sous le même toit que mon frère que je vous écris, ma chère tante. Vous nous avez bien manqué au moment de notre réunion, et la pensée que nous ne jouissons pas auprès de vous d'être *cinq* nous empêche de rien nommer un bonheur complet! Mon frère est si grandi qu'à peine, à son arrivée, nous le pouvions reconnaître, mais à présent nous retrouvons tous ses traits. Il est aussi bon frère qu'à Chavaniac. Il ressemble tellement à papa qu'il a été reconnu dans les rues pour être son fils[2]...

Le même hiver arriva Mme de Simiane, pour le grand bonheur de son amant. Elle s'installa chez Mme de Tessé et La Fayette fit souvent, de ce jour, le voyage de Witmold. Diane-Adélaïde croyait trouver, dans ce pays perdu, une colonie d'exilés fort tristes. On ne lui parla que de projets de mariage et de préparatifs de baptême : Anastasie était fiancée et Pauline sur le point d'accoucher.

Anastasie, d'une figure fraîche et très agréable, était bonne, appliquée, courageuse, un peu trop défiante d'elle-même, défaut qui, à cet âge, est une grâce; du reste l'innocence même, aimant sa mère tendrement, son père à la folie, et tenant de lui son goût pour la controverse.

Elle avait plu au comte de la Tour-Maubourg. Son affection pour elle était bien désintéressée, car il n'ignorait pas qu'elle ne lui apporterait en dot que sa jeunesse, ses vertus et, comme disait Mme de La Fayette, « le mépris des richesses ». Il n'était pas lui-même riche en ce temps-là. Tout son avoir se composait d'une trentaine de mille francs, qu'il ne possédait pas en propre, mais que son frère aîné offrait de lui donner.

Mme de La Fayette trouvait le parti, non seulement très convenable, mais aussi avantageux qu'on avait alors le droit de l'espérer. Le général y prêta la main de fort bon cœur. Mais à Witmold, dès qu'il fut question de ce projet, on jeta les hauts cris. M. de Mun prétendit qu' « on ne se mariait pas ainsi, hormis chez les sauvages d'Amérique » et Mme de Tessé soutint qu'on « n'avait rien vu de pareil, depuis Adam et Evé »! Les sar-

1. Lettre inédite. Archives de La Grange.
2. Lettre inédite. Archives de La Grange.

casmes n'y firent rien. Mme de La Fayette tint bon et, quand
tout fut irrévocablement décidé, on vit le mécontentement de
Mme de Tessé se fondre en une aimable sollicitude. Elle pourvut
en partie au trousseau, qui se fit chez elle, avec beaucoup de
calculs et d'heureux résultats. Chacun y mit la main et donna
son conseil[1]...

Adrienne se chargea d'informer, de toutes les affaires de
la famille, la vénérée tante de Chavaniac : *Pour ma tante.
A remettre en mains propres.* Elle lui disait qu'elle avait
revu George, plus charmant qu'on ne peut dire, et que
La Fayette pensait aller en Amérique, pour y rétablir la
fortune de ses enfants : « Les Américains doivent à Gilbert
des terres qu'il a refusées à la fin de la guerre; il convient
maintenant qu'il serait raisonnable de les accepter[2]. »
Quant à ce qui restait du patrimoine Noailles, rien n'était
encore réglé. Adrienne et ses sœurs voulaient se partager
les terres et ne rien vendre. On avait assez de prêteurs
obligeants pour attendre le temps où l'on retrouverait des
revenus.

« Vous croyez bien, ma chère tante, que je trouve moins
que personne, dans les espérances de la fortune, le dédom-
magement des sacrifices du cœur, mais cependant... » Mais
cependant Adrienne savait qu'une sage administration
fait partie des devoirs d'état et que des parents ont l'obligation d'établir les enfants de leur mieux. Sur quoi elle
exposait à sa tante les raisons du mariage d'Anastasie.
Mme de Chavaniac réagit par des observations sévères,
sur l'imprudence d'un tel établissement, dans les circonstances actuelles. Adrienne riposta, le 22 mars 1798, en
invoquant un argument stupéfiant pour la vieille dame,
puisqu'il s'agissait d'un *mariage* : le mutuel amour des deux
jeunes gens! Anastasie avait « un véritable goût » pour
Charles et bien que l'extrême timidité, la réserve instinc-
tive de celui-ci, ne lui eussent pas encore permis de se

1. A. CALLET : *Anne-Paule-Dominique de Noailles, marquise de Montagu*, pages 312-313.
2. Lettre inédite. Collection Fabius.

déclarer, Adrienne sentait que ces sentiments étaient partagés.

« Tout s'est traité avec son admirable frère [l'aîné des La Tour-Maubourg, César], de manière si délicate et si patriarcale, avec une confiance si juste et si entière, que jamais nous n'aurions pu trouver circonstances plus assurées et plus encourageantes... La figure est charmante; il est grand, quoiqu'un peu moins que son frère; il parle peu, ce qui plaît beaucoup à ma fille. » Bref le fils d'Adrienne était parfait, son futur gendre également et sa santé se rétablissait : « La Providence est admirable et je n'ai été malade que lorsque j'avais tout le temps de me reposer[1]... »

Sur ce dernier point, l'événement lui donna malheureusement un prompt démenti. Lorsqu'en avril, toute la famille se transporta chez Mme de Tessé qui tenait à « offrir la noce », Adrienne fut de nouveau gravement atteinte. Elle avait des abcès aux bras et, à la jambe, un « dépôt » purulent qui l'empêchait de marcher.

Elle ne voulut cependant pas qu'on ralentît d'un jour les apprêts du mariage; elle était aussi calme, aussi ferme d'esprit qu'on l'eût jamais vue. Ses enfants : le fils d'un côté, de l'autre les deux sœurs, réunissant leurs forces, la transportaient sur un canapé, de sa chambre au salon, et du salon à sa chambre. Mme de Montagu, alors près d'accoucher, les aidait à panser les glorieuses plaies de leur mère; puis, ce devoir rempli, elle s'occupait du trousseau, du ménage et de la ferme, allant, venant, ronde comme une tour, mais infatigable. On ne pouvait s'empêcher de l'admirer et d'en rire. Mme de Simiane disait qu'elle accoucherait sûrement dans une de ces grandes armoires qu'on la voyait ouvrir à tout moment[2]...

Le mariage fut célébré le 9 mai 1798, dans la plus belle pièce de Witmold. L'abbé de Luchet donna la bénédiction nuptiale. Adrienne fut portée, par son fils et son gendre, jusqu'à cette chapelle improvisée. Malgré ses souffrances, elle éprouvait un sentiment de béatitude. « Lorsque je

---

1. Lettre inédite. Collection Fabius.
2. A. CALLET : *Anne-Paule-Dominique de Noailles, marquise de Montagu*, page 314.

songe, écrivait-elle, à l'horrible situation où se trouvaient mes enfants il y a peu de temps, et que je les vois tous trois autour de moi, que je suis prête à en adopter un quatrième suivant mon cœur, je ne puis suffire à mes actions' de grâces envers Dieu[1]... »

Mme de Tessé avait naturellement donné le trousseau : 3 douzaines de chemises, 6 jupons de bazin, 3 jupons de dessus en mousselinette, 18 paires de bas de coton, 2 paires de bas de soie blancs, 4 paires de bas de soie gris, 6 paires de souliers de peau anglaise, enfin robes, corsets, châles, un chapeau de paille et un autre de satin violet. Dix jours plus tard, Pauline de Montagu mettait au monde une fille. Celle-ci fut appelée Stéphanie, ondoyée par Mme de Tessé « à peine au sortir du sein maternel » et baptisée par l'abbé de Luchet « qui, comme on le voit, ne manquait pas d'occupations ».

Il paraît que la bonne tante de Tessé, dans son empressement et son trouble, avait répandu sur la tête de l'enfant, au lieu d'eau pure, un flacon d'eau de Cologne, en faisant sur lui avec ferveur, comme elle l'assura, un grand signe de croix[2]...

Sur tous ces événements dynastiques, Anastasie, écrivain public de la famille, composait des chansons, de métrique douteuse, qu'admirait Virginie :

> Une jeune batelière
> Du village d'Altona
> En passant sur la rivière
> Aux Danois, un jour entonna :
> « Ah! qui veut voir du nouveau,
> Qu'il entre dans mon bateau. »

> Là vit une grande dame
> Avec son noble seigneur,
> Dépouillés des biens de grandeur,
> Mais gardant toute leur âme.
> Ah! qui veut voir du nouveau,
> Qu'il entre dans mon bateau.

1. Cf. *Notice sur Madame de La Fayette, par Madame de Lasteyrie, sa fille*, pages 396-397.
2. A. CALLET : *Anne-Paule-Dominique de Noailles, marquise de Montagu*, page 315.

Après le commun naufrage,
Seuls ayant quelques débris,
Ils ont dit à leurs amis :
« Ce qui reste se partage. »
Ah! qui veut voir du nouveau,
Qu'il entre dans mon bateau.

La presqu'île hospitalière
Est une arche de Noé.
A qui veut être sauvé
S'ouvre aussitôt la barrière.
Ah! qui veut voir du nouveau,
Qu'il entrè dans mon bateau.

Regardez où je regarde
Et voyez marcher d'accord
L'homme au plumeau tricolore,
L'homme à la blanche cocarde.
Ah! qui veut voir du nouveau,
Qu'il entre dans mon bateau[1].

C'était sans génie, mais non sans amour. Elles avaient toujours été charmantes, les petites La Fayette.

1. Inédit. Collection Fabius.

III

ADRIENNE EN FRANCE

> Car je suis à toi et ma passion·
> est de faire mon service.
>
> PAUL CLAUDEL.

LA POSITION de la famille, en Holstein, était loin d'être sûre. Le Danemark pouvait être envahi par les troupes de l'empire, ou rompre avec la République française. La Fayette se fût alors refusé à rester l'hôte d'un pays ennemi de la France. Mais, par un paradoxe qui tenait à sa nature, il devait craindre aussi l'arrivée des armées françaises, ayant su se faire, par sa constance, des ennemis dans tous les camps. Sans doute Joséphine Bonaparte avait, un jour, bien reçu George-Washington, mais George était un homme jeune, Joséphine une incorrigible coquette et, en fait, Bonaparte ne répondait pas aux lettres de La Fayette.

Les amis de celui-ci blâmaient sa raideur. « Son intransigeance doctrinaire, disaient-ils, et sa façon de dérouler à chaque occasion ses titres de civisme, offusquent gratuitement des hommes puissants. Plus de souplesse lui eût permis de se rendre plus utile. » Il répondait qu'il n'était *pas* souple et qu'il fallait l'accepter tout entier. « On peut penser qu'une autre manière d'être me rendrait momentanément plus utile, ou que n'étant plus à portée d'être utile, je ne dois songer qu'à moi ; mais ma nature se refuse à ces deux espèces de combinaisons[1]. »

Il affirmait que toute son ambition était « un établissement tranquille et philosophique dans une bonne ferme, assez éloignée de la capitale pour n'y être pas importuné dans ma solitude et n'y voir que mes intimes amis[2] ». Cette retraite eût été possible à Fontenay ou, mieux encore, à La Grange, si Adrienne récupérait un de ces deux domaines. Elle-même ne rêvait que d'aller vivre en Brie, loin de la gloire et du monde, avec son mari et ses enfants. Pour réaliser ce rêve, il lui fallait rentrer en France et défendre ses titres de propriété. Elle en avait le droit ; son passeport et ceux de ses filles étaient en règle. Certes elle marchait avec peine ; elle souffrait beaucoup ; mais Virginie l'accompagnerait et la providentielle Marie-Josèphe Beauchet l'accueillerait sous son toit.

Quant à sa capacité à remplir une mission si difficile, nul n'en doutait. « Elle n'avait pas seulement l'esprit très élevé ; elle l'avait aussi très étendu, très cultivé et très juste. » Adrienne savait raisonner comme un avocat, de manière embarrassante pour ses adversaires. Elle n'était jamais plus forte que dans les situations difficiles. Assez timide dans l'ordinaire de la vie, elle ne tremblait ni dans une prison, ni en présence de la mort. « Elle faisait des choses sublimes comme elle les racontait, naïvement et simplement. » Mme de Montagu ne trouvait pas sa sœur aînée assez « intérieure » : Adrienne, pensait Pauline, calculait trop le bonheur ou, du moins, les consolations qu'on peut avoir sur terre. Pauline, elle, n'eût pas été capable de lutter pour un héritage, et n'aurait même pas pensé que cela en valut la peine, mais Adrienne était armée pour toutes les tâches à elle assignées, matérielles comme spirituelles.

1. *Mémoires, Correspondance et Manuscrits du général La Fayette*, tome IV, page 391.
2. *Mémoires, Correspondance et Manuscrits du général La Fayette*, tome IV, page 416.

Que trouverait-elle en France? Bonaparte était parti pour l'Égypte, ce qui avait enthousiasmé La Fayette, dont une expédition française vers l'Orient était un lointain projet de jeunesse. Le général emmenait, dans son état-major, Louis Romeuf, ancien aide de camp et ami dévoué de La Fayette. Romeuf avait essayé de parler de son ancien chef au nouveau, sans succès. Visage fermé. Silence de glace. Bonaparte et le Directoire continuaient de craindre le retour d'un héros populaire, qui aurait pu convoiter le pouvoir. Quand Joseph Masclet disait à La Fayette qu'on redoutait son esprit chimérique, il protestait : « Ne pensez pas que j'aie la niaiserie de supposer que l'on puisse *tout vaincre, tout sauver, tout persuader* en se bornant à la proclamation des Droits de l'Homme. Non, je crois qu'il faut une police active, un gouvernement vigoureux, des lois sévères et sévèrement exécutées; mais si l'on veut fonder une république, il faut que ces lois soient justes[1]. » *A Louis Romeuf* : « Je vous félicite d'avoir été admis à la belle expédition de Bonaparte; je le félicite d'avoir acquis deux patriotes et deux officiers tels que vous et votre frère[2]... »

En juillet 1798, Adrienne quitta le Holstein avec son gendre et ses deux filles. Son mari lui fit un bout de conduite, jusqu'à l'Elbe. Elle devait rentrer en France par la Hollande. Depuis le mariage d'Anastasie, La Fayette avait mis fin à la coûteuse location du vaste château de Lemkühlen; il était revenu se fixer, avec George-Washington, à Witmold, dans « la chère presqu'île hospitalière ». Pusy attendait, à Ploën, le départ pour l'Amérique de son beau-père, Samuel Dupont de Nemours, jadis président de la Constituante, banni au 18 fructidor. Les anciens prisonniers d'Olmütz se dispersaient. Anastasie et Charles de la Tour-Maubourg, qui étaient partis avec Adrienne, durent

---

1. *Mémoires, Correspondance et Manuscrits du général La Fayette,* tome IV, page 422.
2. *Correspondance inédite de La Fayette,* publiée par JULES THOMAS, page 334.

s'arrêter à Utrecht pour deux raisons : le nom de Charles figurait encore sur la liste des émigrés et Anastasie était enceinte. Virginie continua le voyage avec sa mère. Une des nombreuses missions confiées à Mme de La Fayette était d'obtenir que Pusy et tous les La Tour-Maubourg fussent rayés de la liste des émigrés. Quels protecteurs trouverait-elle dans un monde neuf et hostile? Elle pensait que la Providence y pourvoirait.

Ce fut une bien grande surprise que de revoir Paris. Elle avait connu le Paris des carrosses et des grandes familles, puis celui des prisons et des sans-culottes; elle retrouvait un bizarre amalgame de détresse et de luxe. Hantée par les souvenirs de la Terreur, elle s'attendait à rencontrer partout des ruines, des traces de sang. Quand elle parlait de ces choses, on lui répondait : « Oh! c'est vieux! » Le Directoire avait tenu à ce que les places tragiques de la Révolution fussent fleuries de jardins riants. Le Conseil des Anciens siégeait aux Tuileries, dont les arbres étaient soigneusement taillés; les Cinq-Cents, au Palais-Bourbon. Place Vendôme, non loin du ci-devant hôtel de Noailles, des enseignes criardes défiguraient les belles façades de Mansart. Le couvent des Feuillants était livré aux démolisseurs. Aux arbres de la Liberté, morts depuis longtemps, pendaient des loques tricolores. Le mot *saint* demeurait proscrit; la rue Saint-Honoré restait rue Honoré. Fiacres et cabriolets avaient pris la relève des carrosses et des chaises à porteurs. Dans les boutiques, on vendait des dentelles, des parfums, des rubans, des bijoux. Les Merveilleuses, vêtues de mousselines transparentes, s'exhibaient à demi nues.

Les salons se rouvraient. Chez Mme de Staël, qui « tournait comme une toupie » autour du pouvoir, on faisait des listes ministérielles. Rue Honoré, la voltairienne princesse de Beauvau recevait dans un petit appartement, meublé des restes élégants de son ancien mobilier. Dès que l'on quittait l'escalier, humble et crotté, commun à tous les locataires, « on se sentait transporté dans un monde à part : tout était noble et soigné dans ces petites chambres. Le peu de domestiques qu'on y voyait étaient vieux et impotents; on sentait confusément qu'ils avaient vu si bonne compagnie que leur jugement était quelque chose. Tous les soirs, ces salons étaient pleins[1] ». Les opinions libérales dont avait fait preuve, avant 1789, la vieille maréchale de Beauvau, sa haute naissance (c'était une Rohan-Chabot), la présence autour d'elle de jolies femmes spirituelles, comme sa belle-fille la princesse de Poix, Mme de Simiane, la duchesse de Duras, « tout cela lui conciliait une popularité universelle ». A Mme de La Fayette, si récemment arrachée à l'enfer nauséabond d'Olmütz, il semblait presque incroyable de trouver au cœur d'un Paris encore troublé, une telle oasis de détente et de charme.

Adrienne et Virginie logeaient, au n° 302 de la rue de l'Université, chez les Beauchet, qui avaient mis leur petit logement à la disposition de ces dames et s'étaient eux-mêmes réfugiés au grenier. Tout de suite, Mme de La Fayette avait commencé ses démarches. Il importait d'abord qu'elle fît valoir ses droits successoraux et qu'elle obtînt la radiation des amis de La Fayette. Quant au retour de celui-ci, il fallait attendre. D'ailleurs le régime durerait-il? Adrienne constatait un ressentiment profond contre la clique directoriale : « Barras, avec sa cour de fournisseurs gorgés et de femmes entretenues; Rewbell, avec sa famille de concussionnaires, sa morgue de parvenu et ses façons d'aubergiste; La Revellière-Lépeaux, avec sa vanité de bossu, ses prétentions de philosophe, son into-lérance de sectaire et sa niaiserie de pédant dupé[2]. » En attendant que « ça change », les Parisiens se contentaient de plaisanter. Dans une tabagie où le gouvernement, pour plaire aux derniers jacobins, faisait afficher : *Ici on s'honore*

1. Vicomtesse DE NOAILLES : *Vie de la princesse de Poix, née Beauvau*, pages 48-49.
2. H. TAINE : *La Révolution. Le Gouvernement révolutionnaire*, tome II, page 365.

du titre de citoyen, le maître du lieu avait ajouté : *et on fume.* Cette petite Fronde divertissait les rieurs mais, en fait, la soumission demeurait complète.

Mme de Maisonneuve (belle-sœur d'Anastasie) écrivit à celle-ci pour lui donner des nouvelles des voyageuses :

Nous avons eu hier le plaisir de passer la journée avec Adrienne et Virginie. Elles se portaient à merveille. Adrienne a autant de courage, de patience que vous lui connaissez de bonté. Heureusement elle ne se fatigue plus autant, ayant un cabriolet à sa disposition. Virginie est toujours gentille, fraîche comme une petite rose. Elle a été un peu chiffonnée pendant quelques jours et elle s'est trouvée mal deux fois, aux pieds d'une certaine personne, ce qui causait une interruption aussi brusque que désagréable. Elle n'a pris encore qu'une seule leçon de danse. Malgré ses efforts, elle se tient bien mal. Toutes les personnes qui la voient sont frappées extrêmement de sa tenue. Elle s'arrange un peu mieux que lorsqu'elle est arrivée, mais cependant cela n'est pas encore tout à fait bien...

Évidemment la mode de Witmold était fort loin de celle de Paris.

Nous attendions aujourd'hui Virginie pour voir, au Champ-de-Mars, la fête de l'établissement de la République. Elle nous a fait dire qu'elle ne viendrait pas, à cause de sa leçon de danse. Sa maman écrit qu'elle s'en occupe uniquement et que son maître est très content de ses progrès, et espère la redresser en peu de temps. Nous regrettons bien de ne pas la voir; elle se serait amusée ce matin. Nous avons été sur une très belle terrasse de Chaillot, en face du Champ-de-Mars, et nous avons très bien vu les joutes sur l'eau qui étaient très jolies; d'un côté les bateaux étaient rouges, les jouteurs habillés de blanc, la ceinture rouge, la banderole tricolore; de l'autre côté, c'était le même costume en bleu. Il y aura, ce soir, des illuminations superbes dans tout Paris et, dans ce moment, il se fait des courses à pied et à cheval. Il me semble que Charles s'amuserait de cette journée-ci[1]...

Ainsi la ci-devant noblesse participait aux fêtes commémoratives de l'établissement de la République. Telle était l'année 1798.

1. Lettre inédite. Archives de La Grange.

La Fayette s'ennuyait ferme à Witmold. Sa chère
Simiane était repartie depuis longtemps. La dame du logis,
Mme de Tessé, rabrouait avec aigreur les aristocrates du
voisinage et La Fayette devait, chaque jour, prêcher une
tolérance mutuelle. Il aurait voulu aller rejoindre le jeune
ménage en Hollande. Là il espérait retrouver sa femme au
moment des couches d'Anastasie. Mais les autorités
bataves avaient besoin, pour le recevoir, de l'agrément du
gouvernement français, leur allié. Il pressait Adrienne de
l'obtenir et aussi de mener bon train ses démarches en
faveur des frères La Tour-Maubourg. Bien qu'il l'appelât
plus que jamais « *mon cher cœur* » et lui prodiguât, pour sa
santé, les conseils de prudence, il n'était pas toujours équitable envers elle (il ne l'avait jamais été) et se montrait
avide de résultats immédiats.

Certes elle ne se ménageait pas ; il le savait.

La Fayette à sa femme, Witmold, 26 fructidor, an VI (12 sep-
tembre 1798) : ...Vous ne pouvez pas me donner une plus grande
marque d'affection que de mettre du calme dans ce qui vous
impatiente et de la modération dans ce qui vous fatigue. Je
vous recommande, ou, pour mieux dire, c'est moi que je recommande à vous-même ; dites de ma part à votre sœur [Rosalie]
qu'il faut avoir été trois ans avec vous et avoir suivi les vicissitudes de votre santé, pour savoir combien toute agitation
morale et physique, même légère et momentanée, lui est per-
nicieuse. Ses talents pour le gouvernement de la jeunesse doivent
s'étendre à vous, quoique son aînée. Je puis bien lui donner
cette commission puisque je charge aussi notre chère
Virginie d'être une petite pédante insupportable et de vous
rappeler mes sermons toutes les fois qu'il y aura lieu[1]...

Mais il était si naïvement accoutumé à la voir réussir
en tout ce qu'elle entreprenait qu'il s'étonnait de la lenteur
des résultats. Mme de Tessé, inquiète de l'avance des
armées françaises, avait entrepris de vendre Witmold ;

---

1. *Correspondance inédite de La Fayette*, publiée par Jules Thomas,
page 340.

Adrienne pensait que c'était une erreur : « Nous ignorons, répondait La Fayette, quels arguments vous avez à donner contre la vente de la chère presqu'île, mais, dans tous les cas, elle est décidée[1]. » Or, Witmold vendu, il voulait aller en Hollande, puis, si la France lui était fermée, en Amérique. Pour cela il fallait qu'Adrienne obtînt « rapidement, je vous prie », des autorisations du Directoire et aussi qu'elle trouvât, en France, un abri pour leurs enfants pendant que Gilbert essaierait, aux États-Unis, de leur refaire une fortune en terres. Pour Victor et Charles, elle devait demander d'urgence, sinon une radiation, du moins une « surveillance » (on appelait ainsi l'autorisation accordée à certains émigrés, non encore rayés de la liste, de rentrer en France où la police les mettait en observation, et limitait leurs déplacements). « Obtenez sur-le-champ cette surveillance. » Sur-le-champ! Quelle administration répondit jamais « sur-le-champ »? Il lui reprochait d'avoir laissé en Hollande, au service d'Anastasie, le domestique surnommé Chavaniac, au lieu d'avoir permis à ce bon serviteur de rentrer en Auvergne. « Quant à Chavaniac : « Madame, dirait ma tante, quelle imagination vous avez « d'oser reprendre le pauvre garçon! » Et je suis de l'avis de ma tante. »

Pour une fois, Adrienne se rebiffa. Quoi? Elle courait, malade, brûlante de fièvre, du matin au soir, et recevait, pour tous remerciements, des ordres péremptoires, accompagnés de critiques. La Fayette, la sentant fâchée, s'excusa le 1er novembre 1798 :

Witmold, 10 brumaire : Je vois avec un vif regret, mon cher cœur, que je vous ai involontairement blessée par la lettre à laquelle vous répondiez le 1er de ce mois [le 1er brumaire, 22 octobre 1798]. Vous avez bien mal jugé l'impression que je recevais de votre correspondance. Elle ne m'avait fait éprouver que de la satisfaction... Vous seriez bien injuste de penser que je

1. *Correspondance inédite de La Fayette*, publiée par JULES THOMAS, page 346.

n'ai pas constamment compté sur votre exactitude à faire les
démarches dont nous étions convenus; mais tout était nécessairement si vague que vous auriez pu vous faire aussi des
illusions. Je conviens cependant, avec plaisir et de tout mon
cœur, que c'est moi qui me suis trompé et que vous avez eu
raison, sur ces deux points comme sur les autres. Il ne m'en
reste que le chagrin de vous avoir tourmentée de nos spéculations du lac de Ploën et d'avoir provoqué par là votre injustice
envers moi[1]...

Elle disait maintenant qu'elle ne pourrait quitter Paris
qu'au mois de février 1799. Alors seulement tous se retrou-
veraient en Hollande, pour l'accouchement d'Anastasie.
En décembre, Adrienne se rendit à Chavaniac, pour voir
« la tante » et enquêter sur l'état du domaine. La tante
n'avait pas changé; elle continuait à appeler Adrienne
« Madame », à exalter son neveu et à blâmer tout ce qui se
faisait en France. La santé d'Adrienne devenait meilleure;
l'activité lui faisait grand bien. Victor écrivait à sa belle-
sœur Anastasie : « La dernière lettre de Mme de La Fayette
nous a comblés de joie. Puisque sa santé résiste si bien aux
fatigues, aux grands froids, nous pouvons espérer qu'elle
continuera à se bien porter[2]. » Il donnait des nouvelles de
Witmold : Pauline de Montagu souffrait d'abcès aux seins,
très douloureux, mais continuait à recueillir, comme par
miracle, des fonds pour secourir tous les indigents du
voisinage et tous les émigrés nécessiteux. Les jeunes
hommes chassaient le chevreuil et le canard sauvage, sans
grand succès. La Fayette rongeait son frein et réitérait ses
principes.

Il avait écrit au Directoire une lettre qui était un plaidoyer en faveur de ses compagnons d'exil. Pour lui-même,
il ne demandait rien, mais que pouvait-on craindre des
frères Maubourg et de Pusy? Pourquoi interdire le territoire de la patrie à des officiers qui, dans une circonstance

---

1. *Correspondance inédite de La Fayette*, publiée par Jules Thomas,
pages 356-357.
2. Lettre inédite. Archives de La Grange.

où la responsabilité incombait à leur seul général, étaient tombés au pouvoir de l'ennemi?

La fidèle Adrienne, accompagnée de George et de Virginie, alla elle-même porter cette lettre à La Revellière-Lépeaux, alors président du Directoire. Ce régicide ne lui parut pas mauvais homme. Probe, c'était « un honnête nigaud, contristé par les crimes de son temps », avec une naïveté d'enfant et des rancunes de vieil employé. La Révolution avait produit « des monstres, des âmes généreuses et du menu fretin ». La Revellière-Lépeaux appartenait à ce dernier groupe.

Dans ses *Mémoires*, écrits « dans un style de portier qui a lu Rousseau », il dit qu'il reçut avec respect « cette femme devenue immortelle par le plus généreux dévouement et le plus bel exemple de la piété conjugale... Je n'ai jamais éprouvé d'émotion plus profonde... Au souvenir de ses infortunes, un sentiment d'admiration venait se joindre... ». Il dit qu'il regrettait de ne pouvoir, dans le présent état des esprits, accorder des radiations, mais il autorisa Mme de La Fayette à circuler librement entre la résidence de son mari et la France.

Cet accueil montrait que le Directoire tolérerait, s'il ne l'autorisait explicitement, un séjour de La Fayette en Hollande, où les patriotes bataves étaient disposés à le recevoir. Toute la famille pourrait donc se réunir à Vianen, dans la campagne, non loin d'Utrecht. Avant de quitter Paris, Adrienne correspondit scrupuleusement avec ses créanciers. Elle avait toujours attaché une importance « capitalissime » à la défense de leurs intérêts. Il existe une lettre d'elle, adressée à une citoyenne Marchais, à laquelle elle devait quelques centaines de livres :

L'homme propose et Dieu dispose... Nos affaires, que je suis ici venue terminer, ne le sont pas encore. Nous n'avons pu encore rien toucher de nos revenus, ni par conséquent acquitter nos charges les plus sacrées. Je n'ai pas encore d'asile et je loge chez Mme Beauchet, qui a bien voulu me recevoir. Je vais passer six semaines en Hollande, près de ma fille aînée qui va y

faire ses couches. J'espère qu'à mon retour nous pourrons faire
nos partages[1]...

Il était urgent, en effet, que la succession de la duchesse
d'Ayen fût enfin réglée. Or Louis de Noailles, beau-frère
d'Adrienne, était en Amérique et Thésan, autre beau-
frère (tuteur de sa fille mineure), en Allemagne. Pauline
de Montagu était frappée de mort civile, mais ses sœurs
venaient de racheter au fisc sa part de l'héritage maternel.
Il fallait que les trois sœurs survivantes (Adrienne, Pauline
et Rosalie) pussent se rencontrer au plus tôt. Elles pro-
jetaient de le faire en Hollande, après l'accouchement
d'Anastasie.

Celui-ci était proche. La Fayette voulait un petit-fils[2] :
« Il faudrait que Charles, après avoir fini *Clarisse* où l'on
ne fait point d'enfants, lût à sa femme *Grandisson* et
Paméla, où l'on accouche, on nourrit, on satisfait à tous
les devoirs de la *nursery*[3]... » Victor de la Tour-Maubourg
annonçait à Anastasie sa prochaine arrivée, avec La
Fayette et George-Washington. Le lac de Ploën était gelé
dans toute son étendue, ce qui rendait soudain le trajet
jusqu'à Witmold très court. La glace avait un pied d'épaisseur et les voitures traversaient au grand trot.

Fin janvier, Adrienne passa par la Belgique, en route
pour Vianen. A Bruxelles, malgré son extrême fatigue,
elle trouva le temps de consoler une amie en exil, qui ne la
reconnut pas tant elle avait changé. Elle n'avait plus de
forces que pour la charité.

1. Lettre inédite. Archives de La Grange.
2. George et Virginie allaient, plus tard, lui en donner, mais Anastasie eut cinq filles, point de garçons.
3. *Correspondance inédite de La Fayette*, publiée par JULES THOMAS,
page 351.

IV

RÉUNION A VIANEN

> Tout le monde a peur de tout
> le monde.
> **LA FAYETTE.**
>
> Il ne faut jamais tant s'aban-
> donner à Dieu que quand il
> semble nous abandonner.
> **FÉNELON.**

ANASTASIE et Charles de la Tour-Maubourg avaient loué à Vianen, près d'Utrecht, une agréable maison de campagne. Ce fut là que, douze jours après l'arrivée d'Adrienne, naquirent deux sœurs jumelles dont une seule, Célestine, survécut. La Fayette et ses compagnons, retardés par une inondation, n'arrivèrent que huit jours après l'accouchement, et trouvèrent l'affaire faite, non sans soulagement.

Mme de La Fayette à Marie-Josèphe Beauchet, 4 mars 1799 :
... Je ne veux pas différer un instant à vous dire que ma fille se porte bien; que la petite qui lui reste profite sensiblement depuis qu'elle a cette excellente nourrice; et qu'il y a tout lieu de croire que Dieu lui conservera cette consolation. Après vous avoir rassurée sur ces deux objets, comme je sens qu'il vous est nécessaire de l'être, je viens aux détails que vous m'avez demandés et que mon cœur aime à vous donner.

Depuis que je suis ici, vous devez trouver mes lettres bien maussades... J'avais tant besoin d'un peu de calme pour ma tête, après la vie fatigante et étourdissante de Paris, que je suis tombée dans une espèce de stupidité dont j'ai bien de la peine à me remettre. D'abord j'ai trouvé ma fille très leste, très heureuse, mais d'une maigreur, d'une destruction, d'un ralentissement et d'une faiblesse extraordinaire. J'ai été plus contente de son mari, de leur tendresse mutuelle et de sa nature que je ne saurais l'exprimer; et je forme des vœux bien sincères que mes deux autres enfants soient appelés à un intérieur aussi doux... Il a fait des progrès frappants, de toute manière, depuis son mariage, et c'est avec la force d'un caractère constant qu'il vit et vivra toujours pour Anastasie. Ils ont tous deux une réserve, même dans l'expression de leurs sentiments, qui unit une espèce de respect à l'abandon de la confiance.

Cela s'achète, il est vrai, par le défaut d'effusions de cœur qui pourrait impatienter les personnes vives, mais il faudrait être aveugle pour ne pas voir la profondeur de leur sensibilité...

C'est le douzième jour après mon arrivée que ma fille est accouchée. Jamais travail n'a été plus heureux; elle n'a pas donné un moment d'inquiétude; toutes les douleurs ont été utiles; dès le commencement on savait que son enfant était bien tourné, et c'est au bout de sept heures que j'ai reçu l'aînée de mes petites. Je la tenais sur mes genoux, attendant que sa mère fût délivrée, lorsque la nouvelle qu'il y avait un second enfant me serra terriblement le cœur. Se présentant bien aussi, je ne craignais pas alors pour ma fille, mais j'en voyais une assez forte et je tremblais que l'autre ne vînt pas. Au bout de trois quarts d'heure d'un travail violent, mais où la mère criait très peu et qu'elle aidait avec un grand courage, nous eûmes la deuxième petite. Nous l'entendîmes faire un petit cri. Elle était pâle et faible, mais bien vivante. Virginie vint. Nous mîmes l'aînée sur ses genoux, dans un côté de la grande chambre qu'habite ma fille, et je repris la plus petite, pendant qu'on délivrait et soignait la mère.

Charles était pétrifié; ma fille très heureuse, mais faible et fatiguée... Vous jugez ce que fut l'arrivée de ses deux filles près d'elle! Mais elle était si lasse que ses sentiments avaient plus de douceur que de vivacité. Je n'avais pas encore le cœur tout à fait dilaté lorsque je fus à la messe, rendre grâces à Dieu. C'était dimanche. Il faisait bien froid. Nous obtînmes du curé de venir ondoyer les enfants au chevet de son lit. Ce moment, et une heure d'excellent sommeil, la ranimèrent et je fus tout à fait heureuse. Les enfants étaient au mieux. Jamais couche n'a été plus heureuse, si ce n'est une fatigue et un épuisement extrême. Son lait n'est venu en force que le quatrième jour, mais sans excès d'abondance. Comme elle mettait beaucoup de courage à se faire tirer et pomper son lait, il venait facilement. L'aînée, qui pourtant était la plus forte, tirait fort peu et la petite n'en avait pas assez. Mais elles prenaient volontiers une petite bouillie de biscuits, d'usage dans ce pays, et de l'eau sucrée.

C'est au bout de huit jours, le dimanche au soir, que nos voyageurs sont arrivés. Ils avaient été retenus en chemin par les inondations... Mon mari se porte très bien et est engraissé; il est bien aimable, bien heureux d'être au milieu de nous et charmé de ce pays où on le reçoit, Bataves et Français, avec la bienveillance la plus marquée. Mon fils est embelli; il est excellent, conserve ce que je lui désire le plus, n'a pas fait pourtant en ce genre tous les progrès que j'aurais souhaités, mais il est vrai que c'était bien difficile à cause des distances. Unissez, ma chère amie, vos vœux aux miens; nous devons tout espérer après ce que Dieu a fait pour nous.

J'en viens à la douloureuse épreuve qu'il vient de nous envoyer. Le mardi, nous avons porté nos jolies petites à l'église; elles étaient très bien. L'aînée avait toujours eu, depuis sa naissance, le nez très rouge; il lui vint des aphtes dans la bouche; elle ne voulut plus téter... mais elle buvait, digérait à merveille et dormait presque toujours. Le samedi, Charlotte s'aperçut qu'elle avait les pieds enflés... On lui donna une potion conseillée par le médecin d'Utrecht; on changea un peu son régime; son estomac allait toujours bien; mais, le soir, il lui vint du mal au nombril; l'enflure remonta dans ses jambes; elle eut tous les symptômes d'un mal de gorge... Le soir du dimanche, elle fit difficulté d'avaler et le lundi, après une nuit de sommeil, elle tourna tout à fait à la mort et mourut à midi.

Anastasie crut longtemps qu'elle avait une faiblesse et n'osait la soigner elle-même, de peur d'altérer le lait qu'elle espérait conserver à l'autre, de manière que nous parvînmes à lui cacher la vue des derniers moments. Sa douleur est tendre, profonde et durera longtemps; quoique moins violente qu'elle ne l'eût été si elle eût été moins faible, elle lui a fait du mal et retardera son rétablissement. Je suis pourtant aujourd'hui plus contente de son visage. La sollicitude pour Célestine (c'est le nom de celle qui nous reste) a accompagné la douleur de la perte de l'aînée. Vous jugez bien qu'ayant déjà peu de lait, il en est à peine resté après une telle secousse... L'effroi qui suit le malheur nous a rendu facile de décider Anastasie à faire téter à sa petite une des meilleures nourrices que j'aie vues et que la Providence nous a fait trouver... L'enfant se rafraîchit et reprend à vue d'œil... La nourrice loge tout près d'ici; nous y allons plusieurs fois par jour. Il a été bien amer de l'éloigner, même à cette distance, mais la crainte de la perdre a fait céder tout autre sentiment. Je reprends courage, ma chère amie. Jamais je n'ai trouvé Célestine si bien[1]...

Adrienne fut bien heureuse de revoir Gilbert et George. Elle était maintenant le véritable chef de famille. Elle seule connaissait de première main la situation politique, ce qui n'empêchait pas La Fayette d'en discuter. Cette situation semblait mauvaise. A l'extérieur, une nouvelle coalition s'était formée contre la France. L'expédition d'Égypte avait dressé contre celle-ci la Russie et la Turquie. L'Autriche et l'Angleterre allaient reprendre les hostilités. La Fayette et son fils n'auraient eu qu'un désir : se battre pour leur pays, mais comment? La Fayette, proscrit, ne voulait pas exposer George à des rancunes ou à des insultes. « Vous représentez-vous George à la table d'un chef, buvant à l'heureuse journée du 10 août, qui fut le signal de l'assassinat de nos amis? » Non, George avait la passion du métier militaire mais il fallait, pour qu'il pût servir, « que la liberté revînt à l'ordre du jour ».

En Hollande, les patriotes bataves faisaient grand accueil à La Fayette. A Utrecht, où il alla rendre visite à son vieil ami le général Van Ryssel, il revit pour la première fois des troupes françaises portant la cocarde tricolore, *sa* cocarde. Ce ne fut pas sans émotion. Malgré l'injustice de la France à son égard, il se sentit fier d'elle. Le gouvernement actuel était mauvais? « Cela n'empêchera pas la destruction de toute puissance qui osera lutter contre la République. Les conscrits partent en pleurant, chantent en chemin et arrivent invincibles. » Plus français que partisan, il louait jusqu'à des adversaires politiques, s'ils étaient compatriotes et braves. Roger de Damas, émigré, royaliste impénitent, commandait à Naples un corps que

---

1. Lettre inédite. Archives de La Grange.

le général français Championnet avait sommé de mettre bas les armes :

La Fayette à Mme de Tessé, 18 février 1799 : Roger est venu en avant : « Messieurs, a-t-il dit, nous ne portons pas la même cocarde mais nous avons le même cœur, car je suis Français et vous sentez bien que je me défendrai! » Aussi l'a-t-il fait, avec autant de courage que de talent, et, malgré mon affection pour la France et pour la République, j'ai du plaisir à le voir si brillant[1]...

Il est vrai que ce Roger était frère de Mme de Simiane.

A Louis Romeuf, La Fayette écrivit qu'il avait été émerveillé par la bonne santé d'Adrienne, et ravi de trouver Virginie plus grande : « Vous ne reconnaîtrez pas Charles, *qui parle,* mais à cela près vous le retrouverez tel qu'il était, c'est-à-dire fait exprès pour le bonheur du jeune ménage. Je suis toujours bien content de George[2]... » Mme de La Fayette avait dû se rendre à La Haye et à Amsterdam, avec George et Virginie, pour faire viser leurs passeports, mais lui, Gilbert, voulait vivre en reclus, sans donner à la malveillance le moindre prétexte. Le général français qui commandait en Hollande, Brune, ancien secrétaire des cordeliers, ami de Danton et de Marat, ne voyait pas sans humeur La Fayette à Utrecht. Mieux valait se terrer. Que ferait l'exilé si les Anglais débarquaient en Hollande? La meilleure solution serait de partir pour les États-Unis, mais ceux-ci étaient alors brouillés avec la France pour des histoires de bateaux saisis. La Fayette espérait une réconciliation. Son ami Pusy allait, lui, se rendre en Amérique sans tenir compte de la rupture officielle. Adrienne trouverait bien l'argent nécessaire à la traversée. Mais le véritable désir de Gilbert, « personne déplacée », était de jouir « de la liberté française », à treize

1. *Mémoires, Correspondance et Manuscrits du général La Fayette,* tome V, page 3.
2. *Correspondance inédite de La Fayette,* publiée par JULES THOMAS, page 366.

lieues de Paris, dans cette terre de La Grange qui allait
être, pensait-il, la part successorale de sa femme.

Y avait-il une liberté française? Les directeurs, combattus à droite par les royalistes, à gauche par les jacobins,
étaient d'autant plus autoritaires qu'ils se savaient impuis-
sants. L'opinion publique, inerte, ne les soutenait pas.
Situation instable : « Il y a, pour la changer, des chances
militaires, écrivait La Fayette à Mme de Simiane; un
général peut persuader à une armée de renverser le despotisme actuel. » La Fayette, lui-même général, croyait
pouvoir, en un moment de crise, rendre à sa patrie le service de grouper autour de lui les amis de la liberté. Mais
ses conseillers lui disaient que, sur six cent mille mécontents, six au plus étaient prêts à agir. Alors « si tout dort
ou rampe, si d'ici au 1er juillet il n'y a pas d'espoir prochain, je ne puis me dispenser d'aller en Amérique. C'est
un devoir envers les États-Unis; c'est un devoir envers
ma famille[1]... ».

Washington, consulté, le détourna du voyage. Pusy,
à peine sorti du port, avait été capturé par les Anglais.
Amère leçon. Avec les Maubourg, La Fayette loua une
maison plus vaste et se prépara pour un long séjour aux
Pays-Bas. D'ailleurs Adrienne attendait, à Vianen, ses
sœurs Pauline et Rosalie, pour régler enfin la question des
partages.

*Mme de La Fayette à Marie-Josèphe Beauchet, 28 ventôse,
an VII* (18 mars 1799) : Je me presse de vous écrire un petit
mot bien confidentiel par mon beau-frère parce que je pense
que vous avez besoin d'une lettre où je vous ouvre mon cœur
plus librement que par la poste.

Tout ce qui m'environne et qui m'est cher se porte bien :
Anastasie a beaucoup meilleur visage et reprend des forces;
sa petite Célestine est bien portante, quoique extrêmement
délicate; Virginie ne tousse presque plus; mon mari et mon fils
sont dans une santé parfaite. Ils sont tous charmants pour moi,
mais je suis bien troublée du renouvellement de la guerre. Je
vois que mon fils ne supportera pas l'idée de rester dans l'inac-
tion et je n'ai pas besoin de vous dire combien mon cœur se
serre à l'idée de la carrière de douleurs qui s'ouvre devant nous.

Mon espoir actuel est d'obtenir du gouvernement français qu'il puisse en obtenir la permission d'entrer au service batave. L'union intime qui est entre les deux républiques rend, je crois, cette idée possible à exécuter, et l'excellent esprit du gouvernement, l'extrême bienveillance que rencontre partout son père, rendrait ce parti consolant pour moi et assez agréable pour lui. N'en parlez à personne, ni l'un ni l'autre. Cette affaire ne peut être traitée *que par moi* et il est décidé que j'emmènerai George à Paris avant la fin du mois prochain.

Nous attendons Pauline à la fin de la semaine. Nous passerons encore quinze jours tous ensemble avec elle; après quoi je m'occuperai de mon départ (avec Rosalie, George et Virginie).

Nous déménageons d'ici à deux jours, pour une maison peut-être un peu trop jolie, parce qu'elle est beaucoup plus chère que nous ne voudrions, mais nous trouverons encore de l'économie à faire nous-mêmes notre ménage. Notre jolie petite maison se loue 500 florins, que nous ne commencerons à payer que dans six mois. Nous n'avons pu en trouver une meilleur marché. C'est celle dont Anastasie nous avait écrit. Il nous a fallu pour trois ou quatre cents florins de meubles indispensables. Je les ai empruntés à Pauline. Au reste, j'aurai fait précisément tous mes comptes et je vous en enverrai le détail par une occasion....

Voilà notre position, ma chère amie. Elle est fort douce pour le moment, mais la pensée de l'avenir en trouble bien pour moi la douceur.

Mon mari est sans cesse occupé du *choix* que nous ferons dans nos partages. Son goût pour l'agriculture est réel... Voici une note qu'il m'avait priée de copier dans ma lettre à M. Beauchet; je la joins ici telle qu'il me l'a donnée. C'est pour lui une occupation de tous les moments que l'agriculture de sa future propriété et, quoique cela puisse être un peu moins que les projets de Perrette, puisqu'il n'a même pas la permission d'approcher du pot au lait, je mets pourtant bien du prix à ce qu'il ait ces détails... Nous avons, dans cette maison, un joli jardin, que Simon et mes enfants se chargent de cultiver. Le goût de la campagne est commun à tous tant que nous sommes.

Mon beau-frère prétend que tous nos partages peuvent être faits d'ici à quatre mois, ainsi que mes affaires du département des Côtes-du-Nord. Je m'occuperai de cette perspective pour supporter la séparation. Je laisserai M. de La Fayette au milieu de ce jeune ménage, dans un pays qui lui plaît et dont il est vraiment aimé[1]...

---

1. Lettre inédite. Archives de La Grange.

Enfin les sœurs arrivèrent. A Pauline et à son mari, Mme de Tessé avait eu la bonté d'offrir le voyage en poste. Ils arrivèrent la veille de Pâques. Rosalie de Grammont était déjà là. Tous habitèrent chez La Fayette et l'on y fit, faute d'argent, maigre chère. Les trois sœurs mirent en commun leur génie et leurs bourses pour se procurer, à peu de frais, les objets indispensables :

M. de Montagu disait, en riant, qu'il n'avait fait, en Hollande, qu'*un* bon dîner, et ce fut à Utrecht, chez le général Van Ryssel [dont la fille allait plus tard épouser Victor de la Tour-Maubourg]. A Vianen, tout allait de travers malgré la bonne volonté de la maîtresse du logis, dont la seule ressource était de faire des œufs à la neige lorsqu'il s'agissait d'ajouter un plat de résistance à l'ordinaire de quinze ou seize convives, mourant de faim. Mais au sein de cette détresse, que de bonheur[1]!

Quels ravissants entretiens entre les trois sœurs :

Aussitôt qu'on pouvait se dérober aux affaires (c'était le plus souvent après le souper, et comment avait-on soupé!), on se retirait, par un froid glacial, dans une chambre sans feu. Chacune de ces dames s'enveloppait, du mieux qu'elle pouvait, dans sa pelisse pour se mettre, tant bien que mal, à l'abri des vents qui soufflaient entre les cloisons, appuyait ses pieds grelottants sur une mauvaise chaufferette, et en voilà jusqu'à minuit, jusqu'à une ou deux heures du matin[2]...

Adrienne, quadragénaire, grisonnait. Pauline, âgée de trente et un ans, paraissait beaucoup plus jeune que Rosalie, sa cadette. « L'éducation qu'elles avaient reçue créait », entre les trois survivantes de la nichée, « plus de ressemblance que la nature n'en avait mis. Toutefois les sentiments et les vertus par où elles se rapprochaient le plus conservaient encore, en chacune d'elles, une physionomie à part. »

1. A. CALLET : *Anne-Paule-Dominique de Noailles, marquise de Montagu*, page 319.
2. A. CALLET : *Anne-Paule-Dominique de Noailles, marquise de Montagu*, pages 320-321.

Mme de La Fayette montrait ses grandes qualités d'esprit et de volonté dans l'action. Elle était une héroïne à la manière antique, et point du tout consciente de l'être. Mme de Montagu n'avait pas, dans le monde, l'autorité d'Adrienne. Son mari et sa tante lui reprochaient une modestie excessive. Elle gardait le goût de l'effacement. Il lui manquait « cette juste mesure qui fait qu'on proportionne ce qu'on dit aux dispositions de ceux qui vous écoutent ».

Mme de Tessé disait qu'elle exagérait tout; c'est qu'elle rendait trop fidèlement ses impressions dans leur vivacité première. La raison même avait, dans sa bouche, un langage animé comme celui de la passion. Ses réflexions les plus mûries gardaient la chaleur de son âme. Elle prenait sa sensibilité pour un défaut et travaillait à s'en corriger...

Pour Mme de Grammont, dont la vie fut beaucoup plus retirée, ce qui la caractérisait, c'était la force d'âme, l'inébranlable fermeté en face de tout événement... Elle écrivait et parlait un langage aussi ferme que sa pensée. Elle était petite, un peu raide, les traits fortement prononcés, et n'avait presque rien des douceurs et des grâces de la femme... Sa bonté paraissait dans ses actions plus que sur son visage. Ce n'est pas d'elle qu'on eût pu dire qu'elle attachait trop de prix aux félicités humaines!... Elle fut neuf fois mère et, huit fois, la mort lui ravit ce qu'elle avait de plus cher. Après chaque deuil, elle avait répété avec Job : « Le Seigneur m'avait donné cet enfant; le Seigneur me l'a repris; que le nom du Seigneur soit béni! »

Quelle était la meilleure et la plus parfaite des trois sœurs? Question impossible à résoudre.

Peut-être l'une était-elle supérieure à l'autre par les dons de l'esprit, l'autre par l'énergie morale, la troisième par la sensibilité du cœur; mais on peut dire qu'avec des nuances différentes, la même vertu brillait dans les trois sœurs. Les vases d'argile qui renferment la lumière y mêlent chacun son reflet. Mises à la place l'une de l'autre, il est probable qu'elles n'auraient pas tenu une conduite différente. On se figure sans peine Mme de Grammont à Olmütz, et Mme de La Fayette à Witmold, secourant les émigrés... Aucune des trois sœurs ne manqua à sa tâche; leur désintéressement était le même; elles auraient

marché sur des charbons ardents pour remplir un devoir. Elles
avaient également horreur de l'inutile et du futile, et trouvaient pitoyable qu'on fît quoi que ce soit pour s'amuser[1]...

Que faisaient-elles donc à Vianen, dans cette chambre
glacée? Elles priaient ensemble, puis causaient à voix
basse, en prenant soin de ne pas réveiller les pères et les
enfants déjà endormis. Elles composèrent une prière, en
forme de litanies, à la mémoire de leur mère suppliciée et
prirent l'engagement de la réciter chaque jour « à l'heure
douloureuse ». Malgré leurs longues veillées, elles se levaient
de bonne heure pour aller ensemble à la messe. Rosalie
disait à Pauline :
« Je sens que vous m'excitez au bien et m'entraînez à
la prière.
— Cela me rappelle, répondait Pauline, les chevaux que
l'on voit dans ce pays, sur le bord des canaux : ils sont
maigres et chétifs, et cependant ils traînent après eux de
grandes barques. »
Le 5 mai, il fallut se séparer. Des amis leur mandaient
qu'à Paris, on traitait l'innocente réunion familiale de
« conciliabule » et qu'on en murmurait chez les gens en
place. La sottise accompagne souvent la peur. Les trois
ménages s'étaient mis d'accord sur les partages; le difficile allait être d'exécuter ce qui avait été décidé. De cette
négociation, Mme de La Fayette seule pouvait se charger
et, tandis que Pauline retournait à Witmold emportant
deux malles de vêtements, l'une rapportée d'Auvergne
(et contenant la garde-robe démodée du vicomte de Beaune),
l'autre importée d'Amérique par George, la vaillante
Adrienne partit pour la France avec Rosalie, qui rentrait
à Villersexel. La Révolution avait, par miracle, respecté
ce château.
George et Virginie étaient du voyage. La Fayette restait
en Hollande. Pendant cette nouvelle séparation, durant
laquelle Adrienne porterait une fois de plus, sur ses fra-

---

1. A. CALLET : *Opus cit.*, pages 326-327.

giles épaules, l'avenir des siens, que trouverait-elle à
Paris ? Les nouvelles des guerres étaient mauvaises. Bonaparte ne semblait pas réussir en Syrie où, d'Égypte, il
avait conduit son armée. Le général russe Souvarov
occupait Milan. En France, les élections avaient amené
aux Cinq-Cents une majorité hostile au Directoire. Adrienne
allait de nouveau vivre dangereusement. Elle en avait
l'habitude.

Elle vit un pays grognon et, plus que jamais, hostile
au gouvernement. En province, de parti pris, les com-
merçants fermaient boutique le dimanche et ouvraient
le décadi. Symbole de leur nostalgie du passé. Les parvenus
de la Révolution mettaient leurs enfants dans les écoles
à chapelles et confessionnaux. Grammont, à l'église Saint-
Roch, entendit un homme, à côté de lui, dire avec ferveur :
« Mon Dieu, ayez pitié de nous, exterminez la nation ! »
Cela signifiait, pour ce cœur simple : « Délivrez-nous,
Seigneur, du système conventionnel ! » Les mots *citoyen*
et *patriote* devenaient des injures. Revers et succès des
armées étaient accueillis avec indifférence. On eût dit
qu'il s'agissait des affaires d'un autre peuple.

Cette passivité des masses n'assurait pas la solidité
du Directoire. Personne ne croyait en ce régime ; nul ne
le soutenait, que par intérêt : « Leur République, si jeune,
est atteinte de ce mal sans nom qui n'attaque d'ordinaire
que les vieux gouvernements, sorte de consomption sénile
qu'on ne saurait définir autrement que *la difficulté d'être ;*
personne ne fait effort pour la renverser, mais elle semble
avoir perdu la force de se tenir debout[1]. »

George, qui était venu à Paris pour faire régulariser
son passeport, écrivait à son père : « J'ai trouvé ici de
grands changements ; vous jugez bien que ce qui m'est
personnel est suspendu pour le moment... » On craignait
des émeutes, une révolte. Adrienne, impavide, avait tout
de suite commencé mille démarches : « Ne craignez rien

1. H. TAINE : *La Révolution. Le Gouvernement révolutionnaire*, tome II,
page 417.

pour ma sûreté; j'espère être avec vous avant qu'il y ait du danger pour les femmes et pour les pauvres. »

La Fayette à Mme de La Fayette, Vianen, 16 mai 1799 : Je suis revenu bien tristement tout seul, ma chère Adrienne, et, quoique je ne puisse regarder cette séparation comme celle de l'année dernière, il y en a plus qu'il ne faut pour me faire bien de la peine. Déjà je commence à éprouver l'impatience de vous revoir que me donne l'approche de notre réunion; c'est m'y prendre de bonne heure...

Nous attendons de vos nouvelles. J'ai trop de confiance en vous pour craindre que vous ayez oublié les soins de votre santé, que vous m'avez solennellement et tendrement promis... Notre jardin a tous les jours de nouveaux charmes, mais une fouine a mangé ma pauvre femelle ramier et ses œufs.

J'ai rencontré avant-hier, chez la nourrice, trois chaudronniers du Cantal. Ce sont des hommes de fort bon sens et dont le jugement, pour les questions que je leur faisais, est très supérieur à celui des salons. Il en résulte évidemment que la Révolution, malgré les crimes et les violences qui en ont souillé le cours et arrêté les effets, a cependant déjà beaucoup amélioré le sort des paysans de ce département. Je vous fais part de cette consolation, que j'ai attrapée en passant et qui m'a fait grand plaisir.

Adieu, ma chère Adrienne. Mon cœur vous suit, vous regrette, vous prêche et vous aime bien tendrement[1]...

29 mai 1799 : Ma lettre vous trouvera vraisemblablement à La Grange, mon cher cœur, dans cette retraite où nous sommes destinés, j'espère, à nous reposer ensemble des vicissitudes de notre vie. Cette idée mêlera quelque douceur à vos peines actuelles et vous montrera que, malgré les succès de la coalition, je ne pense point qu'ils finissent par contre-révolutionner la République... Le moment est bien critique; c'est celui où tout véritable patriote doit, plus que jamais, sentir le besoin de servir la France... Je ne m'étonne donc point que George augmente d'ardeur en proportion de ce qui diminue l'ardeur des incertains; mais je puis vous assurer, ma chère Adrienne, que je m'associe plus maternellement à vos inquiétudes que je ne l'aurais cru moi-même dans le temps où vous les auriez partagées entre son père et lui...

Je pense absolument comme vous, ma chère Adrienne, et

---

1. *Mémoires, Correspondance et Manuscrits du général La Fayette,* tome V, pages 47-48.

pour quiconque admet l'idée d'être conscrit dans six mois, il convient d'être volontaire aujourd'hui. ... Dans toute cette affaire et dans votre manière de la voir, sous tous les rapports, vous avez bien satisfait mon cœur et encore augmenté, s'il était possible, ma confiance en vous. Vous dites que votre tête est baissée, mais certes ce n'est pas votre âme ; la mienne s'unit à tous vos sentiments...

Vous allez m'écrire bien des détails sur La Grange : d'abord *la maison*, et une réponse à toutes nos idées de logement ; ensuite *la ferme*. Je voudrais savoir le nombre des animaux vivants, grands et petits, qu'on y entretient ; combien tout cela coûte ; combien on a de domestiques pour les soigner ; et puis un petit mot sur *le parc* et *les bois*. Liancourt m'a prêté quelques ouvrages d'Arthur Young ; je suis plus enfoncé que jamais dans l'étude de l'agriculture, et tous les détails que vous m'enverrez me donneront le plaisir de comparer ce qui se pratique en France avec ce qu'on fait en Angleterre et en Hollande. L'avenir est bien embrouillé... J'en conclus qu'il faudrait nous retrouver le plus tôt possible. Que n'êtes-vous déjà ici ?[1]

Dans son ermitage de Vianen, il était mieux placé pour étudier les carrés de son jardin que les partis de la République. Ceux-ci étaient fluides. Au tirage au sort, l'un des directeurs, Rewbell, avait été éliminé. Bien qu'il eût mauvaise réputation, c'était une perte pour Adrienne qu'il avait aidée. Les conseils choisirent, pour le remplacer, l'abbé Sieyès. Puis, le 30 prairial, un petit coup d'État chassa La Revellière-Lépeaux et Merlin de Douai. Barras étant tout à fait déconsidéré, Sieyès allait être la poutre maîtresse de l'édifice.

Les La Fayette le connaissaient bien. Ils l'avaient reçu au temps de la Constituante et La Fayette citait volontiers un mot que l'abbé avait alors prononcé : « Ils veulent être libres et ils ne savent pas être justes. »... « L'abbé ? »... Il l'était à peine. Sa famille, non sa foi, l'avait fait prêtre. Avant la Révolution, il avait été le cerveau de l'opposition. Mirabeau l'avait appelé « mon maître ». A la Convention, il était resté silencieux. Silence chargé de mépris,

---

1. *Mémoires, Correspondance et Manuscrits du général La Fayette*, tome V, pages 48-52.

mais qui plus tard parut lourd de sagesse. Il passait pour le
plus grand expert en constitutions et institutions. En
mai 1799, il venait de résider quelques mois à Berlin,
comme ambassadeur de France auprès du roi de Prusse,
Frédéric-Guillaume III. La France croyait lui devoir la
neutralité de ce prince et cela rehaussait encore son
prestige. Il arrivait, en ce dernier acte d'une tragédie
nationale, comme la divinité du dénouement.

Adrienne lui demanda une audience, l'obtint et alla
entretenir le nouveau directeur du retour éventuel de
La Fayette. Elle avait peur d'une invasion de la Hollande
et même d'un nouveau séjour en Holstein, où les troupes
de la coalition pouvaient entrer. Pour son mari, la France
lui paraissait moins dangereuse. Virginie accompagnait
sa mère. Sieyès les reçut aimablement; elles firent assaut
de mémoire pour reproduire, aussi exactement que possible, les propos qu'il avait tenus de sa voix méridionale,
puis elles envoyèrent à Vianen le texte de l'entretien :

MADAME DE LA FAYETTE. — On menace de l'envahissement
de la Hollande. Je vois M. de La Fayette entre l'échafaud, la
Sibérie ou sa rentrée en France. Je lui mande que je crois ce
dernier parti préférable, et j'ai voulu vous en prévenir afin que,
s'il prend cette détermination dans une pareille extrémité,
vous n'y puissiez donner aucun autre motif que le sentiment
de confiance dans son pays, qui lui ferait préférer ce danger
aux autres.

SIEYÈS. — On vous a trompée, madame, si l'on vous a dit
que j'étais l'ennemi de La Fayette.

MADAME DE LA FAYETTE. — Je ne le pense pas. La preuve
en est que je m'adresse à vous.

SIEYÈS. — Je désire très sincèrement son retour ici, et celui
de tous les patriotes de 1789. Mais je crois qu'il serait dangereux
pour lui de rentrer en France. Nous avons des lois dont nous ne
pouvons nous écarter.

MADAME DE LA FAYETTE. — Je ne vous demande rien,
monsieur; je viens seulement pour vous déclarer qu'entre tous
les dangers, celui-là me paraît préférable.

SIEYÈS. — Si c'est une simple déclaration, vous l'avez faite.
Mais, apparemment, puisque vous me parlez, vous voulez que
je vous réponde, et je vous dis que je pense que le parti est

dangereux. Je ne crois pas à l'envahissement de la Hollande, mais je le suppose avec vous. La Fayette est encore loin du lieu des troubles. Comment est-il en Hollande?... Je ne sais pas tout cela.

MADAME DE LA FAYETTE. — Il y est avec une permission tacite du gouvernement français, mais il n'y doit rien craindre et je suis sans inquiétude tant que les patriotes de 1789 y gouverneront.

SIEYÈS. — Eh bien! S'il y avait une invasion en Hollande, La Fayette pourrait aller dans les États du roi de Prusse : il est décidément neutre à présent; je n'y compte pas plus que je ne dois, mais je ne perce pas dans le futur.

MADAME DE LA FAYETTE. — Et moi, monsieur, je perce dans le passé! M. de La Fayette n'a aucune confiance dans les rois! L'empereur lui a fait signifier, à Olmütz, que ses principes étaient incompatibles avec la sûreté de son gouvernement.

SIEYÈS. — Je conviens qu'il serait terrible pour La Fayette de tomber entre les mains des puissances; que la mer est impossible dans ce moment à traverser pour lui. Mais, je le répète, il pourrait aller chez le roi de Prusse, à Nimègue, dans le duché de Clèves. Qu'il y fasse ce qu'il fait à présent, qu'il attende. Vous voyez que MM. de Lameth, d'Aiguillon, ayant traversé quelques lieues de la France, nous avons sur ce sujet un message.

MADAME DE LA FAYETTE. — Oui, je crois que si M. de La Fayette rentrait dans une ville de France, vous pourriez avoir un message et quelques numéros des *Hommes Libres* qui en parleraient; mais vous pourriez le faire mettre en prison.

SIEYÈS. — Pire que cela. Je serais bien fâché qu'il arrivât du mal à La Fayette. Je ne vois en lui qu'un homme avec qui j'ai siégé et qui, depuis, a été malheureux.

MADAME DE LA FAYETTE. — Vous pourriez ajouter : qui a souffert pour la cause de la liberté, pendant cinq ans.

Note de Virginie : Maman a souvent demandé : « Me conseillez-vous d'en prévenir vos collègues? » Le directeur a seulement répondu : « Si vous avez des moyens, vous ferez bien de les employer[1]... »

Ce n'était pas très encourageant. Au vrai, Sieyès, « taupe de la Révolution », minait déjà le gouvernement dont il faisait partie. Le retour de La Fayette eût contrarié

---

1. *Correspondance inédite de La Fayette*, publiée par JULES THOMAS, pages 373-375.

ses projets. L'abbé voyait clairement que le Directoire ne
pouvait survivre aux échecs militaires. Les directeurs
avaient pris des mesures de salut public : levée en masse,
emprunt forcé. Mais faire du jacobinisme dans ce pays las
des jacobins, c'était se suicider. Si, par miracle, des généraux rétablissaient la situation militaire, ce serait sur eux
qu'on devrait s'appuyer. « Il me faut une épée, murmurait
l'abbé. Qui la tiendra? » Sieyès avait pensé à Hoche, à
Joubert. Ces deux héros morts, restait Bonaparte, moins
sûr, mais plus brillant, plus politique. Qui encore? Bernadotte? Moreau? « La Révolution, eût répondu Bonaparte
lui-même, doit apprendre à ne rien prévoir. »

L'épée pourrait-elle être celle de La Fayette? Adrienne
n'eut pas l'impression que Sieyès le pensât et elle savait
que son mari n'admirait guère l'abbé. « Il est peureux,
disait La Fayette, il prend de l'humeur, ne sait pas plaire ;
il ne peut ni parler d'abondance, ni monter à cheval ; c'est
un abbé dans toute la force du terme... Tout le monde
l'attendait sur le piédestal, et on s'est étonné de le voir si
petit[1]... » La Fayette pensait pourtant que les circonstances pouvaient « remonter » Sieyès et qu'il ne fallait
pas se brouiller avec lui. Grâce à sa femme, Gilbert se
faisait une idée assez exacte de ce qu'était alors la France.
A Paris comme dans les provinces, les profiteurs de la
Révolution tenaient à conserver leurs gages. A l'autre
extrémité complotaient les *ultras*, les fanatiques, les aventuriers qui espéraient faire fortune dans une nouvelle
cour. « Au milieu de ces deux partis se trouve la nation...
qui craint la contre-révolution absolue, aimerait une
monarchie limitée, s'arrangerait fort bien d'une république
libre et a, par-dessus tout, l'horreur des grandes secousses[2]... »
Peinture vraie.

Adrienne avait obtenu, pour George, la permission de
retourner en Hollande. De Fontenay-en-Brie, le 7 juillet,

---

1. *Mémoires, Correspondance et Manuscrits du général La Fayette*,
tome V, page 103.
2. *Ibidem*, tome V, page 106.

il écrivit à son père : « Enfin, mon cher papa, je suis en possession de ce passeport si désiré et, dans sept ou huit jours, je serai bien près de vous. » Le jeune homme se disait déchiré, heureux de retrouver son père, désolé de quitter sa mère. « Maman est si bonne que, se comptant pour rien comme à son ordinaire, elle éprouve, me dit-elle, une bien grande consolation en pensant à mon bonheur. » Le 5 août 1799, ce fut Gilbert qui annonça l'arrivée de leur fils.

A Mme de La Fayette : Je pensais, bien tristement mais bien tendrement à vous, ma chère Adrienne, lorsque tout à coup (c'était avant-hier) George est entré dans ma chambre. Vous n'irez pas bien loin pour juger de ce que j'ai éprouvé, et je sais avec quelle générosité vous jouissez de mon bonheur. Quand verrons-nous la réunion de toute la famille? Ce serait bientôt et en France, si, dans cette dernière crise, tous les hommes qui ont pris part à la révolution étaient à portée de se réunir autour du premier de tous les intérêts : celui de la liberté. C'est l'intérêt de ceux qui ont le pouvoir, mais les hommes causent sur les intérêts et agissent par les passions.

Certes il faudra bien, pour que j'aille en Amérique, ne pas conserver la moindre espérance de servir ici ma patrie. Quand je vois s'avancer, avec les plus détestables intentions, la coalition contre la France et l'humanité entière, quand je reconnais mes ennemis personnels à la tête de cette affreuse ligue, il me semblerait que je n'ai autre chose à faire qu'à me ranger de l'autre côté et à me battre jusqu'à extinction... Point du tout. L'autre côté me témoigne presque autant de malveillance! Rien ne m'annonce que c'est la liberté qu'il veut défendre et, à présent comme l'année passée, j'*apprécie* les motifs qui m'écartent de ma patrie.

Depuis hier, George et moi, nous vous arrangeons une ferme, soit dans la belle vallée du Shenando, sur les derrières de l'État de Virginie, non loin de *Federal City* et même de Mount Vernon, soit dans les prairies de la Nouvelle Angleterre, à portée de la ville de Boston pour laquelle vous connaissez ma prédilection[1]...

Mais pour acheter cette ferme, le premier dollar manquait.

1. *Mémoires, Correspondance et Manuscrits du général La Fayette*, tome V, pages 70-71.

Cependant une armée anglo-russe débarquait en Hollande. Un ancien adversaire de La Fayette, Sir Ralph Abercrombie, commandait une division anglaise. Vingt-cinq mille Russes se battaient pour les Anglais. Que diable allaient-ils faire en ces polders? Victor de la Tour-Maubourg et George de La Fayette s'engagèrent dans l'armée batave. Ils ne pouvaient demeurer indifférents quand leurs hôtes et amis étaient attaqués.

La Fayette à sa femme, Utrecht, 4 septembre 1799 : Ma chère Adrienne, j'espère que vous nous approuverez. Vous voyez que je me suis borné aux devoirs civiques d'un patriote, habitant la Hollande envahie. C'eût été contre ma conviction que j'aurais contrarié le projet de Victor et de George.

Il ne leur procurera pas, je crois, les dangers qu'ils aimeraient à courir. Vous vous en consolerez et moi aussi, car je sens qu'envoyer à la guerre ou y mener sont deux choses fort différentes...

Après-demain me verra entrer dans ma quarante-troisième année. Il est bien temps de se choisir une demeure définitive[1]...

Il annonçait l'arrivée du duc d'York, fils du roi d'Angleterre George III, qui allait commander les troupes anglo-russes. La Fayette le connaissait bien : « C'est, hors de table, un pauvre renfort. » Mme de Tessé, effrayée, suppliait son neveu de quitter la Hollande. Il n'y pensait pas. La vieille dame lui reprochait d'avoir les yeux si constamment fixés sur les principes qu'il ne voyait pas les dangers. Il répondait fièrement : « Dans les dangers de la liberté, je suis fort susceptible de distractions sur mes intérêts personnels. »

Utrecht, 19 septembre 1799... C'était l'anniversaire de la sortie d'Olmütz. Adrienne reçut une lettre mélancolique et tendre :

Il y a aujourd'hui deux ans, chère Adrienne, que nous sortîmes de cette prison où vous étiez venue me porter la consolation et la vie. Que ne puis-je, après deux ans d'exil ajoutés

1. *Mémoires, Correspondance et Manuscrits du général La Fayette,* tome V, pages 78-79.

à cinq ans de captivité, vous porter, dans une paisible retraite, l'assurance d'être réunis pour toujours[1]!

Ils vivaient en des temps où « pour toujours » semblait une expression vide de sens. Tout changeait d'instant en instant. Soudain les affaires militaires prirent meilleure tournure. Comme il arrive en la plupart des coalitions, Anglais et Russes se querellaient. D'où grande victoire des Gallo-Bataves. Deux mille prisonniers. Vingt pièces de canon. La Hollande était sauvée. En Suisse, Thugut venait de retirer, fort mal à propos, les troupes de l'archiduc Charles et Masséna avait cerné l'armée russe de Korsakov.

En ces victoires étonnantes, Adrienne trouvait peu d'apaisement. Elle avait quitté la maison des Beauchet. L'hiver approchait et elle ne pouvait décemment maintenir dans un grenier glacé la généreuse amie qui lui cédait sa propre chambre. Un moment, elle avait pensé camper à Fontenay, mais c'était trop loin de Paris où elle devait faire démarches sur démarches. Avec son beau-frère Grammont, elle avait loué à Châtenay un petit logement, d'où elle pouvait venir à pied malgré sa jambe malade. Là elle vivait pour peu d'argent et Virginie y pouvait prendre des leçons de dessin gratuites.

Virginie de La Fayette à Anastasie de la Tour-Maubourg : Tes lettres sont charmantes. Nous nous rappelons, maman et moi, combien tu l'es continuellement. Quant à moi, je sais combien je suis maussade, mais je suis excédée de tout le monde et n'ai de bon que la demi-heure que nous passons chez Mme de Simiane[2]...

Virginie se jugeait avec sévérité. Les autres ne partageaient pas son humeur chagrine. Marie de Maisonneuve (née La Tour-Maubourg) écrivait à sa belle-sœur Anastasie :

1. *Mémoires, Correspondance et Manuscrits du général La Fayette*, tome V, page 84.
2. Lettre inédite. Archives de La Grange.

J'ai vu Mme de Simiane et Mme de Poix, et j'ai bien joui de leur entendre faire l'éloge de Virginie... Ces dames la trouvent, comme moi, étonnamment embellie, mise à merveille, aimable au possible; enfin elles en étaient à dire que, plus droite, elle serait peut-être moins piquante. Elle a des robes bien faites, des manches blanches et courtes, enfin c'est une petite muscadine du meilleur goût[1]...

Paris arrange tout.

Adrienne à La Fayette : *12 vendémiaire au soir* : Vous aurez reçu du 10 une lettre de moi bien triste, mon cher Gilbert, et peu de moments après qu'elle était partie, j'en ai trouvé une de vous, du 4, qui ne l'était guère moins. Je suis vivement touchée de ce que notre éloignement ajoute à votre tristesse; je voudrais au moins avoir quelque chose de consolant à vous dire. Mais que pourrais-je en ce genre, mon cher Gilbert? Puisque l'on ne peut douter que vous fussiez encore plus malheureux, si vous voyiez jusqu'au fond l'abîme où nous sommes et le peu d'espoir de jamais voir la liberté renaître au milieu de tant de souillures, et après avoir été si défigurée.

Il est certain pourtant que notre position militaire est meilleure; que Masséna vient d'avoir une grande victoire en Helvétie; que la coalition ne parvient point à attirer le roi de Prusse; que, dans l'intérieur, on a remis en liberté quelques personnes injustement détenues; que Fouché et Dubois-Crancé ne favorisent pas les jacobins[2]...

Adrienne, vieillie, toutes passions éteintes, donnait sans jalousie des nouvelles de Diane-Adélaïde de Simiane. De Châtenay, dans sa lettre « bien triste » datée du 10 vendémiaire, elle avait écrit : « Nous sommes ici à la porte de Paris. Nous y allons demain dîner avec Zéphirine et sa mère, qui arrivent de Cirey et de qui j'ai besoin de savoir beaucoup de détails sur la position d'Adélaïde... » Le surlendemain, elle communiquait ponctuellement les informations recueillies :

Nous avons dîné hier, comme je vous l'avais annoncé, avec la belle-sœur d'Adélaïde, qui la quittait. Elle va, selon toute

1. Lettre inédite. Archives de La Grange.
2. Lettre inédite. Archives de La Grange.

apparence, avoir un bonheur que je lui envie bien : celui de
trouver de l'argent, sur sa parole d'honneur, pour payer le
premier terme de l'emprunt forcé qui la chasse de sa maison.
Vous croyez bien que je serai instruite de la conclusion de cette
affaire et que je vous ferai part du parti qu'aura pris Adélaïde
pour le lieu de son séjour. J'ai su, par cette belle-sœur, qui a
vraiment été fort aimable pour elle, tout ce que j'ai pu de la
manière dont ce nouveau bouleversement avait affecté Adélaïde. Elle m'a répondu, comme vous pouvez le prévoir, qu'elle
y met beaucoup de courage et que, chez elle, les peines du cœur
absorbent tellement toutes les autres qu'elle dit les sentir bien
moins. Elle ajoute cependant que ce déménagement lui a été
fort pénible ; qu'elle a été trois jours bien contrariée et bien souffrante. Son amie reste avec elle jusqu'au mois prochain. Il faut
attendre le résultat des soins de sa belle-sœur, et ce que l'on
fait espérer qu'on va rapporter, ou du moins changer la manière
de ce maudit emprunt, pour savoir quelle sera sa marche[1]..

Adrienne trouvait de l'argent difficilement, par petites
sommes : huit cents francs empruntés; la vente du bois à
Fontenay; elle envoyait à Vianen le montant du loyer
que devait payer son mari pour « la jolie maison ». Elle
faisait mille démarches et, à force de ténacité, de diplomatie et d'autorité, obtenait souvent ce qu'elle demandait.
Sieyès la recevait maintenant très volontiers, la jugeant
fort sage et de bon conseil. Plus que jamais, il cherchait
une épée. Hors les ultras démentiels et les jacobins endurcis,
tous les Français semblaient prêts à accepter un arbitrage
dont la France avait un si urgent besoin. « Il faut, de part
et d'autre, des sacrifices, écrivait le 9 octobre Adrienne,
et les leçons, de part et d'autre, ont été si fortes qu'on
semble à la fin les entendre... Dans une pareille situation,
la vertu n'a guère de place[2]... »

C'était là un avertissement de l'épouse réaliste à son
chimérique mari. Mais lui se prétendait certain de son
immense popularité en France. Carnot, exilé en Hollande,
lui faisait, disait-il, des avances. Bientôt on le rappellerait

---

1. Lettre inédite. Archives de La Grange.
2. *Mémoires, Correspondance et Manuscrits du général La Fayette,*
tome V, page 133.

parce qu'on aurait besoin de lui. Déjà il posait ses conditions, la première étant le libre retour en France de tous
les honnêtes gens, exilés ou émigrés.

*La Fayette à César de la Tour-Maubourg, 25 vendémiaire,
an VIII* (17 octobre 1799) : Persuadé que le premier moyen
de succès est d'*oser* et voyant que tout le monde craint
de se compromettre, j'ai offert d'arriver subitement à Paris ;
de mettre les gouvernants dans l'alternative d'agir ou de m'assa-
siner ; de faire monter à cheval avec moi Beurnonville, Lefebvre ;
de proclamer et assurer la liberté dans la capitale et par suite
dans la France, envers et contre tous. On m'a répondu que je
perdrais la vie sans aucun fruit. Pétiet, ami intime de Moreau,
et qui est pour moi le même qu'à Sedan, a prié ma femme de
me faire savoir que son ami était excellent et parfaitement
intentionné, mais qu'il n'avait pas le caractère qui fait sortir
de la marche régulière, et qu'en un mot, hors un jour de bataille,
il n'était pas propre à une entreprise. On a dû pourtant causer
à fond avec lui, et j'attends des nouvelles de cette conversation[1]... »

La grande nouvelle qui vint concernait un homme plus
entreprenant et plus brillant. La Fayette l'apprit à Utrecht,
du général Van Ryssel, chez qui il avait été faire une partie
d'échecs tandis que la jeunesse jouait au loto. Le 9 octobre,
Bonaparte, ayant quitté en secret son armée d'Égypte,
avait débarqué à Saint-Raphaël. Que voulait-il ? Rentrait-
il d'accord avec le gouvernement et rappelé par Sieyès ?
Ou jouait-il son propre jeu, appuyé sur ses deux frères,
Joseph Bonaparte au Conseil des Anciens, Lucien aux
Cinq-Cents ?

La Fayette à César de la Tour-Maubourg : Quant aux dispositions de Bonaparte à notre égard, elles dépendront absolument de son intérêt et de ses projets actuels. Vous savez que
son premier mot, en Italie, fut que je ne devais pas rentrer en
France. Il dit à Victor, lors de ses adieux, qu'il espérait bien
faire connaissance avec moi ; vous savez qu'il prétendit ensuite
nous avoir répondu en termes très convenables, et il n'en était
rien. Mme Bonaparte a dit à George qu'il fallait *que son mari
et moi fissions cause commune.* Mais quoique Bonaparte eût

---

1. *Mémoires, Correspondance et Manuscrits du général La Fayette,*
tome V, page 126.

parlé très obligeamment à Paris de moi, avec Louis Romeuf, et lui eût paru s'intéresser aux dangers que je courais d'être pris en mer par les Anglais, en observant qu'il n'y aurait que l'inconvénient du retard à être conduit dans un port de France il finit par lui dire très nettement que « nos opinions politiques étaient trop différentes pour qu'il eût jamais pensé que je dusse rentrer »...

Au reste vous jugez bien que, depuis les défaites de la coalition, les mécontents n'attendent de salut que par l'intérieur. Le moment est donc très favorable pour Bonaparte. Il ne risquera pour la liberté aucun avantage personnel; il a prouvé que son âme pouvait très tranquillement en voir la violation, et même y coopérer. Cependant, si sa gloire, si son ambition demandent qu'il se mette en avant pour la bonne cause, il le fera. Son vœu doit être que la république s'établisse sur des bases solides de liberté et de justice. Peut-être a-t-il envie d'en être président à vie?... J'aimerais fort cet arrangement. Ce serait un essai curieux à faire. Le Conseil des Anciens proposerait des changements à la constitution et ce serait un des articles. En un mot, tout est bon excepté la monarchie aristocratico-arbitraire et la république despotique, et j'avoue que l'inclination me porte à cette non-hérédité de présidence, quoique je fusse bien fâché de mettre obstacle à tout autre arrangement qui assurerait à la nation ses droits et lui ferait trouver le repos dans une bonne et complète liberté, que je vous souhaite en finissant ce long griffonnage.

Mais sans nous jeter dans les spéculations, attendons les premières nouvelles. Je crois que Sieyès s'entend avec Bonaparte... dans le cas contraire, il a dû avoir une belle peur[1]!...

Lui, La Fayette, n'éprouvait aucune peur. Au pis aller, s'il ne participait pas aux affaires publiques, il pourrait porter son activité sur l'agriculture avec toute l'ardeur qu'il avait mise, dans sa jeunesse, aux choses militaires et politiques. Adrienne, dont une telle retraite eût comblé les vœux, s'occupait, avec passion et minutie, de remembrer les domaines de Fontenay et de La Grange, qui tous deux avaient appartenu à la duchesse d'Ayen.

La Fayette à sa femme, Utrecht, 28 octobre 1799 : Vos gens d'affaires me paraissent bien engourdis. C'est vous, ma chère

1. *Mémoires, Correspondance et Manuscrits du général La Fayette,* tome V, pages 138-139.

Adrienne, qui avez toute la fatigue de nos arrangements. Je
vois que vous ne doutez pas d'avoir La Grange pour votre part
de succession. Je désire fort que vous y prépariez de quoi
arrondir dans la suite une belle ferme, car si nous sommes destinés à fixer notre retraite en France, mon activité, je le sens,
se portera sur l'agriculture, que j'étudie avec toute l'ardeur
de ma jeunesse pour d'autres occupations.

Il est ridicule à un homme de l'Ancien Régime de se croire
métamorphosé en fermier par l'achat d'une ferme à l'anglaise,
et il y a telle manipulation subalterne pour laquelle il faut
l'expérience journalière des hommes qui n'ont pas fait d'autre
métier ; mais c'est donner dans l'autre extrême que de croire
que l'extension des idées et des lumières, la comparaison judi-
cieuse des objets qu'on voit et des connaissances qu'on acquiert,
d'une routine souvent bien motivée et de découvertes précieuses,
ne soient propres qu'à rendre inepte en un métier où la théorie
est si nécessaire à la pratique.

Adieu, ma chère Adrienne. Je suis impatient de rentrer
en France pour la chose publique, pour mes amis, pour moi-même ;
je le suis aussi, d'une manière inexprimable, par le désir que
j'ai de vous revoir[1].

Avec son courage tranquille, Adrienne n'hésitait jamais
si elle rencontrait un obstacle, à aller droit au sommet.
Prévoyant que le général Bonaparte serait bientôt au
pouvoir, elle lui demanda audience dès son retour, pour le
remercier au nom de tous les prisonniers d'Olmütz. Le
général était encore d'accès facile. Il reçut Mme de La
Fayette, accompagnée comme toujours de son aide de
camp Virginie, avec bienveillance. Il admirait l'héroïne
et reconnut aussitôt l'intelligence de la femme. Elle vit
un homme aux joues creuses, au visage pâle, mais jeune et
viril. Le regard était magnifique, la bouche ferme et bien
dessinée : « Plutôt l'allure d'un mathématicien que celle
d'un général. »

« La vie de votre mari, dit-il, est attachée à la conservation de la République. »

Cette prise de position contre la monarchie n'était pas

---

1. *Mémoires, Correspondance et Manuscrits du général La Fayette*
tome V, pages 142-143.

pour déplaire au ménage La Fayette. Au retour de cette
visite, elle conseilla à Gilbert d'écrire au général une lettre
brève et digne.

La Fayette à sa femme, Vianen, 30 octobre 1799 : Voici ma
lettre pour Bonaparte, suivant votre conseil courte et peut-être
un peu sèche; mais toutes les lettres, tous les amis communs
ne valent pas une demi-heure de conversation. Il y a des choses
relatives à son ambition et à sa soif de gloire qui ne s'écrivent
pas. Les jaloux de Bonaparte me voient dans l'avenir opposé
à lui; ils ont raison, s'il voulait opprimer la liberté; mais s'il
a le bon esprit de la servir, je lui conviendrais sous tous les rapports, car je ne lui crois pas la sottise de vouloir n'être qu'un
despote...
A présent, ma chère Adrienne, que me convient-il de faire
ou qu'on fasse pour moi? Peut-être veut-on seulement que
j'arrive et que, sans aucune fonction publique, je m'unisse
comme simple citoyen à ceux qui voudront faire le bien? Je
ne demande pas mieux...
Terminer la Révolution à l'avantage de l'humanité, influer
sur des mesures utiles à mes contemporains et à la postérité,
rétablir la doctrine de la liberté, consacrer mes regrets, fermer
des blessures, rendre hommage aux martyrs de la bonne cause
seraient pour moi des jouissances qui dilateraient encore mon
cœur; mais je suis plus dégoûté que jamais, je le suis invinci-
blement, de prendre racine dans les affaires publiques; je n'y
entrerais que pour un coup de collier, comme on dit...
Si, en étant convenu de ce qui sera fait immédiatement
après, on m'écrit simplement d'arriver à Paris, je puis espérer
de vous revoir bientôt. Il est un autre moyen : c'est que
Bonaparte, Moreau, Sieyès conviennent que je viendrai *incognito*
causer avec eux. Si nous convenons de nos faits, tant mieux;
s'ils ne sont pas satisfaits de moi, je reviendrai ici...
Je suis pressé de finir, chère Adrienne, et je ne puis relire
ce que je vous écris. Cependant il faut que je vous répète encore
une fois que je suis complètement heureux et satisfait de ce que
vous faites, de tout ce que vous dites et plus encore de tout ce
que vous êtes. Je lis dans votre cœur, ma chère et bien-aimée
Adrienne, et aucun de ses bons, tendres et généreux mouvements
n'échappe au mien; j'ai une impatience inexprimable de vous
revoir ici ou là, et d'attraper enfin l'heureux moment où nous
ne nous séparerons plus...

La Fayette au général Bonaparte, Utrecht, 9 brumaire, an VIII
(31 octobre 1799) : Citoyen général, il eût suffi d'aimer la

liberté et la patrie pour que votre arrivée me remplît de joie et d'espoir. A ce besoin du bonheur public se joint un vif et profond sentiment pour mon libérateur. L'accueil que vous avez fait aux prisonniers d'Olmütz m'a été mandé par celle dont je vous dois la vie; je jouis de toutes mes obligations envers vous, citoyen général, et de l'heureuse conviction que, chérir votre gloire et souhaiter vos succès, est un acte de civisme autant que d'attachement et de reconnaissance[1].

Il avait écrit cette lettre sans plaisir, mais Adrienne la disait utile et c'était elle qui, dans le ménage, exerçait le commandement suprême.

1. *Mémoires, Correspondance et Manuscrits du général La Fayette,* tome V, pages 143-147.

V

LE RETOUR

> J'ai toujours eu la conscience
> plus tendre qu'il ne convenait à
> un homme qui s'est mêlé d'aussi
> grandes affaires que moi.
>
> RETZ.

L E 16 BRUMAIRE, La Fayette écrivit une longue lettre
à sa femme. Celle-ci était dans l'attente de grands
événements, mais il ne parlait que de nouvelles
familiales et locales : « Il faut que vous ayez cruellement
souffert de cette fluxion, ma chère Adrienne, pour qu'après
la guérison vous vous sentiez encore affaiblie; je vous
conjure de vous ménager, de ne plus aller à pied de Châtenay à Paris et de ne faire qu'en voiture vos courses dans les
quartiers éloignés[1]... » Il insistait sur l'urgence du retour
en France d'Anastasie et de son mari : « Je souhaite d'autant plus le prompt appel du jeune ménage que leur enfant
pourrait être à Paris avant la pire époque du voyage et des
chemins... » Pour lui-même, il avait, comme toujours, de
grands espoirs. Les journaux parlaient avec éloges de la
campagne de George en Hollande. C'était bon signe : « Les
preuves de la bienveillance de Bonaparte me reviennent
de toutes parts; j'en suis vivement touché... Je suis charmé
de la bonne intelligence qui règne entre Bonaparte et
Sieyès. »

1. Lettre inédite. Archives de La Grange.

La « bonne intelligence » n'était pas pour surprendre. Sieyès, las du régime directorial, souhaitait un gouvernement fort où, côte à côte avec un général, il terminerait la Révolution, ce qui était le vœu de presque tous les Français, des uns parce qu'ils voulaient jouir de ce qu'ils avaient acquis, des autres parce qu'ils espéraient récupérer ce qu'ils avaient perdu, de tous parce qu'ils étaient excédés du désordre et que la France, nation disciplinée, souhaitait se sentir commandée. Bonaparte était au courant des projets de Sieyès et les approuvait. Les frères du général, Joseph et Lucien Bonaparte, avaient réglé le scénario aux Anciens et aux Cinq-Cents. Le 19 brumaire (10 novembre 1799), Adrienne apprit que, la veille, Bonaparte avait prêté serment devant les Anciens et que ceux-ci, dans la nuit, avaient ordonné le transfert à Saint-Cloud des Cinq-Cents. Trois directeurs sur cinq (dont Sieyès) avaient démissionné pour faire place à un nouveau régime; deux avaient refusé et étaient en état d'arrestation.

Aux Cinq-Cents, le 19, l'affaire fut chaude. A l'entrée de Bonaparte, la gauche jacobine cria : « Hors la loi! » Bousculé, décontenancé, il se retira. Nullement orateur, il ne pouvait tenir tête à une assemblée hostile. Mais Lucien avait gardé tout son sang-froid. Les deux Bonaparte, à cheval, avaient harangué les troupes, dénoncé « les chevaliers du poignard, soldats pour l'Angleterre » et les grenadiers avaient chassé les députés. Trois consuls provisoires remplaçaient les directeurs : Bonaparte, Sieyès et Roger-Ducos. Le public n'avait entendu qu'un seul nom. La légalité du nouveau gouvernement ne fut pas contestée. La France n'était pas violée; elle se donnait.

Le lendemain Bonaparte traversa Paris en voiture, allant au Luxembourg. C'était un décadi, jour férié, doux et pluvieux. Sur les murs, des affiches officielles annonçaient le changement de régime. Les faubourgs ouvriers ne défendaient pas les jacobins. La ville s'abandonnait à une impression de détente, d'allégresse universelle. En famille, on souriait avec un contentement silencieux.

Le soir, dans les théâtres, on applaudit tout ce qui pouvait sembler allusion favorable. Dans les rues, des cortèges porteurs de flambeaux escortaient des crieurs qui proclamaient le Consulat, successeur du Directoire. Les trompettes sonnaient, les tambours battaient. Les passants s'embrassaient en criant : « A bas les tyrans! La paix! » Tous pensaient que ce général invincible allait triompher de l'Europe, sans combat. Dans leurs boutiques, les confiseurs vendaient des Bonaparte en sucre avec cette inscription : *La France lui doit la victoire; elle lui devra la paix.*

Était-ce vraiment la paix? Adrienne se le demandait. Elle l'espérait et interrogeait l'autre femme qui, comme elle, souhaitait le retour du proscrit. Le 24 brumaire, elle lui écrivit :

Mme de La Fayette à Mme de Simiane, à Cirey, près Daulevant, Haute-Marne : Que d'événements depuis que je vous ai écrit, madame.. Je ne doute pas que la suite n'amène le retour de Gilbert. Je suis même persuadée que, si les amis étaient un peu plus actifs, cela serait déjà emporté. Sa femme les anime le plus qu'il est en son pouvoir; elle a vu Roederer qui lui donne les meilleures espérances; elle veille aussi à ce que la manière soit un peu convenable; tout cela l'agite beaucoup; elle attend de ses nouvelles, après les grands événements, avec une vive impatience... Vous voudrez, madame, que je vous parle de notre nouveau genre de vie si nous réussissons. La terre de Brie est toujours le seul endroit où nous imaginions de nous fixer, mais en attendant il faudra se poser à Paris où il existe un certain ami américain (qui, en passant au lieu où était Gilbert, vient de lui prêter cent louis qui sont venus très à propos). Ce monsieur loge dans la maison de M. Le Ray, propriétaire de la maison, à Passy, où habitait Franklin. Nous avons aussi la possibilité de loger à Châtenay... Voilà bien des bavardages, madame; ils intéresseront votre bonté. Mandez-moi surtout quelle impression vous ont faite les derniers événements. J'avoue que je m'en réjouis... Permettez que j'embrasse Mme de Poix, que je vous offre les tendres hommages de ma fille; je n'essaie pas de vous exprimer tous les sentiments dont mon cœur est pénétré pour vous[1]...

---

1. Archives de La Grange. Lettre inédite.

C'est ainsi qu'elle s'ouvrait avec simplicité, franchise et affection à une femme de grande beauté que son mari aimait, qu'elle aurait pu traiter en rivale, et en qui elle ne voulait voir qu'une amie. En fait, le sort de La Fayette dépendait maintenant de Bonaparte. A lui seul appartenait le pouvoir. Sieyès tenait aux apparences plus qu'aux réalités. Pourvu qu'il fût chargé de rédiger la nouvelle constitution et d'y donner libre cours à ses fantaisies de virtuose du droit public, il s'estimait satisfait. Cependant la situation de Bonaparte restait difficile. Il fallait ménager l'armée, les propriétaires, les jacobins et même l'Institut, qui exerçait une influence morale. Le 21 brumaire, le général alla siéger à l'Académie des sciences, parmi ses confrères.

Au Luxembourg, il vivait en tenue civile, vêtu d'une ample redingote verdâtre où il flottait. Il choisissait et recevait ses futurs collaborateurs. Fort heureusement pour Adrienne, Talleyrand (proche parent de Mme de Simiane) gardait les Affaires étrangères; Fouché, la Police. Le général les séduisait tous par son intelligence, par une familiarité à peine supérieure, par son ardeur à s'instruire. Il ignorait tout de la conduite d'un État, mais aimait à poser des questions et, comme il dirigeait la conversation, on ne s'apercevait pas de ses lacunes. « Ce que personne n'a encore peint, écrit Molé, c'est Bonaparte maître de tout avant de rien connaître; apprenant toutes choses en même temps qu'il gouvernait toutes choses; abordant tous les sujets dans ses conversations, ceux même qui lui étaient le moins familiers; se livrant à toutes sortes de témérités intellectuelles... Cette première fougue du génie dans l'inconnu et le nouveau, qui l'a décrite[1]?... »

Il avançait prudemment. Les premières proclamations du nouveau régime semblaient fayettistes. Discours de Lucien Bonaparte : « La liberté est née au Jeu de Paume, à Versailles. Elle prend aujourd'hui sa robe virile. » Pro-

---

1. VANDAL : *Conquête de Paris par Bonaparte*, passim.

clamation de Napoléon Bonaparte : « Français, vous reconnaîtrez sans doute à ma conduite le zèle d'un soldat de la liberté et d'un citoyen dévoué à la République... » La Fayette lui-même, s'il était entré dans Paris sur son cheval blanc, n'aurait pas dit autre chose. Aussi apprit-il avec ravissement la chute du Directoire. Lorsque la nouvelle parvint à Utrecht, le commandant de la place donna pour mot d'ordre : *Liberté, Paris, La Fayette.* « On m'a assuré, écrivait La Fayette à Van Ryssel, que le jour même du 18 brumaire et au moment le plus critique, Bonaparte entendit demander mon retour et que, le 19, il fut redit à son frère Joseph que je devais être nommé commandant général des gardes nationales. » On croit aisément ce que l'on désire.

Adrienne, qui était sur place, fort lucide, et qui avait des amis bien informés, jugeait la situation avec moins d'optimisme. Sans doute le Consulat commençait par des professions de libéralisme; sans doute les jacobins endurcis s'étaient terrés; sans doute Bonaparte voulait être le modérateur, décréter l'abolition du passé, désapprendre la haine aux Français et « faire boire à la France l'eau du Léthé ». Mais un retour offensif des jacobins demeurait possible. Sieyès le craignait et avait peur la nuit. D'autre part, le prestige de La Fayette pouvait paraître gênant. Son nom était le seul qui, presque autant que celui de Bonaparte, frappait l'imagination. Adrienne avait vu le général, lui avait parlé; elle avait pesé ses silences; elle était certaine que, si la question lui était posée, il refuserait un passeport à La Fayette.

Elle était femme à prendre, quand il le fallait, des décisions rapides et hardies. Il fallait que son mari rentrât *tout de suite,* en profitant du flottement libéral qu'imposait le changement de régime. Au moment où on affichait le retour aux principes de 1789, on n'oserait pas arrêter celui qui, le premier, les avait proclamés. Plus tard, très vite, le danger renaîtrait. Elle obtint un passeport, sous un nom supposé, et le fit porter à Utrecht par Alexandre

Romeuf. Celui-ci dit à La Fayette, de la part d'Adrienne, que s'il adoptait l'idée de partir pour la France, il fallait se décider sur-le-champ. Gilbert était certain que sa femme ne pouvait se tromper : « Je ne réfléchis pas une seconde et, deux heures après, j'étais en route. »

En arrivant à Paris, il descendit chez son ami Adrien de Mun, fils du vieil admirateur de Mme de Tessé et, tout de suite, avec une noble confiance, écrivit à deux des consuls provisoires : Bonaparte et Sieyès. Du troisième, Roger-Ducos, il était inutile de s'occuper. Mme de Staël le comparait à « un chiffon mis entre deux corps précieux pour éviter leurs chocs ». Sieyès avait toutes raisons de ménager La Fayette. Avant le 18 brumaire, l'abbé avait dit de Bonaparte :

« Je veux savoir ce que ce jeune homme a dans l'âme. »

« Il le sait maintenant! » ajoutait en riant Benjamin Constant.

Ce que ce jeune homme au teint cireux avait dans l'âme, c'était la volonté de gouverner seul. Donc Sieyès serait désormais assez content de trouver en La Fayette un allié prestigieux. Mais il eût fallu que la lettre à Bonaparte fût très adroite. Elle fut digne et imprudente. Du pur La Fayette, non dilué :

Citoyen consul, depuis l'époque où les prisonniers d'Olmütz vous durent leur liberté, jusqu'à celle où la liberté de ma patrie va m'imposer de plus grandes obligations envers vous, j'ai pensé que la continuation de ma proscription ne convenait ni au gouvernement ni à moi-même. Aujourd'hui j'arrive à Paris.

Avant de partir pour la campagne éloignée où je vais réunir ma famille, avant même de voir ici mes amis, je ne diffère pas un instant de m'adresser à vous, non que je doute d'être à ma place partout où la République sera fondée sur des bases dignes d'elle, mais parce que mes devoirs et mes sentiments me pressent de vous porter moi-même l'expression de ma reconnaissance[1]...

1. *Mémoires, Correspondance et Manuscrits du général La Fayette,* tome V, page 154.

Le général Clarke, l'un des plénipotentiaires qui, à Campo Formio, avaient obtenu la libération des prisonniers d'Olmütz, se chargea, non sans courage, de remettre cette missive à Bonaparte. Il entendit de beaux éclats. Si La Fayette ne retournait immédiatement en Hollande, il subirait, dit le consul, les conséquences de sa folie. Talleyrand, qui gardait de l'amitié pour La Fayette, lui donna aussitôt un rendez-vous; Regnault de Saint-Jean d'Angély s'y trouva.

Tous deux, après les premiers embrassements, me peignirent, dit La Fayette, la fougue du consul, m'annoncèrent des mesures violentes, me prièrent de ne pas exposer mes amis à se perdre en prenant mon parti, et me pressèrent de retourner en Hollande. Je les engageai à ne pas se compromettre, mais je leur dis qu'ayant « jugé convenable pour moi de venir en France, c'était à présent au consul Bonaparte à juger s'il était convenable pour lui de m'y laisser tranquille; qu'eux devaient me connaître assez pour savoir qu'il eût suffi de ce ton impérieux et menaçant pour me fixer dans le parti que j'avais pris », et comme leurs infructueuses instances nous avaient conduits jusqu'après minuit, je leur observai, en me retirant à pied avec Louis Romeuf, « qu'il serait très plaisant que je fusse arrêté le soir par la garde nationale de Paris et mis au Temple, le lendemain, par le restaurateur des principes de 1789[1]... »

C'était dit avec une ironie douce, mais contenait une menace voilée. La garde nationale consentirait-elle à arrêter celui qui l'avait fondée et lui avait donné son drapeau?

Le lendemain, il reçut la visite d'un autre ex-ami, Roederer, l'ancien procureur syndic de la Commune, devenu l'un des familiers de Bonaparte et qui, lui aussi, conseilla le départ : « On verrait plus tard. » La Fayette lui fit la même réponse qu'à Talleyrand et dit qu'Adrienne irait chez Bonaparte. Adrienne, suprême ressource et suprême pensée. Le consul, qui gardait un préjugé favorable à l'égard de Mme de La Fayette, la reçut aimablement

---

1. *Ibidem*, tome V, page 155.

et « ne lui montra qu'une peine motivée sur ce que l'arrivée
de La Fayette entraverait sa marche pour le rétablissement de ses principes et le forcerait à serrer le vent ».

« Vous ne m'entendez pas, madame, dit-il, mais le
général La Fayette m'entendra et, ne se trouvant plus au
centre, il sentira que je dois en juger encore mieux que lui.
Je le conjure donc d'éviter tout éclat ; je m'en rapporte
à son patriotisme[1]. »

Adrienne répondit qu'éviter tout éclat avait toujours
été l'intention de son mari. Elle parlait avec une noblesse
et une précision dont il fut frappé. Très habilement, elle
exposa quel effet favorable le retour de La Fayette devait
produire sur les hommes honnêtes et patriotes.

« Je suis charmé, dit-il, de vous avoir revue. Vous avez
beaucoup d'esprit mais vous n'entendez rien aux affaires. »

Elle s'y entendait tant et si bien qu'elle avait gagné la
partie. Bonaparte admit que La Fayette resterait en France,
sans demander une autorisation, et qu'il attendrait à la
campagne la fin légale de sa proscription.

Le consul quitta Mme de La Fayette pour aller au conseil,
où il arriva de fort mauvaise humeur et raconta cette
visite. Sieyès défendit La Fayette et parla du mauvais
effet que ferait une persécution. Cependant Adrienne, qui
connaissait l'intransigeante fierté de son mari, soulignait,
en lui rapportant les résultats de sa démarche, que dans
sa conversation avec elle, le consul avait *conseillé*, et non
pas *ordonné* la retraite. Cela permit à La Fayette d'annoncer à Roederer, qui revint chez lui pour mettre fin à ce
conflit, qu'il allait se retirer *volontairement* hors de Paris :
« Je me bornai à dire que j'étais peu disposé à tenir compte
des menaces de Bonaparte, mais que je me sentais lié par
ses recommandations », écrit La Fayette. L'honneur était
sauf et le ménage partit pour Fontenay-en-Brie, château
voisin de La Grange et qui était plus en état d'être habité.
La Fayette eût préféré l'Auvergne et c'était ce qu'il avait

---

1. *Mémoires, Correspondance et Manuscrits du général La Fayette,*
tome V, page 156.

annoncé à Sieyès, mais le gouvernement avait fait des objections, qu'il exposa dans une lettre à sa tante.

La Fayette à Mme de Chavaniac : 10 frimaire, an VIII (1er décembre 1799). Vous serez étonnée d'apprendre que je suis en France, ma chère tante, et je le suis encore plus de m'y trouver sans être parti pour Chavaniac. Les nouvelles du 18 brumaire et les intentions de liberté et de justice annoncées par les chefs de ce mouvement, dont le généralissime a été mon libérateur, m'ont paru suffisantes pour me ramener dans ma patrie. J'ai écrit, en arrivant, à Bonaparte et à Sieyès et leur ai mandé que j'allais immédiatement vous voir ; mais il m'a paru convenable que mon retour ne fût pas connu et ne produisît pas l'effet que l'on pouvait attendre de la malveillance des ennemis et de la bienveillance publique. Il était impossible d'arriver dans notre département sans causer la sensation que nous voulons éviter. Ce n'est qu'à regret, comme vous l'expliquera le citoyen La Valette, que je me suis décidé à venir ici. Croyez, ma chère tante, que ce n'était pas mon projet, que ce n'est pas ma faute et que, si vous étiez ici, vous en jugeriez comme moi.

Mais, dès que je le pourrai, nous partirons tous pour Chavaniac. J'ai renoncé aux affaires publiques. Le séjour de Paris, souillé du sang de mes parents et de mes amis, m'est devenu insupportable et il faudrait, pour m'y ramener momentanément, un devoir patriotique dont il ne peut être question puisque la Révolution va être terminée par un pouvoir auquel je ne participe point et qui a tous les moyens de faire le bien... Je souhaite que mon retour fasse le moins de bruit qu'il se pourra, sans pourtant qu'il me convienne en aucune manière de me cacher. Vous ferez bien aussi de continuer à mettre mes lettres sous l'adresse de ma femme.

Nous attendons demain ici Anastasie, Charles, leur enfant et George, avec Virginie, qui est restée à Paris pour nous les amener. Mon séjour dans les terres de la succession, quoiqu'il soit loin de me dédommager du bonheur d'être à Chavaniac, aura du moins le profit de choisir moi-même notre lot dans les partages. J'examine Fontenay, La Grange, les fermes, les bois, et, comme nos copartageants sont très complaisants pour moi, je crois que nous aurons ce qui me conviendra le mieux.

Jouissez du moins, ma chère tante, jusqu'à ce que j'aie la félicité de vous embrasser, de la pensée que je suis probablement fixé pour toujours en France et que si, après dix années de troubles, on obtient enfin cette liberté que nous avions voulu acquérir par des moyens honnêtes et qu'on a défigurée par tant d'atrocités, je m'établirai à jamais dans ma patrie. Nous sommes ici dans une grande maison complètement démeublée, entourée d'un beau parc et de bonnes fermes; je vais demain à La Grange, qui est encore plus dévastée, mais plus agréable à beaucoup d'égards...

Post-scriptum de la main d'Adrienne : Il est ici, ma chère tante, désirant vivement d'être près de vous. Bénissons Dieu ensemble. Il est fort loin de vouloir se mêler d'affaires publiques et ne cherche le bonheur que dans son intérieur. Quand pourrons-nous être tous réunis près de vous? Ce sera dès qu'il y en aura une possibilité. Anastasie n'est pas encore avec nous; sa fille a eu mal aux dents en chemin, ce qui lui fait faire de très petites journées. Son frère, qui faisait l'arrière-garde, l'aura jointe en route. Adieu, ma bien chère tante. Nous sommes unis avec vous de cette manière si tendre dont votre cœur sait bien juger.

NOAILLES LA FAYETTE[1].

Il semblait qu'après tant de traverses, un chapitre heureux s'ouvrît pour elle.

1. Lettre inédite. Archives de La Grange.

HUITIÈME PARTIE

LES TRAVAUX ET LA MORT

I

LE SILENCE DU MAITRE

> Que peut-on quelquefois faire
> d'un homme de bien?
>   LA BRUYÈRE.

IL Y AVAIT, dans la succession Noailles, deux châteaux
en Brie : Fontenay et La Grange. Fontenay devait aller
aux Montagu, La Grange aux La Fayette. Les terres
de La Grange, plus vastes, convenaient mieux aux projets
agricoles de La Fayette; le château féodal, très beau avec
sa cour d'honneur, son entrée coiffée de deux tours au-
dessus d'un pont-levis, ses douves et son parc, permettrait
de loger les enfants et, plus tard, les petits-enfants. Au
XVIIᵉ siècle, un corps de logis et une tour avaient été
abattus, ce qui avait largement ouvert le quadrilatère de
la cour intérieure sur la lumière et la verdure. Mais tout
restait à faire pour mettre cette forteresse abandonnée,
vide, en état d'être habitée.

Adrienne avait commencé les travaux bien avant l'arrivée de son mari. Avec l'architecte ami qui avait si bien
transformé Chavaniac, le citoyen Antoine Vaudoyer, elle
avait établi des plans. Avant tout, il fallait arranger
Fontenay, où la famille camperait pendant les réparations
de La Grange, les Montagu étant encore en exil. A La

Grange, on commencerait par les toits, pour être « hors d'eau », puis on aménagerait l'appartement et la bibliothèque de La Fayette; on les meublerait; on rebâtirait peu à peu la ferme et enfin on s'occuperait d'une chambre pour Adrienne. Tout cela sans argent, avec beaucoup de dettes et peu de créances. Mais les entrepreneurs de Rozoy : Claude le menuisier, Devolz le vitrier peintre, Viret le maçon, Denis le couvreur, Martin le serrurier se montrèrent patients pour les règlements.

Voici le début du premier mémoire d'Antoine Vaudoyer

Relevé des honoraires du citoyen Vaudoyer, architecte des Travaux publics :
Pour voyages, plans, dessins, vacations, conduite, vérification, règlements de travaux, frais et déboursés faits par lui au château de La Grange, près Rozoy, pour le général La Fayette, dans le cours des années IX, X et XI.
Savoir :

8 pluviôse, an VIII : Parti de Paris pour Fontenay, retourné le 11 *idem;* Mme de La Fayette a payé la première voiture; passé quatre jours . . .	96 livres.
8 prairial, an VIII : Parti de Paris avec M. Robert, pour La Grange, et retourné le 10 *idem.* Trois jours d'absence.	72 livres.
20 brumaire, an IX : Parti de Paris avec le citoyen Rouet pour La Grange; retourné le 23 *idem.* Quatre jours d'absence	96 livres.
Plan général du parc	72 livres.
Quatre plans de distribution d'appartement château.	100 livres.
Deux projets, dessins lavés et coloriés de bibliothèque	100 livres.
Un projet des plafonds et corniches de la chambre de M. de La Fayette.	5 livres.
Un dessin de cheminée	6 livres.
2 pluviôse, an IX : Deux dessins de portes pour ladite chambre.	9 livres.
18 pluviôse, an XI : Parti de Paris avec le citoyen Rouet, pour La Grange, par la diligence. Retourné le 20 avec Madame, Monsieur et Mademoiselle Virginie.	72 livres[1].

1. Document inédit. Archives de La Grange.

L'idée de faire venir, pour transformer le parc, le peintre Hubert Robert, qui avait dessiné les jardins de Méréville et d'Ermenonville, vint certainement de La Fayette, homme d'avant-garde en toutes choses. Il n'avait pas oublié qu'en 1790, comme il admirait dans une exposition un tableau représentant la prise de la Bastille et disait : « Heureux celui qui le possédera! », une voix, derrière lui, avait répondu : « Général, il est à vous. » C'était celle du peintre.

Hubert Robert imposa aux allées des courbes sinueuses, couvrit de lierre les voûtes du pont-levis et combla plusieurs douves. Puis il distribua les massifs de chênes verts, de frênes américains, de mélèzes et de catalpas. Parc symbolique.

La situation financière du ménage demeurait précaire. Les dettes pressantes (Gouverneur Morris, Parish et autres) s'élevaient à environ deux cent mille livres. La Fayette calculait que les terres de sa femme devraient donner, partages achevés, environ 10 500 francs de rente, peut-être 5 000 de plus avec les bois. C'était loin de l'immense fortune qu'ils avaient possédée, mais ils s'estimaient heureux d'être vivants, réunis et d'avoir un foyer. Chavaniac, racheté par la tante, reviendrait un jour à La Fayette ou à ses enfants. Les terres de Bretagne et de Touraine, héritées par lui des La Rivière, avaient été en partie vendues comme biens nationaux. Il serait nécessaire d'y aller pour savoir ce qui pourrait être récupéré. Quant à la plantation de Cayenne, La Fayette était prêt à la céder à l'État, qui déjà l'occupait; il recevrait ainsi de l'argent liquide, qu'il emploierait au rachat des propriétés bretonnes et à l'aménagement de La Grange.

De tout cet immense travail de remembrement, Adrienne se chargea. Elle seule était capable de s'y donner avec exactitude et continuité. Il fallait faire, à Paris, d'innombrables démarches et, le mari s'étant juré de ne pas se montrer, il appartenait à sa femme de se déplacer et d'agir. Ce qu'on attendait d'elle était infini : terminer les partages

obtenir que La Fayette et ses compagnons (La Tour-
Maubourg, Bureaux de Pusy et tous les officiers qui
l'avaient suivi en 1792) fussent rayés de la liste des émigrés; faire rayer ensuite les Montagu, les Tessé, le duc de
Noailles; faire donner à George une place dans l'armée.
Cela représentait des mois de sollicitations, d'audiences, et
Adrienne courut les ministères, traînant sa mauvaise
jambe, pendant deux hivers (1799-1800), bien plus qu'elle
ne se reposa en Brie. Jamais femme si malade n'avait
tant travaillé.

A Paris, le redressement national allait bon train. Sieyès
avait accouché d'une constitution si absurdement compliquée que Bonaparte, esprit simplificateur, la rejeta.
« Sieyès profond? Vous voulez dire creux », disait Talleyrand. L'abbé comprit que son rôle était fini et accepta
une rente de cent mille écus pour se retirer. Bonaparte fut
premier consul, avec tout le pouvoir exécutif et l'initiative
des lois. Cambacérès ayant été choisi pour second, il
fallait un troisième consul. Bonaparte demanda à Roederer :
« Connaissez-vous Lebrun? » C'était un homme de lettres,
assez bon financier, conservateur, éloquent et raisonnable.

« Très bien, dit Roederer. Lebrun est un homme du
premier mérite.

— Envoyez-moi ses œuvres; je veux voir son style. »

Bonne manière de juger un homme. Le style ne déplut
pas et Lebrun fut troisième consul. Le 15 décembre, la
constitution fut proclamée dans les rues de Paris. Une
femme dit à sa sœur :

« Je n'ai rien entendu.

— Moi, je n'ai pas perdu un mot.

— Eh bien! Qu'y a-t-il dans la constitution?

— Il y a Buonaparte. »

Il y avait, en effet, Bonaparte et la France n'en demandait pas plus. Un plébiscite approuva le nouveau régime.
La Fayette, encore privé de ses droits, n'eut pas à voter.
C'était heureux pour lui, car il eût voté *Non*, les libertés
essentielles n'étant pas, à son avis, sauvegardées. Les

assemblées (Sénat, Tribunat), nommées sans vote par
le gouvernement, n'étaient, pensait-il, ni représentatives
ni démocratiques. « L'autorité venait d'en haut, la confiance d'en bas. » Il n'y eut guère d'opposants. Les royalistes grouillaient et s'agitaient en vain; les ouvriers des
faubourgs disaient : « Ni Capet, ni d'Orléans. Vive la
République! » Le Consulat était-il la République? Necker,
narquois, terminait une lettre à sa fille, Germaine de Staël,
par : « Vive la République! Est-ce toujours ainsi qu'on
dit? » Benjamin Constant, dans un discours violent,
dénonça « l'aurore de la tyrannie ». Le lendemain, le salon
de Mme de Staël se vida. Pourtant Bonaparte, longtemps,
ne réagit pas. « Cet homme, si impatient au fond de lui-
même, avait le talent de rester impassible quand il le
fallait. »

A l'égard de La Fayette, sa politique était de l'ignorer.
Washington étant mort le 11 décembre 1799, le Premier
Consul ordonna qu'une cérémonie funèbre fût célébrée
aux Invalides. Fontanes, chargé du discours, parla du
héros de l'Égypte autant que de celui des États-Unis.
La Fayette et sa femme ne furent même pas invités. Leur
fils y alla, en simple spectateur, et l'on parut contrarié de
le voir. Le lendemain, le Premier Consul s'installa aux
Tuileries.

« Cette maison est triste, lui dit Roederer.

— Oui, comme la grandeur », répondit Bonaparte.

Puis à Bourrienne :

« Ce n'est pas tout que d'être aux Tuileries; il faut y
rester. »

Pour cela il devait naviguer difficilement, entre les
spoliés qui demandaient à rentrer, et les nantis qui crai-
gnaient un tel retour; bref, comme il disait, « marcher
à la journée ».

De Fontenay, Adrienne, accablée d'affaires, recevait
des instructions multiples et contradictoires. Son mari
avait toute confiance en elle pour obtenir les radiations,
mais le point d'honneur exigeait que la sienne ne vînt

pas avant celles de ses compagnons d'infortune, et aussi qu'on ne confondît pas les prisonniers d'Olmütz, bons patriotes, avec une fournée d'émigrés repentis. Pour ceux qui ne seraient pas rayés tout de suite, Adrienne devrait demander une « surveillance ».

A la citoyenne Lafayette, 15 nivôse, an VIII (5 janvier 1800) : Dès que la chose sera faite, j'irai voir Bonaparte ou, si on trouve que je ne suis pas encore admissible, je lui écrirai pour le remercier. Mais, dans tous les cas, il aura une note de moi où je pétitionnerai pour la radiation des victimes du 10 août, de mes compagnons de départ, et, nommément, d'Alexandre Lameth ; j'y introduirai les deux phrases que je vous ai montrées.

Je donnerai le petit mot que vous avez approuvé, non adressé aux consuls, mais tel que vous l'aviez d'abord sanctionné par vos éloges.

Je finis en vous confirmant mes pleins pouvoirs : vous êtes sur les lieux, à portée de juger. Je m'en rapporte à tout ce que vous ferez. Ne prenez mes lettres qu'en forme de notes, sans vous croire liée par elles. J'embrasse Virginie, George et vous de tout mon cœur[1]...

Il était indigné quand des amis pour lesquels sa femme se tuait (à la lettre) de fatigue, avaient le front de se plaindre :

21 nivôse, an VIII (11 janvier 1800) : Je vous envoie, mais pour vous seule, ma chère Adrienne, une étrange lettre de Maubourg. Vous verrez que le meilleur cœur n'est pas à l'abri des écarts d'une mauvaise tête. Cette injustice m'afflige et me blesse ; vous verrez que j'y réponds avec modération. Cachetez et mettez à la poste, ou plutôt faites-la partir dans une lettre de Passy.

Cette leçon inattendue nous doit être une preuve de plus que, malgré la pureté d'intention, il faut se mettre en règle avec ses meilleurs amis. Je n'avais pas imaginé de faire connaître à Maubourg, ou même à sa femme, que je ne voulais pas tirer seul (comme il dit) mon épingle du jeu, mais je reconnais qu'avec lui comme avec tout autre, il faut faire toucher au doigt et à l'œil les bons procédés[2]...

1. Lettre inédite. Archives de La Grange.
2. Lettre inédite. Archives de La Grange.

Rien de plus dangereux que de rendre un service; rien de plus difficile que de le recevoir. La plupart des gens croient s'acquitter en demandant davantage.

21 nivôse (11 janvier 1800) : Je suis charmé des deux surveillances que vous avez obtenues, ma chère Adrienne. Vous ne vous attendez pas, ni moi non plus, qu'on nous en attribue l'honneur, à moins qu'on imagine d'en être mécontent. J'insiste sur la recommandation que je vous ai faite dans mes dernières lettres; ce sont de ces choses qui ne se dictent pas, mais qu'on fait écrire en pénétrant les correspondances de ce qu'on veut transmettre. Ce que vous avez fait, la protection accréditée dont on avait besoin, l'influence de ma personne et de mon voisinage sont des vérités, qu'il faut qu'on sache à Witmold... J'espère comme vous que vous arracherez l'affaire de votre père; lorsque l'ennui et la fatigue seront passés, vos succès de ce moment vous donneront des souvenirs très doux...

Vous avez vu dans ma lettre d'hier que j'étais peu satisfait de la réception, ou plutôt de la non-réception que vous avez éprouvée chez Bonaparte. N'allez pourtant pas être fâchée de lui avoir écrit pour lui demander un rendez-vous; c'est l'avis général : *il n'y a que vous qui osiez lui parler face à face*, et nos amis et compagnons sont aussi intéressés que nous à ce qu'on lui indique la manière convenable et qu'on ne lui donne pas d'humeur. Je trouve fort bien que Joseph ait une conversation avec lui sur ce sujet. Il faut que Regnault veille à la rédaction comme du lait sur le feu. Il est très possible que, sans y mettre de malveillance, Bonaparte arrange tout cela fort mal, tandis qu'en y mettant du soi, il fera ce qui nous convient...

Madame de Cirey [c'est-à-dire Mme de Simiane, châtelaine de Cirey-sur-Blaise] retarde toujours son arrivée... Et vous, ma chère Adrienne, quand reviendrez-vous? Ne pourriez-vous, dès que l'affaire de votre père sera finie, revenir ici? Et même si vous aviez deux jours, pourquoi ne pas venir les passer avec moi, ne fût-ce même qu'un jour?... Vaugeois irait vous prendre à Paris ou à Tournan. J'ai bien besoin de vous revoir, chère Adrienne, et trouve votre absence insupportablement longue[1]...

Il avait bien envie d'aller à Paris lui-même, « ne fût-ce que pour avoir des bottines et une perruque », et aussi pour voir les négociateurs américains qui venaient d'arri-

---

1. Lettre inédite. Archives de La Grange.

ver, mais n'osait entreprendre ce voyage tant qu'il n'avait
pas au moins une « surveillance ». Virginie avait fait, sous
les yeux de sa mère, sa première apparition dans le monde.
La Fayette avait su qu' « elle était très bien arrangée ».
Jouissant de son succès, il aurait voulu en être témoin.
« Le Premier Consul ne se presse pas », disait-il mélancoliquement. Il aurait voulu que son ami Regnault de
Saint-Jean-d'Angély fît enfin paraître la liste des radiations.

1er *ventôse, an VIII (20 février 1800)* : Qu'on dise, si l'on
veut : La Fayette, la Tour-Maubourg, et les officiers qui, obligés
par leur service d'accompagner le général La Fayette furent
faits prisonniers le même jour... et alors on détaillera dans les
listes suivantes ; ou bien qu'on les place dans celle-ci pêle-mêle,
sans faire mention de leur général, si c'est cela qui déplaît[1]...

Il était prêt à transiger sur tout, mais non sur l'honneur.
Cependant les travaux, à La Grange, avançaient rapidement.

A Mme de La Fayette : M. Vaudoyer, M. d'Ouvry et moi,
nous sommes assurés que d'aujourd'hui en huit nous aurons à
La Grange des chambres pour nous tous, et deux de plus, ce
qui fait trois lorsque Virginie logera chez vous. Il y aura deux
autres chambres prêtes dix jours après. Aurons-nous les meubles
d'ici à huit jours ? M. Vaudoyer dit qu'à l'Hôtel de la Guerre,
on en trouve à tout prix et bon marché, et si demain, entre huit
et dix, vous aviez le temps et l'argent, il vous accompagnerait
— mais l'un et l'autre sont bien douteux[2]...

L'argent manquait, plus encore que le temps. La Fayette
s'était installé à La Grange dès que son appartement y
avait été prêt. Il avait pris pour fermier son jeune ami
Félix Pontonnier, fidèle compagnon d'Olmütz. Il demandait conseil à des voisins. Vaudoyer lui bâtissait des étables
et bergeries modèles. Il allait y élever, après quelques
années, douze cents moutons, cinquante vaches et cent

1. Lettre inédite. Archives de La Grange.
2. Lettre inédite. Archives de La Grange.

cinquante porcs. Parmi les ovins étaient des mérinos de
Rambouillet, fort beaux. Quant aux porcs, il fit venir des
verrats d'Amérique et même de Chine. Il fut le premier
à semer, en Brie, de la luzerne.

Mais les expériences, en agriculture, coûtent cher et
La Fayette fermier se montrait aussi généreux et prodigue
que La Fayette rebelle. Aux champs comme à la ville,
il aimait à briller, fût-ce aux dépens de sa bourse. Dès que
La Grange fut en état, il y tint maison et table ouverte.
A Masclet : « Je suis seul ici, dans mes champs où je passe
une vie très agréable, au milieu d'une exploitation de
quatre charrues, en très bonne démonstration du problème
tant disputé du propriétaire cultivateur. » Bref il jouait
avec bonheur son nouveau rôle de Cincinnatus.

A Paris, la femme de Cincinnatus essayait de hâter les
notaires qui, pas plus que le Premier Consul, ne se pressaient. Elle s'occupait aussi, depuis la réforme de l'administration, de faire nommer des amis préfets et sous-
préfets. On espérait une préfecture pour Louis Romeuf,
une sous-préfecture pour Frestel, le précepteur de George.

Quant à son père, le duc de Noailles, qui était encore en
Suisse, « on répète, écrivait Adrienne à la tante de Chavaniac, le bruit de la mort de celle qu'il s'était unie et dont la
présence nous aura fait tant de mal. Elle a été un obstacle
à nos soins donnés à mon père qui sûrement, à présent,
les recevra avec toute la sensibilité qui est dans son cœur.
Vous avouerez, ma chère tante, que voilà encore une Providence bien marquée[1]... ». Mais ce n'était qu'un faux
bruit et la seconde duchesse de Noailles se portait fort bien.

Enfin, en mars 1800, les radiations parurent imminentes.
Déjà Adrienne suggérait un voyage de son époux à Paris.

*La Fayette à Mme de La Fayette, 6 germinal, an VIII (27 mars
1800)* : Il me semble qu'en n'y ayant pas été jusqu'à présent
et depuis l'arrivée des commissaires américains, je ne dois pas
y paraître avant la radiation. J'aimerais même à n'y pas aller

1. Lettre inédite. Archives de La Grange.

tout de suite après la radiation, mais l'intérêt de mes compagnons, la présence des ministres des États-Unis, le besoin
d'y voir quelques amis, l'envie de lire le manuscrit de Ségur,
m'y amèneront peu de temps après la décision consulaire...
Si Bonaparte quitte Paris le 16, il serait difficile d'aller chez lui
et je crois que le peu d'empressement qu'il m'a montré justifie
de reste ma lenteur à lui rendre mes devoirs. Je ne saurai pas
ma radiation avant trois ou quatre jours. Je peux bien en passer
six ou sept de plus sans aller à Paris. Bonaparte n'y sera plus;
plusieurs des personnes que j'aurais à voir seront parties aussi,
ce qui simplifiera mes visites. Au reste, je suis très disposé à
faire ce qu'on me conseillera, car je ne crois pas que quelques
jours de plus ou de moins aient une grande importance. Ce
que je vous dirai plus positivement, chère Adrienne, c'est que,
dans l'incertitude où l'on est de notre radiation, vous auriez
grand tort d'attendre à Paris. Il vaut bien mieux y retourner
ensemble[1]...

Le marquis et la marquise de Montagu avaient quitté
Witmold, le 19 février, pour rentrer en France. Comme ils
étaient encore sur la liste noire, ils voyageaient sous un
nom d'emprunt : M. et Mme Mongros, négociants. Les
consuls de France qui visaient leurs faux passeports les
reconnaissaient, clignaient de l'œil et ne disaient rien.
A Paris, ils descendirent rue de Courty, dans une maison
meublée appartenant à un ancien domestique de Mme de
Thésan. La duchesse de Doudeauville et la duchesse de
Duras habitaient là deux pauvres chambrettes, dont le
seul luxe était la propreté. Si ces dames recevaient une
visite, elles empruntaient une chaise à quelque voisine
de palier.

La sensible Pauline souffrit, plus que sa sœur Adrienne,
de l'aspect nouveau de Paris. La « rue Honoré » la choqua,
et aussi les bonnets d'un rouge délavé à la pointe des
hampes déteintes. Elle fit, à la prison du Temple, un
funèbre pèlerinage, puis alla passer quelques jours à La
Grange. « On s'y croyait en terre ferme, écrit Mme de
Montagu, moi, je marchais avec précaution, comme sur

1. Lettre inédite. Archives de La Grange.

un sable mouvant. » Comme toujours elle trouvait Adrienne, tout occupée d'affaires temporelles, moins « intérieure » que Rosalie et qu'elle-même. Pourtant la confiance d'Adrienne en Dieu était plus naïve et plus entière. Elle s'aidait et savait que le Ciel l'aiderait. Elle aurait voulu se rendre dans « la ci-devant Bretagne » pour s'y occuper des terres de son mari, mais la guerre des Chouans n'était pas tout à fait terminée. Ce ne serait pas long. Circulant beaucoup à pied dans les rues de Paris, voyant des gens de toutes classes, elle constatait que les Français avaient, en Bonaparte, le gouvernement qu'ils désiraient. La ville avait repris un air de fierté; la peur enfin reculait. Quelques griefs personnels qu'elle pût conserver, Adrienne respectait le Premier Consul et lui souhaitait tous les succès.

Le 1er mars 1800, Bonaparte réhabilita d'un trait de plume et réintégra dans leurs droits civiques et politiques ceux des émigrés qui, dans la nuit du 4 août, avaient voté l'abolition des privilèges. C'était le cas de La Fayette, mais non celui de ses compagnons. Tout ce que celui-ci avait voulu éviter. Il écrivit aussitôt à Fouché, ministre de la Police, qui, ménageant un avenir inconnu, se montrait fort bienveillant pour lui, et obtint que ses camarades du 19 août fussent rayés en même temps que lui. Le cauchemar était dissipé. La Tour-Maubourg, rasséréné, trouva aussitôt une place à l'hôtel de ville de Neuilly, en attendant le Sénat. George eut une sous-lieutenance aux houzards.

Bonaparte semblait donc oublier ses préventions contre les fayettistes. Un jour qu'un général jacobin avait attaqué devant lui le héros des deux mondes : « Vous avez beau dire, repartit Bonaparte, il n'est pas moins vrai que personne au monde n'est autant haï des ennemis de la liberté et de la France. Je sais bien, moi, qui ai traité sa délivrance, quel prix les puissances étrangères mettaient à sa détention[1]. »

1. *Mémoires, Correspondance et Manuscrits du général La Fayette*, tome V, page 163.

La Fayette, après sa radiation, ne put remercier en personne le Premier Consul qui partit, le 6 mai, pour l'Italie où il allait prendre le commandement de l'armée, de nouveau menacée par les Autrichiens. La Fayette admira sincèrement ce qu'il nomma le plus beau trait de la vie de Bonaparte : ce noble abandon du poste suprême, où il venait à peine de se hisser, pour aller au-delà des Alpes, gagner les batailles du peuple français. Ce qu'il ne sut pas, c'est que Joseph Bonaparte, justement inquiet de voir exposé aux boulets l'homme sur qui reposait alors la sécurité de la France, parla longuement avec Roederer d'un successeur possible en cas de malheur. Joseph passait lui-même pour l'héritier présomptif et, comme tous les Bonaparte, se jugeait apte à tout, mais il ne voulait pas de cette difficile succession, au moins pour le moment. Il savait que la nation le connaissait à peine. « Deux hommes seulement sont possibles, dit-il, Carnot ou La Fayette. » Le fermier de La Grange n'était donc pas tout à fait oublié.

Le départ de George pour l'Italie n'attrista pas trop Adrienne. Elle savait que son fils ne désirait rien davantage. Elle lui écrivit : « Ceux qui s'aiment et se séparent, mon cher enfant, conviennent de regarder la lune au même instant. Pour nous, regardons le Ciel. Unissez-vous à votre mère le matin, le soir, le dimanche à l'heure de la messe, que vous puissiez y assister ou non[1]... »

Rejoignant l'armée par la route du Simplon, George-Washington de La Fayette passa par Coppet, où il remit à Necker une lettre de son père.

Necker à La Fayette : J'ai éprouvé, monsieur, de l'émotion en voyant entrer chez moi le fils de M. de La Fayette et en recevant de sa main une lettre de vous. Cette communication qui m'en a rappelé tant d'autres, historiques et particulières, cette communication qui a rapproché de mon cœur le souvenir de nos malheurs et de votre courage, m'a sensiblement touché. Et ce fils me semble digne de vous. Il a de la simplicité et une

---

1. Lettre inédite. Collection Fabius.

confiance modeste au nom qu'il porte. Je désire bien vivement qu'il échappe aux dangers de son nouvel état et qu'il soit, pour vous et pour son incomparable mère, une source constante de bonheur[1]...

Le 14 juin fut le jour de la victoire de Marengo. Adrienne en félicita son fils avec « cette tendresse qui est la consolation en même temps que la douleur de tous les moments de ma vie jusqu'à la paix... Les succès prodigieux de Bp. (*sic*) la font espérer à tout le monde. » A la tante de Chavaniac qui, naturellement, n'aimait pas le Premier Consul (« Encore un de ces hommes nouveaux, sortis de rien, madame! ») : « La suspension d'armes a été signée en Italie et la paix va suivre. Cette guerre n'a pas de conquêtes, c'est une guerre pour la paix. » Le retour à Paris de l'armée et de son chef fut triomphal. George rapportait d'Italie une gravure représentant le général Bonaparte dans son uniforme rouge de Lodi. Adrienne l'accrocha dans sa chambre à côté de celle, devenue célèbre, des *Prisonniers d'Olmütz*.

Pendant l'absence du Premier Consul, Mme de La Fayette et Mme de Montagu avaient été reçues par Lebrun, troisième consul, qui les avait connues sous l'Ancien Régime. Il donnait des soirées au pavillon de Flore et s'était fait attribuer, comme logement personnel, l'hôtel de Noailles, rue Honoré. Privant la famille de sa demeure ancestrale, il se devait au moins de la favoriser. Quand Bonaparte revint, Lebrun se chargea de lui présenter La Fayette et ses compagnons.

Nous lui fûmes présentés aux Tuileries, La Tour-Maubourg et moi, par le consul Lebrun. Bonaparte s'avança de l'air le plus aimable; je me rappelai le premier accueil que j'avais autrefois reçu du grand Frédéric. Après les premiers compliments réciproques, il répondit à nos félicitations sur les succès d'Italie : « Les Autrichiens en veulent pourtant encore; c'est Moreau qui fera la paix. Je ne sais ce que diable vous leur avez

1. Lettre inédite. Archives de La Grange.

fait, ajouta-t-il avec grâce, mais ils ont eu bien de la peine à vous
lâcher! » Nous joignîmes Bureaux de Pusy à nos remerciements.
« Il reviendra, dit-il, et Dupont [de Nemours] aussi; on en revient
toujours à l'eau de la Seine. » J'appréciai mieux encore notre
réception par l'effet qu'elle fit à quelques conseillers d'État,
qui déjà observaient de loin le visage du maître[1]...

Le petit hôtel meublé de la rue de Courty était fort
achalandé. Quand Mme de Tessé arriva, au mois de juin,
avec son immense caravane, elle n'y trouva pas une
chambre. Elle loua une maison, rue d'Anjou, et les Montagu vinrent s'installer en face de chez elle. Mme de Tessé
eut quelque difficulté à obtenir sa « surveillance »; on accusait son mari de railleries amères contre le gouvernement.
Considérant que le pauvre homme n'avait pas ouvert la
bouche depuis vingt ans, La Fayette écrivait à Adrienne :
« C'est bien mal connaître votre oncle. » Car les La Fayette,
une fois de plus, avaient dû se séparer et communiquaient
par lettres.

Adrienne, flanquée de son petit aide de camp Virginie,
était partie pour la Bretagne, où elle voulait voir l'ancien
régisseur et recouvrer des fermages; La Fayette pour
l'Auvergne, où il avait hâte d'embrasser sa tante et de
traiter certaines questions politiques. Maintenant qu'il
était rayé, on souhaitait vivement le rallier et le nouveau
régime se jetait à sa tête. On lui offrait, en attendant le
Sénat, le conseil général de la Haute-Loire. Mais La
Fayette avait plus envie de pureté que d'autorité; il refusa
tout. Au Puy, il voulut voir les lieux où Adrienne avait été
emprisonnée et remercier tous ceux qui avaient été bons
pour elle. Au contraire, les terroristes qui l'avaient si mal
traitée se cachèrent pendant le séjour de son mari. Avec les
douairières royalistes, encore pointues, « l'une plus jaune
qu'un vieux citron, l'autre plus noire qu'une taupe », il
fut d'une politesse délibérée qui les étourdit si bien qu'elles
« lui rendirent la réciproque ».

---

1. *Mémoires, Correspondance et Manuscrits du général La Fayette*,
tome V, pages 164-165.

La Fayette à sa femme, 5 thermidor, an VIII (24 juillet 1800) :
Le préfet a donné un superbe dîner, où étaient tous les administrateurs... Mon toast a été à la mémoire des martyrs qui ont
péri pour la vraie liberté... J'ai été fort content des dispositions
du préfet sur la liberté religieuse; il se plaint de ce que certains
prêtres détournent leurs pénitents des registres civils, et les
nôtres m'ont avoué que quelques-uns de leurs confrères, dans
d'autres cantons, avaient eu ce tort individuel qu'eux-mêmes
condamnent... Je ne connais rien de plus coupable que ces
intrigues du dehors qui torturent de pauvres malheureux; il
ne faudrait qu'un mot de politesse du pape à Bonaparte pour
les mettre à l'aise. Je voudrais qu'il lui envoyât un beau cha-
pelet. Ces curés ne sont pas plus éclairés, mais ils sont bien plus
modérés et bien mieux intentionnés qu'en 1792. Leur anxiété
me touche parce qu'aujourd'hui elle est sincère pour un grand
nombre d'entre eux[1]...

En Bretagne, Adrienne faisait de l'excellent travail.
Des brigands arrêtaient les diligences.

La Fayette à sa femme, 13 thermidor, an VIII (1ᵉʳ août 1800) :
Eh bien! ma chère Adrienne, vous avez vu l'ennemi plus tôt
que George! Je félicite Virginie d'avoir fait la petite guerre
avant le sous-lieutenant d'houzards et je vous félicite toutes
deux des espérances de paix qui se confirment de plus en plus.
Ce n'était pas sans raison, chère Adrienne, que je répugnais
à vous voir courir la Bretagne en voiture publique. Je connais
votre bravoure et celle de notre Virginie, mais, quoique les
brigands n'en veuillent qu'aux gros sacs d'argent, et que leur
cri de rapine soit *Sûreté pour les voyageurs*, je voudrais que les
deux voyageuses qui m'intéressent prissent les moyens d'éviter
pareille rencontre. Je ne l'ai pas caché à ma tante, qui aurait
peut-être vu l'aventure dans les gazettes et qui n'en a point
été effrayée, mais qui se joint à moi pour vous recommander
de ne pas vous exposer aux embuscades. Ménagez vos santés,
vos personnes, et songez que le sentiment qu'on inspire n'impose pas moins de devoirs que celui qu'on éprouve...
Savez-vous que Mme de Tessé, Mme d'Hénin et Mme de
Simiane se destinent à passer tout le mois d'octobre à La
Grange?... Vous avez tort, chère Adrienne, de vous opposer
à ce qu'on blanchisse les chambres d'en bas... Cette petite
dépense, sur le compte du partage, serait imperceptible[2]...

1. Lettre inédite. Archives de La Grange.
2. Lettre inédite. Archives de La Grange.

Il s'occupait aussi de la restauration de Chavaniac :

J'ai fait placer les bustes dans la salle. Ma tante espère rat-
traper la tapisserie du salon. Il faudra que nous lui donnions
une cheminée et une glace. Je laisserai ici quelques livres et
estampes. Ma tante approuve le départ des autres, et celui
de la table, qui ne peut être réparée qu'à Paris. Je n'ai pas osé
parler du piano. Il en coûte, d'ici à La Grange, huit francs
le cent, ce qui n'est pas si cher que vous aviez cru...

Chavaniac, 26 thermidor, an VIII (14 août 1800) : Vous
savez, chère Adrienne, que j'avais été frappé de la bonne santé
de ma tante. A l'exception d'un léger tremblement dans la
tête, il n'y avait aucune différence avec l'état dans lequel je
l'avais laissée. La chaleur excessive, la sécheresse la fatiguaient,
mais c'est le 22 (dimanche 10 août), jour de mauvais augure,
qu'elle s'est sentie vraiment incommodée. Elle prit du chocolat,
trop épais dit-on, car elle déjeunait en sortant du lit. Elle ne
se plaignit point avant la grand-messe, où elle alla par un soleil
ardent, où elle resta par une chaleur étouffante et revint de
même. Il y avait beaucoup de monde ici... Ma tante sortit de
table, croyant avoir la migraine ; elle revint et resta longtemps
en société, se forçant à y faire bonne mine, comme elle en con-
vint lorsque enfin nous fûmes entre nous. Elle était assoupie et
se coucha de bonne heure. Le lendemain, on croyait encore que
son mal de tête et sa fièvre n'étaient qu'un reste de migraine,
mais, la fièvre augmentant et l'assoupissement qui l'accompagnait étant fort alarmant, nous envoyâmes chez le médecin
Pissis... Je vous donnerai tous les courriers, c'est-à-dire tous
les deux jours, de ses nouvelles[1]...

La tante se remit. Le préfet et le général vinrent dîner
à Chavaniac. Les prêtres ne parurent point, craignant
qu'on ne leur demandât des engagements. Adrienne
faisait rentrer des dettes anciennes, avec une habileté de
vieux notaire. Beaucoup d'acquéreurs venaient, fort
honnêtement, offrir une transaction. Déjà elle espérait tailler
deux propriétés bretonnes, pour Anastasie et Virginie.
Elle promettait aussi des fonds pour monter la ferme de
La Grange.

Plus encore qu'avec son mari, Adrienne correspondait
avec les admirables Beauchet.

1. Lettre inédite. Archives de La Grange.

Mme de La Fayette à Nicolas Beauchet : De Saint-Brieuc :
Je mène à peu près toutes les journées, cher citoyen, la même
vie que vous menez à votre bureau les jours et les heures de
public[1], et cela est indispensable. Ma consolation est d'envoyer
des fonds pour les créanciers. Voici, pour cette fois, 4 800 livres.
Je vous enverrai bientôt les 2 200 que j'ai annoncées à Mme de
Chavaniac. Dites, je vous prie, à M. de La Fayette, à qui je n'ai
pas le temps d'écrire, que je fais de mon mieux et que j'ai toujours présent le besoin de fonds pour les réparations de La
Grange. Si vous saviez ce que c'est de tirer les 16 200 livres que
je vous ai fait passer, de paysans dont il n'y a pas un ayant un
habit sans pièces, vous penseriez qu'il y a lieu d'être découragé,
et cependant ce n'est que d'eux qu'on en puisse avoir[2]... »

L'aide de camp Virginie écrivait à sa sœur Anastasie.

De Guingamp, août 1800 : ... La famille Félix est une tuile
qui nous tombe sur la tête. Mais que faire, ma bien chère sœur?
Nous ne pouvons la laisser sur le pavé, lorsque nous devons tout
au fils et que le vieux père aurait droit à nos soins, comme ancien
domestique de nos vieux parents... Nous allons dans trois jours
à Saint-Brieuc. Maman est excédée...

De Saint-Brieuc : Papa nous écrit de Chavaniac... Nous avons
attendu la diligence depuis sept heures du matin jusqu'à six
heures du soir. Nous avions pour compagne une dame malade,
qui soupirait tant que nous craignions que ce ne fût des efforts
pour vomir. Nous avons fini par casser et par patauger dans
la boue, par la pluie, pendant une lieue... Maman doit, avant de
s'en aller d'ici, faire payer quelques paysans et tenter un marché
avec un acquéreur[3]...

Mme de La Fayette avait reçu une lettre de Mme de
Simiane qui « s'imaginant que maman était très riche de
son voyage, lui demandait de lui prêter pour le moins
quatre ou six mille livres, et une seconde lettre où, presque
fâchée de ce qu'elle avait dit, elle aurait besoin de dix mille
[livres]. Elle voudrait que ce fût *de maman à elle* et que

1. Beauchet, fonctionnaire bien noté, allait être nommé chef de bureau
au ministère des Finances.
2. Lettre inédite. Collection Fabius, carton 22.
3. Lettre inédite. Collection Fabius.

personne ne le sût. Cela lui servirait à payer des créanciers criards et, de trois mois en trois mois, elle compte nous rembourser l'année prochaine. Maman lui a répondu qu'elle lui enverrait quatre mille livres avant le 10 septembre, qu'elle tâcherait de lui en porter deux mille autres et qu'elle compléterait les dix mille livres si les objets qu'elle avait mis en vente trouvaient des acquéreurs[1]... ». Virginie recommandait le plus grand secret à Anastasie : « Evitez à maman la maussaderie d'avoir écrit contre ce qui serait agréable à Mme de Simiane... » On devine une amertume, à peine perceptible. Aimer Mme de Simiane était un devoir, assez facile car elle était aimable ; l'entretenir devenait pesant.

Puis, comme il y avait des biens La Rivière et des créances à recouvrer en Touraine, Adrienne et sa fille cadette s'installèrent à Chenonceaux. Son mari lui écrivit qu'il espérait la rencontrer, en quittant Chavaniac, entre Orléans et Amboise. Il se disculpait, assez timidement, des erreurs que cette administratrice impeccable et sévère lui reprochait d'avoir commises en Auvergne. Il reconnaissait n'avoir pas accompli grand-chose, « mais aussi n'ai-je rien gâté et vous pouvez être aussi rassurée sur le mal que vous m'imputez que je suis satisfait de tout le bien que, pendant notre séparation, vous avez opéré[2]... ». Humilité toute penaude.

Voilà, ma chère Adrienne, un aperçu qui, pour le peu que j'y ai regardé, ne m'a pas semblé fort brillant. Les vôtres sont beaucoup plus satisfaisants, sans pourtant croire à la haute espérance que nos amis en ont conçue ; mais si nos dettes étaient payées, nous nous contenterions à bon marché, pourvu que chacun de nos enfants eût une jolie petite part, bien assurée. J'attends, suivant votre prière, pour me livrer à des spéculations, d'avoir entendu votre reddition de comptes, et je me borne à vous répéter ici combien je suis content de ce qui est parvenu à ma connaissance. Mais vous devez être bien fatiguée, mon excellente et chère Adrienne ; j'ai grand besoin de vous voir

1. Lettre inédite. Archives de La Grange.
2. Lettre inédite. Archives de La Grange.

en repos et la plus vive et tendre impatience de vous embrasser...

Nous parlerons, à la première entrevue, de nos arrangements intérieurs. Je vous vois engagée avec Charlotte. Je regrette fort Garret; il faudra trouver un bon cuisinier, qui fricasse bien, et Charlotte fera la dépense. Mais sera-t-elle bonne femme de chambre? Je tiens à ce que vous et Virginie soyez bien soignées. Félix, ou Antoine, mettraient sur table. Un bon frotteur, le garde Mariette, sa femme et votre nourrice. La maison irait, ce me semble, assez bien. Tout ira bien, chère Adrienne, quand nous serons réunis[1]...

Quand il quitta Chavaniac, il passa par Brioude, « cette ville où vous avez tant, si tendrement et si noblement souffert, ma chère Adrienne... ». Il remercia ceux qui s'étaient bien conduits envers sa femme et chanta pouilles aux autres.

Enfin, après avoir embrassé tout le monde suivant l'usage, j'ai grimpé dans ma petite chaise grise, fort satisfait de sortir des vilains murs de Brioude. Vous ne m'aviez pas dit à quel point les dames, à votre arrivée, furent aristocrates et impertinentes. Je prétends que c'est à cause de la demande que vous fîtes de ne pas mettre coucher dans la même chambre les hommes et les femmes; en tout cas, je n'ai pas cru devoir ménager l'amour-propre brivadois. Le pauvre Grenier, qui a été pour toutes nos affaires d'une obligeance parfaite, est sur les épines quand je parle de sa ville et des habitants, et de votre séjour avec eux[2]...

En rentrant à La Grange, il s'occupa d'édifier une volière où il réunirait des grues à couronnes, des canards branchus de la Caroline, des poules de la Chine et des hoccos du Mexique. Il semblait parfois comme le frelon de cette infatigable ouvrière.

1. Lettre inédite. Archives de La Grange.
2. Lettre inédite. Archives de La Grange.

II

COQUETTERIES

J'ai de l'attrait pour Bonaparte.
LA FAYETTE.

DE 1800 A 1802, Bonaparte engrangea sa moisson de victoires. En 1801, paix de Lunéville qui donna la rive gauche du Rhin à la France; en 1802, paix d'Amiens avec l'Angleterre. Qui n'eût applaudi? En octobre 1800, Adrienne se réjouissait de voir son fils sorti indemne de l'orage qui n'avait fait que gronder autour de lui, sans l'atteindre. Pour elle, ces années de renaissance française continuaient d'être des années de dur travail. Gilbert allait, confortablement, de La Grange à Aulnay, « avec toutes ses madames »; elle courait les routes de Bretagne et de Touraine, ou les antichambres des ministères.

Un jour d'octobre 1800, comme il était allé à Paris voir son beau-père, le duc de Noailles, arrivé de Suisse avec son épouse (que la Providence, après tout, avait épargnée), il rendit visite à son vieil ami Talleyrand. Celui-ci sortit de son cabinet avec un homme qui ressemblait au Premier Consul : c'était Joseph Bonaparte. Affable, confiant, débonnaire, Joseph fit grand accueil à La Fayette. Il se félicita de cette rencontre et pria le général d'assister à une fête qu'il allait donner, en son château de Mortefontaine, pour la signature d'un traité de réconciliation avec les États-Unis.

Joseph Bonaparte en fit parfaitement les honneurs; cette fête m'intéressait à plus d'un titre; tout y rappelait des époques et des succès de ma jeunesse. J'y voyais réunis les ministres américains, d'anciens collègues français, plusieurs généraux, la famille Bonaparte et le Premier Consul avec qui, pendant deux jours, j'eus l'occasion de causer beaucoup. Un des premiers mots qu'il me dit fut que « j'avais dû trouver les Français bien refroidis sur la liberté ». « Oui, répondis-je, mais ils sont en état de la recevoir. — Ils sont bien dégoûtés, reprit-il, vos Parisiens par exemple. Oh! les boutiquiers n'en veulent plus. » Je répétai ma phrase et j'ajoutai : « Ce n'est pas légèrement, général, que j'ai employé cette expression. Je n'ignore pas l'effet des crimes et des folies qui ont profané le nom de la liberté; mais les Français sont, plus que jamais peut-être, en état de la recevoir. C'est à vous à la donner; c'est de vous qu'on l'attend[1]... »

Il avait tenu, dès la première conversation libre avec Bonaparte, à professer sa foi. Il fut frappé par la simplicité du génie, la profondeur de l'esprit, la sagacité du regard. Le Premier Consul, qui voulait plaire à ce réfractaire, essaya de parler des campagnes d'Amérique, mais La Fayette dit modestement : « Ce furent les plus grands intérêts de l'univers décidés par des rencontres de patrouilles. » A son tour il exposa l'idée qu'avaient eue quelques Américains de faire chez eux une présidence à vie, et ajouta qu'avec une représentation nationale convenable, cette idée pourrait être bonne en France. Bonaparte devint très attentif et ses yeux brillèrent[2].

La Fayette à Mme de Chavaniac. Paris, 19 vendémiaire, an IX (11 octobre 1800) : Votre petite gazette vous aura vraisembla-

---

1. *Mémoires, Correspondance et Manuscrits du général La Fayette,* tome V, pages 166-167.

2. Tout ce qui précède est extrait d'une lettre confidentielle, adressée au général Albert van Ryssel, dont la fille avait épousé Victor de la Tour-Maubourg. Les confidences du prisonnier de Sainte-Hélène au général Bertrand racontent une tout autre histoire. Voici ce que dit Napoléon : « Si La Fayette ne me faisait pas sa cour, il la faisait beaucoup au prince Joseph. Il était toujours dans son antichambre. *Je ne l'ai vu qu'une fois,* lorsqu'il voulait qu'on lui rendît les biens sur lesquels il avait des prétentions, à Cayenne je crois... » Mais Napoléon pouvait fort bien avoir oublié quelques conversations qui, pour lui, parmi tant de grandes affaires, n'étaient pas capitales.

blement appris la paix américaine, et la fête donnée par Joseph
Bonaparte aux ministres américains. J'ai passé à cette campagne
deux journées très agréables. Le Premier Consul y était avec
toute sa famille ; les ministres des États-Unis sont partis
enchantés de tout ce qu'on y a fait pour eux ; vous jugez que
je le suis moi-même de l'harmonie rétablie entre les deux nations
et le gouvernement prenant les meilleurs moyens de se faire
aimer et considérer dans ce pays-là. J'ai profité de la bienveillance que Bonaparte me témoignait pour lui dire un mot de
M. et Mme de Tessé, et, d'après la manière dont ma demande
a été accueillie, j'ai lieu d'espérer leur très prochaine radiation[1]...

Bonaparte, réaliste, cherchait à s'attacher La Fayette.
« J'aurais volontiers, dit celui-ci, accepté, sous un régime
passable, une place de sénateur », mais il ne voulait pas
donner, à des institutions qu'il désapprouvait, une approbation, même tacite. « Mon isolement des affaires était
comme un droit de vétérance et une espèce de balise de la
liberté ; cependant j'encourageais de tout mon pouvoir
mes amis dans l'utile devoir de s'associer aux fonctions du
gouvernement. » En d'autres termes : « Vous qui êtes des
citoyens ordinaires, servez le régime ; moi qui suis un symbole, je resterai dans mon splendide isolement. »
Talleyrand, amicalement, le pressa d'accepter au moins
l'ambassade de France aux États-Unis. Il répondit qu'il
était trop américain pour y pouvoir jouer un rôle d'étranger et que ce serait le contrarier que de ne pas le regarder
comme un cultivateur, occupé seulement de sa ferme. Son
ami le général Mathieu Dumas vint lui dire que tant de
refus irritaient Bonaparte : « Personne n'aime à passer
pour un tyran ; le général La Fayette semble me désigner
comme tel. » Il répondit que le silence de sa retraite était
le maximum de sa déférence. Peut-être était-ce une politique plus satisfaisante pour son orgueil que pour la France.
Adrienne, conseillère très écoutée, favorisait cette
attitude. Elle savait que, si son mari se mêlait aux affaires,

1. Lettre inédite. Archives de La Grange.

le point d'honneur le jetterait en de nouveaux drames.
La Grange était un séjour de tout repos. La Fayette n'y
manquait pas de compagnes; Mme de Simiane et la princesse d'Hénin y séjournaient souvent. George vint s'y
reposer, quand il eut été blessé au passage du Mincio, et
Bonaparte, rencontrant La Fayette dans le salon de
Joséphine, lui dit affectueusement : « C'est bien; voilà un
charmant début pour ce jeune homme; je m'en réjouis
avec vous. »

Sur cette « charmante » blessure, le général Dumas
écrivit au père : « Je ne laisserai pas à Louis [Romeuf] le
soin de vous féliciter du début que j'avais tant souhaité
pour George. Il a été aussi brillant que vous ayez pu l'ambi-
tionner... » *Virginie à son frère* : « Papa a, je crois, rarement
joui pour son amour-propre comme aujourd'hui. C'est
comme lui, à ton début, mon cher frère, que tu as été
blessé... On t'attend à La Grange. Mme de Simiane compte
t'y voir. » Anastasie, elle, parlait de sa petite fille : « Célestine dit bien souvent : « George, viens! » Elle dit aussi que
tu es *là-bas* et que tu as *du bobo*[1]. »

Adrienne crut, un moment, tenir un excellent parti pour
Virginie : un Dampierre. Mais les parents Dampierre
jugèrent le douaire encore trop incertain, et d'ailleurs leur
fils n'était pas très empressé. C'était dommage. Le père de
Virginie, lui, la trouvait charmante : « Je vous dirai que,
ce matin, j'ai passé deux heures à l'entendre rendre compte,
chez Mme de Simiane, de *Simple Histoire* et que j'ai rarement eu autant de plaisir. Ce qu'il y a d'esprit, de sentiment et de mémoire dans la manière dont elle a retenu ces
deux volumes et nous en a fait jouir est vraiment remarquable. L'auditoire était enchanté[2]... » Mme de La Fayette
avait été aussi bonne éducatrice que naguère la duchesse
d'Ayen et la seconde nichée de colombes valait presque
la première.

En décembre 1800, Adrienne était de retour à Paris

1. Lettre inédite. Collection Fabius.
2. Lettre inédite. Archives de La Grange.

où elle logeait chez Mme de Tessé, rue d'Anjou, retenue loin de La Grange par les innombrables démarches dont la chargeait sa famille. Le duc de Noailles la talonnait pour sa radiation. La Fayette en était exaspéré.

La Fayette à sa femme, La Grange, 11 frimaire, an IX (2 décembre 1800) : Je n'ai pas cessé de penser que toutes les mesures dictées par votre famille, dans l'affaire de votre père, étaient superflues, inconvenantes, et propres à détruire d'avance l'effet que vous pourriez produire en temps utile. Je crois que votre établissement à Paris est une combinaison du même genre, et que le moindre effet du métier dont on se débarrasse sur vous sera de vous rendre personnellement inhabile à rendre aucun service, même dans les loges de portier et dans les antichambres! Il est possible que je me trompe, mais jusqu'à présent on vous a fait agir à faux : vous avez épousé un homme dont le rôle est de vivre dans la retraite avec sa famille et auquel il ne convient pas que sa femme ait l'air d'intriguer à Paris, pendant qu'il fait le philosophe à La Grange...

Si vous pouviez servir réellement votre père, je sacrifierais mes convenances à ce devoir et j'irais moi-même d'antichambre en antichambre, assurer, autant qu'il serait en moi, non le plaisir d'entrer plus tôt en discussion d'affaires, mais l'avantage d'être rendu à son pays... Lui sachant à Paris deux filles, deux gendres, une sœur, un beau-frère, et malheureusement une femme... je ne serais pas très inquiet si vous attendiez à La Grange le moment de faire, à Boulay de la Meurthe, les visites dont l'activité de ces huit personnes pourrait vous avertir...

Vous m'avouerez qu'en vous faisant refuser trois fois la porte de Bonaparte, pour une chose qu'il était clair qu'on n'accorderait pas, nous avons diminué d'autant nos moyens de réussir. En un mot, chère Adrienne, je vous déclare que mon bonheur est trop intéressé à vous avoir auprès de moi, pour consentir à ce que vous passiez votre hiver dans les rues de Paris, sans autre utilité que celle d'obéir à des ambitions vagues, qui ne peuvent pas être satisfaites par des mesures aussi mal combinées que celles dont on s'est avisé jusqu'à présent. Mme de Simiane voulait partir après-demain, pour vous mener Virginie; elle consent à ne partir, suivant mon premier projet, que lundi; elle sera à six heures chez Mme de Tessé, y déposera Virginie sans entrer; je compte sur elle pour vous aider dans votre désir de revenir ici[1]...

1. Lettre inédite. Archives de La Grange.

Adrienne, en effet, manquait à La Grange, où Anastasie et Charles avaient maintenant des chambres pour eux-mêmes et leurs deux petites filles : Célestine et Louise.

Les réparations se ressentent de votre absence ; on a fait plus de maçonnerie que vous n'auriez cru agréable et utile, si M. Vaudoyer avait montré le dessin ; les portes de ma chambre, le parquet de ma bibliothèque sont trop ouvragés ; je sens que la dépense nous gagne comme l'eau dans un débordement. Il faudrait pouvoir arrêter sur ce qui est fait, ou ce qui en est la suite indispensable ; ce qui n'aura lieu que l'argent à la main ; et ne se permettre le reste que lorsque nous aurons des moyens, des devis et un engagement précis. Vous avez fait des merveilles, ma chère Adrienne, mais je crains bien qu'il ne faille mettre dans notre charpente quelques girofliers de Cayenne[1]...

Cette affaire de Cayenne, naguère entreprise par devoir et pour aider à l'émancipation des esclaves, allait devenir très utile au ménage en procurant de l'argent comptant. En frimaire, an X, le Conseil d'État avait jugé que « le général La Fayette avait un droit incontestable à la propriété de ce terrain ». Le ministre avait donné des ordres pour qu'il fût remis en possession. L'agent local n'ayant pas obéi, Adrienne avait fait savoir que son mari était prêt à composer. Le ministre de la Marine fut autorisé à traiter, aux meilleures conditions pour la République, et l'écrivit à la citoyenne Noailles, femme Motier-Lafayette. Enfin le Premier Consul arrêta que l'État se rendrait acquéreur de « la Gabrielle », pour cent quarante mille francs, payés en numéraire. Les autres propriétés des La Fayette en Guyane seraient abandonnées par eux. Ce n'était pas un règlement très équitable ; pourtant, à ce moment, il leur eût rendu grand service. Mais quand une administration est en cause, reconnaître une dette ne signifie pas qu'on la paiera.

Le 23 décembre 1800, une machine infernale dirigée contre Bonaparte fit explosion, rue Saint-Nicaise. Ce fut, pour La Fayette, une occasion honorable d'aller le féliciter.

---

1. Lettre inédite. Archives de La Grange.

Le Premier Consul lui dit qu'il croyait de tels attentats dus à la constante coopération des deux partis extrêmes : jacobins et chouans. Pourtant le comte de Provence (Louis XVIII) lui avait écrit pour désavouer le crime. « Sa lettre est bien, dit Bonaparte à La Fayette, ma réponse aussi ; mais il finit par me demander une chose que je ne puis faire : c'est de le mettre sur le trône. »

Alors il me conta très gaiement les propositions dont on chargeait sa femme, et qu'il s'amusait à lui faire répéter les soirs. « Ils me promettent une statue, dit-il, où je serai représenté tendant la couronne au roi. J'ai répondu que je craindrais d'être enfermé dans le piédestal. » Et comme je disais qu'ils l'en tireraient pour lui faire pis... « Vous savez, reprit-il, que pour nous ce danger n'est rien ; mais leur rendre le pouvoir serait de ma part une infâme lâcheté ! Vous pouvez désapprouver le gouvernement, me trouver despote ; on verra, vous verrez un jour si je travaille pour moi ou pour la postérité... Mais enfin je suis maître du mouvement, moi que la Révolution, que vous, que tous les patriotes ont porté où je suis, et si j'appelais ces gens-là, ce serait vous livrer tous à leur vengeance ! » Ces sentiments furent si noblement exprimés, il parla si bien de la gloire de la France, que je lui pris la main en témoignant le plaisir qu'il me faisait[1]...

Ainsi les coquetteries continuaient. La Fayette obtenait assez facilement des places pour ses amis, des radiations pour ses parents Noailles, bien que le Premier Consul se plaignît des propos tenus dans les salons de l'aristocratie. « Ils n'ont, répondit La Fayette, d'importance que celle qu'on leur donne. Je m'étonne que des généraux qui ont vaincu l'Europe daignent s'occuper des grimaces du faubourg Saint-Germain. »

A chaque demande de radiation, le Premier Consul demandait : « A-t-il porté les armes ? » Il sous-entendait : ... contre la France, et ajoutait affectueusement : « Tenez, mon cher, une belle conduite, c'est la vôtre. Mener les affaires de son pays et, en cas de naufrage, n'avoir rien de

---

1. Mémoires, Correspondance et Manuscrits du général La Fayette, tome V, pages 178-179.

commun avec ses ennemis, voilà ce qu'il faut. » Une sympathie rude naissait.

Au printemps de 1801, Bonaparte s'ouvrit à La Fayette de son projet de Concordat avec le Vatican. Il voulait refaire, du catholicisme, la religion de l'État français. La Fayette l'encouragea à proclamer la liberté des cultes. « Vous n'avez rien eu de commun, lui disait-il, avec les horribles persécutions qu'on a fait éprouver aux prêtres. Vous trouvez table rase... Profitez-en pour établir le système américain. Les personnes véritablement pieuses vous béniront, car je connais leurs dispositions par ma propre famille; elles ne veulent que la liberté complète de leur culte[1]. » C'était le sentiment d'Adrienne qu'il exprimait. Elle avait milité en faveur des protestants; elle eût approuvé l'émancipation de tout corps sacerdotal. Mais le catholicisme d'Adrienne était une foi; celui de Bonaparte, une politique. Il voulait lier le clergé : « Avec mes préfets, mes gendarmes et mes prêtres, je ferai tout ce que je voudrai », disait-il.

Tout ce qu'il voudrait, et même un souverain, sacré par le pape avec l'huile de la Sainte Ampoule. La Fayette osa lui dire en riant :

« Avouez que tout cela n'a d'autre objet que de casser la petite fiole?

— Vous vous f...ez de la petite fiole, répondit Bonaparte, et moi aussi, mais croyez qu'il nous importe, au-dehors et au-dedans, de faire déclarer le pape et tous ces gens-là contre la légitimité des Bourbons. »

Après cette conversation, le Premier Consul dit à Bourrienne :

« M. de La Fayette a peut-être raison en théorie, mais qu'est-ce qu'une théorie? Savez-vous qu'il s'est servi d'une drôle d'expression quand il m'a dit que j'avais envie de me faire casser la petite fiole sur la tête... Nous verrons, nous verrons... »

1. *Mémoires, Correspondance et Manuscrits du général La Fayette*, tome V, page 182.

Ce qu'on vit, ce fut l'arrivée du cardinal Caprara, légat du pape, et le Concordat signé, non sans une grande méfiance des curés auvergnats.

En septembre 1801, La Fayette se trouvait à Chavaniac, sans Adrienne mais avec George. On négociait, avec la tante, une cession du domaine à La Fayette et à ses enfants, pour assurer les contrats de mariage éventuels. Aux yeux de la tante, George de La Fayette, seul héritier de nom et d'armes, aurait de droit les terres La Fayette ; elle lui léguerait la moitié du domaine de Chavaniac, dont un huitième irait à chacune de ses sœurs, et un quart à son père durant la vie de celui-ci. Grâce aux miracles d'Adrienne, la situation financière de la famille devenait bien meilleure. De Bretagne et de Touraine, les fermages rentraient régulièrement. Le temps des acquisitions était revenu. On s'arrondissait, autour de La Grange et de Chavaniac : « Si, dans vos arrangements, vous trouviez une somme de trois à quatre mille francs à placer en pommiers, nos enfants et nous-mêmes, dans dix ans, nous y trouverions grand profit. »

Il était question, pour George, d'un excellent mariage avec Émilie de Tracy, fille d'Antoine-Claude, comte Destutt de Tracy, philosophe, membre de l'Institut, qui partageait à peu près les idées politiques de La Fayette, avec cette différence (capitale) que Tracy avait accepté de Bonaparte un siège au Sénat. Destutt de Tracy était un petit homme élégant et méticuleux. « Ses manières étaient parfaites, quand il n'était pas dominé par une abominable humeur à quoi il était sujet. » L'idée de cette union plaisait beaucoup à La Fayette, mais ni les jeunes gens, ni les notaires ne s'étaient encore vus. Déjà pourtant Adrienne s'occupait, à La Grange, avec Vaudoyer, de « l'appartement de la belle-fille » et son mari, qui la laissait faire, se plaignait qu'on ne le tînt pas au courant.

En octobre, La Fayette et George quittèrent Chavaniac sans que la tante, bien que très affligée de la séparation, eût de ces mouvements violents qui lui faisaient tant de mal. L'idée du mariage de George lui plaisait fort. Celui-ci rejoignait son régiment en Italie; La Fayette allait à Cirey, chez Adélaïde de Simiane.

La Fayette à sa femme : Cirey, 29 vendémiaire, an X (21 octobre 1801) : J'ai suivi la route de Bourgogne, où je ne me serais pas engagé si je l'avais crue si mauvaise, il y a de quoi briser sa voiture et ses os! J'ai été bien tenté, en passant à Langres, d'aller surprendre Rosalie, mais on m'a dit que j'aurais beaucoup de peine, dans l'état actuel des chemins, à parvenir dans un jour à Vesoul; que de là, il faudrait une journée de traverse horrible; le temps était détestable...

Il est probable que Mme de Simiane passera une partie de l'hiver à Cirey; les visites qu'elle attend retardent toujours; c'est le seul moment où je pusse placer la mienne. Je suis fort pressé de la prolonger et Mme d'Hénin dit que, si je consens à passer ici quinze jours, je la ramènerai... J'ai trouvé Mme de Simiane l'air souffrant. Je ne lui ai pas dit la peine que j'en ressentais parce que je lui en aurais fait sans la moindre utilité... Nous n'avons pas eu le temps de causer. Ce sera pour demain, après le départ de l'abbé [de Damas, frère de Mme de Simiane], de Charles et d'une autre visite qui vont à Paris et mettront ma lettre à la poste. Adieu, chère Adrienne. Adieu, chère Virginie[1]...

Quand La Fayette revint à Paris, Adrienne, infatigable missionnaire, était de nouveau à Saint-Brieuc. Il trouva la famille à Aulnay, chez Mme de Tessé, dans un état de grande agitation. Son beau-frère Grammont et sa belle-mère, la duchesse de Noailles, lui dirent à l'oreille : « Au nom de Dieu, pas un mot ou tout est perdu! »

« J'étais comme Basile dans le *Barbier* », écrivit Gilbert à sa femme. Il s'agissait de quelque projet farfelu de Mme de Tessé, au sujet de sa radiation. Elle voulait être rayée première de la famille et disait en plaisantant : « Où la tête peut passer avec le bras, tout le corps y passera. » Elle ne voulait pas que son frère Noailles connût ce projet et, naturellement, il ne l'ignorait pas. Il y avait des préséances jusque dans le malheur. Chose plus sérieuse :

1. Lettre inédite. Archives de La Grange.

470 MADAME DE LA FAYETTE

La Fayette vit Tracy et sa fille Émilie, fiancée présomptive de George ; il la trouva fort aimable et digne d'être sa belle-fille, grand éloge.

Il fit, chez Joseph Bonaparte, un dîner agréable avec Lord Cornwallis, son cher vaincu, mais là parla sans doute imprudemment des affaires de France, car il en eut ensuite des ennuis. Bonaparte, jusqu'alors, était resté fort gracieux. Il avait écouté sans impatience les critiques polies, mais fermes, du libéral impénitent. A ceux qui lui dénonçaient La Fayette comme un frondeur, il avait répondu : « Il n'en dira jamais plus qu'il ne m'en a dit à moi-même. » Mais quand il revit La Fayette, après le dîner Cornwallis, il lui dit en ricanant : « Je vous avertis que Lord Cornwallis prétend que vous n'êtes pas encore corrigé.

— De quoi ? reprit vivement La Fayette. Est-ce d'aimer la liberté ? Qui m'en aurait dégoûté ? Les extravagances et les crimes de la tyrannie terroriste ? Je n'ai pu qu'en haïr davantage tout régime arbitraire et m'attacher de plus en plus à mes principes...

— Je dois vous dire, général La Fayette, reprit Bonaparte d'un air sérieux, et je vois avec peine que, par votre manière de vous exprimer sur les actes du gouvernement, vous donnez à ses ennemis le poids de votre nom.

— Que puis-je faire de mieux ? répondit La Fayette. J'habite la campagne ; je vis dans la retraite ; j'évite les occasions de parler ; mais, toutes les fois qu'on viendra me demander si votre régime est conforme à mes idées de liberté, je répondrai que non ; car enfin, général, je veux bien être prudent, mais je ne veux pas être renégat[1]. »

Tout allait soudain de mal en pis. Le Premier Consul grondait ; les ouvriers de La Grange tendaient la main et tiraient la langue ; le beau-frère Thézan (plus royaliste et plus maussade que jamais) était une boule d'épines dans l'affaire des partages. L'affaire de Cayenne n'avançait pas. Adrienne fut appelée à la rescousse.

1. *Mémoires, Correspondance et Manuscrits du général La Fayette,* tome V, page 195.

La Fayette à sa femme, Paris, 5 frimaire, an X (26 novembre 1801) : Je vois avec bien du regret, ma chère Adrienne, que le moment du départ recule devant nous. Les mécomptes que vous avez éprouvés ne m'étonnent point ; vous avez fait au-delà de ce que je croyais possible. Si vous avez pris, comme disait Mirabeau, quelques espérances pour des réalités, il y a dans les réalités de quoi trouver votre voyage bien utile à nos affaires. Je voudrais seulement qu'il se terminât bientôt...

Il a été décidé que j'irais, avec votre père, parler au consul Le Brun de l'hôtel de Noailles. Mme de Tessé m'avait écrit un billet confidentiel, pour m'exprimer ses inquiétudes et me faire sentir la différence d'*un loyer* (qui constatait la propriété) avec *une indemnité* (qui dépouillait votre père). Nous avons été fort contents de Le Brun. On lui a dit un mot de l'hôtel de Noailles, qui lui sera proposé formellement ces jours-ci, il répondra que sa délicatesse répugnerait à priver la famille de Noailles d'une propriété incontestable, mais que, si on l'autorise à traiter pour un loyer, l'affaire pourrait s'arranger. Nous y retournerons dans trois jours. J'espère que, lorsqu'on verra que c'est le seul moyen d'empêcher votre père d'être banqueroutier, on ne s'obstinera pas à lui prendre ce dernier morceau de son bien, dont un tiers n'a jamais pu être compté comme bien d'émigré...

Paris, 9 frimaire, an X (30 novembre 1801) : Que nous serions tranquilles, chère Adrienne, si toutes nos dettes étaient payées ! Je suis persuadé que la retraite de six mille francs ne manquera pas ; il est probable que nous l'attendrons encore quelques mois. Vous avez toute raison, dans l'état actuel de nos affaires et de nos espérances, de ne songer qu'à faire les arrondissements de nos enfants en Bretagne, et de vous défaire du reste pour acquitter nos engagements.

Je ne puis trop vous répéter que vous avez fait des merveilles et que, lors même que votre attente n'aura pas été remplie sur tous les points, ce qui restera de bonnes choses terminées est encore bien satisfaisant[1]...

George était à Monza, à trois lieues de Milan, avec ses houzards. Il faisait du manège, des armes, du dessin, de la musique et se réjouissait de tout ce que son père et ses sœurs lui écrivaient d'Émilie. A distance, il ne se rendait pas compte des immenses difficultés que rencontraient

1. Lettres inédites. Archives de La Grange.

ses parents, pour apaiser les craintes financières de M. de Tracy, les scrupules de la tante Charlotte et les ardeurs intempestives de Mme de Tessé. Mais les affaires humaines sont cycliques. Un temps de calme succéda aux tempêtes. Bonaparte se radoucit. Les partages se firent à l'amiable, assez froidement, mais avec délicatesse. Chacune des sœurs Noailles eut un château et des fermes. C'était plus qu'on aurait pu espérer au temps de Witmold et d'Olmütz. Aussitôt ce fut, dans la famille, « un déménagement universel ». Quant au duc de Noailles, désespérant de rentrer en possession de son hôtel, rue Honoré, il retourna philosophiquement en Suisse, où il acheta l'ermitage des Utins, au-dessus de Rolle, sur les bords du lac Léman.

A La Grange, Vaudoyer avait dessiné pour La Fayette une admirable bibliothèque : « Placée au second étage, dans l'une des tours du château, elle était circulaire et composée de trois corps dont les rayons étaient soutenus par de fines colonnes blanches[1]. » Les colonnes étaient surmontées de médaillons peints à l'huile, qui représentaient Dietrich (maire de Strasbourg), Van Ryssel (patriote hollandais), Franklin, Washington, Bailly, La Rochefoucauld, Lavoisier, Malesherbes. Des reliures fort belles enrichissaient les livres, dont beaucoup avaient été offerts à La Fayette par des villes américaines. Près de la fenêtre, un porte-voix permettait au général, lorsqu'il regardait du haut de sa tour les travaux de la ferme, de donner ses ordres. Les coussins des sièges avaient été brodés par Adrienne. Dans le tiroir de la table à pupitre, il y avait deux cachets : l'un, en cornaline, était celui que La Fayette avait emporté jadis en Amérique ; son chiffre y était accompagné de la devise : *Cur non?* L'autre représentait la tête de Washington, auréolée de rayons. Près de la porte d'entrée était accroché un curieux petit tableau. Il représentait

1. Cf. CLOQUET : *Souvenirs sur la vie privée du général La Fayette,* *page 193.*

le vieux caporal qui, à Olmütz, avait si mal traité les prisonniers. Anastasie l'avait alors caricaturé sur son ongle, afin qu'on ne pût saisir son croquis. Le rustre portait à la main ses grosses clefs, au poignet un bâton de défense, et s'avançait dans l'attitude d'un homme effrayé. Ses rares cheveux étaient assemblés en un ridicule catogan et, comme il marchait avec la prudence d'un Iroquois, les jeunes filles l'avaient baptisé *Cataquois*. Il était doux pour les captifs, la liberté retrouvée, de se rappeler leur geôlier et d'en rire.

III

UNIONS PRIVÉES, RUPTURE PUBLIQUE

> O l'agréable, ô l'immense vie!
> Que cette solitude est aimable!
> PLINE.

IL EST assez rare que des époux qui éprouvent l'un pour l'autre une affection profonde et vraie, soient aussi constamment séparés que l'étaient Adrienne et Gilbert. Le dérèglement de leurs affaires et les scrupules d'Adrienne, qui ne croyait jamais en avoir fait assez, les y forçaient. En février 1802, La Fayette s'occupait de La Grange tandis que sa femme, à Paris, essayait d'en finir avec Cayenne. Le gouvernement était d'accord sur le principe et le montant de l'indemnité, mais il y avait encore loin, semblait-il, de l'accord à l'action. Adrienne harcelait Talleyrand et l'amiral Decrès, ministre de la Marine.

Puis Adrienne partit pour Chavaniac, où elle devait mener une autre négociation avec la tante Charlotte, et La Fayette prit la relève à Paris pour « la Gabrielle ». Bon travail d'état-major conjugal. Enfin le 13 germinal, an X (3 avril 1802), l'acte relatif à Cayenne fut signé au ministère de la Marine.

La Fayette à sa femme : Il y a eu trois difficultés : 1º Savoir qui paierait les frais de l'acte, montant à deux mille francs. On a décidé que ce serait le gouvernement, en sa qualité d'acheteur; 2° Assigner une hypothèque, en attendant la livraison de l'objet vendu; mes conseils m'ont dit que ce devait être ainsi. Je voulais qu'on désignât l'hôtel de Noailles, mais comme ni vous, ni moi n'y avons de propriété, il eût été impossible de faire adopter cette idée. On a donc désigné La Grange. M. Tutat [notaire des La Fayette] et M. Beauchet se sont arrangés pour que cela ne nuisît point à nos autres arrangements. Le troisième point, qui est devenu une altercation, portait sur la demande d'une cession nominative de mes droits sur les cultivateurs. J'ai déclaré que je ne voulais pas coopérer à un système possible d'esclavage. On a fini par se contenter d'une déclaration que je renonçais à tout droit sur aucune propriété quelconque qui m'appartenait, ou m'avait appartenu à Cayenne. Mais j'ai vu le moment où j'avais été obligé de manquer le marché : il a donc été signé à cent quarante mille francs, en numéraire[1]...

Cent quarante mille francs en numéraire! C'était inespéré et ce paiement allait renflouer, pour un temps, les finances du ménage. Restait une grande affaire à terminer : le mariage de George (qui était à l'armée d'Italie). La Fayette continuait d'aller à Auteuil, chez les Tracy; Émilie lui plaisait de plus en plus, par « sa raison et sa sensibilité »; les Tracy souhaitaient faire célébrer le mariage en mai 1802, mais il fallait auparavant régler les questions d'argent. Là-dessus pas de transaction. Avec le retour en France de l'ordre, les grandes familles revenaient à l'idée qu'un jeune ménage doit avoir un revenu. Point d'argent, point de noce.

Les Tracy considéraient comme satisfaisante la donation de Mme de Chavaniac, mais non si La Fayette avait un droit d'usufruit et si la part de George devait être amputée de dix mille francs au profit de chacune de ses sœurs. La tante Charlotte, elle, tenait absolument à « faire quelque chose » pour ses petites-nièces. · La vieille dame se montrait difficile. Elle aimait bien George, mais lui préférait Gilbert. Elle résistait à l'idée d'enlever l'usufruit de son château natal au neveu bien-aimé. La mission d'Adrienne, envoyée à Chavaniac, fut de rapprocher les

1. Lettre inédite. Archives de La Grange.

points de vue. Virginie écrivit d'Auvergne à Anastasie :
« Ma tante est d'une bonté charmante, allant à merveille
et, je crois, rajeunie... Il est vraiment désolant pour nous
d'être, par les dons qu'elle veut nous faire, le dernier
obstacle à un mariage que nous désirons tant[1]... »

A Auteuil, Émilie disait oui à tout, mais non son père.
De guerre lasse, Adrienne proposa que les La Fayette
reconnussent une dette de vingt mille francs envers
Mme de Chavaniac, dette qui serait imputée sur *leur* part
au moment de l'héritage et compenserait les largesses
faites aux petites-nièces. La tante Charlotte y consentit.

La Fayette à sa femme, Paris, 20 germinal, an X (10 avril 1802) :
Je suis allé ce matin, à huit heures, chez Tracy, après avoir
passé chez Maubourg, qui a été d'autant plus content de la
résolution de ma tante, qu'hier au soir Mme de Tracy avait
confié à Marie ses vives alarmes; elle voyait le mariage manqué
si ma tante n'avait pas cédé à nos prières! Elle ne pouvait
envisager cette idée sans désespoir et je crois qu'Émilie ne la
voyait pas non plus indifféremment. J'ai dit à Tracy que je
venais lui annoncer la bonté qu'avait ma tante de renoncer
à son projet d'usufruit pour moi; de la moitié assurée à George
et qu'elle n'avait plus besoin de la lettre que j'allais écrire pour
assurer, après elle, à mon fils, la propriété de la moitié de Chavaniac, sans clause d'usufruit pour moi. Tracy m'a sauté au cou
et m'a embrassé dix fois, avec une joie qui m'a montré de plus
en plus (ce que nous savions déjà) que ses difficultés sont une
affaire de principes à cet égard[2]... »

Il est étonnant de voir un sénateur philosophe sauter
au cou d'un général illustre pour vingt mille francs; plus
curieux encore de constater que ce philosophe était prêt
à rompre un mariage parfait pour « affaire de principes »
qui était, en fait, une mesquine affaire de fortune.

Aux yeux d'Adrienne, mère tendre pour qui les questions d'argent étaient des moyens et non des fins, ce qui
importait était de rassurer son fils en lui montrant que la
fiancée tenait à lui pour lui-même et non pour les tours

1. Lettre inédite. Archives de La Grange.
2. Lettre inédite. Archives de La Grange.

de Chavaniac. Elle lui affirma que Destutt de Tracy avait lu, dans le cœur de la jeune fille, sa disposition à l'égard de George, ce qui « a fixé toute hésitation et rendu la détermination indépendante de tous les détails de fortune... On est à présent à régler les affaires entre M. Beauchet et l'homme de confiance de M. de Tracy... Nous ignorons encore cependant si M. de Tracy donne quatre *ou* six mille francs par an à sa fille. Je voudrais qu'il donnât six mille francs car je vois, mon enfant, que malgré ta sévère économie, il y a toujours dans la vie, et surtout dans les voyages, quelque incident imprévu qui fait qu'on dépense plus qu'on ne croyait, et, si vous n'avez que sept mille francs (quatre plus trois), vous ne serez pas à votre aise, ce qui n'empêche pas le bonheur mais fait un agrément de moins[1] ».

La Fayette à sa femme, 21 germinal, an X (11 avril 1802) : Ils [les Tracy] m'ont dit que c'était à vous qu'ils laisseraient le choix du jour, mais qu'ils souhaitaient qu'on se mariât le plus tôt possible; que l'inconvénient des parentés aristocratiques se joignait aux motifs d'économie, pour dégoûter de l'idée d'une noce où il y aurait à prier, de mon côté, Mme de Tarente; et du leur, M. et Mme d'Uzès; que leur maison était trop petite pour loger, en pareille circonstance, le jeune ménage qu'il serait *inconvenant* d'envoyer dans un autre logement; que, par conséquent, il leur paraissait mieux de se marier de bonne heure, de déjeuner à Auteuil, et de partir pour La Grange — avec Mme de Maubourg, qui remplacerait Mme de Tracy à laquelle on ramènerait sa fille quatre jours après... Émilie n'a pas été toujours absente. Nous nous sommes embrassés; elle a reçu mes caresses avec une modestie et une sensibilité charmantes. J'ai tout à fait pris possession d'elle.
Émilie ayant parlé d'un papier vert, il est aisé de le choisir avec une jolie bordure, mais quel papier mettrons-nous dans son cabinet? Quel papier faut-il mettre dans la chambre de George? Il est vrai que vous aurez le temps, en arrivant, de choisir tout cela, ainsi que les meubles. Cependant il n'y en aura pas beaucoup à perdre si, le jour même du mariage, on doit venir ici[2]...

1. Lettre inédite. Collection Fabius.
2. Lettre inédite. Archives de La Grange.

En toutes leurs transactions relatives à « la Gabrielle »,
les La Fayette avaient été aidés par la bonne volonté des
gens au pouvoir. La Fayette reconnaissait que, pour cette
affaire de Cayenne, il avait fallu « une bienveillance prononcée du Premier Consul ». Elle s'était affirmée, malgré
les ragots de Lord Cornwallis. La retraite du général de
La Fayette avait été fixée à six mille francs, ce qui était le
maximum. Peu à peu, tous ses amis et parents avaient
été « rayés ».

*La Fayette à sa femme, La Grange, 26 germinal, an X (16 avril
1802)* : J'en sais bien bon gré à Bonaparte, qui ne peut placer
les obligations de ce genre de manière à ce qu'elles soient mieux
senties ; aussi lui souhaitté-je *(sic)*, dans ma reconnaissance,
tout ce qui est compatible avec la liberté publique, ou plutôt
je souhaite qu'il soit aussi pénétré que moi de cette vérité que,
dans la liberté publique seule, il trouvera de la gloire à sa hauteur. Les fortunes impériales, royales, ne sont en comparaison
que des griséttes. Vous apprendrez, par les papiers, les nomi-
nations épiscopales, les préparatifs du *Te Deum* et le choix du
prédicateur, que je n'ai entendu qu'une fois dans ma vie — et
il y a, comme vous le savez bien longtemps[1]...

Il s'agissait du fameux dimanche de Pâques 1802, où
Bonaparte se rendit à Notre-Dame dans le carrosse des
rois de France et où Mgr de Boisgelin, l'orateur du sacre
de Louis XVI, salua, au nom de l'Église, « ce génie providentiel ». Devant la cathédrale dont les cloches sonnaient
à toute volée, l'archevêque et trente évêques accueillirent
le Premier Consul. Vêtu d'un habit rouge qui faisait res-
sortir la pâleur sulfureuse de son beau visage, celui-ci fut
conduit sous un dais. Autour de lui, beaucoup de ses officiers réprouvaient « cette capucinade ». Mais le peuple,
dans les rues, chantait : « Le dimanche l'on fêtera : Allé-
luia ! » et se réjouissait aussi de la paix, enfin signée, avec
l'Angleterre.

Adrienne ne pouvait que se louer, pour son fils de la
fin de la guerre, pour l'Église de la fin des persécutions.

1. Lettre inédite. Archives de La Grange.

Elle ne pouvait qu'être reconnaissante, au Premier Consul, de ses marques de faveur. Mais dès le mois suivant, elle fut le témoin, triste et impuissant, du plus déchirant des cas de conscience. Soudain le peuple français fut consulté sur la question : Bonaparte sera-t-il consul à vie ? La Fayette avait lui-même suggéré une présidence à vie, mais à la condition qu'elle fût entourée de garanties constitutionnelles. Aucune n'était offerte. La mesure fut pourtant ratifiée, presque à l'unanimité (3 568 000 *oui*, contre 9 000 *non*). Les royalistes adhérèrent en foule. La Fayette vota *non*, en écrivant sur le registre : « Je ne puis voter pour une telle magistrature jusqu'à ce que la liberté publique soit suffisamment garantie; alors je donnerai ma voix à Napoléon Bonaparte[1]. » Le lendemain matin, il fit remettre au Premier Consul une lettre, sobre et digne, qui exprimait la même idée accompagnée de vœux pour sa personne. Cette fois, c'était la rupture. Le temps des coquetteries était passé. Bonaparte cessa de voir La Fayette. Cependant il avait assez de grandeur d'âme pour conserver, à cet adversaire loyal, son estime. Quelqu'un ayant dit, devant lui, qu'il n'y avait eu contre le consulat à vie que des votes jacobins :

« Non, s'écria-t-il, il y en a eu d'enthousiastes de la liberté, La Fayette par exemple. »

Tout rôle public devenait plus que jamais impossible, mais la vie privée ne fut pas troublée. Le mariage de George fut béni, le 6 juin 1802, dans l'intimité, pour éviter de mettre en présence le général républicain et ses cousins royalistes. Mme de Tessé avait d'abord offert de s'occuper de l'installation du jeune couple, puis, apprenant qu'Adrienne et Anastasie avaient déjà fait quelques achats de meubles et de tissus pour cet appartement, s'était mise dans une grande colère. La tante de Tessé voulait bien *donner*, mais à la condition de *régenter*. L'optimisme d'Adrienne, qui semblait toujours espérer que la Providence

---

1. *Mémoires, Correspondance et Manuscrits du général La Fayette,* tome V, page 198.

réglerait la note du tapissier, l'exaspérait. Elle écrivit une lettre-bombe.

La comtesse de Tessé à Marie-Josèphe Beauchet : Mme de La Fayette a oublié à son départ, madame, de commander une couchette et des matelas pour sa belle-fille, et on veut la marier le plus promptement possible à son retour! Il est possible que Mme de La Fayette vous écrive, à la hâte, de lui acheter une foule de choses sans savoir si elles pourront se placer aux lieux où elle les destine. Le temps presse. *J'ai pris le parti de m'occuper de l'ameublement, aussitôt que j'aurai reçu, de La Grange, les mesures nécessaires. Je ne le paierai point.*

Je veux que Mme de La Fayette apprenne, par le compte que je lui rendrai de la dépense *que je lui ferai faire,* ce que coûte une chambre proprement meublée, avec un lit de ménage; qu'elle soit une fois bien convaincue que la partie dite de luxe ne monte pas à deux cents francs, sur une somme de dix-huit cents francs[1]...

Les Beauchet, comme Adrienne, connaissaient Mme de Tessé et ne s'émurent point. Elle criait, donc elle paierait.

Le père Carrichon, qui avait accompagné les trois dames de Noailles à l'échafaud, bénit les époux qui passèrent une brève lune de miel en famille, à La Grange. La garde-robe de George, offerte par ses parents, avait coûté 840 livres (chez Lanier, tailleur). Elle comprenait, entre autres vêtements, une culotte de soie noire, un pantalon de nankin à pieds, et un habit Louvois bleu. Adrienne, pour soigner sa jambe malade, alla faire une saison aux eaux, puis la famille se réunit à Chavaniac. Il n'y manquait plus qu'un mari pour Virginie. Il vint, comme tous les bons maris, par un coup de hasard.

Pendant l'été de 1802, Pauline de Montagu fit un voyage à Brive-la-Gaillarde, centre des possessions qui avaient constitué, avant la Révolution, le duché-pairie de Noailles. Son père, qui vivait en Suisse, lui avait demandé de voir si l'on pouvait sauver quelques restes de leurs terres en Corrèze. On la mit en rapports avec un vieux gentilhomme

1. Inédite. Archives de La Grange.

du pays, le commandeur de Lasteyrie (commandeur de
Malte, cela s'entend), qui offrit de l'accompagner dans ses
courses rurales. Ils visitèrent ensemble le château de
Noailles, qui n'avait pas été vendu. « Ce n'était plus que
l'ombre d'un château mais, quoiqu'on lui offrît de cette
masure deux mille écus comptant, Mme de Montagu ne
voulut pas s'en dessaisir : *Les pierres de Sion sont chères
à vos serviteurs et ils s'attendrissent sur les ruines*[1]. »

Louis de Lasteyrie, neveu du commandeur, les accompagnait parfois dans leurs tournées d'exploration. C'était
« un beau jeune homme, doux, brave et fort instruit ».
Il avait été élevé à Malte, d'où son oncle l'avait ramené
après la chute de l'ordre souverain, privé de l'île par l'occupation anglaise et réduit par le pape à deux langues,
celles d'Italie et d'Allemagne. Mme de Montagu, qui le
prit en amitié, dit au commandeur (son lointain parent)
que « l'on pourrait rajeunir, par un mariage, les liens de
famille qui les unissaient ». Ces ouvertures ayant été bien
accueillies, Pauline écrivit à Adrienne qu'elle lui avait
trouvé un gendre. Quand elle regagna son château de
Plauzat, en Auvergne, elle y pria l'oncle et le neveu qu'elle
amena, en charrette, à Chavaniac. La première impression
fut, de part et d'autre, si favorable que Louis de Lasteyrie
fut invité à faire, l'hiver suivant, un séjour à La Grange.

*La Fayette à Mme de Chavaniac, Paris, 9 floréal, an·XI
(29 avril 1803)* : Louis de Lasteyrie est amoureux fou de Virginie, qui répond de tout son cœur à ce sentiment. Tout le
monde l'a trouvée charmante dans cette circonstance. Voilà
donc la succursale assurée[2]...

Il louait le caractère du prétendant, ses manières et
son cœur : « Il ne lui manque, et à elle aussi, qu'un peu
plus d'argent. »

La Fayette revint à Paris pour y rencontrer ses amis

1. A. CALLET : *Anne-Paule-Dominique de Noailles, marquise de Montagu*, page 377.
2. Lettre inédite. Archives de La Grange.

anglais, qui profitaient de la paix d'Amiens pour revoir la France. Ils eurent mauvaise impression du régime consulaire. Ces grands libéraux étaient plus fayettistes que bonapartistes. Adrienne vit Fox et Fitzpatrick, avec lesquels elle avait tant correspondu au temps d'Olmütz et à qui elle devait une si vive reconnaissance. L'aimable Charles Fox vint, avec sa femme, à La Grange et y planta de ses mains un lierre qui vit encore. « La liberté renaîtra, dit-il à La Fayette, non pour nous, mais pour George tout au plus, et sûrement pour ses enfants. »

Les joies familiales furent gâtées, en février 1803, par un grave accident.

La Fayette à Mme de Chavaniac : Virginie vous a mandé, ma chère tante, que j'ai eu la maladresse de faire une chute et que je me suis donné une contusion qui m'oblige à garder ma chambre pendant quelques jours. C'est en dehors de la cuisse que je me suis donné cette tape qui, dans le premier moment, m'a fait beaucoup de mal et qui me donne encore beaucoup de contrariété ; je me suis empressé de vous le mander de peur que les journaux, qui m'ont tué l'année passée quand je me portais si bien, n'imaginent aujourd'hui de dire que je me suis cassé le cou[1]...

En fait, il s'était cassé le col du fémur. C'était en sortant du ministère de la Marine qu'il avait glissé sur la glace. Il fut aussitôt transporté chez Mme de Tessé et soigné par deux chirurgiens renommés, Deschamps et Boyer. Ils lui donnèrent le choix entre une réduction simple, qui le laisserait estropié, et une nouvelle machine perfectionnée par Boyer, qui lui causerait quarante jours de souffrances mais donnerait un résultat meilleur. Il choisit la machine et éprouva « le maximum de douleur qu'un corps humain puisse supporter ». Malgré le pus, qui coulait des points de pression, il s'obstina. « Nous sommes sur la roue, écrivait Adrienne au père Carrichon, priez Dieu que nous soyons sur la croix... » Elle n'eut pas cette consolation. Gilbert maintint que sa patience était toute philosophique.

1. Lettre inédite. Archives de La Grange.

Lorsqu'on retira l'abominable machine, et avec elle un morceau de la cuisse, le pied était écrasé. La guérison des blessures traîna longtemps, malgré les soins éclairés du docteur Deschamps « qui déclarait que, si pareil malheur lui arrivait, il se déciderait pour l'estropiement ». Son client ne partageait pas cet avis; une roideur lui resta du traitement, mais il put marcher, avec une canne, et s'applaudit d'avoir choisi la douleur, le risque et la guérison.

Adrienne, Mme de Tessé, Anastasie, Virginie s'étaient relayées près de son lit. Les visiteurs avaient été nombreux. Bien que La Fayette fût en disgrâce, des généraux, des sénateurs, des conseillers d'État ne craignirent pas de se montrer chez lui en uniforme. Bernadotte, Moreau, Kosciuszko furent assidus. D'autres, plus craintifs, se contentaient de faire prendre des nouvelles ou même ne donnaient pas signe de vie. Bonaparte se fit communiquer les bulletins de maladie, mais n'envoya aucun message. George étant allé à la parade avec son colonel, le Premier Consul demanda son nom et, entendant que c'était le jeune La Fayette : « Ah! reprit-il vivement, c'est *son* fils! » Un autre jour, abordant Destutt de Tracy, il lui demanda « si c'était sa fille ou son fils qui avait épousé un La Fayette », question absurde qui décelait l'embarras. Puis il parla « très obligeamment » de la fracture et de la guérison. Joseph Bonaparte, ami fidèle et sûr, avait envoyé chaque jour un message.

Lorsque La Fayette alla mieux, on commença les apprêts du mariage de Virginie. Mme de Tessé avait acheté, pour y passer les étés, à Aulnay, près de Paris, une charmante propriété. Elle y élevait des vaches, naturellement, mais n'en vendait pas le lait, n'en ayant pas trop pour ses hôtes, plus nombreux encore qu'à Witmold. Ce fut là que La Fayette vint achever sa convalescence. George et sa jeune femme (qui venait d'accoucher d'une fille, Nathalie) y firent un séjour.

A Aulnay, c'était le même train de vie que jadis au bord du lac de Ploën. Toute la matinée, Mme de Tessé lisait au

484   *MADAME DE LA FAYETTE*

lit, un crayon à la main. Dans l'après-midi, whist, causeries, promenades. Après le dîner, piquet ou lecture à haute voix. La seule nouveauté était que Mme de Tessé allait maintenant, chaque dimanche, à la messe du village. Elle continuait de se dire voltairienne, mais Voltaire lui-même n'avait-il pas construit une chapelle? Tessé, qui avait toujours suivi sa femme, la suivait aussi à l'église. Ils se préparaient à fêter leurs noces d'or : cinquante ans de silence.

La paix d'Amiens n'avait été qu'un décevant armistice. L'Angleterre refusait d'évacuer Malte. « Tout le traité, rien que le traité », disait Bonaparte. « Le continent dans l'état où il était et rien que cet état », répondaient les Anglais. Aucune entente n'était possible. Une reprise de la guerre semblait inévitable. Adrienne multipliait en vain les cures, à Bagnoles, à Barrèges, au Mont-Dore, sa jambe paraissait en meilleur état après la cure, puis les ulcères variqueux reparaissaient. « Elle a, depuis dimanche, une fièvre d'humeurs qui a produit un abcès et un mal de tête assez forts pour nous faire craindre quelque chose de grave. Elle est bien à présent; la fièvre l'a quittée; elle n'a plus qu'à se purger. Vous jugez bien qu'il n'est plus question d'aller, cet automne, en Bretagne[1]... »

En février 1804, le général Moreau fut arrêté pour complot contre l'État. La Fayette le tenait pour un homme faible, quoique grand soldat, mais aussi pour un bon citoyen, vraiment patriote. Il alla le voir dans sa prison. On essaya de le compromettre en cette aventure. « Comment diable l'aller chercher, disait Bonaparte, dans une conspiration de ce genre? » En effet, s'il y avait conspiration, elle était, comme on le sut bientôt, d'origine royaliste. « Ne craignez rien, dit Joseph Bonaparte, partout où il y a de l'aristocratie et des rois, on ne trouvera pas La Fayette. » Pourtant ses amis américains s'inquiétaient pour lui et cherchaient à lui faire une situation hors de France.

1. Lettre inédite. Archives de La Grange.

Bonaparte et Talleyrand venaient de céder, pour quatre-vingts millions de livres, la Louisiane aux États-Unis. Jefferson, président depuis 1801, pressa La Fayette de quitter « une terre tremblante sous ses pas » pour jouir, en Louisiane où on lui concéderait douze mille acres de terres, d'un bonheur tranquille et y fonder une fortune immense. Son établissement en Louisiane, avec toute sa famille, formerait le lien entre les éléments français et anglo-saxons de la population de cet État. Il en serait le gouverneur. Quel destin plus beau?

Beaucoup d'amis français, voyant qu'il n'avait plus d'avenir politique, lui conseillaient d'accepter. Ni lui, ni Adrienne ne furent tentés. Il ne pouvait se soustraire « aux chances françaises de la liberté »; elle ne voulait pas quitter ses enfants et ses trois petites-filles. Il répondait à Jefferson que sa femme était trop malade pour supporter un tel voyage; que lui-même boitait et se fatiguait vite; enfin qu'il avait, en Auvergne, une vieille tante de quatre-vingt-trois ans que son départ tuerait. A ces fortes raisons privées s'ajoutait l'espoir de pouvoir un jour établir en France « une juste et généreuse liberté, en un mot une liberté américaine ».

Adrienne se réjouit de cette décision. La vie de famille, à La Grange, lui donnait enfin le bonheur. Elle y avait avec elle trois jeunes couples et trois petits-enfants. Virginie s'affligeait de n'être pas enceinte. Émilie se plaisait dans sa belle-famille et George se louait d'avoir épousé cette charmante femme. Leur petite Nathalie commençait à souffrir des dents. Le cycle des dentitions et des rougeoles se déroulait, immuable, parmi les changements de régime. Destutt de Tracy avait porté la rente dotale de sa fille de quatre mille à six mille francs. Mme de Tessé, Mme de Simiane vivaient souvent à demeure dans la vaste maison. Louis de Lasteyrie s'était engagé comme simple dragon; son régiment était à Chantilly d'où il venait, de temps à autre, voir sa femme.

La Fayette se donnait tout entier à l'agriculture. De sa

fenêtre, il pouvait suivre les travaux de la ferme, que dirigeait Félix Pontonnier. Il faisait lui-même ses prix de
revient. En bon chef d'état-major, il rédigeait des notes
de service :

Paiements en argent à faire par la ferme : Il sera rendu, tous les
derniers samedis du mois, la quantité de blé suffisante pour
payer les contributions du mois, les batteurs et les journées
de l'intérieur de la ferme, objets qui, quel que soit le prix du
blé, doivent être entièrement soldés le premier du mois suivant...
On aura soin de distinguer les journées des hommes nourris à la
ferme de celles des hommes qui se nourrissent eux-mêmes. Il
faut nourrir à la maison le moins possible... Le pain des pauvres
sera mis dans une armoire, pour le distinguer du pain des domestiques et ouvriers[1]...

En germinal, an XII, une triste nouvelle parvint à
La Grange. Le charmant vicomte de Noailles, que La
Fayette avait tant envié dans leur commune jeunesse,
qui avait pris l'initiative de la fameuse Nuit du 4 Août et
qui avait dû, en 1792, s'enfuir aux États-Unis après la
débandade de ses troupes, venait de mourir pour la France
qui l'avait jadis banni. Pauline de Montagu avait réussi,
grâce à Lebrun, à le faire rayer de la liste des émigrés.

Mon beau-frère Noailles était, depuis un an, à Saint-Domingue
où il avait repris du service dans l'armée de Rochambeau, fils
de celui sous lequel il avait servi autrefois. Il paraît que Noailles
avait un commandement à part et qu'à la nouvelle de la capitulation, il a fait voile pour La Havane ; ce qui n'est que trop
certain, c'est que, son bâtiment ayant pris à l'abordage un bâtiment anglais, il a reçu dans le combat cinq blessures dont trois
étaient mortelles, et qu'il est mort à La Havane après cinq jours
de souffrances. Ce malheureux homme se préparait sans doute
à venir embrasser ici ses trois enfants[2]...

Mme de La Fayette raconta aux orphelins, dont la mère
avait été guillotinée en 1794, la belle et triste vie de leur
père.

1. Document inédit. Archives de La Grange.
2. *Ibidem.*

Malgré la vente de Cayenne, les La Fayette restaient à court d'argent. Jefferson renouvela son offre de les faire venir en Louisiane, où ils eussent été riches. Cette fois encore, en plein accord avec Adrienne, La Fayette refusa. Pourtant les faits justifiaient l'affectueuse insistance du président des États-Unis. L'air était plein de poignards. Bonaparte préparait l'invasion de l'Angleterre. Celle-ci suscitait contre lui des complots où La Fayette, malgré son effacement, pouvait être compromis. Oui, le pays tremblait sous leurs pieds. Mais c'était leur pays.

IV

EN MARGE DE L'EMPIRE

> Dès qu'on change ses pensées
> d'après l'événement, l'intelligence
> n'est plus qu'une fille.
> ALAIN.

BONAPARTE, par excès d'imagination historique, voulait être empereur. Son entourage l'y poussait.

« Vos ennemis, lui disait-on, ne voient dans votre gouvernement qu'un intérim.

— Je ferai l'hérédité, répondait-il, mais dans quelques années. »

Il savait que les anciens conventionnels, ses généraux et ses ministres, renâclaient devant toute monarchie. Mais ils tenaient à garder les frontières naturelles conquises par la Révolution. Bonaparte seul leur semblait capable de les défendre. L'exécution du jeune duc d'Enghien donna aux régicides la certitude que Bonaparte, devenu l'un d'eux, ne ferait pas la contre-révolution. Ayant reçu ce gage sanglant, le Sénat offrit une couronne. Le 18 mai 1804, un sénatus-consulte régla l'organisation de l'Empire français. Une cour, une noblesse furent improvisées. Les frères de l'empereur devinrent Altesses Impériales et on les appela : *Monseigneur*, ce qui déplut à Joseph Bonaparte. Les maréchaux et les grands dignitaires reçurent des titres : prince, duc et comte. Lebrun fût architrésorier; Cambacérès, archichancelier; Berthier, qui aimait la chasse, grand veneur; Ségur, oncle d'Adrienne, grand-maître des cérémonies. « Il est entré en fonctions dimanche. C'est, à présent, une charge de la couronne. Il a soixante mille francs d'appointements et conservera sa place de conseiller d'État, ce qui fait qu'il aura cent mille livres de rente[1]... » Le ralliement payait.

A La Grange, où l'on cultivait la fierté du refus, Adrienne voyait avec tristesse des amis et des parents se ruer à la servitude. Prêtres, royalistes, jacobins s'empressaient « à passer le cou dans les mêmes chaînes ». La Fayette « se bornait à persévérer dans la bizarrerie d'être conséquent ». Il vivait plus retiré que jamais. Le soir, en famille, on lisait à haute voix le *Moniteur* et l'on riait beaucoup des nouveaux princes. Le silence de La Fayette ne suffisait pas à l'empereur, qui le tenait pour un adversaire. Alexandre de Lameth ayant dit un jour à Napoléon, non sans perfidie :

« J'aime à croire que mes ennemis sont ceux de Votre Majesté.

— Vous parlez de La Fayette? » répondit vivement l'empereur.

Il avait piètre opinion des hommes et pensait qu'on peut les avoir tous, avec de l'argent et des honneurs : « J'ai toujours remarqué que les honnêtes gens ne sont bons à rien », disait-il. Il n'avait pourtant pas renoncé à séduire, par d'autres moyens, l'honnête ménage La Fayette.

Adrienne et Gilbert ne faisaient partie ni du grand monde impérial, ni des petites sociétés frondeuses qu'animait un esprit assez vif de critique et d'opposition, mais que Fouché surveillait et, de temps à autre, menaçait. Adrienne passa le printemps de 1804 à Villersexel, où sa sœur Grammont attendait un enfant; La Fayette à Cirey, chez Mme de Simiane. Leurs lettres ne contenaient que des nouvelles de famille et ne disaient rien des grands événements. Louis de Lasteyrie avait été nommé briga-

1. Lettre inédite. Archives de La Grange.

dier au 3e dragons. C'était un bien petit avancement, mais un gendre de La Fayette devait se contenter de peu.

Cirey, 20 messidor; an XII (9 juillet 1804) : Nous menons toujours ici une vie fort douce, chère Adrienne; vous y êtes tous les jours regrettée et désirée par la dame du lieu et toute sa société. A propos de la dame du lieu, on dit que les seigneurs vont être rétablis sous le nom de *patrons*. Je présume que, pour la commune de Courpalay, nous aurons M. de Boislandry[1]...

De Cirey, il alla faire une cure au Mont-Dore, avec sa femme et Virginie, puis à Chavaniac où il reçut une lettre inattendue de son oncle Ségur. L'empereur, à l'occasion du 14 juillet, avait créé un ordre : la Légion d'honneur. Joseph Bonaparte souhaitait que La Fayette en devînt un des grands dignitaires : « Le prince Joseph aime à n'attribuer votre retraite qu'à un sentiment de philosophie, mais il voit avec peine et inquiétude que son frère la regarde comme un état d'hostilité. L'amitié du prince Joseph pour vous le presse de mettre un terme à cette situation. » Accepter n'était pas très compromettant, « car enfin, disait Ségur, votre rôle militaire, en Amérique et en Europe, est une chose de fait dont ceci n'est que la conséquence, tellement adaptée à votre retraite qu'un refus serait, en effet, hostile; mais avant d'aller plus loin, il a voulu s'assurer que vous ne refuseriez pas ». La Fayette répondit que « dans sa position singulière, un grand cordon lui semblerait un ridicule ». Il pria le prince Joseph d'éloigner de lui de telles offres.

Les sénateurs républicains firent, eux aussi, une dernière tentative pour l'attirer dans leur camp. Il répondit qu' « il ne pouvait ni comprendre, ni adopter un plan d'opposition sénatoriale fondé sur le silence et l'assentiment ». L'évêque de Vannes, confesseur de Virginie, dit à celle-ci : « Pourquoi le général La Fayette ne serait-il pas l'ami de l'empereur? » et offrit à la jeune femme de convertir son père au gouvernement, ce qui améliorerait la position de

---

1. Lettre inédite. Archives de La Grange.

Lasteyrie. Elle l'en dissuada. Il glissa parmi ses arguments
« le danger de tomber en république ».

« Ce n'est pas, répondit la fille de La Fayette, ce qu'on
craint le plus à La Grange. »

Au vrai, on ne craignait rien à La Grange que de manquer à ses principes et on y jouissait du bonheur que peut
goûter une famille unie. Les trois jeunes ménages et leurs
quatre petites filles y mettaient de la gaieté. Adrienne se
portait un peu mieux, le quinquina fortifiant son estomac.
Ses plaies ne lui donnaient pas trop d'ennuis, à la condition de marcher très peu. Les visiteurs, nombreux, s'éton-
naient de l'isolement du château perdu dans les bois et
auquel conduisaient des chemins difficiles. Ils étaient
charmés par les douves tapissées d'herbe, le pont-levis, les
tours couvertes de lierre. C'était un noble décor autour de
nobles personnages. La Fayette restait droit, vigoureux,
actif malgré sa mauvaise jambe. Agriculteur à la ferme,
il redevenait au salon un homme du monde, gracieux et
séduisant.

Chaque dimanche soir, le personnel du château était reçu
dans la grande salle à manger et dansait, au violon du
concierge. Les jeunes femmes de la famille leur enseignaient
de nouveaux pas. On servait des gâteaux et de l'eau
sucrée. La Fayette et Adrienne assistaient à ces bals rus-
tiques. En été, les réunions patriarcales se passaient dans
le parc, à l'ombre des futaies. En semaine, La Fayette
aimait à faire visiter ses bergeries, ses étables, sa laiterie
dont il était justement fier. Familier avec les ouvriers,
vachers, porchers et bergers, il les appelait : « Mon ami...
Mon bon ami... Mon cher garçon... » C'était amitié et non
démagogie. Se sentant au-delà de toute ambition, il ne
désirait même plus cette faveur de la foule qui avait enivré
sa jeunesse. Il ne regrettait rien de ce qu'il avait refusé.

La seule tristesse d'Adrienne était de voir son fils et son
gendre porter la peine des refus de son mari. L'empereur
eût été un saint s'il n'avait gardé rancune à La Fayette
d'une opposition presque méprisante. Napoléon avait,

plusieurs fois, fait les premiers pas pour rallier cet homme illustre qui gardait un prestige et une popularité. Il avait tout offert; on avait tout repoussé. La Fayette, par son indifférence hautaine et dédaigneuse, l'avait blessé. A qui risque son fils, il n'est rien d'impossible. L'opposant, dans sa retraite, était invulnérable, son action étant toute négative, mais le lieutenant George-Washington et le brigadier de Lasteyrie dépendaient, eux, de l'empereur. Malgré leur bravoure, ils se voyaient frustrés de tout avancement. Louis de Lasteyrie n'irait jamais plus haut que maréchal des logis; George de La Fayette ne serait jamais promu capitaine. En vain des généraux, amis de La Fayette, prenaient cet éternel lieutenant dans leur état-major. Dès qu'ils le recommandaient à l'empereur, César se détournait.

En 1805, Adrienne alla voir son père, le duc de Noailles, en Suisse. A Rolle, entre Lausanne et Genève, il occupait les deux coteaux des Utins. Dans une humble maison, face au plus beau des lacs, elle trouva ce seigneur qui avait été l'un des premiers de la première cour d'Europe, déchu de ses dignités, dépouillé de sa fortune et résigné à la simplicité d'une vie bourgeoise. Il s'y montrait calme, aimable, sans amertume et sans regrets, et s'adonnait à la science, qu'il avait toujours affectionnée. Le courtisan frivole était devenu philosophe et s'était mis, par la force de son âme, au-dessus des coups du sort. Contrairement à ce qu'avait longtemps craint Adrienne, sa belle-mère était une idéale compagne d'exil. Modeste, affable, la duchesse de Noailles ne faisait rien pour disputer le père à ses filles. Le Coppet de Mme de Staël n'était pas loin et le ménage Noailles y brillait. Adrienne était toute surprise de trouver un vrai bonheur à revoir son père dans ce nouveau foyer d'où l'ombre de sa mère, pour elle, ne pouvait être absente. L'événement diffère toujours de nos anticipations.

Pendant ce voyage, La Fayette était à Chavaniac avec ses filles, bien tourmentées parce que la guerre recommen-

çait. On disait que l'empereur voulait faire une descente
en Angleterre.

*La Fayette à sa femme, Chavaniac, mardi 2 fructidor, an XIII
(20 août 1805)* : J'ai reçu hier, chère Adrienne, vos lettres des 7
et 9 août. Elles expriment une sécurité qui fait peine lorsqu'on
pense dans combien peu de temps elle aura été troublée. Mes
dernières nouvelles de George sont du 20 thermidor. Le général
Grouchy et son état-major devaient monter la corvette *L'Iris*.
Vous observerez en passant qu'un tel bâtiment n'est exposé
ni aux dangers de la ligne de bataille, ni aux inconvénients des
navires de transport et que c'est, en pareille expédition, la
voiture la plus agréable par sa légèreté. Vous voyez qu'ils sont,
de leur côté, prêts à partir, mais ce départ ne dépend pas d'eux
seuls. Tant d'escadres courent l'une après l'autre que c'est tout
au plus si les chefs de gouvernement peuvent débrouiller les
situations réciproques sur mer...

Je vous remercie bien des bons et satisfaisants détails que
vous me donnez; offrez mes reconnaissances et tendresses. Je
vois avec grand plaisir que vous vous proposiez d'aller voir
Mme de Staël. J'aimerais bien à vous y accompagner... J'espère bien que, l'année prochaine, j'aurai aussi le bonheur de
faire un voyage aux Utins[1]...

Adrienne aurait pu, par Lyon, rejoindre Chavaniac, mais
sa jambe était enflée, les routes de Lyon au Puy exécrables.
Surtout elle redoutait de s'éloigner encore de Paris, en un
temps où les nouvelles de la guerre concernaient si fort ceux
qu'elle aimait. Plutôt que d'aller voir la vieille tante, à
laquelle on cachait tout (le camp de Boulogne, l'embarquement), elle préféra se reposer chez sa sœur Grammont,
à Villersexel, puis rentrer à La Grange. Le général restait
à Chavaniac, pour rassurer la tante Charlotte.

Le 24 fructidor, le projet de descente en Angleterre fut
abandonné. Retournement foudroyant : l'empereur menaçait l'Autriche et la Russie. George partait avec le général
Grouchy; Louis était convoqué, pour être employé à
l'armée du Rhin.

*La Fayette à sa femme, Chavaniac, mercredi 24 fructidor,
an XIII (11 septembre 1805)* : Je ne vous parle pas de la

1. Lettre inédite. Archives de La Grange.

descente, à laquelle vous ne pensez plus, ni même de la guerre
continentale, qui peut se refroidir aux premières gelées et finir
par une paix prompte et générale des grandes puissances, aux
dépens des petites ; je me borne à dire que j'espère embrasser
George, entre le Texel et le Rhin ; je voudrais bien que ce fût
avec le brevet de capitaine ! Mais c'est l'affaire de Tracy. Vous
aurez appris que le maréchal de Bernau, mon bon voisin, m'a
fait l'amitié de me tuer un cheval à coups de bistouri. Nous
ramènerons, en revanche, deux chiens couchants, et peut-être
deux chiens courants de la première beauté... Vous me manderez,
j'espère, comment se trouvent votre pauvre jambe et vous après
le voyage...

*Chavaniac, dimanche 28 fructidor, an XIII (15 septembre
1805)* : Il me semble que l'empereur a gagné de vitesse les
puissances coalisées. J'ai toujours une foi entière au succès de
nos armées ; je pense donc que, s'il y a guerre, elle sera courte
et finira bientôt par une paix générale. Je voudrais fort que le
brevet de capitaine nous arrivât au début de la campagne du
Rhin ! Ma tante a commencé par mettre de l'opposition à notre
départ ; mais, depuis hier, elle paraît décidée à nous laisser
suivre cette nécessité de séparation. Sa santé est excellente.
Elle tousse quelquefois ; vous savez qu'elle y est sujette en été.
L'évêque n'est point venu. Il nous a fait dire ses regrets ; il
était obligé de se trouver hier au soir à Saint-Flour, et, après
une visite à Langeac, pour vérifier, de la part du pape, les
bonnes œuvres et miracles de la mère Agnès qui demande à
être canonisée, il est parti hier matin pour sa résidence[1]...

En septembre Adrienne prit part à la fête que donna,
pour ses noces d'or, Mme de Tessé. On fêta joyeusement
cinquante ans de mutisme, entre deux êtres aussi peu faits
l'un pour l'autre que possible. Puis la famille se retrouva
au mariage de Jenny de Thésan (nièce d'Adrienne, deux
fois orpheline) avec le comte Henri de Mérode-Westerloo,
dont le père était maire de Bruxelles et décoré de la Légion
d'honneur. La Fayette n'avait pas quitté Chavaniac. Sa
correspondance était plus concrète qu'au temps où il se
croyait obligé, dans chaque lettre, de parler de ses sentiments ou d'exposer ses vues politiques. Les deux époux

1. Lettres inédites. Archives de La Grange.

avaient maintenant, pour les unir, ce délicieux intérêt commun dans les petites choses, qui *est* le mariage. La Fayette recommandait d'améliorer, à La Grange, le chauffage du salon : « On nous a dit, tout l'hiver dernier, qu'on gelait chez nous. » Il donnait aussi des nouvelles de Chavaniac. Dans le pays quelques dévotes fanatiques refusaient de se soumettre au pape et de recevoir la communion des mains d'un ancien « jureur » constitutionnel. Le curé de Vissac étant mort, son successeur prenait contact avec les paroissiens :

Il a l'air d'un fort bon homme. Sa visite a fait reparler du défunt. Tout le monde a vanté son érudition ; l'on a dit qu'il se levait à quatre heures, depuis quarante ans, pour lire jusqu'à la nuit et au-delà ; la lecture et l'étude étaient sa seule société. J'ai fini par demander le catalogue de sa bibliothèque. Le successeur, qui l'assistait à la mort, nous a dit qu'elle se réduisait à la *Théologie* de Collet, la *Somme* de saint Thomas, la *Voix du Bon Pasteur* et quelques sermons de Bourdaloue. Il n'a lu que cela depuis quarante ans, et probablement avant cette époque, mais aussi le lisait-il tous les jours sans se permettre aucune distraction. Le mot de *livre d'histoire* ayant été prononcé : « Ah ! s'est-on écrié, il n'était pas homme à lire l'histoire ! » Ainsi rendait-on hommage à son mérite. Il avait la confiance générale et c'est lui qu'on venait consulter de toutes parts, sur les grandes questions[1]...

La Fayette avait acquis, en mûrissant, de l'humour.

La fin de l'année fut marquée par d'éclatantes victoires militaires. Ce furent d'abord des rumeurs vagues ; rien d'officiel, mais une foule de lettres d'Allemagne ne permettaient pas de douter de trois faits : la prise d'Ulm, avec la capture d'un grand nombre de prisonniers ; la retraite de l'armée autrichienne vers les Russes ; le nom du commandant de l'attaque, qui était le maréchal Ney. De Paris, La Fayette écrivit à La Grange :

Paris, jeudi à minuit et demie : Il ne s'agit point de bataille, mes chères amies, mais d'une prise prodigieuse d'ennemis :

---

1. Lettre inédite. Archives de La Grange.

vingt-cinq mille hommes par exemple, parmi lesquels seraient
le général Mack, un archiduc et je ne sais combien de généraux.
C'est ce que le télégraphe a dit jusqu'à deux heures; on lui a
demandé si c'était officiel; il n'y a pas eu assez de jour pour la
réponse... Le prince Louis en a parlé chez Cambacérès, en
allant le prendre après dîner pour aller ensemble chez Joseph
B. p. *(sic)* Il est arrivé aujourd'hui un courrier du quartier général, avec des dépêches; le bruit s'est répandu qu'il portait la
confirmation des nouvelles, mais comment serait-il parvenu ici
en même temps que la dépêche télégraphique? D'ailleurs nous
savons, par des personnes qui ont dîné chez le prince Joseph,
qu'il n'y a point été question des dépêches de ce courrier, ce
qui pourrait être attribué au désir de faire plus d'effet demain,
mais s'explique mieux en disant que c'est un courrier parti
antérieurement à cette reddition de tant de prisonniers...

A 6 heures du matin : Le canon annonce un succès, ce qui
confirme la nouvelle répandue hier au soir : ne perdez pas de vue,
mes chères amies, qu'elle ne parle point de bataille postérieure
à l'affaire du général Ney, mais de troupes entourées, obligées
de se rendre prisonnières, ce qui est la suite des mouvements
de notre armée[1]...

Bientôt le général Grouchy donna de bonnes nouvelles
de George, dont il parlait avec éloges. Puis ce fut Auster-
litz, les Austro-Russes écrasés, Napoléon arbitre de l'Europe. Les La Fayette se réjouirent comme Français, mais
n'étaient plus en assez bons termes avec l'empereur pour
le féliciter.

L'année 1806, glorieuse pour le pays, fut difficile pour
Adrienne. Les jeunes hommes qu'elle chérissait, son fils
et son gendre, étaient aux armées et l'on attendait leurs
lettres avec anxiété. Virginie s'était établie dans la Forêt
Noire, avec le commandeur de Lasteyrie, pour être plus
près de son maréchal des logis, dont Napoléon se refusait
à faire un officier. Rosalie de Grammont fit une fausse
couche; Pauline de Montagu, une grave maladie; Adrienne,
malgré sa mauvaise jambe, allait d'un chevet à l'autre.
De La Grange, La Fayette la suppliait de venir se soigner
et se reposer : « Je vous conjure de ne pas différer plus
longtemps ma satisfaction et votre repos. »

1. Lettre inédite. Archives de La Grange.

Les questions d'argent restaient inquiétantes. Le ménage obtenait, de temps à autre, un petit prêt gagé sur les terres de Louisiane, mais était criblé de dettes : cinq mille francs empruntés à la princesse d'Hénin, cinq mille francs à Beauchet, deux mille cinq cents francs dus à l'architecte Vaudoyer, au total cinquante mille francs de dettes pressantes. La vie, dans cette grande maison surpeuplée, coûtait cher.

Nous possédons les comptes que tenait Adrienne. Ils sont minutieux et toujours en déficit. D'un côté, on lit : « Reçu de M. de La Fayette : 223 livres... M. de Grammont me prête 300... Sur les avances d'Amérique : 1 000 livres... » De l'autre côté : « Bougies, 139; blanchissage, 66; loto et dames, 15; tapisserie, 120; apothicaire, 28; M. le curé, 50; aumônes, 65; rendu à M. de Grammont, 300; chasuble, 72; robe pour moi, 36; aumônes, 90; pain bénit, 28; à Virginie, 200... J'ai dû rechercher une erreur de 314 livres... » Parfois la situation s'améliorait brusquement : « Reçu de Bretagne : 6 000 livres. » O soulagement! Mais alors, c'est aussitôt :

Pour l'établissement des sœurs de Courpalay :
Mortiers de marbre et un de verre	172
Meubles, couchettes, matelas, couvertures, rideaux	192
Armoires, chaises, tables de nuit	73
Draps, serviettes	72
	509

Le 28 août 1806, Adrienne règle au médecin de Rozoyen-Brie des années de visites aux habitants de La Grange : 150 livres, plus un bélier. Ce docteur n'était pas cher : une livre par consultation... Pour avoir réduit une mâchoire inférieure luxée : 3 livres... La note de chevaux de poste pour Aulnay, Auteuil, Paris est considérable. L'école que la châtelaine avait fondée, à Courpalay, grevait le budget. Mais il y avait longtemps qu'Adrienne s'était accoutumée à vivre comme les lis des champs.

Les visiteurs ne manquaient pas. Mme de Montagu fut
amenée par Mme de Grammont. La Fayette la reçut avec
tendresse. Le temps où Pauline refusait de voir son beau-
frère était bien oublié. « Ils n'avaient pas eu, en politique,
le même paradis mais ils avaient, dans le présent, le même
purgatoire. » Mme de Montagu tournait en ridicule les
pompes de l'Empire; La Fayette était loin de considérer
Napoléon comme un sûr garant des principes de 1789.

Il maintenait quelque contact avec le pouvoir par son
oncle Ségur, grand-maître de cette cour impériale et tout
occupé à « la conscription des salons » pour la garde de
l'empereur. Celle-ci allait ressembler, exactement, aux
gardes du corps de la monarchie. « M. de Bouillé, écrivait
La Fayette à sa femme, sera l'un des quatre capitaines,
avec MM. de Tarente, Valentinois, Monaco et Aimé [de
Clermont-Tonnerre]. Il y a quarante jeunes gens déjà
inscrits... » Pauline de Montagu et son beau-frère raillaient
cet empressement. La Grange avait été, sous Mazarin,
une des places fortes de la Fronde. On eût pu croire, en
1807, que la Fronde y tenait encore garnison, non la
Fronde armée, mais une Fronde spirituelle et sarcastique.
Le *Moniteur* y.passait pour un chef-d'œuvre d'humour.
Mais on ne riait pas tous les jours et il y avait aussi des
sujets de tristesse.

Le plus grave demeurait l'incroyable disgrâce où l'empereur tenait George. Celui-ci s'était conduit bravement
pendant la nouvelle campagne d'Allemagne. A la terrible
bataille d'Eylau (février 1807), il avait sauvé la vie de son
général (Grouchy). Mais c'est en vain que celui-ci avait
insisté pour que le héros fût enfin nommé capitaine. Au
seul nom de La Fayette, l'empereur voyait rouge. Cette
injuste rancune envers un jeune officier, pur de toute
politique, semblait une faiblesse indigne du grand homme.

Pourtant, tous comptes faits, la famille offrait un tableau
de bonheur. Le 11 avril 1807, les La Fayette fêtèrent le
trente-troisième anniversaire de leur mariage. Tous deux
pensaient que, malgré les traverses, leur union avait été

belle et solide. La santé d'Adrienne demeurait languissante ; sa famille s'y était habituée et ne s'inquiétait plus. On disait : « Cela s'arrangera. » Seule la malade sentait, dans sa chair, que loin de s'améliorer, son état s'aggravait. Elle ne faisait plus, comme jadis, des projets de bonnes œuvres à longue échéance ; elle préférait mettre celles dont elle s'occupait en état de durer après elle. Une fois de plus, l'empereur était vainqueur et tout annonçait la paix. George et Louis allaient rentrer au foyer. Tous deux parlaient de démissionner, puisque leur carrière militaire était sans espoir. Adrienne se réjouissait de les revoir — et de les garder. Elle trouvait plaisir à lire *Athalie* à la petite Célestine, fille aînée d'Anastasie, et commentait admirablement Racine pour cette enfant. Ses dernières joies furent, en juin 1807, le baptême dans la chapelle de La Grange, par l'évêque de Meaux, de Pauline de Lasteyrie, fille de Virginie, et en août le retour de George. Quant à son seigneur et maître, il la grondait, de temps à autre, avec affection : « Je vois que vous avez eu migraine et fièvre, ma chère Adrienne ; c'est une bien mauvaise habitude et qui revient trop souvent. »

Oui, c'était une mauvaise habitude ; elle l'avait prise à Olmütz.

V

L'ADORATION PERPÉTUELLE

> C'est à vous, et à vous seule,
> de savoir si vous êtes obligée;
> Dieu lui-même ne vous demande
> pas ce sacrifice; simplement
> il attend. Et si vous ne vous jugez
> point obligée, je vais vous ab-
> soudre au nom de Dieu.
> PAUL CLAUDEL : *L'Otage.*

QUAND les sœurs Noailles s'étaient réunies en Hollande, elles avaient beaucoup parlé de leurs devoirs envers les suppliciées du 4 thermidor. Elles espéraient retrouver les trois corps et leur donner une sépulture décente, en un lieu où elles-mêmes pourraient se recueillir et prier. Mais cette recherche n'était pas facile. Bonaparte avait horreur de tout ce qui risquait, en rappelant le souvenir de la Terreur, de diviser les Français. La police consulaire de Fouché veillait à ce que les émigrés, en rentrant, n'eussent pas trop de curiosité.

Ce fut seulement en 1802, après deux ans de recherches, que Pauline de Montagu entendit parler d'une ouvrière en dentelles, Mlle Pâris, dont le père et le frère avaient été exécutés, comme les dames Noailles, à la barrière du Trône, et qui prétendait connaître l'endroit où ils reposaient. Mme de Montagu monta les quatre étages qui conduisaient à la mansarde de la dentellière et apprit de cette pauvre fille qu'ayant suivi le sinistre tombereau rouge où l'on jetait pêle-mêle les corps décapités, elle l'avait vu entrer dans un terrain vague, clos de murs. La fosse commune des victimes se trouvait à l'intérieur d'un long jardin en friche, dépendant d'une maison dont l'entrée se trouvait rue de Picpus. « C'est, l'hiver et l'été, dit Mlle Pâris, ma promenade des dimanches. »

Quand Mme de Montagu et Mme de La Fayette virent ce cimetière inconnu à la ville, presque inconnu aux habitants du voisinage, ce pré inculte, ces chemins abandonnés, elles furent saisies d'une amère tristesse. Qu'y a-t-il, en effet, de plus affligeant que cet oubli rapide du passé, du bien et du mal, des persécuteurs et des victimes? C'est cet oubli qui fait que l'expérience d'une génération profite si rarement à la génération qui la suit. Les deux sœurs ne pouvaient penser sans attendrissement à cette multitude de gens de bien immolés sans justice, enterrés sans prières, et qui n'avaient la plupart laissé en mourant personne pour les pleurer et les recommander à la miséricorde de Dieu[1]...

Elles s'enquirent de l'histoire de ce coin de terre et voici ce qu'elles apprirent. En mai 1792, les religieuses chanoinesses de Saint-Augustin avaient dû quitter leur couvent et leur jardin de la rue de Picpus. Un citoyen Riedain, locataire de cette propriété, en avait sous-loué une partie à un citoyen Coignard qui projetait d'y créer une « maison de santé ». C'était là, pendant la Terreur, un commerce profitable. Des nobles et des riches se réfugiaient dans ces asiles où, grâce à la complicité des médecins et de certains fonctionnaires, ils pouvaient attendre, en relative sécurité, des jours meilleurs.

Ce vaste jardin, clos de hautes murailles, n'était pas loin de la place du Trône (de nos jours place de la Nation) où s'élevait l'échafaud. Un jour, quarante terrassiers, ayant ouvert une brèche dans la partie nord du mur, s'introduisirent dans la propriété, arrachèrent les vignes, les arbres fruitiers et commencèrent à creuser un grand trou. Riedain protesta; on lui dit que c'était une réquisition,

1. A. CALLET : *Anne-Paule-Dominique de Noailles, marquise de Montagu,* page 367.

ordonnée par les Travaux publics. En effet, avec trente, cinquante, et parfois soixante exécutions par jour, les cimetières voisins regorgeaient de cadavres. Les ouvriers du quartier protestaient au passage du tombereau, ruisselant de sang frais. On avait donc choisi Picpus, jardin fermé, proche de la guillotine, parce qu'il serait facile d'y procéder, à l'abri des regards curieux, à la sinistre besogne.

Les sœurs Noailles apprirent que des scènes horribles s'étaient passées là. Les morts « raccourcis » étaient dévêtus par les aides du bourreau. Habits, culottes, robes, chemises, souliers étaient entassés et comptés. Puis les corps, entièrement nus, alignés dans la fosse commune. Pour combattre l'épouvantable odeur, on brûlait, sur un feu de fagots, du thym, du genièvre et de la sauge. Pendant six semaines, « le sacrilège déshabillage des morts s'opéra, autour du cloaque de Picpus, dans la solennelle tiédeur des nuits d'été semées d'étoiles[1] ».

Après le 9 thermidor, les employés du bourreau Sanson démontèrent la guillotine de la place du Trône. Le silence se fit sur Picpus. En 1795, la commission des Travaux publics fit combler les deux sinistres fosses et supprimer la palissade qui les isolait du jardin. Combien de suppliciés étaient couchés là? Probablement 1 307 (aristocrates, bourgeois, hommes du peuple). Riedain, locataire du terrain, assure qu'il en vit 1 436, mais il dut, par erreur, compter les robespierristes qui, exécutés au lendemain du 9 thermidor, furent inhumés ailleurs.

Riedain réclama en vain une indemnité. En juin 1796, son bail fut résilié et le Domaine national vendit l'ensemble de la propriété à deux habitants du faubourg Saint-Antoine, les citoyens Cardeval et Le Jemptel, connus dans le quartier pour bons catholiques. Ceux-ci revendirent aussitôt, par personne interposée, une parcelle à la princesse de Hohenzollern-Sigmaringen dont le frère, le prince de Salm-Kyrburg, avait été guillotiné

---

1. G. Lenotre : *Le Jardin de Picpus*, page 149.

place du Trône. Le terrain acquis par la princesse, au prix
de neuf cents francs, contenait la vaste fosse commune ;
elle fit construire un mur, pour séparer ce rectangle du
reste des jardins.

Personne ne parlait plus du charnier de Picpus quand
Pauline de Montagu, guidée par Mlle Pâris, vint, avec sa
sœur Adrienne, faire ce pèlerinage déchirant. Elle manifesta le désir d'acquérir la tombe invisible. Son notaire
lui apprit qu'elle avait été secrètement devancée par la
princesse de Hohenzollern-Sigmaringen. Elle eut alors
l'idée d'une fondation qui grouperait les familles de toutes
les victimes, pour conserver un caractère sacré à la sépulture collective.

Mme de La Fayette et Mme de Montagu décidèrent
d'ouvrir une souscription qui aurait pour objet de reconsti-
tuer l'ancien domaine des chanoinesses. Nous avons la
note d'Adrienne à Beauchet, lui demandant de faire pour
elle un premier versement de six cents livres. Mais les
deux sœurs comprirent vite que leurs noms, en tête de
liste, seraient suspects à la police de Fouché. Elles devaient
s'effacer discrètement.

Leur offrande fut modeste et, si elles s'engagèrent personnellement à de plus grands sacrifices, ce fut en secret, ne voulant
pas imprimer à cette œuvre un cachet individuel, mais voulant
au contraire qu'elle fût l'œuvre commune d'un grand nombre
et le témoignage d'un deuil public... L'abbé Beudot prit l'initiative de l'appel aux familles et elles se perdirent dans la foule
des souscripteurs, comme leur mère était perdue dans la foule
des morts[1]...

Le résultat fut l'achat, au mois d'août 1803, pour
24 300 francs, de l'ancien domaine des chanoinesses.
L'emplacement des fosses communes restait la propriété
de la princesse de Hohenzollern ; il était clos de murs, mais
communiquait avec le jardin par une porte de bois, toujours fermée. En face de cette porte funèbre, Pauline de

---

1. A. Callet : *Anne-Paule-Dominique de Noailles, marquise de Montagu*, pages 370-371.

Montagu fit élever une croix de pierre. Quand l'ancienne salle du chapitre de Saint-Augustin eut été transformée en chapelle, une messe de *Requiem* y fut chantée une fois l'an. Mais Adrienne et Pauline trouvaient encore cette cérémonie annuelle insuffisante. Le nombre des victimes, l'horreur de leur sort, le culte voué à leur mémoire par les survivants exigeaient une « chaîne de prières » ininterrompue.

Or, au début de 1805, Mme de Montagu apprit l'existence, rue de la Place-Vendôme, n° 34, d'une communauté religieuse, celle des Sacrés-Cœurs[1] et de l'Adoration perpétuelle, dont la règle imposait précisément aux moniales de se succéder, d'heure en heure, jour et nuit, au pied d'un autel où le Saint-Sacrement serait toujours exposé. Cet ordre, encore clandestin, avait été créé à Poitiers, en pleine Terreur, par de pieuses dames ci-devant nobles. La fondatrice, Henriette Aymer de la Chevalerie, avait été une jeune fille brillante et spirituelle. Elle était devenue, sous le nom de mère Henriette, une sainte au jugement juste et pénétrant. Les huit sœurs qui l'avaient suivie à Paris manquaient de tout mais, si elles acceptaient sans plaintes de n'avoir ni lits ni chaises, il leur fallait une chapelle pour l'Adoration. Pauline de Montagu ayant offert l'ancien couvent de Picpus, la mère Henriette s'engagea de son côté, non seulement à y faire célébrer la messe annuelle, mais à assurer l'entretien et la garde du champ des martyrs.

L'installation des religieuses, les allées et venues du père Coudrin, leur aumônier, attirèrent vite l'attention des limiers de Fouché. Le 8 mai 1805, ils avaient reçu une lettre anonyme : « On annonce que des parents des victimes de la Révolution ont formé, rue de Picpus, n° 7, un établissement propre à perpétuer le souvenir des malheurs que le gouvernement cherche à faire oublier. » En marge de la dénonciation, un fonctionnaire a écrit : « Son Excellence désire que les informations les plus précises

---

1. Le Sacré-Cœur de Jésus et le Sacré-Cœur de Marie.

soient recueillies, tant sur les causes de l'association, si elle existe, que sur les membres qui la composent[1]. »

L'observateur envoyé déclara que les ex-chanoinesses se réinstallaient, que leur jardin était remis en culture, qu'il y avait une petite chapelle « avec du latin au-dessus de la porte » où les gens du quartier venaient entendre la messe et où l'on célébrait, chaque année, un service solennel en mémoire des victimes de la Terreur. « Suivant les on-dit, ajoute le rapport de police, cet établissement aurait des rapports avec la famille Noailles; on dit que le terrain appartient à ladite famille et qu'il s'y fait quelquefois des inhumations. »

En 1806, un agent de Fouché assista au service commémoratif célébré à Picpus. Il vit « ces dames et messieurs, tous en noir », plusieurs hommes portant l'épée, ce qui sentait l'Ancien Régime. Mlle de Noailles fit la quête : « La bourse a paru bien fournie et contenir de l'or. » Le rapporteur ajoutait que « beaucoup de personnes de l'ancienne classe nobiliaire, occupant des places marquantes dans la nouvelle cour, après avoir longtemps hésité, faisaient actuellement des dons et démarches afin d'être admises, à titre de fondateur, dans l'œuvre de Picpus. »

Fouché savait que les sœurs Noailles étaient l'âme de cette œuvre. Il pouvait, suivant son humeur, considérer l'affaire comme une conspiration monarchiste, ou seulement comme un religieux hommage des familles à leurs défunts. La seconde attitude lui parut la plus sage. Non seulement des membres de la nouvelle cour, mais Eugène de Beauharnais, fils adoptif de l'empereur (dont le père, guillotiné, avait été jeté dans la fosse de Picpus) s'étaient inscrits. En outre Fouché, qui voyait loin, tenait à se prémunir contre un retour éventuel des Bourbons.

Adrienne et Pauline avaient réussi, comme elles le souhaitaient, à rendre perpétuel, autant que peuvent l'être les choses humaines, le culte des chères victimes.

---

1. Cf. Mgr Francis Trochu : *Henriette Aymer de la Chevalerie, 1767-1834*, page 178 (Lyon, Emmanuel Vitte, éditeur, s. d.).

VI

MORT, OÙ EST TA VICTOIRE?

> « Je vous ai donc été une douce
> compagne?
> — Oui, sans doute.
> — Eh bien, bénissez-moi. »
> ADRIENNE DE LA FAYETTE.

EN SEPTEMBRE 1807, le docteur Lobinhes qui, à Paris,
soignait depuis longtemps Adrienne reçut un appel
inquiet d'Anastasie. De La Grange, où elle se trouvait avec sa mère, elle demandait conseil. Mme de La
Fayette avait une forte fièvre. Tout l'écœurait. Après le
départ de son mari pour l'Auvergne, elle n'avait cessé de
vomir toute la nuit. Était-ce une simple indigestion?
Ou la douloureuse agitation produite par ce départ?
Lobinhes ne le pensait pas. Il croyait plutôt à une rechute,
peut-être à un ulcère du pylore, et pressa la malade de
venir s'installer à Aulnay, chez Mme de Tessé, où il pourrait mieux la suivre. En attendant il correspondit, tantôt
avec Anastasie, tantôt avec Virginie et prescrivit des
remèdes dans la mesure où un médecin peut le faire à
distance. L'état de la malade ayant empiré, ses filles la
transportèrent à Aulnay et, plus tard, à Paris, 24 rue
d'Anjou, dans l'hôtel de Mme de Tessé. Lobinhes la trouva
si mal qu'il appela en consultation Corvisart, médecin de
l'empereur, et que La Fayette, à Chavaniac, fut alerté.
On ne peut donner récit plus fidèle de la maladie et de la
mort d'Adrienne que celui fait par La Fayette lui-même

à son meilleur ami, à leur compagnon d'Olmütz, César de la Tour-Maubourg. Voici cette longue lettre[1] :

Je ne vous ai pas encore écrit, mon cher ami, du fond de l'abîme de malheur où je suis plongé; mais j'en étais bien près lorsque je vous ai transmis les derniers témoignages de son amitié pour vous, de sa confiance en vos sentiments pour elle. On vous aura déjà parlé de la fin angélique de cette incomparable femme. J'ai besoin de vous en parler encore. Ma douleur aime à s'épancher dans le sein du plus constant et cher confident de toutes mes pensées, au milieu de ces vicissitudes où souvent je me suis cru malheureux. Mais jusqu'à présent vous m'avez trouvé plus fort que les circonstances; aujourd'hui la circonstance est plus forte que moi. Je ne m'en relèverai jamais.

Pendant les trente-quatre années d'une union où sa tendresse, sa bonté, l'élévation, la délicatesse, la générosité de son âme charmaient, embellissaient, honoraient ma vie, je me sentais si habitué à tout ce qu'elle était pour moi que je ne le distinguais pas de ma propre existence. Elle avait quatorze ans, et moi seize, lorsque son cœur s'amalgama à tout ce qui pouvait m'intéresser. Je croyais bien l'aimer, avoir besoin d'elle, mais ce n'est qu'en la perdant que j'ai pu démêler ce qui reste de moi pour la suite d'une vie qui m'avait paru livrée à tant de distractions et pour laquelle, néanmoins, il n'y a plus·ni bonheur ni bien-être possible.

Le pressentiment de sa perte ne m'avait jamais frappé comme le jour où, quittant Chavaniac, je reçus à Brioude un billet alarmant de Mme de Tessé. Je me sentis atteint au cœur. George fut effrayé d'une impression qu'il trouvait plus forte que le danger. En arrivant, très rapidement, à Paris, nous vîmes bien qu'elle était fort malade; mais [outre que je n'ai jamais cru, je ne sais pourquoi, au vice du pylore] il y eut dès le lendemain un mieux que j'attribuais un peu au plaisir de nous revoir. L'estomac se dégagea. La tête commençait à se prendre. Elle dit à Mme de Simiane : « Je vais avoir une fièvre maligne mais, comme je serai bien traitée, je m'en tirerai. » C'était malheureusement — après une maladie de plusieurs années, [deux mois de souffrances, d'affaiblissement, et à ''époque de l'âge critique — c'était] plus qu'une simple fièvre

1. Cette lettre a été, en partie publiée : 1º par Mme de Lasteyrie dans ¡a Notice sur Madame de La Fayette, pages 417-459, et 2º dans Mémoires, Correspondance et Manuscrits du général La Fayette, tome V, pages 275-281. Les passages inédits sont ici indiqués entre crochets.

maligne, puisque la dissolution du sang a été le plus fatal symptôme. Cependant Corvisart a une fois beaucoup espéré, et néanmoins il a dit avec raison qu'il avait fallu les soins aussi tendres qu'éclairés de M. Lobinhes pour prolonger si long-temps cette chère vie. Elle ne pouvait pas être sauvée. Nous lui devons d'avoir retardé la chute et de l'avoir adoucie. Aussi trouvons-nous de la douceur à pleurer avec lui.

La tête de notre chère malade commençait à s'embarrasser lorsque son confesseur vint la voir; il se retirait, suivant le vœu de mes filles, après quelques mots vagues; la garde le ramena et s'est mal défendue de leurs reproches. Leur mère engagea une confession. Le soir, elle me dit : « Si je vais dans un autre séjour, vous sentez combien j'y serai occupée de vous. Le sacri-fice de ma vie serait bien peu, quoi qu'il m'en coutât de vous quitter, s'il assurait votre bonheur éternel. »

Le jour où elle reçut ses sacrements, elle mit du prix à voir que j'y assistais. Elle tomba ensuite dans un délire constant, délire le plus extraordinaire et le plus touchant, qui ait jamais été vu. Imaginez-vous, mon cher ami, une cervelle tout à fait dérangée, se croyant en Égypte, en Syrie, au milieu des évé-nements du règne d'Athalie, que les leçons de Célestine avaient laissés dans son imagination, brouillant presque toutes les idées qui ne tenaient pas à son cœur. Enfin le délire le plus constant et, en même temps, une douceur inaltérable, [une complaisance de tous les moments], cette obligeance cherchant toujours à dire quelque chose d'agréable, cette reconnaissance pour tous les soins qu'on prenait d'elle, cette crainte de fatiguer les autres, ce besoin de leur être utile, tels qu'on aurait trouvé tous ces sentiments, toute cette bonté en elle, dans un état de pleine raison. Il y avait aussi une élévation de pensées, une finesse dans ses définitions, une justesse, une élégance d'expres-sion qui faisaient l'étonnement de tous les témoins, ou de ceux à qui on transmettait les paroles, admirables ou charmantes, qui sortaient de cette tête en délire.

Mais ce qui a été surtout adorable, c'est cette tendresse de cœur s'épanchant sans cesse sur ses six enfants, sa sœur, occupée de la santé de sa tante et de M. de Tessé lorsqu'elle se croyait avec eux à Memphis, jouissant d'entendre parler de ses amis; le tout au milieu du désordre d'une imagination qui, par un miracle de sentiment, n'a été invariablement fixée que dans ses rapports avec moi. Il semblait que cette impression fût trop profonde pour être atteinte; plus forte que la maladie, que la mort même. Car déjà cette angélique femme n'existait plus; tout était glacé et le sentiment, comme la chaleur et la vie, s'étaient réfugiés dans la main qui serrait la mienne.

Peut-être même s'est-elle plus livrée à l'expression de sa tendresse, [à l'abandon du sentiment], que si elle avait eu toute sa raison. Non que ce cher ange eût des terreurs pour sa vie future. Sa religion était toute amour et confiance; elle en avait rempli les pratiques, et même assez récemment pour que ses filles ne fussent point pressées sur les sacrements. Mais d'ailleurs la crainte de l'enfer n'avait jamais approché d'elle. Elle n'y croyait même pas pour les gens bons, sincères et vertueux d'aucune opinion. « Je ne sais ce qui arrivera au moment de leur mort, disait-elle, mais Dieu les éclairera et les sauvera. » Cependant elle se serait crue obligée à plus de distraction du sentiment qui animait toutes les facultés de son âme, et, pour me servir d'une de ses dernières expressions, « toutes les fibres de sa personne ». Elle se serait occupée de ce qu'elle eût appelé ses péchés, bien tendrement sans doute, car elle n'a jamais compris de punition divine, que la privation [de la vie et] de la vue de l'Etre suprême. Et combien de fois m'avez-vous entendu la plaisanter sur ses aimables hérésies! Qui sait même si la crainte d'augmenter mes regrets n'aurait pas retenu en partie l'effusion de son sentiment, comme un autre genre de ménagement l'avait portée, pendant sa vie, à ne pas se livrer à ce qu'il avait de passionné.

« Il fut une époque, me disait-elle il y a quelques mois, où lors d'un retour d'Amérique, je me sentis si violemment entraînée, au point d'être prête à me trouver mal lorsque vous entriez, que je fus frappée de la crainte de vous être importune, [d'imposer des gênes à votre délicatesse]. Je cherchai donc à me modérer. Vous ne devez pas être mécontent de ce qui m'en est resté. »

[Eh bien! dans cet adorable délire où elle était restée toute entière relativement à moi, rien n'a plus retenu cette tendresse incomparable, ce culte du cœur, si j'ose dire, qui s'est montré dans tout son charme, toute son exaltation, toute sa plénitude.]

« Que de grâces je dois à Dieu, me disait-elle dans sa maladie, de ce qu'un entraînement si violent ait été pour moi un devoir! Que j'ai été heureuse, disait-elle le jour de sa mort, quelle part d'être votre femme! »

Et lorsque je lui parlais de ma tendresse :

« C'est vrai? répondait-elle d'une voix touchante. Quoi? C'est vrai? Que vous êtes bon! Répétez encore. Cela fait tant de plaisir à entendre... Si vous ne vous trouvez pas assez aimé, me disait-elle, prenez-vous-en à Dieu; il ne m'a pas donné plus de facultés que cela. Je vous aime, me disait-elle aussi au milieu de son délire, chrétiennement, mondainement, passionnément, [voluptueusement même, s'il me restait encore des sens!] »

En effet, sa faiblesse était extrême. Son pauvre corps était abîmé de vésicatoires et d'écorchures.

« Quel bel état pour votre femme, observait-elle, que d'être une représentation de l'écorché! »

Lorsqu'on la plaignait de ses souffrances, elle craignait de se les exagérer, à elle et aux autres. Un jour qu'elle venait d'être pansée et que je la regardais avec compassion :

« Ah! c'est trop payé, me disait-elle, par ces bienveillants regards. »

Souvent elle m'engageait à rester, parce que ma présence la calmait, [que cela lui faisait tant de bien de me sentir près d'elle]; d'autre fois, sa discrétion reprenait le dessus. Elle voulait que j'allasse à mes affaires et, lorsque je répondais que je n'en avais pas d'autre que de la soigner :

« Que vous êtes bon! s'écriait-elle avec sa voix faible et pénétrante. Vous êtes trop aimable! Vous me gâtez! Je ne mérite pas tout cela. Je suis trop heureuse. »

[L'habitude de s'occuper de moi, de lire dans mes yeux lui avait laissé, dans son délire, une étonnante sagacité sur ma disposition, sans qu'elle pût en combiner les motifs. « La vie que vous menez vous plaît-elle? » me demandait-elle souvent avec inquiétude. Un jour qu'elle demandait à mon domestique, Louis, des nouvelles de la femme et de l'enfant qu'il a perdus, elle devina que j'étais fâché, sans s'expliquer pourquoi : « Est-ce que mes questions à Louis vous ont fait de la peine? » me dit-elle.

Le lendemain d'un jour où nous avions été fort malheureux : « Votre visage est plus serein aujourd'hui, dit-elle, mais pas encore tout à fait. »

Et une autre fois, que j'avais été fort oppressé par l'inquiétude et qu'elle me regardait, assez loin de son lit, elle me dit : « Vous avez bon visage... non pas trop bon, ajouta-t-elle en me fixant. Je parie que vous avez souffert de la poitrine? »

Je cite ces détails, mon cher ami, comme des témoignages entre mille de cette attention tendre, constante, éclairée que rien, ni maladie ni délire, n'ont pu un instant détourner de moi.]

Ce délire était pourtant bien profond, bien opiniâtre; il portait principalement sur les troubles du règne d'Athalie [qui lui était resté dans la tête]; sur la famille de Jacob, où elle aimait à se persuader que j'étais tendrement aimé; sur les querelles d'Israël et de Juda. « Ce serait drôle, me disait-elle, étant votre femme, si j'allais être obligée de me sacrifier pour un roi! »

Elle craignait des proscriptions et s'y préparait avec la

douceur et la fermeté qui l'ont caractérisée dans les événements réels. Elle se félicitait du noble courage, du désintéressement, de l'élévation d'âme de son fils et de ses gendres et, en s'informant s'il y aurait une persécution contre les chrétiens, des martyrs, elle comptait sur moi pour protéger ces opprimés : « Il me semble, disait-elle, qu'on recommence encore le monde; ce sont sans cesse des expériences. Quand est-ce donc que le monde ira sur deux roues, comme vous le vouliez? »

Tout cela se brouillait dans sa tête et c'est en Égypte, en Syrie qu'elle se croyait : « Je ne sais où je suis, disait-elle. Il me semble que j'ai une tête d'emprunt sur un corps tout macéré. »

Un jour, elle avait une idée informe qu'elle était impératrice, « mais si je l'étais, ajoutait-elle, vous seriez empereur et alors c'est vous qui l'auriez sur la conscience ».

Nous crûmes une fois que ce délire allait céder : « Ne suis-je pas folle? s'écria-t-elle. Approchez-vous. Dites-moi si j'ai perdu la raison? »

Je répondis que je serais bien fâché de prendre pour des absurdités les choses aimables qu'elle m'avait dites. « Vous en ai-je dit?... Mais aussi je vous aï dit bien des extravagances. Nous avons joué la tragédie d'*Athalie*. Quoi? Je suis mariée au plus sincère des hommes et je ne saurai pas la vérité? C'est encore votre bonté; vous ménagez ma tête; mais dites-le-moi. Je me résigne à l'opprobre d'être folle! » Nous parvînmes à la calmer. Je lui dis qu'elle était considérée, aimée. « Ah! répondit-elle, je consens à n'être pas considérée pourvu que je reste aimée! » Une autre fois, elle me dit : « Voyez où en est ma pauvre tête. C'est plaisant que je ne puisse plus me rappeler si Virginie et M. de Lasteyrie sont accordés ou mariés... Aidez-moi à me retrouver. »

. . . .

Quelquefois on l'entendait prier dans son lit. Elle s'est fait lire les prières de la messe par ses filles, et s'apercevait de ce qu'on passait pour ne pas la fatiguer. Il y eut, une des dernières nuits, quelque chose de céleste à la manière dont elle récita, deux fois de suite, d'une voix emphatique et forte, un cantique de Tobie applicable à sa situation, — le même qu'elle avait récité à ses filles en apercevant les clochers d'Olmütz. Je m'approchai d'elle. « Il est de Tobie, me dit-elle. Je chante mal; c'est pour cela que j'ai récité. »

Elle a, une autre fois, fait d'abondance pendant une heure la plus belle prière.

Je ne l'ai vue se tromper sur moi qu'un ou deux moments, en se persuadant que j'étais devenu chrétien fervent. Mais ce

fut très fugitif, et accompagné de doutes et de questions qui prouvaient un vœu au moins autant qu'une illusion :
« Vous n'êtes pas chrétien? » me demandait-elle un jour. Et comme je ne répondais pas :
« Ah! je sais ce que vous êtes : vous êtes fayettiste.
— Vous me croyez bien de l'orgueil, répondis-je, mais ne l'êtes-vous pas vous-même un peu?
— Ah! oui, s'écria-t-elle, de toute mon âme. Je sens que je donnerais ma vie pour cette secte-là. »
[Cela fut dit avec un accent d'un air pénétrant, puis elle ajouta :
« Vous admirez pourtant Jésus-Christ, n'est-ce pas? » Je répétai ce que je lui avais souvent dit de mon admiration pour lui.
« Eh bien! puisque vous l'admirez ainsi, vous finirez par reconnaître sa divinité... »]
Un jour, je lui parlais de sa douceur angélique.
« C'est vrai, dit-elle, je suis douce. Dieu m'a faite douce. Ce n'est pourtant pas comme votre douceur! Je n'ai pas de si hautes prétentions! Vous êtes si fort en même temps que si doux; vous voyez de si haut. Mais je conviens que je suis douce et vous êtes bien bon pour moi.
— C'est vous qui êtes bonne, répondis-je, et généreuse par excellence. Vous souvenez-vous de mon premier départ pour l'Amérique? Tout le monde déchaîné contre moi, vous cachiez vos larmes au mariage de Mme de Ségur. Vous ne vouliez pas paraître affligée, de peur qu'on ne m'en sût mauvais gré.
— C'est vrai, me dit-elle. C'était assez gentil pour une enfant. Mais que c'est aimable à vous de vous souvenir de si loin! »
Elle me parlait, très raisonnablement, du bonheur de ses filles, du noble et bon caractère de ses gendres.
« Je n'ai pourtant pas pu, ajoutait-elle, les rendre aussi heureuses que moi! Il aurait fallu la puissance de Dieu pour refaire pareille chose. Vous êtes incomparable! »
Ce n'est pas pour me vanter que je dis tout cela, mon cher ami, quoiqu'il y ait de quoi s'enorgueillir; mais je trouve de la douceur à me redire avec vous tout ce qui rappelle combien elle était tendre, — et qu'elle a été heureuse.
Mon Dieu! qu'elle l'aurait été cet hiver : les trois ménages réunis; la guerre finie pour George et Louis; Virginie ayant un enfant; et je pourrais ajouter, après une maladie où nos craintes avaient encore redoublé notre tendresse. N'avait-elle pas la bonté de s'occuper, dans les derniers temps, de mes amusements de La Grange; de ma ferme; de ce qui était resté dans sa tête parce que c'était un intérêt journalier pour moi? Quand je lui

parlais de notre retour chez nous : « Ah! disait-elle, ce serait trop délicieux... Mon Dieu! Mon Dieu! encore six pauvres années de La Grange! »

Un des derniers jours, comme elle s'agitait pour y aller avec moi, pour que je partisse le premier, je la priai de me laisser près d'elle; je l'engageai au repos. Elle me promettait d'y faire ce qu'elle pourrait et, se calmant :

« Eh bien, dit-elle, restez. Attendez encore un peu. Je vais m'endormir tout doucement. »

[La pauvre femme! C'était un pressentiment de notre sort.] Malgré le désordre et l'embarras de ses idées, elle a eu quelque prévoyance de sa mort. Je l'entendis, l'avant-dernière nuit, dire à la garde :

« Ne me quittez pas. Dites-moi quand je dois mourir. »

Je m'approchai. Son effroi se calma mais, lorsque je lui parlai guérison, retour à La Grange :

« Oh! non, dit-elle, je mourrai. Avez-vous quelque rancune contre moi?

— Et de quoi, chère amie? lui dis-je. Vous avez toujours été si bonne, si tendre.

— Je vous ai donc été une douce compagne?

— Oui, sans doute.

— Eh bien! bénissez-moi. »

. . . .

Je n'ai vu son délire s'animer violemment que deux fois. C'était de l'égarement de tendresse maternelle. Un jour que George, pour ne pas la faire parler, s'était abstenu de paraître, il se présenta devant elle et, sans doute, elle le crut arrivant de l'armée. L'ivresse de sa joie de le revoir faisait palpiter son cœur de manière effrayante.

[Une autre fois, elle s'anima beaucoup de l'idée qu'elle venait encore de me rendre père.]

Elle se sentait ivre de joie en approchant d'un anniversaire bien cher à nos cœurs : celui où, vingt-huit ans auparavant, elle m'avait donné George. Ce jour de félicitations *(sic)*, entre elle et moi, a été le jour de sa mort!

On ne peut assez admirer la douceur, la patience, l'obligeance inaltérable de cette angélique femme, pendant cette longue et cruelle maladie. Pas un instant, même dans ce délire d'un mois, où elle n'ait été occupée des autres. Craignant de les importuner : « Je suis bien ennuyeuse, bien incommode », disait-elle souvent. « Mes enfants, ajoutait-elle, doivent prendre leur parti d'avoir une sotte mère, puisque leur père veut bien se contenter d'avoir une aussi sotte femme. » Mais de l'humeur sur son état, d'impatience sur les souffrances, les soins, les remèdes, pas le moindre signe. Lorsqu'elle répugnait le plus à boire quelque chose, un mot de moi ou de ses enfants (ou, en notre absence, l'idée que ses gardes recevraient un reproche) suffisait pour la décider, [malgré les nausées, au point que nous eûmes à nous garder de sa complaisance...] Jusqu'au dernier moment, chaque service était reconnu par une parole obligeante, un salut de la tête ou de la main.

« Jamais, disait M. Lobinhes, je n'ai rien vu, dans le cours d'une longue pratique, de semblable ou d'approchant de ce caractère adorable, de ce délire extraordinaire! Non, je n'avais rien vu qui me donnât l'idée que la perfection humaine peut aller si loin. »

Lorsqu'au moment de rendre le dernier soupir, son avant-dernier mot fut de nous assurer qu'elle ne souffrait pas : « Je le crois bien, s'écria la garde, qu'elle ne souffre pas : c'est un ange! »

[Non seulement dans sa chambre, mais chez sa tante et dans les petites réunions d'amis qui venaient savoir des nouvelles, c'était un véritable culte pour tout ce qu'on apprenait de bon, d'aimable, de vertueux, de tendre de cette femme incroyable.

« Vous avez des nouvelles de M. de Maubourg? Oh! je compte bien sur lui; il m'aime bien solidement; il jouit de voir que nos deux familles n'en font qu'une... » Et c'est bien vrai qu'elles n'en font qu'une! Voilà les paroles que je vous ai mandées et que j'aime à vous répéter.

. . . .

Ce délire a surtout été remarquable par son rapport avec les degrés de son affection. *Pour moi,* un jugement sûr, qui s'amalgamait singulièrement avec les situations fantastiques où elle nous croyait, de manière qu'elle m'y voyait toujours dans le sens de mes principes, de mes sentiments, de mes goûts ou de mes répugnances. *Pour moi encore,* une sagacité étonnante, une occupation constante et détaillée, une tendresse exaltée et inaltérable. Comme elle aimait à me dire dans ses illusions : « Décidez; vous êtes notre chef; c'est notre heureux sort de vous obéir », un jour que je l'engageais à se calmer, elle me dit gaiement ce vers : « *A vos sages conseils, seigneur, je m'abandonne...* »

Avec quel charme, quelle hauteur d'expressions elle parlait de sa bonne opinion de moi! Car elle eut ce mérite, si rare dans les personnes pieuses envers ceux qui ne partagent pas leur croyance, de pouvoir croire complètement à leur vertu et de la reconnaître sans réserve.

. . . .

M. Lobinhes venait plusieurs fois par jour, passait des heures à réfléchir, essayait toutes les nuances des remèdes et, s'il lui venait un doute ou l'espoir de recevoir une idée, écrivait à Corvisart ou lui proposait un rendez-vous, priait même qu'il vît la malade sans l'attendre, plutôt que de perdre un jour. En un mot, il a été à la fois l'ami le plus tendre, le médecin le plus sincère comme le plus éclairé.]

Notre chère Mme de Tessé a été, dans les dernières semaines, retenue chez elle par une maladie qui, dans l'état de ses forces, était grave. [Les derniers jours, on eût trop craint l'émotion. Elle a pourtant voulu la voir dans un moment de sommeil.] Ah! mon ami, dans quel état était cette pauvre Mme de Tessé en sortant de cette chambre! Sa nièce a été très occupée d'elle et, la sachant malade, elle se croyait (dans son délire) en état d'être portée à côté de son lit. Elle parlait sur la santé de M. de Tessé, à propos d'une éruption qu'il a eue... Elle m'envoyait les soigner. Elle me disait :

« Je parie que mon oncle est charmé de vous avoir tous autour de lui... N'est-ce pas indiscret d'être tant de monde ici?

— Non, sans doute, répondis-je en riant. Nous ne sommes que treize à nourrir!

— Il est vrai, ajouta-t-elle, que ma tante a autant de plaisir à faire pour nous que nous à recevoir d'elle. »

Le dernier jour, elle me dit : « Quand vous verrez Mme de Simiane, dites-lui mille tendresses pour moi. »

C'est ainsi que son cœur était tout en vie, et déjà ses pauvres jambes n'avaient plus de mouvement.

Je vous ai dit, sans autres détails, qu'elle avait reçu ses sacrements. J'assistai à cette scène, plus triste pour nous que pour elle, qui avait communié dans son lit peu de temps avant. Le délire complet date de cette époque. Je n'ai rien eu à faire pour me conformer à ses intentions. [J'observai seulement que mes filles étaient tranquilles et que l'agitation s'est montrée en sens inverse de l'intérêt pour elle.] Son confesseur vint un des derniers jours; il trouva en moi de la franchise et du respect pour le vœu présumable de ma femme. Je n'eus point de peine à le convaincre que son apparition était superflue et pouvait nuire; mais, la veille de sa mort, mes filles attachant de l'importance à ce que certaines prières et indulgences fussent prononcées près d'elle, un vicaire de la paroisse vint derrière son rideau, et remplit ces dernières fonctions sans qu'elle s'en aperçût. Le lendemain, vers la fin de son agonie, et pendant qu'elle parlait encore, mes filles craignirent que l'habitude de ne pas s'occuper de ces objets devant moi, ne pût gêner son désir d'avoir, ou de faire des prières.

Un petit crucifix s'était trouvé sous sa main; elle avait, au lieu de le prendre, saisi la mienne qu'elle serrait entre les siennes dans l'attitude de la prière. Probablement c'est pour moi qu'elle priait. On me demanda de m'éloigner pour que Mme de Montagu qui, dès le commencement, avait eu sa confiance... pût s'informer si elle n'avait rien à lui dire. Mon premier mouvement fut contre cette requête, toute tendre et timide qu'elle fût. Je craignais que ces derniers moments ne fussent troublés. J'avoue même que ma vieille affection conjugale, de trente-quatre ans, éprouvait pour la première fois un sentiment de *jalousie*. C'était un besoin passionné de l'occuper exclusivement; je voulais tous ses regards, toutes ses pensées. Je me réprimai cependant et voulus ne rien laisser à désirer pour elle. Je cédai ma place à sa sœur, qui répéta deux fois sa question. La chère malade, toujours très tendre pour Mme de Montagu et qui voulut même l'avoir près d'elle, répondit deux fois : « Non », en ajoutant : « Allez souper », et paraissant impatiente de me voir reprendre ma place. Dès que j'y fus, elle prit encore ma main dans les siennes en me disant : « Je suis toute à vous. » Ces mots, « toute à vous », sont les derniers qu'elle ait prononcés.

On a dit qu'elle m'avait beaucoup prêché; ce n'était point sa manière. Elle m'a souvent exprimé, dans le cours de son délire, la pensée qu'elle irait au ciel, et oserai-je ajouter que cette idée ne suffisait pas pour prendre son parti de me quitter? Elle m'a dit plusieurs fois : « Cette vie est courte, troublée; réunissons-nous en Dieu; passons ensemble l'éternité. » Elle m'a souhaité, et à nous tous, la paix du Seigneur. Voilà comment cet ange si tendre a parlé dans sa maladie, ainsi que dans les dernières dispositions qu'elle avait faites il y a quelques années, et qui sont un modèle de délicatesse, d'élévation et d'éloquence du cœur.

Il me semble qu'en prolongeant les détails, je cherche à reculer cette dernière époque où, en voyant M. Lobinhes retrancher tous les moyens de guérison et ne penser qu'à prolonger la vie, nous ne sentîmes que trop qu'il n'y aurait pas de lendemain pour elle. Jusqu'alors nous ne paraissions que deux ou trois à la fois, mais ce jour-là elle se fatiguait à nous chercher et nous ne vîmes plus d'inconvénient à ranger la famille sur des chaises, en demi-cercle, où elle pouvait voir tout le monde. « Quel agréable cercle! » disait-elle en les regardant avec complaisance.

[Je me rappelle le ménage George, assis ensemble au coin de la chambre. Elle me dit : « Regardez. Qu'ils sont gentils! » Elle appelait tour à tour ses filles, leur disait des choses charmantes. Elle leur donnait à chacune sa bénédiction. J'ai la confiance que cette matinée a été délicieuse pour son cœur. Et comment ses derniers moments n'auraient-ils pas été doux,

elle dont la piété, loin d'être troublée de terreurs ou de scrupules, n'a été, dans toute cette maladie, avant et pendant son
délire, qu'amour et reconnaissance pour « les grâces immenses »,
comme elle disait à sa sœur et à ses filles, « que Dieu lui avait
faites et lui faisait encore »; elle qui, malgré l'état de sa tête,
n'a pas perdu jusqu'à son dernier soupir une seule des jouissances dont un cœur tel que le sien était susceptible? Son délire
même s'était fort éclairci. Il n'y avait plus de ces confusions
d'idées sur la situation de ses enfants, [sur leurs mariages...
Tout était clair dans ses rapports de famille.] Au lieu de demander à Mme de Montagu des nouvelles de sa mère, elle lui
disait : « Je vous regarde comme lui ayant succédé. »

Sans doute elle avait l'idée de sa mort prochaine, lorsqu'après
m'avoir dit, d'une manière touchante, comme elle le faisait
souvent : « Avez-vous été content de moi? Vous avez donc la
bonté de m'aimer? Eh bien, bénissez-moi. » Et lorsque je
lui répondis : « Vous m'aimez aussi; vous me bénirez », elle me
donna sa bénédiction, pour la première et la dernière fois, avec
la plus solennelle tendresse. Alors chacun de ses six enfants
s'approcha tour à tour, lui baisa la main et le visage. Elle les
regardait avec une affection inexprimable. Plus sûrement encore
elle avait l'idée de sa mort lorsque, craignant une convulsion
à ce que je crois, elle me fit signe de m'éloigner; et, comme je
restais, elle prit ma main, la mit sur ses yeux avec un regard de
tendre reconnaissance, m'indiquant ainsi le dernier devoir
qu'elle attendait de moi.

Nous éprouvions, pendant ces heures de douce agonie, un
combat entre le besoin de témoigner notre tendresse dont elle
jouissait tant, et la conviction que ces émotions usaient le peu
de vie qui lui restait. Je retenais donc mes paroles presque avec
autant de soin que mes sanglots, lorsque l'expression si touchante
de ses yeux, quelques mots à peine prononcés, arrachèrent de
ma bouche l'expression des sentiments dont mon cœur étouffait.
Sa voix se ranima pour s'écrier : « C'est donc vrai? Vous m'aimez? Ah! que je suis heureuse! Embrassez-moi... » Ses pauvres
bras, qui étaient presque sans mouvement, sortirent de dessous
ses draps avec une vivacité dont la garde fut surprise. Elle en
passa un autour de mon cou, approchant ma tête de la sienne;
[caressant mon visage avec une complaisance passionnée,]
elle me serra contre son cœur en répétant : « Quel bonheur!
Que je suis heureuse d'être à vous! » [Elle tenait ses yeux fixés
sur moi avec un plaisir, une tendresse inexprimables.] Tant que
sa main droite a eu quelque mouvement, elle portait la mienne
successivement à sa bouche et à son cœur. Ma main gauche a
continuellement tenu la sienne dont je sentais le mouvement

et qui, à son dernier soupir, semblait me dire encore ses dernières paroles : « Je suis toute à vous. »

Nous étions autour de ce lit, qu'on avait avancé dans la
chambre et sur lequel elle avait fait signe à sa sœur de s'asseoir ;
ses trois filles portaient sans cesse des serviettes chaudes sur
ses mains et ses bras, pour retenir un reste de chaleur. [L'essai
d'une cuillerée de vin nous a fait croire qu'elle expirait... J'ai
fait éloigner les autres pour ne pas intercepter l'air ; elle a recom-
mencé à respirer.] Nous nous sommes tous mis à genoux autour
de ce lit, suivant les mouvements lents de sa respiration qui
s'est soutenue longtemps, je crois, pour son état... [Vous jugez
dans quel état nous étions nous-mêmes !]

C'est sans l'apparence de souffrance, avec le sourire de la
bienveillance sur son visage et tenant toujours ma main, que
cet ange de tendresse et de bonté a cessé de vivre. J'ai rempli
le devoir qu'elle m'avait indiqué. [Nous avons arrosé de nos
larmes les restes inanimés de cette adorable femme. Je me suis
senti entraîné par MM. de Mun et de Tracy ; mon cher fils me
tenait dans ses bras. On m'a permis de l'embrasser encore...
J'ai dit adieu à elle et à mon bonheur en ce monde...

... Je connaissais cette modestie, cette réserve qui, dans le
délire même, ne l'avait pas abandonnée. Elle eût été bien aise
de penser qu'un prêtre veillerait près d'elle. George a tout
arrangé suivant ses vœux. Mes chères filles ont eu l'idée, donnée
par Anastasie et adoptée par leurs maris, de faire à leur mère
hommage de ce qu'elles avaient de plus précieux : leur anneau
de mariage. George n'a confié ce soin qu'à lui-même. C'est lui
qui, dès que d'autres anneaux ont été faits, a respectueusement
attaché les anciens au cou de sa mère ; lui a fait toucher les
nouveaux anneaux pour les bénir ; a laissé, pour être aussi
enfermé dans sa tombe, un anneau pareil à celui qu'elle avait
reçu de moi, il y a trente-quatre ans, et qui ne me quittera plus.
Il a rempli ces pieux devoirs d'une manière digne d'elle et de
lui.]

C'est lundi que cette angélique femme a été portée, avec
simplicité comme elle l'avait demandé, auprès de la fosse où
reposent sa grand-mère, sa mère, sa sœur, confondues avec
seize cents victimes. [Elle a été placée à part, de manière à
rendre possible les projets futurs de notre tendresse. Je l'ai
reconnu moi-même lorsque George, dont la douleur n'a point
interrompu les soins, m'y a conduit jeudi dernier et que nous
avons pu nous agenouiller et pleurer ensemble sur cette tombe
sacrée. Mes trois filles, Charles et Louis y sont allés le premier
jour de l'an, jour où il y a des offices généraux fondés à Picpus.

Il a été observé avec une religieuse vénération que pendant

le temps, plus long qu'à l'ordinaire, que ces chers restes ont été
laissés à visage découvert sur le lit où elle avait rendu le dernier
soupir, ses traits n'ont pas subi la plus légère altération. Ils
étaient même plus naturels que durant les derniers jours de la
maladie. Tout était doux, bienveillant; tout annonçait que
jusqu'à la fin, elle avait eu la paix du corps et de l'âme... « Dieu
l'avait faite douce », disait-elle. Eh bien! cette empreinte de
douceur a été aussi indestructible sur son visage que sa tendresse (et surtout sa tendresse pour moi) avait été inaccessible
à la violence de la maladie et aux troubles du délire.]

. . . .

Voilà bien des souvenirs que j'aime à déposer dans votre
sein, mon cher ami; mais il ne nous reste que des souvenirs
de celle à qui j'ai dû, pendant trente-quatre années, un bonheur
de tous les instants, sans le moindre nuage. Attachée à moi,
je puis le dire, par le sentiment le plus passionné, jamais je
n'ai aperçu en elle la plus légère nuance d'exigence, de mécontentement, ou de jalousie; jamais rien qui ne laissât la plus
libre carrière à toutes mes entreprises, [à toutes mes absences,
à toutes mes affections]. Et si je me reporte au temps de notre
jeunesse, je retrouverai en elle des traits d'une délicatesse, d'une
générosité sans exemple. Associée de cœur et d'esprit, comme
vous l'avez toujours vue, à mes sentiments et à mes vœux
politiques, de manière, comme lui disait en riant Mme de Tessé,
« que sa dévotion était un mélange du catéchisme et de la Déclaration des Droits »; jouissant de tout ce qui pouvait être de
quelque gloire pour moi; plus encore de ce qui me faisait, comme
elle disait, connaître tout entier; jouissant surtout lorsqu'elle
me voyait sacrifier des occasions de gloire à un bon sentiment.
Je me servirai encore des expressions de sa tante, lorsqu'elle
me disait hier : « Je n'aurais jamais cru qu'on pût être à la fois
fanatique de vos opinions et aussi exempte de l'esprit de parti. »

. . . .

Vous savez comme moi tout ce qu'elle a été, tout ce qu'elle
a fait pendant la Révolution. Ce n'est pas d'être venue à Olmütz,
comme le disait élégamment Charles Fox, « sur les ailes du
devoir et de l'amour » que je veux la louer ici; mais c'est de
n'être partie qu'après avoir pris le temps d'assurer, autant
qu'il était en elle, le bien-être de ma tante et les droits de nos
créanciers; c'est d'avoir eu le courage d'envoyer George en
Amérique. Quelle noble imprudence de cœur à rester la seule
femme de France compromise par son nom qui n'ait jamais
voulu en changer! Chacune de ses pétitions ou déclarations
commençait par ces mots : *La femme Lafayette*... Jamais cette
femme, si indulgente pour les haines de parti, n'a laissé passer,

lorsqu'elle était sous l'échafaud, une réflexion contre moi sans la repousser; jamais une occasion de manifester mes principes sans s'en honorer et dire qu'elle les tenait de moi. Elle s'était préparée à parler dans le même sens au Tribunal, et nous avons tous vu combien cette femme si élevée, si courageuse, dans les grandes circonstances, était bonne, simple, facile dans le commerce de la vie; trop facile même et trop bonne, si la vénération qu'inspirait sa vertu n'avait pas composé de tout cela une manière d'être tout à fait à part.

C'était aussi une dévotion à part que la sienne. Je puis dire que, pendant trente-quatre ans, je n'en ai pas éprouvé un instant l'ombre de gêne; que toutes ses pratiques étaient sans affectation, subordonnées à mes convenances; que j'ai eu la satisfaction de voir mes amis les plus incrédules aussi constamment accueillis, aussi aimés, aussi estimés et leur vertu aussi constamment reconnue que s'il n'y avait pas eu de différence d'opinions religieuses; que jamais elle ne m'a exprimé autre chose que l'espoir qu'en y réfléchissant encore, avec la droiture de cœur qu'elle me connaissait, je finirais par être convaincu. Ce qu'elle m'a laissé de recommandations est dans le même sens, me priant de lire, pour l'amour d'elle, quelques livres que certes j'examinerai de nouveau avec un véritable recueillement, et appelant sa religion, pour me la faire mieux goûter, « la souveraine liberté », de même qu'elle me citait souvent avec plaisir ces mots de l'abbé Fauchet : « Jésus-Christ, mon seul maître. »

[J'avais reconnu que je lui faisais plaisir d'aller à la messe de La Grange, les dimanches, et même, à Pâques, à celle de Courpalay. Elle me remercia, me disant : « Ce n'est pas pour moi car, connaissant vos opinions, je ne souhaite point de vous y voir, mais il y a là quelques personnes qui vous aiment et qui vous sauraient mauvais gré de n'y pas aller. Cela me serait pénible. »]

. . . .

Ma lettre ne finirait point, mon cher ami, si je me laissais aller aux sentiments qui la dictent. Je répéterai encore que cette femme angélique a été du moins environnée de tendresse et de regrets dignes d'elle... [Nous avons éprouvé à Paris, dans notre canton de Rozoy, partout où elle était connue, une sympathie de sentiments, d'admiration, de regrets tout à fait touchants et pour elle et pour nous.]

Adieu, mon cher ami, vous m'avez aidé à surmonter quelques accidents bien graves et bien pénibles, auxquels le nom de malheur peut être donné, jusqu'à ce qu'on ait été frappé du plus grand des malheurs du cœur! Celui-ci est insurmontable...

Mais quoique livré à une douleur profonde, continuelle, dont rien ne me dédommagera ; quoique dévoué à une pensée, à un culte hors de ce monde (et j'ai plus que jamais besoin de croire que tout ne meurt pas avec nous) je me sens toujours susceptible des douceurs de l'amitié. Et quelle amitié que la vôtre, mon cher Maubourg ! Je vous embrasse en son nom, au nom de tout ce que vous avez été pour moi depuis que nous nous connaissons.

Adieu encore une fois, mon cher ami.

LA FAYETTE.

À décrire une douleur si sincère, cet égoïste inconscient trouvait peut-être l'apaisement des vagues reproches de son cœur. Et puis il est doux et flatteur d'être aimé comme il l'avait été par une telle femme. Il semble qu'Adrienne fut libérée par le délire, par l'approche de la mort aussi, d'une certaine contrainte que lui avait toujours imposée son admiration pour Gilbert. On vit paraître alors de la sensualité dans son amour et de la gaieté dans ses propos. Autour de La Fayette, les regrets de tous, enfants, amis, serviteurs, voisins s'accompagnaient d'une admiration sans réserves. Les morts, les pauvres morts reçoivent de grands éloges et les survivants jouissent, malgré eux, dans leur deuil, d'être entourés de tendresse et de sympathie.

Adrienne avait exprimé le désir d'être enterrée au cimetière de Picpus, près de la fosse commune où reposaient, mêlées aux victimes de la Terreur, sa grand-mère, sa mère et sa sœur. Elle avait souhaité aussi que la sépulture choisie fût telle que son mari pût y être auprès d'elle. Mme de Montagu alla elle-même avec George, le jour de Noël, marquer la place où sa sœur devait reposer dans ce funèbre et saint asile.

Elle était morte le 24 décembre 1807, à onze heures trois quarts du soir (donc la nuit de Noël), à l'âge de quarante-huit ans. Ce fut le fidèle Beauchet qui, avec un compagnon d'armes de La Fayette, alla déclarer le décès à la mairie. Le *Journal de l'Empire* annonça cette mort et rappela les exemplaires vertus de la disparue : « Tout le monde doit pleurer Mme de La Fayette. Elle fut le bonheur de sa famille, l'appui des pauvres, la consolation des affligés, l'ornement de sa patrie et l'honneur de son sexe... »

Le duc de Noailles, père d'Adrienne, presque septuagénaire, n'avait pu venir de Suisse. Il écrivit à son gendre, le 1er janvier 1808 : « C'est entretenir ou renouveler votre douleur, monsieur, d'une manière cruelle, que de vous peindre la mienne... Vous perdez la femme la plus accomplie ; vos enfants, la mère la plus parfaite qui fut jamais... Je suis privé de la fille la plus tendre et dont j'étais bien digne de sentir le prix par mes sentiments pour elle... Vous connaissez Mme de Noailles ; ma malheureuse fille avait quelque amitié pour elle[1]... » Puis à son petit-fils George : « Plaignez-moi, car je le mérite. » Peut-être, après tout.

La Fayette, après la mort d'Adrienne, porta toujours sur lui, dans son portefeuille, un feuillet plié en quatre, de l'écriture d'Anastasie, sur lequel celle-ci avait noté les dernières paroles prononcées par sa mère pendant son agonie. Sur un autre feuillet, de la propre main de La Fayette, on lisait :

Extrait d'une strophe trouvée dans un recueil :

Cette étincelle pensante
Qui survit à mon trépas,
Aussi pure qu'agissante,
Voudrait suivre encor tes pas.

1. Lettre inédite. Archives de La Grange.

ÉPILOGUE

Tantum ergo Sacramentum
Veneremur cernui
Et antiquum documentum
Novo cedat ritui;
Praestet fides supplementum
Sensuum defectui.

A DRIENNE, morte, continua de veiller sur les siens. Son mari et ses enfants lui vouaient un culte religieux et tendre. Sa chambre, à La Grange, était tenue pour un lieu trop sacré pour que l'accès en fût ouvert aux profanes. La Fayette, en certains jours anniversaires, y pénétrait seul par une porte dérobée. Il ne nommait jamais sa femme qu'avec une visible émotion et chaque matin, au réveil, se recueillait quelques instants pour penser à elle.

Il avait voulu s'acquitter de toutes les promesses faites par lui à la mourante. A Beauchet, il écrivit :

Mon cher ami, vous sentez que je suis pressé de remplir les vœux de ma pauvre et angélique femme. J'ai trouvé, dans une lettre écrite dès 1785, la prière de lire avec attention quelques livres qu'elle croyait propres à me ramener à ses opinions religieuses. Vous savez avec quelle délicatesse elle craignait de m'importuner sur cet article, avec quelle tendresse elle priait pour moi. Sa demande actuelle a le caractère adorable de tout ce qui vient d'elle ; je me ferais grand scrupule de ne pas étudier, avec toute l'attention dont je suis capable, les livres suivants : 1°) *Pensées* de Pascal; 2°) *Vérités de la Religion chrétienne* par Abadie; 3°) *Discours* de Bossuet *sur l'Histoire universelle*; 4°) Œuvres du père de la Berthonie pour la défense de la religion... Vous voyez qu'il y a là des choses qui ne sont pas nouvelles pour moi...

Il souhaitait que Beauchet achetât les meilleures éditions de ces ouvrages, du même format si possible, et les
fît relier au monogramme d'Adrienne : N.L.F., trois
majuscules entrelacées. Ainsi les vivants, qui ne sont jamais
sans remords, cherchent par des offrandes à se rendre
propices les ombres inapaisées. Nous avons la note de
Labitte, libraire, rue du Bac, n° 1 :

Fourni à M. Beauchet, rue de Bourgogne :
Histoire universelle, 2 volumes in-12	4 livres
Pensées de Pascal, 1 volume in-12	2 livres 10
Œuvres de La Bretonie (*sic*), 3 volumes in-12 . .	5 livres 10
ABADIE : *De l'Existence de Dieu,* 4 volumes . . .	6 livres
Total.	18 livres
Reçu acompte.	8 livres
Reste dû.	10 livres[1].

Un an plus tard, le 31 décembre 1808, La Fayette écrivait encore à Beauchet : « Mes années futures seront
comme celle que je viens de passer; je ne puis cependant
pas me plaindre, ayant eu longtemps une des plus grandes
parts de bonheur dont la vie humaine soit susceptible[2]... »
Une fois de plus, il chargeait son correspondant d'un achat
de livres, mais c'étaient maintenant les *Commentaires* de
César, La Fontaine, Duclos, Saint-Lambert et le *Code Civil.*
Il restait donc fidèle à ses goûts, à sa nature, mais aussi à
ses souvenirs. Tous les ans, le 24 décembre, il écrivait
de la chambre d'Adrienne et sur le petit secrétaire de
celle-ci, à Marie-Josèphe Beauchet, pour « ce cruel anniversaire »... « Ce n'est pas une amie telle que vous, chère
madame, dont vingt années peuvent effacer les tendres
et douloureuses impressions. Je suis sûr que, dans cette
malheureuse soirée anniversaire, votre cœur est avec
nous[3]... »

1. Document inédit. Archives de La Grange.
2. Lettre inédite. Archives de La Grange.
3. Lettre inédite. Archives de La Grange.

Cependant la vie continuait. A La Grange, la ferme tenait une grande place dans les pensées de La Fayette. Il dormait sept heures, écrivait deux heures au lit, se levait, consacrait au souvenir d'Adrienne sa méditation quotidienne, lisait les journaux, puis se donnait à sa correspondance et aux travaux des champs. Comme fermier, il obtenait des succès encourageants; les animaux de son élevage étaient souvent primés. « Je suis devenu, pour notre canton, un assez bon agriculteur, disait-il. Tout boiteux que je suis, ménageant bien mes promenades, je trouve moyen de faire et de voir l'essentiel... » Depuis son accident, il devait marcher avec une canne et prenait de l'embonpoint mais son teint était clair, il n'avait pas de rides et gardait une expression de candeur franche qui lui donnait un air de jeunesse. Ses idées ne changeaient pas plus que son visage. L'empereur disait de lui : « Tout le monde est corrigé; un seul ne l'est pas; c'est La Fayette! Il n'a jamais reculé d'une ligne. Vous le voyez tranquille; eh bien! je vous dis, moi, qu'il est tout prêt à recommencer. »

A la tante de Chavaniac, fort lucide malgré ses quatre-vingt-deux ans, il donnait des nouvelles de la famille. Avec les Montagu qui vivaient sur le domaine, tout proche, de Fontenay-en-Brie, il voisinait agréablement. Son gendre, Louis de Lasteyrie, avait acheté une petite terre, non loin de La Grange et, après tant de petites-filles, Virginie avait donné à La Fayette un premier petit-fils dont il raffolait (un portrait de cet enfant est accroché, à La Grange, au-dessus de la cheminée, dans la chambre du général). Le train-train des grossesses, des couches, des allaitements, des abcès au sein, des étés trop secs, du blé vendu trop bon marché se poursuivait tandis que la Grande Armée conquérait l'Europe. Mme de Simiane enchantait La Grange de son charme inaltérable; elle y avait *sa* chambre. Le mariage de l'usurpateur avec l'archiduchesse Marie-Louise fut un des derniers sujets qui passionnèrent (et scandalisèrent) la tante de Chavaniac.

L'oncle Ségur, grand-maître des cérémonies, avait inventé, pour ces noces impériales, « un labyrinthe de petitesses » dont s'amusèrent La Fayette et les siens. « Le programme, dit Stendhal, avait l'air d'une mystification. » Ce Ségur, si charmant dans sa jeunesse, se consumait du désespoir de n'être pas duc. C'était, à ses yeux, « plus qu'une injustice, une inconvenance ». Mais il durait.

En 1811, la tante Charlotte mourut à Chavaniac. Elle avait élevé La Fayette ; elle l'avait passionnément admiré. Il ressentit vivement cette perte. Bientôt la campagne de Russie lui causa d'autres chagrins. Son vieil ami Louis Romeuf et l'un de ses jeunes neveux, Alfred de Noailles, y furent tués. Victor de Tracy, beau-frère de George, avait été fait prisonnier. En 1814, La Fayette dut venir s'installer rue d'Anjou, pour soigner les Tessé, tous deux gravement malades. L'oncle mourut le premier et Mme de Tessé, « maternelle amie de La Fayette » depuis quarante années, ne survécut pas à son mari. Ils s'étaient aimés, à leur manière.

C'était le temps de la campagne de France. Les ennemis menaçaient Paris et le patriote qu'était La Fayette pensait à reprendre du service, malgré son âge et sa mauvaise jambe. Son fils et ses deux gendres avaient oublié, devant le péril de la patrie, les mesquineries de l'empereur à leur égard ; ils s'étaient engagés. Le 31 mai 1814, les armées étrangères défilèrent dans Paris. La Fayette s'enferma rue d'Anjou et pleura. Il pensa qu'Adrienne aurait pleuré comme lui.

Pendant les Cent-Jours, il fut vice-président de la Chambre et, avec ses collègues, reçut l'empereur.

« Il y a douze ans que je n'ai eu le plaisir de vous voir, dit non sans gaucherie Napoléon.

— Oui, sire, il y a ce temps-là », répondit sèchement La Fayette.

Après Waterloo, il prononça un discours : « Voici le moment de nous rallier autour du vieil étendard tricolore, celui de la liberté, de l'égalité et de l'ordre public... »

Il fut l'un des six commissaires chargés de négocier avec les puissances alliées.

« Je dois vous prévenir, monsieur, lui dit Lord Stewart, qu'il n'y a pas de paix possible à moins que vous ne nous livriez Bonaparte.

— Je suis bien étonné, répondit La Fayette, que, pour proposer une telle lâcheté au· peuple français, vous vous adressiez à un prisonnier d'Olmütz. »

Adrienne aurait, une fois de plus, été fière de lui. Il restait fidèle à son personnage, ce qui est la seule manière d'être constant.

Dès le retour des Bourbons, il alla, dans sa retraite de La Grange, attendre avec une naïve confiance des jours meilleurs. En 1816, Lady Morgan y admira son air noble, sa dignité et sa conversation, brillante d'anecdotes, sur tous les grands hommes d'un demi-siècle. Si quelque chose le contrariait, son front et ses sourcils se contractaient; il devenait taciturne. Mais cela durait peu et il retrouvait sa sérénité.

En 1824, il fit aux États-Unis, accompagné par son fils, un dernier voyage triomphal. Il fut à la fois bouleversé par la chaleur de l'accueil et émerveillé par les miracles qu'avaient accomplis, en Amérique, quarante-huit ans de liberté. « Que serait aujourd'hui la France, dit-il, si notre révolution de 1789 avait conservé son impulsion primitive? » A Mount Vernon, où il alla se recueillir sur le tombeau de Washington, un anneau d'or, contenant des cheveux de celui qu'il avait tant admiré, lui fut offert. Le voyage à travers tout le pays dura quatre mois. Quand La Fayette repartit, le président John Quincy Adams lui dit : « Nous vous regarderons toujours comme nous appartenant. »

A son retour en France, il trouva sur le trône un nouveau roi, qui était un ami d'enfance : Charles X, naguère comte d'Artois. Plus que jamais La Fayette prit figure d'opposant. « Nul en ces années, écrit Sainte-Beuve, ne fut plus jeune que le général La Fayette. » A Ségur, qui

surnageait toujours, pair de France et familier des Bourbons après l'avoir été de l'empereur, le roi dit : « Je ne
connais que deux hommes qui aient toujours professé
les mêmes principes : c'est moi et M. de La Fayette; lui
comme défenseur des libertés, et moi comme roi de l'aristocratie... J'estime M. de La Fayette et, si les circonstances
le permettent, j'aurai du plaisir à le revoir... Je lui rends
cette justice : il n'a pas plus changé que moi. »

C'était vrai et les ultras avaient enfin leur roi, resté le
comte d'Artois de 1788. « Les concessions ont perdu
Louis XVI, disait-il, je n'ai, moi, qu'à monter à cheval ou
en charrette. » Il ne fit ni l'un ni l'autre et, en 1830, après
une révolution de trois jours, s'embarqua pour l'Angleterre. Qui pouvait, dans le désordre des esprits, unir le
pays? La Fayette, président d'une république, ou le duc
d'Orléans, roi constitutionnel? Dans la matinée du 30 juillet, Charles de Rémusat, qui avait épousé, en 1828, Pauline de Lasteyrie, fille aînée de Virginie, posa la question
à son grand-père (par alliance) :

« On parle beaucoup du duc d'Orléans. Il n'y a que vous
ou lui.

— Moi? Non. Qu'on me laisse faire et le duc d'Orléans
sera roi constitutionnel. »

Sur le balcon de l'Hôtel de Ville, il mit un drapeau
tricolore aux mains du duc d'Orléans et le fit roi des Français, sous le nom de Louis-Philippe Ier. Il avait jadis
renversé un roi; il venait d'introniser une dynastie. De
nouveau il se retrouva commandant en chef de la garde
nationale. Cela ne dura guère. Bientôt il rompit avec le
gouvernement. Son grand nom, tiraillé, déchiré par les
partis, devint une fois de plus un drapeau, quelque peu
déteint, pour l'opposition de Sa Majesté.

En 1831, il perdit César de la Tour-Maubourg, son compagnon d'Olmütz, le plus ancien et le meilleur de ses
amis. Il passait l'été à La Grange, au milieu de ses souvenirs, de ses treize petits-enfants et d'innombrables
arrière-petits-enfants. Adélaïde de Simiane, septuagénaire,

chantent le *Tantum ergo*. Le silence, quand se tait le
chœur, est prodigieux. Si, par quelque accident, un bruit
vient rompre cet enchantement, les adoratrices immobiles
ne tournent même pas la tête. L'office terminé, elles s'éloignent en cortège, hors quatre d'entre elles qui, portant sur
leur robe de mousseline un manteau rouge, veilleront
toute la nuit. Près de ces tombes, devant Dieu, la prière
demeure continue et la relève toujours assurée.

Là se termine l'histoire d'Adrienne. C'est celle d'une
femme qui, née de deux hautes et puissantes familles,
fit preuve, pendant toute sa vie, de la plus sainte humilité ;
qui, mariée à quatorze ans avec un homme courageux et
chimérique, sut l'honorer, le protéger, le soutenir et le
conseiller ; qui, longtemps délaissée, comme l'autorisaient
les mœurs d'une société libertine, voulut demeurer absolument fidèle sans exiger, en retour, la fidélité ; qui, jetée
soudain des plus hauts sommets de la fortune à des précipices d'ignominie et de misère, se montra capable, non
seulement d'accepter sans plaintes le plus affreux destin,
mais de le dominer avec une dignité telle que ses persécuteurs eux-mêmes en furent troublés ; qui, son mari
ayant été emprisonné, remua ciel et terre pour obtenir
de partager son cachot ; qui, indifférente aux biens de ce
monde mais attentive à ses devoirs d'état, s'occupa, pendant les derniers mouvements de la Révolution, de restaurer le patrimoine de ses enfants et montra autant de
pragmatique sagesse qu'elle avait, en d'autres temps,
fait voir d'héroïsme mystique ; qui, assurée des vérités
chrétiennes et ayant près d'elle un époux incroyant, ne
se permit qu'à l'heure de la mort de lui demander un effort
pour croire ce qu'elle-même croyait ; qui, adorée, vénérée
par tous ceux qui la connurent, leur révéla ce qu'est une
foi vécue ; et qui enfin mérite, me semble-t-il, d'être
proposée comme un exemple unique à ceux qui douteraient de la possibilité d'unir, dans un même esprit, la
plus intransigeante vertu à la plus humaine tolérance.

TABLEAUX GÉNÉALOGIQUES

TABLEAU I
FAMILLE DE NOAILLES

ANNE-JULES (1650-1708),
I⁰ʳ maréchal duc de Noailles,
épouse en 1671 Marie-Françoise de Bournonville
(1654-1748).

ADRIEN-MAURICE (1678-1766),
IIᵉ maréchal duc de Noailles,
épouse en 1698 Françoise d'Aubigné
(morte en 1739).

LOUIS
IIIᵉ maréchal duc de Noailles
(1713-1793), épouse en 1737
Catherine-Charlotte de Cossé-Brissac,
(1724-1794) (guillotinée).

PHILIPPE DE NOAILLES
maréchal duc de Mouchy
(1715-1794) (guillotiné),
épouse en 1741 Anne-Louise d'Arpajon
(1718-1794) (guillotinée).
(*voir tableau III*).

JEAN-PAUL-FRANÇOIS
duc d'Ayen, puis duc de Noailles
(1739-1824), épouse 1⁰ en 1755
Henriette Daguesseau (1737-1794)
(guillotinée), 2⁰ en 1795
Wilhelmine, baronne de Mosheim,
veuve du comte Alexis Golowkine
(morte en 1824).

ADRIENNE-CATHERINE
(1741-1814),
épouse en 1755
René de Froulay,
comte de Tessé
(1736-1814).

EMMANUEL-MARIE-LOUIS
marquis de Noailles
(1743-1822),
épouse en 1762
Mlle de Hallencourt
de Dromesnil.

PHILIPPINE-LOUISE
(1745-1791),
épouse en 1763,
Antoine-Armand
de Gramont,
duc de Lesparre
(1746-1790).

ROSALIE
Mlle de Montclar
(1767-1852),
épouse en 1786
Théodule,
marquis
de Grammont.

LOUISE
Mlle de Noailles
(1758-1794)
(guillotinée),
épouse en 1773 son cousin
Louis, vicomte de Noailles
(1756-1804)
(*voir tableau III*).

ADRIENNE
Mlle d'Ayen
(1759-1807),
épouse en 1774
**Gilbert du Motier,
marquis
de LA FAYETTE**
(1757-1834).

CLOTILDE
Mlle d'Epernon (1763-1788),
épouse 1⁰ en 1779
Scipion de Beauvoir,
marquis du Roure
(mort en 1782),
et 2⁰ en 1784
le vicomte de Thésan.

PAULINE
Mlle de Maintenon
(1766-1839),
épouse en 1783
Joachim,
marquis de Montagu
(1764-1834).

TABLEAU II. FAMILLE DE LA FAYETTE

CHARLES MOTIER DE CHAMPETIÈRES,
baron de Vissac, époux (1665) de Marie de Pons.
Bénéficiaire du testament de René-Armand, marquis de La Fayette (1659-1694),
fils de l'auteur de *La Princesse de Clèves* et dernier mâle de la branche aînée.

EDOUARD MOTIER DE LA FAYETTE
marquis de Vissac, épouse en 1708 Marie-Catherine de Chavaniac.
Mort en 1740.

JACQUES-ROCH MOTIER DE LA FAYETTE
(1711-1734),
héritier de la duchesse de la Trémoïlle,
née La Fayette,
en laquelle s'éteint la branche aînée.

CHARLOTTE
Mlle de La Fayette
(1729-1811),
épouse son cousin
Guérin de Chavaniac,
baron de Montioloux.

ROCH-GILBERT DU MOTIER,
marquis de La Fayette
(1732-1759),
héritier de son frère sans postérité.
Épouse en 1754
Julie de la Rivière (1737-1770).

MADELEINE
Mlle du Motier,
morte sans alliance.

MLLE DE CHAVANIAC
(1756-1778)
épouse du marquis d'Abos.

GILBERT DU MOTIER,
marquis de La Fayette
(1757-1834), épouse en 1774
Adrienne de Noailles (1759-1807).

HENRIETTE
(1775-1777).

ANASTASIE
(1777-1863),
épouse en 1798 Charles,
comte de la Tour-Maubourg
(1775-1846).

GEORGE-WASHINGTON
marquis de La Fayette (1779-1849),
épouse en 1802
Émilie Destutt de Tracy (1780-1860)
(voir tableau V).

VIRGINIE
(1782-1849),
épouse en 1803 Louis,
marquis de Lasteyrie
(1781-1826)
(voir tableau VI).

CÉLESTINE
de la Tour-Maubourg
(1799-1893)
épouse en 1820
Romain-Joseph,
baron de Brigode

UNE FILLE
jumelle de Célestine,
morte au berceau.

LOUISE
de la Tour-Maubourg
(1805-1828)
épouse en 1827
le comte
Hector Perrone
di San Martino
(1789-1849).

JENNY[1]
(1812-1897)
épouse en 1833
le comte Hector Perrone
di San Martino,
lieutenant-général italien,
(1789-1849)
veuf de sa sœur Louise
(Voir ci-contre)

MARIE
morte sans
alliance.

---

1. S.A.R. la Princesse de Liège, née Paola Ruffo di Calabria, belle-sœur du Roi des Belges dont elle a épousé le frère en 1959, a pour trisaïeule Jenny de la Tour-Maubourg, comtesse Hector Perrone de San Martino (1812-1897).

TABLEAU III
FAMILLE DE NOAILLES-MOUCHY

ADRIEN-MAURICE
IIe maréchal duc de Noailles (1678-1766), épouse en 1698
Françoise d'Aubigné, nièce de Mme de Maintenon.

LOUIS
IIIe maréchal duc de Noailles
(1713-1793), épouse en 1737
Catherine-Charlotte de Cossé-Brissac
(1724-1794) (guillotinée)
(*voir tableau I*).

PHILIPPE DE NOAILLES
maréchal duc de Mouchy
(1715-1794) (guillotiné),
épouse en 1741 Anne-Louise d'Arpajon
(1718-1794) (guillotinée).

LOUISE-HENRIETTE-PHILIPPINE
(1745-1822), épouse en 1760
Augustin-Emmanuel
de Durfort, duc de Duras.
(1741-1800).

PHILIPPE-LOUIS-MARC-ANTOINE
prince de Poix
(1752-1819), épouse en 1767
Anne-Louise-Marie de Beauvau
(1750-1834).

LOUIS-MARIE
vicomte de Noailles (1756-1804),
épouse en 1773 sa cousine
Louise de Noailles (1758-1794)
(guillotinée)
(*voir tableau I*).

ALFRED
vicomte de Noailles
(1784-1812),
épouse en 1809 sa cousine
Léontine de Noailles
(1791-1851)
(*voir ci-contre*).

EUPHEMIE
(1790-1870),
épouse en 1811
Olivier
de Saint-Georges,
marquis de Vérac.

CHARLES-ARTHUR-TRISTAN-JEAN-LANGUEDOC
duc de Mouchy (1771-1834),
épouse en 1790
Nathalie de Laborde-Méréville[1]
(1774-1835).

ALEXIS
comte de Noailles
(1783-1835),
épouse Cécile de Boisgelin,
veuve
du comte Raymond de Bérenger.

ANNE-MARIE-CECILE

LEONTINE DE NOAILLES
(1791-1851),
épouse en 1809 son cousin Alfred,
vicomte de Noailles (1784-1812)
(*voir ci-contre*).

ALFRED ADRIEN MARIE

---

1. Nathalie de Laborde-Méréville, comtesse Charles de Noailles, puis duchesse de Mouchy, est « la pauvre Mouche » qui fut
aimée de Chateaubriand.

TABLEAU IV

COMMENT LES NOAILLES ÉTAIENT APPARENTÉS
A LA FAMILLE DE BEAUVAU-CRAON

MARC DE BEAUVAU
prince de Craon et du Saint-Empire (1679-1754),
épouse en 1704 Anne-Marguerite de Lignéville,
morte en 1772.

CHARLES-JUST
maréchal prince de Beauvau, gouverneur du Languedoc,
membre de l'Académie française (1720-1793).
Epouse 1°) en 1745
Marie-Sophie de la Tour-d'Auvergne (1729-1763),
fille du duc de Bouillon;
épouse 2°) en 1764
Marie-Sylvie de Rohan-Chabot (1729-1808),
déjà mariée en 1749 à Louis de Clermont d'Amboise,
marquis de Renel,
mort en 1761.

ANNE-LOUISE-MARIE
Mlle de Beauvau,
fille unique, née du premier lit (1752-1819),
épouse en 1767
Philippe-Louis de Noailles, prince de Poix (1752-1819)
(*voir tableau III*).

CHARLES-ARTHUR-TRISTAN-JEAN-LANGUEDOC
duc de Mouchy (1771-1834)
marié en 1790 à Nathalie de Laborde-Méréville
(1774-1835).

LEONTINE DE NOAILLES
(1791-1851),
épouse en 1809 son cousin
Alfred, vicomte de Noailles (1784-1812)
(*voir tableau III*).

TABLEAU V

COMMENT LA MAISON DE LA FAYETTE S'EST ÉTEINTE DANS LES MÂLES

GILBERT
général marquis de La Fayette
(1757-1834),
épouse en 1774
Adrienne de Noailles
(1759-1807).

GEORGE-WASHINGTON
marquis de La Fayette
(1779-1849),
épouse en 1802
Emilie Destutt de Tracy
(1780-1860).

EDMOND
comte de La Fayette
(1818-1890),
mort sans postérité.

OSCAR-GILBERT
marquis de La Fayette
(1815-1881),
épouse en 1848
Geneviève de Pusy
(1828-1850).

CLEMENTINE
(1809-1886),
épouse en 1836
le comte Gustave de Beaumont.

MATHILDE
(1805-1886),
épouse en 1832
Maurice Poivre de Pusy
(1799-1864).

NATHALIE
(1803-1878),
épouse en 1827
Adolphe Périer.

UN FILS
mort au berceau,
dernier des La Fayette.

TABLEAU VI

ORDRE DE SUCCESSION HÉRÉDITAIRE A LA GRANGE
(depuis la mort de LA FAYETTE jusqu'à nos jours)
DES CINQ PROPRIÉTAIRES DU CHATEAU

Virginie de LA FAYETTE
(1782-1849),
épouse de Louis de Lasteyrie du Saillant,
marquis de Lasteyrie
(1781-1826).

PAULINE DE LASTEYRIE
(1807-1882),
épouse de Charles,
comte de Rémusat
(1797-1875).

MELANIE DE LASTEYRIE
(1809-1895),
épouse Claude-François
de Corcelle
(1802-1892).

Jules, marquis de LASTEYRIE
(1810-1883),
époux d'Olivia de Rohan-Chabot
(1813-1899).

OCTAVIE DE LASTEYRIE
(1813-1887),
épouse de Charles,
comte d'Assailly.

PIERRE-GILBERT DE CORCELLE
(1831-1898).

MARTHE DE CORCELLE
(1832-1902),
épouse du marquis de Chambrun
(1831-1891).

Louis, marquis de LASTEYRIE
(1849-1925),
époux d'Olivia Goodlake
(1853-1916).

GENERAL COMTE ALDEBERT DE CHAMBRUN
né en 1872
époux de Clara Longworth
(1873-1954).

Louis-Sydney, marquis de LASTEYRIE
(1881-1955),
mort sans postérité.

Comte René de CHAMBRUN
né en 1906
époux de Josée Laval

BIBLIOGRAPHIE

SOURCES MANUSCRITES :

Archives du château de La Grange-Bléneau.
Collection Fabius.
Archives nationales de France.
Archives du château de Chavaniac-La Fayette.
Bibliothèque nationale.

SOURCES IMPRIMÉES :

Actes de la Commune, 21 juin 1790.

Affiches, Annonces et Avis divers pour les Trois Evêchés et la Lorraine, 17 août 1775. (Bibliothèque Municipale de Metz.)

AGUESSEAU (chancelier d') : *Lettres inédites*, publiées par D.-B. Brives. (Paris, Imprimerie royale, 1823.)

BACHAUMONT (Louis Petit de) : *Mémoires secrets pour servir à l'histoire de la république des lettres*, 36 tomes in-12. (Londres, J. Adamson, 1777-1789.)

BALME (docteur Pierre) : *La Fayette*. (Clermont-Ferrand, Imprimerie G. de Bussac, 1957.) — *Dames d'Auvergne*. (Aurillac, Imprimerie moderne, 1958.)

BARDOUX (A.) : *La Jeunesse de La Fayette, 1757-1792*. (Paris, Calmann-Lévy, 1892.)

BARRAS : *Mémoires de Barras*, publiés par Georges Duruy, 4 volumes. (Paris, Hachette, 1895-1896.)

BARTHOU (Louis) : *Mirabeau*. (Paris, Hachette, 1913.)

BRAIBANT (Charles) : *Préface* au catalogue de l'Exposition organisée par les Archives nationales, pour la célébration du bicentenaire de La Fayette. (Paris, hôtel de Rohan, 1957.)

BROGLIE (comte de) : *Projet dont l'exécution déciderait peut-être le succès de la cause de la liberté des Etats-Unis de l'Amérique septentrionale.* (Ministère des Affaires étrangères, correspondance politique, États-Unis, tome I, folios 304-307.)

CALLET (A.) : *Anne-Paule-Dominique de Noailles, marquise de Montagu.* (Paris, Imprimerie Ad. Lainé et J. Havard, 1864.)

CARNOT : *Mémoires sur Carnot*,

par son fils, 2 volumes in-8°. (Paris, Pagnerre, 1861-1863.)

CHARAVAY (Étienne) : *Le Général La Fayette, 1757-1834.* (Paris, au siège de la Société de l'Histoire de la Révolution Française, 1898.)

CLOQUET (Jules) : *Souvenirs sur la vie privée du général La Fayette.* (Paris, A. et W. Galignani et Cie, 1836.)

CORNWALLIS : *Correspondence of Charles, first marquis Cornwallis,* 3 volumes in-8°. (Londres, J. Murray, 1859.)

Correspondance secrète inédite sur Louis XVI, Marie-Antoinette, La Cour et la Ville, de 1777 à 1792, publiée par M. de Lescure, 2 volumes in-8°. (Paris, H. Plon, 1866.)

Correspondence of Madame de la Fayette and General Washington, deux lettres datées de Chavaniac, 8 octobre 1792 et 15 mars 1793, éditées par Henry Reeve dans les *Miscellanies of the Philobiblion Society,* volume IX, fascicule VII. (Londres, 1865-1866.)

Correspondance secrète entre l'impératrice Marie-Thérèse et le comte de Mercy-Argenteau, avec les lettres de Marie-Thérèse et de Marie-Antoinette, publiée avec une introduction et des notes par le chevalier Alfred d'Arneth et. A. Geffroy, 3 volumes in-8°. (Paris, Firmin-Didot, 1874.)

Correspondance entre le comte de Mirabeau et le comte de la Marck, recueillie, mise en ordre et publiée par Adolphe de Bacourt, 3 volumes in-8°. (Paris, Librairie Veuve Le Normant, 1851.)

CRAWFORD (Mrs. Mac Dermott) : *The Wife of La Fayette.* (Londres, Eveleigh Nash, 1908.)

DONIOL (Henry) : *La Famille, l'Enfance et la Première Jeunesse du marquis de La Fayette.* (Orléans, Imprimerie Ernest Colas, 1876.) — *Une Correspondance administrative sous Louis XVI, épisode de la jeunesse du général de La Fayette.* (Orléans, 1875.)

DURAS (duchesse de) : *Journal des prisons de mon père, de ma mère et des miennes.* (Paris, Plon, 1889.)

ESPINCHAL (comte d') : *Journal d'Emigration du comte d'Espinchal,* publié d'après les manuscrits originaux, par Ernest d'Hauterive. (Riom, Imprimerie de V. Jouvet, 1899.)

FAIN (baron) : *Mémoires du baron Fain, premier secrétaire du cabinet de l'Empereur,* publiés par ses arrière-petits-fils, avec une introduction et des notes par P. Fain. (Paris, Plon, 1908.)

GOTTSCHALK (Louis) : *Lafayette joins the American Army.* (Chicago, Illinois, The University of Chicago Press, 1937.) — *Lady-in-waiting, the Romance of Lafayette and Aglaé de Hunolstein.* (Baltimore, the John Hopkins Press, 1939.) — *Lafayette and the Close of the American Revolution.* (Chicago, Illinois, The University of Chicago Press, 1942.) — *Lafayette between the American and the French Revolution, 1783-1789.* (Chicago, Illinois, The University of Chicago Press, 1950.)

The Journal and Correspondence of Miss Adams, daughter of John Adams, second President of the United States, edited by her daughter, 2 volumes. (New York, 1841-1842.)

GUILHOU (Marguerite) : *Life of Adrienne d'Ayen, marquise de La Fayette*. (Chicago, 1918.)

KAPP (Friedrich) : *Leben des Amerikanischen Generals Johann Kalb*. (Stuttgart, 1862.)

LA FAYETTE : *Mémoires, Correspondance et Manuscrits du général La Fayette*, publiés par sa famille, 6 volumes. (Paris, H. Fournier aîné; Leipzig, Brockhaus et Avenarius, 1838.)

LA FAYETTE : *Correspondance inédite, 1793-1801. Lettres de prison, lettres d'exil*, précédées d'une étude psychologique par Jules Thomas. (Paris, Librairie Ch. Delagrave, sans date.)

LA FAYETTE : *Lettres inédites du général de La Fayette au vicomte de Noailles*. (Paris, aux dépens de Jean Patou. Édition hors commerce, tirée à 465 exemplaires.)

LA FAYETTE (marquise de) : *Notice sur Madame la duchesse d'Ayen, par Madame de La Fayette, sa fille*. (Plaquette imprimée spécialement pour les membres de la famille et non mise dans le commerce.)

LAMETH (Théodore de) : *Mémoires*, publiés avec une introduction et des notes par Eugène WELVERT. (Paris, Fontemoing, 1913.)

LASTEYRIE (marquise de) : *Notice sur Madame de La Fayette, par Madame de Lasteyrie, sa fille*. (Plaquette imprimée spécialement pour les membres de la famille et non mise dans le commerce.)

LAVERGNE (L. de) : *Madame de la Fayette*. Article publié dans la *Revue des Deux Mondes*, numéro du 15 septembre 1868.

LE BLANC (Paul) : *Portrait de La Fayette, par le comte d'Espinchal*. Article publié dans la *Revue rétrospective* de Paul Cottin, 1894.

LENOTRE (G.) : *Le Jardin de Picpus*. (Paris, Librairie académique Perrin, 1928.)

MÉTRA (François) : *Correspondance secrète, politique et littéraire*. (Auteurs : François Métra, G. Imbert et quelques autres). 18 volumes in-8°. (Londres, J. Adamson, 1787-1790.)

MICHELET (Jules) : *Histoire de la Révolution française*. (Paris, Gallimard, Bibliothèque de la Pléiade, 1939.)

MORGAN (Lady) : *France, by Lady Morgan*, 2 volumes. (B. Clarke, printer, Well Street, Londres, 1818.)

MORRIS (Gouverneur) : *The Life of Gouverneur Morris, with selections from his correspondence and miscellanous papers*, by Jared Sparks, 3 volumes. (Boston, Gray et Bowen, 1832.) — *Mémorial de Gouverneur Morris*, traduit par Augustin Gandais, d'après Jared Sparks, 2 volumes. (Paris, Renouard, 1841.)

MOSNIER (Henri) : *Le Château de Chavaniac-Lafayette*. (Le Puy, 1883.)

NOAILLES (vicomtesse de) : *La Vie de la princesse de Poix, née Beauvau*. (Paris, Typographie Ch. Lahure, 1855.) Ouvrage hors commerce.

Österreichisches Staatsarchiv. *Kriegsarchiv*. AK^t, 1796, 33-394, n° 2.

Revue d'Auvergne : Numéro spécial publié à l'occasion du bicentenaire de La Fayette. (Clermont-Ferrand, Imprimerie G. de Bussac, 1957.)

ROCHON DE CHABANNES : *Théâtre de Monsieur Rochon de Chabannes*. (Paris, Veuve Duchesne, 1786.)

ROUCHON (Ulysse) : *Au pays de La Fayette.*

ROUSSELOT (Jean) : *La Vie passionnée de La Fayette*. (Verviers, éditions Gérard et Cº; et Paris, l'Intercontinentale du Livre, 1957.)

SAINTE-BEUVE : *Portraits littéraires*. (Paris, Garnier frères, sans date.)

SÉGUR (comte de) : *Mémoires, ou Souvenirs et Anecdotes*, 3 volumes in-8º. (Paris, Alexis Eymery, 1824-1826.)

SPARKS (Jared) : *Washington's writings.*

STENDHAL : *Souvenirs d'Egotisme*. (Œuvres intimes, Paris, Gallimard, Bibliothèque de la Pléiade; 1955.)

TROCHU (Mgr Francis) : *Henriette Aymer de la Chevalerie*. (Lyon, Emmanuel Vittu, sans date.)

VILLAT (Louis) : *La Révolution et l'Empire, I. — Les Assemblées révolutionnaires*. (Paris, Presses Universitaires de France, 1947.)

WASHINGTON : *The writings of George Washington*, edited by John Clement Fitzpatrick, 26 volumes. (Washington, D.-C., Government Printing Office, 1931-1938.) — *Calendar of the Correspondence of George Washington*, prepared from the original manuscripts in the Library of Congress, by John Clement Fitzpatrick. (Washington, D.C., Government Printing Office, 1906.) — *The Letters of Lafayette to Washington, 1777-1799*. Edited by Louis Gottschalk. (New York, 1944. Privately printed by Helen Fahnestock Hubbard.)

WEBER (Joseph) : *Mémoires concernant Marie-Antoinette*, 3 volumes in-8º. (Londres, chez l'auteur, 1804-1809.)

WHITLOCK (Brand) : *La Fayette*, 2 volumes. (New York, D. Appleton et Cº, 1929.)

WRIGHT (Constance) : *Madame de Lafayette, the story of a patriot's wife*. (New York, Henry et Cº, 1959.)

INDEX DES NOMS CITÉS

TABLE DES MATIÈRES

Impression réalisée sur CAMERON par
BRODARD ET TAUPIN
La Flèche

pour le compte des Éditions Hachette
en avril 1993

Imprimé en France
Dépôt légal : 4336, mai 1993
Nº d'édition : 93067/24803 – Nº d'impression : 1785H-5
ISBN : 2-01-020988-5
23-43-4943-01/9